플루타르코스 영웅전
제5권

플루타르코스 영웅전 5

발행일
2021년 9월 1일 초판 1쇄
2024년 7월 10일 초판 5쇄

지은이 ｜ 플루타르코스
옮긴이 ｜ 신복룡
펴낸이 ｜ 정무영, 정상준
펴낸곳 ｜ ㈜을유문화사

창립일 ｜ 1945년 12월 1일
주소 ｜ 서울시 마포구 서교동 469-48
전화 ｜ 02-733-8153
팩스 ｜ 02-732-9154
홈페이지 ｜ www.eulyoo.co.kr
ISBN 978-89-324-7452-6 04920
978-89-324-7447-2 (세트)

플루타르코스 영웅전

제5권

신복룡 옮김

을유문화사

BÍOI
PARÁLLĒLOI

PARALLEL LIVES OF
THE NOBLE GRECIANS
AND ROMANS

PLOÚTARCHOS

VOL. 5

역사에서 가장 위대했던 인물로서는
알렉산드로스 대왕이 첫 번째이고
피로스왕이 두 번째이고
내가 세 번째요.
그러나
내가 만약 그대[스키피오]를 이겼더라면
내가 역사에서 가장 위대한 인물이 되었겠지요.
― 한니발

차례

5권

피로스
PYRRHOS

기원전 318?~272

우리가 여성이라고 해서
조국이 멸망한 다음에도
살아남아야 합니까?
— 스파르타의 여성
아르키다미아의 연설에서

조국을 위해 싸우다가
어미와 아내의 품에 안겨 죽는 것은
참으로 영광스러운 일이다.
— 전장에 나가는 아들에게 스파르타의 어머니가

1

역사가들의 말에 따르면, [제우스가 지구를 응징하고자] 그리스에 대홍수를 일으킨 뒤에도 살아남아 테스프로티아(Thesprotia)와 몰로시아(Molossia)를 다스린 첫 왕은 파이톤(Phaethon)이었다고 한다. 파이톤은 펠라스고스(Pelasgos)와 함께 에페이로스[Albania]로 들어온 사람들 가운데 한 명이었다. 그러나 어떤 사람들의 말에 따르면, 데우칼리온(Deukalion)과 피라(Pyrrha)라는 사람이 도도나(Dodona)에 [제우스의] 신전을 짓고 몰로시아인들과 함께 그곳에서 살았다고 한다.

그러나 시간이 흐르면서 아킬레우스의 아들 네오프톨레모스(Neoptolemos)가 무리를 이끌고 이곳을 차지한 다음에 왕조를 시작했는데, 주민들은 그의 뒤를 이은 왕족을 피리다이(Pyrridae)라고 불렀다. 왜냐하면 네오프톨레모스의 어렸을 적 이름이 피로스였고, 그가 힐로스(Hyllos)의 아들 클레오다이우스(Cleodaeus)의 딸 라나사(Lanassa)와의 사이에서 적실(嫡室) 아이들을 낳자 그 가운데 한 아이의 이름을 피로스라고 불렀기 때문이었다.

그런 연유로 아킬레우스는 에페이로스에서 신성한 명성

과 함께 아스페토스(Aspetos)라는 토속적인 이름을 얻었다. 그러나 이와 같은 왕통을 이어 오던 피로스 왕조는 이방 민족의 침략을 받아 사라지고, 권력이나 실제 삶에서 흔적조차 희미해졌다.

역사학자들의 주장에 따르면, 이곳에 그리스의 문자와 풍습을 들여오고 인도주의적인 법률로 도시를 다스림으로써 이름을 떨친 사람은 타리파스(Tharrypas)였다고 한다. 타리파스는 알케타스(Alcetas)를 낳고, 알케타스는 아리바스(Arybas)를 낳고, 아리바스는 트로아스(Troas)와의 사이에서 아이아키데스(Aeacides)를 낳고, 아이아키데스는 메논(Menon)의 딸 프티아(Phthia)와 결혼했다.

메논은 테살리아 출신으로서 [기원전 323~322년의] 라미아(Lamia) 전투에서 승리하여 명성을 얻었으며, 아테네의 명장 레오스테네스(Leosthenes) 이후 그리스 동맹 안에서 최고의 권세를 누렸다. 프티아는 아이아키데스와의 사이에서 데이다메이아(Deïdameia)와 트로아스라는 두 딸과 피로스라는 아들을 낳았다.

2

그러나 몰로시아인이 반란을 일으켜 아이아키데스를 몰아내고는 그의 삼촌이자 아리바스의 형인 네오프톨레모스의 아들을 왕으로 추대했다. 아이아키데스의 막료들을 붙잡아 죽인 반란군들이 어린 피로스를 잡으려 하자 안드로클레이데스(Androkleides)와 안겔로스(Angelos)가 그를 데리고 도주의 길에 올랐다. 그러나 그들은 몇 명의 하인과 보모들을 데리고 가야 했기 때문에 도주의 길이 힘들고 느려 곧 반란군의 추격을 받게 되었다.

이에 일행은 피로스를 안드로클레이온(Androcleion)과 히피아스(Hippias)와 네안드로스(Neandros)에게 맡기며 어서 마케도니아의 도시인 메가라로 달아나라고 지시했다. 그들은 용맹하고 충직한 젊은이들이었다. 그러는 동안에 남은 무리가 때로는 애원하고 때로는 싸우면서 날이 저물 때까지 추격자들의 발길을 묶어 놓았다.

드디어 추격자들이 물러가자 일행은 발걸음을 서둘러 피로스를 보호하고 있는 무리의 뒤를 쫓아갔다. 날이 이미 저물었을 무렵, 이제는 안심해도 되겠다 싶을 정도로 아늑한 곳에 이르렀을 때 앞길이 강으로 막혀 있었다. 강은 도시를 휩쓸고 지나가면서 길을 막았다. 물살이 거칠어 강을 건너는 일은 불가능해 보였다. 물은 크게 요동쳤고, 지난밤의 비로 늘어난 물은 밤이 되니 더욱 두렵게만 느껴졌다.

일행은 아기 피로스와 그를 돌보는 여성들과 함께 가야 했기 때문에, 아무런 도움도 받을 수 없는 지금으로서는 강을 건너는 일을 포기할 수밖에 없었다. 마침 그때 강 건너에 마을 사람들이 보였다. 일행은 강을 건널 수 있도록 도움을 요청하고자 아기를 들어 보이면서 큰 소리로 애원했다.

그러나 강물이 너무 거세어 마을 사람들은 그 소리를 알아듣지 못했다. 시간이 흘러도 강 건너 사람들에게 의사를 전달할 수 없어 안타까워하던 이들에게 갑자기 좋은 생각이 떠올랐다. 그들은 나무껍질에 옷핀으로 아기의 운명을 부탁하는 글을 새겨 돌멩이에 싼 뒤 강 건너편으로 힘껏 던졌다.

다른 기록에 따르면, 나무껍질을 창에 매달아 강 건너로 던졌다고도 한다. 글을 받아 본 주민들은 더 이상 지체할 수 없다는 것을 알고 나무를 잘라 뗏목을 만들어 타고 강을 건너왔다. 우연인지 아닌지, 가장 먼저 강을 건너와 피로스를 받아 든 사람의 이름이 아킬레우스였다고 한다. 뒤따라온 주민들이 나머지 피난민들을 하나씩 강을 건너도록 도와주었다.

3

이렇게 하여 추격자들을 따돌린 피로스 일행은 드디어 안전한 곳에 이르렀다. 그들은 일리리아의 왕 글라우키아스(Glaucias)에게 몸을 의지했다. 왕궁에서 왕비와 함께 앉아 있는 왕의 모습을 본 일행은 그들 앞에 아기를 내려놓았다. 그러자 왕은 생각에 잠겼다. 그는 피로스 가문과 원수짓고 있는 마케도니아의 실력자 카산드로스(Kassandros)(제31장 「알렉산드로스전」, § 74)의 노여움이 두려웠다.

글라우키아스왕은 오랫동안 카산드로스와 우호적인 관계를 맺으면서 정치 문제를 상의하던 터였다. 그때 피로스는 누가 시키지도 않았는데 바닥을 기어가 왕의 외투를 잡더니 그의 무릎 앞에 몸을 숙였다. 처음에 왕은 웃음을 짓다가 아이가 자기의 무릎 앞에서 마치 살려 달라는 듯 눈물짓는 모습을 보자 측은한 마음이 들었다.

다른 사람의 기록에 따르면, 피로스는 글라우키아스왕에게 애원한 것이 아니라 신전의 제단을 감싸 안았는데, 이를 본 왕은 그것이 곧 그를 도우라는 하늘의 뜻이라고 생각했다고 한다. 그리하여 왕은 곧 피로스를 왕비의 손에 넘기면서 다른 왕자나 공주와 함께 키우라고 부탁했다. 시간이 조금 지나자 피로스의 정적들이 달려와 아이를 내놓으라고 요구했고, 카산드로스는 몸값으로 2백 탈렌트를 제시했지만 왕은 아이를 넘겨주지 않았다.

그런 뒤에 피로스가 열두 살이 되자 왕은 그와 함께 병력을 이끌고 에페이로스로 쳐들어가 그를 왕위에 앉혔다. 피로스의 모습은 왕의 풍모를 갖추었다기보다는 두려움을 느끼게 했다. 그의 치아는 많지 않았고, 더욱이 윗니는 소처럼 하나의 뼈로 되어 있어 틈새가 없이 조금 줄을 친 듯이 보였다.

비장염이 있는 사람들은 피로스가 그 질병을 치료해 준다고 믿었다. 환자들이 찾아오면 피로스는 먼저 흰 수탉을 제물로 바친 다음, 환자를 반듯이 눕히고 오른발로 비장을 지그시 눌렀다. 그는 신분이 낮거나 가난한 것을 따지지 않고 사람들을 치료해 주었다. 왕은 치료가 끝난 다음 제물로 바친 수탉을 치료비로 받는 것에 만족했다. 들리는 바에 따르면, 피로스의 오른발 엄지발가락은 영험(靈驗)한 효과가 있었는데, 그가 죽은 뒤에 화장을 하고 나니 엄지발가락만 고스란히 남아 있었다고 한다. 그러나 이런 이야기는 그 뒷날의 일이다.

4

피로스가 열일곱 살이 되자 사람들은 이제 그의 왕위도 굳건해졌다고 생각했다. 그러던 터에 [기원전 302년에] 그는 자신과 함께 자란 글라우키아스 왕자의 결혼식에 참석하고자 여행을 떠나게 되었다. 이때 몰로시아인들이 다시 무리를 지어 피로스의 막료들을 몰아내고 왕의 재산을 약탈한 다음, 앞서 말한 네오프톨레모스의 손자를 왕으로 추대했다.

왕국을 빼앗긴 피로스는 아무것도 가진 것 없이 안티고노스의 아들 데메트리오스(Demetrios)를 찾아 마케도니아로 갔다. 데메트리오스는 피로스의 누나인 데이다메이아의 남편이었다. 데이다메이아는 어렸을 적에 알렉산드로스 대왕과 록사나 사이에서 태어난 알렉산드로스와 결혼했으나(제31장 「알렉산드로스전」, § 47) 나이가 들어 가정이 깨지자 데메트리오스와 재혼한 터였다.(제37장 「데메트리오스전」, § 25)

[기원전 301년에] 알렉산드로스 대왕의 후계 왕 모두가 참전했던 입소스(Ipsos) 전투가 벌어졌을 때, 피로스는 아직 어린 나이였지만 데메트리오스의 부대에 참전했다. 이 전투에서 피로스는 적군을 무찌르며, 장군들 가운데 빛나는 용맹을 보여 주었다.

더욱이 데메트리오스가 패전했을 때에도 피로스는 데메트리오스를 버리지 않고 그리스의 여러 도시를 지켜 주었고,

데메트리오스는 그 도시들을 피로스에게 맡겼다. 그러던 터에 데메트리오스가 이집트의 왕 프톨레마이오스(Ptolemaios)와 강화를 맺자 인질이 되어 그리로 갔다.

피로스는 이집트에서 사냥과 운동 경기를 통하여 프톨레마이오스왕에게 강인한 용맹을 보여 주었다. 피로스는 또한 왕비들 가운데 베레니케(Berenicé)가 가장 영향력이 크고 덕망이 높다는 사실을 알고 베레니케에게 각별히 정중함을 보였다. 피로스는 자기의 장점을 살려 상관의 호의를 받아 내는 처신에 능숙했고, 부하들을 보살피는 데 각별했다.

더욱이 피로스는 행실이 단정했고, 삶에 자제력이 뛰어나 여러 왕자 가운데에서 뽑혀 공주 안티고네(Antigone)를 아내로 맞이했다. 안티고네는 베레니케가 프톨레마이오스와 결혼하기에 앞서 전남편 필리포스(Philippus)라는 마케도니아 남자와의 사이에서 낳은 딸이었다.

5

안티고네는 매우 현숙한 여성이어서, 그 여성과 결혼한 뒤에 피로스의 명성은 더욱 높아졌다. 피로스는 자신의 명성에 힘입어 자금과 병력을 모아 에페이로스로 돌아가 왕위를 되찾으려 했다. 거칠고 권력을 마음대로 휘두르는 네오프톨레모스를 미워하던 그곳의 많은 시민은 피로스를 기쁜 마음으로 맞아들였다.

피로스는 네오프톨레모스가 다른 나라의 왕들과 손잡고 일을 꾸미지나 않을까 두려워 네오프톨레모스와 공동 왕위를 행사한다는 조건으로 화해했다. 그러나 시간이 흐르면서 그들을 비밀리에 갈라놓으려는 음모가 민중 사이에 생기고, 또 두 사람도 서로를 의심하기 시작했다. 들리는 바에 따르면, 피로스의 입장에서 공동 왕위 제도를 버리게 된 것은 다음과 같은 사건 때문이었다고 한다.

그 당시의 풍습에 따르면, 몰로시아 땅에 있는 파사로 (Passaro)에서는 제우스 아레이오스(Zeus Areios) 신에게 제사를 드리며 "왕들은 법에 따라 나라를 다스리고, 시민은 법에 따라 왕국을 지켜 나가리라"고 맹세하는 행사가 있었다. 바로 그와 같은 행사를 치르는 동안, 두 왕은 행사에 참석하여 막료들과 함께 우정을 다짐하고 많은 선물을 나누었다.

그때 네오프톨레모스의 열렬한 추종자인 겔론(Gelon)이 피로스를 찾아와 정중하게 인사를 드린 다음 밭을 가는 두 마리의 황소를 예물로 바쳤다. 그러자 곁에 있던 성배(聖杯) 관리자인 미르틸로스(Mirtillos)가 그것을 자기에게 달라고 피로스에게 요청했다. 그러나 피로스는 그의 부탁을 들어주지 않고 다른 사람에게 황소를 선물하여 미르틸로스가 마음속으로 몹시 분노했다.

어떤 사람의 기록에 따르면, 이와 같은 장면을 눈여겨본 겔론이 미르틸로스를 저녁 식사에 초대하여 젊음을 함께 즐기면서 술을 마셨다고 한다. 그런 다음 겔론은 미르틸로스에게 네오프톨레모스의 편에 들어와 피로스를 독살하자고 제안했다. 그 말을 들은 미르틸로스는 거짓으로 그 말을 따라 그렇게 하겠노라고 속인 뒤, 음모의 내용을 피로스에게 알려 주었다.

이 말을 들은 피로스는 또 다른 성배 관리자인 알렉시크라테스(Alexicrates)를 왕명으로 겔론에게 보내 그들의 음모에 참여하도록 했다. 피로스는 이렇게 함으로써 음모를 증언할 수 있는 사람을 몇몇 더 확보하고자 했다. 이에 겔론과 네오프톨레모스는 감쪽같이 속았다. 그들은 자신들의 계획이 어김없이 진행되고 있다고 여기면서 내막을 마음속에 담아 두지 못하고 기쁜 마음으로 막료들에게 털어놓았다.

더욱이 네오프톨레모스는 여동생 카드메이아(Kadmeia)의 집에서 술판을 벌이며 자신이 꾸미고 있는 음모에 대해 입방아를 찧었다. 주변에는 자신의 목동 사몬(Samon)의 아내인 화이나레테(Phaenarete) 말고는 아무도 없었다. 그 여성은 침대에 누워 얼굴을 벽 쪽으로 돌리고 자는 시늉을 하고 있었다. 모든 이야기를 들은 목동의 아내는 다음 날 남몰래 피로스의 왕비 안티고네를 찾아가 네오프톨레모스가 여동생에게 한 이야기를 모두 털어놓았다.

이 소식을 들은 피로스는 얼마 동안 내색하지 않고 있다가, 신전에서 제사를 드리기로 한 날에 네오프톨레모스를 저녁 식사에 초대하여 죽여 버렸다. 피로스는 에페이로스의 지도자들이 자기를 지지하며 자신이 네오프톨레모스를 몰아내기를 바랄 뿐만 아니라, 왕권을 나누어 행사하고 있다는 사실을 못마땅하게 여긴다는 사실을 잘 알고 있었다.

민중은 피로스가 천품을 발휘하여 더 위대한 업적을 남기기를 바라고 있었는데, 그런 음모가 드러나자 그렇지 않아도 그를 제거하려던 터에 선수를 써 네오프톨레모스를 죽이게 되었다.

6

피로스는 장모인 왕비 베레니케와 프톨레마이오스를 존경하여 안티고네 사이에서 낳은 어린 아들의 이름을 프톨레마이오스라 지었으며, 에페이로스반도에 도시 하나를 세운 다음 그 이름을 베레니키스(Berenicis)라고 지었다. 그런 일이 있은 뒤, 그는 거대한 계획들을 구상하기 시작했다. 그러나 그는 가까이 있는 나라들을 정복하는 일에 먼저 마음을 쓰고 있었다. 그러던 터에 마케도니아에서 사건이 벌어져 그곳 문제에 직접 개입할 구실을 찾았는데, 그 내막은 다음과 같다.

카산드로스의 아들 가운데 맏이인 안티파트로스가 어머니 테살로니케(Thessalonicé)를 죽이고 동생인 알렉산드로스를 추방했다.(제37장 「데메트리오스전」, §36) 그러자 알렉산드로스는 데메트리오스와 피로스에게 사신을 보내 도움을 요청했다. 데메트리오스는 다른 일을 하고 있었기 때문에 지원하러 가지 못했다.

　　그러나 피로스는 곧 마케도니아로 쳐들어가 알렉산드로스를 도와주는 대가로 마케도니아 영토 가운데 스팀파이아(Stymphaea)와 파라우아이아(Parauaea) 그리고 마케도니아의 식민지 가운데 암브라키아(Ambrakia)와 아카르나니아(Akarnania)와 암필로키아(Amphilochia)를 떼어 달라고 요구했다. 어린 알렉산드로스가 그의 요구를 모두 들어주자 피로스는 이 지역을 점령하고 그곳에 군대를 주둔시켰다. 피로스는 또한 안티파트로스에게서 왕국의 나머지 영토를 되찾아 알렉산드로스에게 돌려주었다.

　　이 무렵에 알렉산드로스 대왕의 뒤를 이어 왕이 된 리시마코스(Lysimachos)는 안티파트로스의 열렬한 지지자였지만, 다른 일에 묶여 있어 몸소 그를 도우러 갈 수 없었다. 그러던 터에 리시마코스는 피로스가 프톨레마이오스를 몹시 존경하여 그의 부탁이라면 거절하는 일이 없다는 사실을 알고 피로스에게 프톨레마이오스의 이름으로 거짓 편지를 써 보냈다.

　　그 편지 내용에 따르면, 프톨레마이오스는 안티파트로스가 3백 탈렌트의 배상금을 줄 터이니 피로스가 정복 전쟁을 멈추기를 바란다는 것이었다. 그러나 편지를 받아 본 피로스는 그것이 가짜임을 곧 알아차렸다. 왜냐하면 프톨레마이오스가 피로스에게 편지를 쓸 때면 으레,

　　"그대의 아버지가 아들에게 보내노니, 건강하고 행복하기를 바라며……."
라고 문장을 시작하는데, 이번 편지에는,

　　"프톨레마이오스왕이 피로스왕에게 보내노니, 건강하고 행복하기를 바라며……."
라는 문장으로 시작하였기 때문이었다. 피로스는 가짜 편지를 보낸 리시마코스의 행실이 미웠지만, 평화를 바라던 터라

함께 모여 제사를 드린 다음 강화를 맺기로 하고 서로 만났다. 그러나 수소와 수퇘지와 숫양을 제물로 끌고 왔을 때 숫양이 제풀에 꼬꾸라져 죽었다.

사람들이 그 광경을 보고 웃었지만 예언자 테오도토스 (Theodotos)는 피로스에게 강화를 약속하지 말라고 권고하면서, 이는 세 왕 가운데 한 명이 죽을 것임을 예언하는 징조라고 말했다. 그러자 피로스는 강화 조약을 거절했다.

7

이와 같은 일을 겪으면서 알렉산드로스가 피로스의 도움으로 자리를 잡았을 때 데메트리오스가 알렉산드로스를 도우러 왔다. 그러나 그가 도착했을 때는 더 이상 그의 도움이 필요 없게 되었으며, 그의 존재는 다만 두려움을 불러일으킬 뿐이라는 것이 명백해졌다. 알렉산드로스와 데메트리오스가 만난 지 며칠이 지나자 서로를 향한 불신은 끝내 서로를 제거하려는 음모로 발전했다.

그러나 더 유리한 기회를 잡고 있던 데메트리오스는 젊은 왕자를 먼저 공격하여 죽인 다음에 스스로 마케도니아의 왕이라고 선언했다. 이런 일이 있기에 앞서도 피로스와 데메트리오스는 화목하지 않아 피로스가 테살리아를 쳐들어간 적이 있었다. 그들은 제왕이 선천적으로 가지고 있는 질병, 곧 권력욕이라는 병에 걸려 있어 서로 의심하는 강적들이었는데, 누나 데이다메이아가 죽은 뒤로는 더욱 그랬다.

이제 마케도니아를 한 부분씩 점령한 피로스와 데메트리오스의 충돌은 더욱 심해졌는데, 그들의 다툼에는 그럴 만한 이유가 충분히 있었다. 데메트리오스는 아이톨리아(Aitolia)를 공격하여 정복한 다음 환타우코스(Phantauchos)에게 많은 병력을 주며 그곳을 지키게 하고 자신은 피로스를 정복하러 떠났다. 그 소식을 들은 피로스도 데메트리오스를 향해 진격했다.

그러나 두 사람은 길이 엇갈려 만나지 못했다.

데메트리오스는 에페이로스로 진격하여 그 도시를 약탈했다. 그러는 동안에 피로스는 환타우코스를 만나 전투에 들어갔다. 양쪽 병사 사이에 치열한 전투가 벌어졌고, 장군들 사이의 전투는 더욱 그랬다. 데메트리오스의 장군들 가운데 가장 무예가 뛰어나고 용맹하고 건장하며 투혼이 굳세기로 소문난 환타우코스가 피로스에게 일대일로 싸우자고 제안했다.

피로스로서도 이를 마다할 이유가 없었다. 용맹스러움에서 이제까지 어느 왕에게도 진 적이 없고, 혈통뿐만 아니라 용맹에서도 아킬레우스의 영광을 이어받고 싶었던 그는 병사들에게서 벗어나 환타우코스를 대적하러 앞으로 나갔다. 처음에 그들은 창으로 싸우다가 나중에는 서로 밀착하게 되자 칼로써 힘과 기술을 겨루었다. 피로스는 한 군데 상처를 입었고, 환타우코스도 허벅지와 목에 상처를 입었다.

마침내 피로스가 적장을 쓰러뜨렸으나 그를 죽이지는 못했다. 환타우코스의 막료들이 달려와 그를 구출하여 끌고 갔기 때문이었다. 자기들의 왕이 승리하자 에페이로스인들은 피로스의 용맹을 찬양하면서 마케도니아의 밀집 대형을 공격하여 무찌른 다음, 도망병을 추격하여 많은 적군을 죽이고 5천 명을 사로잡았다.(제37장 「데메트리오스전」, § 41)

8

이번의 전쟁에서 마케도니아인들은 비록 적장 피로스에게 졌다고는 하지만 그를 미워하거나 분노를 드러내지 않았다. 오히려 그들은 피로스가 싸우는 모습을 보고 그의 용맹을 높이 칭송하며 그에 관한 이야기를 많이 나누었다. 그들은 피로스의 생김새와 날렵함과 몸가짐이 알렉산드로스 대왕과 닮았다는 사실에 호감을 느끼며, 전쟁에서 장군의 용맹과 전투력은 모름지기 저러해야 한다고 생각했다.

마케도니아인들의 말에 따르면, 다른 왕들은 알렉산드로스의 자주색 외투와 호위병과 왼쪽으로 약간 기운 목과 우람한 목소리만 흉내 낼 뿐이며, 실제로 무예와 행동력에서 대왕을 닮은 사람은 오직 피로스뿐이었다고 한다. 피로스가 전략을 세울 때 얼마나 깊이 알고 탁월했는지, 또한 지도력이 얼마나 뛰어났던지에 대해서는 그의 행실을 기록한 저술들을 읽어 보면 잘 알 수 있다.

들리는 바에 따르면, 안티고노스에게 누군가 이렇게 물었다고 한다.

"역사에서 누가 가장 위대한 장군이었습니까?"

그러자 안티고노스가 이렇게 대답했다.

"그야 말할 것도 없이 피로스이지요, 만약 그가 천수를 누렸더라면……"

안티고노스의 말은 그를 동시대의 인물들하고만 비교한 것이었다. 그러나 한니발은 이렇게 말한 바 있다.

"역사상 전공(戰功)과 능력에서 가장 위대한 장군으로는 피로스가 첫째였고, 스키피오(Scipio Africanus)가 두 번째였고, 내가 세 번째였다오."[1]

나는 이 이야기를 「스키피오전」에 기록해 두었다.[2] 한마

---

[1] 이 부분에 대해서는 전기마다 조금씩 다르다. 「한니발전」(§ 57)에는 다음과 같이 기록되어 있다. 곧 한니발은 스키피오와의 전쟁이 끝난 뒤에 "역사에서 마케도니아의 알렉산드로스 대왕이 가장 위대했고, 에페이로스의 피로스왕이 두 번째이고, 그다음은 나요"라고 말했다. 그 말을 들은 스키피오가 빙긋이 웃으면서 되물었다. "만약 그대가 나를 이겼더라면 어찌 되었을까요?" 그러자 한니발이 진지하게 이렇게 말했다. "그랬더라면 내가 역사에서 가장 위대한 인물이 되었겠지요." 아마도 이 말은 「한니발전」의 기록이 맞을 것이다.(리비우스, 『로마사』, XXXV : 14; 제46장 「플라미니누스전」, § 21 참조)

[2] 이 문장으로 미루어 볼 때 플루타르코스는 「스키피오전」을 썼음이 틀림없으나 지금은 전해 내려오고 있지 않다.(제51장 「한니발전」의 각주 1 참조)

디로 말해서 피로스는 오로지 전쟁 하나만을 끊임없이 연구하고 고민하면서 그것만이 제왕이 공부해야 할 가장 중요한 주제라고 생각했다. 이를테면 이런 이야기가 전해 내려오고 있다. 어느 술자리에서 누군가 그에게 이렇게 물었다.

"피톤(Python)과 카피시아스(Caphisias) 가운데 누가 더 피리를 잘 분다고 생각하십니까?"

그 질문에 피로스는 이렇게 대답했다.

"폴리스페르콘(Polysperchon)은 훌륭한 장군이었습니다."

피로스는 이 말을 통해 피리 부는 사람 따위에는 관심도 없고, 오로지 위대한 전쟁만을 공부하고 이해하는 것이 제왕의 길이라며 딴청을 부린 것이다. 피로스는 가까운 막료들에게 친절했고, 성품이 온화했으며, 은혜를 갚는 데에는 재빠르고 성실했다. 막료인 아이로포스(Aeropos)가 죽었을 때 그는 한없이 슬퍼하며 이렇게 말했다.

"아이로포스의 죽음은 모든 인간이 겪어야 할 아픔이니 그의 죽음 자체가 슬픈 것은 아니오. 다만 나는 늘 일을 뒤로 미루고 게을렀던 탓에 그에게 진 빚을 다 갚지 못했으니 스스로 이 점을 용서할 수 없소. 돈으로 빚진 것은 그 자손에게라도 갚을 수 있지만, 친구에게 호의로 신세를 졌으면서도 살아 있는 동안에 갚지 못한다는 것은 공의롭고 선량한 사람에게는 고통스러운 일이오."

피로스가 암브라키아에 있을 적에 누군가 피로스를 몹시 비난하며 욕설을 퍼부었다. 많은 사람이 피로스가 그를 추방하리라고 생각했다. 그러나 피로스는 이렇게 말했다.

"그 사람이 거기에 머물면서 많지 않은 사람들에게 우리를 비난하도록 내버려 두게. 그것이 그가 사방으로 돌아다니며 더 많은 사람에게 떠벌리는 것보다야 낫지 않겠나?"

언젠가는 젊은이들이 술자리에서 피로스를 격렬하게 비난하다가 잡혀 왔다. 피로스가 물었다.

27

"너희는 그렇게 말한 적이 있는가?"

그러자 그들 가운데 한 사람이 이렇게 대답했다.

"대왕이시여, 우리는 그런 말을 한 적이 있습니다. 그러나 그때 만약 우리가 더 취했더라면 그보다 더 심한 말을 했을 것입니다."

그 말을 들은 피로스는 웃으면서 그들을 풀어 주었다.(플루타르코스, 『도덕론』, § 184d)

9

왕비 안티고네가 세상을 떠난 뒤 피로스는 다른 정권과 이해관계를 넓히고자 여러 차례 결혼을 했는데, 파이오니아(Paeonia)의 왕 아우톨레온(Autoleon)의 공주, 일리리아의 왕 바르딜리스(Bardyllis)의 공주 비르켄나(Bircenna), 시라쿠사이의 왕 아가토클레스(Agathocles)의 공주 라나사(Lanassa)가 곧 그들이다.

그 가운데 아가토클레스의 공주는 아버지가 점령한 코르키라(Korkyra)를 지참금으로 가지고 왔다. 피로스는 안티고네와의 사이에서 아들 프톨레마이오스를 낳고, 라나사와의 사이에서 알렉산드로스를 낳고, 비르켄나와의 사이에서 막내아들 헬레노스(Helenos)를 낳았다. 그는 아들들을 어릴 때부터 용맹한 무사로 키웠다.

들리는 바에 따르면, 언젠가 아들들이 어렸을 적에 그들 가운데 하나가 아버지에게 이렇게 물었다고 한다.

"아버지께서는 누구에게 왕위를 물려주실 겁니까?"

그 말을 들은 피로스는 이렇게 대답했다.

"너희들 가운데 칼을 가장 날카롭게 갈아 둔 사람에게 물려줄 것이다."

그러나 이 말은 에우리피데스의 비극에서 아버지를 죽인 오이디푸스(Oedipus)의 저 유명한 저주를 뜻하는 것에 지나지 않았다. 그 저주는 이렇게 되어 있다.

형제들이 집안을 가르리니

이는 운명이 아니라 칼로써 이루어짐이라.

(에우리피데스, 『페니키아의 여자』, § 68)

탐욕은 그토록 야비하고 잔인한 것이다.

10

마케도니아와 전쟁을 치른 피로스는 용맹하다는 명성을 안고 의기양양하게 고국으로 돌아왔다. 에페이로스인들이 그에게 '독수리'라는 칭호를 붙여 주자 그는 이렇게 말했다.

"내가 독수리가 된 것은 모두 여러분 덕분입니다. 그대들의 무공이 나의 날개가 되어 내가 독수리로 태어났으니 어찌 그렇지 않겠습니까?"

이런 일이 있은 뒤에 시간이 조금 지나 데메트리오스가 몹시 아프다는 소식을 들은 피로스는 서둘러 마케도니아로 쳐들어갔다. 그는 이참에 마케도니아를 멸망시킬 뜻은 없었고, 다만 조금 약탈하고자 했을 뿐이었다. 그러나 그는 별다른 공격도 없이 마케도니아 전역을 거의 유린하다시피 했고, 결국 왕국을 무너뜨릴 정도가 되었다.

피로스가 아무 저항도 받지 않고 수도인 에데사(Edessa)까지 진격하자 마케도니아의 많은 시민이 그를 따라오면서 원정군에 합세했다. 그러자 위기에 빠진 조국을 건지려고 병석에서 일어난 데메트리오스는 자신의 한계를 넘어서는 능력을 발휘했다.

짧은 시간 안에 막료와 장군들이 많은 병사를 이끌고 나와 피로스를 상대하며 격렬하게 항전했다. 다른 어떤 목적보다 약탈을 위해 침공했던 피로스는 더 이상 싸울 뜻이 없어 퇴각했고, 그 와중에 마케도니아인들의 반격으로 병사들 일부를 잃었다.

너무 쉽고도 빨리 피로스를 물리친 데메트리오스는 피로스가 그의 뜻대로 일을 추진하도록 내버려 두지 않았다. 아버지의 영토를 되찾고 싶었던 데메트리오스는 이미 10만 명의 병력과 5백 척의 전함까지 마련해 두고 대대적인 원정을 떠나고 싶어 했다. 그는 피로스와 동맹을 맺고 싶지 않았지만, 그렇다고 자신들의 배후에서 얼쩡거리며 신경 쓰이게 하는 이웃을 그냥 내버려 둘 수도 없었다.

　　그와 같은 거창한 야망으로 말미암아 데메트리오스는 피로스와 전쟁을 치를 겨를도 없이 강화를 맺은 뒤, 자기 병력을 이끌고 다른 왕국으로 진군하려 했다. 이처럼 동맹을 체결하고 엄청난 전쟁 준비를 마친 데메트리오스의 목표가 드러나자, 이에 놀란 여러 왕이 사신을 보내 피로스에게 다음과 같은 편지를 전달했다.

　　"마케도니아와 전쟁을 하기에 이렇듯 좋은 기회를 흘려보내고 데메트리오스가 승리를 거머쥘 수 있도록 기다리는 대왕의 처사에 우리는 놀라움을 느낄 뿐입니다. 데메트리오스는 지금 다른 생각에 깊이 빠져 판단이 혼란스러울 때인데, 마케도니아에서 그를 몰아낼 절호의 기회에 대왕께서는 적장이 더욱 강성해져 대왕의 고향인 몰로시아의 성전과 조상들의 무덤을 유린하는 전쟁을 일으키도록 한가로이 기다리시렵니까? 그 사람은 대왕에게서 라나사 왕비가 지참금으로 받은 코르키라섬과 왕비를 빼앗아 간 바로 그 인물임을 잊으셨습니까?"

　　이 말에는 사연이 있었다. 피로스의 왕비 라나사는 왕이 자기보다 야만의 땅에서 데려온 여성들을 더 사랑한다는 사실을 알고 코르키라로 돌아갔다. 이후 다른 남편감을 찾던 라나사는 데메트리오스가 어느 다른 왕들보다 여색(女色)을 탐낸다는 사실을 알고 그를 섬으로 초대하여 유혹했다. 결국, 데메트리오스는 끝내 그 섬으로 건너가 라나사를 자기의 왕비로 삼고 그곳에 수비대를 남겨 두었던 것이다.

다른 나라의 왕들은 그와 같은 편지를 피로스에게 계속 보내면서 아울러 자기들 나름대로는 전쟁 준비가 끝나기를 기다리고 있던 데메트리오스를 공격했다. 프톨레마이오스는 대규모 함대를 이끌고 그리스로 건너가 그들이 데메트리오스에게 반란을 일으키도록 부추겼고, 리시마코스는 트라키아(Thracia)를 떠나 북부 마케도니아로 쳐들어가 약탈했다.

이와 때를 같이하여 피로스는 병사를 이끌고 베로이아(Beroea)로 진격했다. 그가 이미 예상한 것처럼 데메트리오스는 리시마코스를 막느라 작은 도시들의 방비가 허술했다. 그날 밤 피로스는 꿈속에서 알렉산드로스 대왕이 자기를 부른다는 전갈을 받고 그에게 달려갔다. 왕은 침상에 누워 친절히 피로스를 맞이하면서 이렇게 말했다.

"내가 그대를 도와주려고 이미 준비해 둔 바가 있노라."

피로스가 송구하여 물었다.

"대왕이시여, 대왕께서는 몸도 편치 않으신데 어찌 저를 도우실 수 있겠나이까?"

그러자 대왕이 이렇게 대답했다.

"나의 이름이 그대를 도울 것이니라."

그러고는 페르시아의 니사이아(Nisaea)에서 태어난 명마를 타고 떠나갔다. 그 꿈으로 용기를 얻은 피로스는 전속력으로 중간의 지방들을 지나 베로이아를 점령했다. 피로스는 그곳에 주력 부대를 남겨 둔 채 여러 장군이 나머지 지역을 정복하도록 했다. 그 소식을 들은 데메트리오스는 마케도니아의 병영에서 위험한 소요가 일어나고 있음을 알아차렸다.

데메트리오스는 리시마코스처럼 위대한 마케도니아의 이웃 왕이 자기의 병사들에게 가깝게 다가가면 그들이 리시마코스에게로 넘어갈까 두려웠다. 그래서 데메트리오스는 말머리를 돌려 피로스를 대적하러 떠났다. 피로스는 외국인이므로 마케도니아인들의 미움을 받고 있으리라고 짐작했던 것이다. 그러나 데메트리오스가 피로스를 향해 진격하다 보니 베로이아인들이 피로스를 소리 높여 찬양하고 있었다. 그들은 이렇게 말했다.

"피로스는 꺾이지 않는 장군이며 위대한 영웅이오. 그는 온유하고 인정스럽게 포로들을 거두어 준다오."

그들 가운데에는 피로스가 잠입시킨 무리가 섞여 있었다. 그들은 마케도니아인 행세를 하며 이렇게 말했다.

"지금이야말로 데메트리오스의 포악한 정치를 몰아내고 피로스에게 돌아갈 때요. 피로스는 민중에게도 정중하며 병사들을 사랑하는 장군이오."

이들의 말에 데메트리오스의 많은 병사가 흥분하여 피로스를 만나러 갔다. 그때 우연히도 피로스는 투구를 벗고 있어 병사들은 그를 알아보지 못했다. 그러나 그가 다시 투구를 쓰자 투구의 높다란 깃털과 염소 뿔을 본 무리가 그를 알아보았다. 마케도니아의 어떤 병사들은 피로스에게 달려와 암호가 무엇인지를 묻기도 하고, 피로스의 병사가 떡갈나무 잎으로 화관을 만들어 쓴 것을 보고는 자기들도 따라서 화관을 만들어 쓰기도 했다. 어떤 병사들은 데메트리오스에게 감히 이렇게 소리쳤다.

"이번 원정을 포기하고, 조용히 군대를 철수하시오. 그러면 우리는 당신을 현명한 사람으로 여기겠소."

그와 같은 주장이 병영에서 벌어지는 소란과 일치하고 있다는 사실에 놀란 데메트리오스는 챙이 넓은 모자를 쓰고 일반 병사의 외투를 입은 채 몰래 도망쳤다. 이에 피로스는 격전을 치르지 않고서도 데메트리오스의 진영을 차지한 다음 마케도니아의 왕으로 추대되었다.

그 무렵에 리시마코스가 나타나, 데메트리오스를 몰아낸 것은 피로스 혼자만의 공적이 아니라 자신과 함께 이룬 것이므로 영토를 나누어 달라고 요구했다. 아직 마케도니아인들이 무슨 생각을 하고 있는지 잘 몰라 의심하고 있던 피로스는 그의 요청을 받아들여 영토와 도시를 나누어 주었다. 이와 같은 조처가 당장에는 도움이 되어 두 사람 사이의 분쟁을 멈추게 했지만, 그는 곧 그러한 영토 할양이 적대 행위를 끝내기는커녕 불평과 다툼의 구실이 되었음을 알게 되었다.

바다이든 산이든 사막이든, 영토에 대한 욕망은 끝이 없어, 상식을 벗어난 욕망에 사로잡힌 사람에게는 유럽과 아시아를 갈라놓고 있는 국경도 아무런 의미가 없었다. 이 둘이 서로 몸을 마주치게 되자 평화는 입 밖에 꺼내기조차 불가능한 일이 되고 말았다. 음모를 꾸미고 서로를 시샘하는 것이 그들의 천성이었다. 그들은 입으로는 전쟁과 평화를 마치 동전 몇 닢처럼 쉽게 말했지만, 사실 자신들의 이익에 무슨 보탬이 되는지만을 생각할 뿐 정의 자체는 아랑곳하지도 않았다.

그들이 보기에는, 불의한 처사를 저지를 수 없는 평화로운 시대 속에서 우정이니 정의니 하는 것들을 거론하기보다는 차라리 드러내 놓고 전쟁을 일으키는 것이 더 나았다. 피로스의 처사가 이를 잘 보여 주었다.

이를테면 중병에 걸려 있던 데메트리오스가 권력을 잡아 재기하는 일이 없도록 하고 싶었던 피로스는 그의 적대 세력인 그리스를 돕고자 아테네로 진격했다. 아테네에 입성한 피로스는 신전의 언덕(Capitolia)에 있는 아크로폴리스(Acropolis) 신전으로 올라가 제물을 바친 다음, 시내로 내려와 민중에게 이렇게 말했다.

"나는 아테네 시민 여러분이 나에게 보여 준 신뢰와 호의를 기쁘게 여깁니다. 그러나 앞으로 여러분이 진실로 지혜롭다면, 여러분은 어느 왕에게도 도시나 성문을 열어 주어서는 안 됩니다."[3]

그 뒤에 피로스는 실제로 데메트리오스와 평화 조약을 맺었다. 그러나 얼마의 시간이 흘러 데메트리오스가 아시아 원정에 오르자 피로스는 다시 리시마코스의 권고에 넘어가 테살리아가 반란을 일으키도록 부추기는 한편, 그리스의 여러 도시에 있는 데메트리오스의 부대를 공격했다. 왜냐하면 마케도니아인들은 평화로울 때보다 전쟁을 치를 때 더 다루기 쉽다는 사실을 알고 있었던 데다가, 그 자신도 원래 가만히 있지 못하는 성격이기 때문이었다.

드디어 [기원전 301년에] 데메트리오스가 시리아의 입소스 전투에서 완전히 무너지자 이제 더 이상 걱정할 것이 없다고 생각한 리시마코스는 곧바로 피로스를 공격했다. 그 무렵 피로스는 에데사에 진영을 차리고 있었다. 리시마코스는 피로스의 식량 수송 마차를 공격하여 차지함으로써 그를 곤경에 빠뜨렸다. 이어 리시마코스는 편지와 면담을 통해 마케도니아의 지도자들을 매수하면서 이렇게 꾸짖었다.

"여러분은 외국인을 주군(主君)으로 선출하였습니다. 지난날 그는 마케도니아의 지배를 받던 인물로, 나라 밖에서 늘 알렉산드로스 대왕의 막료와 왕실을 괴롭혔습니다."

많은 사람이 리시마코스의 설득에 넘어가자, 두려움을 느낀 피로스는 에페이로스와 동맹국의 군대를 거느리고 철군함으로써 그가 그토록 쉽게 차지했던 마케도니아를 그만큼 쉽게 잃었다. 이 장면을 통하여 우리는 민중이 자기 이익에 따라 충성을 바꾼다 하더라도 왕은 그들을 비난할 수 없다는 점을

3   이 부분은 판본에 따라 내용이 조금 다르다. 페린(Perrin)의 판본(IX, p. 379, § 12)에는 "여러분은 어느 왕에게도 도시를 열어 주어서도 안 되며 나에게도 성문을 열어 주어서는 안 됩니다"라고 되어 있는데, 아마도 오역인 듯하다.

알게 된다. 왜냐하면 민중이 이제까지의 충성을 버리고 태도를 바꾸는 것은 그들의 왕에게서 배운 것이기 때문이다. 왕은 민중에게 불신과 배신을 가르쳐 주는 선생이다. 정의를 지키지 않을 때 왕이 가장 큰 이득을 얻는다고 민중은 생각한다.

13

그 무렵 피로스는 전쟁에 지고 에페이로스로 물러나 있으면서 마케도니아에 대한 욕심을 버린 터라, 운명의 여신은 그가 더 이상 더러운 짓을 하지 않고도 권력을 즐기면서 평화롭게 자기 민족을 다스리도록 허락해 주었다. 그러나 그는 남을 괴롭히지도 않고 남들에게서 괴로움을 겪지도 않는 것은 메스꺼울 정도로 지루한 일이라고 생각했으니, 그 모습은 마치 아킬레우스와 같아,

> 그러나 그는 그곳에 계속 머무르자
> 심장이 도려내지는 듯했다.
> 그러면서 전쟁의 함성을 그리워했다.
> (『일리아스』, I : 491)

이처럼 피로스가 전쟁에 안달하고 있을 때, 다른 사건이 벌어져 새로운 원정의 기회가 찾아왔다. 로마와 타렌툼(Tarentum)이 전쟁을 일으킨 것이다. 그 무렵 타렌툼은 전쟁을 치를 형편이 아니었음에도 선동적인 지도자들의 무모하고도 악의적인 처사로 말미암아 사태를 최악으로 몰아갔다. 그리하여 그들은 피로스가 사령관이 되어 자기들의 군대를 이끌고 싸워 주기를 바랐다.

　　타렌툼의 시민은 피로스야말로 모든 왕 가운데 지금 가장 한가하고 가장 용맹한 장군이라고 믿었다. 그러한 계획에 적극 반대하던 원로들의 의견은 주전파의 함성과 폭력 속에 묻

히고, 그 모습을 본 다른 시민들은 아예 민회의 토론에 나오지도 않았다.

그런 가운데에서도 뜻있는 인물이 있었다. 그의 이름은 메톤(Meton)이었다. 전쟁을 일으키기로 선언하려는 날, 민중이 민회에 나와 자리 잡고 있을 때였다. 마치 주연에 참여한 사람처럼, 메톤이 머리에 시든 화관을 쓰고 손에는 횃불을 든 채 흥청거리는 춤을 추며 나타났다. 그의 앞에서는 한 소녀가 피리를 불며 길을 안내하고 있었다.

예의를 차릴 일도 없는 자유인들 사이에 메톤이 그런 모습으로 나타나자 어떤 사람은 그를 향해 손뼉을 치고 어떤 사람은 웃었다. 아무도 그를 말리지 않았다. 오히려 군중은 소녀에게 피리를 불고 메톤에게는 앞으로 나와 노래를 부르라고 요청했다. 그가 노래를 부를 것이라 기대하면서 군중이 잠시 조용해지자 메톤이 앞으로 나와 이렇게 말했다.

"타렌툼 시민 여러분, 지금 놀며 흥청거리는 사람들에게 눈살을 찌푸리지 않고 그대로 둔 것은 잘한 일이오. 만약 여러분이 지혜롭다면 여러분은 자유가 허락되는 동안에만 그렇게 즐길 수 있다는 사실을 알 것이오. 그러나 피로스가 이 도시에 들어오는 날, 여러분은 다른 일을 하게 될 것이고 다른 삶을 살면서 다른 음식을 먹게 되리라는 것을 알 것입니다."

메톤의 연설은 대부분의 타렌툼 시민에게 감동을 주었다. 민회 여기저기에서 웅성거림이 일었다. 그러자 로마와 싸우지 않고 강화를 맺으면 자신들이 로마에 복속될 것이라고 두려워했던 사람들은 주정뱅이의 허튼소리를 듣고 그토록 쉽게 의견을 바꾸는 사람들을 비난하면서 무리를 지어 메톤을 민회에서 쫓아냈다.

그리하여 로마와 전쟁을 선포한 [기원전 281년 여름에] 민중은 사절을 뽑아 피로스에게 보냈는데, 사절단에는 타렌툼 시민뿐만 아니라 이탈리아에 사는 그리스인들도 있었다. 그들은 선물을 들고 피로스를 찾아가 이렇게 말했다.

"우리는 명망 있고 신중한 장군을 지도자로 모시고자 합니다. 그분은 루카니아(Lucania)와 메사피아(Messapia)와 삼니움(Samnium)과 타렌툼에서 모은 2만 명의 기병과 35만 명의 보병을 이끌게 될 것입니다."

이 말은 피로스를 감동시켰을 뿐만 아니라 에페이로스 시민이 원정을 일으키도록 고무했다.

14

그 무렵에 테살리아에는 키네아스(Cineas)라는 매우 지혜로운 사람이 살고 있었다. 그는 웅변가 데모스테네스의 제자였다. 그의 대중 연설은 너무도 훌륭하여 그 연설을 듣는 사람들은 마치 위대한 조각상을 보는 듯한 기분을 느끼면서, 위대한 웅변가의 능력이 어떤 것인가를 되새겨 보곤 했다. 키네아스는 피로스와도 가까운 사이여서 여러 도시에 사신으로 파견된 적이 있었는데, 그의 행적은 에우리피데스의 다음과 같은 시구를 생각나게 해 준다.

> 정복자의 칼로써 얻을 수 있는 것을
> 웅변으로써 얻을 수 있도다.
> (에우리피데스, 『페니키아의 여자』, § 517~518)

그래서 피로스는 이런 말을 자주 했다.

"내가 무력으로 정복한 도시보다 키네아스가 웅변으로 빼앗은 도시가 더 많구나."

피로스는 키네아스를 특별히 존경하면서 그의 도움을 받았다. 피로스가 이번 원정에 열성적인 것을 본 그는 어느 날 한가로운 시간에 피로스와 대화를 나누었다.

"전하, 세상 사람들이 말하기를, 로마인은 위대한 전사이며 호전적인 여러 국가를 정복했다고 합니다. 이번 전쟁에서 하늘이 도와 우리가 저들을 정복한다면 그 승리를 어디에 쓰려 하십니까?"

피로스가 이렇게 대답했다.

"키네아스여, 그대의 질문에는 대답할 필요조차 없소. 로마를 정복하면 어떤 야만국이나 그리스의 국가들도 우리를 대적하지 못할 것이오. 그렇게 되면 우리는 이탈리아 땅을 모두 차지할 수 있소. 로마가 넓고 비옥하고 중요하다는 것을 그대보다 더 잘 아는 사람도 없을 터인데."

잠시 말이 없던 키네아스가 다시 물었다.

"이탈리아를 정복한 다음에는 무엇을 더 하려 합니까?"

그가 왜 그런 말을 하는지 모르는 피로스는 이렇게 대답했다.

"시킬리아가 그 가까운 곳에 있고, 그들은 우리에게 손을 뻗치고 있소. 그 나라는 부유하고 인구도 많소. 그 나라를 정복하는 일은 매우 쉽소. 독재자 아가토클레스가 죽은 뒤로 그 나라에는 정치 싸움이 심하고 무정부 상태에 빠져 선동가들만이 판을 치고 있으니 말이오."

그 말에 키네아스가 이렇게 대꾸했다.

"전하의 말씀이 맞습니다. 그렇다면 시킬리아를 정복한 다음에는 우리의 원정이 끝나는가요?"

이에 피로스가 이렇게 대답했다.

"전쟁의 승리와 성공은 하늘의 뜻이오. 지금 우리가 거둔 승리는 더 위대한 과업을 이루기 위한 전주곡에 지나지 않소. 시킬리아를 정복한 다음에는 리비아와 카르타고에 손을 뻗치지 않을 사람이 어디 있겠소? 그곳은 아가토클레스가 몰래 시라쿠사이를 빠져나와 몇 척의 함선을 이끌고 바다를 건너 정복하려다가 거의 실패한 곳이라오. 우리가 그곳마저 정복하면 오늘날 우리를 괴롭히고 있는 어느 국가도 더 이상 저항하지 않으리라는 것은 더 말할 나위도 없다오."

키네아스가 다시 입을 열었다.

"그토록 많은 병력으로 우리가 마케도니아를 다시 찾고 그리스를 안전하게 지배하리라는 것은 더 말할 나위도 없이 분명한 일입니다. 그러나 그런 일을 모두 이룬 뒤에 우리는 또 무엇을 더 해야 합니까?"

이에 피로스는 웃으며 이렇게 대답했다.

"친구여, 그때는 쉬는 것이지요. 날마다 진탕 술을 마시고, 가까운 친구들과 가슴에 담은 이야기를 나누며 즐기는 것이지요."

피로스와의 대화를 여기까지 끌고 온 키네아스는 이렇게 말했다.

"만약 우리가 술을 마시며 즐거운 사람들과 시간을 보내고자 한다면 왜 지금이 그때가 아니겠습니까? 우리는 남에게 아픔을 주고 자신에게 고통을 주면서 피와 땀과 위험을 무릅쓰고 이루고자 했던 것들을 이미 이룰 만큼 이뤘고 가질 만큼 가졌습니다."

이 말을 들은 피로스는 마음을 바꾸기보다는 오히려 더 혼란스러워했다. 그는 자신이 뒤로 미루어 두었던 진정한 행복이 과연 무엇인가를 분명히 알게 되었지만, 열정을 가지고 이루고자 했던 야망을 버릴 수는 없었다.

15

피로스는 먼저 병사 3천 명과 함께 키네아스를 타렌툼으로 파견했다. 그런 다음 그는 기마 수송대와 함대와 온갖 소형 선박을 타렌툼에서 차출하여 20마리의 코끼리와 3천 필의 말과 2만 명의 보병과 2천 명의 궁수와 5백 명의 투석병을 실었다. 모든 준비를 끝낸 그는 바다로 나갔다.

그러나 피로스가 이오니아해로 가는 길 중간쯤 이르렀을

무렵 때아닌 북풍에 배가 휩쓸려 떠내려갔다. 거센 풍랑에도 그는 용감한 수병과 장군들의 도움으로 앞으로 나아가 육지에 이르렀으나, 다른 함선들은 커다란 혼란에 빠지고 함대는 흩어졌다. 어떤 함선은 이탈리아와 리비아의 앞바다 그리고 시킬리아까지 떠내려갔다. 어떤 함선은 이아피기움(Iapygium)곶에 이르지도 못하고 밤중에 거센 파도에 휩쓸려 항구도 없는 어느 이름 모를 해안까지 쓸려 갔다. 오로지 피로스의 함선만 무사했다.

왕의 함선은 옆으로 파도를 맞으면서도 앞으로 나아갔는데, 크고 튼튼하여 부서지지 않았다. 그러나 곧이어 바람의 방향이 바뀌어 배를 해안에서 밀쳐 냈다. 뱃머리로 바람을 맞으며 버티려다가는 큰 파도에 곧 부서질 것만 같았다. 그렇다고 바람 따라 거친 바다로 다시 나가 사방에서 풍랑을 맞는 것은 지금의 해안에 머무는 것보다 더 위험해 보였다. 고민하던 피로스는 갑자기 바다로 뛰어들었다. 그의 막료와 수병들이 다투어 바다로 뛰어들어 그를 구출하려 했지만, 어둠 속의 거친 파도 때문에 구출이 어려웠다.

그러다가 날이 밝고 바람이 잦아들자 피로스는 가까스로 해안에 올랐다. 몸은 이미 기진맥진했지만 용기와 정신력으로 절망을 이겨 냈다. 더욱이 지난날 그가 표착(漂着)한 적이 있던 메사피아의 부족이 달려와 그들이 할 수 있는 데까지 지극정성으로 도와주었다. 그제야 풍랑에서 살아남은 몇 척의 배가 그리로 찾아왔다. 거기에는 아주 적은 숫자의 기병과 2천 명이 안 되는 보병과 코끼리 두 마리가 타고 있었다.

16

피로스는 살아남은 무리를 이끌고 타렌툼으로 떠났다. 그곳에 있던 키네아스가 왕이 도착했다는 소식을 듣고 병사를 이끌고 나와 그를 맞이했다. 도시로 들어간 피로스는 함선이 도착하여 병력이 모일 때까지 타렌툼 시민의 바람에 거슬리는 짓을 하지 않았고 그들에게 아무런 강요도 하지 않았다. 그러나 그는 민중을 강력하게 다그치지 않으면 아무것도 할 수 없고, 다른 사람은 물론 자신도 구원할 수 없다는 것을 깨달았다.

그들은 오로지 피로스가 자신들을 대신하여 싸워 주길 바라면서 집 안에서 목욕을 즐기거나 사교 모임에 나가 입으로만 전쟁을 치르고 있었다. 이에 피로스는 체육관과 그들이 산책하는 공공 도로를 막고, 술과 잔치와 제때가 아닌 축제를 금지하는 동시에 민중을 무장시켜 강력한 군제(軍制)로 편입시켰다. 그러자 많은 시민이 도시를 떠났다. 그들은 남의 명령을 받으며 사는 것에 익숙하지 않았고, 원치 않는 삶을 사는 것을 노예처럼 여겼다.

그때 로마의 집정관 라이비누스(Laevinus)가 대규모 병력을 이끌고 쳐들어와 루카니아를 약탈하고 있다는 소식이 들려왔다. 피로스로서는 아직 지원군이 도착하지 않았지만 뒤로 물러선다는 것은 생각할 수도 없는 일이었고, 적군이 쳐들어오는 것을 보고만 있을 수도 없어 군대를 이끌고 전장으로 나갔다. 그는 로마 진영에 전령을 보내, 전투를 치르기에 앞서 이탈리아에 있는 그리스의 이주민들과 벌어지고 있는 문제를 먼저 해결하되, 자기가 그 중재를 맡고 싶은데 의향이 어떠냐고 물었다.

그러나 라이비누스는 그런 문제에 피로스를 중재자로 선택하고 싶지도 않으며, 그를 두려워하지도 않는다는 답장을 보내왔다. 이에 피로스는 앞으로 나아가 판도시아(Pandosia)와 헤라클레이아(Herakleia) 사이에 있는 평원에 병영을 세웠다.

로마 병사가 시리스(Siris)강 건너편 가까이에 진영을 차렸다는 소식을 들은 피로스는 전황을 살피러 말을 타고 강변으로 나갔다. 그가 바라보니 기율과 경비와 질서와 병영의 배치가 놀라울 정도로 정연했다. 이에 그는 곁에 있던 막료에게 이렇게 말했다.

"야만족의 군기가 야만족 같지 않군. 그러나 어떤 결과가 나타날지는 곧 알겠지."

그러면서도 피로스는 승리를 자신할 수 없어 지원군이 올 때까지 기다리기로 결정했다. 그는 강변에 경계병을 배치하고 적군이 강을 건너오려 하는지 살피도록 했다. 그러나 피로스가 기다리는 지원군이 오고 있다는 사실에 조바심이 생긴 로마군은 먼저 강을 건너 공격을 시도했다. 보병은 얕은 여울로 건너고 기병대는 여러 곳으로 나누어 건너왔다.

이에 경비를 서던 그리스 병사들은 포위되는 것이 두려워 뒤로 물러섰다. 이를 바라보던 피로스는 크게 당황하여, 보병 장군들에게 서둘러 무장과 전열을 갖추도록 한 다음 자신은 기병 3천 명을 이끌고 진격해 나갔다. 피로스는 아직 강을 건너오는 적군을 공격하면 그들이 혼란에 빠져 도망할 것으로 기대했다. 적군의 방패가 강변에서 번쩍이고 기병대가 질서 정연하게 다가오자 피로스는 전열을 좁힌 다음 적군을 향해 달려 나갔다.

빛나는 갑옷을 입은 피로스의 모습은 참으로 아름다웠다. 그는 자신의 용맹이 거짓이 아님을 행동으로 보여 주었다. 그는 전투에 적극 참여하고 용맹스럽게 적군을 몰아냄으로써 자신의 명성을 입증해 보였다. 피로스는 형세를 판단하는 데 착오가 없었으며 당황하지 않았다. 오히려 그는 자기 부대 가운데 취약하다고 여겨지는 곳에 지원군을 보내고 이리저리 돌진함으로써 멀리서도 마치 자기가 몸소 살피고 있는 듯이 전투를 지휘했다.

그때 피로스의 부대에는 마케도니아 출신의 레온나토스 (Leonnatos)라는 장군이 있었다. 레온나토스가 바라보니 로마 병사 하나가 피로스를 노리고 따라다니면서 이리저리 기회를 엿보고 있었다. 그가 피로스에게 말했다.

"전하, 저기 발목이 희고 몸이 검은 말을 타고 있는 녀석을 보십시오. 저 녀석이 아마도 일을 저지를 것으로 보입니다. 저놈은 흉측한 계획을 품고 전하만 노려보면서 온 힘을 다해 전하에게 다가올 생각만 하고 있으며, 다른 사람들은 거들떠보지도 않습니다."

그 말을 들은 피로스가 대답했다.

"레온나토스여, 운명이란 피할 수 없는 것이라네. 그러나 저 녀석이든 다른 어느 로마 병사이든, 나에게 가까이 와서 무사할 수는 없을 걸세."

그들이 이와 같은 이야기를 나누고 있는 동안에 그 로마 병사가 창을 겨누고 말을 몰아 피로스에게 달려들었다. 동시에 그의 창이 피로스의 말을 찔렀고, 로마 병사의 말은 레온나토스의 공격을 받았다. 두 말이 함께 쓰러졌으나 막료들이 달려들어 피로스를 구출하였으며, 그 로마 병사는 끝까지 싸우다가 죽었다. 그는 프렌타니아(Frentania) 출신의 기병대장으로, 이름은 오플락스(Oplax)였다.

17

이 사건으로 말미암아 피로스는 경계를 더욱 강화해야 한다는 것을 알았다. 그리스 기병대가 적군의 공격에 무너지고 있음을 확인한 그는 밀집 보병을 앞으로 나오게 하여 전열을 가다듬은 다음, 자신은 갑옷과 투구를 벗어 막료인 메가클레스(Megakles)에게 입히고 스스로를 은폐한 채 로마군을 향해 쳐들어갔다. 그러나 피로스를 맞이한 로마군의 저항도 만만치 않아 긴 시간 동안 승패가 결정되지 않았다.

기록에 따르면, 일곱 차례나 우열이 바뀌었다고 한다. 양쪽은 일진일퇴했다. 피로스는 갑옷을 바꿔 입은 덕분에 목숨을 건졌지만 그로 말미암아 명분을 잃고 전쟁에 거의 질 뻔했다. 로마 병사들은 메가클레스를 피로스로 알고 집중적으로 공격했다. 로마군 앞에 서 있던 덱소우스(Dexoüs)라는 장군이 메가클레스를 찔러 넘어뜨린 다음, 투구와 갑옷을 벗겨 들고 로마의 집정관 라이비누스를 찾아가 전리품을 보이면서 자기가 피로스를 죽였다고 소리쳤다.

전리품을 늘어놓은 로마 병사들은 환희에 차 소리쳤고, 그리스 병사들은 크게 낙심했다. 이때 사태를 파악한 피로스가 민낯에 손을 흔들며 자기 부대 앞에 나타나 자신이 죽지 않았음을 소리쳐 알렸다. 드디어 로마 병사들은 습격을 받아 뒤로 물러섰다. 말들은 코끼리 부대에 놀라 병사를 태운 채 도망쳤다. 이에 피로스는 테살리아 병사를 이끌고 혼란에 빠진 로마군을 공격하여 많은 병사를 죽였다.

할리카르나소스의 역사학자인 디오니시오스(Dionysios)의 기록에 따르면, 거의 1만 5천 명의 로마 병사가 이때 죽었다 하고, 안티고노스를 수행(隨行)한 역사학자인 히에로니모스(Hieronymus of Cardia)의 기록에 따르면 7천 명이 죽었다고 한다. 디오니시오스의 기록에 따르면 피로스의 피해는 1만 3천 명이었다 하고, 히에로니모스의 기록에 따르면 4천 명을 넘지 않았다고 한다. 그러나 피로스가 잃은 병력은 정예 부대였다.

그뿐만 아니라 피로스는 이 전쟁에서 자신이 가장 믿고 의지했던 장군과 막료 들을 잃었다. 피로스는 로마 병사가 버리고 달아난 병영을 접수하고 로마의 동맹 도시 몇 곳을 차지했다. 그는 또한 많은 지역을 폐허로 만들고 로마에서 3백 훠롱에 이르는 곳까지 진격했다.

이 전투가 끝나자 많은 루카니아인과 삼니움인이 피로스를 찾아왔다. 그는 이들이 너무 늦게 찾아온 것을 책망했지만, 내심 자신의 부대와 타렌툼의 병사들만으로 로마의 거대한 병력을 무찔렀다는 사실이 기쁘고 자랑스러웠을 것이다.

로마인들은 패전의 책임을 물어 집정관 라이비누스를 해임하지 않았다. 오늘에도 들리는 바에 따르면, 로마의 저명한 정치가인 카이우스 화브리키우스(Caius Fabricius)는 이렇게 말했다고 한다.

"이번 전쟁은 에페이로스인들이 로마를 정복한 것이 아니라 피로스가 라이비누스를 이긴 것이며, 병력으로 승부가 결정된 것이 아니라 장군들이 승부를 갈랐다."

그러면서 로마인들은 서둘러 위축된 병력을 보완하고 사기를 진작했다. 그들은 자신들이 전쟁을 결코 두려워하지 않는다고 선언했다. 이에 피로스는 마음이 불안해졌다. 그는 먼저 사절을 보내 강화 조약을 맺을 뜻이 있는지를 알아보기로 결정했다. 로마군을 상대로 완승을 거두고 로마를 함락시키는 것은 벅찬 일처럼 보였다. 그는 현재의 병력으로는 다시 대규모 전쟁을 치를 수 없다고 판단했다.

그뿐만 아니라, 그는 이번 전쟁을 치른 다음 로마와 강화 조약을 체결한다면 자기의 명성을 높이는 데 큰 도움이 되리라고 생각했다. 이에 따라 키네아스가 사절로 파견되었다. 키네아스는 로마에서 지위가 높은 인물들을 만나고, 피로스가 보낸 선물을 그들의 아내와 자식에게 전달했지만 아무도 그것을 받지 않았다. 그들은 모두 이렇게 말했다.

"강화 조약을 공식적으로 맺은 뒤에 우리도 피로스왕에게 우의(友誼)와 친목을 보여 줄 것이오."

더욱이 키네아스는 여러 가지 유리한 제안을 제시했으나 그들은 기쁜 마음으로 얼른 받아들이지 않았다. 피로스는 키네아스를 통해 이렇게 제안했다.

"우리는 몸값을 받지 않고 전쟁 포로를 돌려보낼 것이며, 로마인들이 이탈리아 전체를 정복하도록 도울 것이다. 이와 같은 조건의 대가로 피로스와 우호를 맺고, 타렌툼을 침략하지 않는 일 말고는 우리가 바라는 것이 없다."

대부분의 로마 원로원 의원들은 강화를 바라고 있음이 분명했다. 그들은 이번 전쟁에서 참패했고, 이번에 강화를 맺지 않으면 이탈리아에 이주하여 사는 그리스인들이 피로스 편에 서서 또다시 전쟁을 일으킬지도 모른다고 염려했던 것이다.

이 무렵 로마에는 아피우스 클라우디우스 카이쿠스(Appius Claudius Caecus)라는 지혜로운 인물이 살고 있었다. 지난날 독재관(Dictator)과 집정관을 지냈던 그는 나이가 너무 많고 눈도 어두워 모든 공직에서 물러나 있었는데, 피로스의 휴전 제안을 받은 원로원이 이를 토의한다는 소식을 들었다.

그는 참지 못하고 하인들을 불러 가마에 탄 다음 토론의 광장을 지나 원로원으로 갔다. 원로원 문에 이르자 그의 아들과 사위가 그를 부축하여 안으로 들어갔다. 원로원 의원들이 존경의 표시로 조용히 그를 맞이했다.

19

클라우디우스 카이쿠스가 자리에서 일어나 이렇게 말했다.

"친애하는 로마 시민 여러분, 오늘까지 나는 앞을 볼 수 없다는 사실을 고통스럽게 생각했습니다. 그러나 지금은 눈이 멀었다는 사실뿐만 아니라 귀먹지 않았다는 사실 또한 고통스럽습니다. 왜냐하면 나는 지금 여러분이 로마의 명예를 더럽히는 정령(政令)을 치욕스럽게 결의하려 한다는 소식을 듣지 말았어야 했기 때문입니다. 우리가 젊었을 적에 선조들은 설령 저 유명한 알렉산드로스 대왕이 쳐들어와 전쟁을 일으켰을 때에도 그를 무적의 상대로 여기지 않았습니다. 우리는 그를 패주시키거나 아니면 이탈리아에서 무너뜨림으로써 로마의 영광을 끝까지 지키리라고 자부했습니다. 그런데 이제 그 호기롭던 장담은 어디로 갔습니까?

이제 여러분은 지난날 마케도니아의 먹잇감이었던 카오

니아(Chaonia)족과 몰로시아족을 두려워하고, 기껏해야 지난 날 알렉산드로스 대왕 호위병의 종자(從者)였던 피로스 앞에 떨고 있으니, 여러분은 자신들이 허풍선이였음을 보여 주고 있을 뿐입니다. 그는 로마에 사는 그리스인들을 도우러 온 것이 아니라 본국에 있는 정적들에 쫓겨 이곳을 떠돌면서, 마케도니아의 한 모퉁이도 지킬 수 없었던 병사를 이끌고 와서 우리를 위해 이곳을 지켜 주겠노라 약속하고 있습니다.

바라건대 여러분은 그와 강화 조약을 맺음으로써 그의 공격에서 우리를 지키리라고 생각하지 마시오. 차라리 다른 왕들에게 우리의 운명을 의지하시오. 만약 여러분이 피로스가 저토록 우리를 모욕하고 있음에도 그를 무사히 돌려보낸다면, 타렌툼인이나 삼니움인들은 로마를 크게 비웃을 것이며, 세상 사람들은 우리를 누구에게나 굽실거리는 민족으로 멸시할 것입니다.”

클라우디우스 카이쿠스의 연설이 끝나자 청중은 피로스에 항전하기로 결정하고, 키네아스에게는 다음과 같은 대답을 들려 돌려보냈다.

“먼저 피로스가 이탈리아를 떠나야 한다. 그런 다음에 그가 원한다면 로마인들은 강화와 동맹을 논의할 수 있다. 그러나 그가 무장을 한 채 이 나라에 계속 남아 있는다면, 라이비누스와 같은 인물을 만 번 무찌른다 하더라도 우리는 힘을 다해 싸울 것이다.”

들리는 바에 따르면, 키네아스는 로마에서 사절의 임무를 수행하면서도 로마인들의 삶의 양식에 깊은 관심을 기울이고 살펴보았으며, 훌륭한 정부 형태를 이해하려 애썼다고 한다. 그는 로마의 명사들과 많은 대화를 나누고, 이를 통해 얻은 다양한 지식을 피로스에게 알리면서 이렇게 말했다고 한다.

“제가 본 바에 따르면, 로마의 원로원은 여러 왕의 회의체와 같았으며, 적군과 맞서 싸우는 시민은 마치 레르나(Lerna)의 뱀(hydra)⁴처럼 무서웠습니다. 집정관은 지난날의 적군에 대항하여 싸운 병력보다 두 배나 더 많은 병력을 모았으며, 무기를 들고 싸울 수 있는 로마인들은 아직도 많이 있습니다."

20

이런 일이 있은 뒤에 포로 문제를 처리하려고 로마에서 사절이 왔는데, 인솔자는 카이우스 화브리키우스였다. 그가 오자 키네아스는 피로스에게 이렇게 보고했다.

"카이우스 화브리키우스는 지금 로마에서 가장 존경받는 위대한 장군이지만 매우 가난하게 살고 있습니다."

그 말에 따라 피로스는 사사로이 그에게 친절을 베풀고 금덩어리를 주면서 이렇게 말했다.

"이는 나쁜 뜻으로 드리는 것이 아니라 우정과 호의이니 받아 주시기 바랍니다."

그러나 화브리키우스는 금덩어리를 거절했다. 피로스는 그날 그를 혼자 있게 내버려 두었다. 이튿날 피로스는 그가 코끼리를 본 적이 없다는 사실을 알고 그를 놀라게 해 주려고 장막 뒤에 엄청나게 큰 코끼리를 숨겨 놓도록 지시한 다음 그 앞에서 함께 이야기를 나누었다.

준비가 끝나자 신호에 따라 장막을 걷어 내니 갑자기 코끼리가 긴 코로 화브리키우스의 머리를 쓰다듬으면서 벽력같이 소리를 냈다. 이에 화브리키우스는 조용히 피로스를 돌아보며 얼굴에는 미소를 띤 채 이렇게 말했다.

"어제는 금덩어리로 나를 움직이지 못하더니 오늘은 짐승으로써도 나를 움직이지 못하는군요."

저녁 식사 시간이 되자 여러 가지 주제가 화제로 올랐는

---

4   레르나 늪에 살고 있던 뱀은 머리가 아홉 개 달려 하나를 잘라도 금방 다시 생겼다고 하는데 헤라클레스의 손에 죽었다.

데, 그리스와 그리스의 철학자들에 대한 이야기를 많이 나누었다. 그 자리에서 쾌락주의자 에피쿠로스 이야기가 나왔고, 키네아스는 신(神)과 민주 정부와 최고의 미덕이 무엇인가에 대한 그 학파의 주장을 이야기하다가 다음과 같이 말했다.

"그들은 쾌락을 가장 좋은 것으로 여겼지만 민주 정부에 대해서는 관심을 두지 않았습니다. 왜냐하면 정치란 행복을 추구하는 데 방해가 되거나 행복을 해치기 때문이라고 합니다. 그들은 또한 인간의 기쁨이나 분노나 인정의 문제에서 되도록이면 신의 문제를 떼어 놓고 생각합니다. 그들은 신이 인간의 삶을 보살피기보다는 자신들의 편안함과 안락함에만 마음을 쓰고 있다고 생각하기 때문입니다."

키네아스의 말이 채 끝나지도 않았는데 화브리키우스가 이렇게 소리쳤다.

"헤라클레스 신이시여, 우리와 전쟁을 치르고 있는 피로스와 삼니움인들도 그런 생각을 품게 해 주소서."

이에 피로스는 화브리키우스의 기백과 인품에 탄복하여 로마와 전쟁을 하는 대신에 우호 관계를 맺고 싶은 마음을 더욱 절실하게 느꼈다. 피로스는 화브리키우스를 사사롭게 초청하여 강화 조약의 체결에 관해 논의하면서 그가 자신의 가장 가까운 동지요 장군이 되어 자신과 함께 남은 인생을 보내기를 바란다고 말했다. 그러나 들리는 바에 따르면, 그 말을 들은 화브리키우스는 조용히 피로스에게 이렇게 말했다고 한다.

"대왕이시여, 그것은 안 될 일입니다. 그런 일은 결코 대왕에게 좋은 일이 되지 않을 것입니다. 왜냐하면 지금 대왕을 찬양하고 존경하는 사람들이 저와 가까워진다면 그들은 대왕 대신에 저를 왕으로 모시고 싶어 할 것이기 때문입니다."

화브리키우스는 그런 인물이었다. 그의 말을 들은 피로스는 노여워하지도 않았고 폭군처럼 처신하지도 않았다. 그는 막료들에게 화브리키우스의 고결함을 설명하고, 로마군 포로들을 그의 손에 맡겼다. 다만 로마의 원로원이 강화 조약 체결에 동의하지 않는다면, 로마로 돌아간 포로들은 사투르누스 축제(Saturnus Festival)[5]를 지낸 다음 다시 피로스에게 돌아와야 한다는 조건을 달았다.

포로들은 실제로 그 축제가 끝난 뒤에 피로스에게 돌아갔다. 왜냐하면 돌아가지 않는 포로는 사형에 처한다고 원로원이 결의했기 때문이었다.

21

이런 일이 있은 뒤에 화브리키우스가 집정관에 오르자, 어떤 사람이 편지를 들고 진중에 찾아왔다. 그 편지는 피로스의 어의(御醫)가 보낸 것으로서, 자신이 피로스를 독살할 테니, 로마가 더 피해를 겪지 않고 전쟁을 끝내도록 도운 자신에게 상금을 약속해 달라는 내용이 담겨 있었다. 어의의 사악함에 화가 치민 화브리키우스는 자기의 막료들에게 심정을 털어놓은 다음 피로스에게 급히 편지를 보내 살인 음모에 대비하라고 알려 주었다. 그 편지는 이렇게 쓰여 있었다.

"로마의 집정관 카이우스 화브리키우스와 퀸투스 아이밀리우스(Quintus Aemilius)가 피로스왕의 건강과 행운을 빌며 알려 드리건대, 그대는 우군과 적군을 구분하지 못하고 있는 듯 보입니다. 우리가 지금 보내는 이 편지를 읽으면 알게 되겠지만, 그대가 지금 대적하여 싸우고 있는 우리는 명예를 존중하고 공의롭지만, 그대가 신뢰하고 있는 막료들은 공의롭지 않고 매우 비열한 무리입니다.

이 편지를 보내는 것은 우리가 그대를 보호하고자 함이 아닙니다. 우리는 그대의 멸망이 우리의 불명예가 되지 않기

---

5   사투르누스 축제는 로마의 율리우스력(Julius Calendar) 12월에 지내던 농업 축제이다.

를 바랍니다. 우리가 용맹스럽지 못하여 반역의 방법으로 적장을 무찔렀다는 말을 듣고 싶지는 않습니다."

이 편지를 받은 피로스는 음모를 파헤쳐 어의를 죽인 다음, 화브리키우스와 로마인에 대한 보답으로 전쟁 포로들을 무상으로 돌려보내면서 키네아스를 보내 강화를 협상하도록 했다. 그러나 로마인들은 적군의 호의나 암살 음모를 밝혀 주었다는 대가로 포로를 무상으로 돌려받는 것을 거절하면서 자기들이 억류하고 있던 타렌툼과 삼니움의 포로들을 그만큼 돌려보냈다. 그리고 강화 조약의 체결에 관해서는 피로스가 병력을 이끌고 왔던 함선에 모든 병력과 무기를 싣고 되돌아가기까지는 어떤 회담도 허락하지 않는다고 통보했다.

일이 이렇게 되자 또 다른 전쟁을 치를 수밖에 없다는 사실을 깨달은 피로스는 군대를 빼내 로마군과 싸우고자 아스쿨룸(Asculum)으로 진격했다. 그러나 이곳에서 그는 기병대를 활용할 수 없는 지역에 이르렀다. 강의 물살이 빠르고 제방에는 나무가 우거져 코끼리 부대는 적군의 밀집 대형을 무찌를 수 없었다. 그 때문에 여러 병사가 다치고 죽은 뒤에 밤이 되고 나서야 전투는 잠시 멈추었다.

날이 밝자 피로스는 평지에서 전투를 벌일 속셈으로 코끼리 부대를 적진 앞에 배치한 다음 지리적으로 불리한 곳을 먼저 점령했다. 이어서 그는 코끼리 부대 사이사이에 투석병과 궁수를 배치하고 무서운 힘으로 적군의 밀집 대형을 공격했다. 어제와는 달리 옆으로 이동할 여유를 갖지 못하고 반격도 할 수 없게 된 로마 병사들은 평지에서 싸우면서 앞으로 진격할 수밖에 없었다.

로마군은 코끼리 부대가 오기에 앞서 적군의 중보병을 공격해야 한다는 조바심에 짧은 칼을 들고 마케도니아의 장창병과 치열하게 싸웠다. 그들은 자신들이 다치거나 죽는 것은 아랑곳하지 않고 오직 적군을 죽이고 무찌르는 일에만 몰두했다.

피로스

그러나 기록에 따르면, 피로스가 전투를 맡은 곳에서부터 로마 병사들은 무너지기 시작했다고 한다. 코끼리 부대의 엄청난 공격을 받은 로마군은 커다란 혼란에 빠졌다. 이제 그들은 마치 소용돌이치는 파도와 땅이 무너지는 듯한 지진 앞에 선 것처럼 자신들이 질 수밖에 없다는 것을 알았다. 그렇다고 부질없이 목숨을 잃고 있을 수만은 없었고, 전공을 이루지도 못한 채 가장 비참한 죽음을 당할 수도 없었다.

역사학자 히에로니모스의 기록에 따르면, 짧은 시간의 전투가 끝난 뒤 로마 병사들은 6천 명의 병력을 잃고 본진에 도착했다. 그의 기록에 따르면, 피로스도 3,505명의 병력을 잃은 것으로 기록했다고 한다. 그러나 디오니시오스는 아스쿨룸에서 두 번의 전투가 있었다거나 로마 병사가 졌다는 기록을 남기지 않고, 양쪽 병사가 해가 질 때까지 한 번 싸우고 헤어졌다고만 적고 있다.

디오니시오스의 말에 따르면, 피로스도 이 전투에서 창에 팔을 다치고, 장비도 이웃 나라에서 온 지원 부대인 다우니아(Daunia)인들에게 빼앗겼으며, 양쪽에서 1만 5천 명 이상이 목숨을 잃었다고 한다. 전투가 끝난 다음 양쪽이 물러섰는데, 들리는 바에 따르면 승리한 뒤에 피로스는 축하를 받으면서 이렇게 말했다고 한다.

"이런 식으로 로마인들에게 한 번 더 승리했다가는 우리가 먼저 멸망하겠다."[6]

피로스는 원정에 이끌고 온 병사를 거의 모두 잃었고, 막료와 장군들도 겨우 몇 사람만 살아남았다. 더욱이 그에게는 본국에서 더 소집할 병력도 없었다. 이탈리아에 있는 피로스의 동맹국들이 이미 관심을 돌린 것과는 달리, 오히려 로마는

---

6   역사에서는 이를 '피로스의 승리(Pyrrhic Victory)'라고 부르는데, 전쟁에 이긴 까닭에 오히려 결과적으로 나라가 기울었음을 뜻한다.

집 안의 샘에서 물이 솟듯이 신속하게 병력을 충원하며 패배로 말미암아 사기를 잃기는커녕 더욱 분노에 찬 용기를 뽐내면서 전의(戰意)를 불태웠다.

22

피로스가 이와 같은 일로 어려움에 빠져 있을 때 새로운 희망이 그를 고무했는데, 이 희망은 그가 추구하던 목적을 바꾸도록 만들었다. 곧 그 무렵에 시킬리아인들이 피로스에게 사절을 보내, 그가 아그리겐티움(Agrigentium)과 시라쿠사이와 레온티니(Leontini)의 통치를 맡고 아울러 그곳에 주둔해 있는 카르타고인들과 폭군들을 섬에서 몰아내 달라고 부탁했다.

같은 시간에 그리스에서 들려온 소식에 따르면, 프톨레마이오스 1세의 아들로서 [기원전 280년에 비열한 방법으로 셀레우코스를 암살하고 왕위에 올랐던] 프톨레마이오스 케라우노스(Ptole-maios Ceraunos)가 자기 병력과 함께 갈리아족의 손에 몰사하여 그곳 시민이 새로운 왕을 찾고 있다고 했다. 어쩌다 그와 같은 값진 행운을 한꺼번에 안겨 준 운명을 원망하면서, 피로스는 그들 가운데 하나는 포기할 수밖에 없다는 사실을 두고 고민에 빠졌다.

피로스가 생각해 보니, 시킬리아를 차지하는 것이 공업(功業)을 일으키는 데 더 좋을 것 같았다. 왜냐하면 리비아가 그곳에서 가까웠기 때문이었다. 그리하여 피로스는 시킬리아 쪽으로 원정의 방향을 돌리고 자신이 하던 버릇대로 그곳의 섬들과 예비회담을 열 수 있도록 키네아스를 먼저 파견한 뒤, 자신은 타렌툼에 수비대를 배치하고 떠나려 했다.

이와 같은 조치에 타렌툼의 시민은 언짢게 생각하면서, 어차피 피로스가 이곳에 왔으면 원래의 뜻한 바대로 이곳에 머물면서 이탈리아에 대한 항쟁을 도와주든가 아니면 이곳에 대한 야심을 버리고 떠날 것을 요구했다. 이와 같은 요구에 그는 정중한 답변을 하지 않은 채, 자기가 여러 가지 문제를 잘 해결할 때까지 조용히 기다리라고 명령한 다음 배를 타고 그곳을 떠났다.

[기원전 278년 연초에] 피로스가 시킬리아에 도착해 보니 그의 꿈이 이미 쉽게 이뤄지고 있었다. 그곳의 세 도시에서 사신이 그를 찾아와 환영의 뜻을 보였으며, 무력을 쓸 필요가 있는 곳들조차 그에게 처음부터 항거의 뜻을 보이지 않았다. 그는 보병 3만 명과 기병 2천5백 명과 함선 2백 척으로써 시킬리아를 지배하던 페니키아군을 몰아내고 입성했다.

그런 다음 피로스는 가장 튼튼한 요새를 갖추고 있고 수비대의 수가 많은 에릭스(Eryx)를 공격하기로 결심했다. 출전준비가 끝나자 그는 갑옷을 입고 전장으로 나가면서 헤라클레스에게 이렇게 맹세했다.

"만약 신이 시킬리아에 살고 있는 그리스인들이 보는 앞에서 제가 아킬레우스의 후손이며 이 큰 동맹군을 지휘할 만한 장군임을 보여 줄 수 있도록 허락하신다면, 저는 헤라클레스에게 영광을 드리는 대회를 열고 제물을 바칠 것을 맹세하나이다."

피로스는 진군나팔을 불게 한 다음 화살로써 야만족을 흐트러뜨리고 성벽에 사다리를 설치하여 앞장서 올라갔다. 그는 항전하는 적군과 치열하게 싸웠다. 그는 적군을 성 밖으로 밀쳐 땅 위에 떨어뜨렸다. 그의 칼에 죽은 무리가 산더미를 이루었지만 그는 상처 하나 입지 않았다. 적군은 두려운 눈으로 그를 바라보았으며,

모든 덕망 가운데
오로지 용기만이 신의 것이며
광기를 보여 주나니
(『일리아스』, V : 185; VI : 101; IX : 238)

라던 호메로스의 시구가 옳았음을 입증했다. 시킬리아를 정복한 다음 피로스는 신전에 성대하게 제사를 바치고, 온갖 종류의 경기와 구경거리를 화려하게 벌였다.

23

그 무렵 메사나(Messana) 둘레에는 마메르티니(Mamertine)라는 이방 민족이 살고 있었다. 그들은 늘 그리스인들을 괴롭히며 세금을 걷어 갔다. 그들은 인구도 많고 호전적이었는데, 마메르티니라는 이름도 라틴어로 군신(軍神, Mars, *martial*)에서 유래한 것이었다.

피로스는 그 부족을 정복한 다음 세금을 징수하던 사람들을 잡아 죽이고 많은 성채를 파괴했다. 그뿐만 아니라 카르타고에서 휴전을 제의하면서 우호 관계가 이뤄지면 배상금과 전함을 제공하겠다고 했을 때, 가슴속에 더 큰 꿈을 가지고 있던 피로스는 다음과 같이 답장을 보냈다.

"카르타고가 시킬리아를 포기하고 리비아 앞바다를 그리스와의 국경으로 설정하지 않는 한, 강화나 우호 관계의 수립은 없다."

행운까지 자기를 도와주고 군수 물자도 넉넉해지면서, 처음에 조국을 떠날 때부터 품었던 그의 꿈이 눈앞에 다가온 듯했다. 바로 리비아 점령이었다. 그러나 수병이 부족했던 그는 각 도시에서 수병을 모집할 때 시민들에게 정중한 태도를 보이지 않아, 시민들은 그의 요청을 받아들이지 않았다. 그러자 피로스는 제왕처럼 군림했고, 분노를 드러내면서 강요했고, 말을 듣지 않으면 벌금을 물렸다.

피로스가 처음부터 그런 것은 아니었다. 그는 주민들을 상대하면서 누구보다도 마음에서 우러나오는 정중함을 보였고, 많은 사람을 신뢰했으며, 누구도 해코지하지 않았다. 그러다가 피로스는 언젠가부터 민중을 아끼는 지도자에서 벗어나 폭군이 되더니, 잔인하다는 악명과 더불어 배은망덕하고 믿을 수 없는 사람이라는 평까지 들었다. 피로스의 그와 같은 모습에 시킬리아인들은 분노했지만, 그렇다고 해서 달리 저항할 수도 없었다.

그러는 과정에서 토이논(Thoenon)과 소시스트라토스(Sosistratos) 사건이 벌어졌다. 이 두 사람은 시라쿠사이에서 명망 높은 인물로, 피로스를 시킬리아에 처음 불러들인 이들이었다. 그들은 또한 피로스가 시킬리아에 들어온 뒤에 곧 시라쿠사이를 그의 손에 넘겨주고 피로스가 시킬리아에서 하고자 하는 일을 적극 도와주었다.

그러나 지금에 와서 피로스는 이 두 사람과 함께 떠날 생각도 없었고 그렇다고 해서 그들을 두고 갈 생각도 없었다. 그들을 의심하기 시작했던 것이다. 이에 소시스트라토스는 놀라 몸을 피했지만 토이논은 소시스트라토스와 함께 음모를 꾸몄다는 죄목으로 잡혀 죽었다. 그 일로 말미암아 피로스의 입장이 갑자기 어려워졌다.

여러 도시에서 피로스에 대한 반감이 일어나더니, 어떤 사람들은 적국인 카르타고의 편에 서고 어떤 사람은 마메르티니인들에게 도움을 호소했다. 이제 가는 곳마다 주민들이 이탈하고 반란의 기미를 보이면서 강력한 무리가 피로스에게 반기를 들었다. 그런 상황에서 삼니움과 타렌툼이 피로스에게 편지를 보내, 자기들이 지금 적군의 침략을 받고 영토에서 쫓겨나 도시를 지킬 수 없는 형편이니 지원군을 보내 달라고 간청했다.

이와 같은 요청은 피로스가 시킬리아에서 명분을 잃지도 않고 도망친다는 소리도 듣지 않으면서 군대를 철수할 수 있는 좋은 구실을 마련해 주었다. 더욱이 실제로 그는 시킬리아에서 더 이상 그들을 상대하여 싸울 수가 없는 형편이었다. 그 섬은 마치 폭풍에 휩싸인 배와 같아, 피로스는 어서 빨리 이 섬에서 빠져나와 다시 이탈리아로 가고 싶었다. 들리는 바에 따르면, 그때 그는 이 섬을 빠져나가다가 뒤를 돌아보며 곁에 있는 사람들에게 이렇게 말했다고 한다.

"친구들이여, 우리가 떠나고 나면 이 땅은 이제 카르타고와 로마의 진흙탕 싸움터가 될 것이라네."

그리고 그와 같은 예언은 머지않아 사실로 드러났다.

24

피로스가 배를 띄우려 하자 원주민들이 그를 공격하기 시작했다. 피로스는 카르타고인들과 해안에서 전투를 치르며 많은 병력과 전함을 잃었지만 남은 병력을 이끌고 이탈리아로 들어갔다. 이곳에는 마메르티니의 병사 2만 명이 먼저 도착해 있었다.

그들은 피로스와 맞서 싸우는 것이 두려웠지만, 여러 곳에서 온 병력을 투입하여 피로스의 군대를 괴롭혔다. 이 전투에서 피로스의 코끼리 두 마리가 죽었고, 후미(後尾)의 많은 병력이 목숨을 잃었다. 이에 그는 마차에서 내려 홀로 말을 타고 적군을 무찌르러 앞으로 나아갔다.

뛰어난 훈련을 받았고 사기가 드높은 적군을 맞아 피로스는 목숨을 건 전투를 벌였다. 그가 적군의 칼에 머리를 다친 뒤 부대에서 조금 뒤처지자 적군의 사기는 더욱 높아졌다. 그때 적장 하나가 그들 앞에 나섰다. 적장은 몸집이 우람하고 갑옷도 찬란했다. 그는 아직 피로스가 살아 있다면 앞으로 나와 겨루자고 소리쳤다. 이에 화가 치민 피로스는 호위병들의 만류를 뿌리치고 방향을 바꾸어 적장을 향해 달려 나갔다.

분노에 찬 얼굴은 피범벅이 되었고, 피로스의 모습을 바라보는 적군은 두려움에 떨었다. 적장 앞에 다가간 피로스는 칼로 적장의 머리를 내려쳤다. 그의 억센 힘과 칼의 날카로움에 적장은 두 동강이 나면서 땅 위로 나뒹굴었다. 그제야 피로스의 모습에 놀라 기가 죽은 적군은 더 이상 앞으로 나오지 못했다. 그들은 피로스가 어떤 초자연적인 힘을 가진 인물이라고 생각했다.

그리하여 [기원전 276년 가을에] 피로스는 별다른 공격을 받지 않은 채 2만 명의 보병과 3천 명의 기병을 이끌고 타렌툼에 이르렀다. 이곳에서 그는 타렌툼의 정예군을 영입한 다음, 삼니움에 진영을 차린 로마군을 향해 진격했다.

25

그러나 로마에 여러 차례 패배한 삼니움의 국력은 이미 무너져 있었고 사기는 많이 꺾여 있었다. 그들은 또한 자기들을 돌보지 않고 시킬리아로 원정을 떠나 버렸던 피로스의 처사에 대해서도 극심한 분노를 느껴, 그의 군대에 지원하는 무리가 많지 않았다.

그러나 피로스는 병력을 둘로 나눈 다음, 그 가운데 하나를 루카니아로 보내 다른 집정관을 대적하게 함으로써 동료를 지원하러 오지 못하게 하고, 자신은 다른 부대를 이끌고 나가 루카니아에서 올 지원병을 기다리며 베네벤툼(Benebentum)에서 안전하게 진영을 차리고 있는 마니우스 쿠리우스(Manius Curius)를 대적하러 떠났다.

쿠리우스는 전세가 유리하지 않으므로 제사를 드리면서 조용히 기다리는 것이 좋겠다는 제관의 말에 따라 이곳에 머무르고 있었다. 이에 피로스는 지원군이 도착하기에 앞서 베네벤툼을 서둘러 공격하고자 정예 병사와 가장 사나운 코끼리를 뽑아 밤을 이용해 적진으로 향했다. 그러나 긴 행렬이 울창한 숲길을 지나다가 횃불이 꺼져 병사들은 길을 잃고 헤맸다. 그로 말미암아 진군이 늦어지면서 그날 밤이 지나갔다.

고지에서 내려오는 피로스군을 목격한 적진에서는 커다란 소란이 벌어졌다. 그러나 제사를 지낸 결과, 예언의 내용이 좋고 사태가 급박했던 터라 쿠리우스는 병력을 이끌고 나가 피로스의 전방 부대를 공격했다. 전방을 무찌른 쿠리우스는 모든 군대를 동원하여 피로스의 많은 병력을 죽였다. 피로스의 일부 코끼리 부대는 뒤처지거나 사로잡혔다. 이 전투에서 사기가 오른 쿠리우스는 전투를 벌이러 평야로 나갔다.

평야에서 벌어진 전투에서 쿠리우스는 몇 군데에서 적군을 무찔렀지만 다른 곳의 부대는 코끼리 부대의 공격에 무너져 본진으로 쫓겨 왔다. 돌아온 쿠리우스는 흉벽(胸壁)에서 기다리고 있던 많은 병력을 소집했다. 그들의 무장은 완벽했고, 용기를 뽐내고 있었다. 흉벽에서 내려온 그들이 창을 휘두르며 코끼리 부대를 공격하니 코끼리 떼는 방향을 바꾸어 자기편을 공격하여 피로스의 부대는 커다란 혼란에 빠졌다.

이 전투는 로마인들에게 커다란 승리를 안겨 준 한편, 그 일대에서 로마가 주도권을 잡는 데에도 큰 도움이 되었다. 로마군은 이 일련의 전투에서 용맹을 자랑함으로써 지지 않는 전사라는 명성을 얻었고, 그 명성을 통해 이탈리아의 주도권을 잡더니 곧바로 시킬리아까지 진격했던 것이다.

26

피로스는 이와 같이 6년 동안 전쟁을 치르고도 이탈리아와 시킬리아에서 꿈을 이루지 못했다. 이처럼 원정에서 최악의 실패를 겪고서도 그는 정복의 욕망을 버리지 않았다. 그는 전쟁의 경험이나 용맹스러움이나 대담함으로 볼 때 그 시대의 왕들 가운데 첫째가는 인물이었다.

그러나 피로스는 헛된 꿈에 사로잡혀 자신이 이룬 공업을 잃었다고 사람들은 생각했다. 그는 자신이 갖지 못한 것에 대한 지나친 욕망 때문에 가진 것마저도 잃었다. 마케도니아의 왕 안티고노스는 그를 두고 이런 말을 한 적이 있다.

"피로스는 주사위를 잘 던졌지만 말[馬]을 잘 쓰지 못하는 사람이었다."

[기원전 274년 연말에] 피로스는 8천 명의 보병과 5백 명의 기병을 이끌고 고향 에페이로스로 돌아왔다. 이제 그에게는 전쟁을 치르는 데 필요한 군자금도 없었다. 그런 상황에서 갈리아족이 귀순해 오자 피로스는 다시 마케도니아를 기습적으로 공격했다.

그 무렵에 마케도니아는 데메트리오스의 아들 안티고노스가 다스리고 있었다. 피로스가 그곳을 쳐들어간 것은 순전히 약탈하고자 함이었다. 그러나 그는 여러 도시를 정복하고 2천 명의 마케도니아 병사가 자기에게 귀순하자 생각이 바뀌어 더 큰 것을 바라게 되었다. 피로스는 곧 안티고노스를 공격하여 좁은 골짜기로 몰아넣고 커다란 혼란에 빠뜨렸다.

그런 상황에서 안티고노스의 후방 부대를 이루고 있던 갈리아족의 큰 부대가 거칠게 항전했다. 그러나 치열한 전투 끝에 마케도니아 군대의 갈리아족도 무너지고 코끼리를 지휘하던 부대도 포위되어, 안티고노스의 부대는 동물들을 이끌고 모두 항복했다.

이러한 대승에 용기를 얻은 피로스는 자신의 판단보다는 행운을 믿고 마케도니아의 밀집 대형을 공격했다. 그들은 앞서의 패배로 말미암아 혼란과 두려움에 빠져 있었다. 이 때문에 마케도니아 병사들은 더 이상 피로스와 싸울 뜻이 없었다. 그러자 피로스가 앞으로 나와 손을 들고 적군의 장군과 부장의 이름을 하나씩 부르니, 그들이 한 덩어리가 되어 보병을 이끌고 피로스에게 넘어왔다.

안티고노스는 적은 병력을 이끌고 도주하여 해안의 몇 개도시를 장악했다. 피로스는 자신이 갈리아족을 상대로 이룩한 여러 전공(戰功) 가운데에서 이번 승리가 가장 영광스러운 것으로 생각하고 아테나 이토니스(Athena Itonis)의 신전에 아름답고 찬란한 전리품을 바치면서 다음과 같은 애절한 비명(碑銘)을 새겨 넣었다.

이 방패들을

여기 아테나 이토니스의 성전에 바치노니,

이는 몰로시아의 왕 피로스가

안티고노스의 모든 군대를 무찌르고

용맹한 갈리아의 병사들에게서 빼앗은 것이로다.

지난날에도 그랬듯이

아킬레우스의 후손들(Aeacidae)은

지금도 용맹한 창병(槍兵)들이니

이 승리는 놀라울 것이 없도다.

그러나 이 전투가 끝난 뒤에도 피로스는 곧 다른 도시들을 정복하고자 진군했다. 그는 아이가이(Aegae)를 점령하고 주민들을 학대한 것도 모자라 그곳에 자기와 함께 원정 온 갈리아족을 수비대로 남겨 놓았다. 재물에 눈먼 갈리아족은 그곳에 묻힌 왕들의 무덤을 도굴하여 보물을 약탈하더니 무엄하게도 유골을 사방으로 흩어 버렸다. 추측할 수 있는 바와 같이, 피로스는 갈리아 병사들의 그러한 불법 행위에 대하여 모른 체하거나 가볍게 다스렸다.

피로스는 범죄자들의 처벌도 미루었는데, 그가 바쁜 탓이었는지 아니면 야만족을 꾸짖기가 두려워서였는지 그 이유는 알 수 없다. 이로 말미암아 피로스는 마케도니아인들에게 원망을 들었다. 그뿐만 아니라 그는 지금 추진하고 있는 일들을 안전하고 확실하게 매듭짓지도 못한 채 또 다른 희망에 흔들렸다. 그는 안티고노스가 아직도 자주색 왕복(王服)을 벗고 평민복으로 바꿔 입지 않은 것을 비난하면서 이렇게 말했다.

"참으로 부끄러움을 모르는 사람이로군."

그때 스파르타의 클레오니모스(Kleonymus)가 피로스를 찾아와 자기 나라를 정벌해 달라고 부탁하자 피로스는 그의 말에 솔깃했다. 클레오니모스는 왕실의 후계자였지만 성격이 잔인하고 제멋대로여서 시민의 호감이나 신뢰를 얻지 못하여 아레우스(Areus)가 왕위에 앉아 있었다. 이런 탓으로 클레오니모스는 스파르타인들에게 불만을 품은 지 오래되었다.

그런 일 말고도 클레오니모스는 늙은 나이에 네오티키데스(Neotychides)의 딸 킬로니스(Chilonis)와 결혼했는데, 킬로니스는 왕실의 아름다운 공주였다. 그러나 그 여성은 아레우스 왕의 아들인 아크로타토스(Acrotatos)와 깊은 사랑에 빠져 있었다. 왕자는 한창 피어오르는 나이여서 두 사람의 치정(癡情)은 클레오니모스에게 엄청난 상처를 주었다.

클레오니모스는 아내를 사랑했지만 그것이 그에게는 오히려 불명예스러운 일이 되었다. 왜냐하면 젊은 아내가 남편을 박대한다는 사실을 스파르타인들이 모두 알고 있었기 때문이었다. 이와 같은 가정불화에 정치적 좌절까지 겪게 된 클레오니모스는 분노를 삭이지 못하고 [기원전 272년에] 피로스를 찾아와 스파르타를 정복해 달라고 요청했던 것이다.

그 무렵에 피로스에게는 보병 2만 5천 명과 기병 2천 기 그리고 스물네 마리의 코끼리가 있었다. 이 정도의 병력을 거느리게 된 그는 이제 클레오니모스를 위해 스파르타를 점령하는 정도가 아니라 펠로폰네소스를 차지해야겠다는 목표를 세웠음이 분명했다. 그러나 피로스가 내세운 설명은 그와 매우 달랐다. 더욱이 그가 메갈로폴리스(Megalopolis)에서 만난 스파르타의 사절에게 한 말은 독특했다. 그는 이렇게 말했다.

"나는 지금 안티고노스의 압제를 받는 여러 도시를 해방하고자 이곳에 왔습니다. 그렇습니다. 나는 여러분이 방해하지 않는다면 나의 아들들을 스파르타로 보내 스파르타의 방식에 따라 키움으로써 다른 나라의 어느 왕자들보다도 더 훌륭하게 이곳에서 성숙하기를 바랍니다."

피로스는 자기를 맞이하러 나온 사람들에게 그와 같은 거짓말로 구슬렸지만, 스파르타에 도착하자마자 그곳을 약탈하기 시작했다. 이에 분노한 스파르타의 사절이 선전 포고도 없이 전쟁을 일으킨 데 대하여 피로스를 비난하자 피로스는 이렇게 대답했다.

"스파르타인들도 일을 저지르기에 앞서 아무 말도 하지 않는다는 것을 당신은 잘 알지 않소."

그 말을 들은 사람들 가운데 만드로클레이다스(Mandro-cleidas)라는 스파르타인이 스파르타인답게 이렇게 말했다.

"만약 그대가 신이라면 그대에게 아무 잘못도 하지 않은 우리는 그대에게 아무런 해코지를 당하지 않을 테지요. 그리고 만약 그대가 사람이라면 세상에는 그대보다 더 강력한 사람이 있다는 것을 알게 될 것이오."

27

그런 일이 있은 뒤에 피로스는 스파르타로 쳐들어갔다. 클레오니모스는 피로스가 도착하는 대로 곧 성을 공격하라고 요구했다. 그러나 들리는 바에 따르면, 피로스는 병사들이 밤에 도착하면 도시를 약탈할 것이 두려웠다. 이 때문에 그는 병사들의 진군을 막으면서 낮에도 충분히 성을 함락할 수 있다고 대답했다. 스파르타는 갑작스러운 침공을 예상하지도 못했고, 따라서 아무런 대비도 없었으며, 성안에는 사람도 적었다.

그 무렵에 국왕 아레우스는 왕궁을 떠나 크레타에 머물면서 고르티니아(Gortynia)인들을 위해 싸우고 있었다. 그러나 이와 같은 허술함이 오히려 스파르타를 구원하는 데 도움이 되었다. 왜냐하면 그토록 성이 허술하고 지키는 사람도 없다는 사실로 말미암아 피로스는 적군을 가볍게 보았기 때문이었다. 누구도 저항하러 나오지 않으리라고 생각한 그는 그날 밤 야영을 했다.

클레오니모스는 피로스를 초청하여 저녁을 함께 먹을 생각에 친구와 노예들을 시켜 집을 치장하고 있었다. 밤이 되자 스파르타인들은 먼저 회의를 열어 여성들을 크레타로 피신시키기로 결의했다. 그러나 부인들은 이에 반대하고 나섰다. 그 가운데에서도 아르키다미아(Archidamia)라는 여성은 손에 칼을 들고 원로원 의원들 앞에 나타나 여성들을 대표하여 이렇게 외쳤다.

"우리가 여성이라고 해서 조국이 멸망한 다음에도 살아남아야 합니까?"

그런 다음 스파르타인들은 피로스의 병사가 머무르고 있는 숙영지 둘레에 도랑을 파고, 도랑의 양쪽 끝에는 마차를 끌어내어 바퀴 높이만큼 파묻어 코끼리 부대가 진격하지 못하도록 했다. 이 작업을 시작하자 부인과 딸들이 누구는 바지를 입고 누구는 치마를 입고 누구는 외투를 입은 채로 나와 노인들의 일을 도왔다. 부인들은 내일 전투에 나가기로 되어 있는 남자들을 쉬게 한 다음, 자기들 손으로 도랑[垓字] 파는 일의 3분의 1을 마쳤다.

그리스의 역사학자인 휠라르코스(Phylarchos)의 기록에 따르면, 도랑의 너비는 6큐빗, 깊이는 4큐빗, 길이는 약 800큐빗이었다고 한다. 그러나 히에로니모스의 기록에 따르면, 그보다는 짧았다고 한다. 날이 밝아 적군이 움직이자 부인들은 젊은이들에게 갑옷과 외투를 입혀 주면서 이렇게 말했다.

"몸을 보살피고 잘 지켜라. 다만 조국을 위해 죽는 것도 값진 일이다. 조국이 지켜보는 앞에서 적군을 정복하는 것은 참으로 아름답고, 조국을 위해 싸우다가 어미와 아내의 품에 안겨 죽는 것은 참으로 영광스러운 일이다."

그 무렵 클레오니모스의 아내 킬로니스는 쉼터에서 집으로 돌아와 목에 밧줄을 맸다. 그는 나라가 멸망했을 때 남편의 손에 끌려가고 싶지 않았다.

28

그 무렵에 피로스는 무장 병력을 이끌고 자기 앞을 가로막는 많은 적군의 방패를 향해 돌진했다. 그러나 그는 도랑을 건너기가 어려웠다. 병사들은 새로 파헤친 땅 위에 똑바로 설 수도 없었다. 그때 그의 아들 프톨레마이오스가 2천 명의 갈리아족과 카오니아족을 이끌고 도랑으로 나가 마차가 묻혀 있는 곳의 길을 트려고 애를 썼다. 그러나 마차들이 너무 깊고 빽빽하게 묻혀 있어 그의 군대가 앞으로 나갈 수도 없는 데다가 스파르타의 병사들도 접근해 오지 못했다. 그때 갈리아의 병사들이 마차를 뽑아내어 강으로 밀어 버렸다.

이때 스파르타의 젊은 왕자 아크로타토스가 사태의 위험을 바라보더니 3백 명의 병사를 이끌고 시내를 벗어나 프톨레마이오스의 뒤를 돌아 다가갔다. 땅이 깊이 파여 있어 프톨레마이오스는 적군을 보지 못했다. 아크로타토스는 적군의 배후에 이르러 맹렬하게 공격했다.

이에 갈리아 병사들은 달아나다가 구덩이에 고꾸라지거나 마차 사이에 빠졌다. 그 덕분에 아크로타토스는 드디어 적군을 몰아내는 데 성공했다. 노인과 여성이 성 위에서 그의 빛나는 활약을 지켜보았다.

아크로타토스는 피범벅이 된 승자의 모습으로 도시를 거쳐 본디의 자리로 돌아와 승리를 독려했다. 스파르타 여성들의 눈에는 그가 지난날보다 더 크고 아름답게 보였고, 저렇게 멋진 애인을 둔 킬로니스를 부러워했다. 더욱이 나이 든 남자들은 그와 함께 길을 따라 가면서 이렇게 소리쳤다.

"위대하도다, 아크로타토스 왕자여. 어서 애인 킬로니스에게 돌아가 조국을 위해 용감한 아들을 하나 더 만드소서."

그 무렵 다른 곳에서는 피로스가 직접 병력을 이끌며 싸우고 있었다. 많은 스파르타인이 용맹스럽게 싸웠다. 그 가운데에서도 필리우스(Phyllius)가 가장 격렬하게 저항했다. 그는 몰려오는 수많은 적군을 죽였고, 여러 곳에 부상을 겪어 더 이상 지탱할 힘이 없음을 알자 동료에게 자기 자리를 맡기고 전열의 뒤로 돌아가 숨을 거두었다. 적군에게 자신의 시체를 빼앗기는 것을 바라지 않았기 때문이었다.

29

전투는 밤이 되어서야 끝났다. 피로스가 밤에 꿈을 꾸었는데, 그가 손에서 번개를 일으켜 스파르타인을 쳐부수니 모두가 불길에 싸였다. 그는 꿈속에서도 몹시 기뻐했다. 기분 좋게 잠에서 깬 그는 곧 작전을 펼치도록 장군들에게 지시하면서 자신의 꿈을 설명해 주었고, 아군이 곧 폭풍처럼 도시를 점령할 것이라고 확신했다.

모든 사람이 피로스의 꿈이 맞으리라고 굳게 믿었지만 막료인 리시마코스만은 그 꿈을 즐거워하지 않았다. 그는 이렇게 말했다.

"두렵건대, 벼락이 내려친 곳을 사람들이 밟아서는 안 됩니다. 그 꿈은 대왕께서 이 땅에 들어가지 말아야 한다는 것을 미리 알려 주려는 것입니다."

그러나 피로스는 이렇게 말했다.

"그 말은 대중을 겨냥한 속설(俗說)이며, 어리석기 짝이 없는 말이오. 옛 시에 이런 말이 있소."

모든 예언 가운데 가장 훌륭한 것이 하나 있으니,
그것은 오로지 피로스를 지키려는 싸움뿐[7]

---

7   이 시는 『일리아스』(XII : 243)에 나오는 구절을 변용한 것으로서, 본문에는 "피로스를 지키려는 싸움뿐"이라는 말 대신에 "조국을 지키려는 싸움뿐"이라고 되어 있다.

그러고서 그는 모든 병사가 칼을 들게 한 다음 일어서서 날이 밝자 군대를 이끌고 진격했다. 그러나 스파르타인들은 평소 그들의 능력을 뛰어넘는 용기를 보여 주며 항전했다. 여자들도 화살을 나르고 병사들에게 음식과 물을 나누어 주고 부상병을 간호하면서 그들을 도왔다. 마케도니아인들은 여러 가지 물건을 도랑에 집어넣어 메우려 했다. 도랑 밑바닥에는 무기와 시체들이 묻혀 있었다. 스파르타인들이 마케도니아 병사들의 작업을 저지하려 했다.

그때 피로스가 말을 타고 달려오더니 도랑과 마차 더미를 뛰어넘어 시내로 들어오는 모습이 보였다. 그러자 그곳에 모여 있던 병사가 소리를 지르고 여성들도 무리를 지어 함께 소리쳤다. 피로스가 말을 타고 마차를 뛰어넘으면서 앞을 막는 적군을 공격할 때 크레타 병사가 던진 창이 피로스가 탄 말의 배에 꽂히면서 말이 뛰어올랐고, 그는 매우 고통스럽게 축축하고 미끄러운 땅 위로 떨어졌다.

이로 말미암아 피로스 주변에 있던 병사가 크게 혼란에 빠지자 이를 틈탄 스파르타 병사가 달려들어 활을 쏘며 피로스의 병사를 물리쳤다. 이런 위기를 겪은 뒤로 피로스는 다른 곳에서도 전투를 중지하라고 지시했다. 많은 사람이 다치거나 죽은 스파르타가 이제 양보할 것이라고 계산했기 때문이었다.

그러나 이때 스파르타에 행운이 찾아왔다. 신이 스파르타인의 용맹에 감동했는지, 아니면 먼저 그들을 절망에 빠뜨린 다음 자신의 전능한 힘을 보여 주고 싶어서였는지는 알 수 없으나, 어쨌든 스파르타인들로서는 바라지도 않았던 바로 그 순간에 코린토스인들이 지원군을 보내 주었다.

안티고노스의 장군 가운데 한 사람인 포키스 출신의 아메이니아스(Ameinias)가 용병(傭兵)을 이끌고 왔으며, 오래지 않아 스파르타의 왕 아레우스가 2천 명의 병사를 이끌고 크레타에서 돌아왔다. 그러자 이제 더 이상 자기들이 할 일이 없다고 생각한 여성들이 흩어져 집으로 돌아갔고, 나라가 어려울 때 병역에 참여할 수밖에 없었던 노인들도 물러났다. 이제 새로 온 병사들이 그 자리를 채웠다.

30

평소부터 이탈리아의 패권을 장악하고 싶었던 피로스는 병력을 증강했음에도 아무것도 이룬 바 없이 오히려 새로운 적군을 맞게 되었다. 그는 이제 이곳을 벗어나 지방을 약탈하며 겨울을 넘기려고 했다.

그러나 그도 운명을 피해 갈 수는 없었다. 아르고스(Argos)가 그를 불렀다. 그곳에서는 아리스테아스(Aristeas)와 아리스티포스(Aristippos) 사이에 치열한 싸움이 벌어지고 있었다. 아리스티포스가 마케도니아의 왕 안티고노스와 친밀한 관계를 맺고 있다는 느낌을 받은 아리스테아스는 그에 대응하고자 피로스를 아르고스로 불러들였다.

피로스는 언제나 하나의 일이 이뤄지면 또 다른 일을 저지르는 사람이어서 어떤 일에 성공하고 나면 곧바로 다른 일을 시작했다. 그는 재난을 만나도 새로운 과업을 이룸으로써 그 재난을 행운으로 돌려놓는 자였으므로, 전쟁에서 지든 이기든 자신과 남을 끝없이 고생시켰다.

그러므로 피로스는 아리스테아스의 요청을 받자 바로 진영을 헐고 아르고스로 진격했다. 그러나 스파르타의 왕 아레우스는 여러 차례 매복 작전을 전개하고 행군의 요지(要地)를 점령하면서 피로스의 후미에 있는 갈리아족과 몰로시아족을 무찔렀다. 그때 피로스의 예언자가 그에게 다음과 같이 말했다.

"제물로 바친 동물의 내장을 살펴보았더니 간이 없었습니다. 이는 대왕께서 혈육을 잃을 조짐입니다."

그러나 불행히도 피로스는 후미에서 벌어진 어려운 전투를 처리하느라 예언자의 말을 잊었다. 그는 아들 프톨레마이오스가 병력을 이끌고 가 후미를 지원하게 하고 자신은 좁은 계곡에서 신속히 병력을 빼내 진격했다. 프톨레마이오스가 있는 곳에서는 치열한 전투가 벌어졌다. 에발코스(Evalcos)의 지휘를 받는 스파르타의 정예병이 프톨레마이오스와 격전을 벌이고 있을 때 크레타의 압테라(Aptera) 출신의 오리소스(Oryssos)라는 청년이 앞으로 튀어나왔다.

오리소스는 완력이 세고 재빠른 병사였다. 그는 용맹하게 싸우고 있던 젊은 왕자 프톨레마이오스의 옆으로 달려가 칼로 쳐 쓰러뜨렸다. 프톨레마이오스가 죽고 그의 부대가 무너지자 스파르타 병사들은 사기가 올라 적군을 추격하여 죽였다. 그와 같은 추격에 정신이 팔려 스파르타 병사들은 자신들도 모르는 사이에 평야로 나왔다가 피로스의 보병을 만나 많은 병력이 목숨을 잃었다.

아들이 전사했다는 소식을 듣고 분노에 사로잡힌 피로스는 몰로시아의 기병대를 이끌고 스파르타 병사를 공격했다. 피로스는 적군의 목을 베고 그 피를 마셨다. 피로스는 평소에도 용맹한 장수로서 누구에게도 꺾이지 않았지만, 아들을 잃은 슬픔 때문에 그 어느 때보다도 더 용맹스러워졌다. 그때 스파르타의 대장 에발코스가 옆으로 다가오면서 칼로 피로스를 내려치니 피로스의 말고삐가 잘려 나갔다.

피로스는 창으로 에발코스의 길을 막고 가격하다가 자신도 곧 말에서 떨어졌다. 말에서 떨어진 피로스는 에발코스와 함께 에발코스를 호위하면서 싸우는 스파르타의 정예병들을 모두 죽였다. 사실상 전쟁이 끝난 상황에서 스파르타인들이 이토록 많이 죽은 것은 모두가 장군들의 야망 때문이었다.

31

피로스는 아들의 진혼(鎭魂) 의식을 치르며 승리를 성대하게 자축하고 적군에 대한 분노를 씻은 다음 아르고스로 진군했다. 안티고노스가 높은 산 위에 자리 잡고 평지를 내려다보고 있다는 사실을 안 피로스는 나우플리아(Nauplia) 가까운 곳에 진영을 차렸다. 다음 날 피로스는 안티고노스에게 전령을 보내 다음과 같은 편지를 전달했다.

"강도 같은 그대에게 글을 보내노니, 평지로 내려와 왕국을 위한 패권을 겨루자."

그러자 안티고노스에게서 다음과 같은 답장이 왔다.

"나는 전쟁을 하면서 무력보다는 기회를 따른다. 그대가 삶에 지쳤다면 죽는 길은 여러 가지가 있다."

이때 아르고스의 대표가 두 왕에게 사절을 보내 철군을 요구하면서, 그렇게 해 준다면 아르고스는 중립을 지키고 양쪽 모두에게 우의를 지키겠노라고 말했다. 안티고노스는 이에 동의하고 그 보증으로 아들을 인질로 보냈다. 그러나 피로스는 철군에 동의하면서도 보장을 약속하지 않아 의혹을 불러일으켰다.

더욱이 피로스는 이상한 전조(前兆)를 보았다. 곧 제물로 바친 소의 머리를 잘랐는데, 소들이 혀를 내밀더니 자기들의 몸에 묻은 피를 핥아 먹었다. 그리고 늑대의 신전인 아폴로 리케이우스(Apollo Lyceius)의 여사제가 신전에서 뛰어나와 이렇게 소리쳤다.

"이 도시가 온통 살육의 시체로 가득 찼으며, 전쟁터를 바라보던 독수리가 사라지는 것을 나는 보았노라."

32

피로스는 한밤중에 아르고스의 성 밑으로 다가갔다. 아리스테아스가 미리 성문을 열어 놓았기 때문에 갈리아의 병사들은 남의 눈에 띄지 않고 성으로 들어가 광장을 점령했다. 그러나 성문이 좁아 코끼리가 들어갈 수 없게 되자 병사가 성문을 헐어 코끼리를 들여보낸 다음 성문을 다시 세웠다. 어둠 속에서 그와 같은 작업을 하느라 혼란이 일어났고, 이로 말미암아 진군이 늦어졌다.

이에 놀라 잠에서 깬 아르고스 주민들은 아스피스(Aspis, 방패)라는 장소와 그 도시의 몇 군데 중요한 지점으로 몰려들고, 한편으로는 안티고노스에게 사람을 보내 지원을 요청했다. 성 가까이 달려온 안티고노스는 성 밖에 머물면서 아들과 장군들을 성안으로 들여보내 주민들을 돕게 했다.

그리고 스파르타의 왕 아레우스가 크레타와 스파르타인으로 이뤄진 1천 명의 병력을 이끌고 도착했다. 그들은 거의 대부분 경보병(輕步兵)이었다. 이 병력이 연합하여 피로스의 갈리아족을 공격하자 피로스의 부대는 커다란 혼란에 빠졌다. 함성을 지르면서 킬라라비스(Cyllarabis) 거리를 거쳐 시내로 들어온 피로스는 갈리아족의 응답 소리가 씩씩하지 않음을 알고 그들이 어려움에 빠져 있다는 것을 눈치챘다.

이에 피로스는 기병대를 이끌고 서둘러 진격했다. 도시에는 배수로가 많아 통과하기도 어려울 뿐만 아니라 목숨을 잃는 일도 있었다. 밤이 깊어 병사들은 무슨 명령이 내렸는지도 모르고 명령을 어떻게 수행해야 할지도 몰랐다.

병사들은 좁은 길에서 엉키거나 길을 잃었다. 날이 어두운 탓에 병사를 지휘할 수도 없었다. 그런 상황에서 피로스의 병사들은 혼란에 빠져 고함을 치며 좁은 곳에 갇혀 버렸다. 양쪽 병사들 모두 아무 작전도 수행하지 못하고 날이 밝기만을 기다렸다.

날이 밝았을 때 아스피스에 무장한 병사가 가득 찬 것을 보고 피로스는 크게 당황했다. 더욱이 피로스는 광장에 서 있는 봉헌 제물 가운데 늑대와 황소가 붙어 치열하게 싸우는 모습의 동상을 보고 할 말을 잃었다. 왜냐하면 오래전에 어떤 예언자가 자기에게 늑대와 황소가 싸우는 모습을 보면 그날 죽으리라고 말했던 일이 머리에 떠올랐기 때문이었다.

요즈음의 아르고스인들이 말하는 바에 따르면, 그들은 오래전에 있었던 어떤 사건을 기념하고자 그 동상을 세웠다고 한다. 그 이야기에 따르면, 다나오스(Danaüs)라는 사람이 티레아티스(Thyreatis) 지역에 있는 피라미아(Pyramia) 부근의 어느 마을에 상륙하여 아르고스로 가던 길에 늑대와 황소가 싸우는 것을 보았다고 한다. 다나오스는 자신이 이방 민족이면서 원주민을 공격하고 있다는 점에서 자신과 늑대의 운명이 같다고 생각했다.

이윽고 늑대가 승리하자 그는 늑대의 신전인 아폴로 리케이우스 신전에 제사를 드리고 아르고스를 공격하여 승리를 거두었다. 그 무렵 아르고스를 다스리던 겔라노르(Gelanor)가 반대파에 밀려 쫓겨나면서 다나오스는 그의 뒤를 이어 왕이 되었고, 그 사건을 기념하고자 늑대와 황소가 싸우는 동상을 거기에 세웠다고 한다.(파우사니아스,『그리스 지리학』, II : 19)

33

자신의 전략이 제대로 이뤄지지 않은 데다가 동상의 모습에 사기가 떨어진 피로스는 철수하기로 결정했다. 그러나 철수를 하려니 성문이 너무 좁은 것이 걱정스러웠던 피로스는 성 밖에서 많은 병사를 거느리고 있는 아들 헬레노스에게 전령을 보내 성벽 일부를 헐어 버린 다음, 적군이 공격해 오면 병사를 그리로 퇴각시키도록 하라고 지시했다.

그러나 혼란 속에서 너무 서두르느라 전령이 왕의 명령을 똑바로 알아듣지 못하고 잘못 전달했다. 젊은 왕자는 아버지가 도움을 요청하는 것으로 알고 남은 코끼리 부대와 정예군을 이끌고 아버지를 구출하러 성으로 들어왔다. 그러나 그때 피로스는 이미 병력을 철수시키고 있었다. 광장은 널찍하여 철수와 전투를 모두 진행할 수 있었다. 피로스는 철군하던 길을 멈추고 적군을 섬멸했다.

그러나 피로스가 광장을 벗어나 성문으로 향하는 좁은 길로 들어섰을 때, 그는 반대편에서 그를 구출하러 오던 지원군과 마주쳤다. 어떤 병사들은 후퇴 명령을 알아듣지 못했고, 명령을 제대로 듣고 따르려던 무리는 성문에서 물밀듯이 들어오는 지원병들때문에 명령을 따를 수가 없었다. 거대한 코끼리 부대는 커다란 울음소리와 함께 성문 안으로 들어오면서 밖으로 나가려는 무리의 길을 막았다.

니콘(Nicon)이라는 이름의 코끼리는 이미 성안에 들어와 있다가 상처를 입고 자신의 등에서 떨어진 주인을 찾아 몰려오는 무리 앞으로 달려 나갔고, 그 과정에서 마구 섞여 있는 적군과 아군을 구별하지 못하고 치받았다. 그렇게 날뛰던 코끼리는 드디어 주인의 시체를 발견하자 그를 코로 들어 올려 상아에 걸쳐 싣더니 뒤로 돌아 달려가면서 도망하는 무리를 미친 듯이 밟아 죽였다.

이렇게 받히고 깔린 상황에서는 누구도 어찌할 수 없었다. 병사들은 한 덩어리가 되어 이리저리 구르며 휩쓸려 나갔다. 계속하여 충원되는 적군이 후미를 공격해 왔지만, 피로스군은 항전은커녕 자기들끼리 몸을 다치고 있었다. 많은 병사들은 칼을 빼 들거나 창을 겨눈 상태였는데, 공간이 너무 좁아서 이 무기들을 칼집에 넣거나 도로 내릴 수가 없었던 것이다. 이렇게 노출된 무기에 아군끼리 찔려 많은 사람이 죽었다.

34

성난 파도처럼 밀려오는 적군을 바라보던 피로스는 투구에 꽂힌 왕의 상징물을 떼어 곁에 있던 부하에게 건네주었다. 그 상징물이 너무 화려하여 적군의 눈에 잘 띄기 때문이었다. 그런다음 그는 말을 타고 자신을 향해 몰려오는 적군 속으로 뛰어들었다. 그때 적병의 창이 그의 갑옷 옆구리를 뚫었다. 상처는 치명적이지 않았다. 피로스는 그 사람을 바라보았다.

아르고스 출신인 그는 명문가의 자손도 아니었고, 그저 가난한 과부의 아들이었다. 그때 다른 여성들과 마찬가지로 그의 어머니도 지붕에서 전투를 내려다보고 있었다. 아들이 피로스와 싸우는 모습을 본 어머니는 아들이 큰 위험에 빠졌다고 생각했고, 결국 두 손으로 기왓장을 들어 피로스에게 던졌다. 기왓장은 투구 밑의 목뼈를 때렸다.

기왓장을 맞은 피로스는 순간 눈빛이 흐려지면서 손에 들고 있던 무기를 놓쳤다. 그러더니 말에서 떨어져 리킴니우스(Licymnius)의 무덤 옆에 쓰러졌다. 곁에 있던 사람들은 그가 누구인지 알아보지 못했다. 그때 안티고노스의 부하로서 조피로스(Zopyros)라던가 하는 사람이 두서너 명의 병사와 함께 달려와 그가 누구인지를 확인하고는 그를 어느 집 안으로 끌고 들어갔다.

바로 그때 피로스는 충격에서 벗어나 정신을 차리려고 애썼다. 이를 본 조피로스는 일리리아의 단검을 빼 들고 피로스의 목을 자르려 했다. 그러나 피로스의 눈길이 어찌나 무섭게 노려보던지 겁에 질려 손이 떨렸다. 조피로스는 다시 칼질을 했지만 놀랍고 두려워 제대로 가격하지 못하고 입과 턱 사이를 내려쳐 죽였다. 그들은 죽은 피로스의 목을 어렵고도 더디게 잘랐다.

그제야 사람들은 무슨 일이 일어났는지 알았다. 그때 안티고노스의 아들 알키오네우스(Alcyoneus)가 그곳으로 달려와 피로스의 얼굴을 알고 있다는 듯 그의 머리를 보자고 했다. 알키오네우스는 아버지를 찾아가 막료들과 함께 앉아 있는 그의 앞에 피로스의 머리를 내려놓았다. 그러나 머리를 보고 누구인지를 확인한 안티고노스는 지팡이로 아들을 때려 내치면서 참으로 무례하고 야만적인 놈이라고 야단쳤다.

안티고노스는 자신의 외투를 벗어 피로스의 머리를 덮어주며 눈물을 흘렸다. 안티고노스는 운명의 저주를 받아 그와 꼭 같은 모습으로 죽은 가족, 곧 할아버지 안티고노스와 아버지 데메트리오스가 떠올랐던 것이다. 안티고노스는 피로스의 목과 머리를 수습하여 정중하게 화장을 치렀다.

그 뒤에 알키오네우스는 피로스의 아들 헬레노스를 만났다. 헬레노스는 몰골이 초라하고 지저분한 외투를 입고 있었다. 알키오네우스는 헬레노스에게 친절을 보이면서 그를 자기 아버지에게 데려왔다. 이를 본 안티고노스는 아들의 처사에 기뻐하며 이렇게 말했다.

"네가 아까 한 짓과는 다르니 내 마음이 기쁘다. 그러나 이 사람이 그토록 초라한 옷을 입은 채로 두었으니 잘한 일이 아니다. 우리가 스스로를 승리자로 알고 있는 지금, 이는 명예롭지 않은 처사이기 때문이다."

그런 다음 안티고노스는 헬레노스에게 친절을 베풀어 옷을 새것으로 갈아입히고 에페이로스로 돌려보냈을 뿐만 아니라, 자신이 피로스 군대의 진영을 정복한 다음에도 피로스의 막료들에게 친절을 베풀었다.

카이우스 마리우스
CAIUS MARIUS

기원전 155?~86?

병사들은 자신들을 평안케 해 준 장군보다
자기들과 고락을 함께한 장군에게
더 애정을 느낀다.
— 플루타르코스

킴브리족 여성들은
전쟁에 지고 비겁하게 도망쳐 오는
남편과 형제와 아버지를 죽이고
자식들과 함께 자살했다.
— 플루타르코스

내가 분별없는 짐승이 아닌
인간으로 태어난 것을,
이방인이 아닌
그리스인으로 태어난 것을,
소크라테스와 같은 시대에 태어난 것을
수호신과 운명의 여신에게
감사히 여긴다.
— 플라톤

1

카이우스 마리우스의 세 번째 이름이 무엇인지는 알려져 있지
않은데, 이는 스페인을 정복한 퀸투스 세르토리우스(제34장)나
코린토스를 정복한 루키우스 뭄미우스(Lucius Mummius)의 경
우와 마찬가지이다. 그러나 뭄미우스는 아카이아(Achaea) 전
쟁에서 이룬 전공으로 아카이쿠스(Achaïcus)라는 끝 이름을 얻
었고, 스키피오는 아프리카 전쟁에서 승리한 공로로 아프리카
누스(Africanus)라는 끝 이름을 얻었으며, 메텔루스는 마케도니
아를 정복한 공로로 마케도니쿠스(Macedonicus)라는 끝 이름을

얻었다.

이와 같은 점을 들어 그리스의 역사학자 포세이도니오스 (Poseidonios)는 카밀루스(Camillus)나 마르켈루스(Marcellus)나 카토(Cato)와 같은 이름들을 태어날 때부터 가지고 있었다고 보는 것은 잘못이라고 지적했다. 만약 끝 이름이 고유한 이름 이라면, 이름에 두 개의 단어만 있는 사람은 사실상 고유한 이름이 없는 존재가 되기 때문이라는 것이다.

그러나 포세이도니오스의 주장대로라면 여성에게는 고유한 이름이 없다는 점에서 그의 주장은 잘못되었다. 왜냐하면 로마의 여성들에게는 그가 타고난 이름으로 여긴 첫째 단어가 없기 때문이다. 또한 이름이 두 단어인 사람들의 경우를 보면, 폼페이우스 마그누스나 만리우스 카피톨리누스(Manlius Capitolinus)나 코르넬리우스 코수스(Cornelius Cossus)나 그리스의 인명 가운데 헤라클레이데스 폰티쿠스(Herakleides Ponticus)나 펠로피다스의 경우처럼 첫 번째 단어는 가문의 명칭이다.

한편, 마르키누스(Marcinus Augustus)나 토르콰투스(Titus Manlius Torquatus)나 술라(Lucius Cornelius Sulla Felix)나 그리스의 므네몬(Artaxerxes II, Mnemon)이나 그리푸스(Antiochus VIII, Gry-pus)나 칼리니쿠스(Antiochus Kallinicus)의 경우처럼, 두 번째 이름은 그의 성품이나 처신이나 외모를 나타내는 상징적인 명칭이다.[1] 그러나 이 관습은 불규칙한 것이기 때문에 여러 가지 논란을 불러일으킨다.

2

마리우스의 생김새로 말하자면, 갈리아의 라벤나(Ravenna)에

I　　로마인의 이름은 첫 번째 이름이 고유한 이름(given name)이고 두 번째 이름이 가문의 이름(family name)이고 세 번째 이름은 이를테면 공적을 이루고 얻은 이름(hereditary name)이다. 여성은 고유한 이름이 드물어 가문의 이름만 갖는다.

서 있는 그의 동상을 본 적이 있는데, 그 모습이 너무도 거칠고 잔혹하여 그의 성품을 미루어 알 수 있다. 그의 천성은 열정적이고 전쟁을 좋아하였으며, 정치 활동보다는 군사 훈련을 더 즐겨, 권력을 잡으면 더욱 거칠어졌다.

또한 들리는 바에 따르면, 마리우스는 그리스 문예를 공부한 적이 없고, 아무리 중요한 일에도 그리스어를 쓰지 않았다. 이는 문학이란 허접스러워 하층 계급이나 쓰는 것으로 생각했기 때문이었다. 그가 두 번째로 개선식을 치른 뒤 신전을 헌정하면서 그리스의 연극을 공연한 적이 있었는데, 그는 극장에 들어와 잠시 앉아 있다가 나가 버렸다. 과거에 플라톤은 제자인 철학자 크세노크라테스(Xenocrates)의 표정이 늘 시무룩한 것을 보고 이런 말을 한 적이 있다.

여보게 크세노크라테스여,
그라티아이(Gratiae)의 여신들[2]에게 제사나 드려 보게.

만약 크세노크라테스에 대한 플라톤의 충고처럼 마리우스가 음악의 여신 무사이(Musai)나 그라티아이의 여신들에게 제사를 드리면서 성격을 바꿨더라면, 그는 전쟁터나 정치판에서 그토록 찬란한 공업을 이루고서도 그토록 추악한 왕관을 쓰지 않았을 것이고, 그토록 거친 열정과 시도 때도 없는 야망과 끊임없는 탐욕으로 말미암아 늙은 나이에 처참한 말로를 맞이하지도 않았을 것이다. 그와 같은 그의 생애는 다음 이야기들에서 잘 나타나고 있다.

---

2   그라티아이의 여신들은 로마의 신화에 나오는 세 자매로, 그리스에서는 카리테스(Charites)라고 한다. 아름다움의 상징인 아글라이아(Aglaea), 기쁨의 상징인 에우프로시네(Euphrosyne) 그리고 목가(牧歌)의 상징인 탈리아(Thalia)를 뜻한다.

3

마리우스의 부모가 어떤 사람들인지는 잘 알려지지 않았으며, 날품팔이로 먹고사는 가난뱅이였다고 한다. 아버지는 마리우스였고, 어머니는 풀키니아(Fulcinia)였다. 그는 어려서 로마로와 도시 생활을 맛보았다. 젊어서 아르피눔(Arpinum) 지방의 키라이아톤(Chirrhaeaton)[3]에서 살았던 그는 세련된 도시 사람들에 비해서는 거칠었지만, 로마의 오랜 육아 방식이 추구한 대로 자제심이 강했고 남들과 잘 어울렸다.

마리우스가 처음으로 군대에 복무한 것은 [기원전 134~133년] 스키피오 아프리카누스[4]가 켈트-이베리아(Celtiberia)인들을 정복하면서 누만티아(Numantia)를 공격하던 전투였다. 그때 그는 젊은이로서 용맹스러웠고, 그 무렵 사치와 낭비로 부패한 군대에서 유독 군기(軍紀)를 잘 지킴으로써 장군의 눈길을 끌었다.

또한 들리는 바에 따르면, 마리우스는 장군이 보는 앞에서 적장과 일대일로 결투를 벌여 사령관에게서 많은 칭찬을 들었다고 한다. 언젠가는 여럿이 저녁 식사를 마치고 이런저런 이야기를 나누는데, 진심에서 우러나와 그랬는지 아니면 듣기 좋은 말로 그랬는지는 알 수 없지만, 한 장교가 스키피오 장군에게 이렇게 물었다.

"장군께서 떠나신다면, 로마에서 장군님만큼 지도력이 뛰어난 분을 다시 만날 수 있겠습니까?"

그러자 스키피오가 다정하게 자기 곁에 앉은 마리우스의

---

3   페린은 이 지명이 아마도 케레아타이(Cereatae)의 잘못이었을 것이라고 풀이했다.

4   이 부분은 독자들에게 혼란을 불러일으킬 수 있다. 스키피오 아프리카누스는 두 명이었는데 흔히 한니발을 무찌른 스키피오(기원전 237~183)를 대(大)스키피오(Scipio Africanus the Great)라 하고, 여기에 등장하는 스키피오(기원전 185~129)는 그의 손자로서 소(少)스키피오(Scipio Africanus the Minor)라고 부른다.

어깨를 치면서 이렇게 말했다.

"이 사람이 있잖은가?"

이렇듯 두 사람은 뛰어난 데가 있었다. 마리우스는 젊어서부터 탁월함을 보였고, 스키피오는 마리우스의 젊은 날을 보면서 그의 뒷날이 어찌 되리라는 것을 알고 있었다.

4

스키피오의 그 말이 마치 하늘의 예언이나 되는 듯이 의기양양해진 마리우스는 곧 정치 무대에 뛰어들어 [기원전 119년, 그의 나이 서른여덟 살 때] 그가 늘 섬겨 오던 집안인 카이킬리우스 메텔루스(Caecilius Metellus)의 도움을 받아 호민관에 당선되었다. 그러자 그는 투표 방법을 바꾸는 법안을 제안했는데, 사람들은 그 법안의 내용이 재판 과정에서 귀족의 권한을 줄이는 것이라고 생각했다.

이에 집정관 루키우스 아우렐리우스 코타(Lucius Aurellius Cotta)가 그의 법안에 반대하며 원로원이 이를 저지하도록 설득한 다음, 마리우스가 원로원에 출두하여 설명할 것을 요구했다. 원로원이 코타의 요구를 들어주자 마리우스는 원로원에 출두했다. 이때 마리우스의 모습은 빼어난 정치적 배경도 없이 방금 정계에 뛰어든 젊은이답지 않았다. 그는 앞으로 자신이 어떻게 정치를 할지 미리 보여 주는 듯했다.

단상에 오른 마리우스는 만약 코타가 정령(政令)을 철회하지 않으면 그를 감옥에 집어넣겠노라고 협박했다. 이에 코타가 일어서서 메텔루스에게 의견을 묻자 메텔루스는 코타의 의견에 동의한다고 말했다. 그러자 마리우스는 경위(警衛)를 불러 메텔루스를 감옥에 잡아넣으라고 지시했다.

메텔루스가 다른 집정관들에게 도움을 요청했지만 아무도 메텔루스를 도우려 하지 않자 원로원은 뜻을 굽히고 코타의 정령을 취소했다. 이에 따라 마리우스는 의기양양하게 민

　　　　　　　　　　　　　　마리우스

중에게로 달려가 법안의 비준을 받아 냈다. 그러자 사람들은 마리우스가 두려움을 모르고, 남의 칭찬이나 들으려는 통속적인 인기에 영합하지 않으며, 원로원에 맞서 시민을 위해 싸우는 용사라고 생각했다.

그러나 이와 같은 인식은 마리우스의 또 다른 정치적 조치로 말미암아 곧 뒤바뀌었다. 왜냐하면 마리우스가 시민들에게 양곡을 무상으로 배급하는 법안을 강력하게 반대하고 저지했기 때문이었다. 이러한 조치를 통하여 마리우스는 공공의 재물을 낭비하지 않는 사람이라는 생각을 심어 주었다. 그렇게 그는 민중만의 지도자가 아니라 귀족과 평민 모두에게 존경받는 인물로 떠올랐다.

5

호민관의 임기를 마친 마리우스는 고등 건설관[5]에 출마했다. 건설관에는 두 가지가 있었다. 하나는 고등 건설관(Curule Aedile)으로서 다리가 굽은 의자(*curule*)에 앉는 고관들이었고, 그 다음에는 그보다 낮은 직급의 민중 건설관(Plebian Aedile)이 있었다. 시민은 고등 건설관을 먼저 뽑은 다음에 민중 건설관을 뽑도록 되어 있었다.

마리우스는 고등 건설관에 출마했으나 낙선될 것이 분명해지자 전략을 바꾸어 민중 건설관에 출마했다. 그러나 마리우스가 거칠고 고집스럽다고 생각한 시민은 그를 떨어뜨렸다. 그리하여 그는 하루에 두 번 선거에 낙선하는 기록을 남겼는데, 이는 일찍이 없던 일이었다. 그럼에도 마리우스는 전혀 움츠러들지 않고 곧이어 [기원전 115년에] 법정관(Praetor)에 출마하여 겨우 당선되었다.

마리우스는 끝내 관직에 올랐지만 곧 뇌물죄로 기소되었

---

5   제12장 「루쿨루스전」, § 1의 각주 3 참조.

다. 그가 기소된 정황은 이랬다. 그 무렵의 법률에 따르면 노예
는 투표장에 들어갈 수 없었음에도, 그의 절친한 친구인 카시
우스 사바코(Cassius Sabaco)의 하인이 투표장에 있었던 것이다.
법정에 출두한 사바코는 그날 더운 날씨 때문에 목이 말라 하
인에게 냉수를 떠 오라고 시켰고, 그래서 하인이 물을 떠 오느
라 그 자리에 왔던 것은 사실이지만 자신이 물을 마신 다음 곧
떠났다고 대답했다.

　　그러나 사바코는 이듬해에 감찰관(Censor)의 명령으로 원
로원에서 추방되었다. 사람들은 사바코가 그런 처벌을 받아
마땅하다고 생각했다. 사바코는 평소에 위증을 하거나 술버릇
이 나빠 인심을 잃었던 것이다. 그러나 마리우스의 반대쪽 증
인으로 법정에 소환된 카이우스 헤렌니우스(Caius Herennius)는
이렇게 항변했다.

　　"후원자(patron)가 의뢰인(client)[6]에게 불리한 증언을 하는
것은 법리(法理)에 어긋나는 일입니다. 법은 시민들이 그러한
요구를 강요받지 않도록 보호하고 있습니다. 마리우스의 부모
님뿐만 아니라 그 자신도 우리 가문의 오랜 의뢰인이었습니
다."

　　여기에서 '의뢰인'이라는 로마 단어는 그리스에서 말하는
법정 대리인을 뜻한다. 판사들은 후원자가 자기 고객에게 불
리한 증언을 할 수 없다는 헤렌니우스의 주장을 받아들였지
만, 마리우스는 자기에게 유리한 헤렌니우스의 주장을 다음과
같은 말로 뒤집었다.

　　"나는 관직에 선출되자마자 헤렌니우스의 의뢰인이 아니
게 되었으므로 그의 변론은 필요 없습니다."

　　그러나 이와 같은 마리우스의 주장은 사실과 달랐다. 왜

6　　로마법에서 후원자와 의뢰인의 관계에 대해서는 제2장 「로물루스전」(§
　　13) 참조.

냐하면 관직에 당선된다고 해서 그 당사자와 가족들이 맺고 있던 후원자와 의뢰인의 관계가 없어지는 게 아니기 때문이다. '굽은 다리 의자'에 앉을 정도의 고관들에게만 그 법이 적용되었다. 어쨌든, 첫날의 재판에서 마리우스는 자신을 잘 방어하지 못했고 법관들도 엄정했지만, 어찌 된 일인지 다음 날 재판은 예상에서 크게 벗어났다. 표결이 절반으로 나뉘면서 마리우스는 무죄 평결을 받았다.

6

법정관으로 재직하는 동안에 마리우스는 평범한 평가를 받았다. 그러나 임기가 끝난 다음 그는 서(西)스페인(Farther Spain)의 총독으로 부임했다. 들리는 바에 따르면, 그곳에서 그는 강도들을 소탕했다고 한다. 그 무렵의 스페인은 문명화되지 못한 야만의 땅이어서 주민들은 강도를 어엿한 직업으로 여기고 있었다.

그러나 그가 막상 정치를 시작하고 보니, 자신에게는 민중에게 영향력을 미칠 수 있는 중요 자산인 돈도 없었고, 웅변을 잘하는 것도 아니었다. 그때까지 그는 굳건한 신념과 굽힐 줄 모르는 부지런함과 소박하고 단순한 삶의 방식으로 민중의 지지를 받았다.

명예와 함께 세력도 커지자 마리우스는 저 유명한 카이사르(Julius Caesar) 가문에 장가를 들었다. 그의 아내인 율리아(Julia)는 카이사르의 고모였다. 뒷날 이 가문이 로마의 최고 가문이 되었을 때 카이사르는 그와 같은 혼인 관계로 말미암아 어느 정도 마리우스를 정치 선배로 본받았는데, 이에 대해서는 이미 「카이사르전」(§ 5)에서 다룬 바 있다.

마리우스의 기질과 굽힐 줄 모르는 성격에 관한 일화가 있다. 언젠가 그는 수술을 받아야 할 일이 생겼다. 곧 두 다리가 감염되었는데 정맥류(靜脈瘤) 같았다. 불구가 되고 싶지 않았던 그는 의사를 찾아가 수술을 받기로 했다.

그러나 마리우스는 고통을 못 이겨 버둥대는 일이 없도록 몸을 침상에 묶는 것을 거절하고 다리를 내밀었다. 그는 몸을 뒤틀거나 신음을 내지도 않고 조용히 곧은 자세로 수술의 고통을 참아 냈는데, 그 모습이 믿을 수 없을 정도로 담담했다. 그러나 의사가 다른 쪽 다리를 수술하려 하자 마리우스는 수술을 거절하면서 이렇게 말했다.

"수술의 고통이 병의 통증보다 더 심하군."

7

[기원전 109년에] 아프리카의 누미디아 왕 유구르타(Jugurtha)와 로마가 전쟁을 벌였을 때, 메텔루스는 부대를 지휘하는 사령관으로 참전했고, 마리우스는 그의 전령(傳令, legate)의 자격으로 참전했다. 이 전투에서 그는 위대하고 찬란한 전공을 세웠지만, 다른 사람들처럼 메텔루스에게 영광을 돌리거나 상관의 이익을 위해 처신하려고 마음 쓰지 않았다.

[마리우스는 젊은 날의 입신 과정에서 메텔루스의 도움을 받았음에도](§ 4), 그는 자신이 전령으로 뽑힌 것은 메텔루스 덕분이 아니라 운명의 여신이 자기에게 절호의 기회를 준 덕분이라고 생각하면서 온갖 용맹한 전공을 세웠다.

전쟁에는 여러 가지 고통이 따랐지만 마리우스는 힘든 일을 회피하지도 않았고 작은 일도 소홀히 여기지 않았다. 그는 훌륭한 전략을 제시하거나 불리한 전황을 예견하는 일에 같은 계급의 동료들보다 뛰어났고, 검소하게 지내며 고난을 견디는 일을 부하들과 함께함으로써 깊은 신망을 얻었다.

일반적으로 사람들은 다른 사람들이 자발적으로 자신과 함께 고통을 함께 나눌 때 위로를 받는 것으로 보인다. 그것은 강제한다고 되는 일이 아니다.

로마 병사들로서는 장군이 자기들처럼 식당에서 허름한

음식을 먹고, 초라한 침대에서 잠을 자고, 참호를 파거나 진지를 구축하는 모습을 볼 때 가장 감동한다. 병사들은 자기들에게 명예나 전리품을 나누어 주는 장군보다는 고락을 함께하는 장군을 찬양하며, 자기들에게 편안한 병영 생활을 허락하는 장군보다는 고생을 함께하는 장군에게 더 애정을 느낀다.

이와 같은 일로 병사들의 가슴을 울린 마리우스의 명성은 아프리카를 넘어 온 로마에 퍼져 나갔다. 왜냐하면 전선에 있는 병사들이 마리우스를 집정관으로 선출해야 이방 민족과의 전쟁을 끝낼 수 있다고 고향의 부모 형제들에게 편지를 보냈기 때문이었다.

8

이와 같은 일들로 메텔루스의 마음이 편치 않았는데, 투르필리우스(Turpillius) 사건이 벌어져 그를 더욱 분노하게 만들었다. 투르필리우스는 여러 대에 걸쳐 메텔루스 가문과 가까이 지내던 터였으며, 이번 전쟁에 그는 공병대장으로 참전하여 바가(Vaga)라는 큰 도시의 행정을 맡고 있었다.

투르필리우스는 주민을 다루면서 민폐를 끼치지 않는 것을 안전의 우선순위로 삼았기 때문에 친절과 인정을 강조했지만, 어느 결에 도시가 적군의 손에 넘어가 유구르타가 입성했다. 그들도 지난날의 일을 생각하여 투르필리우스에게 해코지를 하지 않고 풀어 줘 무사히 부대로 돌아왔다. 투르필리우스는 살아서 돌아왔지만 그에게는 반역죄가 적용되었다.

이 사건의 재판을 맡은 군사 위원회의 위원이었던 마리우스는 본디 엄혹한 사람이었던 터라 피고에게 가장 가혹한 평결을 내렸고, 메텔루스는 내키지 않았지만 투르필리우스에게 사형을 언도하여 처형했다. 그러나 시간이 조금 지나 투르필리우스에 대한 기소가 잘못이었음이 드러나자 메텔루스가 슬퍼하는 모습을 보며 모두가 그를 측은하게 생각했다.

그러나 마리우스는 그 일을 즐기기라도 하는 것처럼 이번 기소는 자신이 한 일이라고 자랑했다. 그는 메텔루스야말로 친구의 죽음에 대한 복수심조차 없는 악마 같은 인물이라고 비난할 정도로 부끄러움을 몰랐다. 이 사건으로 마리우스와 메텔루스는 드러내 놓고 미워하는 사이가 되었다.

들리는 바에 따르면, 언젠가 메텔루스는 마리우스를 앞에 놓고 이런 농담을 한 적이 있었다고 한다.

"여보게, 마리우스, 자네가 이곳을 떠나 로마로 돌아가 집정관에 출마한다면서? 그러느니 차라리 우리 아들이 출마할 때 동료 집정관으로 나가게끔 때를 기다리는 것이 더 낫지 않을까?"

그 무렵 메텔루스의 아들은 매우 어렸다. 그러나 마리우스는 전역하고 싶어 안달이었다. 몇 번 연기를 거듭하다가 집정관 선거 열이틀을 앞두고서야 메텔루스는 그의 전역을 승인했다. 마리우스는 진영을 떠나 이틀 낮, 하룻밤을 달려 우티카(Utica) 해안에 이르렀다. 그곳에서 마리우스는 신전에 제사를 드리고 다시 배에 올랐다. 들리는 바에 따르면, 그때 점쟁이가 그에게 이런 말을 했다고 한다.

"신이 마리우스의 성공을 예언하였도다. 그의 성공은 누구도 예상하지 못할 만큼 찬란하도다."

이 예언에 고무된 마리우스는 배를 띄웠다. 사흘 동안 순풍을 타고 지중해를 건너 로마에 도착했을 때 그는 군중의 열렬한 환영을 받았다. 그때 어느 집정관이 민회에서 그를 소개했다. 연단에 오른 마리우스는 메텔루스를 근거 없이 여러 차례 비난하고, 자기가 집정관에 당선되면 유구르타를 죽이든가 아니면 산 채로 잡아 오겠노라고 공언하면서 자신을 집정관으로 뽑아 달라고 호소했다.

마리우스

9

[기원전 107년, 쉰 살이 된] 마리우스는 압도적인 지지를 받아 집정관에 당선되자 곧 군대를 징집했다. 그러나 그는 지난날의 법이나 관습과는 달리 보잘것없는 집안과 가난한 사람들 가운데에서도 병사를 뽑았다. 옛날의 장군들은 그렇지 않았다. 그들은 마치 자기들이 좋아하는 사람에게 명예를 주듯이 모병하여 무기를 나누어 주었는데, 그러한 특혜를 받은 사람들은 그만큼 재산을 가진 사람들이었다.

이를테면 군인들의 재산이 곧 국가에 대한 충성의 담보였던 셈이다. 그러나 마리우스가 남들의 미움을 받은 것은 그런 전통을 따르지 않아서가 아니었다. 그보다는 그의 무례하고 오만한 발언이 귀족의 화를 돋우었다. 그는 이렇게 말했다.

"나의 집정관 직위는 귀족과 부자들의 나약함에서 얻어 낸 전리품입니다. 내가 만약 민중에게 좋은 인상을 주고 싶었다면 음침한 기념관이나 다른 사람들의 초상을 내세우기보다는 차라리 나의 몸에 난 상처를 보여 주고 싶습니다."

마리우스는 또한 이런 말도 자주 했다.

"지난날 아프리카의 전투에서 패배한 장군이라는 인간들, 이를테면 [집정관 신분으로 전쟁에 나갔다가 유구르타와의 전쟁에서 진] 베스타(Besta)나 알비누스(Albinus)는 명문가의 자식들이었지만 불행하게도 경험이 없어 전사(戰士)답지 못했소."

그러면서 그는 군중에게 이렇게 물었다.

"베스타나 알비누스의 조상이 자신의 가문을 훌륭하게 만든 것은 핏줄이 아닌 용맹과 귀족다운 행동 때문이었을 텐데, 그렇다면 그들은 나 같은 후손을 두고 싶어 했을 것이라고 여러분은 생각하지 않으시오?"

그러한 발언들은 단순히 허풍만도 아니었고, 얻는 것 없이 귀족의 미움을 사려고 한 것도 아니었다. 귀족에 대한 모욕을 즐기고, 오만한 연설 속에 담긴 그의 담대한 배포를 감지했던 민중은 마리우스를 격려하면서, 만약 그가 진실로 민중을 기쁘게 하고자 한다면 귀족에게 자비를 베풀지 말라고 자극했다.

10

마리우스는 아프리카로 건너갔으나 질투에 사로잡힌 메텔루스는 그를 만나려 하지 않았다. 이제 전쟁이 끝나고 유구르타를 사로잡는 일밖에 남지 않은 상황에서 자기에게 신세를 진 사람이 의리를 저버리고 권력을 잡아 개선장군이 되려 하고 있었으니, 메텔루스는 분노를 견딜 수 없었다.

메텔루스가 사사로운 감정으로 아프리카를 떠나자 오랫동안 그의 전령으로 일한 루틸리우스(Rutilius)가 마리우스에게 군대의 지휘권을 넘겨주었다.

세월이 지난 뒤에 마리우스도 그와 같은 일을 겪는다. 왜냐하면 마리우스가 메텔루스의 전공을 가로챈 것과 꼭 같이 술라가 마리우스의 전공을 가로챘기 때문이었다. 나는 이 이야기를 「술라전」(§ 3)에서 자세히 다루었으므로 여기에서는 그 전후 사정만을 간단히 기록하려 한다.

그 무렵 누미디아보다도 더 깊숙한 아프리카 오지에 보쿠스(Bocchus)라는 왕이 있었다. 보쿠스는 유구르타의 사위였지만 장인이 치르고 있는 전쟁을 거의 도와주지 않았는데,[7] 그것이 장인을 믿지 못한 까닭이었는지 아니면 장인의 세력이 커지는 것을 두려워한 까닭이었는지는 알 수 없다. 전쟁에 지고 이리저리 도망하며 다니던 유구르타가 사위에게 마지막 희망을 걸고 피난처를 부탁했을 때에야 보쿠스는 장인을 받아들였다.

그러나 보쿠스가 장인을 자기 그늘에 받아들인 것은 장

7   이 부분에서 플루타르코스는 착오를 일으키고 있다. 이 문장에서는 보쿠스가 사위이고 유구르타가 장인으로 되어 있지만 그와 반대로 보쿠스가 장인이고 유구르타가 사위였다.(제20장 「술라전」, § 3 및 랭혼 판본의 「마리우스전」, p. 280 참조)

인에 대한 호의 때문이라기보다는 장인의 애원을 거절할 수가 없어서였다. 이때 보쿠스가 보여 준 표면적인 모습을 보면, 보쿠스는 장인을 돕는 모양새로 마리우스에게 애원하면서 단호한 목소리로 장인을 내줄 수 없노라는 편지를 보냈다. 그러나 보쿠스는 속으로 장인에게 반심(叛心)을 품고 있었다.

그래서 그는 마리우스의 감찰관인 술라에게 몰래 사람을 보내 장인을 넘겨주겠노라고 했다. 술라는 지난날 전쟁을 치르면서 보쿠스에게 도움을 준 적이 있었다. 술라는 보쿠스의 말을 깊이 믿었다.

그러나 보쿠스는 변덕스러운 사람이었던 터라 자기가 술라에게 한 약속을 후회하면서, 장인을 술라에게 넘겨줄 것인가 아니면 이참에 이를 구실로 술라를 생포할까를 두고 여러 날 고민에 빠졌다. 그러다가 보쿠스는 끝내 처음에 마음먹은 대로 장인을 배신하기로 하고 술라에게 장인을 넘겨주었다.

이 사건은 마리우스와 술라 사이에 아프고도 지울 수 없는 증오의 첫 씨앗이 되어 로마를 거의 멸망 단계에까지 몰아갔다. 많은 사람이 마리우스에 대한 미움 때문에 이번 사건의 영광이 술라에게 돌아가기를 바랐다. 또한 술라는 보쿠스의 손에 끌려온 유구르타가 자기에게 항복하는 장면을 새겨 넣은 반지를 늘 끼고 다녔는데, 이 반지도 마리우스를 화나게 했다.

술라의 반지는 야심 많고 남과 영광을 나눌 줄도 모르고 늘 다투기 좋아하는 마리우스를 계속 자극했던 것이다. 더욱이 마리우스의 정적들은 이번 전쟁의 공로로 따지자면 처음의 것은 메텔루스에게 돌아가야 하고, 전쟁을 끝낸 마지막 단계의 것은 술라에게 돌아가야 한다고 말함으로써 마리우스에 대한 칭송과 충성심을 거두었다.

11

그러다가 곧이어 서쪽 지방에서 이탈리아를 위협하는 사건이 닥쳐오자 마리우스에 대한 시샘과 미움과 중상이 모두 씻은 듯 사라졌다. 이제 이탈리아는 전쟁이라는 격랑을 맞아 위대한 조타수로 활약할 장군이 필요하다는 사실을 느꼈기 때문이었다.

시민들이 보기에 가문 좋고 돈이 많아 집정관 선거에 나오는 사람들이 이 문제를 해결할 것 같지는 않았다. 따라서 [기원전 104년에] 마리우스가 그 무렵에 로마에 없었음에도 민중은 그를 집정관으로 선출했다.

유구르타를 사로잡았다는 소식이 시민들에게 전달되자마자 곧 튜턴족과 킴브리족이 쳐들어오고 있다는 소식이 들려왔던 것이다. 처음에 사람들은 그 소식이 전하는 침략자들의 수와 세력을 믿을 수 없었지만, 시간이 지나면서 다만 약간의 차이가 있을 뿐, 거대한 병력임이 확인되었다.

들리는 바에 따르면, 30만 명의 무장 병력과 그에 못지않은 수의 가족이 그 많은 인구를 먹여 살릴 수 있는 농토와 생활할 수 있는 도시를 찾아 내려오고 있다는 것이었다. 이들은 지난날 갈리아족이 티레니아(Tyrrhenia)인들에게서 이탈리아의 가장 비옥한 땅을 빼앗아 그곳에 정착해 살았던 일을 알고 있었고, 자신들도 그렇게 하기로 결심했던 것이다.

킴브리족은 다른 부족과의 교류도 없이 이탈리아의 거대한 지역을 가로지르고 있었는데, 이 부족은 도대체 어떤 부족이고 그들이 어디에서 와 구름처럼 이탈리아와 갈리아 지방에 정착하게 되었는지는 아무도 모른다. 가장 그럴듯한 추정에 따르면, 킴브리족은 게르만족의 한 부류로서 그 세력이 북해에까지 뻗어 있으며, 몸집이 크고 눈이 푸른데, 게르만족은 그들을 '강도'라 부른다고 한다.

또 어떤 사람들의 말에 따르면, 갈리아족은 서쪽의 대해에서 아(亞)한대 지방을 거쳐 동쪽으로는 마이오티스(Maeotis) 호수 주변에 걸쳐 살고 있으며, 국경은 소아시아 흑해 북쪽에 있는 스키티아(Pontic Scythia)에 닿아 있어 갈리아족과 스키티아족이 혼혈을 이루고 있다고 한다. 이 혼혈 민족은 그들의 근거지를 떠나 서쪽으로 이동했다. 그들의 이동은 한꺼번에 꾸준히 내달리는 것이 아니라 봄이 되면 원주민과 싸우면서 조금씩 전진하기 때문에 대륙을 통과하는 데 시간이 걸렸다. 그들은 지파에 따라 이름이 여러 가지여서, 통틀어 갈리아-스키티아족(Galloscythia)이라고 부른다.

그러나 또 다른 사람들의 말에 따르면, 그리스인들에게 처음 알려진 이방인은 킴메리아(Kimmeria)인이었다고 한다. 그들은 그리스 전체 인구의 일부를 차지하는 작은 집단으로서 스키티아인들에게 쫓겨 리그다미스(Lygdamis)라는 사람의 지도를 받으며 마이오티스 호수를 지나 아시아로 들어왔다. 그 부족 가운데 가장 수가 많고 호전적이었던 무리는 대해(大海)를 따라 살았는데, 그곳은 지대가 너무 높고 나무가 울창하여 햇빛이 적었다.

킴메리아인들의 땅은 헤르키니아(Hercynia)까지 이르렀다. 지리적으로 보면 그곳은 극지에 가까운 곳이어서 하늘이 매우 가깝게 느껴져 마치 머리에 닿을 듯했으며, 1년의 절반 동안 낮이 이어지다가 나머지 기간은 밤이 계속되었다. 그래서 호메로스도 『오디세이아』(XI : 14)에서 오디세우스의 죽음의 그림자를 묘사하면서 킴메리아족의 땅을 무대로 썼다.

앞서 말한 민족은 바로 이곳에서 이탈리아로 밀려 내려왔는데, 이탈리아인들은 처음에 이들을 킴메리아로 불렀다가 나중에는 킴브리로 잘못 부르게 되었다. 그러나 이와 같은 이야기들은 모두 추정에 따른 것일 뿐, 역사적으로 확실한 증거가 있는 것은 아니다.

그러나 많은 역사가의 말에 따르면, 그 부족의 수는 30만 명보다 많으면 많았지 그보다 적지는 않았을 것이라고 한다. 더욱이 그들의 용맹과 대담함은 누구도 막을 수 없었다. 그들이 공격할 때면 마치 불길이 일어나는 것처럼 빨라서 아무도 그들과 맞설 수가 없었다.

킴브리족이 가는 길목에 있던 부족은 모두 그들의 먹이가 되거나 전리품이 되었으며, 많은 로마의 장군이, [이를테면 카르보(Gnaeus Papirius Carbo)는 기원전 113년에, 그리고 카이피오(Quintus Servilius Caepio)는 기원전 105년에] 병사들과 함께 알프스 북부의 갈리아(Transalpine Gallia)족을 막으려다 치욕스럽게 무너졌다.

로마군의 연약한 저항은 이방 민족이 로마를 향해 쳐내려올 수 있게 지도를 그려 주는 도구에 지나지 않았다. 침략자들은 저항군을 정복하고 많은 전리품을 노획하면서 로마를 완전히 파괴하고 온 이탈리아의 약탈을 마칠 때까지 어느 한 곳에 정착하지 않기로 작정한 듯했다.

12

적군이 쳐들어온다는 소식을 여러 군데에서 들은 로마 시민은 마리우스를 소환하여 장군으로 임명하는 동시에, 외국에 나가 있는 사람과 이미 집정관을 지낸 사람은 일정 기간이 지나지 않으면 집정관에 다시 선임될 수 없다는 법[8]을 무시하고 마리우스를 집정관으로 임명했다. 민중은 법을 내세우면서 그의 연임을 반대하는 사람들의 말에 귀를 기울이지 않았다.

왜냐하면 공익을 위해 연임 금지법이 지켜지지 않은 것이 처음이 아닌 데다가, 이번[기원전 147년]의 경우는 법을 어기면서까지 피선거권의 나이에 이르지도 않은 스키피오(Scipio Africanus)를 집정관으로 뽑을 때보다 상황이 더 심각하다고 판단했기 때문이었다. 스키피오를 집정관으로 뽑았을 때 로마인들은 로마가 쓰러질 수도 있다고 걱정하지는 않았다. 그때 그들은 그저 카르타고를 무찌르고 싶었을 뿐이었다.

---

8   집정관은 연임될 수 없으며 임기를 마치고 1년이 지난 다음에 다시 취임할 수 있다.

그와 같은 절차가 채택되자 마리우스는 군대를 이끌고 아프리카를 떠나 귀국하여 로마력(曆)으로 기원전 104년 정월 초하루에 집정관에 취임했다. 그는 그날 쇠사슬에 묶인 유구르타를 로마인들에게 보여 주면서 성대한 개선식을 치렀다. 적군을 섬멸하리라고는 전혀 예상도 하지 못한 상황에서 유구르타의 생포된 모습을 본다는 것은 놀라운 일이었다. 본래 유구르타는 운명이 뒤바뀌는 상황에서도 다재다능한 사람이었고, 그러한 재주를 용기와 잘 결합시키는 인물이었다.

그러나 들리는 바에 따르면, 유구르타는 그날 개선식에 쇠사슬로 묶여 끌려가면서 이성을 잃었다고 한다. 개선식이 끝나고 유구르타가 감옥에 갇혔을 때 어떤 사람은 그의 외투를 찢고, 어떤 사람은 그의 금귀고리를 가지려고 귀를 잘라 갔다. 벌거벗은 채로 지하 감옥에 갇힌 그는 너무 기가 막혀 허허 웃으면서 이렇게 중얼거렸다.

"헤라클레스 신이시여, 로마의 목욕탕은 참으로 시원하나이다."

그러나 이후 6일 동안 굶은 이 저주받은 인생은 마지막까지 살고 싶어 했음에도 자신이 저지른 죗값을 받았다. 들리는 바에 따르면, 개선 행렬에는 1,363킬로그램의 금과 2,619킬로그램의 주화(鑄貨)되지 않은 은과 28만 7천 드라크마의 금화도 함께 들어왔다고 한다.

개선 행진이 끝나자 마리우스는 신전의 언덕으로 원로원 의원들을 부른 다음, 잘 모르고 저지른 실수였는지 아니면 자신의 행운에 대한 천박한 오만 때문이었는지는 알 수 없으나, 개선 행렬 때 입은 외투 차림으로 회의장에 들어갔다. 그러나 이와 같은 장면에 원로원 의원들이 불쾌하게 생각하고 있음을 재빨리 알아차린 그는 자리에서 일어나 밖으로 나가 자주색 옷감으로 가장자리를 두른 평상복을 입고 다시 회의장에 들어왔다.

13

전장으로 나가면서 마리우스는 병사를 달리게 하고 긴 행군을 시켰으며, 자기 짐은 스스로 지게 하고 식사도 스스로 마련하게 함으로써 그들을 힘들게 훈련시켰다. 그런 일이 있은 뒤로 열심히 일하고 자기에게 맡겨진 일을 불평 없이 즐겁게 처리하는 사람들을 '마리우스의 노새'라고 부르게 되었다.

그러나 어떤 사람들의 말에 따르면, 그와 같은 칭호의 어원이 다르다고 한다. 곧 스키피오는 노만티아(Nomantia)를 공략하던 시절에 무기와 말뿐만 아니라 노새와 마차까지도 직접 점검했기 때문에 모든 병사가 그런 것들을 잘 준비해 두었다. 그러한 지시에 따라 마리우스도 말과 노새를 손수 손질했다.

이때 마리우스의 말과 노새가 가장 훌륭했고, 어느 다른 것들보다도 건강하고 유순했다. 사령관이 당연히 마리우스의 말과 노새를 칭찬하자, 그때부터 열심히 일하고 참을성이 많으며 애쓰는 사람들을 농담 삼아 칭찬할 때면 그들을 '마리우스의 노새'라고 불렀다는 것이다.

14

우리가 보는 바와 같이, 마리우스에게는 행운도 많이 따랐다. 이를테면 쳐내려오던 이방 민족은 방향을 바꾸어 먼저 스페인으로 흘러들어 갔다. 그 덕분에 마리우스는 군대를 훈련시키고 좀 더 강인한 정신력을 기를 시간을 벌었다. 그러나 무엇보다도 중요한 것은 마리우스 자신이 어떤 사람인지를 병사들에게 보여 주었다는 점이었다.

병사들이 보기에 마리우스는 권력 행사에 단호하고 처벌에 엄정하였으므로 병사들은 점차로 기율과 복종을 온당한 것으로 여기게 되었다. 마리우스의 거친 성격이나 험악한 목소리 그리고 억센 모습은 적군에게는 두려움을 줄지언정, 자기들에게는 친근함을 준다고 그들은 생각했다.

그러나 무엇보다도 병사들을 기쁘게 해 준 일은 마리우스가 사법적인 결정을 내릴 때 공의로웠다는 점이었는데, 이를테면 다음과 같은 사건이 그랬다.

마리우스의 부대에는 카이우스 루시우스(Caius Lusius)라는 인물이 있었는데 그는 마리우스의 조카였다. 그 청년은 여러모로 좋은 평판을 들었지만 잘생긴 젊은이들을 향한 성욕이 지나치다는 약점을 가지고 있었다. 그의 부대에는 트레보니우스(Trebonius)라는 젊은이가 있었는데, 루시우스는 여러 차례 그를 추행하려다가 실패했다.

그러던 어느 날 밤, 루시우스는 부하를 시켜 트레보니우스를 불렀다. 상관의 명령을 거역할 수 없었던 트레보니우스가 막사로 들어오자 루시우스는 다시 그를 추행하려고 했다. 이에 젊은이는 칼을 빼 들어 루시우스를 죽였다. 그런 일이 벌어졌을 때 마리우스는 그곳에 없었으나, 부대로 돌아오자 트레보니우스를 재판에 회부했다. 루시우스의 배경이 두려웠던 많은 사람들은 오히려 트레보니우스를 비난했다. 단 한 사람도 그를 변호해 주지 않았다.

그러나 젊은 트레보니우스는 재판정에 나가 그동안에 있었던 일을 용기 있게 진술했다. 그는 자신이 여러 차례 루시우스의 요구를 거절했던 일과 다른 사람들이 많은 돈을 제시하면서 관계를 요구했지만 이를 거절했던 증거를 내놓았다. 그 광경을 본 마리우스는 젊은이의 용기에 감탄하여 용사들에게 씌워 주는 화관을 가져오게 하더니 손수 그의 머리에 씌워 주면서 이렇게 말했다.

"고결한 삶의 실례를 보여 주어야 할 이 시대에 그대는 참으로 고결한 행동을 보여 주었도다."

마리우스의 그와 같은 처사는 곧 로마에 알려졌고, 그 사건은 [기원전 103년에] 그가 세 번째로 집정관에 당선되는 데 적지 않은 도움을 주었다. 그 무렵에 봄쯤 되면 킴브리족이 쳐내려오리라 예상하고 있던 로마인들은 다른 장군에게 이번의 전쟁을 맡기고 싶지 않았다. 그러나 예상했던 바와 달리 이방 민족이 쳐내려오지 않았고, 그러는 동안에 마리우스의 임기가 끝났다.

집정관의 선거일이 다가올 무렵에 동료 집정관 아우렐리우스 오레스테스(Aurelius Orestes)가 죽자 마리우스는 군사 업무를 마니우스 아퀼리우스(Manius Aquillius)에게 맡기고 자신은 로마로 돌아왔다. 유명 인사 여럿이 집정관에 출마하고 있었다.

그러나 다른 어느 누구보다도 민중에게 영향력이 컸던 루키우스 사투르니누스(Lucius Saturninus)가 마리우스의 설득에 넘어갔다. 그는 민중에게 마리우스를 집정관으로 뽑아야 한다며 여기저기 떠들고 다녔다. 마리우스는 마치 그 직책을 다시 맡는 것이 내키지 않는다는 듯한 시늉을 하면서 이렇게 말했다.

"나는 이 자리를 더 이상 바라지 않았습니다. 그러나 오늘과 같이 국가가 위기에 빠진 때에 내가 사령관 직책을 거절했다면서 사투르니누스는 나를 반역자라 부르고 있습니다."

그러나 곧 사투르니누스가 마리우스의 조종을 받아 그런 말을 하고 다녔으며, 심지어 그 뻔뻔한 연기조차 어색했다는 사실이 세상에 드러났다. 그러나 이번 경우에는 능력과 행운을 겸비한 마리우스 같은 인물이 집정관을 맡아야 한다고 생각했던 [기원전 102년에] 민중은 마리우스를 네 번째로 집정관에 선출했다. 그의 동료 집정관으로는 카툴루스 루타티우스(Catulus Lutatius)가 당선되었는데, 그는 귀족에게 존경을 받았고 민중도 그를 싫어하지 않았다.

15

적군이 가까이 오고 있음을 알게 된 마리우스는 서둘러 알프스산맥을 넘어 로다누스(Rhodanus, Rhone)강을 끼고 진영을 차렸다. 그는 이곳에 많은 군수품을 장만해 놓았다. 자신의 낙관적인 판단과는 다른 상황으로 전쟁이 흘러갈 때 식량의 부족을 겪지 않도록 대비한 것이다. 지난날에는 필요한 물자를 해상으로 공급하느라 시간과 비용이 많이 들었지만, 이제 마리우스는 쉽고 빠르게 물자를 공급하는 방법을 찾았다.

바다로 나가는 로다누스강의 하구는 밀물 작용 때문에 개흙과 모래가 섞여 있어 배로써 물자를 공급하는 데 어려움이 많았고 시간도 오래 걸렸다. 그래서 마리우스는 당장에 할 일이 없는 군대를 동원하여 거대한 운하를 팠다. 그는 이 운하로 물줄기를 돌려 갯벌을 거치지 않고 해안에 이르는 곳으로 돌아가게 했다. 깊은 하구에는 큰 배도 다닐 수 있었고, 흐름이 부드러워 파도도 없이 바다에 이르렀다. 이 운하는 아직도 마리우스의 운하라고 부른다.

이방 민족은 두 줄로 나누어 내려왔다. 킴브리족은 노리쿰(Noricum)을 거쳐 카툴루스 루타티우스의 부대를 향해 내려오고, 튜턴족과 암브로네스(Ambrones)족은 리구리아(Liguria)를 거쳐 해안을 따라 마리우스의 부대를 향해 내려오고 있었다.

킴브리족은 행군이 더뎌 시간이 오래 걸렸지만 튜턴족과 암브로네스족은 곧장 대륙을 가로질러 마리우스 앞에 나타났다. 수를 헤아릴 수 없을 정도로 많은 그들의 모습은 흉측했으며, 말과 고함 소리는 여느 부족과 달랐다. 그들은 평원을 덮으며 진영을 차린 다음 마리우스에게 도전해 왔다.

16

그러나 마리우스는 적군에게 대꾸도 하지 않고 병사를 요새 안에 묶어 두었다. 그는 이렇게 훈시했다.

"여러분은 용맹을 보이려고 해서는 안 된다. 전의(戰意)를 참지 못하고 달려 나가 전투를 벌이는 무리는 조국에 대한 반역자이다. 왜냐하면 지금 우리가 염원하는 것은 개선식이나 상패가 아니라 어떻게 하면 거대한 구름과 폭풍처럼 밀려오는 적군을 물리치고 이탈리아를 지켜 내느냐 하는 것이기 때문이다.”

마리우스는 막료와 동료들에게 이 점을 똑똑히 지시한 다음, 병사들을 요새 위로 데리고 올라가 적군을 바라보게 했다. 그는 이런 방법으로 병사들이 낯설고 흉포한 이방인들의 끔찍한 고함에 두려움을 느끼지 않도록 하고 적군의 장비와 움직임에도 익숙해지도록 훈련시켰다. 이렇게 그는 적군의 움직임을 관찰하도록 함으로써 병사들의 마음을 단련시켰다.

즉, 사람들은 자기가 모르는 것을 처음 보면 쓸데없이 두려움을 느끼지만, 그 두려운 대상을 자주 겪다 보면 공포를 느끼지 못하게 된다는 것이 마리우스의 생각이었다. 마리우스의 병사들은 날마다 적군을 바라봄으로써 그들에 대한 두려움과 놀라움을 점점 줄였고, 오히려 이방 민족의 위협적이고도 오만한 말을 들으면서 전의를 불태우기 시작했다. 적군은 온 지방을 약탈하고 황폐화시키면서 무모하고도 파렴치하게 로마의 성채를 공격했다. 이에 분노한 로마 병사들의 불평이 마리우스의 귀에까지 들어왔다.

“젠장, 마리우스 장군은 우리를 얼마나 겁쟁이로 보았으면 집 안에 가두어 둔 아녀자처럼 전쟁도 못 하게 막는다는 말인가? 자, 우리가 자유민이라면 그를 찾아가 한번 따져 보자. 그는 혹시라도 이탈리아를 지키는 우리가 지원 병력을 기다리며 참호나 파고 청소나 하고 운하나 파는 잡부라고 생각하는 것은 아닌지……. 이제까지의 결과를 보면, 그는 로마로 돌아가 시민에게 집정관으로서의 업적을 자랑하려고 우리를 이렇게 부려 먹는 것으로 보인다. 아니면 그는 앞서 적군에게 패배했던 카르보나 카이피오의 신세가 되는 것이(§ 11) 두려운가 보다. 그러나 마리우스는 그들보다 명망이나 탁월함에서 훨씬 뛰어난 인물이고, 병력도 그때보다 우수하다. 그러므로 설령

마리우스

우리가 그들처럼 패배할지라도, 이대로 앉아 우리의 동맹국들이 약탈을 겪는 것을 보는 것보다는 무엇인가 행동하는 것이 분명 더 좋을 것이다."

17

병사들의 불평을 들은 마리우스는 기뻐하면서 이런 말로 그들의 불평을 가라앉혔다.

"내가 지금 전쟁을 하지 않는 것은 그대들을 믿지 못해서가 아니라 승리를 위해서는 때와 장소를 기다리라는 예언이 있기 때문이다."

실제로 마리우스는 예식을 갖추어 어떤 시리아 여성을 가마에 태워 데리고 다니곤 했다. 들리는 바에 따르면, 마르타(Martha)라는 그 여성은 예언의 능력을 타고났기 때문에 마리우스는 그가 시키는 대로 즐겨 제사를 드렸다고 한다.

언젠가 그 여성은 원로원에 나가 이번 문제가 앞으로 어떻게 될지를 예언하고 싶었으나 원로원이 그를 거절한 적이 있었다. 그 뒤로 그는 다른 여성들에게 점을 쳐 주었는데 영험(靈驗)했다. 더욱이 마리우스의 아내는 마르타가 검투사들의 격투에서 누가 이길지 알아맞히는 것을 본 적이 있었다.

그러한 인연으로 마리우스의 아내가 그 예언자를 남편에게 소개했고, 마리우스는 마르타에게 흠뻑 빠져 그 여성을 가마에 태워 전쟁터에 데리고 다녔다. 제사를 드릴 때면 마리우스는 고리로 여민 짙은 자주색 외투를 입고 술(絨)과 화관으로 장식한 창을 들었다. 당시 사람들은 마리우스가 마르타를 데리고 다니는 진짜 이유를 궁금해 했다. 마리우스가 정말로 예언을 믿었을 수도 있지만, 어쩌면 예언을 핑계 삼아 뭔가 다른 일을 꾸미고 있을 수도 있었다.

그러나 민도스(Myndus) 출신의 알렉산드로스(Alexandros)가 이야기하는 독수리 사건은 실제로 신묘했다. 그의 말에 따르면, 마리우스가 승리하기에 앞서 늘 독수리 두 마리가 병사들의 머리 위로 날아다녔고, 병사가 움직일 때도 따라왔다고 한다. 병사들이 그 독수리를 잡은 다음, 목에 구리로 만든 고리를 달아 날려 보냈기 때문에 쉽게 알아볼 수 있었다. 그런 일이 있은 뒤에 새를 알아본 병사들은 독수리들이 나타나면 반가워했고, 행군할 때 머리 위로 날아다니면 이번 전쟁도 승리하리라는 신호로 여기며 기뻐했다고 한다.

그 밖에도 여러 가지 조짐이 나타났지만, 대부분은 흔히 일어나는 일이었다. 그러나 이탈리아의 도시 국가였던 아메리아(Ameria)와 투데르(Tuder)에서 들려온 소식에 따르면, 한밤중에 하늘에서 불빛 같은 창과 방패가 나타났다고 한다. 처음에 그것들은 서로 다른 방향으로 움직이더니, 곧 엉겨 마치 서로 전투를 벌이는 듯 움직이다가 나중에는 어느 한쪽이 지고 달아나자 다른 한쪽이 추적하며 서쪽으로 사라졌다.

더욱이 이 무렵에 모신(母神, Great Mother) 키벨레(Cybele)[9]를 모시는 신전의 제관인 바타케스(Bataces)가 페시누스(Pessinus)에서 찾아와 이렇게 말했다.

"신전의 여신이 나에게 들려준 바에 따르면, 이번 전쟁에서 로마가 승리하고 개선하리라."

원로원은 이 말을 믿고 승리를 축하하고자 여신을 위한 신전을 지어 주기로 발의했다. 그러나 바타케스가 민회에 출두하여 신탁의 내용을 설명하려 하자 민중 호민관인 아울루스 폼페이우스(Aulus Pompeius)가 그를 가로막고 협잡꾼이라고 소리치면서 모욕적인 말로 그를 연단에서 끌어 내렸다.

그러나 이 사건은 오히려 바타케스의 예언을 더욱 믿게

---

9   키벨레는 소아시아의 중서부 아나톨리아에서 프리기아인들이 숭배하던 '모든 신의 어머니'이다. 이는 제우스와 포세이돈의 어머니인 그리스의 여신 레아(Rhea)에 해당한다.

하는 결과를 불러왔다. 왜냐하면 민회가 흩어진 뒤 집으로 돌아간 아울루스 폼페이우스가 갑자기 고열로 쓰러져 이레 만에 죽었기 때문이었다. 그 소식을 들은 민중은 이러니저러니 수군거렸다.

18

튜턴족은 마리우스의 지연작전을 견디지 못하고 진지를 공격하기 시작했다. 성 위에서 수많은 화살이 쏟아져 튜턴족 병사 몇 명이 죽었다. 이에 그들은 여기에서 고생을 겪지 않으려고 격전을 피하여 다른 길로 알프스를 넘어가기로 결정했다.

튜턴족이 짐을 꾸려 싣고 로마 병사 진지 앞으로 지나갈 때 걸린 시간을 재 보고서야 겨우 그들의 병력이 어느 정도인지를 가늠할 수 있었다. 들리는 바에 따르면, 그들이 마리우스의 진영 앞을 지나가는 데 엿새가 걸렸다고 한다. 그들은 로마군 진영 가까이 지나가면서 이렇게 조롱했다.

"우리는 지금 자네들 마누라를 만나러 가는 길인데 전달할 말은 없나?"

적군이 지나가자 그제야 마리우스도 진영을 헐고 그들을 바짝 따라붙었다. 로마군은 상대에게 너무 가까이 가지 않게 곁에 붙어 따라가면서도 진지를 튼튼히 하고 전방을 더욱 살피도록 하면서 밤의 공격에 대비했다. 그러는 가운데 양쪽 군대는 알프스에서 그리 멀지 않은 아쿠아이 섹스티아이(Aquae Sextiae, 샘물)에 이르렀다.

마리우스는 이곳에서 결전을 벌일 준비를 했다. 그는 유리한 지점을 차지했지만 그곳은 물이 부족했다. 들리는 바에 따르면, 병사가 더 치열하게 싸우도록 하고자 그는 일부러 그런 곳을 선택했다고 한다. 어쨌거나 많은 병사가 불만을 털어놓으면서 말했다.

"장군님, 목이 마릅니다."

그러자 마리우스는 적진 가까이 흐르는 강을 가리키며 이렇게 말했다.

"저곳에 가면 물을 마실 수 있다. 그러나 그 대가로 피를 흘려야 한다."

그들이 물었다.

"그렇다면 장군께서는 왜 우리의 피가 아직 마르지 않았을 때 곧바로 적군을 공격하지 않습니까?"

그에 마리우스가 이렇게 대답했다.

"우리의 진영을 튼튼히 만드는 것이 먼저 할 일이다."

19

부하들은 불평하면서도 마리우스에게 복종했다. 그러나 자신들뿐만 아니라 말에게 먹일 물조차 떨어지자 부하들의 하인들이 물을 얻으러 강까지 내려갔다. 손에 도끼와 칼과 창과 함께 물통을 들고 내려가는 그들은 마치 전투하러 가는 사람들 같았다. 처음에 그들은 적은 수의 적병을 만났다. 적의 주력 부대는 목욕을 마친 다음 저녁 식사를 하고 있었고, 어떤 사람들은 아직도 목욕하고 있었다. 그곳에는 온천이 솟고 있었다.

로마의 노역병들은 적군의 수에 놀랐다. 적군은 그 좋은 온천에서 마냥 즐기고 있었다. 목욕하던 무리의 고함을 듣고 이방 민족의 본진이 그리로 몰려왔고, 마리우스로서는 하인들을 잃을까 봐 움직이려는 부하들을 막기가 어려워졌다.

호전적인 이방 민족의 주력 병력이 저녁을 먹다 말고 무기를 들고 달려왔다. 적군은 지난날 만리우스와 카이피오를 무찌른 바 있는 암브로네스족으로, 규모는 3만 명을 넘었다. 비록 저녁을 많이 먹고 술에 취했던 터라 몸이 굼뜨기는 했어도 그들은 질서 없이 내달리거나 해롱거리지 않았다.

적군은 무기를 들고 춤추듯이 내달려 오며 자기 부족의 이름인 '암브로네스'를 목청껏 불렀는데, 이는 스스로의 용기

를 북돋워 줄 뿐만 아니라 그 이름을 듣고 적군이 겁에 질리도
록 만들고자 함이었다. 앞서 달려간 로마 병사들은 리구리아
인이었다. 그들은 적군이 외치는 소리를 알아듣고 자기들도
선조들의 이름으로 '암브로네스'를 외쳤다. 따지고 보면 그들
도 암브로네스족의 후손들이었기 때문이었다.

이렇게, 접전이 벌어지기에 앞서 양쪽에서 함성이 여러
차례 메아리쳤다. 양쪽 부대 뒤에 자리 잡고 있던 주력 부대에
서도 번갈아 가며 함성을 질러 상대편의 기를 죽이고 자기편
의 사기를 올리려고 애썼다. 그런데 암브로네스족은 개울을
건너느라고 흩어졌다. 그들이 강을 건너오면서 대오를 이루지
못하자 리구리아인들이 이를 틈타 앞선 부대를 공격하여 육탄
전이 벌어졌다.

로마의 주력 부대가 리구리아인들을 도우려고 높은 곳에
서부터 내달리며 공격해 이방 민족을 압도하여 물리쳤다. 대
부분의 암브로네스족은 강을 건너다가 리구리아인들의 공격
을 받고 혼란에 빠져 우왕좌왕하다가 살해되었다. 강물은 피
로 물들고 시체로 막혔다. 로마 병사가 강을 건너오자 남은 적
군은 감히 대적하지 못했다. 로마군은 자기 진영과 마차 쪽으
로 도망하는 적군을 쫓아가며 죽였다. 그때 암브로네스족 여
성들이 칼과 도끼를 들고 로마 병사를 막아섰다.

그들은 괴이한 고함을 지르면서 도망해 오는 아군과 그들
을 추격하는 로마 병사를 함께 죽였다. 도망 오는 아군은 배신
자들이고, 따라오는 로마 병사들은 적군이었기 때문이었다.
여성들도 뒤엉켜 싸웠다. 그들은 맨손으로 로마 병사들의 갑
옷을 찢거나 칼날을 쥐어 잡고 싸웠다. 그들은 팔다리가 잘려
나가면서도 죽는 순간까지 투혼을 잃지 않았다. 들리는 바에
따르면, 강변에서 벌어진 이번 전투는 마리우스가 의도한 것
이었다기보다는 우발적인 사건이었다고 한다.

20

암브로네스족을 크게 무찌른 로마 병사들은 밤이 되어서야 본진으로 돌아왔다. 대승을 거두고도 그들은 승리의 노래를 부르거나, 막사 안에서 술을 마시거나, 저녁을 먹으며 담소를 나누거나, 승자들에게 주어지는 달콤하고도 기쁜 잠을 자지 못한 채 두려움과 불안 속에서 밤을 보냈다. 왜냐하면 로마 진영에는 방책(防柵)이나 담장이 없었던 데다가, 이제까지 져 본 적이 없는 이방 민족의 무리가 근처에 남아 있기 때문이었다.

이방 민족은 전투에서 살아남은 암브로네스족과 함께 있었다. 거기서 밤새도록 들려오는 통곡은 사람의 소리가 아니라 마치 들짐승들과 함께 섞여 고통스러워하며 지르는 신음처럼 들렸다. 그 통곡은 위협이자 비통함이 되어 주위를 둘러싼 산과 강에 울려 퍼졌다.

평원에서 끔찍한 소리가 들려오자 겁에 질리고 불안에 빠진 로마 병사들과 마리우스는 마치 혼란스러운 야간 전투를 기다리는 것만 같았다. 그러나 이방 민족은 그날 밤도, 그다음 날 밤도 쳐들어오지 않았다. 그들은 병사의 군기를 점검하면서 결전을 준비하고 있었다.

적군의 진지가 나무가 울창한 협곡에 있었기 때문에, 마리우스는 클라우디우스 마르켈루스(Claudius Marcellus)가 3천 명의 무장병을 이끌고 가서 전투가 벌어질 때까지 매복해 있다가 적군의 후미를 공격하라고 지시했다. 나머지 병력은 적절한 시간에 저녁 식사를 마치고 잠자리에 들었다. 날이 밝자 그는 진지 앞에 병력을 정렬시킨 다음 기병대를 평원으로 내보냈다.

이를 본 튜턴족은 로마 병사가 달려 내려와 자기들과 같은 조건으로 싸우도록 내버려 둘 수 없어 기세 좋게 서둘러 무장을 갖추고 언덕 위로 쳐들어갔다. 그러나 마리우스는 각 진영에 전령을 보내 모든 병사는 자기 위치를 굳게 지키다가 적군이 투창의 사정거리 안에 들어오면 창을 던지고 나서 칼을 휘두르며 방패로 밀어내라고 지시했다.

마리우스는 적군이 울퉁불퉁한 땅 위에서 공격하기 때문에 강력하지 못할 뿐만 아니라 방패도 제대로 쓸 수 없으며, 땅이 고르지 못하니 뒤돌아설 때는 비틀거릴 것이라고 판단했던 것이다. 이것이 바로 그가 부하들에게 들려준 조언이었다. 병사들은 마리우스가 먼저 그와 같은 지시대로 싸우는 것을 보았다. 마리우스는 누구보다도 무술이 뛰어났고 어느 누구보다 대담하게 공격했다.

21

로마 병사들은 명령에 따라 적군이 다가오기를 기다리고 있다가 그들이 가까이 올라오자 공격했다. 드디어 로마 병사들은 그들을 평야 쪽으로 조금씩 밀어냈다. 전방에 있던 이방 민족이 드디어 평지까지 밀려 겨우 전열을 갖추려 할 때, 그들의 후미에서 함성과 함께 소란이 벌어졌다.

마르켈루스가 기회를 엿보다 언덕에서 싸우는 소리를 듣고는 고함을 지르면서 병력을 이끌고 적의 후미를 공격했기 때문이었다. 이 전투에서 마르켈루스는 적군의 후미를 섬멸했다. 후미에 있던 이방 민족의 병사가 공격을 받고 전방의 병사들 쪽으로 몰려오면서 부대 전체가 곧 커다란 혼란에 빠졌다.

이와 같이 앞뒤로 공격을 받은 적군은 더 이상 견디지 못하고 전열이 흐트러진 채 도망했다. 로마 병사들은 그들을 추격하여 10만 명 이상을 죽이거나 포로로 잡고, 그들의 막사와 마차와 재산을 차지했다.

로마 병사들은 몇 명이 좀도둑질한 것을 빼고는 모든 전리품을 마리우스에게 주기로 결의했다. 마리우스가 받은 선물이 엄청나게 많았던 것은 사실이지만, 이번 전쟁에서 그가 수많은 위험을 겪으면서 이룬 공적에 견주면 선물 따위는 그리

대수롭지 않은 것이라고 사람들은 생각했다.

　로마 병사가 노획한 전리품의 분배와 전사자의 수에 대해서는 역사가들마다 기록이 다르다. 들리는 바에 따르면, 마살리아(Massalia, Marseille) 주민들은 전사자들의 뼈로 포도원의 울타리를 쳤으며, 땅에 널린 시체에 비가 내리고 겨울을 지나는 동안 땅 밑으로 깊이 스며들어 비료가 됨으로써 이듬해 농사는 풍년이 들었다고 한다. 이는 그리스의 서정 시인 아르킬로코스(Archilochus)의 다음과 같은 시구를 연상케 한다.

　땅은 그리하여 기름지게 되나니.......
　(베르크 엮음, 『그리스 서정시 단편(斷編)』, II/4 : 428)

들리는 바에 따르면, 참혹한 전쟁을 치른 뒤에는 일반적으로 큰비가 내린다고 한다. 그 이유가 하늘이 비를 흠뻑 내려 피 묻은 땅을 깨끗이 하려는 것인지, 아니면 피와 부패한 시체가 습기와 공기를 무거운 수증기로 바꾸어 하늘로 올라가 비를 만들기 때문인지는 알 수 없다. 본디 공기란 아주 작은 원인으로도 쉽게 움직여 커다란 변화를 보이는 법이다.

22

전투가 끝나자 마리우스는 이방 민족의 무기와 장비 가운데 새것이어서 멀쩡하고 알맞은 것들을 모아 개선 행렬에 쓰도록 했다. 나머지 전리품들은 무더기로 쌓아 놓고 거대한 제사를 준비했다. 병사들은 무장을 갖추고 화관을 쓴 채 제단 둘레에 섰으며, 마리우스는 로마의 개선식 관습대로 자주색 단(緞)으로 장식한 외투를 몸에 걸치고 두 손으로 횃불을 들어 하늘로 치켜든 다음 제단에 불을 붙이려 했다. 그때 몇몇 병사가 말을 타고 빠르게 달려왔다.

　침묵이 흐르면서 모든 사람이 무슨 소식일까 궁금하게 여

　　　　　　　　　　　　　　　마리우스

겼다. 가까이 다가온 기병은 말에서 내려 마리우스에게 인사를 드린 다음, 그가 다섯 번째로 집정관에 당선되었다는 기쁜 소식을 알리면서 당선 통지서를 전달했다. [그때가 기원전 101년이었다.] 전쟁에서 이긴 기쁨에 더하여 들려온 새로운 낭보(朗報)에 병사들은 환호하면서 무기를 두드렸다. 이어 장교가 마리우스에게 새로운 월계관을 씌워 주자 마리우스는 제단에 불을 붙인 다음 제사를 마쳤다.

23

그러나 운명의 농간인지, 아니면 인간의 교만을 다스리는 네메시스(Nemesis) 신의 질투인지, 아니면 자연의 섭리인지는 알 수 없지만, 그 고차원의 힘은 위대한 성공을 거둔 인간에게 기쁨만 주지는 않는다.

곧 승리의 기쁨이 며칠 지나지 않아 마리우스의 동료 집정관인 카툴루스 루타티우스가 전쟁 소식을 알렸다. 그러자 마치 마른하늘에 먹구름이 낀 듯, 로마는 온통 공포의 소용돌이에 휩싸였다. 킴브리족을 만나 싸우고 있던 루타티우스는 알프스의 협곡을 지키는 일을 포기하고, 부대가 분산되면서 전투력이 떨어지는 것을 막으려고 이탈리아의 평원으로 물러났다.

루타티우스는 이곳에서 아테시스(Athesis)강을 사이에 두고 적군과 마주했다. 그는 적군이 강을 건너오지 못하도록 강의 양쪽에 요새를 구축하고 두 요새를 연결하는 다리를 만들었다. 적들이 자신들과 가까운 쪽의 요새를 공격하면 맞은편에서 병력을 지원하고, 그들이 강을 건너 주민을 공격하면 반대편 요새에서 지원 병력을 보내기 위해서였다. 그러나 이방 민족은 로마 병사를 너무 가볍게 여기고 교만에 빠져, 자기들의 힘을 필요 이상으로 과시하면서 내려왔다.

이방 민족은 옷도 입지 않은 채 눈보라를 뚫고 알프스 정상의 얼음과 눈을 치우면서 길을 만든 다음, 방패를 바닥에 깔고 틈새가 많고 완만한 비탈을 미끄러지면서 내려왔다. 강 건너에 도착한 그들은 진영을 차리고 통로를 살피더니 둑을 쌓기 시작했다. 이방 민족은 마치 고대 신화에 나오는 거인들처럼 가까운 언덕의 흙을 파 오고, 나무를 뿌리째 뽑고, 절벽의 바위와 흙덩이로 강을 메워 물길을 바꾸었다.

그들은 또한 소용돌이치는 물길을 로마 진지 방향으로 틀어 로마 병사가 만든 다리의 기둥을 치받게 하니 다리가 통째로 흔들렸다. 이를 바라보던 로마 병사들은 겁에 질려 진영을 버리고 물러서기 시작했다.

이때 루타티우스는 위대한 장군답게 자신의 명성보다는 조국을 더 사랑한다는 사실을 보여 주었다. 도망하는 아군을 막을 수도 없고, 그들이 겁에 질려 퇴각하고 있음을 안 그는 자신의 사령관 깃발을 가져오게 한 뒤, 손수 그것을 들고 퇴각하는 병사들 앞에 서서 걸어갔다. 그렇게 하는 것이 자기에게는 불명예가 되겠지만 조국을 욕되게 하지 않는 길이라고 여긴 그는 퇴각하는 병사가 도망을 치는 것이 아니라 장군을 따라가는 것으로 보이도록 했다.

이방 민족은 공격을 계속하여 아테시스강 이쪽에 있는 로마의 요새를 점령한 뒤 로마인들이 보여 준 용기와 조국에 대한 충성심에 깊이 탄복했다. 그들은 로마 병사들을 사로잡지 않고 퇴각하도록 내버려 두었으며, 황소의 동상에 이를 맹세하는 글을 새겼다.

들리는 바에 따르면, 전쟁이 끝난 뒤에 로마 병사들은 그 황소상을 빼앗아 가장 자랑스러운 승리의 상패처럼 루타티우스의 집에 진열해 두었다고 한다. 그러나 그 무렵에는 나라를 지킬 사람이 없어지면서 이방 민족은 감당할 수도 없을 정도로 로마를 유린했다.

24

이와 같은 일들로 말미암아 로마는 마리우스를 불러들였다. 그가 돌아오자 이미 원로원이 가결한 대로 개선식을 거행하리라고 많은 사람이 기대했지만, 마리우스는 이를 거절했다. 그가 막료들과 부하들이 받아 마땅한 공로를 혼자 차지하고 싶지 않았기 때문이었는지 아니면 이번의 승리를 행운으로 돌려 로마 시민을 격려하고 자신은 두 번째 승리를 통해 좀 더 성대한 대접을 받고 싶어 그랬는지는 알 수 없다.

어쨌거나 마리우스는 거절하는 이유를 적당히 둘러대고 나서 루타티우스를 불러 격려하는 한편, 갈리아에 있던 병력을 불러들였다. 그들이 돌아오자 마리우스는 파두스(Padus)강을 건너 이방 민족이 강 남쪽의 이탈리아 영토로 들어오지 못하도록 막는 일에 힘썼다. 그러나 킴브리족은 싸움을 하지 않으려 했다. 그들은 튜턴의 형제들이 오기를 기다리면서 그들이 왜 이렇게 늦게 오는지 모르겠다고 투덜거리는 중이었다.

킴브리족이 정말로 튜턴족의 패배를 모르고 있었는지, 아니면 그들의 패배를 믿지 않는 것처럼 보이려고 그랬는지는 알 수 없다. 그들은 튜턴족의 패배를 알린 전령을 가혹하게 처벌하고 마리우스에게 사람을 보내 이렇게 요구했다.

"우리와 우리 형제들이 살아가기에 넉넉한 영토와 도시를 주시오."

마리우스가 사절에게 물었다.

"그대들이 말하는 형제란 누구를 뜻하는가?"

그들이 이렇게 대답했다.

"튜턴족을 뜻합니다."

그 말을 들은 로마인들이 자지러지게 웃었다. 마리우스가 조롱하듯이 말했다.

"형제들 걱정은 하지 마시오. 우리는 그들에게 영원히 잠들 수 있는 땅을 주었다오."

마리우스가 빈정거리고 있다는 것을 안 킴브리족 사절은 그를 비난하면서 이렇게 말했다.

"킴브리족과 지금 오고 있는 튜턴족이 그대를 응징할 것이오."

이에 마리우스가 이렇게 대답했다.

"아무렴, 그들은 이미 여기에 와 있다오. 그들과 인사도 하지 않고 돌아가지는 마시오."

그렇게 말하고 마리우스는 쇠사슬에 묶인 튜턴의 왕족을 데려오게 했다. 그들은 도망하다가 알프스에서 북부 갈리아족인 세콰니(Sequani)족에게 잡혀 와 있었다.

25

그와 같은 소식을 들은 킴브리족은 곧 마리우스를 공격했다. 그러나 마리우스는 병영에 조용히 들어앉아 수비에만 힘썼다. 들리는 바에 따르면, 마리우스가 창(槍)의 구조를 바꾼 것은 이 전쟁에서였다고 한다. 그때까지만 해도 창 자루 끝에는 두 개의 쇠못으로 날이 고정되어 있었던 것으로 보인다.

그러나 이번 전투에서 그는 두 개의 쇠못 가운데 하나는 그대로 두고 다른 하나는 나무못을 박아 충격을 받았을 때 쉽게 부러지도록 했다. 그렇게 되면 창이 적군의 방패를 가격한 다음 나무못이 부러지면서 창날이 방패에 꽂힌 채로 땅에 끌리게 되어 있었다.

그때 킴브리의 왕 보이오릭스(Boeorix)가 수행원 몇 사람만 데리고 마리우스의 병영 앞에 말을 타고 나타나 마리우스를 도발하면서 이렇게 말했다.

"시간과 장소를 잡아 이 땅의 주인을 결정하는 결전을 벌이자."

그러자 마리우스가 이렇게 대답했다.

"로마인들은 적군이 전투에 대하여 이러니저러니 충고하

는 것을 허락하지 않는다. 그러나 이번에는 킴브리족의 의견을 따르겠노라."

그리하여 그들은 사흘 뒤에 베르켈라이(Vercellae) 평원에서 결전을 치르기로 결정했다. 이곳은 로마의 기병대가 작전을 펼치기에 알맞았고, 킴브리족으로서도 많은 병력을 포진하기에 넉넉한 땅이었다.

약속한 날이 오자 로마 병사들은 전투 대형을 폈다. 루타티우스는 2만 3백 명의 병력을 거느렸고, 마리우스는 3만 2천 명의 병력을 거느리고 있었다. 이 전쟁에 참가했던 술라의 말을 빌리면, 마리우스의 부대는 진용의 양쪽 날개를 맡고, 루타티우스는 중앙을 맡았다고 한다.(술라, 『회고록』, IV : 3)

또한 술라의 말에 따르면, 마리우스는 자신의 부대가 승리의 전공을 세우고 루타티우스의 병력은 제대로 싸우지도 못하게 되기를 기대했기 때문에 자신의 병력을 날개에 배치하고 루타티오스의 병력을 중앙에 배치했다고 한다.

대부분의 전투가 그렇듯이, 전선이 길면 중앙 부대는 뒤엉키게 마련이어서 마리우스는 일부러 부대를 그렇게 배치했다는 것이다. 뒷날 루타티우스도 그 전투에서 자기의 입장을 변명하면서 마리우스가 자기를 악의적으로 이용했다며 비난했다고 한다. 이윽고 킴브리족 보병이 그들의 방어선을 벗어나 천천히 앞으로 나오는데, 정면과 측면이 같은 길이의 30휘롱으로 방형(方形) 대열을 이루고 있었다.

이방 민족의 기병대 1만 5천 명이 찬란한 모습으로 나타났다. 투구는 맹수인지 아니면 이름 모를 어떤 동물이 흉측스럽게 입을 벌린 모습이었는데, 그래서인지 그들의 키는 실제보다 더 커 보였다. 그들은 철갑옷을 입었고 방패가 번쩍였다. 그들은 각자 투창 두 개를 들고 있었는데, 접근전이 벌어지면 크고 무거운 칼을 휘둘렀다.

26

그러나 적의 기병대는 직접 로마 병사를 공격하지 않고 오른쪽으로 방향을 바꾸더니, 자신들과 왼쪽에 포진해 있던 자기네의 보병 사이로 로마 병사들을 포획하려는 듯 몰아가고 있었다. 로마의 장군들은 그들의 계략을 알았지만 병사들의 행동을 막을 수 없었다. 왜냐하면 장군들 가운데 누군가가 적군이 도망하고 있다고 소리쳐 로마 병사들이 그들을 추격하고자 따라갔기 때문이었다.

그러자 적군이 밀물처럼 공격해 왔다. 마리우스는 손을 씻은 다음, 팔을 하늘로 들어 올리며 황소 1백 마리를 바치는 제사(hecatomb)를 올리겠노라고 약속했다. 루타티우스도 똑같이 손을 들어 올리고는 이날의 행운에 감사하는 제사를 드리겠노라고 하늘에 약속했다. 들리는 바에 따르면, 마리우스는 제사를 드린 다음 제물의 모습을 바라보면서 큰 목소리로 이렇게 외쳤다고 한다.

"승리는 나의 것이다."

그러나 그때의 장면을 술라는 이렇게 기록하고 있다.

"공격이 시작되자 하늘이 노여워하고 있음이 드러났다. 갑자기 먼지가 구름처럼 일어났는데, 이는 흔히 있는 일이었다. 그러자 먼지에 가려 양쪽 병사들은 서로 볼 수 없게 되었다. 이때 마리우스는 먼저 부대를 이끌고 적군을 공격하다가 적군을 놓치고 전선을 벗어나 얼마 동안 평야에서 헤맸다.

이를 기회 삼아 적군은 루타티우스를 맹렬히 공격했다. 루타티우스와 병사들은 이방 민족의 날카로운 공격을 받았다. 그러나 로마 병사들은 더운 날씨의 전투에 익숙했지만, 추운 곳에 살면서 늘 그늘에 익숙해 있던 이방 민족은 얼굴에 햇빛이 내리쬐자 아무것도 할 수 없었다.

야만족은 땀에 흠뻑 젖은 채 숨을 헐떡거렸다. 그들은 방패를 들어 얼굴을 가렸다. 이때는 하지가 지난 바로 뒤로, 지금은 8월(August)이라고 부르지만 그 무렵의 로마력(曆)에 따르면 섹스틸리스월(Sextilis月)의 사흘 전이었다. 더욱이 먼지로 앞이 가리자 로마 병사들은 더욱 용맹스럽게 싸웠다. 왜냐하면 엄청난 수의 적군이 보이지 않아 두려움을 떨치고 달려 나가 육탄전으로 적군과 싸울 수 있었기 때문이었다. 그들은 땀도 흘리지 않았고 강인하게 단련된 몸으로 뜨거운 햇빛 아래에서 적군을 맞아 싸우면서도 헐떡거리지 않았다."

위의 이야기는 루타티우스가 병사를 칭송하며 쓴 것으로 알려진 글에도 실려 있다.[10]

27

킴브리족의 정예 부대 용사들은 그곳에서 셀 수도 없이 죽었다. 서로 도망치지 못하도록 긴 쇠사슬로 허리띠를 꿰어 두었기 때문이었다. 패잔병들은 자기 진지로 돌아갔으나 거기에서는 더 끔찍한 일이 벌어지는 것을 로마 병사들이 보았다. 검은 외투를 두른 여성들이 마차 앞에 서 있다가 도망쳐 오는 남편과 형제와 아버지를 죽이고, 자식들의 목을 매어 마차 바퀴와 황소 발밑에 깔아 죽인 다음 자기들도 목을 찔러 죽었다.

들리는 바에 따르면, 여성들은 바큇살에 자기 몸을 묶은 다음 아이들을 자기 발목에 매달고 마차를 달리게 했고, 목매달아 죽을 나무가 없는 남자들은 황소의 뿔이나 다리에 몸을 묶고 달리게 함으로써 끌려가며 죽거나 밟혀 죽었다고 한다. 그렇게 죽었는데도 6만 명이 포로로 잡혔다. 포로보다 두 배 많은 사람이 죽은 셈이다.

들리는 바에 따르면, 적군의 재산은 모두 마리우스의 것

10   카툴루스 루타티우스는 자신의 집정관 임기 동안에 있었던 일을 역사로 기록해 두었는데, 키케로는 이 글을 높이 평가했다.(키케로의 『브루투스전』, § 35, 132 참조)

이 되었지만 무기와 깃발과 나팔은 루타티우스의 것이 되었다고 한다. 루타티우스는 이번 승리가 자기 부대의 전공임을 입증하는 증거로 이 노획물들을 내세웠다. 자연스럽게 마리우스와 루타티우스 사이에 전공에 대한 다툼이 일어났고, 이를 중재하고자 로마에서 사절단이 파견되었다.

루타티우스의 병사들은 사절단을 데리고 적군의 시체 더미를 돌아다니면서 자기들의 창에 찔린 모습을 보여 주었다. 루타티우스의 병사들은 창끝에 루타티우스의 이름을 새겨 넣었기 때문에 그런 확인이 가능했다. 그러나 전공은 마리우스에게 돌아갔다. 그가 앞서 승리한 공로가 있다는 점과 루타티우스의 상관이라는 점 때문이었다.

그러나 무엇보다도 중요한 것은 로마인들이 마리우스를 [로물루스(Romulus)와 카밀루스(Camilius)에 이어] 세 번째 건국의 아버지로 추대했다는 점이었다. 이번의 승리가 지난날 갈리아족의 침략 때에 못지않은 위기를 타파했기 때문이었다. 모든 시민이 집에서 아내나 자녀들과 함께 즐거운 일이 있을 때면 잔치 음식과 술을 신과 마리우스에게 바쳤으며, 두 번에 걸친 승전의 공로는 마리우스 혼자만의 것이라고 주장했다.

그러나 마리우스는 전공을 혼자 차지하지 않고 루타티우스와 함께 영광을 누렸다. 그는 그토록 커다란 행운을 겪으면서도 자신이 너그러운 인물임을 보여 주고 싶었던 것이다. 어쩌면 그는 루타티우스가 모든 전공을 빼앗길 경우에 그의 병사들이 개선식을 방해할지도 모른다는 사실을 두려워했을 수도 있다.

28

그러는 사이에 마리우스의 다섯 번째 임기가 끝나 가고 있었다. 그러나 그는 첫 번째 당선되었을 때보다도 더 그 자리를 욕심냈다. 그는 민중에게 아부하여 선거에서 이기고 싶었다. 마리우스는 민중의 호감을 얻고자 그들 앞에 엎드렸는데, 이는 자신의 품위와 존엄을 무너뜨렸을 뿐만 아니라 그의 천성에도 맞지 않는 짓이었다. 그는 성격상 전혀 그럴 사람이 아니었는데도 민중에게 굽실거렸다.

들리는 바에 따르면, 정치적인 위기에 맞닥뜨리거나 말 많은 군중을 만날 때면 마리우스는 한없이 비굴했으며, 민회에 나가면 그가 전장에서 보여 주었던 단호함을 보이지 않았다고 한다. 그가 민중의 찬사와 비난에 너무 마음을 빼앗겼기 때문이었다. 그는 전쟁에서 매우 용맹스러웠다는 이유로 카메리눔(Camerinum)족 1천 명에게 시민권을 준 적이 있었는데, 그것이 불법이라 하여 몇 사람에게서 탄핵을 받게 되었다. 그는 그때 이렇게 대답했다.

"창검이 부딪치는 소리 때문에 법의 소리를 듣지 못했습니다."

그러나 마리우스는 군중집회의 고함을 더 두려워하는 것처럼 보였다. 어쨌거나 전쟁이 일어나면 그의 헌신이 필요했기 때문에 그는 엄청난 권력을 휘둘렀다. 그러나 정치를 할 때면 그의 지도력은 움츠러들었다. 그래서 그는 민중의 호감을 사는 일에 몰두했다. 마리우스는 마치 가장 높은 사람만 될 수 있다면 가장 훌륭한 사람이 되는 일에는 관심도 없는 것 같았다. 그 결과 그는 귀족과 손을 잡게 되었다.

그러나 마리우스는 메텔루스를 몹시 두려워했다. 더욱이 마리우스는 그에게 신세 진 일도 있었다.(§ 4) 메텔루스는 자신의 경험으로 말미암아 민중의 호감을 사고자 교묘한 방법을 쓰거나 민중의 비위를 맞춤으로써 자기를 드러내려고 하는 사람들을 천적처럼 생각했다. 이 때문에 마리우스는 그를 로마에서 추방하려고 일을 꾸몄다.

이런 일을 진행하고자 마리우스는 사투르니누스와 글라우키아(Glaucia)의 손을 잡았다. 이들은 매우 뻔뻔스러운 사람들로서 손짓으로 부르기만 해도 따라오는 패거리를 거느리고 있었다. 마리우스는 이들의 도움을 받아 메텔루스를 탄핵하는 법안을 발의하려 했다. 그는 또한 군대를 선동하여 민회의 시민 사이에 숨어들게 한 뒤 메텔루스를 강압하는 무리를 조종하게 했다.

매사에 진실을 사랑했고 정직했으나 마리우스와 사사로운 다툼을 벌인 바 있는 루틸리우스의 말에 따르면, 마리우스는 엄청난 돈으로 민중을 매수하여 여섯 번째 집정관에 당선됨과 아울러 같은 방법으로 메텔루스를 낙선시키고, 그 대신에 발레리우스 플라쿠스(Valerius Flaccus)를 동료 집정관으로 당선시켰다고 한다.

이제까지 로마 역사에서 마르쿠스 코르비누스 발레리우스(Marcus Corvinus Valerius, 기원전 370~270)의 경우를 빼면, 민중이 한 사람을 그토록 여러 차례 집정관으로 뽑은 적이 없다. 그러나 코르비누스의 경우를 보면 [기원전 348년, 스물두 살 때] 첫 번째 집정관에 당선된 때부터 마지막 임기를 마칠 때까지 45년이 걸렸지만, 마리우스의 경우에는 첫 번째 집정관으로 당선된 때부터 여섯 번 당선될 때까지 기간에 공백이 없었다.

29

마리우스는 여섯 번째 집정관의 임기 동안에 사투르니누스의 악행에 가담함으로써 더욱 미움을 받았다. 그 한 사례로 사투르니누스는 호민관 선거에 경쟁자로 출마한 노니우스(Nonius)를 죽였다.

그 무렵 사투르니누스는 호민관의 자격으로 '농지 개혁법'을 발의했는데, 그 부칙에 "원로원 의원은 민중이 결의한 바에 대하여 어떤 경우에도 이의를 제기하지 않고 준수할 것을 선서해야 한다"고 되어 있었다. 원로원에 출석한 마리우스는 그 법안에 반대하는 척하면서 이렇게 말했다.

"나는 그런 선서를 하지 않을 것입니다. 지각 있는 사람이라면 그런 선서를 하지 않으리라고 생각합니다. 설령 그 법이 악법이 아니라 할지라도, 설득과 자유 의지를 존중하지 않고 양보를 강요한다면 이는 원로원을 모독하는 처사이기 때문입니다."

마리우스는 이렇게 말했지만, 이는 그의 진심이 아니라 메텔루스를 치명적으로 옭아매려는 잔꾀였다. 그는 거짓말을 인간의 탁월한 능력 가운데 하나로 생각했으므로, 원로원에서 자신이 한 발언에 아무런 의미도 두지 않았으며 거기서 한 약속을 지킬 뜻도 없었다. 그와 달리 메텔루스는 자신의 말을 뒤집지 않는 사람이었다. 그리스의 서정 시인 핀다로스(Pindaros)의 글에는 다음과 같은 구절이 있다.

정직은 위대함의 기초이니.......
(뵈크 엮음, 『핀다로스 문집 : 단편』, § 221)

메텔루스는 이 시구에 걸맞는 인물이었다. 그래서 마리우스는 메텔루스가 자신을 따라 선서를 거부하도록 수를 쓴 것이다. 메텔루스가 선서를 거부하면 되돌릴 수 없을 만큼 민중의 미움을 사게 되리라는 것이 마리우스의 계산이었다. 결국, 마리우스가 바라던 대로 일이 진행되어 메텔루스는 선서하지 않겠노라고 선언했다. 원로원은 잠시 휴회에 들어갔다.

며칠이 지나 사투르니누스는 원로원 의원들을 회의장에 소집한 다음 선서하라고 다시 요구했다. 그때 마리우스가 등장하자 장내가 조용해지면서 그의 얼굴만 쳐다보았다. 마리우스는 지난날 원로원에서 그토록 뻔뻔하고 거짓되게 말한 것을 뒤집고 이렇게 말했다.

"나는 이토록 중대한 사안에 대하여 반대할 만큼 목이 질기지 않습니다. 나는 민중의 의견을 존중하겠노라고 선언할 것이며, 그것이 법이라면 그 법을 지킬 것입니다."

"그것이 법이라면"이라는 마지막 말은 그의 부끄러운 심정을 교묘하게 표현하고 있다. 마리우스가 선서하겠다고 말하자 민중은 박수를 치며 좋아했지만, 귀족은 낙담하며 그가 공격 대상을 바꾼 것을 원망하면서도 민중의 분노가 두려워 차례로 선서했다.

드디어 메텔루스의 차례가 왔다. 메텔루스의 동료들이 그에게 법안대로 선서하여 선서를 거절한 사람들에게 사투르니누스가 적용하려는 가혹한 처벌에서 벗어나라고 권고했다. 그러나 메텔루스는 자기의 뜻을 굽히지 않았다. 그는 수치스럽게 처신하기보다는 차라리 원칙을 지키다가 악행을 겪는 길을 선택했다. 메텔루스는 토론의 광장을 떠나면서 주변 사람들에게 이렇게 말했다.

"잘못된 길을 가는 것은 천박한 일이며, 위험하지 않을 때 옳은 일을 하는 것은 보통 사람이 가는 길이지만, 위험이 닥쳐왔을 때조차 영예로운 길을 가는 것은 선량하고 진실한 사람이 보여 주어야 할 처신입니다."

사투르니누스는 집정관을 시켜 메텔루스에게 "물과 불과 주택을 이용하지 못하도록 하는 법"[수화 주거(水火住居) 사용 금지법]을 통과시켰다. 그 시대의 민중 가운데 가장 천박한 무리가 집정관의 결정을 지지하면서 메텔루스를 죽일 계획을 꾸몄다. 선량한 시민들은 메텔루스를 동정하면서 그의 주변에 모여들었다. 그러나 메텔루스는 그 무리에게 이 문제로 이의를 제기하지 못하도록 했다. 그는 로마를 떠나면서 끝까지 신중했다. 그는 이렇게 말했다.

"일이 잘되어 민중의 마음이 바뀌면 나는 부름을 받아 돌아오겠지. 그러나 저들의 마음이 그대로라면 나는 타국을 떠돌 수밖에 없겠지."

메텔루스가 망명지에서 받은 존경과 따뜻한 호의 그리고

그가 로도스섬에서 어떻게 철학을 공부하면서 세월을 보냈는
가에 관한 이야기는 그의 전기 편에서 말하는 것이 더 좋을 듯
싶다.[11]

30

이제 사투르니누스가 권력을 잡으려고 온갖 짓을 저질러도 그
에게 빚진 것이 있는 마리우스는 입을 다물 수밖에 없었다. 사
투르니누스가 돌이킬 수 없는 비행을 저지르고, 전쟁과 살인
을 자행하고, 곧장 독재자의 길을 걸으면서 정부를 전복하려
해도 마리우스는 모른 체했다. 민중과 귀족을 모두 두려워하
게 된 그는 가장 천박하고 이중적인 행동을 하지 않을 수 없게
되었다.

　　로마의 유력 인사들이 밤에 찾아와 사투르니누스와의 관
계를 끊으라고 설득했을 때, 마리우스는 아무도 모르게 사투
르니누스를 다른 방으로 불러들여 놓고, 설사병을 핑계로 양
쪽 방을 들락거리면서 두 무리를 분노하게 만들어 갈라놓았
다. 그러나 원로원 의원과 기사들이 손잡고 분노를 털어놓자
마리우스는 토론의 광장에 군대를 동원하여 그들을 신전의 언
덕에 가두고 물의 공급을 끊어 항복하게 했다.

　　물이 끊기자 반란자들은 투쟁을 포기하고 마리우스에게
이른바 대중 선서의 문제에 관한 자기들의 입장을 철회했다.
마리우스는 그들의 목숨을 살려 주려고 온갖 노력을 기울였지
만, 소용이 없었다. 그들은 토론의 광장에 이르러 모두 살해되
었다. 이 사건으로 마리우스는 귀족과 민중 모두에게 미움을
받았다. 감찰관(Censor) 선거가 시작되자 그는 많은 사람의 예
상과 달리 자기 대신 아랫사람을 출마시켜 당선시켰는데, 이

11　　이 부분의 문맥으로 보나 그에 대한 존경심으로 볼 때 플루타르코스는
「메텔루스전」을 썼으리라고 생각되지만, 지금은 전해지지 않고 있다.

는 그가 자신의 낙선을 두려워했기 때문이었다.

31

메텔루스를 망명에서 풀어 주고 귀국시키자는 의안이 제출되었을 때, 마리우스는 말과 행동으로 이에 강력히 반대하였으나 자신의 노력이 부질없는 짓임을 알자 곧 물러섰다. 민중이 신속하게 메텔루스의 귀국 절차를 밟자 메텔루스의 모습을 차마 볼 수 없었던 마리우스는 [기원전 99년에] 카파도키아와 갈라티아로 배를 띄웠다.

마리우스는 겉으로는 지난날 약속한 바와 같이 모신(母神) 키벨레에게 제사를 드리고자 떠난다는 핑계를 댔지만, 그의 여행에 다른 뜻이 있음을 민중은 알고 있었다. 이를테면 그는 평화나 정치를 견디지 못하는 성품을 타고났으며, 오로지 무공만 뛰어난 사람이었다. 그런 사람은 움직이지 않고 가만히 있으면 자신의 영향력과 명성이 사라진다고 생각하게 마련이다. 그래서 새로운 사업을 찾는 것이다.

마리우스도 그랬다. 그는 만약 전쟁을 일으킬 만한 아시아의 왕들을 자극하고 폰토스(Pontos)의 왕 미트리다테스 6세(Mithridates VI)를 부추겨 실제로 전쟁이 일어나게 만든다면 그들을 정복할 장군으로 자신이 뽑힐 것이고, 그러면 로마에서 다시 개선식을 거행할 수 있을 것이며, 자기 집을 폰토스의 전리품으로 가득 채울 수 있으리라고 생각했다. 그래서 마리우스는 오직 자신의 욕망을 위해서, 자신에게 예의와 경의를 갖춘 미트리다테스에게 이렇게 말했다.

"대왕, 그대는 로마보다 더 강성해지려고 노력하든가, 아니면 로마가 시키는 바를 군말 없이 따르시오."

이 말에 미트리다테스는 몹시 놀랐다. 앞서서도 로마인들이 하는 말을 들어 본 적은 있었지만 이토록 대담한 말을 듣는 것은 처음이었다.

32

로마로 돌아온 마리우스는 토론의 광장 가까운 곳에 집을 지었다. 그의 말대로 자기를 존경하여 멀리서 찾아오는 손님들에게 고생을 끼치지 않고자 그랬는지, 아니면 예전의 집이 다른 정치인들보다 먼 곳에 있어서 찾아오는 손님들이 적었기 때문이었는지는 알 수 없다.

그러나 이 일의 본질은 다른 데 있었다. 전쟁에서 쓰는 무기가 평화로울 때는 무시당하듯이, 마리우스는 인간관계에서 사교적이지 못하고 정치적 동료도 없다는 사실로 말미암아 열등감에 빠져 있었다. 그에 대한 대중의 평판을 깎아내리면서 그를 가장 괴롭히고 성가시게 하는 인물이 바로 술라였다. 마리우스에 대한 귀족의 질투심을 발판 삼아 정계에 등장한 술라는 정치적 기반을 놓고 마리우스와 다투고 있었다.

지난날 누미디아의 왕 보쿠스가 로마와 동맹을 맺고 전쟁을 치른 다음 신전의 언덕에 승리의 기념탑을 세운 적이 있었다. 그때 보쿠스는 유구르타를 술라에게 바치는 모습의 동상을 함께 세웠고, 마리우스는 크게 분노했다. 마리우스는 술라가 자신의 영광을 도둑질해 갔다고 여겨, 어떻게 하면 그 동상을 부숴 버릴 수 있을까 고심했다. 그러자 그 모습을 본 술라와 민중들은 또 그를 향해 분노했다.

그러던 터에 [기원전 90~89년에] 동맹시 전쟁(同盟市戰爭)이 일어나 그들의 갈등도 갑자기 멈추었다.(제20장 「술라전」, § 6) 이때는 가장 많은 수의 이탈리아 도시 국가들이 가장 격렬하게 로마에 항거하면서 로마의 종주권을 거의 빼앗았던 시기였다. 무기와 병력에서 뛰어난 데다가 용맹함과 능력까지 갖춘 장군들이 세상을 놀라게 하며 로마로 쳐들어왔다.

33

전세가 여러 번 뒤바뀌고 운명의 여신도 여러 차례 변덕을 부렸다. 그러나 시간이 흐를수록 술라의 명성은 높아지는데 마리우스의 명성은 떨어졌다. 마리우스가 너무 느렸기 때문이었다. 그는 일을 멈칫거리거나 뒤로 미뤘다. 이는 그가 이미 예순여섯 살의 노인이 되어 평소의 힘과 열정을 잃었기 때문일 수도 있고, 아니면 그의 말처럼, 이미 정신적으로나 육체적으로 전쟁을 치르기에는 적절하지 않은 상황에서 수치심까지 생겨 전쟁의 고통을 견뎌 낼 힘이 없었기 때문일 수도 있다.

그러나 마리우스는 이 무렵에 대승을 거두고 적군 6천 명을 죽였으면서도 자신은 상처 하나 입지 않았다. 그는 해자(垓字)를 파고 시간을 보낼 때 적군의 모욕이나 도발을 접해도 분별없이 분노하지 않았다. 들리는 바에 따르면, 마르시(Marsi)족의 지도자로서 막강한 권력과 병력을 거느린 폼파이디우스 실로(Pompaedius Silo)가 쳐들어와 마리우스에게 이렇게 도발했다고 한다.

"마리우스여, 그대가 진정으로 위대한 장군이라면 우리와 한번 겨뤄 보자."

그에 대하여 마리우스가 이렇게 대답했다.

"싸우지 않으련다. 그러나 그대가 진정으로 위대한 장군이라면 싸우고 싶지 않은 나를 끌어내어 한번 싸워 보라."

언젠가 또 다른 전투에서 적군이 마리우스에게 자신들을 공격할 기회를 주었는데도 로마 병사가 겁을 먹고 덤비지 않아 끝내 양쪽 병사가 물러가게 되었다. 마리우스는 병사를 모아 놓고 이렇게 말했다.

"적군이 더 비겁했는지, 아니면 아군이 더 비겁했는지 나는 알 수가 없다. 적군은 자기들의 등을 보여 줄 수 없었고, 여러분은 적의 등을 보려 하지 않았으니까."

그 이후 마리우스는 드디어 장군 직에서 물러났다. 이제 몸이 병들어 그 직책을 이겨 낼 수 없다는 것이 이유였다.

34

드디어 도시 국가들의 군대가 로마에 복속하여 이탈리아의 통합이 이뤄지자, 로마에서는 많은 사람이 미트리다테스와 벌일 전쟁에 사령관이 되겠노라고 나섰다. 그 와중에 뻔뻔스럽기 짝이 없는 호민관 술피키우스(Sulpicius)가 민중의 지지를 업고 마리우스를 부집정관(Proconsul)으로 추천하여 미트리다테스 전쟁의 사령관을 맡도록 제안했다. 민중은 두 패로 나뉘어 누구는 마리우스를 지지하고 누구는 술라를 지지했다.

어떤 사람은 마리우스에게 바이아이(Baiae)의 온천으로 내려가 습진이나 치료하면서 건강을 찾으라고 충고했다. 그 말에 따르면, 그는 이미 나이가 많고 또 습진을 앓고 있었다. 마리우스는 미세눔(Misenum)곶 가까이 있는 바이아이에 호화로운 저택을 가지고 있었다. 이 집은 수많은 전쟁터에서 생애를 보낸 장군이 살기에는 너무 호화롭고 여성적이었다.

들리는 바에 따르면, 율리우스 카이사르의 아내 코르넬리아는 이 집을 7만 5천 드라크마에 샀다가 얼마 지나지도 않아 루키우스 루쿨루스 장군에게 250만 드라크마에 팔았다고 한다.[12] 이는 로마에서 사치의 비용이 그토록 빠르게 높아졌으며, 호화 풍조가 확산하였음을 뜻하는 것이다.

마리우스는 젊음의 상징인 경쟁심을 보이면서 노쇠와 병약함을 떨쳐 버리고 군신의 광장(Campus Martius)으로 내려가 젊은이들과 함께 몸을 단련했다. 그는 자신이 아직도 기민한 데다 무기를 다루고 말을 탈 수 있음을 보여 주었다. 그러나 그의 늙은 몸은 다듬어지지 않은 채 여전히 비만했다.

그러자 어떤 사람들은 그와 같은 모습을 즐기려고 군신의

---

12   1탈렌트가 6천 드라크마였으므로 250만 드라크마는 417탈렌트였다. 이 책의 번역자인 페린은 1탈렌트가 1920년대의 1천2백 달러와 같았다고 하는데, 그렇다면 집값은 50만 달러에 맞먹었다. 구매력은 지금의 시세가 5~6배 높았다.(페린, 「알렉산드로스전」, § 6, p. 237의 각주 2 참조)

광장으로 내려가 마리우스가 젊은이들과 경쟁하는 모습을 지켜보았다. 그러나 대부분은 탐욕스러운 그의 야심을 바라보면서 연민을 느꼈다. 가난한 집안에서 태어나 갑부가 되었고, 보잘것없는 집안에서 태어나 최고의 관직에 올랐지만, 마리우스는 운명의 여신이 언제까지 자기를 도울지 알지 못했다.

마리우스는 가진 것을 조용히 즐기면서 칭찬받는 데 만족하지 못하고, 개선장군으로서의 명예를 얻은 뒤에도 아직 부족하다는 듯이 카파도키아와 흑해(Euxine Sea)로 출정하여 미트리다테스의 태수인 아르켈라우스(Archelaüs)나 네오프톨레모스와 전쟁을 치렀다. 많은 사람이 그와 같은 처사에 대한 그의 변명을 들으면서 그를 더욱 불쌍하게 여겼다. 마리우스는 자신의 처신에 대하여 이렇게 말했다.

"나는 내 아들을 훈련시키려고 개인적으로 그 전쟁에 참전하고 싶었다."

35

이와 같은 상황은 로마가 오랫동안 겪어 왔던 속앓이들을 폭발시켰다. 마리우스는 술피키우스의 뻔뻔함에서 공화국을 무너뜨릴 빌미를 발견했다. 술피키우스는 모든 일에서 사투르니누스를 칭송하며 그를 본받았지만, 정치 활동에서 멈칫거리고 지체하는 것은 닮지 않았다. 술피키우스는 멈칫거리는 사람이 아니었다. 그는 6백 명의 기사(騎士)를 호위병으로 삼은 뒤 이들이 곧 '원로원을 타도할 무리'라고 불렀다.

술피키우스는 또한 집회를 진행하고 있던 집정관들을 무장 병력으로 습격했다. 그때 어느 집정관이 토론의 광장에서 도망치자 술피키우스는 그 집정관의 아들을 잡아 죽였다. 또 다른 집정관이었던 술라는 도망을 치며 마리우스의 집 앞을 지나다가 아무도 눈치채지 못하리라 생각하고 그의 집으로 뛰어 들어갔다.

마리우스

추적자들은 그 집을 그냥 지나침으로써 술라를 놓쳐 버렸다. 다른 의견에 따르면, 마리우스가 그를 다른 문으로 달아나게 했다고 한다. 그 집을 빠져나온 술라는 서둘러 자기 병영으로 들어갔다. 그러나 술라는 자기 회고록에서 그때의 장면을 이렇게 기록하고 있다.

"나는 마리우스의 집으로 도망쳐 들어간 것이 아니었다. 나는 그곳으로 밀려가다 술피키우스가 취하려는 조치들에 관하여 마리우스와 상의하려고 그의 집에 들어갔을 뿐이다. 술피키우스는 그때 칼을 빼 들고 나를 둘러싼 다음 마리우스의 집으로 몰아넣었다. 그 뒤에 나는 그곳에서 빠져나와 토론의 광장으로 달려갔고, 그곳에서 술피키우스와 그 무리의 요구를 따랐다. 공공 행정을 중지시키는 집정관의 정령(政令)을 폐기한 것이다."[아피아노스,『로마사(5) : 내전사』, 1 : 55]

이로써 세상은 술피키우스의 것이 되었다. 술피키우스가 시민 투표로 마리우스를 사령관으로 임명하자 마리우스는 원정을 준비했다. 마리우스는 먼저 두 명의 군무 위원을 보내 술라 부대의 지휘권을 인수하려 했다. 그러나 이에 분개한 술라는 3만 5천 명이 넘는 병사를 소집하여 로마로 진군했다.

술라의 군대는 마리우스가 보낸 군무 위원을 만나자마자 죽였다. 마리우스도 또한 로마에 남아 있던 술라의 막료를 많이 죽인 다음, 자기들 편에 서면 해방해 주겠노라고 노예들에게 선언했다. 그러나 들리는 바에 따르면, 단 세 명의 노예만이 그의 제안에 따랐다고 한다.

술라가 로마에 입성했을 때 마리우스는 변변히 저항도 하지 못한 채 서둘러 성을 벗어나 도망했다. 마리우스가 로마를 탈출한 것을 안 부하들도 곧 흩어졌다. 날이 어두워지자 마리우스는 솔로니움(Solonium)에 있는 그의 농장으로 숨어들었다.

마리우스는 아들을 그의 장인인 무키우스(Mucius)에게 보내 몇 가지 세간을 마련해 오도록 하고 자기는 오스티아(Ostia)

의 해안으로 내려가 누메리우스(Numerius)라는 막료를 찾아갔다. 그곳에서 누메리우스는 마리우스에게 배편을 마련해 주었다. 마리우스는 아들을 기다릴 겨를이 없어 의붓아들 그라니우스(Granius)와 함께 배에 올랐다.

아들 마리우스는 장인의 집에서 세간을 얻어 와 짐을 꾸리는 동안에 날이 밝아 술라의 추격에서 벗어날 수 없었다. 술라의 기병대가 혹시나 하여 무키우스의 집으로 쳐들어왔기 때문이었다. 농장지기가 술라의 추격병이 오는 것을 보고 콩을 실은 마차에 그를 실은 채 황소를 몰고 나갔다. 그들은 마차를 몰고 가면서 추격병을 만났으나 별일 없이 지나 마을에 이르렀다. 이런 방법으로 아들은 아내가 있는 곳에 도착하여 필요한 물건을 얻은 다음 아프리카로 가는 배를 타고 바다를 건넜다.

36

해안에 이른 마리우스는 순풍을 만나 이탈리아의 해안을 따라 내려갔다. 그러나 마리우스는 게미니우스(Geminius)를 만나는 것이 두려웠다. 게미니우스는 테라키나(Terracina)의 실력자였는데, 마리우스는 한때 그와 원수진 일이 있어 그쪽을 비켜 가자고 선장에게 말했다.

선장은 그러고 싶었지만 바람이 거꾸로 거칠게 불어 배를 해안으로 몰고 갔다. 배는 더 이상 풍랑을 견딜 수 없을 것만 같았고, 마리우스는 심한 멀미를 일으켰다. 이런 어려움 속에서 마리우스 일행은 키르케이이(Circeii) 가까운 해안으로 배를 몰았다.

그때 폭풍이 더욱 거세지고 식량도 떨어지자 일행은 배에서 내려 육지를 헤맸다. 목표물이 있는 것도 아니었다. 사람들은 흔히 엄청난 혼란에 빠지면 눈앞의 재난이 가장 고통스럽다고 여기면서도 알 수 없는 미래에 희망을 걸곤 한다. 그들도 그렇게 한 것이다. 육지도 적군의 땅이고, 바다 또한 적군의 차지가 되었으며, 만나게 될 사람도 두려웠지만, 가장 두려운 일은 아무도 만나지 못하는 것이었다. 왜냐하면 마리우스의 무리에게는 더 이상 식량이 없었기 때문이었다.

날이 저물어서야 일행은 몇 명의 목동을 만났다. 목동들은 나누어 줄 것이 하나도 없었지만, 일행이 마리우스임을 알아보고 빨리 몸을 피하라고 알려 주었다. 그들은 조금 전에 추격병이 말을 타고 그를 찾고 있는 것을 보았기 때문이었다. 이와 같이 고통을 겪고 있을 때 일행을 더 고생스럽게 만든 것은 굶주림이었다. 그들은 큰길을 벗어나 깊은 숲속으로 들어가 그날 밤을 비참하게 보냈다.

날이 밝자 그나마 남은 힘이라도 다 떨어지기에 앞서 음식을 찾아야겠다고 결심한 마리우스는 바다로 나갔다. 그는 부하들을 격려하는 한편, 희망이 이뤄질 때까지 싸움을 포기하지 말라고 간청하면서 옛날에 점쟁이에게 들었던 이야기를 해 주었다. 곧 마리우스가 아주 어렸을 적 시골에서 살 때, 그는 나무에서 떨어지는 독수리 둥지를 외투로 받은 일이 있었다. 그 안에는 새끼 일곱 마리가 있었다. 이를 본 그의 부모가 놀라 점쟁이를 찾아가 물어보았더니 점쟁이가 이렇게 말했다.

"아들이 크게 성공할 것입니다. 그는 사령관과 고위 관직을 일곱 번 지낼 운명을 타고났습니다."

어떤 사람의 말에 따르면, 실제로 마리우스에게 그런 일이 있었다고 한다. 그러나 또 다른 사람들의 말에 따르면, 그때 마리우스에게서 그 이야기를 들은 사람들이 그의 말을 믿고 기록했지만, 이 이야기 자체는 꾸며 낸 것이었다고 한다. 들리는 바에 따르면, 독수리는 한 번에 두 개 넘게 알을 낳지 않는다고 한다. 그 예로, 그리스의 대학자이자 시인이었던 무사이우스(Musaeus)의 시(詩)에 다음과 같은 구절이 있다.

알을 세 개 낳아

둘을 깠지만

하나만을 키웠도다.

(킨켈 엮음, 『에피쿠로스의 그리스 단편(斷編)』, §229)

사람들은 똑같은 이유로 이 시 또한 틀렸다고 지적했던 것이
다. 그러나 마리우스가 그 어려운 처지에서도 자신이 다시 일
어나 일곱 번째로 집정관에 오르리라고 여러 차례 말한 것은
흔히 알려진 사실이다.

37

마리우스 일행이 이탈리아의 도시인 민투르나이(Minturnae)에
서 거의 20훠롱 떨어진 곳에 이르렀을 때, 저만치서 추격병들
이 말을 타고 달려오는 것이 보였다. 마침 그때 바다에는 두 척
의 상선이 지나가고 있었다. 이에 일행은 온 힘을 다하여 달려
가 바다로 뛰어들어 배를 향해 헤엄쳐 갔다. 의붓아들 그라니
우스와 그의 일행은 그 가운데 한 배에 타고 반대편 쪽에 있는
아이나리아(Aenaria)라는 섬으로 건너갔다.

몸이 무겁고 불편한 마리우스는 두 노예의 부축을 받으
며 물에 뛰어들어 온갖 고생 끝에 배에 올랐다. 그때 추격병이
해안에 이르러 마리우스를 내놓든가 아니면 그를 물에 빠뜨
려 죽게 한 다음 어디로든 가고 싶은 곳으로 가라고 뱃사람에
게 소리쳤다. 그러나 눈물을 흘리며 애원하는 마리우스를 본
선장은 잠시 생각하더니 마음을 바꾸어 마리우스를 넘겨줄 수
없노라고 추격병들에게 대답했다.

기병대장이 크게 분노하며 떠나자 선장은 마음을 바꾸어
해안으로 다가가 어귀가 호수처럼 넓은 리리스(Liris)강에 마
리우스 일행을 내려놓더니, 뭔가를 좀 얻어먹고 기운을 차린
뒤에 순풍이 일어나면 다시 떠나겠노라고 말했다. 그들의 말
에 따르면, 지금은 바람이 자는 시간이라 기다렸다가 해안에

서 미풍이 다시 불 때 떠나는 것은 흔히 있는 일이라고 했다.

마리우스는 그들의 말에 따르기로 했다. 선원들이 마리우스를 배에서 내려놓자 그는 풀밭에 누웠다. 그는 앞으로 무슨 일이 일어날지 전혀 걱정하지 않았다. 그때 선원들이 갑자기 배에 오르더니 닻을 올리고 달아났다. 그들로서는 마리우스를 추격병들에게 넘겨주는 것도 명예스럽지 않았고, 그렇다고 그를 구출해 주자니 위험하다는 생각이 들었기 때문이었다.

이렇게 모든 사람에게 버림받은 마리우스는 혼자 말없이 해변에 드러누워 있다가 겨우 몸을 추슬러 해안을 따라 걷기 시작했다. 길이 없어 걷기도 힘들었다. 그는 진흙과 물이 가득 찬 갈대숲과 늪을 지나 어느 오두막에 이르렀다. 집주인은 물가에서 생계를 이어 가는 노인이었다. 마리우스는 그 노인의 발아래 엎드려 살려 달라고 애걸하면서, 지금은 쫓기는 몸이 되었지만 지금의 위기를 벗어나면 언젠가 크게 보답하겠노라고 말했다.

노인이 지난날 마리우스를 본 적이 있었는지, 아니면 그의 행색으로 미루어 그가 높은 직위에 있었던 사람임을 알아보았는지는 알 수 없으나, 그는 마리우스에게 이렇게 말했다.

"만약 그대가 이곳에서 쉬기만을 바란다면 이 오두막으로도 충분할 것입니다. 그러나 그대가 추격병을 피하여 떠도는 몸이라면 여기보다 더 안전한 곳이 있습니다."

마리우스가 몸을 숨기도록 해 달라고 간청하자 노인은 그를 데리고 숲으로 가더니 강가의 동굴로 안내한 다음 갈대와 그 밖의 것들로 그의 몸을 덮어 주었다. 갈대가 가벼워 몸을 상하게 하지 않으면서도 몸을 넉넉히 덮어 주었다.

38

그런 뒤 시간이 얼마 지나지 않아 오두막집에서 소란스러운 소리가 들려왔다. 게미니우스가 마리우스를 잡으러 사람을 보낸 것이었다. 그들 가운데 몇 사람이 우연히 그 집에 들렀다가 노인이 로마의 국적(國賊)을 숨겨 준 것을 알고 놀라 꾸짖고 있었다. 마리우스는 은신처에서 일어나 옷을 벗고 늪지의 흙탕 속으로 뛰어들었다. 그러나 그는 곧 추격병의 눈에 띄었다. 그들은 흙탕을 뒤집어쓴 마리우스를 끌어내 벌거벗긴 채 민투르나이로 끌고 가 관리에게 넘겼다.

그 무렵에 모든 도시에는 마리우스가 잡히는 대로 현장에서 죽이게 되어 있다는 소문이 돌았다. 그럼에도 민투르나이의 관리는 이 문제를 신중하게 처리하기로 결심했다. 그래서 그는 먼저 마리우스를 환니아(Fannia)라는 여성의 창고에 가두었다. 그 여성은 지난날 마리우스에게 아픈 일을 겪은 바 있어 그를 해코지할 것이라고 사람들은 생각했다.

사연인즉 이랬다. 환니아는 티틴니우스(Titinnius)와 이혼하면서 결혼 지참금의 반환을 요구했는데, 그 금액이 엄청나게 많았다. 그러나 남편은 그에 대한 대응으로 아내를 간통죄로 고발했고, 마침 이때 마리우스가 여섯 번째 집정관 시절에 그 재판을 맡았다. 재판을 진행해 보니 환니아의 행실이 좋지 않다는 사실이 드러났고, 그런데도 남편은 그것을 알면서도 오랫동안 함께 살았다.

마리우스는 그 부부가 모두 마땅치 않아 남편에게는 지참금을 돌려주라고 하고, 아내에게는 간통죄를 묻되 겨우 동전 네 푼을 벌금으로 물린 바 있었다. 그러나 세월이 흐른 지금, 환니아는 지난날 자신이 마리우스에게서 아픔을 겪은 여성처럼 행동하지 않았다. 마리우스를 만난 환니아는 분풀이하는 대신 그를 힘껏 돌보아 주면서 격려했다.

마리우스는 환니아에게 감사하면서 자기에게 좋은 징조가 나타났으니 앞일이 잘될 것이라고 말했다. 그의 말에 따르면, 그가 환니아의 집으로 끌려올 때 대문이 열리면서 노새 한 마리가 물을 마시려는 듯 곁에 흐르는 냇물로 내려갔다. 마리

133   마리우스

우스가 보기에 다소 음탕한 자세를 취하면서 건방을 떨던 노새는 잠시 마리우스 앞에 머물렀다가 의기양양하게 힝힝거리면서 지나갔다.

마리우스는 이 장면이 자기에게는 길조라고 여겼다. 노새가 마른풀을 먹지 않고 물을 마신 것은 자신이 육지가 아니라 바다로 탈출하게 되리라는 신의 암시라고 해석한 것이다. 이와 같은 사실을 환니아에게 설명한 마리우스는 자기 방의 문을 닫게 하고 혼자 잠자리에 들었다.

39

회의를 하던 민투르나이의 관리와 의원들은 더 이상 시간을 끌지 않고 마리우스를 죽이기로 결정했다. 그러나 시민 가운데 누구도 그를 죽이는 일을 맡으려 하지 않았다. 그래서 누구는 갈리아족이라 하고 누구는 킴브리족이라고 하는 한 기병이 마리우스를 죽이려고 칼을 빼 든 채 방으로 들어갔다.

그때 마리우스는 자리에 누워 있었다. 방은 어두컴컴하고 음산했다. 들리는 바에 따르면, 그 병사를 향한 마리우스의 눈빛이 마치 쏘는 듯했다고 한다. 이어 마리우스가 고함을 질렀다.

"이놈, 네가 감히 카이우스 마리우스를 죽이려 하느냐?"

그 말을 들은 이방 민족 기병은 문밖으로 뛰쳐나오면서 칼을 바닥에 던지고 이렇게 소리쳤다.

"나는 카이우스 마리우스를 차마 죽일 수 없습니다."

더 말할 것도 없이, 그 자리에 있던 사람들의 입에서 이탈리아의 구원자요 영예롭게 도움을 받아야 할 인물에게 불법적이고도 배은망덕한 결정을 내린 것에 대한 탄식과 연민과 후회와 자책이 흘러나왔다. 그때 누군가 입을 열었다.

"그렇다면 망명자인 그가 가고 싶어 하는 곳으로 보내 줍시다. 살고 죽는 것은 그의 운명대로 되겠지요. 그리고 굶주리고 누더기를 입은 마리우스를 이 도시에서 쫓아낸 데 대한 신의 노여움을 받지 않도록 제사나 올립시다."

그렇게 생각한 주민들은 한 덩어리가 되어 마리우스의 방으로 들어가 그를 둘러싸고 바다로 데려가려고 움직였다. 이 사람 저 사람이 서로 뭔가 도우려고 애를 쓰면서 서둘렀지만 시간이 좀 걸렸다. 그들은 마르키아(Marcia)라고 부르는 숲에 이르렀다. 주민들은 이 숲을 신령한 곳으로 생각하고 있었다. 이곳에 한번 들어간 것은 다시 나오지 못한다는 믿음이 있었던 것이다. 그런데 이 숲이 바다로 나가는 길목에 놓여 있어 이를 비켜 가려면 시간이 많이 걸렸다.

마침 그때 한 노인이 나타나 이렇게 말했다.

"마리우스가 안전하게 갈 수 있는 길이 이 길뿐이라면 이 숲은 우리를 막지 않을 것이다."

그렇게 말하고 노인은 배에 싣기로 되어 있는 물건들을 들고 앞장서서 성스러운 숲으로 들어갔다.

40

이렇게 모든 준비가 신속히 끝나자 벨라이우스(Belaeus)라는 사람이 마리우스가 탈 배를 마련해 주었다. 세월이 지나 벨라이우스는 그 장면을 그림으로 그려 마리우스가 배를 타고 떠난 곳에 있는 사원에 걸게 했다. 마리우스는 순풍을 만나 우연히 아이나리아섬에 이르렀고, 거기서 의붓아들 그라니우스와 살아남은 막료들을 만나 함께 아프리카로 떠났다.

그러나 마리우스 일행은 물이 떨어져 시킬리아에 있는 에리키나(Erycina)에 정박하지 않을 수 없었다. 그런데 그 섬은 우연히도 로마의 법무관이 감시하던 곳이었다. 법무관은 거기에 상륙한 마리우스를 잡을 뻔했고, 물을 얻으러 상륙한 마리우스의 일행 열여섯 명을 죽였다.

마리우스는 다시 바다로 나가 전속력으로 달려 메닌크스

(Meninx)섬에 이르렀다. 그리고 거기서 처음으로 아들이 케테구스(Cethegus) 집정관과 함께 탈출하여 누미디아의 이암프사스(Iampsas)왕에게 도움을 요청하러 가고 있다는 소식을 들었다. 그 소식에 조금 용기를 얻은 마리우스는 그 섬을 벗어나 카르타고 부근을 바라보고 과감하게 항해해 갔다.

그 무렵에 아프리카에 파견되어 있던 로마의 총독은 섹스틸리우스(Sextilius)로, 그는 마리우스와는 아리고 쓰릴 것이 없는 사람이었다. 마리우스는 그의 동정심을 기대하며 그를 찾아갔다. 마리우스가 몇몇 수행원과 함께 가까스로 상륙했을 때 한 장교가 나타나 이렇게 말했다.

"마리우스 장군, 섹스틸리우스 총독께서는 귀하가 아프리카에 상륙하는 것을 허락하지 않았습니다. 만약 그대가 이 말에 따르지 않는다면 총독께서는 원로원의 정령에 따라 그대를 로마의 국적(國賊)으로 처리할 것입니다."

이 말을 들은 마리우스는 분노와 슬픔에 젖어 아무 말도 못 하고 조용히 서서 장교를 엄숙하게 바라보았다. 그러자 장교가 다시 물었다.

"장군께서는 무슨 말을 하고 싶고, 총독께 무엇이라고 대답하고 싶습니까?"

그러자 마리우스는 깊이 신음하듯 이렇게 말했다.

"총독에게 전달해 주게. 그대는 도망자 카이우스 마리우스가 카르타고의 폐허 위에 앉아 있는 것을 보았노라고."

마리우스는 자신의 뒤바뀐 운명을 폐허가 된 카르타고의 운명에 빗대 표현한 것이다.

그러는 동안에 누미디아의 왕 이암프사스는 이들을 어찌할까 망설이면서도 아들 마리우스와 그의 일행을 성심껏 대접했다. 이암프사스는 일행이 떠나고자 할 때는 언제라도 그들을 붙잡아 둘 구실을 몇 가지 가지고 있었는데, 이렇게 그들이 떠나는 것을 막으려는 데에는 분명히 좋지 않은 뜻이 있었다.

그때 아주 놀라운 사건은 아니었지만, 그들이 탈출할 수 있도록 돕는 일이 일어났다.

아들 마리우스는 얼굴이 잘생겼다. 그래서 왕의 후궁 가운데 한 여자가 신분에 맞지 않는 대접을 받는 그를 보고 가슴 앓이를 하다가 동정이 끝내 사랑으로 바뀌었다. 청년 마리우스는 처음에는 그 후궁의 접근을 거절했으나, 자기와 동료들이 달리 탈출할 방법도 없는 데다가, 또 그 여성의 행동이 진심에서 우러나오는 것임을 알고 그의 사랑을 받아들였다. 그래서 그 여성의 도움을 받은 마리우스는 탈출에 성공하여 아버지를 만날 수 있었다.

서로 만나 얼싸안고 기뻐하던 아버지와 아들은 해변을 거닐다가 전갈이 싸우는 것을 보았다. 아버지는 이것이 불길한 징조라 생각하여 곧 어선을 타고 바다를 건너 본토에서 그리 멀지 않은 케르키나(Cercina)섬으로 갔다. 그들이 섬을 떠나자마자 이암프사스왕이 보낸 기병대가 말을 타고 달려와 그들이 떠난 자리에 나타났다. 마리우스에게 이보다 더 위험스러웠던 경우는 일찍이 없었던 것으로 보인다.

41

그 무렵 로마에는 술라가 보이오티아(Boeotia)에서 미트리다테스의 장군들과 싸우고 있다는 소식이 들려왔다. 로마에서는 집정관인 옥타비우스 네포스(Octavius Nepos)와 코르넬리우스 킨나(Cornelius Cinna)가 다투고 있었다. 전투에서 이긴 네포스는 마음대로 권력을 휘두르고자 하던 킨나를 몰아낸 다음, 그 자리에 코르넬리우스 메룰라(Cornelius Merula)를 앉혔다. 이에 킨나는 이탈리아의 다른 곳에서 병력을 모아 네포스와 그의 동료들을 상대로 다시 전쟁을 일으켰다.

이 소식을 들은 마리우스는 되도록 빨리 로마로 돌아가는 것이 좋겠다고 생각하고 아프리카에서 데려온 마우리타니아(Mauritania, Moor)족의 기병대와 그곳에서 떠돌이 생활을 하던 이탈리아인들을 모았다. 그러나 모두 합쳐도 1천 명을 넘지 않았다. 그들을 모두 이끌고 바다로 나가 티레니아의 텔라몬(Telamon)에 상륙한 마리우스는 그곳의 노예들에게 해방을 선언했다.

마리우스는 또한 이웃에 사는 자유농민과 목동을 모았다. 그들은 매우 건장했으며, 마리우스의 명성을 듣고 몰려든 사람들이었다. 며칠 안에 마리우스는 많은 병력을 모아 40척의 배에 실었다.

네포스는 매우 뛰어난 인물로서 공의롭게 나라를 다스리고 싶어 하며, 킨나가 술라를 미워하여 현재의 정부에 저항하고 있다는 사실을 알고 있는 마리우스는 킨나를 자기편으로 끌어들이기로 했다. 마리우스는 킨나에게 사람을 보내 그를 집정관으로 존중하며 모든 일에 자신이 복종할 것이라는 뜻을 전달했다.

킨나는 마리우스의 제안을 받아들여 그를 부집정관에 임명하고 부월(斧鉞)과 여러 가지 권력의 상징을 보냈다. 그러나 마리우스는 그와 같은 장식들이 자기의 운명에 걸맞지 않는다고 선언하고, 도망할 때의 허름한 복장으로 머리도 깎지 않은 채 이제 일흔 살이 된 몸으로 집정관을 만나러 천천히 시내로 들어왔다.

마리우스는 이런 모습으로 민중의 동정을 얻고 싶었다. 그의 모습은 타고난 품위와 어우러지며 지난날의 그 어느 때보다도 더 두려움을 자아냈고, 침울한 표정은 초라해 보이기는커녕 지난날의 투혼과 그의 뒤틀린 운명을 함께 보여 주면서 더욱 야수 같은 인상을 자아냈다.

42

마리우스는 킨나와 인사를 나눈 뒤 곧장 그의 부대를 인솔하여 작전을 전개함으로써 전세를 크게 바꾸었다. 먼저 마리우스는 적군의 식량 수송을 차단하고 상인들을 약탈하여 로마로 들어가는 보급품을 장악했다. 그런 다음 해안에 있는 도시들을 점령했으며, 마지막으로 오스티아를 점령했다. 이 도시는 조국을 배신하고 마리우스에게 항복했다. 마리우스는 이 도시의 재산을 약탈하고 주민 대부분을 죽인 뒤, 강을 가로지르고 있던 다리를 파괴하여 바다에서 들어오는 적군의 보급을 완전히 차단했다.

그리고 마리우스는 로마로 진격하여 야니쿨룸(Janiculum) 언덕을 장악했다. 이 과정에서 네포스는 전략의 부족 때문이 아니라 자신이 고집하는 명분 때문에 상처를 입었다. 그는 지나치리만큼 양심적으로 법을 준수하느라 승리할 기회를 잃는 어리석음을 저질렀다. 이를테면 모든 노예에게 해방을 약속함으로써 그들을 자기편으로 끌어들이라고 사람들이 권고했지만, 그는 이 조언을 거절하면서 이렇게 말했다.

"나는 법을 지키려고 마리우스를 국가의 구성원에서 몰아내고자 하는 사람이지, 노예들을 국가의 구성원으로 만들고 싶지는 않습니다."

더욱이 아프리카의 영웅 대(大)메텔루스의 아들 소(少)메텔루스(Caecilius Metellus)가 마리우스의 음모에 휘말려 망명 생활을 하다가 로마로 돌아오자 사람들은 그가 네포스보다 더 훌륭한 장군이라고 생각하였으며, 병사들은 네포스를 떠나 그를 찾아가 군대의 지휘권을 맡아 로마를 구원하라고 간청하면서 이렇게 말했다.

"시련을 겪어 본 유능한 장군이 우리를 맡아 준다면, 우리는 열심히 싸워 승리를 쟁취할 수 있습니다."

그러나 소메텔루스는 그들에게 화를 내며 어서 집정관에게 돌아가라고 명령했다. 이에 네포스의 병사들은 적군의 편으로 넘어갔다. 메텔루스도 로마의 안녕을 걱정하며 그곳을 떠났다. 그때 『시빌라의 예언서』의 해설자이자 제사장인 어느 칼데아(Chaldea)인이 네포스를 찾아와 사태가 곧 호전될 것이니 로마를 떠나지 말라고 권고했다.

어느 면에서 보면 네포스는 로마에서 가장 지각 있는 사람이었고, 법과 관습을 타협할 수 없는 명령으로 여기고 그에 따라 집정관의 직위를 가장 품위 있게 지켰으며, 온당하지 않은 외부의 압력에서 자유로운 사람이었다. 그러나 네포스는 정치인이나 군인보다는 예언자나 주술사와 자주 어울리던 사람이어서 미신을 잘 믿는다는 문제가 있었다.

마리우스가 로마로 들어오기에 앞서 그가 미리 보낸 요원들이 네포스를 회의장에서 끌어내 무자비하게 죽였다. 들리는 바에 따르면, 죽은 뒤에 보니 네포스의 가슴에는 칼데아의 문양이 들어 있었다고 한다. 그토록 탁월한 두 사령관 가운데 마리우스는 예언을 믿어 성공했고, 네포스는 예언을 믿어 멸망했다는 것은 참으로 불가사의한 일이다.

43

사태가 이렇게 되자 원로원은 킨나와 마리우스에게 사람을 보내, 빨리 시내로 들어와 시민의 생명을 지켜 달라고 간청했다. 이에 따라 킨나는 집정관의 자격으로 집무실 의자에 앉아 사절들을 친절히 맞이했다. 그러나 마리우스는 아무 말 없이 킨나의 옆에 서 있는데, 행동이 둔탁하고 표정이 어두운 것으로 보아 곧 도시를 피로 물들일 것만 같았다.

회의가 끝나자 그들은 로마 시내로 들어갔다. 킨나는 경호원들을 데리고 시내로 들어갔지만, 마리우스는 성문 앞에서 발걸음을 멈추더니 분노에 찬 목소리로 경호원들을 해산한 다음 이렇게 말했다.

"나는 법에 따라 추방되어 다른 나라로 쫓겨난 사람이다. 따라서 내가 이곳에 돌아오는 것이 바람직한 일이라면 먼저 나를 추방한 법을 취소하는 결의를 해야 한다. 왜냐하면 나는 법을 준수하는 사람으로서 이제 자유 도시에 돌아오려 하기 때문이다."

그리하여 민중은 토론의 광장에 모였다. 서너 부족이 마리우스의 귀국을 결의하는 투표에 참가했다. 그제야 마리우스는 모든 가면을 벗었다. 그는 앞서 자신이 주장했던 바에 대해서는 아무 말도 없이 도시로 들어갔다. 그때 그는 노예 가운데에서 뽑은 호위병들을 거느리고 있었다. 마리우스는 이들을 바르디아이이(Bardyaei)[13]라고 불렀다.

노예 경비대는 마리우스의 말 한마디에 많은 시민을 죽였는데, 어떤 경우에는 마리우스가 고개만 끄덕여도 죽이라는 신호로 받아들였다. 더욱이 원로원 의원으로서 최고의 행정관이었던 안카리우스(Ancharius)는 마리우스를 보고도 인사하지 않았다는 이유로 마리우스가 보는 앞에서 살해되었다. 이런 일이 있은 뒤로 누군가가 마리우스에게 인사를 할 때 그가 답례로 인사를 받지 않으면 그것이 그 자리에서 그 사람을 죽이라는 신호가 되었다.

그리하여 마리우스의 막료들조차 마리우스가 가까이 오면 불안과 공포에 떨었다. 킨나는 죽일 만큼 죽인 뒤에 이제는 죽이는 일도 지겨워 살인을 멈췄지만, 마리우스는 날이 갈수록 분노가 더 끓어올라 피에 굶주린 사람처럼 조그마한 의심이라도 가면 죽여 버렸다. 모든 거리와 도시에는 도망하여 숨으려는 사람들을 찾아 죽이려는 인간 사냥꾼으로 가득 찼다. 옛날에 맺은 호의적 인연이나 우정도 죽음에서 지켜 주지 못했다. 목숨을 부지하려고 찾아오는 사람을 배신하여 살인자에

---

13 랭혼(John Langhorne) 판(版)의 주석에 따르면, 바르디아이이는 그 무렵 스페인에 살고 있던 이방 민족의 이름이었는데, 정확히는 바르디에체(Bardyetse)였다고 한다.

게 넘겨주지 않는 사람이 없었다.

　이런 점에서 볼 때 코르누투스(Cornutus)의 노예들이 보여준 처사는 참으로 칭송받을 만큼 훌륭했다. 살인자들이 몰려오는 것을 본 코르누투스의 노예들은 주인을 집 안에 숨긴 다음 길거리에 있던 시체들 가운데 하나를 끌고 와 주인으로 가장하여 목을 매달고 손가락에는 주인의 반지까지 끼웠다. 마리우스의 호위병들이 오자 노예들은 그 시체를 치장하여 장례를 치렀다. 누구도 그 음모를 눈치채지 못했고, 노예들은 남의 눈에 띄지 않게 주인을 갈리아로 피신시켰다.

　44

웅변가이자 [삼두 정치로 유명한 안토니우스의 할아버지인] 마르쿠스 안토니우스(Marcus Antonius)도 믿을 만한 친구를 찾아가 도움을 청했으나 목숨을 건지지는 못했다. 안토니우스의 친구는 가난한 평민이었는데, 자기 집에 로마의 지도자를 들이며 한껏 잘 대접하고 싶어 하인을 불러 옆집에 가서 술을 받아 오도록 했다. 술집에 간 하인은 평소와 달리 좀 더 조심스럽게 맛을 보더니 가장 좋은 것으로 주문했다. 그러자 주인이 물었다.

　"왜 전처럼 흔히 마시던 것을 골라 가지 않고 더 비싼 것을 사려는가?"

　하인은 별생각 없이 단순한 마음으로 오래 알고 지내던 주인에게 숨김없이 말했다.

　"오늘 주인어른께서 집에 숨겨 둔 마르쿠스 안토니우스 어른을 대접하려고 그럽니다."

　하인이 술을 사 들고 집으로 돌아가자 불경하고 마음이 고약스러운 술집 주인은 서둘러 마리우스를 찾아갔다. 들리는 바에 따르면, 저녁 식사를 하고 있던 마리우스는 안토니우스를 자기에게 넘겨주겠다는 술집 주인의 말을 듣고 너무 기뻐 소리를 지르며 박수를 쳤다고 한다. 그가 자리에서 뛰쳐 일어나 안토니우스를 잡으러 가려 하니 막료들이 말렸다. 이에 마리우스는 안니우스(Annius)에게 병력을 딸려 보내며 빨리 안토니우스의 머리를 베어 오라고 지시했다.

이에 따라 안니우스 일행이 그 집에 이르자 일부는 대문 밖에서 기다리고, 나머지 군인들이 계단을 기어 올라가 방으로 들어갔다. 그러나 그들은 안토니우스를 보자 서로 그의 목을 베라며 미루었다. 그때 안토니우스가 자객들을 향해 연설을 시작하면서 목숨을 살려 달라고 말하는데 그 내용이 너무도 우아하고 감동적이어서 자객들은 감히 손을 쓰지 못하고 고개를 숙인 채 눈물을 흘렸다.

뭔가 잘못되고 있다는 사실을 알아차린 안니우스가 층계를 올라와 보니 안토니우스는 자객들을 설득하고 있었다. 그리고 자객들은 무안하기도 하고 그의 말에 너무 감동하여 그냥 서 있었다. 안니우스는 병사들에게 욕설을 퍼부으면서 안토니우스에게 달려가 손수 목을 베었다.

마리우스의 동료 집정관이면서 그와 함께 킴브리족을 무찌르고 함께 개선식을 치른 카툴루스 루타티우스의 막료들이 마리우스를 찾아와 루타티우스의 목숨을 살려 달라고 애원했다. 그러나 마리우스는 다만 한마디 말을 내뱉었을 뿐이다.

"그는 죽어야 해."

그 말을 들은 루타티우스는 방으로 들어가 숯을 피우고 그 연기에 질식하여 자살했다. 거리마다 발밑에 목 없는 시체가 나뒹굴었지만, 사람들은 그 모습을 바라보고 무서워 떨면서도 동정하지는 않았다. 그러나 주민들은 이름값을 하는 바르디아이이의 난행(亂行)에 더욱 겁을 먹었다.

그들은 가족이 보는 앞에서 아버지를 죽이고, 자녀들을 구타하고, 아내를 겁탈했다. 바르디아이이의 약탈과 살인은 킨나와 세르토리우스(Sertorius)가 함께 집정관에 당선되고 나서야 멈추었다. 그들은 바르디아이이가 병영에서 잠든 틈을 이용해 창으로 모두 찔러 죽였다.

45

그러는 동안에 바람의 방향이 바뀌듯, 술라가 미트리다테스와 벌인 전쟁에 이겨 영토를 되찾은 다음 많은 병력을 이끌고 로마로 돌아온다는 소식이 사방에서 들려왔다. 이제 술라의 창이 자기들을 겨누리라는 생각에 마리우스의 무리는 그동안의 이루 말할 수 없는 악행을 잠시 멈췄다. 다급한 김에 마리우스는 일곱 번째 집정관에 당선되어 [기원전 86년] 정월 초하루에 취임했다.

마리우스는 곧 섹스투스 루키누스(Sextus Lucinus)라는 사람을 신전의 언덕 남쪽에 있는 타르페이아(Tarpeia) 언덕에서 떼밀어 죽였다. 이 사건은 마리우스의 무리와 그들의 악행으로 말미암은 로마의 운명을 가장 잘 보여 주는 것이었다.

그러나 몸은 지치고 쏟아지는 듯한 걱정에 마음마저 쇠약해진 마리우스는 이제 새롭게 전쟁을 해야 하고, 다시 권력 투쟁을 해야 하고, 끔찍한 공포를 다시 경험해야 했다. 그는 그 모든 일들을 버텨 낼 기운이 없었다.

게다가 이제 마리우스가 대적할 상대는 난잡한 졸병이나 선동적인 폭도들을 이끄는 옥타비우스 네포스나 코르넬리우스 메룰라 정도가 아니라 자기를 외국으로 추방하고 미트리다테스를 흑해까지 몰아낸 술라였다.

마리우스는 오랜 시간 떠돌며 도주하고 위험을 겪던 일이며 바다와 육지로 쫓겨 다니던 일을 떠올리며 깊은 절망에 빠졌다. 밤이면 두려움과 악몽에 시달리던 그는 옛날의 어느 이름 모를 시인의 시 한 구절을 읽는 것만 같았다.

사자의 소굴은
그가 떠난 뒤에도 두렵도다.

무엇보다도 마리우스를 괴롭힌 것은 불면(不眠)이었다. 그리하여 마리우스는 두려움에서 벗어나고자 아무때나 술을 마셨다. 나이에 어울리지 않는 일이었다.

드디어 바다에서 새로운 소식이 들려와 마리우스는 더욱더 공포에 휩싸였다. 이는 앞날이 두려웠기 때문인지 아니면 현재까지의 고통에 신물이 났기 때문인지는 알 수 없다. 철학자 포세이도니오스의 말에 따르면, 그런 상황에서 마리우스는 대단치도 않은 일로 흉막염에 걸렸다고 한다.

포세이도니오스는 마리우스가 병든 뒤에 술라에게 보낼 사절 문제와 관련하여 그를 개인적으로 찾아가 이야기를 나눈 적이 있었다. 역사학자 카이우스 피소(Caius Piso)의 말에 따르면, 그때 마리우스는 저녁을 먹고 막료들과 함께 거닐면서, 자신의 어린 시절부터 시작하여 어떤 때는 행복하고 어떤 때는 불행하기도 했던 운명의 뒤바뀜을 이야기하다가 갑자기 이런 말을 했다고 한다.

"이성을 가진 사람이라면 이제 더 이상 행운에 기대서는 안 된다."

이렇게 탄식하며 마리우스는 막료들에게 작별 인사를 했다. 그런 다음 그는 이레 동안 병석에 누워 있다 죽었다.

또 다른 사람들의 말에 따르면 그는 아픈 동안에도 이상한 몽상에 빠져 야망 찬 본심을 드러냈다고 한다. 곧 그는 자신이 미트리다테스와 벌였던 전쟁에서 사령관이 되어 실제로 전투를 치르는 장면을 생각하고 있었다고 한다. 그는 전투하는 몸짓을 하면서 여러 차례 고함을 치거나 전투 개시 명령을 내렸다.

마리우스가 술라를 제치고 미트리다테스와 전쟁을 치르고 싶어 하던 당시의 마음, 즉 시샘과 권력에 대한 욕망은 그토록 강렬하게 그의 몸에 배어 있었던 것이다. 일흔 살을 살았고, 처음으로 일곱 번이나 집정관에 당선되었고, 집과 재산은 몇대의 왕이 가질 만큼 많았지만, 그는 운명을 탄식하며 자신의 욕망을 만족시키지 못하고 죽었다.

46

플라톤(Platon)은 세상을 떠나면서 이런 말을 남겼다.

나는 나의 수호신과 운명의 여신에게 세 가지를
감사하게 생각한다.
첫째로, 내가 분별없는 짐승이 아닌 인간으로 태어난 것,
둘째로, 내가 이방인이 아닌 그리스인으로 태어난 것,
셋째로, 내가 소크라테스와 같은 시대에 태어난 것.[14]

그런가 하면 타르소스(Tarsos)의 스토아 철학자인 안티파트로스(Antipatros)는 죽음이 가까워 오자 자신의 일생에 겪었던 축복들을 회상했고, 특히 그 가운데 자기 고향에서 아테네에 이르기까지의 풍요로웠던 여정을 꼽았다. 그는 자비로운 운명의 여신이 자기에게 베풀어 준 모든 선물을 자신의 기억 속에 끝까지 간직했다. 그가 생각하기에, 기억은 인간이 겪은 축복의 가장 안전한 저장고였다.

그와 달리 기억이 짧고 생각이 없는 사람들은 시간이 흐르면서 자기에게 일어났던 일들을 모두 잊는다. 따라서 그들은 마음속에 담아 둔 것이 없다. 그들은 자기가 겪은 축복은 모두 잊어버린 채 오로지 바라는 것만 알고, 현재를 소홀히 여기며 앞날만 바라본다. 그러나 운명의 여신은 미래를 훼방할 수는 있지만, 현재는 건드리지 않는다.

그럼에도 사람들은 운명의 여신이 준 지금의 축복을 외면

---

14   일반적으로 알려진 바에 따르면, 플라톤은 여기에 자신이 "여자가 아닌
      남자로 태어난 것을 감사하게 생각했다"고 한다.

한 채 미래와 불확실한 것을 꿈꾼다. 그들은 이성과 교육으로
써 오늘의 축복들을 받아들일 수 있는 기초를 다지지 않고, 자
기 생애의 겉모습에 나타나는 축복만을 쌓아 두려고 하기 때
문에 영혼의 만족감을 얻지 못한다.

마리우스는 일곱 번째로 집정관에 취임한 뒤 열이레 만에
그렇게 죽었다. 이제 로마는 무자비한 독재자를 몰아냈다는
사실로 커다란 기쁨과 희망에 가득 차 있었다. 그러나 며칠 지
나지 않아 그들은 늙은 독재자 대신에 새로운 폭군을 맞이하
게 되었다는 사실을 알았다. 왜냐하면 마리우스의 아들이 가
장 고결하고 명망 높은 시민을 죽임으로써 아버지에 못지않게
잔혹하고 포악하다는 사실이 드러났기 때문이었다.

소(少)마리우스는 적군과 벌인 싸움에서 용맹하고 위험을
즐겨 군신(軍神, Mars)의 아들이라는 칭호를 들었으나, 그의 처
신은 그가 군신이 아니라 베누스(Venus)의 아들[15]이었고, 또 그
렇게 불렸음을 보여 주었다. 그는 끝내 술라에게 몰려 프라이
네스테(Praeneste)로 쫓겨 들어갔다. 그곳에서 그는 살려고 발
버둥쳐 보았으나 도시가 함락되고 도망할 수도 없게 되자 스
스로 목숨을 끊었다.

---

15 베누스 여신의 아들 아이네아스(Aeneas)는 트로이 전쟁의 영웅이었으
     나 전쟁에서 패배한 뒤 부모를 모시고 델로스섬을 거쳐 유랑하다가 이탈
     리아에 정착하여 라틴족과 트로이인들을 모아 왕국을 이루고 그곳의 왕
     이 되었다.

마리우스처럼
죄를 많이 지은 사람에게는
늙어서 드러누운 자리가
곧 처형대이다.
— 뒤 아이양

나는
칼을 가장 잘 쓰는 아들에게
왕위를 물려줄 것이다.
— 피로스

죄를 지은 무리에게
하늘은 그 아들을 통하여 복수한다.
— 뒤 아이양

1

피로스와 마리우스의 전기를 전체적으로 마무리하려면 그 둘
을 함께 비교할 필요가 있다. 그들 각자의 운명에 관해 말하는
것은 적절하지 않아 보인다. 그들의 삶은 초반도, 중간도, 마지
막에도 서로 어떤 관련이 없다. 그런데 모든 것을 잘 생각해 보

1   플루타르코스의 원본에는 「피로스와 마리우스의 비교」가 없다. 이 글
     은 아미요(Jacques Amyot) 주교가 살았던 시기에 뒤 아이양(Bernard de
     Girard du Haillan) 경이 보완한 것이다. 뒤 아이양 경은 아미요의 『플루
     타르코스 영웅전』에 주석을 달아 최종본을 완성한 사람이다.(프랑스어
     판의 원주)

면 우리는 이 두 인물 사이에 큰 차이가 있다는 사실과 함께 많은 점에서 닮은 것을 발견할 수 있다.

2

피로스와 마리우스 두 인물을 함께 견주어 보면, 그들은 모두 희망을 품고 앞으로 나아가 높은 지위를 누렸으며, 아주 오랫동안 그들의 자리에 불어오는 역풍을 맞으면서도 자신들의 위상을 유지했다는 공통점이 있다. 그들은 숱한 역경을 겪으며 괴로워하면서도 깊이 숨을 골랐고, 역경을 겪은 뒤에도 원래 상태로 돌아갔으며, 정적들을 거칠게 제압하는 여유도 지니고 있었다.

또한 두 사람은 일을 처리하는 방식에서 정신의 위대한 활력을 보여 주었다. 그들은 끝없이 몰려오는 고난에 대비하면서, 눈앞에 전개되는 일을 한순간에 명확히 이해하고 새로운 전투에 필요한 원기를 되찾을 줄 알았다.

또한 피로스와 마리우스가 살았던 시대의 흐름은 그들에게 유리한 방향으로 흘러갔다. 이 두 사람은 모두 용감하고, 근면하고, 인내심이 강하고, 뛰어난 지도자였다. 한니발이 피로스의 그런 사실을 인정했으며, 소(少)스키피오도 마리우스를 그렇게 판단했다.(제40장「마리우스전」, §3) 둘은 모두 엄청난 결과를 가져온 전투에서 승리를 거두었다. 그들은 용맹스러운 장수로서 언제나 새로운 계획을 시도하고 실행할 준비가 되어 있었다.

3

만약 두 사람의 단점을 견주어 보아야 한다면, 피로스는 오만했고 마리우스는 마지막 순간까지 야심에 차 있었다고 말할 수 있다. 두 인물은 언제나 새로운 희망에 부풀었고, 사태의 핵심을 파악하여 한 가지 일을 마무리하면 곧바로 다른 일을 시

피로스와 마리우스의 비교

도하는 사람들로서, 결코 만족할 줄 몰랐다. 위대해질수록 그들은 더욱 위대해지고 싶어 했다. 피로스는 무모했고, 마리우스는 잔인했으며, 두 인물 모두 위대한 모험가였으나 파괴와 불행을 자초하여 나락으로 떨어졌다.

4

그러나 달리 보면, 마리우스는 자신의 행운을 스스로 개척한 인물이라고 볼 수 있다. 빛나는 용기와 상관에 대한 충실한 복종을 통하여 그는 가문의 영예를 얻었다. 그는 의미 있는 공적을 세움으로써 그에 걸맞은 귀족이 되었고, 세상에서 가장 높은 영예를 누리는 집정관에 일곱 번이나 올랐다.

그와 달리 피로스는 헤라클레스의 고귀한 후예로 태어났다. 그는 결혼을 통해 자신의 왕국인 에페이로스를 얻었으면서도 이에 만족하지 못했다. 그는 자신의 지지자를 살해하고 살아남았으며, 이런저런 사람들과 싸우고, 조금도 만족을 모른 채 세상의 권위를 추구하면서 끊임없이 전투를 치렀다.

피로스는 사람들 사이에서 문제가 생겼을 때 결코 진실을 말할 줄 몰랐고, 나로서는 짐작도 못 할 만큼 권세에 대한 갈망을 헛된 희망으로 품고 거기에 집착했다. 그로 말미암아 그는 현명한 조언자인 키네아스의 적절한 의견을 따르지 않고, 오직 그림 속에서나 존재할 법한 우스꽝스러운 지도자를 꿈꾸며 헛된 노력을 기울이고 살았다. 그런가 하면 마리우스는 진정으로 적극적인 인생을 살았으며, 잠시도 쉬지 않고 골머리를 썩여야 했던 피로스와 달리, 근심하지 않고 분별 있게 정치에 뛰어들었다.

5

그러나 과업을 마무리 짓는 순간에 마리우스는 인간의 삶이 얼마나 변화무쌍한 것인지를 체험했다. 그는 그야말로 적절한 순간에 막료들에게 작별 인사를 하고, 세상에서 물러나 병석에 누운 뒤 곧 죽었다. 그런데 피로스는 결코 자기 일에 지칠 줄 모르며 아르고스의 전투에 뛰어들었다. 우리는 그가 싸움에 뛰어들지 않았기를 바랐지만, 피로스는 아르고스의 전투에서 명예, 목숨, 자신의 왕국 등 모든 것을 한순간에 잃었다. 만약 안티고노스의 자비가 없었다면 그의 가계(家系)는 그의 시대에 사라졌을 것이다.

피로스는 대단히 위대한 지위에 올랐지만, 줄곧 자신의 힘을 약화하는 일을 함으로써 스스로 사그라졌다. 그와 달리 마리우스는 스스로 일을 해서 먹고살아야 하는 부모 밑에서 태어난, 보잘것없는 집안 출신이었으나, 점점 더 놀라운 속도로 신분이 높아져 공화국에서 가장 위대한 지위에 이르렀다. 이미 말했듯이 그는 일곱 번이나 집정관의 자리에 올랐다. 그와 같은 영예는 그토록 오래 존속한 위대한 로마의 역사에서 어느 누구에게도 주어지지 않는 일이었다.

6

우리는 마리우스가 자기 조카인 카이우스 루시우스를 살해한 트레보니우스를 다루면서 보여 준 훌륭한 행동을 잊지 말아야 한다. 사람들은 마리우스가 자신의 조카를 살해한 사람에게 격분한 감정을 보이며 그를 극형으로 다스릴 것이라고 예상했다.

그런데 마리우스는 잘못을 저지른 조카의 살해자가 보여 준 행동을 오히려 미덕으로 인정하고, 그의 머리에 승리의 화관을 씌워 주었다. 이러한 행동은 진실로 마리우스의 많은 허물을 덮어 준다. 만약 마리우스의 정적들도 마리우스를 징벌하기 전후에 그를 경멸하거나 분노하지 않았더라면, 그와 그의 가족이 겪어야 했던 참혹한 비극은 없었을 것이다.

그런데 우리는 피로스를 통해서는 특별히 정의로운 행동이나 그에 가깝다고 할 만한 미덕을 발견하지 못한다. 그는 천

피로스와 마리우스의 비교

성이 너무 거만하고, 평온한 상태에 머무르지 못한 채 호전적인 특성을 보인다. 그가 자신의 왕국을 아들들 가운데 가장 칼을 잘 다루는 아이에게 물려줄 것이라고 직접 말한 것이 그 증거이다.

피로스는 죽을 때까지 줄기차게 내면에서 꿈틀거리며 그를 쉬지 못하게 했던, 헛된 영광을 향한 뜨거운 열망 속에서 흔들렸다. 그와 달리 마리우스는 적어도 세상을 떠나기에 앞서 이레 동안 안식처를 찾았는데, 이는 그의 생애에서 마지막으로 누린 휴식이자 고귀한 승리였다. 이것이 내가 마리우스를 위해 해줄 수 있는 덕담이다.

7

피로스에 대해서는 그가 대단히 유명한 가문 출신이라는 사실을 강조할 수 있다. 그는 용맹스러움 덕분에 같은 시대의 사람들에게 위대한 가문의 후계자로 적합하다는 사실을 보여 주고 또한 인정받았다. 피로스의 용기는 마리우스를 훨씬 뛰어넘었다. 그러나 '용기'는 그가 지닌 전사의 기질 가운데 가장 작은 부분에 지나지 않는다고 나는 생각한다. 우리는 군사 기술에 박식했던 피로스의 행운과 능란함을 생각해야 한다.

마리우스는 그 시대의 어떤 귀족이나 지도자도 지니지 못한 군사적 술책을 보여 줬다. 그는 온갖 부류의 적군을 공격하고 제압하는 데 능숙했고, 숱한 만남과 전투와 정복을 통해 적군을 이기고 굴복시켰다. 킴브리족을 비롯한 다른 민족이 로마를 공격했을 때, 마리우스가 세운 모든 공적에서 우리는 그가 바로 전쟁의 명실상부한 지휘자라는 사실을 알게 된다.

8

그러나 설령 그렇게 보인다 하더라도, 우리는 이 두 사람이 어떤 점에서 가장 대담한 인물이었는지를 지나치게 강조하지 말아야 한다. 용맹은 병사를 다루는 인물들에게는 가장 특별한 기술로 떼어 두어야 한다. 나는 피로스가 마리우스보다 악덕은 더 적고, 미덕은 더 컸다는 사실을 말하고자 한다. 더욱이 피로스의 악덕은 마리우스의 악덕과 견주어 볼 때, 미덕으로 볼 여지가 있다고도 말할 수 있다.

예를 들어 피로스의 야심은 열정적이고 고집스럽고 사납다고 말할 수 있지만, 여섯 번째와 일곱 번째 집정관이 되려고 너무나 기이한 방식으로 온 세상 사람들을 뒤흔든 마리우스의 비극에 견주어 보면 대수롭지 않은 것이 아니었던가?

피로스도 사실은 커다란 잘못을 저질렀다. 그는 마케도니아, 이탈리아, 시킬리아, 그리스 등을 혼란에 빠뜨렸고, 거기에서 일으킨 온갖 전쟁들로 말미암아 무수히 많은 사람이 피를 흘렸다. 그러나 그가 기도했던 대부분의 일에서 우리는 어떤 필연성과 공정성을 볼 수 있다.

그와 달리 마리우스는 자신의 조국을 향해 군대를 일으켰는데, 이는 결코 해서는 안 될 일이었다. 여섯 번째 집정관이 되고자 하는 과정에서 그랬던 것처럼, 그의 욕망은 로마를 혼란에 빠뜨리면서 많은 악행을 저질렀다. 그는 반란을 일으킨 살인자 술피키우스를 믿고 내버려 두었는데, 이 일로 말미암아 그는 술피키우스를 세상에서 가장 비열한 인물로 만들었다.

9

그러나 마리우스의 악행에 대한 우리의 증오는 그가 아프리카에서 돌아와 로마를 피로 물들였을 때 더욱 커진다. 그는 킨나처럼 자신의 분노를 쏟아 내면서 마음을 진정시키지 못하고 복수심을 불태웠는데, 그것은 평민보다는 귀족을 향한 분노였다. 우리는 정녕 공포와 눈물 없이 이 비통한 역사를 읽을 수 있으며, 그토록 잔인한 마리우스의 야심을 저주하지 않을 수 있을까?

피로스와 마리우스의 비교

더욱이 하층민 출신의 추종자였던 바르디아이이가 주군인 마리우스를 따르면서 저지른 끔찍한 만행을 생각해 보면, 그런 악행을 주도한 무리를 죽여야 한다고 끝까지 요구해야 마땅하지 않겠는가? 그와 달리 피로스의 곁에는 그가 너무 많은 전쟁과 정복을 하지 않기를 바라면서 그의 생각을 잘 파악하고 적절한 조언을 했던 키네아스가 있었다. 그는 피로스에게 이렇게 간청했다.

"인간의 나약함을 불쌍히 여기십시오, 가여운 주군이시여!"

그러니 이런 현명한 조언자를 믿을 수 있었던 피로스는 얼마나 행복한가?

10

여러분이 피로스의 행적을 얼핏 판단해 보더라도, 그가 정직하게 행동하고, 정적의 미덕을 찬양하고, 성실하게 전쟁을 수행하는 관대한 마음을 지녔음을 볼 수 있을 것이다. 그러므로 결국 피로스의 야심은 혐오스럽다기보다는 차라리 어리석은 것이라고 할 수 있다. 이미 알고 있는 것처럼, 이따금 야심이 지나치면 그는 자신의 결점을 전혀 반성하지 않았다.

피로스가 로마인들과 평화 협정을 맺고자 간청하면서도 은밀하게 했던 모든 행동이 그런 사실을 보여 준다. 피로스는 다른 나라들을 혼란스럽게 만들고 자기 나라를 평화롭게 지켰다. 그와 달리 마리우스는 자신의 생명, 명예, 권세, 심지어 그 자신의 존재 자체를 빚지고 있는 사람들조차 돌아보지 않았다. 그는 오히려 그들을 제외한 모든 사람이 안식을 얻을 수 있도록 하겠다는 생각을 지녔던 것처럼 보인다.

11

우리는 피로스에게서 어떤 탐욕의 흔적을 볼 수 없다. 그러나 마리우스의 탐욕은 극치에 이르렀다. 만약 그가 폰토스 왕국의 전리품과 그 나라 왕의 엄청난 재물로 자신의 집을 가득 채울 의도를 품지 않았었다면, 로마를 혼란과 불행에 빠뜨리면서까지 페르시아의 미트리다테스왕과 싸울 사령관의 지휘권을 얻으려 하지 않았을 것이다.

마리우스의 욕망에는 원한과 잔인성이 거의 같은 정도로 담겨 있었다고 말할 수 있다. 피로스는 결코 적군에 대해 지나치게 무례하지 않았으며, 전쟁이 아니라면 피를 부르는 행동을 하지 않았다. 전쟁터에서 그는 참으로 초인적인 능력을 입증해 보였으며, 언제나 위험과 정당한 고통을 감수하면서 행동했다.

그와 달리 마리우스는 언제나, 그보다 더한 악행이 없다고 할 정도로, 너무나 비인간적이고 사나운 일들을 저지르면서 충동적인 심정을 드러냈다. 피로스의 열망은 고귀했으나, 마리우스의 열망은 모든 점에서 비열하고 부적합했다. 피로스는 막료나 지지자들의 은혜를 좀처럼 저버리지 않았다. 그가 타렌툼과 시킬리아를 떠나거나 그곳을 몰아붙일 때도 사람들은 그를 찾았고 그를 명예로운 인물로 여겼다.

이것은 피로스의 잘못이 아니고, 그런 정책을 선택한 사람들의 잘못이라고 할 수 있다. 그리고 피로스는 그들 나라에서 봉사한 공로로 대부분의 허물을 덮었다. 그가 타렌툼으로 돌아와 합류했을 때, 그는 힘닿는 대로 그들을 도우려고 노력했다. 그러나 로마인들의 운세에 밀려 그는 결국 물러나야 했고, 자신의 왕국으로 돌아가는 것 이상의 다른 일을 할 수가 없었다.

12

악덕은 마리우스에게서 더욱 두드러졌다. 그는 메텔루스 덕분에 로마의 정치 무대에 진출했고, 메텔루스는 나중에 그를 보좌관으로 삼아 아프리카에 데려갔다. 그러나 마리우스는 심술 궂게 메텔루스를 조롱하고, 전쟁의 영예를 그에게 돌리지 않았다. 마리우스는 자기 주군의 막료인 투르필리우스에게 극형을 내림으로써 메텔루스의 분노가 목까지 차오르게 했다고 자부했다.

거기에 더해 마리우스는 이상하게 심술궂은 방식으로 메텔루스를 추방했다. 그리고 그는 과거의 일을 조사한다는 구실로 동료 집정관이자 함께 킴브리 군대에 승리를 거둔 카툴루스 루타티우스를 부당하게 살해했다.

그와 견주어 보면 피로스는 온화하고, 쉽게 용서하며, 자신의 백성들에게 너그럽고, 친구들에게 자비로웠으며, 적군에게도 신중한 성품을 보여 준 인물이었다.

13

마리우스는 외모에서도 가혹하고 엄격한 성품이 드러났고, 행실에서도 마찬가지였다. 그런 특성은 그가 유배 기간에 숱한 위험을 겪은 뒤에도 바뀌지 않았으며, 일흔 살을 넘겨서도 그의 시선은 유달리 소름 끼치도록 끔찍했다. 많은 사람이 알고 있듯이, 마리우스는 결코 용서할 줄 몰랐고, 술라에 대해서는 너무 강한 적대감을 품고 있었다.

마리우스는 자신의 적대자들에게 어떤 청원이나 자비도 허용하지 않았는데, 그런 사실은 다른 많은 사례를 언급할 필요도 없이, 카툴루스 루타티우스의 죽음에서 보여 준 태도로 충분히 드러난다.

마리우스가 로마인들을 사랑했다거나 자신의 막료들에게 자비로웠다거나 하는 사실과는 별개로, 우리는 그가 올바르게 사고했다고는 결코 생각하지 않는다. 오히려 그가 로마에서 저지른 살육에서 볼 수 있듯이 그는 엄청난 분노를 가슴에 담고 산 인물이었다. 막료들조차 그에게 인사하러 다가설 때면 늘 공포에 사로잡혔다.

　인생이 가장 절정에 이르렀을 때조차 마리우스는 자신이 사람들에게 저지른 다양한 책략으로 말미암아 민중과 귀족의 미움을 받았다. 그는 자신에게 봉사했던 사람들의 목숨과 명예를 지켜 주지 않는 일이 잦았다. 더욱이 마리우스는 두 얼굴을 가진 사람처럼 비열하고 거침없는 성품의 소유자이면서도 신속하게 일을 처리하는 법이 없었다.

　그런 점에 비춰 보면, 피로스는 자신의 명예만을 추구한 것처럼 보이면서도 솔직한 방식을 따랐고, 그 자신보다는 오히려 타인을 생각한 측면이 있었다. 비록 마리우스가 자신의 특출한 몇 가지 행동으로 말미암아 그 시대에 명성을 떨치긴 했지만, 우리는 그런 행동들이 미덕에 대한 사랑에서가 아니라, 자신의 명성을 높이고 더욱 출세하려는 욕망으로 인한 것이었다고 반박할 수 있다.

14

두 인물을 가까이에서 면밀히 살펴보노라면 우리는 마리우스의 정신이 이상한 방식으로 동요하고 있었다는 사실을 알게 될 것이다. 마리우스는 번번이 수많은 사람을 죽음에 빠뜨리면서 자신의 마지막 집정관 지위를 유지하려고 했다. 야심이 끊임없이 그를 뒤흔들었으며, 빈사 상태에 빠져 지쳐 있을 때조차 페르시아의 미트리다테스와 전쟁을 벌이려 했다.

　마리우스는 그토록 비천한 자신에게 온갖 직위가 부여되었다는 사실을 기억하지 못하고, 여러 왕국을 합쳐야 할 정도로 엄청난 재산을 모으고 천수를 누렸음에도 전혀 만족할 줄 몰랐다. 그는 자신이 욕망했던 일을 완성하지도 못한 채 마치 제명에 죽지 못하는 사람처럼 자신의 운명을 탓하며 회한 속에 죽었다.

15

나는 죽음 자체보다 더 비참하고 끔찍한 두려움들에 대해 조금
도 언급하지 않겠다. 마리우스는 여러 차례 바닷길로 이리저리
달아나야 했다. 극도로 탐욕스럽고 야심만만하고 잔인한 사람
이 세상 사람들 모두에게 쫓겨나, 선원과 어부들과 그가 만난
모든 사람에게 자비와 도움을 바라는 모습을 생각해 보라.

마리우스는 가난한 노인의 발아래 무릎을 꿇고 엎드려 그
의 도움을 얻어 갈대 더미 아래 몸을 숨겼고, 그를 죽이러 온
사람들을 피하려고 흙탕 속에 벌거벗고 숨었다가 치욕스럽게
끌려가 투옥되고, 정적의 손아귀에서 치명타를 입는 처지가
되었다.

마리우스가 그 무렵에 했을 말들과 술라의 귀환 소식을
들었을 때 그가 느꼈을 상심(傷心)을 짐작해 보라. 그토록 많은
피로 더럽혀지고, 미래에 대해 그토록 끔찍한 생각에 사로잡
힌 사람이 겪었을 불행을 우리는 이해할 수 있다. 그런 사람이
곤경에 빠진 것을 보면서, 우리는 그가 말년에 병을 얻어 누워
있던 침대가 사실상 처형대였다는 사실을 이해한다.

마리우스는 침대에 누워 이레 동안 불행한 죽음의 엄습을
기다렸다. 마리우스는 광기 어린 절망에 빠진 범죄자처럼, 가
혹한 고통을 강렬하게 느끼고 싶지 않아 스스로 은둔을 선택
하고, 자신의 머리 위로 칼이 내려치는 것을 보지 않으려고 술
의 힘을 빌려 잠들고자 했다.

16

이와 대조적으로 피로스는 커다란 근심 없이, 결코 희망을 잃
지 않은 채, 죽는 순간까지 싸웠다. 그는 정적들이 자기를 향해
칼을 겨누었을 때도 단 한 번의 시선으로 상대의 기세를 꺾었
다. 감히 말하자면, 죽음의 신조차도 그를 두려워했다. 그는 활
력을 잃거나 당황하는 기색을 전혀 드러내지 않고 죽음에 맞

서 용감하게 투쟁했다.

사실 이 두 인물은 비극적인 인생의 다양한 특성들 속에서도 상당한 일치를 보여 준다. 그러나 피로스가 삶이나 죽음에서 마리우스보다 덜 사악하고, 더 덕성스러웠고, 덜 불행했다고 나는 생각한다.

마리우스는 온갖 부류의 정적들을 맞아 엄청난 행운을 누렸고, 피로스보다는 고난을 겪은 시기가 짧았다. 또한 삶의 마지막 순간을 고려한다면, 마리우스의 죽음은 피로스의 죽음보다 덜 참혹하고 더 편안했다.

그와 달리 피로스가 자신의 왕국에 상속자를 남긴 것에 견주어 보면, 아버지 마리우스보다 나을 게 없던 아들 마리우스는 불행하게 죽었다. 그런 점에서 보면 신은 두 사람 모두에게 아들의 아픔을 통하여 그들이 받아 마땅한 복수를 한 것으로 보인다.

아기스[1]
AGIS IV

기원전 265~241

I   본디 원문에는 아기스와 클레오메네스가 한 편으로 묶여 있으나 여기에
서는 편의상 두 편으로 나누었다. 다른 판본도 그렇게 나누었다.

민중에게 마구잡이로 끌려가는 정치인은
자신의 지위를 되찾을 수도 없고
파멸로 가는 길을 막을 수도 없다.
— 플루타르코스

아게실라오스는
달력에 한 달[月]을 더 집어넣어
1년을 13개월로 만듦으로써
한 달 치의 세금을 더 거두었다.
— 플루타르코스

죽였어야 할 사람을 죽이지 않으면
그대가 죽게 된다.
— 플루타르코스

1

그리스의 신화에 익시온(Ixion)이라는 신이 등장한다. 그는 제우스의 아내 헤라를 겁탈하려다 잘못하여 구름을 껴안은 뒤 얼굴은 인간이며 몸은 말[馬]의 모습인 켄타우로스(Centauros)를 낳았다. 따라서 몇몇 작가들이 명예를 얻고자 하는 사람의 상징으로 익시온을 언급하는 것은 이상할 것도 없고 분별없는 짓도 아니다. 그들은 우리가 이른바 덕망의 환상이라고 부르는 명예를 찾아다닌다.

그러나 사실 그런 인물들은 순수하고 진실한 것이라고는 아무것도 이루지 못하고, 다만 거짓되고 터무니없는 짓만 저지르다가 자신의 욕망과 열정을 충족시킬 수 있는 길로 이리저리 밀려 사라지는 삶을 살아간다. 그들의 삶은 소포클레스(Sophokles)의 비극에 나오는 목동들이 양 떼를 두고 푸념하는 다음의 시구를 생각나게 만든다.

163   아기스

젠장,

우리는 이 녀석들의 주인이면서도

마치 그들의 노예와 같아

말도 못 하는 저들의 말을 들어야 하는구나.

(노크 엮음,『그리스 비극 단편(斷編)』, II : 249)

이 시구는 민중의 욕망과 충동에 따라 살아가는 공직자의 경험을 잘 표현하고 있다. 공직자는 민중의 지도자요 지배자라는 말을 들으려고 그들의 시종이나 노예가 되고 있기 때문이다. 뱃전에 서서 선장보다 먼저 배의 방향을 보는 망루의 선원도 결국에는 선장의 지시에 따를 수밖에 없듯이, 명예에 눈이 먼 공직자는 비록 지배자라는 헛된 이름을 가졌다 하더라도 끝내는 민중의 노예에 불과하다.

2

명예, 즉 민중의 믿음이 그가 하고자 하는 일을 수월하게 만들어 주는 경우가 아니라면, 인품이 완벽한 사람은 결코 명예에 모든 것을 걸어서는 안 된다. 그러나 고결한 행동의 결과로 얻어진 명예라면, 명예를 좋아하는 젊은이가 명예욕에 사로잡히는 것은 어느 정도 이해할 수 있다. 왜냐하면 젊은이에게서 꽃망울처럼 막 피어나는 미덕은, 그리스의 철학자 테오프라스토스(Theophrastos)의 말처럼, "사람들의 칭찬을 받아 적절히 자라날 수 있으며, 자긍심을 심어 줌으로써 완성할 수 있기 때문"이다.

그러나 어떤 경우에든 지나침은 해로운 것이며, 정치적 야심을 품은 사람에게 지나친 욕망은 곧장 죽음으로 이어진다. 왜냐하면 고결한 것만이 영광을 가져다 준다는 점을 깊이 생각하지 않고 명예로운 것은 모두 좋은 것이라고 여길 때, 명예는 권력을 잡은 자를 어리석고 광기에 찬 사람으로 몰아가기 때문이다. 그러므로 안티파트로스 장군에게서 명예롭지 못한 일을 부탁받은 포키온은 이렇게 대답했다.

"나는 안티파트로스 장군에게 친구와 아첨꾼의 역할을 함께할 수가 없습니다."

이와 마찬가지로 정치인은 민중에게 이렇게 말해야 한다.

"나는 여러분에게 지배자와 노예의 역할을 함께할 수가 없습니다."

이럴 경우에 우리는 뱀의 우화(寓話)를 들어 보는 것이 좋을 것이다. 곧 뱀의 꼬리가 머리에게 반란을 일으켜, 늘 따라다니는 일은 싫으니 자기도 몸을 이끄는 역할을 해 보고 싶다고 요구했다. 그래서 요구대로 해 주었더니 꼬리는 바보처럼 달려 나가며 실수를 저질러 머리에 상처를 입혔다.

자연의 섭리를 저버리고 눈과 귀가 없는 꼬리를 머리가 따라가려니 그런 일이 생길 수밖에 없었다. 오로지 민중의 호감을 얻으려고 정치 활동을 이끌어 가는 많은 사람이 그런 실수를 저지르는 것을 우리는 똑똑히 보았다. 민중에게 마구잡이로 끌려가는 정치인은 자신의 지위를 되찾을 수도 없고, 파멸로 가는 길을 막을 수도 없다.

민중의 호감을 통해 얻은 명예에 관한 이야기를 하다 보니, 나는 티베리우스 그라쿠스(Tiberius Gracchus)와 카이우스 그라쿠스(Caius Gracchus) 형제가 어떤 운명을 겪었는지를 되돌아보게 된다. 그들은 가문도 훌륭했고, 나무랄 데 없는 교육을 받았으며, 정치적 강령(綱領)도 뛰어났다.

그러나 그 두 형제는 분별없이 명예를 얻으려다 파멸한 것이 아니라, 명예를 잃는 것에 대한 두려움 때문에 파멸했다는 점을 나는 강조하고 싶다. 그들은 민중에게서 많은 후의(厚誼)를 받아 즐긴 뒤에 마치 빚이라도 진 사람처럼 그들에게 보답하지 않는 것을 부끄러워했다.

그라쿠스 형제는 자기들이 받은 영예보다 더 많은 정치적 보답을 민중에게 베푸느라고 늘 애썼으며, 그런 고마운 정치적 업적으로 많은 칭송을 받았다. 이런 식으로 두 사람은 민중을 위해 열정을 바치면서 경쟁하듯 일했고, 그에 대한 보답으로 민중도 두 사람에게 호의를 베풀었다. 그러다 보니 그들 사이에 자신도 모르는 사이에 거래가 형성된 것처럼 보였다. 그러자 그 관계는 더 이상 영예롭지 않았고, 그렇다고 단번에 멈출 수도 없게 되었다.

그러나 이 문제에 대해서는 독자들의 판단에 맡기고, 나는 다만 로마의 그라쿠스 형제를 스파르타의 민중 지도자였던 아기스(Agis)왕 및 클레오메네스(Cleomenes)왕과 견주고자 한다. 이 두 왕은 그라쿠스 형제가 그랬던 것처럼 민중을 위해 일했고, 오랫동안 타락의 길을 걷고 있는 민주 정치를 영예롭고도 공의롭게 회복하려고 노력했다.

그러다가 아기스왕과 클레오메네스왕은 그라쿠스 형제가 겪은 바와 꼭 같이, 평소에 누리던 탐욕을 내려놓고 싶지 않은 귀족의 미움을 샀다. 아기스와 클레오메네스가 형제가 아닌 것은 사실이지만 그들은 마치 피를 나눈 형제처럼 서로 같은 정책을 밀고 나갔는데, 그 이야기는 다음과 같다.

3

금과 은에 대한 욕망이 스파르타를 덮치자 탐욕과 사치와 나약함과 방종함을 즐기는 풍조가 퍼졌다. 그러자 지난날의 고결한 풍습은 사라지고 가치 없는 졸부(猝富)들의 삶이 아기스왕과 레오니다스왕의 시대에까지 흘러왔다. 아기스는 에우리폰티다이(Eurypontidai) 왕실의 후손으로서, 에우다미다스(Eudamidas)의 아들이요, 아시아로 쳐들어가 자기 시대에 그리스를 가장 강성하게 만든 아게실라오스(제21장)의 6대손이다.

아게실라오스에게는 아들 아르키다모스가 있었는데, [기원전 338년에] 이탈리아의 메사피이(Messapii)족과 벌인 만두리움(Mandurium) 전투에서 죽었다. 아르키다모스에게는 큰아들 아기스와 둘째 아들 에우다미다스가 있었는데, 큰아들이 [기원 전 330년에] 메갈로폴리스 전투에서 알렉산드로스 대왕의 부관 인 안티파트로스에게 죽었다. 그에게는 아들이 없었으므로 그 의 동생이 왕위를 이었다.

에우다미다스는 또 다른 아르키다모스에게 왕위를 물려 주었고, 아르키다모스가 또 다른 에우다미다스에게 왕위를 물 려주었고, 그가 다시 또 다른 아기스에게 [기원전 244년에] 왕위 를 물려주었는데, 그가 바로 지금 이야기하려는 그 인물이다.[2]

그런가 하면 레오니다스는 클레오니모스의 아들로서 스 파르타의 또 다른 왕가인 아기아다이(Agiadai)의 후손이며, 플 라타이아이(Plataea)에서 페르시아의 마르도니우스(Mardonius) 를 격파한 파우사니아스(Pausanias)의 8대손이었다. 파우사니 아스는 아들 플레이스토아낙스(Pleistoanax)를 낳고 그 아들은 또 다른 파우사니아스를 낳았다.

파우사니우스가 [기원전 395년에] 추방되어 스파르타를 떠 나 테게아(Tegea)로 도망하자 그의 아들 아게시폴리스(Agesipo-lis)가 왕위를 이었다. 아게시폴리스가 아들이 없이 죽자 아우 클레옴브로토스(Kleombrotos)가 왕위를 이었다. 클레옴브로토 스는 또 다른 아게시폴리스와 클레오메네스라는 두 아들을 두 었다. 그 가운데 큰아들이 잠시 왕위에 있었으나 아들이 없이 죽어 아우가 왕위를 이어받았다.

클레오메네스의 장남 아크로타토스는 어린 아들 아레우 스를 남기고 아버지보다 일찍 죽었다. 게다가 차남 클레오니 모스도 왕위에 오르지 못하고 죽으니, 그의 조카이자 아크로 타토스의 아들 아레우스가 왕위에 올랐다. 아레우스가 [기원

---

2   이 시대의 이름은 할아버지의 이름을 이어받는 것이 관례였기 때문에 같
     은 이름이 많이 등장하여 큰 혼란을 빚고 있다.

아기스

전 265년에] 코린토스 전투에서 죽고 그의 아들 아크로타토스가 왕위에 올랐다.

아크로타토스 또한 메갈로폴리스 전투에서 독재자 아리스토데모스(Aristodemos)에게 패배하고 임신한 아내를 남겨 둔 채 전사했다. 그의 유복자가 태어나 [기원전 256년에] 왕위에 오르자 클레오니모스의 아들인 레오니다스가 섭정(攝政)했다. 어린 왕이 성인이 되기도 전에 죽어 레오니다스가 왕위에 올랐으나 민중은 그를 왕으로 받아들이지 않았다.

아무리 헌법이 무너져 이미 생활 양식이 모두 타락했다고는 하지만, 그런 가운데에서도 레오니다스의 통치 방법은 스파르타의 전통을 크게 벗어나고 있었다. 그는 동방의 궁정 출입이 잦았으며, 알렉산드로스 대왕의 부관이었던 셀레우코스(Seleucus)를 비굴하게 따라다녔다. 그러면서 나름의 자부심과 우아함을 갖고 있던 그리스 국가들의 법 체계까지 그들 식으로 바꾸려 했던 것이다.

4

그와 달리 아기스는 타고난 천성의 우수함이나 정신의 고결함이라는 점에서 레오니다스와는 견줄 나위도 없고 위대한 아게실라오스 이래의 모든 왕보다 뛰어났다. 우선 그는 스무 살이 되기에 앞서 스파르타에서 가장 돈이 많았던 어머니 아게시스트라타(Agesistrata)와 할머니 아르키다미아(Archidamia)의 손에 온갖 호강을 누리며 크면서도 쾌락을 돌아보지 않았다.

아기스는 자신의 몸매에 걸맞은 치장을 하고, 사치를 멀리하며, 스파르타식의 짧은 외투를 자랑스러워했으며, 스파르타의 음식과 목욕과 생활 양식을 지키면서, 고대의 법률과 기율을 되찾을 수 없는 길이라면 왕권도 바라지 않는다고 선언했다.

5

내가 생각하기에, 스파르타가 병들고 부패하기 시작한 것은 그들이 아테네의 종주권을 무너뜨리고, 나라 안에 금과 은이 넘치면서부터였다. 리쿠르고스(Lykurgos)가 호구의 수에 따라 땅을 나누어 준 이래, 그 땅은 각 가문에서 그대로 상속돼 내려오고 있었다. 가문 밖의 사람에게 상속이 불가능했기 때문이다. 그래서 다른 분야에서는 실정이 있었음에도 스파르타의 질서와 평등은 어느 정도 지켜지고 있었다.

그러다가 에피타데우스(Epitadeus)라는 민선 장관이 정권을 잡았다. 그는 고집스럽고 성격이 거칠었는데, 사이가 좋지 않은 아들과 다툰 뒤에 새로운 법을 상정했다. 그 법에 따르면, 재산가는 살아 있을 적에 자기의 재산을 원하는 사람에게 양도할 수 있고, 죽어서도 그런 유언을 남길 수 있게 되어 있었다. 이 사람은 이와 같은 법을 만듦으로써 자신과 아들 사이에 맺혀 있던 사사로운 원한을 푼 것에 만족했다.

그러나 시민들은 토지에 대한 욕심 때문에 이 법을 지지하고 통과시킴으로써 역사상 가장 탁월했던 토지 제도를 무너뜨렸다. 권력과 돈을 가진 사람들은 곧 거리낌 없이 토지를 사들여 정당한 상속 제도를 흔들어 놓았다. 재산은 몇몇 사람의 손으로 빠르게 넘어갔고, 가난이 널리 퍼지면서 자유민들에게 고결한 가치를 추구할 기회를 빼앗고 가치도 없는 일에 몰두하게 만들어, 부자들에 대한 시샘과 미움만 가득 차게 되었다.

그 무렵 스파르타의 전통 있는 가구의 수는 7백 호였는데, 그 가운데 단 1백 가구만이 상속 재산을 가지고 있었다. 재산도 없고 시민권도 없는 일반 시민은 어쩔 수 없이 게으른 삶을 살면서 외국의 적군이 쳐들어와도 싸울 뜻이 없이, 언제 나라를 뒤집을 기회가 오려나 기다리고 있었다.

이런 가운데 모든 시민에게 시민권을 회복해 주고 재산을 평등하게 만들어 주는 것이 훌륭한 일이라고 생각한 아기스는 민중이 이를 어떻게 생각하고 있는지를 알고 싶어 넌지시 속을 떠보았다.

이에 젊은이들은 그가 기대한 것보다 더 빠르게 그의 말에 귀를 기울이면서 마치 덕망을 겨루는 운동회에 나가 웃옷을 벗어 던지듯 했는데, 이는 마치 낡은 옷과 같은 옛날의 삶을 벗고 자유를 얻고자 하는 아기스의 모습과 같았다.

이미 부패에 찌들어 있던 늙은이 대부분은 마치 탈출한 노예가 주인에게 다시 잡혀가는 것을 두려워하듯이, 리쿠르고스의 이름만 들어도 몸서리를 쳤다. 그들은 현실을 개탄하며 스파르타의 지난날의 영광을 되찾으려는 아기스를 꾸짖었다. 그러나 리비스(Libys)의 아들 리산드로스(Lysandros)[3]와 에크파네스(Ecphanes)의 아들 만드로클레이데스(Mandrocleides)와 아게실라오스(Agesilaos)[4]가 아기스왕의 뜻에 찬동하면서 지지하고 나섰다.

리산드로스는 민중 사이에 명망이 높았고, 만드로클레이데스는 그 시대에 그리스에서 가장 신속하게 일을 추진하는 유능한 인물로 지혜와 교지(狡智)를 함께 갖추었으며, 아게실라오스는 왕의 외삼촌으로 섬세하고 탐욕스러우면서도 탁월한 웅변가로서 아들 히포메돈(Hippomedon)의 권고를 받아들여 아기스를 열렬히 지지했다. 히포메돈은 여러 번의 전투에서 이긴 뒤로 명망이 높아 젊은이들의 호응을 많이 받고 있었다.

그러나 아게실라오스가 왕을 지지한 것은 그에게 빚이 많았기 때문이었는데, 그는 법을 바꾸어 빚에서 벗어나기를 바

3   이 사람은 앞서 등장했던 제19장의 리산드로스와는 다른 인물이다.
4   이 사람은 앞서 등장했던 제21장의 아게실라오스와는 다른 인물이다.

랐다. 아게실라오스의 지지를 얻은 아기스는 곧 외삼촌의 누이이자 자신의 어머니를 설득할 방법을 모색했다. 어머니는 수많은 가신(家臣)과 친구와 채무자를 거느리고 국사에 엄청난 영향력을 행사하면서 실제로 많은 일을 처리하고 있었다.

7

아들 아기스왕의 청원을 들은 왕후는 처음에는 놀랐으며, 그와 같은 개혁은 이뤄질 수도 없을 뿐만 아니라 시민에게 이롭지도 않으니 포기하라고 말했다. 그러나 동생인 아게실라오스가 나서서 왕의 개혁안은 실현 가능하며 시민에게 이로운 일이라고 설득하고, 왕은 어머니가 많은 재산을 국가에 헌납하여 도와주면 자신의 야망과 영광을 이룰 수 있다고 설득했다. 아기스는 어머니에게 이렇게 말했다.

"재산으로 말하자면 저의 재산은 다른 나라 왕들과 견줄 수도 없을 만큼 적고, 이집트의 프톨레마이오스왕이나 셀레우코스왕의 감독관이나 총독이 거느린 노예는 스파르타의 모든 왕이 가졌던 노예를 합한 것보다 더 많습니다. 그러나 저는 자제심과 검소함과 관대함으로 저들의 방탕함을 이기고 있으며, 그렇게 함으로써 우리 시민의 재산의 평등과 공동체를 지켜나가고 있습니다. 저는 참으로 위대한 왕으로서 명성과 이름을 얻고자 합니다."

아들의 뜻에 감동한 어머니는 자기 뜻을 굽히고 고결한 길에 동참하기로 했다. 그렇게 그의 어머니와 외삼촌 아게실라오스는 아기스의 계획을 사람들에게 알리면서 동료들과 그들의 아내들에게 도와 달라고 요청했다. 그들은 스파르타의 남편들이 늘 아내에게 복종하며, 남편이 집안일에 관여하기보다 아내가 바깥일에 관여하는 쪽이 훨씬 쉽다는 사실을 잘 알고 있었다. 그 무렵 스파르타의 재산은 대부분 여자들이 쥐고 있었기 때문에 아기스의 개혁은 더욱 어려웠다.

여성들은 아기스의 개혁에 반대했다. 그들은 고결한 문명이 보편화하지 않은 상황에서 자기들에게 유일한 행복을 안겨 주는 사치한 생활을 빼앗기고 싶지 않았다. 그뿐만 아니라 아기스의 개혁에 따를 경우, 자신들이 재산으로써 누리고 있는 영향력이 줄어들 것이 뻔했다. 따라서 여성들은 아기스보다 나이가 더 많고, 아기스가 추진하고 있는 개혁을 방해하는 레오니다스의 편에 섰다.

레오니다스는 부자들을 돕고 싶었으나 개혁을 열렬히 바라는 민중의 반대가 두려워 드러내 놓고 아기스에게 반대하지는 못했다. 대신에 그는 은밀히 왕의 개혁에 상처를 주어 좌절시키려 했다. 그들은 고위 공직자들을 만나 아기스를 모함하고, 그가 부자들의 재산을 빼앗아 가난한 이들에게 나누어 줌으로써 스스로 독재자가 되려 하고 있으며, 토지를 나누어 주고 빚을 탕감해 주는 것도 스파르타의 민중을 위한 조치가 아니라 돈으로 자신의 근위병을 늘리려는 시도라고 비방했다.

8

그러나 아기스는 리산드로스를 민선 장관으로 당선시켜 [기원전 243년에] 곧 그가 원로원에 법안(*rhectra*) 하나를 제출하도록 했는데, 그 내용은 다음과 같았다.

(1) 시민의 빚을 모두 탕감한다.

(2) 모든 시민에게 토지를 나누어 준다. 그러자면 국토를 나누어야 하는데, 펠레네(Pellene)와 타이게토스(Taygetos) 사이, 그리고 멜레아(Melea)와 셀라시아(Sellasia)의 땅을 450등분으로 나누고, 그 밖의 땅을 1만 5천 등분으로 나눈다. 앞의 너른 땅은 무기를 들 수 있는 지방의 시민에게 주고, 뒤의 작은 땅은 순수한 혈통의 스파르타인들에게 준다.

(3) 자유민으로서 교육을 받고 건강한 몸을 가지고 있으며

삶의 전성기에 있는 지방민이나 외국인에게 시민권을 줌으로써 스파르타의 인구를 늘린다.

(4) 각 시민은 2백~4백 명을 단위로 하는 15개의 공동 식사 집단(syssitia, mess)을 구성함으로써 고대 스파르타의 생활 양식(제3장 「리쿠르고스전」, § 12)을 따른다.

9

이 법안이 상정되자 원로원에서 의견이 갈렸다. 그러자 리산드로스가 민중 집회를 소집하여 그들과 이 문제를 토의했다. 이 자리에 나타난 만드로클레이데스와 아게실라오스는 이렇게 말했다.

"민중의 눈을 가리는 몇몇 무리의 선동적인 반대로 말미암아 스파르타의 존엄을 해치는 행위를 하지 말아야 하며, 스파르타는 탐욕 때문에 멸망하리라는 오래전의 신탁을 가슴에 새겨야 합니다."

그러면서 그들은 최근에 파시파에(Pasiphaë) 신전에서 들은 신탁을 들려주었다.

그 무렵에 탈라마이(Thalamae)에는 파시파에 신전이 있었는데, 시민은 그곳의 신탁을 존중했다. 어떤 사람의 말에 따르면, 파시파에는 아틀라스(Atlas)의 딸로서, 제우스와의 사이에서 암몬(Ammon)을 낳은 여성이라고 한다.

또 다른 사람의 말에 따르면, 프리아모스(Priamos)의 딸 카산드라(Kassandra)가 탈라마이에서 죽자 파시파에라는 이름을 얻었는데, 이는 그가 '모든 사람(pasi)'에게 자신의 신탁을 '선포(phainein)'하였기 때문이라고 한다.

그러나 그리스의 역사학자인 휠라르코스의 말에 따르면, 파시파에는 아미클라스(Amyclas)의 딸로서 이름은 다프네(Daphne)였다. 그는 아폴론의 사랑을 피하려다가 월계수(daphne)로 변하여 그런 이름을 얻었으며, 아폴론에게서 예언의 능

아기스

력을 받았다고 한다.

그것은 그렇다 치고, 요즘에 알려진 바에 따르면, 파시파에 여신은 스파르타인들이 리쿠르고스가 만든 법을 지켜 모든 사람이 평등해야 한다는 신탁을 들려주었다고 한다. 민중 집회의 마지막 단계에서 아기스가 연단에 올라 몇 가지를 논의한 다음 이렇게 말했다.

"지금 내가 추진하고 있는 이 제도를 위해 엄청난 재산을 기부하겠습니다. 먼저 나는 공익을 위해 농토와 목장을 포함하여 나의 모든 재산을 내놓을 것이며, 그 밖에도 6백 탈렌트의 현금을 기부하겠습니다. 또한 나의 어머니와 할머니 그리고 스파르타에서 가장 돈이 많은 나의 친척들과 친구들도 그렇게 할 것입니다."

10

아기스의 연설을 들은 민중은 젊은 왕의 너그러움에 놀라면서도 기뻐했다. 그들은 리쿠르고스가 떠난 지 2백 년 만에 스파르타에서 왕다운 왕이 나타났다고 생각했다. 그렇게 되자 레오니다스가 어느 때보다도 더 격렬하게 반대하며 나섰다.

레오니다스가 생각해 보니, 아기스가 하는 대로 따라간다면 민중에게서 칭송을 받기는커녕 자기 재산만 날리고 그 정책을 이끈 아기스에게만 명성과 영광이 돌아갈 것 같았던 것이다. 그래서 그는 이렇게 물었다.

"그대는 리쿠르고스가 공의롭고 덕망 있는 인물이라고 생각합니까?"

아기스가 대답했다.

"그렇소."

"그렇다면 리쿠르고스가 언제 모든 시민의 빚을 탕감해 주고 모든 외국인에게 시민권을 허락했다는 말이오? 내가 알기로, 그는 외국인을 자기 나라로 돌려보내지 않으면 스파르타가 다시는 건강한 국가가 될 수 없다고 주장한 인물이었소."

그 말을 들은 아기스가 이렇게 대답했다.

"그대는 외국에서 성장하였고 동방의 여성과 결혼하여 아이까지 낳았으므로, 리쿠르고스를 잘 모른다 해도 이해합니다. 물론 리쿠르고스는 스파르타의 생활 양식을 견디지 못한 자들을 몰아내려 했습니다. 그는 진실로 그런 것들을 미워했습니다. 그러나 리쿠르고스는 그 사람들을 미워한 것이 아닙니다. 그들의 삶과 습속이 시민을 오염시키고 사치와 나약함과 탐욕으로 몰아넣을까 봐 걱정했을 뿐입니다.

레스보스 출신의 테르판드로스(Terpandros)와 밀레토스 출신의 철학자 탈레스와 시로스(Syros) 출신의 작가 페레키데스(Pherekydes)는 분명히 외국인이었지만, 그들의 노래와 철학이 담고 있는 교훈은 리쿠르고스의 생각과 일치했기 때문에 스파르타에서 넘치는 영광을 누렸습니다."

그리고 아기스는 이렇게 덧붙였다.

"그대는 에크프레페스(Ecprepes)를 존경하시죠. 그는 현악기 연주자 프리니스(Phrynis)가 만든 구현금(九弦琴)에서 두 줄을 잘라 버린 사람입니다. 티모테오스(Timotheos)의 관리들도 그렇게 했습니다. 그런 당신이 이제 와서 스파르타에서 사치와 방종과 허영을 몰아내려는 나를 비난하십니까? 옛 관료들은 과장된 음악의 넘쳐 흐르는 부분이 우리의 삶과 습관에 영향을 미치지 못하도록 막고자 했습니다. 그리고 지금 이 도시 역시 과잉과 불협화음으로 듣기 싫은 소리를 내고 있습니다."

11

이런 일이 있은 뒤에 민중은 아기스의 편을 들고 부자들은 레오니다스에게 자기들을 버리지 말라고 간청했다. 부자들은 민중에 대한 모든 조치를 대표하는 권한을 가진 원로원을 찾아가 간청하고 논쟁했다. 결국, 그들이 이겨 한 표 차이로 법안을

175   아기스

부결시켰다. 그러자 아직 민선 장관의 직책에 있는 리산드로스는 아주 오래전의 법을 내세워 레오니다스를 고발하는 일에 착수했다.

그 법에 따르면, 헤라클레스의 후손들은 외국 여성과 결혼하여 자식을 얻을 수 없으며, 스파르타를 떠나 외국인들 사이에 살던 사람은 사형에 처하도록 되어 있었다. 레오니다스에 대한 이와 같은 죄목을 널리 퍼뜨린 리산드로스는 하늘이 보내 주는 징조를 읽는 전통적인 절차를 밟아 나갔다.

그 절차란 이런 것이었다. 민선 장관들은 9년마다 청명하고 달빛이 없는 날 밤에 조용히 하늘을 바라본다. 그때 별똥별이 하늘을 가로질러 날아가면 왕이 신을 섬기면서 불경(不敬)을 저지른 것으로 판단하고 직권을 정지시킨 다음 델포이나 올림피아에서 왕의 죄를 면제해 주는 신탁이 올 때까지 기다리는 것이다.

리산드로스는 자신이 그러한 징조를 보았다고 선언하고 레오니다스를 고발하면서, 그가 마케도니아의 장군 셀레우코스의 부관의 아내였던 아시아의 여자를 아내로 맞이하여 두 아이를 낳았다는 증언을 제시했다. 그러다가 레오니다스는 아내가 자기를 싫어하고 미워하자 내키지 않게 고국으로 돌아와 왕위 계승권자가 없는 상황에서 왕위를 이어받게 되었다는 것이었다.

리산드로스는 레오니다스를 고발하는 데에서 더 나아가, 레오니다스의 사위이자 왕실의 혈통을 타고난 클레옴브로토스를 설득해서 왕에게 왕위를 물려 달라고 요구하도록 만들었다. 그렇게 되자 겁을 먹은 레오니다스는 신전의 언덕 가운데 있던 아테나 신전의 황동 궁(Chalkioikos, Brazen House)으로 몸을 피하여 목숨을 구걸했다.

레오니다스의 딸도 남편 클레옴브로토스를 버리고 아버지와 함께 신전으로 몸을 피했다. 레오니다스는 법정 출두 명령을 받고도 나타나지 않아 왕위에서 쫓겨나고 [기원전 242년 무렵에] 사위인 클레옴브로토스가 왕위에 올랐다.

12

그럴 즈음에 리산드로스는 임기가 끝나 관직을 떠났다. 새롭게 구성된 민선 장관들은 레오니다스가 신전의 피난처에서 나오도록 권고하는 한편, 리산드로스와 만드로클레이데스가 빚을 탕감하고 농지를 분배하면서 법을 어겼다는 이유로 그들에 대한 고소장을 제출했다.

법적으로 위기에 몰린 리산드로스와 만드로클레이데스는 두 왕[5] 아기스와 클레옴브로토스를 찾아가 둘이서 힘을 합쳐 민선 장관들의 정령(政令)을 무효화하도록 설득했다. 그들은 이렇게 주장했다.

"두 왕의 의견이 서로 일치하지 않을 때, 또는 한 왕의 의견은 옳고 다른 왕의 의견은 공공선에 배치될 때, 판사 회의는 옳은 왕을 지지하는 판결을 내림으로써 왕의 권한을 박탈하는 법이 있었습니다. 그러나 두 왕의 의견이 일치할 때는 그들의 권한을 갈라놓을 수가 없습니다. 두 왕이 다툴 때 그들을 중재하는 것이 민선 장관들의 업무이며, 두 왕이 합의할 때는 간섭할 수 없습니다. 민선 장관들이 왕과 다투는 것은 합법적이지 않습니다."

이와 같은 주장에 설득된 두 왕은 지지자들과 함께 광장으로 나가 민선 장관들을 몰아내고 그 자리에 다른 인물들을 뽑았는데, 그 가운데 한 사람이 아게실라오스였다. 그런 다음 그들은 청년들을 무장시키고 죄수들을 석방함으로써 정적들을 두려움에 빠뜨렸다. 그들이 보기에 많은 사람이 죽을 것만 같았다.

5   그 무렵에는 왕이 두 명이었다.

그러나 그들의 손에 죽은 사람은 아무도 없었다. 오히려 아기스는 아게실라오스가 테게아로 탈출하려는 레오니다스를 도중에 공격하여 죽이려는 음모를 꾸민다는 사실을 알아차리고, 믿을 만한 무리를 보내 레오니다스를 보호하며 무사히 테게아로 탈출하도록 도와주었다.

13

이와 같이 개혁은 순조롭게 추진되었고, 누구도 이를 반대하거나 방해하는 사람이 없었다. 그러나 아게실라오스가 이 모든 것을 망쳐 버렸다. 그는 고결하고 진실한 스파르타의 개혁을 만신창이로 만들어 버리는, 가장 부끄러운 탐욕이라는 질병을 퍼뜨렸기 때문이다. 그는 분수에 넘칠 만큼 많은 땅을 가지고 있었고, 엄청난 빚을 지고 있었는데, 땅을 내놓을 생각도 없고 빚을 갚을 뜻도 없었다.

그리하여 아게실라오스는 아기스를 찾아가 설득했다. 토지 분배와 채무 탕감을 한꺼번에 처리할 경우 나라 안의 어려움이 있으니, 먼저 빚을 탕감하는 개혁을 단행하고 그다음에 토지 분배를 추진하면 두 가지 일이 별 탈 없이 잘 처리될 것이라는 주장이었다. 아게실라오스의 이와 같은 방침에 속은 리산드로스는 그 의견에 따랐다.

그에 따라 시민들이 차용 증서(klaria)를 거두어 광장에 쌓아 놓고 불을 질렀다. 불길이 치솟자 부자들과 채권자들은 쓰린 마음으로 돌아갔고, 아게실라오스는 그들을 비웃듯이 이렇게 말했다.

"나는 일찍이 이보다 더 순수하게 빛나는 불꽃을 본 적이 없었다."

이어서 민중은 채무 탕감이 끝났으니 이제는 농토를 분배하라고 요구했고, 왕들은 곧 절차를 밟기 시작했다. 그러나 아게실라오스는 잡다한 문제를 구실로 내세우며 일을 방해하고 시간을 끌었다.

그러던 터에 동맹국인 아카이아족이 스파르타에 군사 지원을 요청하자 아기스가 원정군 사령관이 되어 출정하게 되었다. 아이톨리아족이 메가라를 거쳐 펠로폰네소스반도를 쳐들어올 것이 예상되자, 아카이아의 사령관인 아라토스(Aratos)가 군대를 소집하고 스파르타의 민선 장관들에게 지원 병력을 요청하는 편지를 보냈던 것이다.

14

스파르타는 곧 아기스가 군대를 거느리고 출병하도록 했다. 야망과 열정에 불타는 젊은이들의 사기는 높았다. 병사들은 대부분 젊고 가난했으나 이제 빚을 탕감받고, 전쟁에서 돌아오면 토지를 분배받을 것이라는 기대감 때문에 아기스에 대한 충성심도 대단했다. 그들은 펠로폰네소스반도를 거치면서 남에게 피해를 주거나 주민들에게 무례한 짓을 하지 않았고 소란을 피우는 일도 없었다.

그런 젊은이들을 바라본 그리스 시민들은 지난날의 아게실라오스(제21장) 대왕이나 저 유명한 리산드로스(제19장) 장군이나 테르모필라이 계곡 전투(제7장 「테미스토클레스전」, § 9)의 영웅 레오니다스왕의 지휘를 받았던 스파르타 병사들의 군기(軍紀)는 얼마나 훌륭했을까 하고 탄복했다.

사람들이 그와 같은 생각을 한 것은 당연했다. 젊은 아기스왕은 선왕들의 유업을 그토록 존경하고 따랐던 것이다. 왕은 검소하고 고통을 두려워하지 않으며, 병사들과 같은 옷을 입고 같은 무기를 사용하는 것을 자랑스럽게 여김으로써 많은 사람의 칭송과 충성을 받았다. 그러나 이웃 나라의 부자들은 그의 개혁이 즐겁지 않았고 민중이 불만 세력을 이루는 나쁜 선례가 되지나 않을까 두려워했다.

15

아기스는 코린토스 가까이 와서 아라토스의 부대와 합류한 뒤, 적군을 만나 전투를 할 것인지 말 것인지를 논의했다. 아기스는 전쟁에 열정적이고 대담했으나 신중하게 많은 것을 고려하고 있었다. 그는 이렇게 말했다.

"과감하게 일전을 치러야 하며, 적군이 펠로폰네소스의 관문을 통과하도록 허락해서는 안 된다는 것이 제 의견입니다. 그러나 저는 아라토스 장군이 최선이라고 생각하는 바를 따르겠습니다. 왜냐하면 장군께서는 저보다 어른이고 아카이아 군대의 지휘관일 뿐만 아니라, 저는 장군의 지휘관이 되어 명령을 내리러 온 것이 아니라 장군을 돕고 함께 전투를 치르고자 왔기 때문입니다."

시노페(Sinopé) 출신 바톤(Baton)의 기록에 따르면, 아라토스는 전투를 바랐지만 아기스는 싸우고 싶지 않았다고 하는데, 이는 그가 아라토스의 참전기를 읽지 않고 쓴 글이다. 아라토스의 『평론(Commentaries)』에 따르면, 그는 수비가 최선이라고 여겼으며, 농작물을 수확할 시기에 전투를 벌여 모든 것을 위험에 빠뜨리게 하느니보다는 차라리 적군이 통과하도록 내버려 두는 것이 최선의 방법이라고 생각했다는 것이다.

그러므로 아라토스는 전쟁을 하지 않기로 하고 동맹국에 지원 병력을 보내 준 데 대해 감사하면서 군대를 해산했다. 이에 아기스는 모든 사람의 칭송을 받으며 스파르타로 돌아왔지만, 나라는 이미 엄청난 소용돌이에 빠져 있었다.

16

아직 민선 장관의 한 사람이었던 아게실라오스는 지난날 그를 속박하던 인물들이 없어지자 자신의 재산을 늘리려고 공의롭지 못한 행동을 서슴지 않았다. 이를테면 그는 달력에 한 달 [月]을 더 집어넣어 1년을 13개월로 만듦으로써 한 달 치의 세금

을 더 거두었다.[6]

더욱이 아게실라오스는 자신의 학정(虐政)으로 말미암은 희생자들의 보복이 두려웠고, 모든 사람에게 미움을 받게 되자 무장 경호원을 두고 그들의 보호를 받으면서 출근했다. 왕들과의 관계로 말하자면, 그는 자신이 클레옴브로토스를 아주 우습게 여긴다는 사실을 시민이 알고 있기를 바랐다.

그러나 아게실라오스는 아기스를 조금이나마 존경했는데, 이는 아기스가 왕이어서가 아니라 가까운 친척이었기 때문이었다. 그는 또한 자신이 앞으로도 계속해서 민선 장관의 직책을 수행하게 될 것이라는 소문을 퍼뜨렸다. 이 때문에 아게실라오스의 정적들은 이처럼 큰 위험 요소를 더 이상 두고 볼 수 없었다.

그들은 함께 모여 테게아에 나가 있던 레오니다스를 공개적으로 불러들여 왕위에 앉혔다. 토지를 나누어 주리라던 약속을 지키지 않은 데 속아 분노하고 있던 시민들도 이와 같은 조치를 기쁘게 여겼다.

이에 따라 아게실라오스는 국외로 탈출했는데, 그 과정에서 용맹스러움으로 말미암아 민중의 사랑과 신임을 받던 아들 히포메돈이 사람들에게 읍소한 덕분에 목숨을 건질 수 있었다. 이와 같이 정치적 격동이 일어나자 아기스는 아테나 신전의 황동 궁으로 몸을 숨겼고, 클레옴브로토스는 포세이돈의 성소(聖所)에 몸을 의탁했다.

사람들이 보기에 레오니다스는 클레옴브로토스에게 좀 더 가혹했다. 레오니다스는 아기스가 숨어 있던 신전은 사실상 전혀 건드리지 않은 채, 군대를 이끌고 클레옴브로토스가

6   이에 대한 페린의 주석은 다르다. 그의 주장에 따르면, 9년 동안 1년을 13 개월로 만든 것은 사실이지만, 그것은 세금 때문이라기보다 이제까지 큰 편차를 보인 양력과 음력의 격차를 조정하는 과정에서 생긴 일이었다고 한다.(페린, XII, 「아기스전」, p. 35, § 16, 각주 2 참조)

아기스

숨어 있던 신전으로 달려가 분노에 찬 목소리로 그를 꾸짖었다. 클레옴브로토스가 자신의 장인에 대한 퇴위 음모를 꾸며 왕위에서 끌어내렸고, 외국으로 몰아내는 일에 동조했기 때문이었다.

17

장인의 꾸지람을 들은 클레옴브로토스는 당황하여 아무 말도 못 하고 앉아 있었다. 그때 그의 아내이자 레오니다스의 딸인 킬로니스(Chilonis)가 나타났다. 이런 일이 있기에 앞서 킬로니스는 남편이 아버지에게 잘못을 저지르고 있다는 것을 잘 알고 있었다.

킬로니스는 남편이 왕위에 오르자 남편을 따르지 않고 그를 떠나 불행에 빠진 아버지를 봉양하고 있었다. 킬로니스는 아버지가 스파르타에 있을 때는 곁에서 도와주었고, 아버지가 망명해 있는 동안에는 남편에 대한 고통스러운 기억을 간직한 채 아버지와 함께 슬픔을 나누며 애원(哀願)하는 삶을 살았다.

그러나 시대가 바뀌고 운명도 바뀌었다. 킬로니스는 이제 남편을 껴안고 그의 잘못을 용서해 달라고 아버지에게 비는 처지가 되어 있었다. 곁에는 두 아이가 매달려 있었다. 많은 사람이 그 여성의 효성과 헌신을 보고 감동하여 눈물을 흘렸다. 그때 킬로니스가 낡은 옷과 헝클어진 머리를 만지며 이렇게 말했다.

"아버지, 저의 이 낡은 옷과 이 몰골은 남편에 대한 슬픔 때문이 아닙니다. 아버지의 슬픔과 망명 시절의 아픔은 곧 저의 아픔이었습니다. 이제 아버지께서는 다시 왕이 되셨고 적군을 무찌른 승리자가 되셨는데, 저는 아버지의 손에 남편을 잃고 여전히 이렇게 슬픈 모습으로 살아야 합니까, 아니면 왕실에서 호화스러운 삶을 살아야 합니까?

저의 남편이 아내와 자식들의 눈물로써도 아버지의 용서

를 받지 못한다면, 그는 자신의 죗값으로 아버지께서 바라시는 형벌보다도 더 슬픈 벌을 받게 될 것입니다. 왜냐하면 남편은 자기가 가장 사랑하는 여성이 자기 눈앞에서 죽는 모습을 볼 것이기 때문입니다."

킬로니스는 이어서 이렇게 말했다.

"제가 한 여성으로서 남편과 아버지의 용서를 받아 내지 못한다면 무슨 낯으로 다른 여성들을 바라보며 목숨을 이어갈 수 있겠습니까? 아니, 저는 한 남자의 아내요, 한 남자의 딸로 태어난 몸으로서 저에게 가장 가까웠던 두 남자의 불행과 불명예를 함께 겪을 뿐입니다.

남편은 자신의 행동을 해명할 기회가 있었지만, 그것을 빼앗은 사람은 바로 저입니다. 왜냐하면 저는 그때 아버지의 편에 서서 남편이 저지른 일을 증언했기 때문입니다. 이제 아버지께서 사위와 자식을 죽이면서까지 차지할 만큼 왕권이 대단하고 가치 있는 일이라는 것을 세상에 보여 주신다면, 그것은 남편의 행동에 변명의 여지를 주는 것과 같습니다."

18

그와 같이 애원하던 킬로니스는 남편의 머리에 얼굴을 대고 슬픔에 겨운 눈빛으로 주변을 돌아보았다. 레오니다스는 막료들과 상의한 끝에 클레옴브로토스를 피난처에서 끌어내 추방하도록 지시하고, 딸에게는 자신을 떠나지 말라고 간청했다. 그는 딸을 그만큼 사랑했기에 사위의 목숨을 살려 보내려 했다. 그러나 레오니다스는 딸을 설득하지 못했다.

남편이 일어나자 킬로니스는 한쪽 팔에 한 아이를 안고 다른 아이를 손에 잡고 신전에 인사를 드린 다음 일행을 따라나섰다. 만약 클레옴브로토스가 헛된 야망에 빠져 그토록 부패하지 않았더라면, 왕의 자리에 앉아 있는 것보다 차라리 추방되더라도 그와 같이 현숙한 아내와 함께 사는 것이 더 행복한 일이라고 생각했을 것이다.

레오니다스는 클레옴브로토스를 피난처에서 끌어내 추방한 다음 민선 장관들을 몰아내고 새로운 인물로 바꾸었다. 그리고 그는 곧 아기스를 죽일 음모를 꾸몄다. 우선 레오니다스는 피난처에서 나와 자기와 함께 권력을 나누어 가지자고 아기스를 설득했다.

민중은 아직 어리고 야심이 큰 아기스가 아게실라오스에게 속아서 행동했다고 생각하므로, 그를 이해해 줄 것이라는 이야기였다. 그러나 아기스는 레오니다스의 속셈이 미심쩍어 피난처에서 나오고 싶지 않았다.

그러자 레오니다스는 아기스를 속이려던 음모를 버리고 다른 계략을 꾸미기 시작했다. 그 무렵 스파르타에는 암파레스(Amphares)와 다모카레스(Damochares)와 아르케실라오스(Arcesilaos)가 살고 있었다. 그들은 아기스가 피신해 있는 신전으로 올라가지는 않았지만, 가끔 그를 시내로 불러 이야기를 나누고 이리저리 다니기도 하다가 함께 목욕한 뒤에는 다시 신전으로 데려다주었다.

그들 가운데 암파레스는 아기스의 어머니에게서 곡물과 그릇을 많이 빌려 간 적이 있는데, 이를 갚기 싫어 왕의 살해 음모에 가담하게 되었다. 들리는 바에 따르면, 암파레스는 더 나아가서 레오니다스와 상의한 다음, 자신과 같이 민선 장관 자리에 있던 사람들을 꼬드겨 아기스의 암살 음모에 가담하도록 했다는 것이다.

19

이제 아기스는 대부분의 시간을 성소에서 보내며 가끔 목욕하러 밖으로 나왔다. 정적들은 그가 밖에 나왔을 때 사로잡기로 했다. 어느 날 그 세 사람은 아기스가 목욕을 마치고 나오기를 기다렸다가 그를 만나자 반갑게 인사하면서, 젊은이들이 늘 그렇듯이 대화와 농담을 나누며 걸어 내려왔다.

그리고 일행이 감옥 쪽으로 길이 갈라진 곳에 이르자 몇 사람이 뛰어나왔고, 암파레스가 민선 장관의 직권으로 아기스에게 손을 내밀면서 말했다.

"아기스, 그대의 국정 처리에 관해 물을 것이 있어 그대를 민선 장관들에게 데려가야겠습니다."

그러자 키가 크고 힘이 센 다모카레스가 뛰어나와 외투를 벗어 아기스의 목을 휘감아 끌고 갔다. 그때 약속한 대로 다른 무리가 뛰어나와 그의 등을 떠밀었다. 아기스에게는 시종이나 동료가 없었기 때문에 그들은 쉽게 아기스를 감옥으로 밀고 들어갔다. 이어서 레오니다스가 돈으로 매수한 무리를 데리고 와 감옥을 둘러싸자 민선 장관들이 아기스에게 달려갔다.

민선 장관들은 레오니다스와 같은 생각을 하고 있던 원로원 의원들을 부르러 사람을 보내고, 마치 왕을 재판하려는 것처럼 아기스가 자신의 행위를 변호하도록 지시했다. 그들이 재판 시늉을 하는 것을 본 아기스가 어이없어 하며 웃자 암파레스가 이렇게 말했다.

"그대는 오늘 안에 후회할 것이며, 자신의 무모함에 대하여 처벌을 받게 될 것이다."

그러자 다른 민선 장관이 아기스를 유죄에서 벗어나게 할 속셈으로 이렇게 물었다.

"그대는 리산드로스와 아게실라오스의 강요에 따라 그런 일을 저지른 것이 아니오?"

그러자 아기스가 대답했다.

"나는 누구에게도 강요를 받은 적이 없소. 나는 다만 리쿠르고스를 본받아 그와 같은 정책을 채택하였을 뿐이오."

민선 장관이 다시 물었다.

"그대는 그대가 한 처사를 후회합니까?"

그러나 젊은 왕은 이렇게 대답했다.

아기스

"나는 내가 설령 극형을 받는다 할지라도 내가 탁월하게 계획한 개혁안에 대하여 후회한 적도 없고, 후회하고 싶지도 않소."

그러자 무리는 그에게 사형을 선고하고 데카스(Dechas)로 데려갔다. 데카스는 감옥 안에 있는 방이었는데, 사형 선고를 받은 죄인을 목 졸라 죽이는 곳이었다. 그러나 사형 집행관은 감히 아기스에게 손을 댈 엄두도 내지 못했고, 돈에 매수되어 온 사람들도 그런 짓은 신의 뜻에 어긋나는 일이요, 왕의 몸을 그렇게 처형할 수 없다는 생각에 멈칫거렸다. 이를 본 다모카레스가 그들에게 협박하고 욕을 퍼부으면서 아기스를 교수대로 끌고 갔다.

왕이 체포되었다는 사실을 이미 알고 있었던 많은 시민이 횃불을 들고 감옥 문 앞으로 몰려와 소리쳤다. 그 가운데에는 아기스의 어머니와 할머니도 섞여 있었다. 스파르타의 왕은 시민 앞에서 심문과 재판을 받아야 한다고 그들은 소리치며 간청했다. 그러나 이런 사태가 오히려 민선 장관들이 아기스의 처형을 서두르게 했다. 그들은 늘어난 군중이 밤중에 아기스를 빼돌릴 것이라고 믿었기 때문이었다.

20

아기스는 처형장으로 가는 길에 한 관리가 자신을 동정하여 눈물을 흘리는 모습을 보면서 이렇게 말했다.

"여보게, 울음을 그치게. 저들은 이토록 불의한 방법으로 나를 죽이지만, 나는 나를 죽인 무리보다 고결하다네."

이렇게 말하고 그는 멈칫거림도 없이 밧줄을 목에 걸었다. 암파레스가 감옥 문을 나서자 아기스의 어머니가 그의 발 아래 무릎을 꿇으며 아들과 우정을 나누었던 정분으로 보아 도와 달라고 호소했다. 암파레스는 어머니를 잡고 일으켜 세우며, 아기스는 고통이나 죽음을 겪지 않으리라고 말하면서 아들이 보고 싶으면 함께 들어가자고 말했다.

아기스의 어머니가 들어가면서 그의 할머니도 함께 들어가게 해 달라고 부탁했다. 암파레스는 문제 될 것이 없다고 말했다. 두 여성이 들어오자 암파레스는 문을 잠그게 한 다음 할머니부터 끌고 가 처형했다. 그 여성은 이미 나이가 많았으나 그 나라의 여성들 가운데 크게 존경받고 있었다.

암파레스는 아기스의 할머니를 처형한 다음 어머니를 처형장으로 끌고 오도록 했다. 어머니가 들어와 보니 아들은 이미 처형되었고 할머니는 아직 밧줄에 매달려 있었다. 아기스의 어머니는 형리들을 도와 할머니의 시신을 아들 곁에 나란히 눕히고 다듬은 뒤에 옷으로 덮어 주었다. 어머니가 아들을 껴안고 얼굴에 입을 맞추면서 이렇게 말했다.

"아들아, 네가 이렇게 죽고 우리 또한 이렇게 죽는 것은 네가 남들에게 너무 잘해 주고 점잖았으며, 자비로웠기 때문이었다."

문 앞에 서서 그의 말을 들은 암파레스는 아기스의 어머니에게 분노에 찬 목소리로 이렇게 말했다.

"그대의 생각이 아들의 생각과 같다면, 그대의 운명도 아들과 같게 해 주겠소."

그러자 어머니는 일어서서 스스로 목에 밧줄을 걸며 이렇게 말했다.

"오로지 바라는 것이 있다면, 우리의 죽음이 스파르타에 좋은 일이 되기를……"

21

이 슬픈 소식이 도시에 퍼지고, 장례를 치르려고 세 사람의 시체를 옮기자 시민들은 그동안 일어난 일에 대한 슬픔을 드러내며 레오니다스와 암파레스를 증오했다. 도리아인들이 펠로폰네소스에 들어와 살기 시작한 뒤로 이보다 더 극악무도한

아기스

일은 없었다고 그들은 생각했다.

스파르타의 왕이란, 그들과 싸운 적들조차 전쟁터에서 감히 죽일 엄두를 내지 못하는 존재였다. 그만큼 모두가 그의 권위를 두려워하고 경외했던 것이다. 그런 탓에 스파르타와 그리스 안의 다른 부족 사이에서 갈등이 많았음에도, 스파르타의 왕이 살해된 것은 레욱트라(Leuctra) 전투에서 마케도니아의 필리포스왕의 창에 찔린 클레옴브로토스가 죽은 뒤로는 아기스가 처음이었다.

그러나 메세나(Messena)인들의 말에 따르면, 지난날에도 스파르타의 테오폼포스왕이 부하 장군인 아리스토메네스(Aristomenes)의 손에 죽은 일이 있었다고 한다. 그러나 스파르타인들은 그들의 말을 부인하면서 테오폼포스는 조금 다쳤을 뿐이지 신하의 손에 죽은 것이 아니라고 한다. 그들의 말 가운데 어느 쪽이 맞는지는 잘라 말할 수 없지만, 아기스가 민선 장관의 손에 죽은 첫 스파르타인임은 틀림없다.

아기스는 고귀하고도 값진 개혁의 길을 선택했다. 그의 젊음은 실수를 덮어 주기에 충분하다. 그러나 아기스의 동료들은 그의 정적들을 비난하기보다는 아기스를 비난한다. 그 비난에는 일리가 있다. 왜냐하면 아기스는 죽었어야 할 레오니다스를 살려 주었고, 너무도 선량하고 점잖아 정적들을 믿는 실수를 저질렀기 때문이다.

클레오메네스
CLEOMENES III

기원전 259?~219

스파르타인들은
적군의 수가
얼마인지를 묻지 않고,
다만 그들이 어디에 있는지만
물을 뿐이다.
— 클레오메네스

자신만을 위해 사는 것이 부끄럽듯이
자신만을 위해 자살하는 것도
부끄러운 일이다.
— 클레오메네스

1

[기원전 241년 무렵에] 아기스가 살해되었을 때, 그의 동생 아르키다모스(Archidamos)는 곧바로 도주하여 레오니다스의 손에 잡히지 않았다. 아기스의 왕비인 아기아티스(Agiatis)는 어린 아들을 키우고 있었는데, 레오니다스가 그 여성을 잡아 자기 아들 클레오메네스와 강제로 결혼을 시켰다.

클레오메네스는 결혼하기에 아직 이른 나이였지만, 아기아티스 왕비가 다른 남자와 재혼하는 것을 바라지 않았던 레오니다스는 결혼을 강행했다. 젊은 왕비는 엄청난 재산을 가진 아버지 길리포스(Gylippus)의 상속녀로서 그리스의 어느 여성보다도 아름다웠고 마음씨도 고왔다.

들리는 바에 따르면, 아기아티스는 레오니다스에게 이런 방식의 결혼을 강제로 시키지 말아 달라고 애원했다. 아기아티스가 이 결혼 이후에 시아버지를 미워한 것은 사실이지만, 어린 남편 클레오메네스만큼은 진심으로 사랑한 양처(良妻)였다고 한다.

클레오메네스도 아기아티스를 아내로 맞이한 뒤로 그 여

191   클레오메네스

성을 진심으로 사랑했고, 전남편 아기스에 대한 아내의 추억을 진심으로 동정했다. 그래서 클레오메네스는 아기스의 생애에 관해 자주 묻고, 자신이 꿈꾸었던 개혁안에 대한 아내의 의견을 진지하게 들었다.

이런 일이 아니어도 클레오메네스는 꿈이 컸고 너그러웠으며, 성품을 보더라도 아기스에 못지않게 자제력이 강했고 검소했다. 그러나 그는 아기스의 장점이라 할 수 있는 신중함과 정중함은 갖추지 못했다. 말하자면 그의 천성은 늘 지나친 야심으로 말미암아 자신을 닦달했으며, 명예롭다고 여기는 것에 대해 지나치게 안달했다.

클레오메네스는 군주를 따르는 민중을 다스리는 일이 가장 훌륭한 정치라고 생각했기 때문에, 정치인에게는 지도자를 따라오지 않는 민중을 복종시키고 좀 더 좋은 목표를 향해 그들을 억지로라도 이끌고 가는 일이 중요하다고 생각했다.

2

클레오메네스가 그 무렵 스파르타의 정치 상황을 달갑지 않게 생각한 것은 더 말할 나위도 없다. 민중은 게으름과 환락에 빠져 있었고, 어느 누구도 환락과 사치 속에 묻혀 사는 레오니다스를 막으려 들지 않았다. 결국, 왕은 공무를 전혀 돌보지 않았다. 공익은 무시되고 사람들은 모두 사사로운 이익에만 몰두했다. 아기스가 죽은 뒤로 국방이니 젊은이의 자제력이니 강건함이니 평등이니 하는 말은 입에 담는 것조차 위험한 일이었다.

들리는 바에 따르면, 클레오메네스는 어렸을 적에 보리스테니스(Borysthenis) 출신의 세파이로스(Sephaeros)에게서 철학을 배웠다고 한다. 그 무렵에 세파이로스는 스파르타를 여행하다가 그곳에 머무르면서 젊은이들과 자주 어울리고 있었다. 세파이로스는 키티움(Citium)의 스토아학파 철학자 제노(Zeno)

의 뛰어난 제자였는데, 클레오메네스의 성품을 높이 칭찬하면서 그에게 야망을 크게 불어넣어 주었다. 들리는 바에 따르면, 누군가 옛날의 영웅 레오니다스(Leonidas)[1]에게 물었다.

"시인으로서 티르타이오스(Tyrtaeus)[2]를 어떤 인물이라고 생각합니까?"

그러자 그가 이렇게 대답했다.

"젊은이들의 영혼을 일깨워 주는 훌륭한 분이지요."

참으로 스토아학파의 학자들은 티르타이오스의 시로써 젊은이들에게 고결한 영감을 채워 주었다. 실제로 티르타이오스의 시는 젊은이들을 뜨겁게 고무했으며, 전쟁터에서도 죽음을 아끼지 않도록 이끌었다. 스토아 철학도 이와 닮아 있었다. 이 철학은 신중하고 정중한 이들에게는 좋은 효과를 주었지만, 이미 과격한 품성을 지닌 젊은이들에게는 과도한 열정을 안겨 줄 위험이 있었다.

3

[기원전 235년에] 레오니다스가 죽고 스물네 살의 클레오메네스가 왕위에 올라 보니, 시민들은 도덕적으로나 육체적으로 타락해 있었다. 부자들은 개인의 쾌락과 신분 상승에만 몰두하며 공익을 돌보지 않았고, 가정생활이 비참해진 평민들은 전쟁을 치를 마음도 없었고 고대 스파르타의 기율을 지킬 뜻도 없었다. 클레오메네스는 이름뿐인 왕이었으며, 모든 권력은 민선 장관들의 손안에 잡혀 있었다. 그리하여 그는 곧 현실의

---

1   이 사람은 이 장에 등장하는 레오니다스와는 전혀 다른 그리스의 영웅으로서, 페르시아가 침략했을 때 테르모필라이 계곡에서 항전한 것으로 유명하다.(제7장 「테미스토클레스전」, §9 참조)

2   티르타이오스는 기원전 7세기 중엽에 살았던 스파르타의 시인이다. 전쟁으로 얼룩진 혼란기를 보낸 그는 스파르타 청년들에게 기백을 불어넣어 주는 시를 많이 썼다. 제3장 「리쿠르고스전」(§6)에 그의 애국시가 실려 있다.

클레오메네스

상황을 뒤바꿔 보기로 했다.

그런 클레오메네스에게 크세나레스(Xenares)라는 친구가 있었다. 그들은 서로 '사랑을 나누는' 사이였는데, 스파르타인들은 이들을 '영감을 불어넣어 주는 사람(inspirer)'이라고 부른다. 왕은 그의 의향을 떠보고 싶어 이렇게 물었다.

"아기스왕은 어떤 인물이었으며, 어떤 방법을 쓰고 어떤 이들의 도움을 받아 개혁을 추진하다가 끝내 그런 운명을 겪게 되었는가?"

처음에는 크세나레스도 기쁜 마음으로 그 일을 회상하면서 길고 자세하게 아기스의 이야기를 들려주었다. 그러자 클레오메네스는 아기스의 이야기에 남다른 관심을 보이면서 그의 개혁 정책에 깊이 감동한 듯 그 이야기를 묻고 또 물었다.

이에 크세나레스는 화난 목소리로 왕을 비난하면서 아기스의 개혁을 본받으려는 것은 미친 짓이라고 지적한 다음, 다시는 찾아와 이야기를 나누지 않았다. 그러나 크세나레스는 왜 자신이 왕과 헤어졌는지를 누구에게도 말하지 않은 채, 그 이유는 왕이 잘 알고 있다고 말했다.

크세나레스의 생각이 자기와 다르고, 다른 사람들도 모두 그런 생각을 하고 있다는 사실을 안 클레오메네스는 자신의 개혁을 홀로 추진하기 시작했다. 이런 계획은 나라가 조용할 때보다는 전쟁이 일어났을 때 추진하기 쉽다고 판단한 그는 스파르타를 아카이아족 사이의 분쟁으로 몰고 갔다. 그 무렵 아카이아족은 분쟁을 일으킬 만한 빌미를 스파르타에 제공하고 있었다. 아카이아족의 가장 유력한 인물인 아라토스가 전부터 펠로폰네소스반도의 여러 나라를 하나의 동맹으로 통일시키고 싶어 했기 때문이었다.

그것은 아라토스가 장군으로 있는 동안에 추구하던 오랜 정치적 목표였다. 그는 이런 동맹이 있어야 외부의 침략에서 자신들을 보호할 수 있다고 생각했으며, 모든 펠로폰네소스 국가도 그와 같은 생각을 하고 있었다. 그러나 스파르타인과 엘레이아(Eleia)인과 스파르타의 지배를 받고 있던 아르카디아(Arcadia)인들은 그렇게 생각하지 않았다.

그런 까닭에 레오니다스가 죽자 아라토스는 아르카디아인을 괴롭히고, 지난날 아카이아의 영토였던 지역을 약탈하기 시작했다. 아라토스는 이런 도발로 스파르타인들을 시험해 보고 싶어 했으며, 젊고 경험이 없는 클레오메네스를 무시했다.

4

이런 상황에서, 민선 장관들은 클레오메네스를 보내 벨비나(Belbina)의 아테네 신전 지역을 공격하도록 함으로써 작전을 시작했다. 그곳은 라코니아(Laconia)로 들어가는 입구여서 그 무렵에 메갈로폴리스인들과 영유권 분쟁이 일어나던 지역이었다.

클레오메네스는 오래전에 이곳을 장악하고 요새화한 적이 있던 터라 아라토스는 이에 대하여 항의하지 않았지만, 밤을 틈타 군대를 이끌고 테게아와 오르코메노스(Orchomenos)를 기습했다. 그러나 조국을 배신하고 그곳을 넘겨주기로 했던 무리가 겁을 먹고 약속을 지키지 않아 아라토스는 자기의 계획이 발각된 줄 알고 되돌아왔다. 그러자 클레오메네스는 친구로서 비꼬듯이 편지를 보내 물었다.

"그대는 밤중에 어디를 다녀오셨나요?"

이에 아라토스는 다음과 같은 답장을 보냈다.

"그대가 벨비나를 요새화하려 하여 그것을 막으려고 다녀왔습니다."

그러자 클레오메네스가 다시 답장을 썼다.

"나는 그대의 말이 사실이라고 믿습니다. 그러나 그대가 하고자 한 일이 그것뿐이라면 무슨 이유로 횃불과 사다리를 가져왔는지 나에게 말해 줄 수 있겠소?"

편지를 받은 아라토스는 그런 농담조의 글에 웃음을 터뜨리며 옆 사람에게 물었다.

"도대체 이 젊은이는 어떤 사람인가?"

그러자 스파르타에서 추방되어 그곳에 와 있던 다모크라테스(Damocrates)가 이렇게 대답했다.

"장군께서 그 스파르타 청년을 어떻게 하시려면 어린 수탉의 발톱이 다 크기에 앞서 서두르시지요."

이런 일이 있은 뒤, 클레오메네스는 소수의 기병대와 보병 3백 명을 이끌고 아르카디아로 원정을 떠났다. 그러자 전쟁이 일어나는 것이 두려웠던 민선 장관들이 그에게 귀국 명령을 내렸다. 그가 돌아오자 이번에는 아라토스가 카피아이(Caphyae)를 침공했고, 민선 장관들은 다시 클레오메네스를 파견했다. 클레오메네스는 메티드리움(Methydrium)을 점령하고 아르골리스(Argolis)의 영토로 진격했다. 그러자 아카이아족은 아리스토마코스(Aristomachos)를 사령관으로 삼아 2만 명의 보병으로 반격해 왔다.

클레오메네스는 팔란티움(Pallantium)에서 그들을 만나 전투에 들어갔다. 그러나 클레오메네스의 용맹에 기가 죽은 아라토스는 아리스토마코스가 전쟁에 질 것을 두려워하여 군대를 철수했다. 이 일로 말미암아 아라토스는 아카이아족의 비난을 받았고, 5천 명도 안 되는 스파르타 군사들의 조롱거리가 되었다. 사기가 크게 오른 클레오메네스는 당당하게 시민들 앞에 나타나 지난날 그들의 선대왕 아기스 2세(Agis II)의 말을 조금 바꾸어 이렇게 말했다.

"스파르타인들은 적군의 수가 얼마인지를 묻지 않고, 다만 그들이 어디에 있는지만 물을 뿐이다."[3]

3   아기스 2세는 이렇게 말한 적이 있다. "스파르타인들은 적군의 수가 얼마인지 묻지 않고, 어디에 있느냐고 묻지도 않는다."(플루타르코스, 『도덕

5

이런 일이 있고 나서, 클레오메네스는 아카이아족의 침략을 받고 있는 엘레이아인들을 도우러 출전했다. 그는 리카이움 (Lycaeum)산에서 퇴각하던 적군을 만나 크게 깨부수고 많은 병사를 죽이거나 사로잡았다. 그리스인들 사이에서는 아라토스가 죽었다는 헛소문까지 퍼졌다.

이런 소문을 기회 삼아 아라토스는 패배한 바로 뒤에 만티넬라(Mantinela)로 진격하여 그 도시를 장악함으로써 모든 사람을 놀라게 했다. 이에 크게 실망한 스파르타인들은 클레오메네스가 더 이상 전쟁을 계속하지 못하도록 했다.

이에 클레오메네스는 메세네(Messene)에 나가 있던 아기스왕의 동생 아르키다모스를 불러들이기로 결정했다. 왕실의 적통(嫡統) 후계자인 아르키다모스가 돌아와 민선 장관에 대한 반대 세력을 형성하면 그들의 세력과 대등해질 수 있으리라고 판단했기 때문이었다. 그러나 아기스를 죽인 무리는 클레오메네스의 의중을 알고 있었다. 그들은 아르키다모스가 돌아오면 자기들이 처벌받으리라는 것이 두려웠다.

그리하여 반역자들은 아르키다모스가 비밀리에 입국하는 것을 도와주는 척하다가 기습적으로 살해했다. 필라르코스의 말처럼, 클레오메네스는 그와 같은 음모에 반대했으리라 여겨지지만, 어쩌면 클레오메네스는 그 불쌍한 아르키다모스를 암살자들에게 넘겨주라는 동지들의 말에 설득되었을 수도 있다. 그리하여 그의 동지들은 많은 비난을 받았다. 민중은 그들이 클레오메네스를 압박했을 것이라고 생각했다.

6

나라를 곧 개혁하리라고 결심한 클레오메네스는 자기가 전쟁

론』, § 190, 215)

터에 나갈 수 있도록 해 달라고 민선 장관들에게 뇌물을 주었다. 그는 또한 어머니 크라테시클레이아(Cratesicleia)의 도움을 받아 많은 시민을 자기편으로 끌어들였다. 크라테시클레이아는 여러 가지 방법으로 아들을 도우면서 그의 야심을 지지해 주었다. 흔히 들리는 바에 따르면, 그 어머니는 재혼할 뜻이 없었지만, 아들을 돕고자 스파르타 시민 가운데 가장 영향력이 크고 명망이 높은 남자와 재혼했다.

그리하여 클레오메네스는 군대를 몰고 나가 메갈로폴리스의 요충지인 레욱트라를 점령했다. 이에 아카이아족은 아라토스를 사령관으로 삼아 동맹국을 위해 클레오메네스를 막으려고 서둘러 달려왔다. 클레오메네스는 도시의 성 밑에 진영을 차렸으나 패배했다.

아라토스는 아카이아 병사들에게 깊은 협곡을 건너지 못하도록 하고 추격을 멈추었다. 이를 못마땅하게 여긴 메갈로폴리스 출신의 장군 리디아다스(Lydiadas)는 기병대를 이끌고 달려 나가 넝쿨이 우거지고 습지가 많은 벼랑까지 스파르타 병사를 몰아넣었다. 그러나 리디아다스의 병사들은 여기에서 대오가 흩어지면서 혼란에 빠져 위험하게 되었다.

이를 본 클레오메네스가 타렌툼과 크레타의 병사를 투입하니 리디아다스는 장렬하게 싸우다가 죽었다. 이 전투에서 사기를 되찾은 스파르타 병사들은 고함치며 아카이아족을 공격하여 전멸시켰다. 많은 적군이 죽었는데, 그들의 요청에 따라 클레오메네스는 적군의 시신을 돌려주었다.

클레오메네스는 리디아다스의 시체를 가져오게 하여 자주색 수의를 입히고 머리에는 왕관을 씌운 다음 메갈로폴리스의 성문으로 돌려보냈다. 독재자의 자리를 포기하고 시민에게 자유를 돌려주었으며, 메갈로폴리스를 아카이아 동맹에 가입하도록 한 인물이 바로 리디아다스였기 때문이었다.

이 전투에서 승리한 뒤 더욱 용기를 얻은 클레오메네스에게
누군가 설득하기를, 아카이아족과의 전쟁을 통하여 모든 정사
를 장악할 수 있다면 개혁을 쉽게 추진할 수 있을 것이라고 말
했다.

이에 클레오메네스는 자신의 의붓아버지인 메기스토노
우스(Megistonoüs)를 만나, 민선 장관들을 몰아내고 시민이 재
산을 공유하게 함으로써 전처럼 평등한 스파르타를 만들자고
말했다. 그러면 사기가 높아진 스파르타가 그리스의 주도권을
잡을 수 있다는 것이었다. 메기스토노우스도 이를 확신하여
두세 명의 친구를 불러 뜻을 합쳤다.

이러는 과정에서 한 민선 장관이 파시파에 신전에서 잠을
자다가 놀라운 꿈을 꾸었다. 곧 그가 민선 장관들의 집무실에
서 정무를 처리하고 있는데, 다섯 개의 의자 가운데 네 개가 사
라지고 하나만 남아 있었다. 그가 놀라 바라보고 있을 때, 신전
에서 의자를 줄이는 것이 스파르타에 좋은 일이라는 목소리가
들려왔다. 민선 장관은 꿈 이야기를 클레오메네스에게 들려주
었다.

민선 장관의 말을 듣자 클레오메네스는 자기의 계획이 발
각된 줄 알고 몹시 당황했다. 그는 민선 장관이 자기를 떠보려
고 그런 말을 하는 줄로 알았다. 그러나 민선 장관이 진심으로
하는 말임을 안 클레오메네스는 오히려 자기의 계획에 대하여
용기를 얻었다.

이에 클레오메네스는 자기의 계획에 가장 적극적으로 반
대한다고 여겨지는 모든 무리를 데리고 헤라이아(Heraea)와 알
사이아(Alsaea)라는 두 도시를 점령했다. 이 도시들은 아카이
아 동맹의 회원국이었다. 이어서 그는 오르코메노스에 양곡을
보내 주고 만티네이아(Mantineia)에 진영을 차린 다음, 그곳에
서부터 이리저리 병사를 끌고 다녔다.

이에 지친 스파르타의 반대파들이 차라리 아르카디아에 남게 해 달라고 클레오메네스에게 간청했다. 그에 따라 클레오메네스는 용병만을 데리고 스파르타로 돌아옴으로써 반대파들을 해외에 떨궈 놓는 데 성공했다. 돌아오는 길에 그는 자신의 개혁안에 가장 호의적인 사람들에게 속내를 털어놓으면서 민선 장관들의 저녁 식사 시간에 그들을 덮치기 위해 천천히 행군했다.

8

도시에 가까이 온 클레오메네스는 막료인 에우리클레이데스(Eurycleides)를 민선 장관의 공동 식사 자리에 보냈다. 마치 왕이 그들에게 어떤 소식이라도 보낸 듯한 모습이었다. 이때 클레오메네스와 어린 시절 함께 자란 헬로트(Helot)족 노예 출신의 친구(*mothakes*)[4]인 테리키온(Therycion)과 포이비스(Phoebis)가 몇 명의 병사를 데리고 함께 들어갔다.

에우리클레이데스가 민선 장관들에게 보고하는 척하는 동안 그들은 칼을 빼어 민선 장관을 찔렀다. 첫 번째로 칼을 맞은 아길라이오스(Agylaios)는 쓰러져 죽은 척하다가 조용히 몸을 이끌고 방을 빠져나와 남의 눈에 띄지 않게 공포의 신전(Temple of Fear)이라고 부르는 작은 방으로 기어 들어갔다.

그곳은 늘 닫혀 있었는데 그날따라 우연히 열려 있었다. 아길라이오스는 이 방으로 들어간 뒤 안에서 문을 잠갔다. 나

---

4   스파르타인들은 아이를 낳으면 농노의 자식들과 친구를 맺어 함께 자라게 함으로써 인간의 존엄을 가르쳤다. 농노의 아내를 유모로 두는 경우도 있었고, 지식을 갖춘 노예를 스승으로 두는 경우도 흔했다. 이들은 평생의 지우(知友)가 되는데 이를 모타케스(*mothakes*)라고 불렀다. 그들은 성장하면 자유인이 되었으나 시민권을 얻지는 못했다. 이런 제도는 유럽의 귀족 사회에서 꽤 오랫동안 지속되어 중·근세까지 내려왔는데, 그 대표적인 가문이 몽테뉴(Michel de Montaigne)였다. 그리스어로는 모탁스(*mothax*)라고 하는데 본디는 '이복형제'라는 뜻이었다.

머지 네 명의 민선 장관과 그를 도우러 들어왔던 여남은 명의 무리도 칼을 맞고 죽었다. 자객들은 조용히 있던 시민들은 죽이지 않았으며, 그들이 도시를 빠져나갈 때도 막지 않았다. 그 다음 날 신전을 빠져나온 아길라이오스도 목숨을 건졌다.

9

지금도 스파르타에는 '죽음의 신전', '웃음의 신전' 그리고 '공포의 신전' 등이 있다. 그들이 '공포의 신전'에 경배를 드리는 이유는 그들이 악령(惡靈)을 두려워해서가 아니다. 공포가 민주 정치의 중요한 버팀목이라고 믿기 때문이다. 아리스토텔레스(Aristoteles)의 글에 따르면, 그런 연유로 민선 장관들은 취임할 때 이렇게 선언한다고 한다.

"콧수염을 깎고 법을 지켜라. 그리하면 법은 그대들에게 가혹하지 않으리라."

그들은 수염을 깎으라고 주장하는데, 내가 보기에, 그 목적은 젊은이들이 하찮은 일에도 복종하는 습관을 기르도록 하려는 것이다. 그곳의 장년들은 용맹을 공포가 사라진 상태로 보지 않았다. 오히려 그들은 용맹을 비난받을 지 모른다는 공포 및 수치심을 향한 두려움과 연결했던 것 같다. 이와 같이, 법을 가장 두려워하는 자는 적 앞에서 가장 용맹하며, 죽음을 두려워하지 않는 자는 불명예를 두려워한다. 그래서 키프로스의 스타시노스(Stasinos)는 이런 말을 한 적이 있다.

두려움이 있는 곳에 위엄이 있노라.
(플라톤, 『예언』, §12; 킨켈 엮음, 『에피쿠로스의 그리스 단편』 I : 30)

이와 관련하여 호메로스의 글에서 헬레노스(Helenos)는 시아버지 프리아모스에게 이렇게 말했다.

클레오메네스

아버님,
저는 아버님을 존경하옵고
또한 두려워하나이다.

(『일리아스』, III : 172)

이어서 그는 이렇게 말하고 있다.

장군들에 대한 두려움으로
말없이 따라가고 있었다.

(『일리아스』, IV : 431)

이처럼 사람들은 자기가 두려워하는 대상을 가장 존경하는 경향이 있다. 그런 이유로, 스파르타인들은 민선 장관들에게 거의 절대적인 권력을 준 다음, 그들의 공동 식당 곁에 '공포의 신전'을 세웠다.

10

다시 클레오메네스의 이야기로 돌아가 보면, 날이 밝자 그는 추방되어야 할 사람 80명의 이름을 발표하면서 민선 장관의 좌석을 하나만 남기고 모두 없애 버렸다. 그는 남겨 놓은 한 자리에서 자신이 공무를 처리하고자 했다. 그런 다음 그는 군중 집회를 소집하고 자신의 개혁안을 변론했다. 그는 이렇게 말했다.

"리쿠르고스는 원로원과 왕에게 권력을 나누어 주었고, 이런 방법으로 이 나라는 더 많은 관리 없이도 오랫동안 잘 경영되어 왔습니다. 그러나 시간이 흘러 메세니아와의 전쟁이 길어지고, 그로 말미암아 두 왕이 원정을 떠났습니다. 이때 정치 문제를 원로원에게만 맡겨 둘 수 없어 시민들이 정치에 참여하게 되었습니다.

그렇게 하여 정치에 참여한 시민들을 민선 장관(Ephor)이라고 불렀습니다. 후견인(guardian)의 의미로 시작된 이 직위는 처음에는 왕의 보좌관에 지나지 않았습니다. 그러나 그들은 조금씩 자기들의 손안에 권력을 넣었고, 시나브로 오늘날의 지위를 확보하기에 이른 것입니다. 그러한 증거의 본보기를 들어 본다면, 민선 장관들이 왕을 부르면 왕은 첫 번째와 두 번째 부름에는 나가지 않다가 세 번째 부름을 받고서야 일어서서 가는 관습을 들 수 있습니다.

민선 장관에게 무거운 권한을 주고 또 이를 확대한 사람은 여러 세대가 지난 뒤에 나타난 아스테로포스(Asteropos)라는 민선 장관이었습니다. 민선 장관들이 자기들의 분수를 지킬 때는 민선 장관이 좋은 제도였습니다. 그러나 민선 장관 제도가 고대의 정부 형태를 벗어나 어떤 왕을 몰아내고 어떤 왕을 재판도 없이 죽일 정도로 확대됨으로써 스파르타인들이 가장 공정하고도 신성하게 채택한 제도를 위협하게 되었습니다.

이제 민선 장관은 더 이상 유지할 만한 제도가 아닙니다. 한 방울의 피도 흘리지 않고 사치와 방종과 채무와 고리대금과 같이 외국에서 들어온 저주스러운 제도와 그보다 더 오래된 가난과 부자의 죄악을 몰아낼 지도자가 있다면, 그는 지혜로운 의사와 마찬가지로, 고통 없이 이 나라의 질병을 고칠 수 있으며, 이 세상에서 가장 위대한 성군(聖君)이 될 수 있다고 나는 생각합니다.

나에게 부과된 이와 같은 개혁의 필요성을 강조하면서 나는 리쿠르고스의 사례를 들고자 합니다. 그는 왕도 아니었고 고위 관리도 아니었지만, 개인의 몸으로 무장한 수행원들을 거느리고 광장으로 달려가니 카릴라오스(Charilaos)왕은 놀라 신전 안으로 몸을 피했습니다. 그러나 왕은 리쿠르고스가 유능한 인물이요 조국을 사랑하는 사람이라는 것을 알고, 그의 개혁을 받아들인 뒤에 제도의 개혁을 받아들였습니다. 사실

클레오메네스

리쿠르고스는 폭력과 공포가 없이 제도를 개혁한다는 것이 얼마나 어려운 일인가를 행동으로 잘 보여 주었습니다.

이와 마찬가지로 나는 최대한으로 무력을 자제하면서 스파르타를 구원하는 데 반대되는 사람을 제거했습니다. 그 밖의 모든 사람에게는 토지와 재산을 공동으로 분배하고 채무를 모두 탕감할 것이며, 외국인은 심사를 거쳐 스파르타의 시민권을 부여함으로써 그들의 힘으로 조국을 지키는 데 도움이 되도록 하겠습니다. 그리하여 조국을 지킬 사람이 없어 스파르타가 아이톨리아족이나 일리리아(Illyria)족의 전리품이 되는 일이 없도록 합시다.”

11

그런 다음 클레오메네스가 먼저 자기 재산을 모두 국가에 헌납했고, 의붓아버지 메기스토노우스와 그의 친구들도 그렇게 했다. 모든 시민이 재산을 헌납함으로써 토지는 균등하게 재분배되었다. 그는 자신이 추방한 사람들에게도 토지의 평균 몫을 나누어 주었으며, 사태가 조용해지면 그들의 귀국을 허락하겠노라고 약속했다.

클레오메네스는 또한 자유로운 지방에서 뛰어난 인물을 뽑아 시민권을 주었고, 4천 명의 병사를 뽑아 이제까지 쓰던 짧은 창 대신에 두 손으로 쓰는 긴 창의 사용을 가르쳤으며, 손잡이를 잡고 쓰던 방패 대신 끈으로 팔에 묶는 방패를 갖도록 했다.

그런 다음 클레오메네스는 젊은이들의 교육에 힘을 쏟으면서 이른바 ‘아고게(Agoge)’라는 전통적인 고대의 수련법을 가르쳤는데,(제21장 「아게실라오스전」, § 1) 그 무렵 스파르타에 와 있던 보리스테니스 출신의 세파이로스가 그를 도와 그 세부적인 것을 가르치는 데 도움을 주었다.

클레오메네스는 신체 단련을 위한 제도와 공동 식당 제도

도 재빨리 다시 열었다. 몇몇 사람은 마지못해 따랐지만, 대부
분의 사람이 자발적으로 검소한 스파르타의 옛날 제도에 순응
했다. 그러면서 클레오메네스는 자기의 절대 왕권이 그리 지
나치지 않은 것으로 보이도록 하고자 아우인 에우클레이다스
(Eucleidas)와 왕권을 나누어 가졌다. 이는 스파르타 역사상 같
은 가문에서 두 명이 공동 왕위에 올랐던 유일한 시대였다.

12

이와 같은 상황에서 아라토스와 아카이아인들은 스파르타에
서 일어나고 있는 개혁으로 말미암아 정국이 마비되어 클레오
메네스의 입지가 위태로울 것이며, 외국의 일에 신경 쓸 겨를
도 없으려니와 국내적으로 긴장이 고조된 상황에서 위험을 무
릅쓰고 자기 나라를 떠날 형편이 되지 않을 것이라고 믿었다.

클레오메네스는 그와 같은 적국의 판단을 정확히 읽고 적
국에 스파르타 병사들의 전의(戰意)를 보여 주기로 했다. 이에
클레오메네스는 적국의 상황 판단의 허점을 찔러 메갈로폴리
스의 영토를 침략하여 많은 전리품을 약탈하고 그곳의 넓은
지역을 황폐하게 만들었다.

돌아오는 길에 클레오메네스는 공연을 마치고 메세네에
서 돌아오는 연극단을 붙잡은 뒤 적국의 영토에 극장을 세우
고 40미나(mina)[5]의 상금을 걸고 공연을 시킨 다음 온종일 그
곳에 앉아 구경했다. 그러나 그가 이렇게 한 것은 연극을 보고
싶어서가 아니라 적군을 모욕하고 싶어서였다. 그는 지금 자
기가 장악하고 있는 국가를 얼마나 우습게 여기고 있는지 세
상에 슬쩍 보여 주고 싶었다.

평소에 그리스 도시 국가들 가운데 스파르타와 마케도니
아의 군대는 연극이나 요술쟁이나 춤꾼이나 악기 연주자를 데

5   1미나는 60분의 1탈렌트이고, 1백 드라크마에 해당한다.

리고 다니지 않았으며, 그들의 욕망을 쏟아 낼 매춘(賣春)이나 축제를 허용하지도 않았다. 대부분의 시간에 청년들은 스스로 심신을 단련했고, 어른들은 그들을 가르쳤으며, 일과가 끝나고 놀이를 할 때면 스파르타인 특유의 재담을 나누면서 평소에 쓸 사교적인 용어를 익히곤 했다. 이런 놀이가 얼마나 유익한 것이었냐에 관해서는 「리쿠르고스전」(§ 12)에서 이야기한 바 있다.

13

이런 모든 일에서 클레오메네스는 스스로 모범을 보였다. 그의 생활 양식은 단순하고 솔직했으며, 평민들보다 잘난 체하지 않음으로써 모범적인 자제력을 보여 주었다.

이와 같은 그의 삶은 그리스 안의 다른 도시 국가들을 다루는 데 큰 도움을 주었다. 지난날 다른 왕을 알현할 때, 시민들은 왕의 엄청난 재산과 사치보다는 오히려 왕이 손님에게 보여 주는 거칠고 공격적인 대답에서 느끼는 오만함에 대한 혐오감으로 가득 찼었다.

그러나 흠결 없이 등극한 왕이었던 클레오메네스는 손님이 찾아오면 호화롭게 자주색 외투를 입거나 목도리를 두르지 않고, 침상을 호화롭게 늘어놓지도 않았으며, 민원인이 찾아오면 비서나 문지기를 거치게 하든가 서류로 꾸며 가져오라는 따위의 말로 괴롭히거나 시간을 끌지도 않았다.

클레오메네스는 평소 입던 대로 입고 손수 나와 방문객의 인사에 응답하고, 자기의 도움이 필요한 사람과 넉넉한 시간을 두고 이야기를 나누며, 그들을 친절하게 대접하여 즐거운 마음으로 돌아갈 수 있도록 해 주었다. 시민들은 그에게 매혹되어 완전히 경복(敬服)하면서, 클레오메네스야말로 헤라클레스의 유일한 후손이라고 장담했다.

클레오메네스는 늘 의자가 세 개 놓여 있는 식당에서 식사했는데, 매우 검소한 스파르타식의 식단이었다. 물론 외국의 사절이나 손님처럼 대접할 친구를 만날 때면 의자를 두 개 더 놓고 더 화려하게 차렸지만, 향료나 설탕 절임을 쓰지 않았으며 조금 더 넉넉한 식사와 맛 좋은 포도주를 내놓는 정도였다.

어느 친구가 외국 손님을 대접하며 공동 식당에서 검은 국과 보리빵을 내놓았다는 말을 들은 클레오메네스는 그 친구를 나무라면서 이렇게 말했다.

"외국 손님을 대접할 때는 이런 식으로 너무 딱딱하게 스파르타식만 따르지 말게."

식사를 마치면 세발탁자가 나오고, 그 위에 포도주를 가득 채운 놋 주전자와 1파인트(pint)[6]짜리 은접시 두 개와 은잔이 나온다. 몇몇 사람의 말에 따르면, 손님들은 마시고 싶은 만큼만 마셨다. 아무도 억지로 권하지 않았다고 한다.

음악은 없었지만 손님들은 섭섭해하지 않았다. 왜냐하면 클레오메네스의 이야기가 손님들을 즐겁게 해 주었기 때문이었다. 이것저것 물으며 이야기를 이끌어 가는 그는 불쾌감을 줄 정도로 진지하지도 않았고, 재치가 넘쳐 손님들을 매혹했다. 그가 다루는 화제는 전혀 오만하지 않았다.

다른 왕들은 손님의 환심을 사려고 선물이나 뇌물을 주어 그들을 타락하게 했지만, 클레오메네스는 그런 방법이 세련되지도 않을뿐더러 공의롭지도 않은 것으로 생각했다. 그가 보기에, 기쁨과 신뢰를 심어 주는 대화와 교감을 통해 손님들을 감동시키고 자기 사람으로 만드는 방법이 가장 고결하고 왕의 품위에 걸맞았다. 이는 돈만 주면 아무 짓이나 하는 사람과 진정한 친구만큼의 차이였다. 용병(傭兵)이 돈만 보고 따르는 것과는 달리, 친구는 성품으로써 상대의 마음을 사로잡아야 한다고 그는 생각했다.

6   1파인트는 0.57리터이다.

14

그런 일이 있은 뒤, 처음으로 만티네이아인들이 클레오메네스에게 도움을 요청했다. 그는 밤중에 만티네이아로 쳐들어가 아카이아의 수비대를 몰아내고 그곳을 장악했다. 그는 만티네이아인들의 법과 제도를 회복해 준 다음, 그날 테게아로 떠났다. 그 뒤 얼마 지나지 않아 클레오메네스는 아르카디아를 우회하여 페라이(Pherae)의 아카이아로 들어갔다.

클레오메네스는 아카이아족이 나와 싸우든가 아니면 아라토스가 불명예스럽게 도주하여 그 나라를 버리게 하고 싶었다. 그 무렵 이 도시의 지도자는 히페르바타스(Hyperbatas)였지만, 아라토스가 아카이아 동맹의 모든 권력을 쥐고 있었다. 더욱이 아카이아족이 모든 병력을 이끌고 도시를 벗어나 헤카톰바이움(Hecatombaeum) 가까이 있는 디마이(Dymae)에 진영을 차리자 클레오메네스는 곧 그들을 추격했다.

그러나 자신에게 적대적인 디마이와 아카이아의 진영 사이에 자신의 진영을 차리는 것은 좋지 않다고 생각한 클레오메네스는 곧장 아카이아 병사를 공격하며 전투에 들어갔다. 그 전투에서 클레오메네스는 적군의 밀집 대형을 부수고 많은 병사를 죽이거나 포로로 잡았다. 그리고 그는 랑곤(Langon)으로 진격하여 아카이아의 수비대를 몰아내고 그 도시를 엘리스(Elis)인들에게 돌려주었다.

15

아카이아족이 완전히 패배하자, 아라토스는 많은 사람의 만류와 청원을 뿌리치고 마침 한 해 걸러 맡게 되어 있던 사령관 직에서 물러났다. 그러나 나라가 풍랑을 만나 어려울 때 남에게 키를 넘겨줌으로써 직분을 저버린 것은 지혜로운 처사가 아니었다. 그러는 가운데 클레오메네스는 아카이아의 사절에게 너그러운 강화 조건을 제시하리라고 생각했지만, 도중에 마음이 바뀌어 다른 사절을 보내 이렇게 말했다.

"그리스 안의 모든 지휘권을 나에게 넘겨주기 바란다. 그러면 다시는 그대들에게 전쟁을 일으키지 않을 것이며, 포로와 근거지를 돌려줄 것이다."

그런 조건을 받아들이고서라도 문제를 해결하고 싶었던 아카이아족은 클레오메네스를 레르나로 초대하며 그곳에서 회담하자고 제안했다. 그러나 무리하게 행군한 데다가 물을 잘못 마셔 많은 피를 토하고 말을 할 수 없게 된 클레오메네스는 포로로 잡혀 있던 유력 인사들을 돌려보내고 회담을 연기한 다음 스파르타로 돌아왔다.

16

이 사건은 그리스를 멸망으로 이끈 원인이 되었다. 그때까지만 해도 그리스는 비참한 역경에서 벗어나 마케도니아의 탐욕과 오만에서 살아남을 수 있었다. 아라토스는 조국의 이익을 팽개치고 스파르타와의 휴전을 방해했다. 그 원인이 무엇인지는 알 수 없지만, 아마도 클레오메네스를 믿지 못하고 두려워했거나, 그의 놀라운 공적을 시샘했거나, 아니면 한 젊은 왕의 벼락출세로 33년에 걸쳐 쌓아 올린 자신의 명성과 세력이 무너지고 결과적으로 자신의 권위가 무너지는 것을 끔찍하게 생각했기 때문이었을 것이다.

클레오메네스의 용맹함에 풀이 죽은 민중이 자신을 따르지 않고, 심지어 펠로폰네소스를 고대의 영광스러웠던 시대로 되돌리겠다는 스파르타인들의 주장까지 받아들이고 있음을 목격한 아라토스는 그리스인이라면 누구도 해서는 안 될 일을 저지르고 말았다.

그것은 아라토스 자신에게도 가장 치욕적인 일이었고, 군인이자 정치가인 그의 생애에서 가장 가치 없는 짓이었다. 아라토스가 저지른 잘못이란 곧 그가 마케도니아의 왕 안티고노

스 도손(Antigonos Doson)을 그리스로 불러들임으로써 펠로폰
네소스 지역을 마케도니아 병사들로 가득 채웠다는 사실이었
다.

아라토스도 젊었을 적에 마케도니아를 몰아내고자 싸운
적이 있었고, [기원전 243년에] 그들의 세력에서 아크로코린토스
(Acrocorinthos) 요새를 해방시킨 적도 있었다. 아라토스는 마케
도니아의 모든 왕을 의심하거나 적군으로 생각했다. 그가 후
세에 남긴 회고록을 보면 이와 관련된 안티고노스의 죄상이
수도 없이 언급되어 있다.

그 글에서 남기고 있는 바와 같이, 지난날에는 마케도니
아의 수비대에 맞서 자신의 도시를 구출하고자 아테네를 위해
온갖 위험과 고초를 겪은 아라토스였다. 그런 그는 이제 와서
무장한 마케도니아 병사를 조국과 가정에 불러들였고, 심지어
자기 아녀자들의 숙소에까지 불러들였다.

헤라클레스의 후손인 클레오메네스는 마치 퇴폐적인 노
래와 같은 구태의연한 정치 체계를 바꾸려 했다. 그가 바라는
새 모습은 예전에 리쿠르고스가 수립했던 방식과 같았다. 바
로 절제를 미덕으로 하는 도리아식의 법과 생활 양식이었다.
그러나 아라토스는 이런 변화를 추구하는 스파르타의 왕을 그
리스의 도시 국가인 시키온(Sicyon)과 트리타이아(Tritaea)의 지
도자로 받아들일 수 없었다.

스파르타식의 보리빵과 짧은 외투를 거부한 아라토스는
클레오메네스가 사유 재산을 파괴하고 빈곤을 부활시키는 악
행을 저질렀다고 여겼다. 결국, 그는 이 모든 변화를 막고자 마
케도니아의 왕관과 자주색 외투와 아시아인들의 전제 정치 앞
에 자신과 모든 아카이아족을 던져 버렸다. 클레오메네스에게
복종할 뜻이 없었던 아라토스는 머리에 화관을 쓴 채 결핵으
로 핏기 없이 죽어 가는 안티고노스에게 제물을 바치면서 찬
가를 불렀다.

내가 지금 이런 글을 쓰고 있다 하여 아라토스를 비난하고 싶은 생각은 없다. 어느 모로 보나 그는 진정한 그리스인이었고 위대한 인물이었다. 그러나 아무리 고결하고 덕망 높은 인물이라 하더라도 아무런 실수도 없이 오로지 훌륭하게만 살 수 없다는 것을 보노라면, 인간의 천성이 얼마나 나약한 것인가에 대하여 연민을 품지 않을 수 없다.

17

아카이아족이 회담을 위해 다시 아르고스로 오고 클레오메네스도 테게아에서 오자 모든 사람이 이제 평화가 오리라는 희망에 부풀었다. 그러나 이미 안티고노스와 일을 꾸미고 있던 아라토스는 클레오메네스가 이미 압승했거나 민중을 압박하여 모든 일을 자기 뜻대로 처리하지나 않을까 두려웠다.

그래서 아라토스는 3백 명의 인질을 보낼 터이니 클레오메네스가 혼자 성으로 들어와 담판하거나, 아니면 킬라라비움(Cyllarabium)이라고 하는 운동장으로 오면 거기에서 마중하겠노라고 제안했다.

이 말을 들은 클레오메네스는 아라토스가 자기에게 실수하는 것이라고 선언했다. 왜냐하면 이런 일은 회담을 제안할 때 이미 자기에게 말했어야 할 일이며, 벌써 성문 앞까지 온 상황에서 그런 말을 하는 것은 사람을 의심하여 되돌려 보내려는 짓이라고 생각했기 때문이었다.

이 문제와 관련하여 아라토스는 군중 앞에서 오랜 시간에 걸쳐 클레오메네스를 비난했다. 이 일이 있은 뒤, 클레오메네스는 서둘러 진지를 해체하고 아르고스가 아닌 아이기움(Aegium)을 공격하겠노라고 선전 포고를 했다. 아라토스의 말을 빌리면, 클레오메네스가 그런 선택을 한 것은 아르고스가 이미 전쟁에 대비하고 있음을 알았기 때문이었다고 한다.

이런 일이 벌어지자 아카이아족 사이에 소란이 일어나고

도시는 봉기를 일으키려 했다. 평민들은 농지의 분배와 빚의 탕감을 기대하고 있었고, 지도층 인사들 대부분은 아라토스에게 불만을 품고 있었으며, 어떤 사람들은 그가 마케도니아인들을 펠로폰네소스에 불러들인 것에 분노하고 있었기 때문이었다. 이와 같은 상황에 고무된 클레오메네스는 곧장 아카이아로 쳐들어갔다.

먼저 클레오메네스는 기습으로 펠레네를 장악하고 아카이아의 수비대를 몰아낸 다음에 페네오스(Pheneos)와 펜텔레이움(Penteleium)을 자기편으로 끌어들였다. 이제 아카이아족은 코린토스와 시키온에서 반란이 일어날 것이 두려워 아르고스의 기병대와 용병을 빼내 그 두 도시를 지키도록 하는 한편, 자기들은 아르고스로 내려가 네메아 경기(Nemeoi Agones)[7]를 열었다.

이렇게 축제를 지내느라 군중이 도시를 가득 채우고 있을 때 기습하면 더 큰 혼란을 주리라고 판단한 클레오메네스는 밤중에 성벽으로 기어올라 방패라는 뜻의 아스피스 일대를 점령했다. 그곳은 경기장을 내려다볼 수 있는 데다가 바위투성이여서 접근하기가 매우 어려웠다.

이렇게 되자 이제 성을 지킬 수 있으리라 생각하는 사람은 하나도 없이, 모두 겁에 질렸다. 아카이아족은 클레오메네스의 수비대를 받아들이고 인질 20명을 제공하면서 스파르타의 동맹국이 되는 데 동의하고 클레오메네스에게 모든 지휘권을 넘겨주었다.

18

이 전투로 클레오메네스의 명성은 더욱 높아졌다. 고대 스파르

---

7   아르골리스의 네메아에 제우스의 신전이 있었는데 그곳에서 이태마다 운동 경기가 열렸다. 이때는 기원전 225년 7월이었다.

타의 왕들이 큰 노력을 기울였지만, 아르고스의 항복을 받은 적은 일찍이 없었기 때문이었다. 가장 용맹한 장군이었던 피로스가 그 도시 안까지 들어가는 데에는 성공했지만 그들의 항복을 받아 내지 못한 채 그곳에서 전사하였고, 많은 병사도 그와 함께 죽었다.(제39장 「피로스전」, § 34) 그런 까닭에 스파르타의 시민은 클레오메네스의 신속함과 지모를 더욱 칭송했다.

들리는 바에 따르면, 그가 솔론과 리쿠르고스를 흉내 내어 빚을 탕감하고 농토를 나누어 준다며 조롱하던 무리도 이제는 모두 입을 모아 그의 흉내 내기가 스파르타를 변화시키고 있다며 칭찬하게 되었다고 한다.

지난날의 스파르타는 너무도 국력이 허약하여 아이톨리아인들이 라코니아를 쳐들어와 5만 명의 노예를 포로로 데려간 적도 있었다. 그때 어느 스파르타의 원로는 적군이 5만 명의 인구를 줄여 줌으로써 스파르타의 부담을 덜어 주었다며 비꼬듯이 말했다고 한다.

그러나 그로부터 얼마의 시간이 지나지도 않은 지금, 스파르타 본래의 풍습을 되찾은 그들은 저 유명한 과거의 청년 교육을 재개했고, 스파르타의 청년들은 마치 리쿠르고스의 지도를 받은 것처럼 국가에 용맹과 충성을 바치게 되었다. 그렇게 스파르타는 그리스 지역의 지배권을 되찾고 펠로폰네소스를 자신들의 영토로 만들었다.

19

이렇게 하여 클레오메네스가 아르고스를 점령하자 클레오나이(Kleonae)와 플리오스(Phlius)도 곧 그에게 항복했다. 이런 일이 벌어지고 있을 때 아라토스는 코린토스에 머물면서 클레오메네스의 스파르타주의에 호감을 느꼈다고 소문낸 사람들을 찾고 있었다.

그때 뜻밖의 소식이 클레오메네스를 낙심하게 했다. 코린토스가 클레오메네스에게 기울면서 아카이아족을 몰아내려 한다는 낌새를 눈치챈 아라토스가 민중을 공회당에 모아 놓고 자기는 아무도 모르게 성문을 빠져나갔기 때문이었다. 그는 그곳에서 기다리고 있던 말을 타고 시키온으로 도망했다. 아라토스는 그때의 상황을 이렇게 기록하고 있다.

"코린토스인들이 클레오메네스를 보려고 얼마나 말을 세게 몰았는지 말들이 길에서 고꾸라졌다. 한편, 클레오메네스는 나를 잡지 않고 도망치게 했다면서 코린토스인들을 책망했다. 그때 메기스토노우스가 클레오메네스의 편지를 들고 나를 찾아왔다. 그 글에서 그는 아카이아족이 점령하고 있던 아크로코린토스가 자신에게 항복하도록 만들어 달라면서, 그렇게만 해 준다면 많은 돈을 주겠다고 나에게 제안했다. 그러나 이에 대하여 나는, 내가 이 문제를 좌우할 수 있는 것이 아니라 그 문제가 나를 좌우하고 있다고 대답했다."

클레오메네스는 아르고스를 벗어나 진격하여 트로에젠(Troezen)과 에피다우로스(Epidauros)와 헤르미오네(Hermione)를 정복하고 코린토스로 돌아왔다. 그는 아카이아족이 코린토스의 성을 포기하지 않자 아라토스의 막료와 시종들을 불러 모은 다음 그의 집과 재산을 관리하라고 명령했다.

그런 다음 클레오메네스는 다시 메세네족 출신의 트리티말로스(Tritymallos)를 아라토스에게 보내, 아카이아족과 스파르타인들이 함께 아크로코린토스를 지배하도록 한다면 아라토스가 이집트의 프톨레마이오스 3세에게서 받는 봉급을 두 배로 더 늘려 그에게 주겠다고 제안했다.

그러나 아라토스는 그러한 제안을 거절하고 오히려 마케도니아의 안티고노스 장군에게 인질과 함께 자기 아들을 보낸 다음, 아카이아족이 점령한 아크로코린토스를 안티고노스에게 넘겨주도록 촉구하는 결의를 하라고 설득했다. 이에 클레오메네스는 시키온의 영토로 쳐들어가 파괴하고, 코린토스인들이 투표를 통해 클레오메네스에게 바치자고 결정한 아라토스의 재산을 차지했다.

20

안티고노스가 많은 병력을 이끌고 게라네이아(Geraneia)산맥을 넘어오자, 클레오메네스는 이스트모스를 점령하기보다는 오네이아(Oneia)산 자락에 진지를 세우기로 했다. 잘 훈련된 적군의 밀집 대형과 접전을 피하면서 그들을 지치게 만드는 것이 더 바람직하다고 생각했기 때문이다. 클레오메네스의 이러한 계획은 안티고노스를 어려움에 몰아넣었다.

안티고노스로서는 군수품이 넉넉하지 않았고, 클레오메네스가 지키고 있는 협곡을 통과하는 일도 쉽지 않았다. 더욱이 밤중에 적군을 피해 레카이움(Lechaeum)으로 빠져나가려고 시도하다가 적군에 쫓겨 몇 명의 병력을 잃었다. 이 승리로 사기가 오른 클레오메네스와 그의 병사들은 푸짐한 저녁을 먹었으나, 안티고노스는 그토록 어렵게 꾸민 계획마저 좌절되자 크게 낙담했다.

이제 안티고노스는 헤라이움만(Heraeum)만(灣)으로 나가 거기에서 배를 타고 시키온으로 나갈까 하는 생각도 해 보았지만, 그러려면 시간과 많은 장비가 필요했다.

그러는 사이에 날이 저물었고, 아르고스에서 아라토스의 막료들이 찾아와 그에게 아르고스로 오라는 소식을 전달했다. 그들의 말에 따르면, 아르고스의 시민이 클레오메네스에 맞서 반란을 준비하고 있다는 것이었다.

반란의 주모자는 아리스토텔레스(Aristoteles)라는 인물이었다. 그는 빚을 탕감해 준다던 클레오메네스가 약속을 지키지 않아 분노한 민중을 쉽게 설득할 수 있었다. 이에 따라 아라토스는 안티고노스의 병력 1천5백 명을 이끌고 에피다우로스로 배를 저어 갔다.

그러나 아리스토텔레스는 아라토스가 오는 것을 기다리지 못하고 시민군을 이끌고 성채의 수비대를 공격했다. 이때 티모크세노스(Timoxenos)가 아리스토텔레스를 도우러 아카이아 병사를 이끌고 시키온에서 왔다.

21

클레오메네스가 그 보고를 받은 것은 한밤중이었다. 그는 의붓아버지인 메기스토노우스를 불러 몹시 화를 내면서 곧장 아르고스로 가 그곳을 지원하라고 지시했다. 클레오메네스가 화를 낸 것은 아르고스인들의 충성심을 장담하면서 수상한 사람들을 추방하지 못하도록 말린 사람이 바로 메기스토노우스였기 때문이었다.

클레오메네스는 메기스토노우스를 아르고스로 보낸 다음 자신은 2천 명의 병력을 이끌고 안티고노스를 경계하면서, 아르고스에 심각한 일은 일어나지 않을 것이며 다만 몇 사람이 대단치 않은 소란을 일으킨 것뿐이라고 말함으로써 코린토스인들을 격려했다.

그러나 아르고스로 진격했던 메기스토노우스가 전사하고, 어려움에 빠진 수비대가 여러 차례 도움을 요청하는 전갈을 보내왔다. 클레오메네스는 적군이 아르고스를 장악하고 협곡을 폐쇄하면 그들이 마음대로 라코니아의 영토를 약탈하고, 더 나아가 수비대를 남겨 두지 않은 스파르타를 장악하게 되지나 않을까 두려웠다. 이러한 판단에 따라 클레오메네스는 코린토스에서 군대를 철수했고, 이 도시는 곧 적군의 손에 들어갔다.

이어 안티고노스가 코린토스 성내로 들어와 수비대를 배치했다. 한편, 아르고스에 막 도착한 클레오메네스는 마치 성벽을 기어오를 것처럼 병력을 결집시키는 모습을 상대에게 보여 준 다음, 실제로는 아스피스 성채 아래 뚫려 있는 지하도를 통해 위로 올라가 그때까지 아카이아족에게 항전하고 있던 수비대와 합류했다. 그는 성곽 사다리를 타고 올라가 도시 일부를 장악한 다음 크레타의 궁수들을 투입하여 거리의 적군을 소탕했다.

그러나 안티고노스가 밀집 대형을 이루며 고지에서 달려 내려오고 기병대가 밀물처럼 도시로 밀려 들어오자 클레오메네스는 그들과 맞설 생각을 포기하고 군사들을 모은 다음 요새에서 내려와 성벽을 타고 퇴각했다.

클레오메네스는 역사상 가장 짧은 시간에 가장 위대한 승리를 거두었고, 단 한 번의 전투로 짧은 시간 안에 펠로폰네소스 전역을 장악했지만, 달리 보면 그는 가장 짧은 시간 안에 그 모든 것을 다시 잃었다. 그의 동맹국들이 곧 그를 떠났고, 이어 다른 동맹들이 그들의 도시를 안티고노스에게 넘겨주었기 때문이었다.

22

원정은 그렇게 끝나고, 클레오메네스는 군대를 이끌고 고국으로 돌아왔다. 날은 이미 저물었는데 테게아에 가까이 이르자 스파르타에서 온 전령이 그의 아내가 죽었다는 슬픈 소식을 알려 주었다. 그가 찬란한 승리를 거둘 수 있는 전쟁을 끝까지 이어 가지 못하고 늘 스파르타로 돌아온 것은 아내 때문이었다. 그는 그만큼 아내를 지극히 사랑했다.

젊은 클레오메네스가 가장 아름답고 가장 지성적이었던 아내를 잃은 슬픔에 빠진 것은 더 말할 나위도 없지만, 그는 자신의 고결한 생각과 위대한 정신력을 부끄럽게 하거나 저버릴 정도로 슬픔을 내색하지 않았다. 그는 말씨와 복장과 태도를 평소처럼 유지하면서 장군들에게 통상적인 지시를 내리고 테게아의 안녕을 위해 마음을 썼다.

다음 날 아침, 스파르타로 돌아온 클레오메네스는 집에

클레오메네스

있던 어머니와 아이들과 함께 아내의 장례를 치른 다음, 그가 공공의 이익을 위해 계획했던 바에 대한 조처를 내렸다. 한편, 이집트의 왕 프톨레마이오스는 클레오메네스의 어머니 크라테시클레이아와 아이들을 인질로 보내면 그를 도와주겠노라고 약속한 적이 있었다. 클레오메네스는 오랫동안 이 일을 어머니에게 말하기가 치욕스러웠다.

클레오메네스는 자주 어머니를 찾아가 그런 말을 할 수 있는 분위기에 이르렀지만 차마 입을 열 수가 없었다. 그러자 어머니는 아들이 뭔가 숨기고 있는 것이 미심쩍어 그의 막료를 부른 다음, 아들이 자기에게 하고 싶지만 차마 말을 못 하고 주저하는 일이 있는가를 물었다. 일이 여기까지 이르자 클레오메네스는 용기를 내어 프톨레마이오스의 제안을 털어놓았다. 그러자 어머니는 진심으로 웃으며 이렇게 말했다.

"네가 나에게 말하려고 가슴에 담고 있으면서도 용기를 내지 못한 것이 바로 이것이란 말이냐? 이 늙은 몸이 여기에서 더 게으름을 피우기에 앞서 서둘러 나를 배에 태워라. 그리고 이 몸이 스파르타를 위해 가장 쓸모 있다고 그대가 생각하는 곳으로 보내거라."

그리하여 인질이 떠날 준비가 끝나자 클레오메네스와 어머니는 무장한 병사들의 호위를 받으면서 육로로 타이나로스 (Taenaros)에 이르렀다. 배에 오를 즈음 어머니는 아들을 이끌고 포세이돈 신전으로 들어가 깊은 슬픔 속에 빠진 아들을 껴안고 입을 맞춘 다음 이렇게 말했다.

"스파르타의 왕이시여, 이리 들어오시오. 우리가 배에 오를 때 눈물을 흘리거나 스파르타인답지 않은 모습을 그들에게 보여 주지 마시오. 그것은 우리의 능력으로 할 수 있는 일이지요. 그러나 우리의 운명에 관한 한, 우리는 하늘이 이끄는 대로 따라갈 수밖에 없지요."

말을 마친 어머니는 표정을 바로 하고 어린 손자와 함께 배에 오르더니 어서 떠나자고 선장에게 재촉했다. 어머니가 이집트에 이르렀을 때 프톨레마이오스왕은 안티고노스가 보낸 사절을 맞이하여 그가 보낸 제안을 읽고 있었다.

그때 클레오메네스의 어머니가 듣자니, 아카이아족이 클레오메네스를 불러 휴전을 맺으려 하는데, 클레오메네스는 어머니의 안녕이 걱정되어 프톨레마이오스의 동의를 얻지 않고 휴전을 맺는 일을 두려워하고 있다는 것이었다. 이에 어머니는 아들에게 편지를 보냈다.

"이 늙은 어미와 어린 아들 때문에 프톨레마이오스왕을 겁내지 말고, 스파르타에 적합하고 유익한 바에 따라 처신해야 합니다."

우리가 들은 바에 따르면, 크라테시클레이아는 역경 가운데에서도 그렇게 처신했다고 한다.

23

안티고노스는 테게아를 점령한 뒤 다시 오르코메노스와 만티네이아를 기습으로 점령했다. 이제 클레오메네스의 영토는 라코니아로 줄어들었다. 클레오메네스는 각 노예에게 5미나를 받고 해방해 주면서 5백 탈렌트를 장만한 다음, 안티고노스의 백색 방패단에 맞설 수 있는 병사 2천 명을 스파르타식으로 무장시켜 누구도 예상하지 못한 큰 계획을 꾸몄다.

그 무렵의 메갈로폴리스는 스파르타만큼이나 넓고 강성했으며, 아카이아족과 안티고노스의 지원을 받고 있었다. 안티고노스가 그곳 가까이에 주둔해 있었는데, 클레오메네스는 아카이아족이 그를 불러들인 것도 메갈로폴리스인들의 책임이라고 생각했다. 클레오메네스는 이 도시를 점령할 계획을 세웠는데, 그 유명한 작전이 얼마나 빠르고 의외였는지는 어떤 말로도 설명하기가 어렵다.

클레오메네스는 닷새 치의 양식을 준비하도록 명령한 다

음, 아르고스로 쳐들어가려는 듯 셀라시아로 진격하다가 갑자기 메갈로폴리스로 방향을 바꾸어 진격했다. 클레오메네스는 로이테이움(Rhoeteium)에서 병사들에게 저녁을 먹이고 헬리코스(Helicos)를 거쳐 곧바로 메갈로폴리스를 공격했다. 목적지에 가까이 다다른 그는 판테우스(Pantheus)를 시켜 스파르타 병사 2개 연대를 거느리고 두 성루(城樓) 사이의 성벽을 공격하도록 급파했다. 클레오메네스는 이곳이 메갈로폴리스의 성벽 가운데 가장 경비가 허술하다는 것을 알고 있었다.

그런 다음 자신은 나머지 병력을 이끌고 천천히 뒤따라갔다. 판테우스가 먼저 이르러 보니, 어느 특별한 곳이랄 것 없이 성벽 모두가 허술했다. 클레오메네스는 어느 곳은 헐어 버리고 다른 곳은 밑을 파고 들어가 만나는 수비대를 모두 죽였다. 클레오메네스는 서둘러 판테우스와 힘을 합쳐 메갈로폴리스인들이 알아차리기에 앞서 병사를 이끌고 성안으로 들어갔다.

24

드디어 참극이 벌어지고 있음이 분명해지자 메갈로폴리스의 시민 몇몇은 나를 수 있는 재산을 챙겨 서둘러 도시를 탈출했다. 또 어떤 시민들은 무기를 들고 적군에 항전했다. 그들은 스파르타의 병사를 몰아내기에는 힘이 부족했지만, 피난하려는 시민들이 도피할 수 있는 시간을 벌어 주었다. 덕분에 그 도시에서 포로로 잡힌 주민은 1천 명을 넘지 않았다. 그 밖의 주민들은 아내와 아이들을 데리고 메세네로 도피했다.

도시를 지키려고 항전하던 대부분의 사람은 목숨을 건졌고, 들리는 바에 따르면, 몇 사람만 포로가 되었다고 한다. 포로 가운데 리산드리다스(Lysandridas)와 테아리다스(Thearidas)가 있었는데, 두 사람 모두 메갈로폴리스에서 대단한 명망과 영향력을 가진 인물이었다.

스파르타의 병사들은 그들을 붙잡자 곧 클레오메네스에

게로 데려갔다. 먼발치에서 클레오메네스를 본 리산드리다스는 큰 소리로 이렇게 말했다.

"스파르타의 왕이시여, 지금 대왕께서는 지난날의 어느 누구보다도 공정하고 가치 있는 행동을 보여 줄 권능을 가지고 있습니다. 그러니 그 권능으로써 사람들에게서 최대의 찬사를 받으시오."

그러나 클레오메네스는 그가 무슨 말을 하는지 알 수 없어 이렇게 물었다.

"리산드리다스 선생, 그게 무슨 뜻이오? 지금 그대는 나에게 이 도시를 돌려 달라고 말할 수 있는 처지가 아니라는 것을 모르시오?"

그에 대하여 리산드리다스가 이렇게 말했다.

"그렇습니다. 내가 뜻하는 바가 바로 그것입니다. 대왕께 말씀드리건대, 대왕의 이익을 도모하고자 이 위대한 도시를 파괴하지 마시고, 메갈로폴리스의 시민에게 그들의 고국을 돌려주시고 그 많은 시민의 구원자가 되심으로써 믿음직스럽고 진실한 동맹으로 이 도시를 가득 차게 하시오."

이 말을 들은 클레오메네스는 잠시 침묵을 지키더니 이렇게 말했다.

"그런 일이 일어나리라고는 믿기 어렵지만, 나는 이익만을 추구하기보다는 우리의 위대한 명성이 오래도록 이어질 수 있는 길을 가고자 하오."

이 말과 함께 클레오메네스는 리산드리다스와 테아리다스에게 전령을 딸려 메세네로 보내, 이렇게 제안했다.

"그대들이 아카이아 동맹에서 탈퇴하고 나의 동지가 되어 동맹을 맺는다면 메갈로폴리스를 주민들에게 돌려주겠소."

클레오메네스가 이토록 너그럽고 인도적인 조건을 제시했지만, 휠로포이멘은 메갈로폴리스 시민이 아카이아 동맹에서 탈퇴하는 것을 허락하지 않았다. 그는 오히려 클레오메네스가 메갈로폴리스를 그곳 시민에게 돌려주려는 것이 아니라 스파르타에 복속시키는 것이라며 그를 비난했다.

그런 다음 휠로포이멘은 리산드리다스와 테아리다스를 메세네에서 추방했다. 뒷날 아카이아 동맹의 지도자가 되어 그리스 국가들 사이에 위대한 명성을 얻은 사람이 바로 이 휠로포이멘인데, 그의 생애에 관해 나는 그의 전기(제45장)를 따로 써 두었다.

25

클레오메네스는 이제까지는 매우 조심하여 메갈로폴리스가 훼손되는 일이 없도록 하였기 때문에 사소한 것조차 부서지지 않고 아무도 다치지 않았지만, 휠로포이멘이 자기의 제안을 거부했다는 소식을 듣고 나서는 몹시 분노하여 도시를 약탈하고 그곳에 있던 동상과 미술품들을 스파르타로 가져갔다. 그는 도시 대부분을 완전히 초토화한 뒤 안티고노스와 아카이아족의 보복이 두려워 스파르타로 돌아왔다.

그러나 적군은 클레오메네스에게 아무런 대응도 하지 않았다. 왜냐하면 그들은 아이기움이라는 작은 마을에서 아카이아 동맹의 회의를 열고 있었기 때문이었다. 그 자리에 있던 아라토스는 연단에 올라가 외투로 얼굴을 가린 채 한참 동안 흐느끼며 울었다. 함께 있던 사람들이 놀라 그 이유를 묻자 그는 클레오메네스가 메갈로폴리스를 약탈했다고 말했다.

회의에 참석했던 사람들은 곧 흩어지고, 아카이아족은 그토록 짧은 시간에 일어난 참사에 절망했다. 안티고노스가 먼저 메갈로폴리스를 구원하려 했지만, 시간이 걸렸다. 왜냐하면 그의 병사들이 겨울 숙영지에서 이리로 오는 속도가 느렸기 때문이었다. 따라서 그는 병사를 숙영지에 그대로 머물도록 한 뒤 자기는 몇 명의 병사를 거느리고 아르고스로 갔다.

그러자 클레오메네스는 다음 계획에 착수했다. 사람들이

보기에는 어이없을 정도로 무모한 짓이었지만, 아카이아의 장군이자 역사가인 폴리비오스(Polybius)의 『역사』(II : 64)에 따르면, 그의 작전은 깊이 고민한 끝에 얻은 것이었다고 한다.

왜냐하면 클레오메네스는 안티고노스가 이끄는 마케도니아 병력이 메갈로폴리스의 여러 겨울 숙영지에 흩어져 있다는 사실과 안티고노스가 아르고스에서 적은 수의 용병만 거느리고 막료들과 함께 겨울을 보내고 있다는 사실을 알고 있었기 때문이었다.

이러한 판단에 따라 클레오메네스는 아르고스의 영토를 침범했다. 이제 안티고노스가 나와 전투를 하다가 패배하여 망신을 겪든가, 아니면 싸우지 않으려다가 아르고스인들에게 미움을 받든가 둘 중 하나를 선택할 수밖에 없으리라는 것이 클레오메네스의 계산이었다.

실제로 그의 예상이 들어맞았다. 클레오메네스가 국토를 황폐하게 하고 모든 것을 약탈하자 앞일이 걱정된 아르고스 시민은 왕궁 문 앞에 모여 안티고노스가 나가 싸우든가 아니면 더 나은 장군에게 지휘권을 넘기라고 큰 소리로 요구했다.

그러나 신중한 지휘관인 안티고노스는 무모한 모험을 저질러 안전을 저버리고 불명예스러운 꼴을 겪기보다는 밖에 있는 군중의 비난을 듣는 것이 더 낫다고 판단하고, 출진하여 적군과 싸우지 않고 본디의 작전대로 조용히 기다렸다. 그러자 클레오메네스는 병사를 거느리고 성 위로 올라와 도시를 혼란에 빠뜨린 다음 유유히 스파르타로 돌아갔다.

26

시간이 조금 지나 안티고노스가 테게아를 공격하려고 라코니아로 출발했다는 소식이 들어왔다. 클레오메네스는 서둘러 군대를 모은 다음 적군을 피하여 다른 길로 아르고스로 쳐들어갔다. 날이 밝자 갑자기 아르고스에 나타난 그는 평원을 황폐화하고 곡식을 망쳐 놓았다. 클레오메네스는 흔히 약탈자들이 하는 것처럼 낫이나 칼로 곡식을 베어 간 것이 아니라 창처럼 생긴 큰 나무토막으로 곡식을 망가뜨렸다.

클레오메네스의 병사들은 마치 운동 경기를 하듯 이리저리 돌아다니면서 힘들이지 않고 곡식을 황폐하게 했다. 그러다가 킬라라비스에 이른 병사들이 체육관을 불태우려 하자, 이런 짓은 명예를 높이는 것이 아니라 분노를 쏟아 내는 것에 지나지 않는다고 생각한 클레오메네스는 그들을 말렸다.

그러는 동안 안티고노스는 먼저 서둘러 아르고스로 돌아와 전초 기지가 있는 언덕과 협곡을 차지했다. 클레오메네스는 그런 일을 무시하는 듯이 아르고스의 왕에게 전령을 보내, 자신이 그곳을 떠나기에 앞서 제사를 드리고 싶으니 헤라 신전(Heraeum)의 열쇠를 달라고 요구했다. 이렇게 농담으로써 그곳의 시민을 모욕한 그는 문이 닫힌 신전에 들어가지는 못했다. 대신에 그는 벽 아래에 있는 신에게 제물을 바치고 플리오스 쪽으로 진군했다.

클레오메네스는 플리오스에 이르러 올리기르토스(Oligyrtos)산의 수비대를 무찌르고 오르코메노스로 진격함으로써 시민들에게 사기와 용기를 불어넣어 주는 한편, 자신이야말로 대권을 휘두를 만한 영도력을 가진 인물이라는 인식을 적군에게 심어 주었다.

클레오메네스는 작은 도시의 자원만으로 마케도니아의 군대와 모든 펠로폰네소스 국가들과 싸워 이겼고, 안티고노스 왕의 재력을 이겨 냈으며, 라코니아의 존엄을 지켰을 뿐만 아니라 실제로 적의 영토를 짓밟고 거대한 도시들을 장악했다. 사람들은 이런 업적이야말로 그가 비범한 능력의 소유자요 원대한 목표를 품은 인물임을 증거한다고 생각했다.

"돈이 세상살이를 결정한다"라고 처음 말한 사람은 아마도 전쟁을 염두에 두었던 것 같다. 아테네의 정치가 데마데스(Demades)는 돈도 없이 아테네의 병사를 태운 삼단 노의 전함이 바다로 나가는 것을 보며 이렇게 말했다.

"반죽하기에 앞서 가루를 물에 담글지어다."

들리는 바에 따르면, 아르키다모스 2세(Archidamos II)는 펠로폰네소스 전쟁이 일어났을 때 동맹국들이 전쟁 분담금의 액수를 정하자고 주문하자 이런 말을 남겼다.

"전쟁의 비용에는 한도가 없다(The consumption of war is unlimited)."

레슬링 선수가 싸우는 것을 보면, 체력 좋은 사람이 시간을 끌다가 끝내 기술 좋은 사람을 이기게 마련이다. 그와 마찬가지로 엄청난 군자금을 가지고 전투를 시작한 안티고노스는, 겨우 용병의 월급을 지급하면서 군대를 지탱하던 클레오메네스를 지쳐 무너지게 했다.

그것 말고는 모든 점에서 시간은 클레오메네스의 편이었다. 왜냐하면 마케도니아에서는 안티고노스왕이 돌아오기를 바라고 있었기 때문이었다. 안티고노스가 나라를 비운 동안 이방 민족이 마케도니아로 쳐들어와 국토를 유린하고, 더욱이 일리리아족의 많은 병력이 국내에서 반란을 일으켜 마케도니아를 유린하자 나라에서는 안티고노스의 귀국을 지시했다.

그런데 안티고노스를 소환하는 사신의 편지가 우연히도 결전이 임박해서야 도착했다. 만약 그 편지가 며칠 앞서 일찍 도착했더라면 안티고노스는 곧 전쟁터를 떠났을 것이고, 그렇게 되었더라면 아카이아족은 그들의 힘으로 살아날 수밖에 없었을 것이다.

그러나 중요한 일을 간발의 차이로 결정하는 운명의 여신은 힘과 기회의 균형을 안티고노스 쪽으로 기울였다. 셀라시아에서 전투가 시작되고 클레오메네스가 병력과 도시를 모두 잃은 직후에 안티고노스를 소환하는 편지가 도착한 것이다.

클레오메네스로서는 이보다 더 불운한 일이 없었다. 그가 만약 이틀만 더 견디면서 수비 전략을 지속할 수 있었더라면, 그는 전쟁을 더 치를 필요도 없었다. 그는 마케도니아의 군대가 물러간 뒤에 자기에게 유리한 쪽으로 아카이아족과 휴전 협정을 맺을 수 있었을 것이다.

그러나 내가 앞서 말한 바와 같이, 이제 클레오메네스는 군수품이 부족한 상태에서 모든 문제를 전투에 의존할 수밖에 없었으며, 폴리비오스의 『역사』(II : 65)에 기록된 바와 같이, 그것도 2만 명의 병력으로 3만 명의 적과 싸울 수밖에 없었다.

28

그토록 어려운 처지에서 클레오메네스는 자신이 위대한 장군임을 보여 주었다. 그의 병사들은 그에게 정신적인 도움을 주었고, 용병들도 장렬하게 싸웠다. 그러나 그는 적군의 우세한 무기와 중무장한 밀집 방어의 무게를 견디지 못했다. 그런데 휠라르코스의 말에 따르면, 이날 클레오메네스가 패배한 데에는 한 인간의 배신이 숨어 있었다고 한다.

안티고노스는 일리리아인과 아카르니아(Akharnia)인이 비밀스러운 길을 따라 움직인 다음 클레오메네스의 동생 에우클라이다스가 지휘하는 한쪽 날개를 포위하도록 지시하고, 자기는 남은 병력을 이끌고 정면으로 공격했다. 클레오메네스가 지휘소에서 바라보니 일리리아인과 아카르니아인이 보였다. 그는 이 병력이 측면을 칠 것 같아 두려웠다.

이에 클레오메네스는 노예를 감시하는 비밀 정찰대의 지휘관인 다모텔레스(Damoteles)를 불러 후미(後尾)와 날개 쪽에서 무슨 일이 벌어지고 있는지 알아보도록 지시했다. 그러나 들리는 바에 따르면, 다모텔레스는 이미 안티고노스에게서 뇌물을 받고 있었다. 정찰에서 돌아온 그는 날개와 후미에는 별 다른 일 없이 작전이 잘 진행되고 있으니 정면으로 들어오는 적군에 신경 쓰며 대비하자고 보고했다.

클레오메네스는 다모텔레스의 말을 믿고 안티고노스를 공격했다. 클레오메네스는 스파르타의 전방 부대를 이용하여 마케도니아의 밀집 대형을 거의 5훠롱까지 물리치며 크게 승리했다. 그러나 날개 쪽을 맡은 동생 에우클레이다스가 포위된 것을 본 클레오메네스는 공격을 멈추고 동생의 위기를 바라보며 이렇게 말했다.

"사랑하는 동생아, 나는 이렇게 너를 잃는구나. 이렇게 너를 잃는구나. 너의 고결한 마음은 스파르타 청년들의 모범이 되고, 스파르타 처녀들의 노랫말이 되리라."

에우클레이다스가 그렇게 죽고, 승리한 적군이 다른 쪽 날개로 쳐들어오자 스파르타의 병사들은 커다란 혼란에 빠져 더 이상 싸울 용기가 없었다. 이를 본 클레오메네스는 그곳에서 몸을 피했다. 들리는 바에 따르면, 이때 많은 용병이 죽고 스파르타의 병사들 6천 명 가운데 2백 명만 살아남았다고 한다.

29

스파르타로 돌아온 클레오메네스는 만나는 시민들을 향해 안티고노스에게 항복하라고 충고했다. 그리고 자신의 문제에 관해서는 죽든 살든 스파르타에 최선이 되는 길을 가겠노라고 말했다. 자기와 함께 살아 돌아온 병사들에게 달려와 무기를 받아 들고 물을 먹이는 부인들을 바라보면서 그는 자기 집으로 들어갔다.

클레오메네스가 집 안에 들어서니 아내가 죽은 뒤에 메갈로폴리스에서 잡아 와 해방해 준 후궁이 마중 나오며 그가 전장에서 돌아올 때 늘 그랬던 것처럼 클레오메네스를 섬기고 싶어 했다.

그러나 클레오메네스는 몹시 목이 마르면서도 물조차 마시지 않고, 몹시 지쳤음에도 앉지도 않고, 무장한 그대로 기둥을 껴안고 팔꿈치에 얼굴을 묻은 채 한동안 쉬었다. 그런 다음 그는 자신이 취할 수 있는 온갖 계획을 생각하더니 막료들과 함께 기티움(Gythium)으로 떠났다. 그곳에서 그는 이러한 상황에 대비하여 마련해 둔 배를 타고 바다로 나갔다.

30

안티고노스는 스파르타로 진격하여 아무런 저항도 받지 않고 도시를 점령했다. 그는 스파르타 시민을 인도적으로 상대해 주었으며, 그들의 존엄성을 모욕하거나 조롱하지 않았다. 그는 스파르타의 법과 제도를 [클레오메네스의 개혁 이전으로] 되돌려 놓고 신전에 제사를 드린 다음 사흘날에 그곳을 떠났다. 왜냐하면 마케도니아에서 큰 전쟁이 일어나 이방 민족이 국토를 유린하고 있다는 보고를 받았기 때문이었다. 더욱이 그는 병이 깊어 폐와 기관지에 심각한 염증을 앓고 있었다.

그러나 안티고노스는 포기하지 않고 조국에서의 내전을 수습하는 데 온 힘을 쏟았다. 그는 끝내 위대한 승리를 거두고 이방 민족을 수없이 죽인 다음 영광스럽게 죽었다. 그의 죽음은 아마도 휠라르코스의 말처럼, 전쟁터에서 너무 소리를 지르다가 혈관이 터졌기 때문인 듯하다. 우리가 철학책에서 흔히 듣는 바에 따르면, 그는 전쟁에서 이긴 뒤에 이렇게 외쳤다고 한다.

"아, 행복한 날이로구나."

그러고 나서 안티고노스는 곧 열이 높게 오르더니 피를 토하고 죽었다. 그의 죽음에 대해서는 여기까지만 이야기하려 한다.

클레오메네스는 배를 타고 키테라(Kythera)를 떠나 아이기알
리아(Aegialia)섬으로 가서 닻을 내렸다. 그가 거기에서 다시 키
레네(Cyrene)로 떠나려는데 테리키온이라는 막료가 찾아왔다.
그는 행동이 담대하며 말이 고결하고 몸집이 거대한 인물이
었다. 그가 클레오메네스에게 개인적으로 이렇게 말했다.

"대왕이시여, 남자로서 가장 고결하게 죽을 곳은 전쟁터
인데 우리는 그 기회를 잃었습니다. 우리는 일찍이 '안티고노
스가 스파르타 왕의 시체를 넘지 않고서는 스파르타 왕의 앞
을 지날 수 없다'라고 선언한 바 있으며, 이는 세상 사람들이
모두 잘 알고 있습니다. 그러나 우리는 덕망과 영광을 향한 두
번째 선택이라 할 수 있는 죽음을 직접 결정할 수 있습니다. 이
미 우리 곁에 와 추격하고 있는 악마를 벗어난다 한들 우리가
갈 곳이 어디이겠습니까?

헤라클레스의 후손이 필리포스왕과 알렉산드로스 대왕
의 후손인 안티고노스에게 항복하는 것이 수치가 아니라면,
우리는 그에게 항복함으로써 이 긴 항해를 끝내야 합니다. 왜
냐하면 마케도니아인들이 이집트인들보다 훌륭한 종족이듯
이 마케도니아의 왕 안티고노스는 이집트의 왕 프톨레마이오
스보다 훌륭한 인물이기 때문입니다.

우리를 정복한 자를 받아들이지 않는 이유는 무엇입니
까? 왜 우리를 이긴 안티고노스를 피해 달아나 우리를 이기지
도 못한 프톨레마이오스에게 아첨하고 복종하려 하십니까?
그러면 우리는 우리를 이긴 마케도니아에도 뒤떨어지고, 우리
를 이기지도 못한 이집트에도 뒤떨어지는 나라가 되지 않겠습
니까? 혹시 이집트로 가려는 것은 그곳에 모후께서 인질로 잡
혀 있기 때문이십니까?

대왕께서 모후를 만나신다면, 모후께서 프톨레마이오스
의 비빈(妃嬪)들에게 '이 사람은 스파르타의 왕이 아니라 이제

는 포로의 몸이 되어 쫓기는 신세가 되었다'라고 소개할 텐데, 그 모습이 보기 좋으리라 생각하십니까? 그러느니 차라리 우리의 손에 아직 무기가 있고 우리의 고향 라코니아를 바라볼 수 있을 때, 스파르타를 지키려고 셀라시아에서 죽은 이들과 함께 안식을 취함으로써 이 운명을 벗어나시지요. 그 길이 이 집트에서 무력하게 주저앉은 채 안티고노스가 스파르타의 총독으로 누구를 임명했는지 궁금해 하며 살아가는 것보다는 나을 것입니다."

테리키온의 말을 들은 클레오메네스는 이렇게 대답했다.

"불쌍한 사람아, 그대가 말하는 방법이 가장 쉬운 길일 수 있소. 누구든 쉽게 죽을 수 있겠지. 그러나 그대처럼 용맹한 장군이 생각하기에, 그런 식으로 현실에서 도망치는 것이 우리가 이제까지 취한 행동보다 더 부끄럽지 않겠소? 지난날 우리보다 뛰어났던 사람들도 운명의 여신에게 버림받고 적군의 많은 수에 눌려 적군에게 항복했소. 고통과 시련에 직면하였거나 여론의 비판에 못 이겨 싸움을 포기한 사람들은 결국 남들에게 진 것이 아니라 스스로의 나약함 때문에 진 것이오.

자살은 하나의 행위이지, 행위를 도피하기 위한 수단이 아니오. 자신만을 위해 사는 것이 부끄럽듯이 자신만을 위해 자살하는 것도 부끄러운 일이오. 이제 그대는 우리가 마주한 고난을 벗어나고 싶은 충정에서 나에게 자살을 권고하지만 그것은 명예롭거나 조국을 위해 유익한 일이 아니오. 그대와 내가 조국을 위한 희망을 버리지 않는 것이 옳은 길이라고 나는 생각하오. 희망이 우리를 버렸을 때, 그때 우리가 원한다면 죽음은 쉽게 우리에게 다가올 것이오."

이 말을 들은 테리키온은 아무 대답도 하지 않고 있다가 기회가 오자 곧 클레오메네스를 떠나 해변에 이르러 스스로 목숨을 끊었다.

32

클레오메네스는 아이기알리아를 떠나 리비아에 상륙한 다음 왕의 영토를 따라 알렉산드리아로 갔다. 프톨레마이오스를 처음 만났을 때 왕은 그를 일상적인 방식으로 예우하면서 온화한 친절을 베풀었다. 클레오메네스는 감정을 잘 표현하고 매우 훌륭한 품성을 가진 사람임을 보여 주었으며, 날마다 나누는 대화에서는 스파르타식의 단순한 삶을 유지함으로써 생겨난 자유로운 정신 특유의 매력을 보여 주었다.

클레오메네스는 결코 자기의 고결한 출신을 부끄럽게 하지 않았고, 비운을 겪으면서 더욱 겸손함을 보여 주었다. 그는 왕의 곁에서 듣기 좋은 말로 왕을 기쁘게 해 주거나 아첨하는 무리와는 다른 탁월함을 보여 주었다. 프톨레마이오스왕은 클레오메네스와 같이 훌륭한 인물을 무시하고 그를 안티고노스 앞에 내버려 둠으로써 안티고노스에게 큰 영광과 승리를 안겨 준 자신의 처사를 몹시 후회했다.

이에 프톨레마이오스왕은 클레오메네스에게 명예와 친절을 베풀었으며, 그에게 함대와 군자금을 주어 그리스로 되돌아가 왕위를 되찾게 해 주겠다고 여러 번 약속하며 그를 격려했다.

왕은 또한 클레오메네스에게 해마다 24탈렌트의 연금을 주었다. 클레오메네스는 이 돈을 단순하고 검소한 자신과 막료들의 생활비로 쓰고, 나머지 대부분은 이집트에 와 있던 그리스의 망명객들을 위한 구호비로 썼다.

33

그러는 동안에 프톨레마이오스 3세는 [기원전 220년에] 클레오메네스를 그리스로 보내 왕위를 되찾아 주겠다던 약속을 지키지 못하고 죽었다. 이집트 왕실은 곧 지나친 방탕함과 술에 빠졌고, 여성들이 권력을 휘두름으로써 클레오메네스의 문제는 잊히고 말았다.

대를 이은 왕[프톨레마이오스 4세]은 술과 여색에 빠져 있었다. 그나마 정신이 깨었을 때에는 종교 예식을 올리거나 협잡꾼들을 만나거나 악기를 두드렸다. 그동안 그의 애첩인 아가토클레이아(Agathocleia)와 뚜쟁이인 모후 오이난테(Oenanthe)가 중요한 국사를 처리했다.

그런 상황에서도 처음에는 클레오메네스가 쓸모가 있었다. 왜냐하면 왕은 어머니의 영향으로 강력한 추종 세력을 거느리고 있는 아우 마가스(Magas)가 자기를 해치지나 않을까 두려워했기 때문이었다. 그리하여 왕은 클레오메네스를 자기 사람으로 만들어 왕궁에 방을 마련해 주고 아우를 죽일 음모를 꾸몄다. 그러나 모든 대신이 동생을 죽여야 한다고 주장하는데도 클레오메네스는 그들의 의견에 반대하면서, 형제가 많을수록 왕권은 안정된다고 말했다. 대신 가운데 가장 영향력이 큰 소시비우스(Sosibius)가 이렇게 선언했다.

"동생 마가스가 살아 있는 한, 용병을 믿을 수 없습니다."

그 말을 들은 클레오메네스는 이렇게 대꾸했다.

"적어도 그 문제라면 걱정할 것이 없습니다. 왜냐하면 3천명이 넘는 용병이 펠로폰네소스 출신으로 나와 가까워, 그들에게 고개만 한 번 끄덕거려도 그들은 나를 따라올 것이기 때문입니다."

클레오메네스의 그 발언은 왕을 비롯하여 선왕 때부터 보필하던 신하들에게도 깊은 신뢰감을 안겨 주었다. 그러나 시간이 흐르면서 프톨레마이오스의 못난 자질로 말미암아 신하들은 점점 더 겁을 먹었다.

건전한 판단력을 갖지 못한 인간들이 흔히 그렇듯이, 프톨레마이오스는 점점 모든 것을 두려워했고, 클레오메네스가 제시한 최선의 방법들도 거짓말처럼 여겼다. 그러자 신하들은 클레오메네스를 두려워하기 시작했다. 왜냐하면 용병들이 강력하게 그를 추종했기 때문이었다. 그러자 대신들 사이에 이런 말이 돌았다.

"클레오메네스가 우리 가운데 섞여 있는 것이 마치 사자 한 마리가 양 떼 사이를 왔다 갔다 하는 것과 같소."

실제로 왕궁이 돌아가는 꼴을 경멸의 눈초리로 조용히 바라보고만 있는 클레오메네스의 모습은 신하들의 눈에 그렇게 보였음이 분명했다.

34

이제 클레오메네스는 감히 함선과 군사를 빌려 달라는 말을 할 수 없었다. 그러나 안티고노스가 죽고, 아카이아족이 아이톨리아인들과 전쟁을 치르고, 펠로폰네소스반도가 분열되어 혼란에 빠져 있는 상황이었다. 그는 자기가 반드시 돌아가야 한다는 사실을 잘 알고 있었다.

그래서 클레오메네스는 자기의 막료들만이라도 데리고 돌아갈 수 있게 해 달라고 부탁했지만, 누구도 들은 시늉을 하지 않았다. 왕은 그의 말을 들으려 하지도 않고 오로지 여자와 술의 신 디오니소스의 쾌락에만 빠져 있었다.

대신인 소시비우스는 자기와 뜻을 달리하는 클레오메네스가 남아 있으면 자기 뜻대로 정사를 다룰 수 없다는 점이 두려웠고, 그렇다고 보내자니 저토록 큰 야망을 품은 그가 훗날 자기들의 썩은 곳을 속속들이 보고 용기를 내어 쳐들어올까 봐 두려웠다. 그는 계속 망설이기만 했다.

클레오메네스는 뇌물에도 꿈쩍하지 않았다. 그는 성스러운 소[牛] 아피스(Apis)[8]와 같아서 아무리 풍성하고 호화롭게

---

8   아피스는 이집트인들이 숭배하는 소인데, 그들은 아피스를 위해 멤피스에 신전을 만들고 그의 생일에는 성대한 잔치를 벌였다. 그 소가 죽으면 제사장이 다른 소를 얻을 때까지 백성들은 슬픔에 빠져 있었다.

살 수 있다 할지라도 자신의 천성대로 살기를 바라는 사람이
었다. 초원을 뛰어다니면서 속박 없이 살고자 하던 그는 사제
들의 손에 잡혀 살 사람도 아니었다. 클레오메네스는 안일하
고 쾌락적인 삶에서 즐거움을 찾는 사람이 아니라 마치 아킬
레우스(Achilleus)처럼,

> 시든 가슴을 껴안고,
> 그곳에 머무르면서
> 전쟁의 함성을 그리워했다.
>
> (『일리아스』, I : 491)

35

클레오메네스가 그런 나날을 보내고 있을 때 메세네 출신의
니카고라스(Nicagoras)라는 사람이 알렉산드리아로 그를 찾아
왔다. 그는 클레오메네스를 미워하면서도 친구인 척했다. 지
난날 그는 클레오메네스에게 넓은 땅을 판 적이 있었는데, 사
정이 보여 주다시피, 전쟁이 이어진 탓에 그 돈을 받지 못했다.

부두를 산책하던 클레오메네스는 니카고라스가 배에 내
려 뭍에 오르는 것을 보고 반갑게 인사하며 무슨 일로 이집트
까지 왔느냐고 물었다. 니카고라스도 반갑게 인사하며, 자기
는 지금 왕에게 선물할 말을 여러 필 끌고 왔는데 그 가운데 몇
마리는 아주 훌륭한 전마(戰馬)라고 말했다. 그 말을 들은 클레
오메네스는 웃으면서 이렇게 말했다.

"말보다는 차라리 기생이나 애욕에 쓸 미소년을 데려오
는 것이 더 좋을 뻔했소."

니카고라스도 그저 웃기만 했다.

며칠이 지나 그는 땅값 얘기를 꺼내면서 돈을 받았으면
좋겠다고 말했다. 그가 배를 타고 오면서 중간에 짐을 많이 잃
지만 않았어도 그 문제를 꺼내지 않았겠지만, 지금 자기도 돈

이 부족하다고 그는 말했다.

그러나 클레오메네스가 지금은 돈이 없다고 말하자 몹시 화가 난 니카고라스는 소시비우스를 찾아가 그가 왕을 조롱하던 말을 들려주었다. 그 말을 듣고 몹시 기뻐한 소시비우스는 왕을 화나게 할 더 많은 비난거리를 만들고 싶었다.

그래서 소시비우스는 클레오메네스가 왕에게서 함선과 병력을 얻으면 키레네를 침공하려 계획하고 있다는 사실을 문서로 남겨 달라고 니카고라스에게 부탁했다.[9] 니카고라스는 소시비우스의 부탁대로 편지를 써 주고 떠났다.

나흘이 지나자 소시비우스는 편지를 들고 왕을 찾아가 방금 받은 것처럼 말하면서 젊은 왕을 화나게 했다. 이에 왕은 클레오메네스를 왕궁으로 옮기게 하고, 지난날과는 다른 방법으로 그를 접대하면서 탈출을 막았다.

36

이런 이야기만으로도 클레오메네스에게는 슬픈 일이지만 그보다도 더 그의 희망을 깨뜨리는 일이 벌어졌다. 프톨레마이오스의 친구 크리세르모스(Chrysermos)에게는 프톨레마이오스라는 아들이 있었다. 그는 클레오메네스에게 매우 우호적이었고, 친근하여 서로 허물없이 이야기를 나누는 사이였다.

클레오메네스가 초청하자 아들이 찾아와 이런저런 이야기를 나누면서 왕에 대한 의혹도 풀고 자기의 입장을 변명했다. 이야기가 끝나고 돌아가는데, 그는 클레오메네스가 문밖

---

9 키레네는 그리스인들이 리비아 동부 지역에 건설한 다섯 곳의 식민 도시 가운데 하나로, 가장 오래된 곡창 지대였다. 이곳은 기원전 600년 무렵 인구 20만 명을 넘어설 만큼 번창했다. 헬레니즘 시대에 경제는 말할 것도 없고 학문 분야까지 선도하는 도시로 유명했으며, 기원전 96년 로마 제국에 편입되었다. 이런 도시를 클레오메네스가 공격하여 장악한다는 것은 이집트의 이권에 매우 치명적이어서 프톨레마이오스로서는 분노할 일이었다.

까지 뒤따라오는 줄도 모르고 경비병을 몹시 꾸짖었다.

　"가두어 놓기 어려운 맹수를 지키는 놈들이 이렇게 경비를 허술하게 한단 말인가?"

　클레오메네스는 그 말을 들었지만 프톨레마이오스는 그가 뒤에 있는 것을 몰랐다. 방으로 들어온 클레오메네스는 막료들에게 그 일을 털어놓았다. 분노에 찬 그들은 이제까지 자신들이 간절히 기대했던 소망을 버리고 프톨레마이오스의 불의와 오만에 복수한 다음 스파르타인답게 죽기로 했다.

　클레오메네스 일행은 제물로 바쳐질 동물처럼 살이 찌워진 다음에 살해당하는 최후를 겪고 싶지 않았다. 그토록 탁월한 명장 안티고노스와 강화 조약을 맺은 것조차 수치로 여기던 클레오메네스였으므로, 여흥을 끝낸 왕이 주악(奏樂)과 춤을 거두고 자신을 죽일 때까지 넋 놓고 앉아 기다린다는 것은 더욱 있을 수 없는 일이었다.

37

클레오메네스 무리가 그와 같이 결심하고 있을 때 마침 프톨레마이오스왕은 우연히 카노포스(Canopos)를 순행(巡幸)하고 있었다. 클레오메네스는 왕이 자기들을 해방했다는 소문을 퍼뜨렸다. 관례에 따르면, 이럴 경우 해방되는 무리에게 선물을 주고 잔치를 베푸는 것으로 되어 있었다.

　그리고 시내에 있던 클레오메네스의 막료들은 마치 왕이 보낸 것처럼 많은 잔치 선물을 들여보내 경비병들을 감쪽같이 속였다. 그들은 정말로 왕이 선물을 보낸 줄로만 알았다. 클레오메네스는 신전에 제사를 드리고 경비병들에게 넉넉히 제물을 나누어 주었다. 그런 다음 그는 머리에 화관을 쓰고 식탁에 앉아 막료들을 대접했다.

　들리는 바에 따르면, 클레오메네스는 자신이 처음에 의도했던 것보다 시간을 앞당겨 거사를 시작했다고 한다. 왜냐하면 클레오메네스를 개인적으로 도와주던 노예가 애인과 함께 밖으로 나갔는데, 클레오메네스는 노예가 밀고하여 자신들의 계획이 발각된 줄 알았기 때문이었다. 정오가 되어 경비병들이 술에 취해 잠든 것을 안 클레오메네스는 외투를 입고 오른쪽 어깨의 솔기를 튼 다음 칼을 빼 들고 앞으로 나갔다. 이때 열세 명의 막료가 줄지어 따랐다.

　일행 가운데 히피타스(Hippitas)라는 절름발이가 있었다. 그는 처음에는 강인한 정신력으로 일행과 함께했으나 몸이 불편한 자신이 일행의 과업에 장애가 된다는 사실을 알고, 자기 때문에 일이 늦어져 일을 망치지 않으려면 자기를 먼저 죽여 달라고 간청했다. 일행은 때마침 한 알렉산드리아 사람이 말을 타고 문 앞을 지나가는 것을 보고 그 말을 빼앗아 히피타스를 태웠다. 그들은 도시의 좁은 길을 따라 빠르게 달려가면서 민중에게 자유를 쟁취하고자 모이라고 외쳤다.

　이러한 사실은 클레오메네스의 용기를 북돋우어 주기에는 충분했지만 그를 도와주는 사람은 없었다. 그때 크리세르모스의 아들 프톨레마이오스가 그곳에 나타났고, 클레오메네스의 무리 가운데 세 사람이 곧 달려들어 그를 죽였다. 그리고 시장의 직책을 맡고 있던 또 다른 프톨레마이오스가 전차를 타고 오자 클레오메네스의 무리는 그에게 달려들어 하인과 용병들을 쫓아 버리고 그를 죽였다.

　클레오메네스 일행은 감옥을 부수고 죄수들을 풀어 주려 달려갔으나 수비병들이 더 빨리 대처하여 감옥 문을 닫아걸었다. 이에 당황한 클레오메네스는 도시의 아래위로 질주하였지만, 군중이 폭동에 가담하기는커녕 모두가 겁에 질려 도망했다. 이에 클레오메네스는 자신의 계획을 멈추고 막료들을 바라보며 이렇게 말했다.

　"자유가 싫다고 도망하는 저 사내놈들이 여자의 지배를 받는 것도 이상한 일이 아니구나."

클레오메네스는 이제 지난날의 전공이 욕되지 않도록 왕답게 죽자고 외쳤다. 그리하여 히피타스가 먼저 죽기를 요청하자 한 젊은이가 나서서 그를 죽였고 나머지 사람들은 조용히, 그리고 기쁜 마음으로 자살했다. 마지막으로 메갈로폴리스의 함락에 앞장섰던 판테우스가 남았다. 그는 클레오메네스가 가장 사랑하는 막료였다. 그는 젊었을 적에 가장 유망한 군인이었고, 스파르타의 기율(紀律)에 가장 충실한 청년이었다.

클레오메네스는 판테우스에게 자기와 모든 사람이 자살할 때까지 기다렸다가 마지막으로 자살하라고 지시했다. 드디어 모든 장병이 땅 위에 엎어지자 판테우스는 시체를 하나하나 들어 한 번 더 찌르고 숨이 붙어 있는지를 확인했다.

판테우스가 클레오메네스의 발목을 찌르자 그가 얼굴을 찡그렸다. 판테우스는 클레오메네스의 얼굴에 입을 맞춘 다음 그의 곁에 누웠다. 드디어 마지막 순간이 왔다. 판테우스는 왕의 시체를 껴안고 그 위에 포개어 자살했다.

38

이렇게 하여 클레오메네스는 16년의 왕위를 끝으로 삶을 마감했다. 그는 내가 기록한 바와 같이 그렇게 남자다움을 보여 주고 죽었다. 그가 죽었다는 소식이 시내에 퍼지자 그토록 고결한 정신력을 보여 주었던 그의 어머니도 자신의 불운에 평정심을 잃고 손자들을 껴안은 채 울며 탄식했다.

그런 터에 두 손자 가운데 큰손자가 여러 사람을 뿌리치고 갑자기 지붕에서 몸을 던졌다. 그는 많이 다쳤지만 죽지는 않았다. 그는 스스로 죽지 못한 것을 탄식하며 울부짖었다. 이 소식을 들은 프톨레마이오스왕은 클레오메네스의 살갗을 벗겨 시체를 매단 뒤 그의 아들들과 함께 어머니를 죽이도록 지시했다.

처형된 사람 가운데에는 판테우스의 아내도 있었다. 그

여성은 매우 고결하고 아름다워 사람들의 추앙을 받았으며, 결혼한 지 얼마 되지 않았다. 그 여성은 전쟁에 나가는 남편을 따라가고 싶었지만, 친정 부모가 이를 허락하지 않고 가두자 며칠이 지나 말 한 필과 몇 푼의 노자를 마련하여 밤중에 도망했다. 아내는 서둘러 타이나룸(Taenarum)으로 간 뒤 거기에서 배를 타고 이집트로 왔던 것이다.

남편을 만난 판테우스의 아내는 불평 없이 이국에서의 삶을 기꺼이 견뎌 냈다. 클레오메네스의 어머니가 병사들에게 끌려갈 때 판테우스의 아내는 그의 손을 잡고 옷깃을 여며 주며, 용기를 잃지 말라고 위로했다. 어머니는 죽음에 절망하지는 않았지만, 손자들보다 먼저 죽게 해 달라고 형리(刑吏)에게 부탁했다. 그러나 형장에 이르러 보니 손자들이 먼저 노인의 눈앞에서 죽어 있었다. 노인은 죽으면서 너무도 슬퍼하며 큰 소리로 이렇게 외쳤다.

"얘들아, 어디로 갔니?"

모후가 처형되자 판테우스의 아내가 그의 옷을 여며 주었다. 그의 모습은 담대하고 품위를 잃지 않았다. 그 여성은 아무 말 없이, 그리고 태연히 시체들을 묻을 수 있도록 수습했다. 그는 자신이 할 수 있는 모든 일을 다 했다. 드디어 모든 시체의 수습이 끝나자 그는 형장에 섰다.

판테우스의 아내는 외투를 목에 감고 형리밖에는 누구도 자기 죽음을 보지 못하게 한 다음 의연하게 최후를 맞이했다. 그 여성은 죽은 뒤에 시체를 수습할 필요가 없을 정도로 단정하게 죽었다. 그의 고결한 정신은 그렇게 최후를 맞았다. 마지막까지 일생토록 지켜 온 자기의 몸을 죽음의 순간까지도 지킨 것이다.

39
이처럼 스파르타는 여성들의 비극이 결코 남편들의 비극에 못지않았음을 입증함으로써 아무리 역경에 빠질지라도 덕성은 운명보다 더 강인하다는 것을 보여 주었다.

　며칠이 지나 경비병들이 광장에 걸린 시체를 감시하고 있는데 큰 뱀 한 마리가 클레오메네스의 머리와 얼굴을 감아, 먹이를 찾는 독수리가 볼 수 없게 가렸다. 그로 말미암아 프톨레마이오스는 미신의 두려움에 빠졌다. 부인들은 온갖 정화(淨化) 의식을 치렀다. 그들은 초월적인 능력을 갖추고 신의 사랑을 받던 사람을 자기들이 죽였다는 죄책감에 빠져 있었다.

　실제로 알렉산드리아 사람들은 자주 클레오메네스가 처형된 곳을 찾아와 그가 영웅이요 신의 아들이라고 말하면서 그를 숭모했다. 그러다가 어느 지혜로운 사람이 나타나 소가 죽은 자리에는 벌이 나타나고, 말이 죽은 자리에는 말벌이 나타나고, 나귀가 죽은 자리에는 딱정벌레가 나타나듯이 죽음이란 모두 마찬가지여서, 인간이 죽어 골수에서 나온 진물이 흘러 고이면 뱀이 생기는 것이라고 말했다. 고대인들이 다른 어느 동물보다도 뱀을 더 영웅과 관련지어 생각하는 이유가 바로 여기에 있다.

티베리우스 그라쿠스[1]
TIBERIUS GRACCHUS

기원전 163~133

I   앞 장에서 아기스와 클레오메네스가 본디 한 편으로 엮여 있었듯이, 그
라쿠스 형제도 원문에는 한 편으로 편집되어 있었으나 여기에서는 편의
상 두 편으로 나누었다. 다른 판본도 그렇게 나뉘어 있다.

자기 땅에서 쫓겨난 가난한 사람들은
더 이상 병역(兵役)에 열의를
보이지 않는다.
— 플루타르코스

이탈리아를 떠도는 짐승도 모두
몸을 숨길 토굴을 가지고 있지만,
조국을 위해 싸우다 죽은 용사들은
공기와 태양 빛밖에는
아무것도 가진 것이 없습니다.
— 티베리우스 그라쿠스

1

우리는 앞에서 이 이야기의 전반부인 아기스와 클레오메네스의 이야기를 마쳤다. 그러니 여기에서는 로마인으로서 그들과 짝을 이루며, 그들의 비극적 운명에 못지않게 불우했던 두 사람, 곧 티베리우스 그라쿠스와 그의 동생 카이우스 그라쿠스 형제의 삶을 살펴보지 않을 수 없다.

티베리우스와 카이우스 형제는 티베리우스 그라쿠스의 아들이었다. 그들의 아버지는 로마에서 감찰관과 두 번의 집정관을 지냈고 두 번의 개선식을 치른 인물로도 유명했지만, 그의 덕망으로 말미암아 더 높은 존경을 받았다.

그러므로 한니발(Hannibal)을 무찌른 스키피오(Scipio Africanus)가 [기원전 183년에] 죽었을 때, 티베리우스는 그의 동지가 아니라 서로 다른 길을 가는 사이였음에도 스키피오의 딸 코르넬리아(Cornelia)와 결혼할 만한 자격이 있다고 세상 사람들은 생각했다.

들리는 바에 따르면, 어느 날 아버지 그라쿠스는 침실에서 두 마리의 뱀을 잡았다고 한다. 이에 점쟁이들이 이 전조가 무슨 의미일까 고민하고 있을 때 그라쿠스가 그 징조를 해석했다. 그 뱀 두 마리를 모두 살려 보내서도 안 되고 모두 죽여서도 안 되며, 그 가운데 하나를 살려 보내고 다른 하나를 죽여야 하는데, 만약 수컷을 죽이면 자기가 죽을 것이고 암컷을 죽이면 그의 아내가 죽을 것이라는 말이었다.

아내를 사랑했던 그라쿠스는 아내가 아직 젊고 자기는 늙었으니 자기가 먼저 죽어야 한다 생각하여 수컷 뱀을 죽이고 암컷 뱀을 살려 주었다. 그 이야기를 더 들어 보면, 그런 일이 있고 나서 얼마 지나지 않아 티베리우스는 아내와 열두 아이를 남겨 둔 채 죽었다고 한다.[2]

코르넬리아는 아이들과 재산을 맡아 생활하면서 모든 일에 조심스러웠고 어머니로서 훌륭했으며 생각이 넓었기 때문에 그의 남편이 아내 대신에 자기가 죽은 것은 절대 잘못되지 않았다고 세상 사람들은 생각했다. 이집트의 왕 프톨레마이오스 6세(Ptolemaios VI)가 권력을 나누어 갖자며 코르넬리아에게 청혼했을 때 여성은 이를 거절하고 혼자 살았다.

코르넬리아는 로마에 살면서 아이들 대부분을 잃고 세 명만 살아남았는데, 딸은 소(少)스키피오에게 시집갔고, 나머지 두 명이 내가 지금 여기에서 이야기하려는 티베리우스와 카이우스이다.

코르넬리아는 이 두 아들을 각별히 훌륭하게 키웠다. 세상 사람들은 다른 어느 로마의 청년도 천성적으로 그렇게 덕망을 타고난 사람이 없다고 하지만, 내가 보기에는 그 형제가 그러한 덕망을 지닌 것은 타고난 것이 아니라 그 어머니의 교육 덕분이라고 여겨진다.

2 　아버지 티베리우스는 기원전 163년에 두 번째 집정관을 지냈으나 언제 죽었는지는 알 수 없다. 이 이야기는 키케로의 『예언』(I : 18, 36; II : 29, 62)에 나온다.

[제우스와 레다(Leda) 사이에 태어난] 형제인 카스토르와 폴룩스의 조상(彫像)이나 초상을 보면 닮은 점이 있으면서도 마치 권투 선수와 달리기 선수의 차이가 보이는 것처럼, 두 청년 티베리우스와 카이우스도 용기와 자제력이라는 점에서는 말할 것도 없고 인정과 웅변술 그리고 고결함이라는 점에서 많이 닮았으면서도 행동이나 정치적 생애에서는 닮지 않은 점이 나타나고 있다.

따라서 이들에 대한 논의에 들어가기에 앞서 이런 점을 밝혀 보는 것도 나쁘지 않다고 나는 생각한다.

첫째로, 티베리우스는 몸동작이나 외모나 처신하는 데 정중하고 차분했지만, 그와 달리 카이우스는 예민하고 격렬했다. 그래서 대중을 상대로 연설할 때도 티베리우스는 한곳에 단정하게 서서 연설하는가 하면, 카이우스는 연설하면서 연단 둘레를 왔다 갔다 하고 자기의 어깨에서 외투를 벗어 내린 최초의 인물이었다. 들리는 바에 따르면, 연설을 하면서 외투를 열어젖히고 허벅지를 때린 최초의 웅변가는 아테네의 클레온(Cleon)이었다고 한다.

둘째로, 카이우스의 연설은 민중에게 겁을 주고 조금은 열정이 지나쳐 과장된 듯했지만 티베리우스의 연설은 좀 더 그럴듯하고 동정심을 불러일으켰다. 티베리우스의 연설 방식은 정확하고 섬세한 데가 있었지만, 카이우스의 연설은 설득력이 있고 수사(修辭)가 화려했다.

식사량과 생활 양식에서 티베리우스는 단순하고 평범했지만, 카이우스는 남들에 비해서는 절제되고 소박했으되 그의 형에 견주어 보면 사치스럽고 까탈스러웠다. 그래서 드루수스(Drusus) 같은 사람은 카이우스가 1,250드라크마를 주고 은제 돌고래를 여러 개 샀을 때 그의 잘못을 지적했다.

티베리우스와 카이우스는 연설에서도 그랬듯이 성격도

아주 달랐다. 티베리우스는 합리적이고 점잖았다. 그러나 카이우스는 거칠고 격렬하여 자기의 판단과는 달리 말을 하다 분노가 치밀어 목청이 높아지면 하지 말아야 할 말을 했으며 조리를 잃었다. 따라서 그의 말이 곁길로 빠지는 것을 막고자 카이우스는 매우 이지적인 노예 리키니우스(Licinius)를 고용했다.

카이우스는 연설할 때면 뒤에 그 노예를 세워 놓고 목청이 높아지면 악기를 울리도록 했다. 그래서 그의 목소리가 거칠어지고 분노로 말미암아 찢어지는 소리를 내면 노예가 악기를 부드럽게 연주하고 그 소리를 들은 카이우스는 열정과 목소리를 낮추고 점잖아짐으로써 자제력이 있음을 보여 주었다.

3

두 형제의 차이점은 그와 같은 것들이었다. 그러나 적군을 만났을 때의 용감함, 민중에 대한 공의로운 처신, 공적 업무의 양심적인 처리, 그리고 쾌락에 대한 엄정한 자기 절제라는 점에서 그들은 매우 닮았다. 티베리우스는 동생보다 아홉 살이 더 많았다. 이러한 시간 제약으로 말미암아 그들은 같은 시대에 정치 활동을 할 수 없었고, 그래서 그들의 활동은 힘을 모을 수 없었다.

이들 두 형제는 같은 시대에 함께 탁월함을 보여 주지 못함으로써 그들이 가지고 있는 힘의 상승효과를 불러일으키지 못했다. 만약 그들이 힘을 모을 수 있었더라면 그 힘에 누구도 저항할 수 없었을 것이다. 따라서 우리는 그들을 개별적으로 살펴볼 수밖에 없고, 형을 먼저 다루고자 한다.

4

티베리우스는 소년티를 벗으면서 제관(祭官, Augur)이 되기에 가장 적절한 인물이라고 널리 알려졌다. 이는 그가 명문가의 자식이어서가 아니라 그의 덕망 때문이었는데, 그러한 분위기는 아피우스 클라우디우스(Appius Claudius)의 처사에서 잘 나타나고 있다. 이미 집정관과 감찰관을 지낸 아피우스는 그 무렵에 원로원 의장(Princeps Senatus)이었는데 덕망이 높고 성품이 고결하여 같은 시대의 사람들을 압도하고 있었다.

티베리우스가 제관으로 취임한 날의 축하 잔치 자리에서 아피우스가 티베리우스에게 호의를 보이며 자신의 사위가 되어 줄 수 있느냐고 물었다. 티베리우스가 그 제의를 기쁘게 받아들여 그 자리에서 약혼 날짜가 잡혔다. 아피우스는 집에 돌아오자 문간에 서서 아내를 불러 큰 소리로 외쳤다.

"여보, 안티스티아(Antistia), 우리 딸 클라우디아(Claudia)가 약혼했다오."

그러자 그의 아내가 놀라며 이렇게 말했다.

"왜 그리 급히 서두르세요? 티베리우스 그라쿠스와 약혼을 한다면 모를까?"

레비우스(Levius)와 같은 역사학자들은 이 일화가 아버지 그라쿠스와 대(大)스키피오 사이에 있었던 일이라고 말한다는 것(『로마사』, XXXVIII : 57)을 나도 알고 있지만, 대부분의 작가는 이 일화가 나의 주장과 마찬가지로 아들 티베리우스와 아피우스 클라우디우스 사이에 있었던 일로 보고 있다.

폴리비오스의 『역사』(XXXII : 13)를 보면, 스키피오가 죽은 뒤에 그의 딸 코르넬리아의 친척들이 모여 아버지 티베리우스에게 호의를 보이고 코르넬리아를 그의 아내로 주었다는데, 이로 보면 스키피오가 살아 있을 적에 그의 딸을 약혼시켰다거나 시집보내려 하지 않았음을 알 수 있다.

그런 일이 있은 뒤에 [기원전 146년에] 티베리우스는 아프리카에서 자신의 손위 처남인 소스키피오를 상관으로 모시고 있었다. 티베리우스는 사령관과 같은 막사 안에서 지내며 사령관의 성품을 이해하게 되었다. 사령관은 덕성을 함양하고 이

티베리우스 그라쿠스

를 행동으로 본받도록 이끌었다. 상관의 그런 모습을 보면서 티베리우스는 모든 젊은이를 단련시키고 용맹을 심어 주었다.

환니우스(Fannius)의 기록에 따르면, 티베리우스는 전쟁에서 제일 먼저 적의 성벽에 기어올랐다고 하며, 환니우스 자신도 티베리우스와 함께 성벽에 기어올라 무공을 세웠다고 기록하고 있다. 티베리우스는 군대에 복무하는 동안 사람들의 호감을 샀고, 그가 떠나자 많은 사람이 그를 그리워했다.

5

카르타고와의 전쟁이 끝난 뒤 티베리우스는 법정관에 선출되어 집정관 카이우스 만키누스(Caius Mancinus) 밑에서 누만티아족과 벌인 전쟁(기원전 137년)에 참전할 수 있는 행운을 잡았다. 만키누스는 한 남자로서 나쁜 사람은 아니었지만, 로마의 장군으로서는 가장 불운한 사람이었다.

예상하지 못했던 불운과 뒤틀린 상황 속에서 티베리우스의 용맹함과 총명함은 그야말로 빛을 냈다. 더욱 놀라운 점은 불운이 겹치면서 자신이 장군이라는 사실조차 잊어버린 사령관에게 그가 존경과 명예를 바쳤다는 사실이었다.

만키누스는 중요한 전쟁에 여러 번 지자 병영을 버리고 밤중에 철군할 계획을 세우고 있었는데, 이를 미리 안 누만티아족이 재빠르게 진지를 점령했다. 누만티아족은 도망하는 로마군을 덮쳐 후방에 있던 무리를 살육하고, 전군을 포위하며 험난한 곳으로 몰아넣어 더는 도망치지 못하도록 했다.

이제 안전하게 길을 뚫을 수 없다고 체념한 만키누스는 적진에 전령을 보내 휴전과 강화 조건을 제시했다. 그러나 누만티아인들은 티베리우스 이외에는 믿는 사람이 없으니 그를 강화 사절로 보내라고 선언했다.

누만티아인들이 젊은 티베리우스에게 그토록 호감을 느낀 것은 그가 높은 평가를 받고 있었기도 하지만, 그의 아버지가 [기원전 180~179년에] 스페인과 전쟁을 치르면서 많은 적군을 정복하고 강화 조약을 맺은 뒤에 로마인들이 신성하고도 정의롭게 그 조약을 지키도록 한 일 때문이었다. 그리하여 티베리우스가 적진에 파견되어 협상을 벌였고, 어떤 부분에서는 양보하고 어떤 부분에서는 양보를 받아 냄으로써 휴전을 맺었다. 그 덕분에 일꾼과 병영을 따라다니는 사람들(attendants and camp followers)[3] 이외에도 2만 명의 목숨을 건져 돌아왔다.

6

누만티아인들은 모든 재물을 노획하여 전리품으로 삼았다. 그 가운데에는 티베리우스가 법정관으로 재임하면서 공식적으로 지출한 공금의 원장(元帳)이 들어 있었다. 그는 이 서류를 간절히 찾고 싶은 마음에 자기의 부대가 이미 멀찌가니 갔음에도 서너 명의 부하를 데리고 그 도시로 되돌아갔다.

티베리우스는 누만티아의 관리들을 밖으로 불러낸 다음 그 서류들을 돌려 달라고 부탁했다. 정적들이 자신의 공금 내역을 제시하지 못한다고 비난할 기회를 주고 싶지 않았던 것이다. 누만티아인들은 그에게 뭔가 베풀 기회를 찾고 있던 터라 기쁜 마음으로 그를 도시 안으로 초청했다.

티베리우스가 서서 사건의 앞뒤를 자세히 설명하자, 누만티아인들이 가까이 다가와 손을 잡으며 더 이상 자기들을 적으로 여기지 말고 친구로 믿고 상대해 주기를 절실하게 요청했다. 그러자 티베리우스는 회계 장부도 되찾게 되었을 뿐만 아니라 더 이상 그들에게 불신을 보임으로써 그들을 화나게 하고 싶지 않아 그들의 말에 따르기로 결심했다.

---

3   그 무렵의 전쟁에는 전투원뿐만 아니라 사역병, 취사병, 동물 관리자, 무기 수선공, 가족, 노예, 종군 위안부 등의 많은 비전투 부속 인원이 따라다녔다.

티베리우스가 누만티아로 들어가자 먼저 그들은 티베리우스에게 음식을 대접하고 그와 함께 앉아 음식을 먹었다. 그러고 나서 그들은 공금의 원장을 돌려주면서 이것 말고도 자신들이 노획한 재산 가운데 더 바라는 것이 있으면 가져가라고 친절하게 말했다. 그러나 티베리우스는 공적인 제사에 쓸 향료 말고는 아무것도 받지 않았다. 그는 진심 어린 작별 인사를 나누고 그곳을 떠났다.

7

티베리우스가 로마로 돌아오자 인구의 대부분을 이루고 있는 군인 가족과 친구들이 티베리우스에게 몰려왔다. 그들은 로마인들에게 돌아온 불명예가 사령관 만키누스 때문에 일어난 일이었다고 비난했다.

물론 그들은 많은 시민이 풀려난 것은 티베리우스 덕분이었다고 주장했지만, 어쨌거나 이번 패전은 불명예를 안겨 준 끔찍한 일이라는 비난이 쏟아졌다. 휴전 조약을 불쾌하게 여기던 무리는 이번 사건이 지난날에 있었던 사례와 똑같다고 주장했다.

이는 곧 [기원전 321년에] 삼니움과의 전쟁에서 진 로마의 장군들이 수치스러운 조약을 맺고 무장이 해제된 채 귀국한 일을 뜻했다. 그때 그 조약을 맺는 데 관여한 재정관과 군무 위원 들은 적에게서 풀려날 때와 똑같이 무장 해제를 겪고 적국으로 다시 추방당했다. 위증을 한 데다 자신들이 맺은 조약의 의무를 지키지 않았다는 이유였다.

그런데 이번 사건을 보면, 민중은 다른 어느 때보다도 티베리우스에게 호의와 애정을 보여 주었다. 그들은 집정관의 무장을 해제하고 쇠사슬에 묶어 누만티아족에게 넘겨주기로 결의했지만, 티베리우스의 얼굴을 보아 장교들의 목숨은 살려 주었다. 그 무렵에 로마에서 가장 위대하고 영향력이 컸던 스키피오가 그들의 목숨을 건지는 데 도움을 주었던 것으로 보인다.

그러나 스키피오는 시민들의 비난을 들었다. 그가 만키누스의 목숨을 건져 주지 않았고, 그의 친척과 티베리우스가 누만티아와 체결한 조약을 어김없이 준수해야 한다고 주장하지 않았기 때문이었다.

티베리우스와 스키피오 사이에 일어났던 불화는 주로 티베리우스의 야망과 그를 지지하던 그의 동료와 궤변학자들 때문에 일어난 것으로 보인다. 그러나 이러한 불화가 그들 사이에 화해할 수 없을 정도로 틈새를 벌린 것이 아님은 분명하다.

내가 생각하기에, 티베리우스가 로마에서 정치 활동을 하는 동안에 스키피오가 로마에 있었더라면 티베리우스는 그토록 심각한 불운을 겪지 않았을 수도 있었다.

그러나 그 뒤의 사건이 보여 주는 바와 같이, 티베리우스가 농지법을 제정하려고 정치 활동을 시작했을 때 스키피오는 이미 [기원전 134년에] 누만티아에 머물면서 전쟁을 수행하고 있었다. [티베리우스가 살해된 것은 그 이듬해였다.]

8

로마인들은 전쟁을 통해 차지한 토지 일부를 팔고 나머지 가운데 일부를 국유지로 만들어 가난한 사람들에게 주면서 지대(地代)를 조금씩 국가에 지불하도록 했다. 그러다가 부자들이 더 높은 지대를 지불하고 가난한 사람들에게 배당되었던 토지를 차지하는 사태가 벌어지자 정부에서는 농지법(Lex Licinia)을 만들어 한 사람이 2제곱킬로미터 이상을 차지하지 못하도록 했다.

이 농지법은 짧은 기간이나마 부자들의 탐욕을 억제했고, 가난한 사람들은 처음 책정되었던 낮은 지대를 지불하고 지난날과 같이 토지를 경작하게 되었다. 그러나 시간이 흐르면서 부자들은 거짓으로 꾸민 토지 문서를 통해 가난한 사람들의 토지를 자기 이름으로 바꾸었고, 끝내는 대부분의 토지를 공공연히 자기들의 명의로 차지했다.

그렇게 되자 자기 땅에서 쫓겨난 가난한 사람들은 더는 병역에 열의를 보이지 않았고, 자녀의 양육을 소홀히 함으로써 자유민의 수가 줄어들었으며, 외국에서 들어온 노예들이 거리에 넘쳤다. 부자들은 이 노예를 고용하여 자신들의 토지를 경작하게 하는 한편, 그 토지에서 자유민들을 몰아냈다.

이를 보다 못한 스키피오의 친구인 카이우스 라일리우스(Caius Laelius)가 그와 같은 사회악을 고치려 했다. 그러나 그 사회의 유력 인사들이 그의 조치에 반대하자 그로 말미암아 사회적인 동요가 일어날지도 모른다는 점을 두려워한 라일리우스는 개혁을 포기했다. 그는 이 때문에 '사피엔스(sapiens)'라는 별명을 얻었는데, 이는 라틴어로 '지혜롭고 신중한 사람'이라는 뜻이었다.

그러나 호민관으로 선출된 티베리우스는 직접 토지 문제를 다루기 시작했다. 많은 작가의 말에 따르면, 그는 이러한 조처를 하면서 수사학자인 디오파네스(Diophanes)와 철학자인 블로시우스(Blossius)의 영향을 받았다고 한다.

디오파네스는 미틸레네(Mitylene)에서 망명한 인물이었고, 블로시우스는 쿠마이(Cumae)에서 온 토박이 이탈리아인이었다. 이들은 로마에 살고 있던 타르소스 출신인 안티파트로스의 가까운 친구였는데, 안티파트로스는 그들에게 자신의 글을 헌정(獻呈)함으로써 그들의 명예를 높여 주었다.

그러나 티베리우스의 죽음에 대해서는 그의 어머니인 코르넬리아가 적어도 일정 부분 비난받아야 한다고 주장하는 사람들이 있다. 그 여성은 로마인들이 자기를 그라쿠스 형제의 어머니라 부르지 않고 스키피오의 장모라고 부르는 점을 들먹이며 아들들을 비난했기 때문이다.

그런가 하면 또 어떤 사람들은 스푸리우스 포스투미우스 (Spurius Postumius)가 비난받아야 한다고 말하고 있다. 그는 티베리우스와 같은 나이였는데, 웅변가로서의 명성 때문에 서로 경쟁적이었다. 전쟁에서 돌아온 티베리우스는 자기의 경쟁자인 그가 명성이나 영향력에서 자신을 앞질러 있고, 대중의 찬양 대상이 되어 있다는 사실을 알게 되었다. 그래서 이를 만회하고자 민중 사이에 엄청난 기대감을 불러일으킬 수 있도록 과감한 정치적 조처를 하리라고 결심했던 것으로 보인다.

그러나 그의 동생인 카이우스가 어떤 책자[4]에서 남긴 바에 따르면, 티베리우스는 토스카나(Toscana)를 거쳐 누만티아로 가는 길에 그곳 주민들의 궁핍한 삶과 외국에서 들어온 야만족 노예들이 땅을 파고 가축의 무리를 치는 것을 보았고, 그때 처음으로 그러한 공공 정책을 구상하여 뒷날 두 형제가 끊임없는 고통을 겪게 되었다고 한다.

그러나 티베리우스의 열정과 야망을 부추긴 것은 무엇보다도 민중이었다. 민중은 회랑과 담벼락과 기념물에 가난한 사람들에게 국유지를 되돌려 달라고 티베리우스에게 요구하는 글을 써 붙였다.

9

그리고 티베리우스가 혼자만의 생각으로 그런 법을 구상한 것은 아니었다. 그는 덕망과 명성이 높은 사람들과 이를 상의하여 결정했는데, 그런 인물들 가운데에는 대제관(大祭官) 크라수스(Crassus), 그 무렵의 집정관이었던 법률가 무키우스 스카이볼라(Mucius Scaevola), 그의 장인인 아피우스 클라우디우스가 들어 있었다.

---

4   아마도 정치적 의견을 담은 작은 책자였던 것으로 보인다.(키케로, 『예언』, II : 29, 62)

그러나 생각해 보면, 그렇게 엄청난 불의와 탐욕을 다루는 법안이 그보다 더 온건하고 신사적으로 결의된 적은 없었던 것 같다. 그 법안은 불법적인 권리를 누리던 토지에 대한 벌금을 물리지 않았고, 처벌을 받아야 할 사람들에게 마땅한 벌을 내리지도 않았기 때문이다. 그들은 부당하게 취득한 토지를 보상까지 받으며 넘겨 주면 끝이었고, 그 소유권은 도움이 필요한 시민에게 넘겨질 것이었다.

이처럼 거대한 비리를 이토록 관대하게 다루었는데도, 민중은 그러한 비리가 앞으로 다시 일어나지만 않는다면 과거를 잊고 만족할 수 있었다. 그러나 재산과 권력을 가진 사람들은 탐욕에 사로잡혀 그 법을 증오하고 그 법을 제정한 사람들에게 분노하며 적개심을 품었다. 그들은 티베리우스가 토지 재분배법을 도입함으로써 정체(政體)의 혼돈을 불러일으키고 전반적인 혁명을 유도하는 것이라고 민중을 선동했다.

그러나 부자들은 아무것도 이루지 못했다. 왜냐하면 티베리우스는 설령 떳떳하지 못한 일이라도 고상하게 느끼게 하는 웅변술로써 명예롭고 공의로운 일을 추진하고 있었기 때문이었다. 그가 군중에 둘러싸인 단상에 올라가 가난한 사람들을 위해 웅변할 때면 그는 누구도 이길 수 없는 힘을 발휘했다. 그는 이렇게 말했다.

"이탈리아를 떠도는 짐승도 모두 몸을 숨길 토굴을 가지고 있지만, 이탈리아를 위해 싸우다 죽은 용사들은 공기와 태양 빛밖에는 아무것도 가진 것이 없습니다. 그들은 집도 없고 가정도 없이 처자식을 데리고 떠돌고 있습니다. 전쟁터에서 병사들에게 그들 조상의 무덤과 신전을 지키라고 외치는 장군들은 거짓말을 하는 것입니다.

용사들은 조상에게 물려받은 신전도 없고, 많은 로마인이 조상의 무덤조차 없습니다. 그들은 남들을 잘 살고 사치하도록 만들어 주려고 싸우다가 죽었습니다. 사람들은 용사들이

마치 세상의 주인이라도 되는 것처럼 떠받들지만, 군인들은
자기 이름으로 된 흙 한 덩어리도 없습니다."

10

티베리우스의 언어는 이처럼 고결한 정신과 순수한 감정의 산
물이었다. 그의 말이 민중의 귀에 들어가면 민중은 신중하게
움직이고 말하는 그를 전적으로 지지하게 되어, 어느 정적도
그에게 맞설 수가 없었다. 그런 이유로 티베리우스에 대한 반
론을 포기한 정적들은 마르쿠스 옥타비우스(Marcus Octavius)[5]
를 찾아가 사정을 털어놓았다.

옥타비우스는 민중의 지지를 받는 호민관 가운데 한 명으
로서 냉철한 성격의 신중한 젊은이였는데, 티베리우스와도 가
까운 사이였다. 그래서 처음에 옥타비우스는 티베리우스의 문
제에 관하여 마음 쓰고 싶지 않았지만, 자신의 직책 때문에 그
럴 수도 없었다. 곧 그는 수많은 유력 인사들에게서 간청이 들
어오자 티베리우스에 반대하여 그가 제안한 법안의 통과를 늦
추었다.

이제 결정권은 거부권을 행사하는 호민관의 손에 달려 있
었다. 왜냐하면 단 한 명의 호민관이라도 그 법안에 반대하면
다수의 의견도 소용이 없기 때문이었다. 이러한 절차에 분노
한 티베리우스는 처음 제출했던 자신의 온건한 법안을 철회하
고 새로운 법안을 다시 제출했다.

새로운 법은 민중에게 훨씬 더 유리하고 법을 어긴 무리
에게는 더욱 가혹했다. 이 법에 따르면, 지난날에 있었던 법을
어기고 토지를 얻은 사람들은 보상도 없이 그 토지를 비우도
록 되어 있기 때문이었다.

그렇게 되자 거의 날마다 티베리우스와 옥타비우스 사이

5   이 사람은 뒷날 삼두 정치를 이끈 옥타비우스의 선조이다.

에 법률 논쟁이 벌어졌다. 들리는 바에 따르면, 그러한 논쟁을 벌이면서 그들은 매우 진지한 반대 의견을 내세우며 싸웠지만, 상대방을 비방하지도 않았고 상대를 분노하게 만드는 부적절한 말도 쓰지 않았다. 왜냐하면 희곡 작가 에우리피데스(Euripides)의 『바코스의 축제』(§ 310)뿐만 아니라 적대감과 분노의 경연장에서도 고결한 성품과 건전한 수련은 마음을 다스리기 때문이다.

더욱이 옥타비우스는 많은 공유지(公有地)를 가지고 있어 그 법에 각별히 영향을 받고 있다는 점을 잘 알고 있던 티베리우스는, 자신의 재산이 대단하지는 않지만, 자신의 재산으로 옥타비우스의 토지를 보상해 주겠다고 약속하면서 자신의 법에 대한 반대를 거두어 줄 것을 간청했다.

그러나 옥타비우스가 그의 제안에 동의하지 않자 티베리우스는 법령을 공포하여, 주민 투표가 부결되든 통과되든, 투표를 시행할 때까지 모든 공직자는 공무를 집행할 수 없도록 조치했다.

티베리우스는 또한 농경의 신 사투르누스(Saturnus)의 신전을 자기의 인장 반지로 봉인하여 재무관들이 거기에서 돈을 빼거나 넣을 수도 없게 하였으며, 이를 어기는 재무관에게는 벌금을 물릴 것이라고 선언했다. 그들은 겁에 질려 몇 가지 직무를 중단했다.

그러자 부자들은 상복을 입고 처량한 행색으로 광장을 돌아다니면서 한편으로 티베리우스를 죽이고자 음모를 꾸미고 그를 처단할 암살단을 모집했다. 이에 티베리우스는, 누구나 다 잘 알고 있듯이, 돌로(*dolo*)라고 부르는 산적들의 단검을 옷 속에 숨기고 다녔다.

11

지정한 날짜가 다가와 티베리우스가 투표를 시행하고자 민중을 모았으나 부자들이 투표 항아리를 빼앗아 가면서 커다란 혼란이 일어났다. 그러나 티베리우스의 지지자들은 투표를 강행할 수 있을 만큼 많은 수를 확보하고 있었다.

티베리우스의 지지자들이 이 문제를 처리하려고 무리를 모으자, 집정관을 지낸 바 있는 만리우스(Manlius)와 풀비우스(Fulbius)가 티베리우스의 발아래 무릎을 꿇고 손을 잡으며 이번 투표를 중지하라고 눈물로 호소했다.

일의 앞날이 절망적이라는 것을 안 티베리우스는 두 사람에 대한 존경심에 감동하여 자기가 어떻게 해 주기를 바라느냐고 물었다. 그들이 대답하기를, 자기들은 이와 같은 중대한 사태에 자문할 자격이 없으므로 이 문제를 원로원의 결정에 맡기라고 요구했다. 티베리우스는 이에 동의했다.

그러나 원로원에 대한 부자들의 영향력이 너무 커 원로원이 아무런 결정도 내리지 못하자 티베리우스는 불법적이고도 부적절한 방법을 강구했는데, 바로 옥타비우스를 공직에서 해임한 것이었다. 그로서는 법안을 통과시키려면 달리 방법이 없었다. 그는 먼저 공개된 자리에서 옥타비우스를 만나 손을 잡고 친절한 목소리로 이렇게 말했다.

"민중은 지금 다만 정당한 권리를 요구하면서도 그들의 노력과 위험에 비춰 보면 보잘것없는 대가만을 받고 있으니, 그 뜻을 받아들여 그들을 기쁘게 해 주시지요."

그러나 옥타비우스가 그 제안을 거절했다. 이에 티베리우스가 이렇게 다시 제안했다.

"옥타비우스와 나는 같은 권력을 가진 공직자로서 중대한 문제에 대한 의견이 서로 달라 전쟁이라도 일으키지 않고서는 임기를 마칠 수 없습니다. 따라서 이 문제를 해결할 방법은 단 한 가지밖에 없는데, 그것은 두 사람 가운데 누군가 공직에서 물러나는 것입니다. 나는 진심으로 말하건대, 나의 진퇴를 먼저 민중에게 물어보아 민중이 이를 가결한다면 바로 공직에서 물러나 시민의 신분으로 돌아가겠습니다."

그러나 옥타비우스가 그럴 뜻이 없음을 나타내자 티베리우스는 옥타비우스가 생각해 보고 마음을 바꾸지 않는 한, 자신이 옥타비우스의 문제를 투표에 부치겠노라고 선언했다.

12

이렇게 서로의 뜻을 이해하는 정도로 그날의 모임은 끝났다. 다음 날 민중이 다시 모이자 티베리우스는 단상으로 올라가 다시 한번 옥타비우스를 설득했다. 그러나 옥타비우스가 그의 뜻을 따르지 않자 티베리우스는 그를 호민관에서 해임하는 법안을 발의한 다음 민중에게 곧 표결하라고 요구했다.

그때 로마에는 35개 부족이 있었고, 그 가운데 17개 부족이 투표에 참여하였으니 옥타비우스를 평민으로 내몰 수 있는 정족수에서 한 표가 부족했다. 이에 티베리우스는 투표의 중지를 요구하고, 다시 옥타비우스를 껴안고 입을 맞추면서 이렇게 간청했다.

"내가 나의 친구를 더 이상 불명예스럽게 만들지 말도록 하고, 당신은 당신의 친구가 그토록 가혹하고 슬픈 조처를 취하도록 놓아 두지 말기를 바랍니다."

들리는 바에 따르면, 그와 같은 간청을 들은 옥타비우스는 마음이 전혀 움직이지 않은 것은 아니었다고 한다. 그는 눈물을 글썽이며 오랫동안 조용히 서 있었다. 그러다가 옥타비우스는 부자들이 모여 있는 곳을 바라보았다. 그는 그들이 자기를 어찌 볼지 모른다는 점이 두려웠고, 그들 사이에서 자신에 대한 평판이 떨어질까 봐 걱정했다.

그러나 만사를 과감하게 처리하고자 하는 용기가 우러나자 옥타비우스는 티베리우스를 찾아가 그가 하고 싶은 대로 하라고 말했다. 마침내 법안이 통과되었고 티베리우스는 자신의 해방 노예를 시켜 옥타비우스를 연단에서 끌어 내리게 했는데, 이런 방식으로 끌려가는 모습이 그의 행색을 더욱 애처로워 보이게 했다.

더욱이 그런 상황에서 어떤 사람이 옥타비우스에게 달려들었다. 그러자 부자들이 옥타비우스를 도우려고 몰려와 팔을 뻗어 민중을 막아 내고, 그들에게서 옥타비우스를 구출하려 했지만 쉬운 일은 아니었다.

이때 옥타비우스의 충직한 하인이 앞에 서서 주인을 보호하려다가 눈을 다쳤는데, 이는 티베리우스의 생각과는 다른 방향으로 사건이 전개되었음을 의미한다. 티베리우스는 사건이 어떻게 전개되고 있는지를 안 순간, 소요를 가라앉히고자 신속히 달려갔다.

13

이런 일을 겪으면서 농지법이 통과되어 국유지를 측량하고 분배하는 일을 맡게 될 세 사람이 선출되었는데, 티베리우스 자신과 그의 장인 아피우스 클라우디우스와 동생 카이우스 그라쿠스였다. 이 무렵에 카이우스는 로마에 있지 않고 스키피오의 휘하에서 누만티아 원정에 참전하고 있었다.

티베리우스는 이 일을 조용히 처리하였으며 저항은 없었다. 그 밖에도 티베리우스는 옥타비우스의 후임으로 무키우스(Mucius)라는 사람을 호민관으로 선출했다. 무키우스는 지위가 높거나 귀족도 아니었으며 티베리우스의 의뢰인[6]에 지나지 않았다.

그러나 이러한 절차에 화가 난 원로원 의원들은 티베리우스의 권력이 더 커질 것을 두려워하여 그의 과업을 방해했다.

---

6   로마의 신분 질서에는 의뢰인(client)과 후견인(patron)이라는 독특한 인간관계가 있었다. 의뢰인은 자유민도 아니고 노예도 아닌 중간 계급으로서 후견인에게 충성을 바치는 대가로 경제적·법적 보호를 받았다.

티베리우스는 토지를 분배하는 과정에서 쓰고자 통상적으로 사용하는 막사(幕舍)의 대금을 공금으로 지불해 줄 것을 요청했는데, 다른 때에는 그보다 못한 목적으로도 공금을 잘 지불했던 원로원이 그의 요구를 거절한 것이다.

또한 원로원은 티베리우스의 하루 활동비로 9오볼(obol)[7]을 허락했다. 이 일을 꾸민 사람은 푸블리우스 나시카(Publius Nasica)였다. 나시카는 넓은 토지를 가지고 있었는데 티베리우스의 법률 때문에 모두 잃게 되어 티베리우스를 몹시 미워하고 있었다. 일이 이렇게 번지자 민중이 더욱 분노했다.

그러던 터에 티베리우스의 동지가 갑자기 죽었는데 그의 몸에 온통 이상한 반점이 나타났다. 민중은 무리를 지어 장례식에 몰려들어 그가 독살되었다고 외치면서 그를 화장터로 운반하여 절차가 끝날 때까지 그곳에 서 있었다. 티베리우스의 동지가 독살되었을 것이라고 민중이 의심한 데에는 그럴 만한 이유가 있었다.

왜냐하면 시체에서 썩은 진물이 쏟아져 나와 장작더미의 불꽃이 꺼졌고, 불을 붙였으나 다시 불이 꺼져 장소를 옮겨 여러 차례 고생한 뒤에야 겨우 태울 수 있었던 것이다. 일이 이렇게 되자 티베리우스는 민중을 더욱 분노하게 만들 수 있다고 생각했다. 티베리우스는 상복 차림으로 처자식을 데리고 민회에 나타나, 자기도 삶을 버릴 것이니 자신의 처자식을 부탁한다고 말했다.

14

이 무렵[기원전 133년]에 페르가몬의 왕 아탈로스 휠로메토르(Attalus Philometor)가 죽자 에우데무스(Eudemus)가 아탈로스의

---

7   9오볼은 이 책이 미국에서 출판된 1921의 물가 지수로 40센트에 해당한다.(페린)

유언과 그 증거들을 가져왔는데, 로마 시민을 자신의 상속인으로 세운다는 내용이었다.

이에 티베리우스는 곧 민중의 환심을 사고자, 아탈로스왕의 돈이 로마로 들어오면 토지를 분배받은 이들에게 돈을 나누어 주어 농기구를 사고 경작에 도움을 주도록 하는 법안을 제출했다.

또한 그는 아탈로스의 왕국에 소속되어 있던 도시들에 관해서는 원로원의 결정권이 없으므로, 민중에게 그 결정을 위임하겠다고 말했다. 이러한 조치로 그는 그 어느 때보다도 더 강력하게 원로원을 공격했다. 이에 폼페이우스(Pompeius)[8]가 일어나 티베리우스를 두둔하며 말했다.

"나는 티베리우스의 이웃이어서 이번 일의 내막을 잘 알고 있습니다. 페르가몬의 에우데무스는 티베리우스가 곧 로마의 왕이 되리라고 믿었기 때문에 나라의 왕실 보물 가운데 왕관과 자주색 외투를 가져와 티베리우스에게 선물로 바친 것입니다."

그러자 이번에는 퀸투스 메텔루스(Quintus Metellus)가 나서더니 티베리우스를 비난했다.

"나의 아버지가 감찰관이던 시절에 아버지가 저녁 식사를 마치고 집에 돌아올 때면 시민들은 자신들이 너무 즐기며 마시고 있는 것으로 보이지 않을까 두려워 모두 등불을 껐는데, 지금은 티베리우스가 밤에 돌아올 때면 민중 가운데 가장 못살고 무모한 사람들이 그의 밤길을 비춰 준다고 합니다."

이번에는 인격이나 냉철함에서 결코 고상하지 않은 티투스 안니우스(Titus Annius)라는 사람이 도전해 왔다. 그는 논쟁에서 누구에게도 지지 않는 인물이었다. 그는 신성불가침한

---

8   이 사람은 집정관 마그누스 폼페이우스(기원전 106~48)와는 다른 사람이다.

지위에 있는 자신의 동료를 티베리우스가 불명예스럽게 낙인 찍었다고 주장하면서 그의 처사를 법적 문제로 끌고 갔다. 많은 원로원 의원이 그의 말에 찬동하자 티베리우스는 원로원을 뛰쳐나와 민중을 모은 다음 안니우스를 고발할 목적으로 그를 불러오라고 지시했다.

안니우스는 자기가 웅변이나 명성에서 티베리우스를 감당하지 못한다는 것을 알고 있었지만, 자신의 장기인 문답식 논쟁에는 자신이 있었다. 그래서 그는 논쟁을 시작하기에 앞서 티베리우스에게 몇 가지 물음에 대답해 달라고 요청했다. 티베리우스가 그 요구를 받아들여 토론의 자리가 마련되었다. 잠시 침묵이 흐른 뒤 안니우스가 먼저 물었다.

"만약 그대가 나를 모욕하고 나의 직위를 빼앗으려 하는데, 내가 현직에 있는 그대의 동료 가운데 한 명에게 도움을 요청한다면 그대는 화가 나 그의 관직을 박탈할 것인가요?"

들리는 바에 따르면, 평소에는 웅변에서 탁월하고 용감했던 티베리우스가 안니우스의 질문을 받고 너무 당황하여 아무 말도 하지 못했다고 한다.

15

일이 여기에 이르자 티베리우스는 민회를 해산했다. 그러나 그는 옥타비우스와 관련하여 자신이 취한 절차가 귀족은 말할 것도 없고 민중까지 불쾌하게 만들었다는 것을 알아차렸다. 민중은 그때까지만 해도 비교적 잘 지켜져 왔던 호민관의 권위와 존귀함이 티베리우스 때문에 모욕당하고 파괴되었다고 생각하면서 그를 불편하게 여겼던 것이다.

이에 티베리우스는 민중 앞에서 길게 연설했다. 그의 연설은 교묘함과 설득력을 잘 보여 주는 것이기에, 여기에서 그의 연설을 독자들에게 들려주는 것이 부적절하다고 여겨지지는 않는다. 그는 다음과 같이 연설했다.

"호민관이라는 직책은 민중의 축복으로 뽑힌 자리이며, 민중을 지키는 위치이기 때문에 신성불가침한 자리입니다. 그러나 만약 호민관이 마음을 바꾸어 민중에게 잘못을 저지르고 민중의 권력을 불구로 만들고 민중에게서 투표권을 빼앗는다면, 그는 그가 받은 조건을 충족하지 못한 것이므로 그 자신의 처사로 말미암아 직책이 박탈됩니다. 만약 그렇지 못하다면 설령 그가 신전의 언덕에 있는 신전을 파괴하고 해군 기지를 불지른다 해도 간섭할 수 있는 길이 없습니다. 만약 그가 이런 짓을 저지른다 해도 그는 나쁜 호민관일지언정 여전히 호민관으로 남아 있습니다.

그러나 만약 그가 민중의 권리를 짓밟는다면 그는 더 이상 호민관이 아니어야 합니다. 호민관이 집정관을 부당하게 투옥하려 하고, 그에게 권력을 부여한 사람들의 의견을 저버리고 권력을 행사하는 것을 보고도 그에게서 권력을 빼앗을 수 없다면 이는 모순이 아니겠습니까? 왜냐하면 호민관이나 집정관 모두 민중의 손으로 선출된 직책이기 때문입니다.

왕의 지위도 이와 비슷합니다. 왕의 지위는 온갖 정치적 권위를 행사함과 더불어 성스러운 종교 의식을 거행함으로써 신성한 것으로까지 여겨지지만, 로마의 마지막 왕인 루키우스 타르퀴니우스 수페르부스(Lucius Tarquinius Superbus)는 정치를 잘못하여 그 도시에서 추방된 바 있으며, 그 한 사람의 오만함으로 말미암아[9] 로마를 세운 조상으로부터 자손에게 이어져 내려오던 그들의 권위가 무너졌습니다.

또한 로마에서 성화(聖火)가 꺼지지 않도록 돕는 베스타 신전의 여사제(Vestal Virgin)들보다 더 신성하고 엄숙한 제도가 있습니까? 그러나 그들도 자신들이 맹세한 언약을 어기면 산 채로 묻혀 버립니다. 왜냐하면 그들이 신을 모독하는 죄를 짓

---

9   그의 마지막 이름 'Superbus'는 '오만한 왕'이라는 뜻이다.

티베리우스 그라쿠스

게 되면 그들은 성직을 위하여 그들에게 주어진 신성함을 더 이상 지속하지 못하기 때문입니다. 따라서 민중에게 잘못을 저지른 호민관이 민중에게 봉사하고자 그에게 부여된 신성함을 계속 유지한다는 것은 정의롭지 않습니다. 왜냐하면 그는 자신의 권력의 근원이 되는 바로 그 민중을 파괴하고 있기 때문입니다.

그러므로 분명히 말씀드리건대, 부족의 다수결에 따라 그가 호민관에 선출된 것이 정당하다면, 만장일치로 그의 호민관직을 박탈하는 것은 더욱 정당한 일이 되지 않을 수 없습니다. 다시 말씀드리건대, 신에게 바친 제물보다 더 신성불가침한 것은 없습니다. 그러나 그 제물이 신성불가침하다고 해서 우리가 그 제물을 사용하지 못하거나 건드리지 못하거나 자리를 옮기지 못한다는 뜻은 아닙니다.

그러므로 민중이 축성된 제물을 옮길 수 있듯이, 민중은 호민관의 직위를 옮길 수 있습니다. 그리고 많은 호민관이 자신의 무능함을 고백하거나 또는 스스로 물러나기를 간청하며 물러난 사실로 미루어 볼 때, 호민관이라는 직책은 신성불가침한 것도 아니고, 물러날 수 없는 직책이 아니라는 것이 명백합니다.”

16

위의 연설이 티베리우스가 자신의 조치를 합리화시키고자 말했던 내용의 요지이다. 그의 막료들은 그에게 저항하는 무리의 위협과 적개심이 뭉치는 것을 바라보면서 이듬해에도 티베리우스가 호민관으로 선출되어야 한다고 생각했다. 그리고 티베리우스는 새로운 법을 발의함으로써 다시 한번 민중의 호감을 살 수 있는 길을 찾았다.

이를테면 티베리우스는 군대의 복무 연한을 줄이고, 민중에게 항소할 권리를 주고, 원로원 의원들만으로 구성하던 재판관 수만큼의 추가 재판관을 무사 계급에서 뽑아 평결이 민중에게 유리하도록 해 주고, 모든 분야에서 원로원의 권한을 줄이려고 했다. 그러나 이는 정의나 정치적 선행을 이룩하기 위해서라기보다는 분노와 경쟁심에서 비롯한 것이었다.

17

날이 밝자 새를 가지고 점을 치는 남자가 티베리우스의 집으로 찾아와 새들에게 모이를 던져 주었다. 그러나 새들은 새장에서 나오지 않다가, 주인이 새장을 흔들자 겨우 한 마리만 나왔다가 모이를 먹지 않고 왼쪽 날개와 다리를 펴더니 다시 새장으로 들어갔다.

이를 본 티베리우스는 일찍이 겪었던 또 다른 전조를 떠올렸다. 그에게는 전쟁터에서 쓰던 투구가 있었는데 장식이 아름답고 화려했다. 그런데 어느 날 뱀이 몰래 그 안으로 기어들어와 알을 낳고 부화했던 것이다. 이런 경험이 있던 티베리우스는 새로운 전조를 보자 마음이 흔들렸다.

그럼에도 집을 나온 그는 신전의 언덕에 민중이 모여 있다는 것을 알았다. 그는 집에서 나올 때 문지방에 걸려 넘어지면서 엄지발가락을 다쳐 피가 신발 밖으로 흐르고 있었다. 또한 발길을 계속 재촉할 때 그의 왼편에 있는 집의 지붕에서 갈까마귀들이 싸우고 있었다. 당연히 그 밑에는 많은 사람이 지나가고 있었는데, 하필이면 갈까마귀들 가운데 한 마리가 기왓장을 티베리우스의 발아래 떨어뜨렸다.

이 사건은 그의 막료들 가운데 가장 대담한 사람도 멈칫거리게 했다. 그러자 그 자리에 있던 쿠마이 사람 블로시우스가 나서서 소리쳤다.

"그라쿠스의 아들이요, 대(大)스키피오의 외손자요, 로마 민중의 지도자인 티베리우스가 한 마리 갈까마귀에 겁을 먹고 친애하는 민중의 부름을 거절하는 것은 수치요 커다란 불명예

입니다. 그와 같은 수치스러운 행동은 정적들의 조롱거리가
될 뿐만 아니라, 티베리우스가 드디어 참주의 냄새를 풍긴다
고 그들이 떠들게 만들 수 있습니다."

이와 때를 같이하여 신전의 언덕에 모여 있던 막료들이
뛰어 내려오면서 모든 일이 잘되어 가고 있으니 서둘러 올라
가자고 재촉했다. 그리고 실제로 처음에는 상황이 티베리우스
에게 유리한 쪽으로 돌아가고 있었다. 그가 나타나자 민중은
환호했고, 그가 언덕에 오르자 정중한 예의를 베풀며 낯선 사
람들이 그에게 다가가지 못하도록 에워쌌다.

18

무키우스가 각 부족에게 투표에 참여하도록 설득했지만, 군중
주변에서 소동이 일어나 관례대로 회의를 진행할 수 없었다.
그곳에서는 티베리우스의 지지자들과 적대자들 사이에 밀고
당기는 실랑이가 벌어지고 있었다. 그의 적대자들은 길을 뚫
고 들어와 다른 무리와 섞이려고 안간힘을 썼다.

이러한 상황에서 원로원 의원 풀비우스 플라쿠스(Fulbius
Flaccus)가 잘 보이는 곳에 서서 손짓 하고 있었다. 그러나 거리
가 너무 멀어 목소리가 들리지 않자 플라쿠스는 티베리우스에
게 손짓으로 뭔가 둘이서만 할 말이 있다는 뜻을 알려 왔다. 티
베리우스가 그에게 길을 터 주라고 민중에게 지시하자 그가
어렵사리 다가와 이렇게 말했다.

"부자들이 자기들의 뜻대로 장군을 설득할 수 없다는 것
을 알고, 원로원에 모여 장군을 죽일 음모를 꾸미고 있는데, 이
일을 위해 이미 많은 지지자와 노예를 무장시켰습니다."

19

티베리우스가 옆에 서 있던 사람들에게 이러한 사실을 알리
자 그들은 곧 외투(toga)를 허리에 묶고, 관리들이 관중을 밀어

내는 데 쓰던 창 자루를 분질러 주변 사람들에게 그 토막을 나누어 주며 암살자의 공격에서 티베리우스를 보호하도록 했다. 멀리 떨어져 있던 사람들은 무슨 일이 일어나고 있는지 궁금해하며 왜 창 자루를 분지르느냐고 물었다.

티베리우스는 군중이 자기의 말을 알아들을 수 없자 팔을 머리에 얹으며 자기 목숨이 위험하다는 신호를 보냈다. 그러자 그의 적대자들은 원로원으로 들어가 티베리우스가 왕관을 요구하고 있다고 말하면서 그가 머리에 팔을 얹는 모습이 그것을 뜻한다고 말했다.

이에 원로원 의원들은 크게 당황했다. 나시카가 나서서 집정관에게 나라를 위기에서 구출하고 참주를 처단하라고 요구했다. 그러나 집정관은 조용히 이렇게 말했다.

"나는 폭력을 쓰고 싶지 않으며, 재판을 거치지 않고 시민을 처단할 수 없습니다. 그러나 만약 민중이 티베리우스의 설득과 강요에 따라 불법적으로 어떤 사안을 의결한다면 나는 그 투표를 합법적인 것으로 볼 수 없습니다."

그러자 나시카가 벌떡 일어나더니 이렇게 말했다.

"그렇다면 집정관이 국가를 배신했으니, 법을 지키고자 하는 사람들은 나를 따르시오."

말을 마친 나시카는 외투 자락으로 머리를 덮어쓰고 신전의 언덕으로 올라갔다. 그를 따르던 원로원 의원들이 외투를 왼쪽 팔에 두르고 그들 앞에 서 있는 사람들을 밀치며 앞으로 나아가는데, 그들의 위엄을 본 사람들은 감히 막지 못하고 도망치다가 서로를 짓밟았다.

이제 원로원을 지지하던 무리는 집에서 몽둥이와 지팡이를 들고 나왔다. 원로원 의원들은 민중이 도망가면서 버리고 간 의자 다리를 잡고 티베리우스에게 달려가 그를 지키고 있는 사람들을 두들겨 팼다. 이들 가운데 죽은 사람이 있었다.

이때 티베리우스가 몸을 돌려 달아나려 했고, 누군가 그의 외투를 잡았다. 그러자 그는 외투가 벗겨져 속옷 바람으로 도망치다가 앞에 있는 시체에 걸려 넘어졌다. 그가 일어서려 할 때 첫 가격이 날아왔다. 모든 사람이 잘 알고 있듯이, 맨 처음 가격한 사람은 티베리우스의 동지였던 푸블리우스 사티레이우스(Publius Satyreius)였다.

사티레이우스는 부서진 의자 다리로 티베리우스의 머리를 내려쳤다. 두 번째로 가격한 사람은 루키우스 루푸스(Lucius Rufus)였는데, 루푸스는 자기가 한 일을 고귀한 행동으로 자랑스러워했다. 그리고 나머지 무리 가운데 3백 명이 죽었는데, 칼에 찔려 죽은 사람은 하나도 없고 모두 몽둥이와 돌멩이에 맞아 죽었다.

20

이 폭동은 로마에서 왕정이 무너진 이래 시민의 유혈과 살육으로 끝난 첫 번째 사건이었다고 한다. 이전까지는 사소하지 않은 많은 문제가 제기되었음에도 서로 양보하며 원만히 해결되었는데, 이는 귀족이 민중을 두려워하고 민중은 귀족을 존경했기 때문이었다.

생각해 보면 이번 일도 만약 티베리우스의 반대파가 그를 설득하려 했더라면 그는 어려움 없이 양보했을 것이고, 정적들이 유혈 사태를 불러오지 않았더라도 그는 쉽게 양보했을 것이다. 왜냐하면 티베리우스의 지지 세력이라고 해 봐야 3천 명을 넘지 않았기 때문이다.

그러나 티베리우스에 맞선 연합 전선은 정치적 노선의 차이보다는 부자들의 증오와 분노로 이루어진 것이었다. 그들이 티베리우스의 시체를 불법적이고도 야만적으로 다룬 점을 보아도 그 사실을 알 수 있다. 그의 동생 카이우스가 밤에 시체를 거두어 매장할 수 있도록 해 달라고 요구했을 때, 정적들은 그 말을 듣지 않고 다른 시체와 함께 강물에 던져 버렸다.

그뿐만이 아니었다. 그의 정적들은 아무런 재판을 거치지 않고 티베리우스의 막료들을 해외로 추방하였으며, 많은 사람을 체포하여 처형했다. 그런 희생자 가운데에는 수사학자였던 디오파네스도 들어 있다. 그들은 또한 독사들이 우글거리는 커다란 통에 카이우스 빌리우스(Caius Villius)라는 사람을 집어넣어 독사에 물려 죽게 했다.

티베리우스의 정적들은 쿠마이 출신의 블로시우스를 집정관 앞에 세우고 문초를 시작했다.

"그대는 언제 무슨 법안을 통과시키라는 지시를 받았는가?"

"나는 티베리우스가 시킨 대로 했을 뿐이오."

그러자 나시카가 그에게 물었다.

"그렇다면 티베리우스가 신전의 언덕을 태우라고 지시했더라면 그대는 어쩌려 했는가?"

이에 대하여 블로시우스는 이렇게 대답했다.

"티베리우스가 그런 지시를 내릴 이유가 없습니다."

그러나 여러 사람이 같은 질문을 제기하자 그는 이렇게 대답했다.

"만약 티베리우스와 같은 사람이 그런 지시를 했더라면 나는 그 지시를 따랐을 것입니다. 왜냐하면 민중을 위한 일이 아니라면 그는 그러한 지시를 내리지 않았을 테니까요."(키케로, 『우정』, XI : 37; 발레리우스 막시무스, 『기억할 만한 아홉 권의 언행록』, IV : 7)

그런 일이 있은 뒤 블로시우스는 무죄로 석방되었다. 그 뒤에 블로시우스는 아리스토니코스(Aristonikos)[10]를 찾아 아시아로 갔으나 그를 찾아간 명분이 사라지자 자살했다.

---

10 이 사람은 아탈로스왕의 지지자였다. 아탈로스왕은 기원전 130년에 로마와의 전쟁에서 지고 포로가 되었다.

티베리우스 그라쿠스

이렇게 사태가 수습되자 원로원은 민중의 마음을 달래고자 토지 분배를 더 이상 반대하지 않았으며, 티베리우스의 후임으로 민중이 새로운 위원을 선출하도록 제안했다. 그리하여 민중은 푸블리우스 크라수스(Publius Crassus)를 선출했다. 그의 딸 리키니아(Licinia)가 티베리우스의 동생 카이우스 그라쿠스의 아내였으니 그들은 연척(緣戚)인 셈이다.

코르넬리우스 네포스(Cornelius Nepos)의 말에 따르면, 카이우스의 아내는 크라수스의 딸이 아니라 루시타니아(Lusitania)인에게 승리를 거둔 브루투스(Brutus)[11]의 딸이라고 하지만 대부분의 작가가 나의 의견과 같다.

이 무렵 원로원은 나시카의 운명이 위태롭다고 생각하고 그를 아시아로 보내도록 결의했다. 티베리우스의 죽음을 애통히 여긴 민중이 나시카에게 복수할 것이라고 생각했던 것이다. 실제로 민중은 나시카를 만나면 그에 대한 증오를 숨기지 않고 잔인한 말들을 던졌다.

민중은 로마에서 가장 신성하고 존경받는 인물을 죽인 나시카가 나라를 더럽힌 저주받을 참주라고 소리를 질러 댔다. 사실 나시카를 해외로 내보낼 것까지는 없었던 문제였지만, 어쨌거나 나시카는 대사제로서 가장 중요하고도 성스러운 직위에 있었으면서도 밤중에 몰래 이탈리아를 떠났다. 그는 불명예스럽게 이국땅을 헤매다 얼마 지나지 않아 페르가몬에서 죽었다.

로마에서 티베리우스보다 더 존경과 사랑을 받았던 스키피오조차 티베리우스 때문에 박해받은 일이 있었다는 점을 생각하면, 민중이 나시카를 그토록 미워한 것은 놀라운 일이 아

---

11   이 사람은 마르쿠스 브루투스(Marcus Brutus, 기원전 85~42)와 다른 사람이다.

니다. 당시 스키피오는 두 번에 걸쳐 실수했다. 우선 그는 누만
티아에서 티베리우스가 죽었다는 소식을 들었을 때 다음과 같
은 호메로스의 시구를 읊었다.

> 그와 같은 악행을 저질렀으니,
> 그도 또한 사라지리라
> (So perish also all others).[12]
> (『오디세이아』, I : 47)

두 번째로 스키피오는 민중 집회 때 카이우스와 풀비우스에게
서 티베리우스를 어떻게 생각하느냐는 질문을 받았는데, 이때
티베리우스가 내린 여러 조치에 불쾌감을 느낀다고 답변한 적
이 있었다.

　그로 말미암아 그가 연설할 때면 민중은 그의 연설을 방
해했는데, 이는 일찍이 없던 일이었다. 그리하여 스키피오도
민중을 비난하게 되었다. 나는 이에 대한 이야기를 「스키피오
전」에서 자세히 썼다.

12　흔히 다윗왕이 반지를 만들고 거기에 써넣을 명문(銘文)을 지시하자 세
　　공인이 솔로몬(Solomon)의 조언을 받아 써넣었다는 경구, 곧 "이 또한
　　사라지리라(It also will pass away)"의 원전은 바로 이것이다. 그러나 이
　　말이 솔로몬의 말이라는 것은 성서에서 확인되지 않고 은유(隱喩)만 있
　　을 뿐이다.

카이우스 그라쿠스
CAIUS GRACCHUS

기원전 153~121

카이우스의 법에 따르면,
민중의 지도자들이 연설할 때는
원로원을 바라보지 말고
민중을 바라보아야 한다.
이 제도는 작은 변화였지만,
이는 곧 귀족 정치에서 민주 정치로
정체가 바뀌었음을 뜻했다.
— 플루타르코스

1

카이우스 그라쿠스는 사회 활동을 시작할 무렵에는 광장에서 물러나 조용히 지냈다. 이는 정적들을 두려워해서였을 수도 있고, 민중이 정적들을 원망하게 만들고 싶어서였을 수도 있다. 어쨌든 당시 그는 별달리 하는 일 없이 겸손하게 살고자 하는 사람처럼 보였으므로, 형 티베리우스의 개혁을 싫어하거나 거부하는 게 아니냐는 비난을 듣기도 했다.

카이우스는, 나이 서른도 못 되어 죽은 형보다 아홉 살이나 어린 애송이였다. 그러나 시간이 흐르면서 카이우스는 게으름과 나약함과 음주나 돈벌이에는 관심을 보이지 않고 조금씩 본색을 드러냈다. 카이우스는 공직 생활에 빨리 달려갈 수 있는 날개라도 달려는 것처럼 웅변을 연마하면서 조용히 살지는 않을 것임을 분명히 했다.

카이우스는 법정에 선 친구 베티우스(Vettius)를 변호하면서 민중을 감동에 빠뜨렸고, 열광적인 동정을 자아냄으로써 다른 변호인들을 어린아이처럼 보이게 만들었다. 그러자 귀족은 더욱더 그에 대한 두려움을 느꼈다. 그가 호민관이 되어서는 안 되겠다는 말이 귀족들 사이에 오갔다.

그러다가 [기원전 126년에] 우연히 카이우스는 집정관 오레스테스의 재정관으로 뽑혀 사르디니아(Sardinia)로 파견되는 행

　　　　　　　　　　　카이우스 그라쿠스

운을 잡게 되었다. 이 사실은 그의 정적들을 기쁘게 만들었고, 카이우스 자신도 싫지 않았다. 그는 전쟁을 좋아했기 때문에 법정에서 변론하는 것에 못지않게 군사 훈련에도 열심이었다.

더욱이 카이우스는 아직 정치 무대나 강단 연설에서 움츠러들어 있었지만, 그에게 정치 입문을 요구하는 민중과 친구들의 뜻을 더 이상 거스를 수 없었다. 따라서 그는 이번에 로마를 떠날 기회를 잡은 것에 대해 매우 만족해하고 있었다.

카이우스는 단순하고 순수한 선동가여서 형 티베리우스보다 더 대중적인 호감을 끌고 싶어 했다고 생각하는 사람들이 많지만, 이는 사실이 아니다. 오히려 그가 공직 생활에 접어든 것은 그의 선택이었다기보다는 필연에 이끌린 듯이 보인다. 웅변가 키케로의 『예언』(I : 26, 56)에 따르면, 카이우스는 모든 공직을 버리고 조용히 살기로 마음먹었지만 형이 꿈속에 나타나 이렇게 말했다고 한다.

"카이우스야, 너는 왜 멈칫거리느냐? 피할 길이 없다. 민중을 위해 죽든 살든, 우리 둘은 같은 운명을 타고났단다."

2

사르디니아에 도착한 카이우스는 탁월함을 보여 주었다. 그는 정적들과의 다툼을 해결했고, 부하들을 잘 다루었고, 사령관에게 보여준 호의와 충성에서도 다른 젊은이들을 능가했으며, 자제력과 검소함과 근면함에서는 선배들을 앞질렀다.

사르디니아의 겨울은 살을 에는 듯했고 건강에도 좋지 않았다. 이에 사령관이 이웃 도시에 사람을 보내 병사들의 옷을 부탁하자 그 도시의 사람들은 로마에 사람을 보내 그러한 공출(供出)을 중지해 달라고 하소연했다.

원로원이 그 소청을 받아들여 다른 방법으로 옷을 장만하라고 사령관에게 지시했다. 사령관은 어찌해야 할지 몰랐고, 병사들의 고통은 더욱 심해졌다. 그러자 카이우스는 몸소 이웃 도시들을 찾아다니며 자유의사에 따라 옷이나 그 밖의 물건으로 로마 병사를 도와 달라고 설득했다.

이 소식이 로마에 전달되자 원로원은 그것이 민중의 호감을 사고자 투쟁하는 카이우스의 서막이라 생각하고 새롭게 경각심을 갖기 시작했다. 그러던 터에 미킵사(Micipsa)의 왕이 보낸 사절이 로마에 도착하여, 카이우스에 대한 배려의 뜻에서 사르디니아에 주둔해 있는 로마의 사령관에게 식량을 보냈다고 전했다. 그러자 원로원은 이에 불쾌감을 드러내며 그들을 돌려보냈다.

또한 원로원은 원정군에 두 번째 조치를 취했다. 사르디니아 군대의 교체 병력을 보내되 사령관 오레스테스는 유임시킨 것이다. 그렇게 하면 카이우스도 사령관과 함께 남으리라고 생각했던 것이다.

이 소식을 들은 카이우스는 분노에 차 곧바로 배를 띄워 귀국했다. 카이우스가 예상치도 않게 로마에 나타나자 먼저 정적들이 그를 질책했으며, 재정관인 그가 사령관보다 먼저 귀국한 데 대하여 민중도 이상하게 생각했다.

그러나 감찰관 앞에 선 카이우스는 발언을 요청했다. 그래서 그가 법정을 떠날 때는 자신이 매우 부당한 처사를 겪었다고 생각할 수 있도록 듣는 이들의 마음을 바꾸어 놓았다. 그는 이렇게 말했다.

"다른 사람들의 경우에 오직 10년 동안 근무하게 되어 있는 재정관을 나는 12년 동안 재직했으며, 법률에도 1년이면 귀가할 수 있게 되어 있는 군대를 2년 동안 복무했습니다. 또 지갑에 돈을 가득 채우고 입대하여 빈 지갑으로 제대한 사람은 나뿐입니다. 다른 사람들은 사르디니아로 들어가면서 포도주를 가지고 가 남김없이 마신 뒤에 로마로 돌아올 때는 술 단지에 금과 은을 가득 채워 왔습니다."

카이우스 그라쿠스

3

그런 일이 있고 나서 카이우스가 동맹국들을 부추겨 반란을 일으키도록 했고, [기원전 125년에] 중부 이탈리아에 자리 잡고 있는 프레겔라이(Fregellae)에서 벌어진 음모에도 연루되었다는 정보가 로마에 전해졌다. 그는 다시 고발되어 기소되었다. 그러나 모든 의혹이 벗겨지고 무죄가 입증되자 카이우스는 곧 호민관 선거에 출마했다.

유명 인사들은 예외 없이 그를 반대했지만, 선거에 참여하고자 시골에서 많은 민중이 올라왔다. 심지어 숙소가 모자랄 정도였다. 유세가 벌어진 군신의 광장에 들어가지 못한 군중은 지붕 위에 올라가 그에게 성원을 보냈다. 그러나 [기원전 123년] 민중에 대한 귀족의 영향력은 매우 강력하여, 1등으로 당선될 줄 알았던 카이우스는 4등으로 호민관에 당선되었다. [이는 형이 호민관에 당선된 지 10년이 지난 뒤였다.]

카이우스는 호민관에 취임하자마자 선두 주자가 되었다. 그는 웅변에서 누구도 맞설 수 없는 능력을 갖추고 있는 데다가, 형의 운명에 대한 비통함이 그에게 커다란 용기를 주었기 때문이었다. 그는 온갖 구실로 민중에게 형의 문제를 부각함으로써 민중이 형의 일을 회상하면서 선대의 일과 비교하도록 만들었다.

이를테면 호민관 게누키우스(Genucius)를 모독했다는 이유로 로마가 팔레리이(Falerii)족에게 전쟁을 일으켰던 지난날의 일이며, 호민관이 광장을 지날 때 길을 비켜 주지 않았다는 이유로 카이우스 베투리우스(Caius Veturius)를 기소하여 처형함으로써 지도자의 권위를 지켜 준 역사적 사실에 견주어 보았을 때, 게누키우스나 베투리우스와 꼭 같은 지도자였던 자기의 형은 너무나도 원통한 수모를 겪었다는 주장이었다. 그는 민중에게 이렇게 말했다.

"저 사람들은 여러분의 눈앞에서 티베리우스를 몽둥이로

때려죽이고, 신전의 언덕에서 시체를 끌어내어 도시 한가운데를 거쳐 끌고 다니다가 티베리스강에 던져 버렸습니다. 또한 형의 동지들은 재판도 받지 않고 처형되었습니다.

만약 어떤 사람이 사형 언도를 받고서도 법정에 나타나지 않으면 아침에 나팔수가 그의 집 앞에서 나팔을 불어 그가 법정에 나오도록 해야 하고, 이런 절차가 끝나지 않으면 판사가 그 사건을 평결하지 않는 것이 로마의 관습이었습니다. 원래 우리의 선조들은 사형 문제에서 그토록 신중하게 피고를 보호했습니다."

4

연설할 때 카이우스의 목소리는 매우 크고 격렬했다. 그는 그런 목소리로 민중을 선동한 다음, 두 가지 법안을 발의했다. 첫 번째 법안은, 시민의 탄핵으로 관직을 잃은 관리는 다시 관직을 맡을 수 없도록 한 것이었다. 두 번째 법안은, 만약 어느 관리가 정식 재판을 거치지 않고 시민을 해외로 추방했다면, 민중이 그 관리를 고발할 수 있도록 하는 내용이었다.

첫 번째 법안은 그의 형 티베리우스가 탄핵하여 호민관에서 파면된 마르쿠스 옥타비우스에게 오명(汚名)을 씌우고자 함이었고, 다른 하나는 법정관으로 재직하면서 티베리우스의 동지들을 해외로 추방한 포필리우스(Popillius)를 겨냥한 것이었다. 포필리우스는 재판에 넘겨지기에 앞서 이탈리아를 탈출했다.

첫 번째 법은 카이우스 자신이 철회했는데, 들리는 바에 따르면, 그가 어머니 코르넬리아의 부탁을 받고 옥타비우스를 살리고자 함이었다고 한다. 민중은 이와 같은 카이우스의 조치에 기쁘게 동의하면서 코르넬리아를 칭송했는데, 이는 그가 스키피오의 딸이어서가 아니라 카이우스의 어머니였기 때문이었다. 실제로 그런 일이 지난 뒤에 민중은 코르넬리아의 동상을 세우고 다음과 같은 비문(碑文)을 새겨 넣었다.

이분은 그라쿠스 형제를 낳은
코르넬리아이다.

실제로 카이우스가 그의 정적들을 공격할 때 법정 공방처럼
거친 말투로 어머니를 언급했다는 사례가 기록에 많이 나타나
고 있다. 그는 이렇게 말하곤 했다.

"당신은 지금 티베리우스의 어머니인 코르넬리아를 비난
하는 거요?"

또 자기 어머니를 비난한 사람이 동성애의 혐의를 받자
그는 이렇게 그 사람을 비난했다.

"이런 뻔뻔스러운 인간 같으니라고. 당신은 지금 자신을
코르넬리아와 비교하는 거요? 당신은 그 여성처럼 아이를 낳
아 본 적이 있소? 당신은 사내이면서도 남자와 잠자리를 함께
했지만, 나의 어머니는 남자인 당신이 남자를 품에 안고 산 기
간보다 훨씬 더 오래 남자를 멀리하였다는 것을 로마의 모든
시민이 알고 있소."

카이우스의 연설은 그처럼 독설로 가득했는데, 그와 비슷
한 일화들이 그의 저작에 자주 나타나고 있다.

5

카이우스는 민중을 만족스럽게 하고 원로원을 견제하는 방법
으로 여러 가지 법안을 제출했다. 그 가운데에는 다음과 같은
것들이 있다.

첫째, 농지법으로서, 가난한 시민에게 국유지를 나누어
주었다.

둘째, 병역법인데, 군인들에게 지급되는 피복비를

국고로 충당하며, 그 비용을 군인들이 지불해서는 안
되며, 17세 이하의 소년은 군 복무에 동원할 수 없다.

셋째, 동맹국과의 관계에 관한 법률인데, 이탈리아
전체 시민에게 로마 시민과 같은 선거권을 준다.

넷째는 곡물법인데, 가난한 사람들에게는 낮은 시장
가격으로 곡물을 공급한다.

다섯째는 재판 제도인데, 이 법이 원로원의 권한을
가장 약화시켰다. 종래의 법에 따르면, 오직 원로원
의원만 형사 사건을 평결할 수 있어 그들은 평민과 기사
계급에게 공포의 존재였다. 카이우스는 3백 명이던
원로원 의원의 배심원에 다시 3백 명의 기사 계급 출신의
배심원을 추가로 임명함으로써 배심원이 모두 6백 명이
되었다. 카이우스는 이 재판 제도를 도입하면서 여러
가지 방면으로 많은 노력을 기울였다.

이 재판 제도 가운데 주목할 만한 것이 있다. 카이우스 이전에
는 민중의 지도자들이 연설할 때면 원로원과 이른바 코미티움
(comitium)[1]이라고 하는 광장의 한쪽을 바라보도록 되어 있었다.
그러나 새로운 법은 그들이 연설할 때 광장 반대쪽에 있는 민
중을 바라보도록 하였고, 이 제도는 그 뒤에도 계속 지켜졌다.

이 제도는 작은 변화였지만 엄청난 결과를 가져왔는데,
곧 귀족 정치에서 민주 정치로 정체(政體)가 바뀌었음을 뜻한
다. 웅변가들이 자신의 의견을 민중에게 말하는 것이지 원로
원을 향해 말하는 것이 아님을 암시하기 때문이었다.

---

[1]   코미티움은 본디 로마의 귀족과 평민이 자리를 함께할 수 있는 전통적인
통합 민회였다. 그런데 이곳에서는 신분에 따라 좌석이 달랐다. 곧 중앙
에 원로원 좌석이 있고, 그 반대쪽에 시민 좌석이 있고, 그 가운데 단상이
있었다.

6

민중은 그러한 재판 제도를 채택하였을 뿐만 아니라 기사 계급에서 배심원을 선출하는 권한도 카이우스에게 주었다. 그로 말미암아 카이우스는 마치 제왕과 같은 권한을 손에 넣음으로써 원로원도 그의 자문에 따르는 데 동의했다. 그러나 카이우스가 원로원에 자문할 때면 늘 그들에게도 유익한 방법을 제시했다.

이를테면 지난날 법정관을 지낸 화비우스(Fabius)가 스페인에서 거두어 로마로 가져온 곡물에 대해 내린 결정은 매우 공정하고도 영예로운 것이었다. 곧 카이우스는 스페인에서 거둔 곡물을 모두 스페인의 도시에 돌려보내도록 원로원을 설득하면서 화비우스가 그 지역을 다스리는 동안에 그곳 주민들에게 견딜 수 없는 고통을 준 것을 문책했다. 이러한 결정을 통하여 카이우스는 스페인의 도시에 살고 있는 주민들에게서 명성과 인기를 얻었다.

카이우스는 또한 속령(屬領)에 도로를 건설하고 양곡 창고를 짓고자 그곳에 사람들을 이민 보내면서 이런 일들을 손수 감독하고 관리했다.

그는 이렇듯 여러 가지 큰일을 처리하면서도 지치는 기색을 보이지 않았다. 오히려 이와 같은 일들은 자기만이 할 수 있는 일인 것처럼 놀라운 속도와 추진력으로 처리함으로써, 그를 미워하고 두려워하던 사람들까지도 그의 업무 추진 능력에 감탄하게 했다.

카이우스는 건축가와 기술자와 사절단과 관리와 군인과 문인 등 다양한 업종에 종사하는 사람들과 가까이 어울리면서도 인간관계를 쉽게 맺고, 친절하면서도 품위를 지키고, 몸에 밴 예의를 모든 사람에게 지킴으로써, 자신이 무서운 사람이라거나 오만하다거나 폭력적이라고 낙인찍은 사람들의 설명이 악의에 찬 모략이었음을 보여 주었다. 이렇게 그는 연단위에서의 연설보다는 인간관계와 업무 처리를 통해 더욱 유능한 민중 지도자로 떠올랐다.

7

카이우스는 도로를 건설하면서 그 효용성과 함께 우아함과 아름다움을 살리는 데 열정을 쏟았다. 그가 건설한 도로는 국토를 반듯하게 가로질러 뚫렸으며, 자갈을 씌우고 모래로 단단하게 다져졌다. 꺼진 곳을 돋우고, 급류가 만나는 곳이나 계곡에는 다리를 놓고, 도로의 양쪽 높이를 가지런히 한 도로는 어디에서나 수평을 이루며 아름다웠다.

이 밖에도 그는 도로를 마일로 표시하여 곳곳에 거리를 표시하는 이정표를 돌로 세웠다. [로마에서의 1마일은 8훠롱보다 조금 짧았다.] 그는 또한 길 양쪽에 조금씩 간격을 두고 돌 받침대를 두었는데, 이는 기사들이 다른 사람의 도움 없이도 말에 오르도록 하고자 함이었다.

8

카이우스의 모든 활동에 민중이 격찬을 보내고 그에게 어떠한 호의라도 베풀 준비가 되어 있음을 보이자, 어느 날 그는 민중 집회에 나가 자기에게는 소망이 하나 있다고 말했다. 그러면서 이를 들어주면 민중을 높이 평가할 것이지만 설령 들어주지 않더라도 그들을 탓하지 않겠노라고 말했다.

민중은 그가 집정관 자리를 요구할 것으로 생각하며 그가 집정관과 호민관을 동시에 차지하려는 것이라고 예상했다. 그래서 민중은 집정관 선거일이 되자 온통 기대에 부풀어 그를 기다렸다. 그는 카이우스 환니우스(Caius Fannius)를 데리고 군신의 광장에 나타나더니 지지자들과 함께 환니우스의 선거 유세에 합류했다.

그러자 환니우스에 대한 민중의 분위기가 호의적으로 바

뀌어 환니우스는 집정관에 당선되었고, 카이우스 자신은 출마하거나 선거전을 펼치지도 않았는데 두 번째 임기의 호민관에 당선되었다. 민중은 그 정도로 그에게 열광하고 있었다. 그러나 원로원이 매사에 카이우스에게 적대적이고, 자신에 대한 환니우스의 호의도 지난날과 같지 않음을 안 카이우스는 다른 법을 발의함으로써 민중을 자기편으로 끌어들이는 작업을 시작했다.

그 법에 따르면, 타렌툼과 카푸아(Capua)에 이민을 보내고 라틴족에게도 이탈리아의 참정권을 주는 것이었다. 그렇게 되면 카이우스에게 엄청난 권세를 몰아 주게 된다는 것을 잘 알고 있던 원로원은 그와 민중 사이를 떼어 놓고자 새롭고도 비상한 일을 꾸몄다. 곧 그들은 민중의 호감을 얻어 낼 생각으로 카이우스와 대결하였는데, 그것이 설령 국가의 이익을 훼손하는 일일지라도 그 길을 선택한 것이다.

그 무렵에 카이우스의 동지로서 리비우스 드루수스(Livius Drusus)라는 인물이 있었다. 그는 가문으로 보나 교육을 받은 배경으로 보나 누구에게도 빠지지 않았으며, 성품과 웅변이나 재산이라는 점에서 가장 영예롭고 영향력 있는 사람들과도 손색없이 견줄 만한 인물이었다.

귀족들은 그를 찾아가 뜻을 밝히고 카이우스를 공격하는 데 민중의 힘을 모으자고 제안하면서 방법을 제시했다. 그 방법은 폭력을 쓰지 않고, 민중과 충돌하지 않으며, 드루수스의 직책을 이용하여 민중을 즐겁게 만들고, 만약 민중을 거스르고 그들의 적개심을 불러일으키는 것이 합당한 상황이라 할지라도 민중에게 양보하여 호감을 사야 한다는 것이었다.

9

이에 따라 리비우스 드루수스는 원로원의 목적에 맞도록 호민관으로서의 영향력을 행사했으며, 민중의 호감을 사는 일이라면 자신들에게 영예롭지도 않고 이익을 주지 않는 법들도 발의했다. 드루수스는 어느 희극에 나오는 경쟁자들이 자기 목적을 이루고자 경쟁심을 보이듯이,[2] 민중을 기쁘게 하고 영광스럽게 하는 문제에서 카이우스를 앞지르고 싶어 했다. 그렇게 함으로써 원로원은 자기들의 목표가 카이우스의 정책에 불쾌감을 표현하려는 것이 아니라 온갖 수단을 써서 카이우스를 망신시키고 파멸시키려 한다는 점을 분명히 드러냈다.

이를테면 카이우스가 두 곳에 식민지를 개척하여 가장 명망 높은 사람들을 이주시키려는 법안을 제출했을 때 원로원은 카이우스가 민중의 비위를 맞추려 하는 짓이라고 비난했다. 그러나 리비우스 드루수스가 열두 곳의 식민지를 개척하여 각지에 각기 3천 명의 자격 있는 시민을 이주시키자는 법안을 제출했을 때는 이를 지지했다.

또한 카이우스가 가난한 사람들에게 국유지를 분배하고 소작료를 국고에 납부하도록 하는 법안을 제출했을 때 원로원은 그것이 민중의 호감을 사려는 거짓된 처사라고 분노했지만, 리비우스 드루수스가 가난한 사람들의 소작료를 면제해 주자고 제안했을 때 원로원은 이를 승인했다.

그뿐만 아니라 카이우스가 라틴족에게 이탈리아인과 동등한 선거권을 주자고 발의했을 때 그는 원로원의 원망을 들었지만, 리비우스 드루수스가 설령 복무 중이라 하더라도 라틴족에게 매질해서는 안 된다는 법안을 제출했을 때 그는 원로원의 지지를 받았다.

리비우스 드루수스 자신도 대중에게 연설할 때면, 자기는 원로원의 승인에 따라 이런 조치들을 내렸으며 원로원도 시민을 돕고 싶어 한다고 늘 덧붙였다. 실제로 리비우스 드루수스

---

2   이 부분은 아리스토파네스(Aristophanes)의 희극 『기사들(*Knights*)』에 등장하는 경쟁적인 배역을 연상하고 쓴 것으로 보인다.

카이우스 그라쿠스

의 그와 같은 정치적 조치가 가져온 유일한 이득은 민중이 원로원에 대해 좀 더 호의적인 태도를 보이도록 만들었다는 점뿐이었다.

민중은 이런 일이 있기에 앞서서는 귀족을 의심하고 미워했다. 그러나 드루수스는 자기가 이렇듯 민중과 화해의 길을 모색하고 많은 사람의 소망을 채워 주게 된 것은 원로원이 도와준 덕분이라고 말함으로써, 슬픈 과거에 대한 민중의 기억과 쓰라린 느낌을 사라지게 해 주었다.

10

실제로 드루수스가 자기 자신의 이익을 위한 법안을 제출한 적이 없다는 사실은 그가 민중에게 호감을 느끼고 있으며 정직하다는 사실의 증거로 받아들여졌다. 카이우스가 돈과 중요한 일을 직접 관리한 것과는 달리, 리비우스 드루수스는 다른 사람을 시켜 그러한 문제를 처리함으로써 공금에 손을 대지 않았다.

그 무렵 카이우스와 함께 호민관을 지낸 동지 가운데 한 사람인 루브리우스(Rubrius)가 카르타고에 있는 식민지를 재건하자는 법안을 제출했다. 그곳은 스키피오의 손에 파괴되어 황폐해 있었다. 그리하여 카르타고의 재건 사업 담당관을 제비로 뽑았는데 카이우스가 당첨되었다.

카이우스는 건설 감독관이 되어 아프리카로 떠났다. 카이우스가 로마를 떠나고 없는 동안에 리비우스 드루수스는 민중 사이를 파고들어 자기편으로 만들었으며, 풀비우스 플라쿠스를 비방함으로써 더욱더 카이우스를 공격했다. 플라쿠스는 카이우스의 친구로 그와 함께 국유지 분배 위원에 뽑혀 있었다. 플라쿠스는 성격이 격정적이어서 원로원은 드러내 놓고 그를 미워했다.

다른 사람들도 플라쿠스가 동맹국들 사이에 불화를 조장

하고 이탈리아인들이 반란을 일으키도록 비밀리에 선동하고 있다고 의심했다. 이런 소문은 혐의에 대한 증거나 조사도 없이 사람들의 입에 오르내렸고, 때마침 플라쿠스가 추진한 부적절하고도 급진적인 정책들은 그 근거 없는 믿음을 강화시켜 주었다. 이렇게 플라쿠스가 일으킨 증오의 일부분을 카이우스가 덮어쓴 것은 어쩔 수 없는 일이었는데, 이는 뒷날 카이우스를 몰락하게 만든 가장 커다란 요인이 되었다.

그 즈음, 스키피오가 뚜렷한 이유도 없이 죽고 그의 시체에 온통 폭행을 겪은 흔적이 나타나자, 내가 「스키피오전」에서 썼듯이, 결과적으로 플라쿠스에게 의심이 집중되었다. 왜냐하면 플라쿠스는 스키피오의 정적인 데다가 그날도 단상에 올라가 그를 비난했기 때문이었다. 그러한 의혹은 카이우스에게도 따라다녔다.

그토록 위대한 로마인이 그토록 끔찍한 일을 겪었는데도 누구 하나 처벌되지 않았다. 아니, 조사조차 이뤄지지 않았다. 민중은 이 살인 사건을 조사할 경우, 카이우스가 연루된 것이 드러날지도 모른다는 두려움 때문에 진상을 밝히는 문제에 반대했다. 그러나 이 사건은 그보다 6년 전인 기원전 129년에 있었던 일이다.

11

카이우스는 아프리카의 카르타고에 식민지를 개척하면서 그곳의 이름을 유노니아(Junonia)라고 고쳤는데, 이는 그리스어로 '헤라(Hera, Juno)의 땅'이라는 뜻이었다. 그런데 그 과정에서 그러한 조치에 반대하는 신의 뜻이 여러 곳에서 나타났다고 한다.

이를테면 앞장선 깃발에 거센 바람이 불어와 기수가 힘껏 붙잡고 있었음에도 부러졌다. 또 제단에 쌓아 두었던 제물이 강풍에 휩쓸려 도시의 경계선 밖으로 날아갔다. 그때 늑대들이 달려와 경계 표지(標識)를 물어 멀리 갖다 버렸다. 이런 가운데 카이우스는 모든 일을 70일 만에 마치고 로마로 돌아왔다. 왜냐하면 플라쿠스가 드루수스에게 고초를 겪고 있는 데다가 로마에 자기가 있어야 할 형편이었기 때문이었다.

이 무렵에 루키우스 오피미우스(Lucius Opimius)라는 사람이 등장했다. 귀족 정치를 신봉하는 그는 원로원에 커다란 영향력을 미치고 있었다. 그는 지난날 집정관 선거에 출마한 적이 있었는데, 그때 카이우스가 환니우스를 그 자리에 밀어 오피미우스는 낙선했다.

그러나 오피미우스는 이번에 많은 사람의 지지를 받고 있었다. 대부분의 사람들은 그가 집정관에 당선되어 카이우스를 실각시킬 것이라고 예상하고 있었다. 사실 이 무렵에 카이우스의 영향력은 이미 저물고 있었고, 민중은 그의 독특한 정책에 싫증을 내고 있었다. 왜냐하면 민중의 지지를 받는 다른 지도자들도 많았고, 원로원도 이미 민중에게 머리를 숙이고 있었기 때문이었다.

12

로마로 돌아온 카이우스는 제일 먼저 자기의 집을 팔라티네(Palatine) 언덕에서 토론의 광장(forum) 가까운 곳으로 옮겼다. 가난하고 신분 낮은 사람들이 거주하는 곳으로 옮기는 것이 더 민주적이라고 그는 생각했다. 그다음 단계로 그는 몇 가지 법을 만들어 민중의 찬성 투표를 받으려 했다.

이때 카이우스를 지지하려고 로마 밖의 지역에서 많은 사람이 몰려오자 원로원은 로마 시민이 아닌 사람들을 모두 로마 밖으로 몰아내도록 집정관 환니우스를 설득했다. 이에 따라 로마 동맹국의 시민이나 이방 민족은 그 기간에 로마에 들어올 수 없다는 이상하고도 비상식적인 포고령이 발표되었다. 그러자 카이우스는 이에 반대하는 포고를 만들어 집정관을 비난하고, 동맹국의 시민이 로마에 머물고자 한다면 자신이 도와주겠노라고 약속했다.

그러나 카이우스는 약속을 지키지 않았다. 카이우스는 동료와 동맹국의 동지들이 환니우스가 부리는 시종(lictor)의 손에 끌려가는 것을 보면서도 그들을 도와주지 않았다. 그 이유는 자신의 권력이 이미 기운 것을 확인하는 것이 두렵기 때문이었을 수도 있고, 아니면 자신의 말처럼 정적들이 가까이에서 자기와의 시빗거리를 찾고 있는 데 대하여 어떤 빌미도 주고 싶지 않았기 때문이었을 수도 있다.

그뿐만 아니라 카이우스는 우연히 동료들의 분노를 자아내는 일을 저질렀는데, 그 내막은 이렇다. 어느 날 민중은 검투사의 경기를 광장에서 보기로 되어 있는데, 그때 많은 관리가 관중석을 미리 만들어 팔고 있었다. 이에 카이우스는 그들이 만든 자리를 걷어 내고 가난한 사람들도 자릿세를 내지 않고 자기 자리에서 구경할 수 있도록 하라고 지시했다.

그러나 아무도 카이우스의 말에 귀를 기울이지 않자 카이우스는 경기 전날 밤까지 기다렸다가 자기 밑에서 계약을 맺고 일하는 사람들을 데리고 가서 관리들이 만들어 놓은 자리를 모두 치워 버렸다. 날이 밝자 민중의 자리는 말끔하게 정리되어 있었다. 이 과정에서 민중은 카이우스가 남자답다고 생각했지만, 그의 동료들은 화를 내면서 카이우스가 분별없이 폭력을 행사했다고 생각했다.

이 사건으로 그는 세 번째 출마한 호민관 선거에서 톡톡히 대가를 치렀다고 사람들은 생각했다. 왜냐하면 카이우스는 선거에서 많은 표를 얻었으면서도 그의 동료들이 부정을 저질러 개표 결과를 반대로 발표하여 낙선했기 때문이다. 이 말이 사실인지의 여부에 대해서는 논란의 여지가 있다. 그러나 카이우스는 이로 말미암아 깊은 상처를 입었다. 들리는 바에 따르면, 그는 정적들이 기뻐 날뛰는 모습을 보면서 이렇게 말했

카이우스 그라쿠스

다고 한다.

"그대들은 지금 가소롭다는 듯이 웃고 있지만, 이번 일로 말미암아 검은 구름이 그대들을 덮고 있다는 것을 모르고 있 구려."[3]

13

카이우스의 정적들은 오피미우스를 집정관으로 당선시킨 다음 카이우스가 제정한 법률들을 폐기하고 카르타고에 건설한 식민지 문제에 간섭하기 시작했다. 이러한 조치들은 카이우스를 화나게 만들어 그가 어떤 빌미를 제공하면 그때 몰아내고자 하는 계략이었다.

처음에 카이우스는 이러한 도발을 끈기 있게 참았으나 끝내 동료들의 충동에 더는 버티지 못했는데, 그 가운데에서도 풀비우스의 반발이 심했다. 이에 카이우스는 더 이상 견디지 못하고 드디어 새로 뽑힌 집정관 오피미우스에 반대하는 파벌을 모으기 시작했다.

들리는 바에 따르면, 이때 카이우스의 어머니 코르넬리아가 외국인들을 비밀리에 고용했다. 겉으로는 추수꾼이라는 이름으로 로마에 들어온 이들은 선동적인 행동을 하는 데 적극적인 역할을 담당했다고 한다.

어떤 사람들의 말에 따르면, 코르넬리아가 아들에게 보내는 편지(키케로, 『브루투스전』, § 58, 211)에 이 문제와 관련하여 모호한 암시가 들어 있었다고 한다. 그러나 또 다른 사람들의 말에 따르면, 그 여성은 오히려 아들의 행동을 매우 못마땅하게 여겼다고 한다.

어쨌거나 오피미우스가 카이우스의 법률을 무효화하는

---

3   페린은 이 대목이 『오디세이아』(XX : 346)를 은유한 것이라고 주석했다.(페린, X, p. 225, 각주 1 참조)

작업에 들어간 그날, 아침부터 서로 대립하는 두 무리가 신전의 언덕을 점거했다. 오피미우스 집정관이 신전에 제물을 바친 뒤에 그의 하인 퀸투스 안틸리우스가 제물로 바친 동물의 내장을 다른 곳으로 옮기다가 풀비우스의 무리를 만나자 이렇게 소리쳤다.

"이 악당들아, 정직한 시민이 지나가도록 길을 비켜라."

어떤 사람의 말에 따르면, 안틸리우스는 이렇게 말한 다음 팔을 걷어붙이고 휘두르며 상대편을 모욕하는 시늉을 했다고 한다. 그 순간에 누군가가 그를 찔러 죽였는데, 살인에 쓰인 도구는 그러한 목적으로 이미 만들어 두었던 철필(鐵筆, stilus)[4]이었다고 한다.

이 살인 사건으로 말미암아 군중은 큰 혼란에 빠졌고, 양쪽의 지도자들이 바라지 않는 방향으로 사태가 발전되었다. 카이우스는 크게 상심하며, 정적들이 오랫동안 바라던 구실을 만들어 준 데 대하여 부하들을 나무랐다. 그러나 기다리던 바를 얻은 오피미우스는 민중을 부추기면서 살인자에게 복수하라고 요구했다.

14

마침 그 무렵에 소나기가 쏟아져 민회는 해산되었다. 그러나 이튿날 이른 아침에 오피미우스는 원로원 의원들을 실내에 소집하여 안건을 처리했다. 그러는 동안에 다른 사람들은 안틸리우스의 시체를 천으로 덮지도 않은 채, 마치 약속이나 한 듯이 들것에 싣고서 통곡하고 애도하며 광장과 원로원 건물 앞을 지나갔다.

---

4   그 무렵의 필기도구는 오늘날과 같이 작고 섬세하게 발달하지 않았으며, 잉크의 구실을 하던 밀초로 글씨를 쓰고 다시 그것을 지우고자 그 끝을 날카롭게 다듬어 일종의 흉기로 쓸 수 있었다.

오피미우스는 사태가 어찌 진행되는지를 잘 알면서도 짐짓 놀라는 체했고, 원로원 의원들은 광장으로 나갔다. 화장대(火葬臺)가 광장 가운데 설치되자 원로원 의원들은 이번 일이야말로 가장 끔찍한 살인 사건이라고 비난했다. 그러나 군중은 오히려 귀족의 과두 정치에 증오를 품기 시작했다.

그들의 말에 따르면, 귀족들은 지난날 신전의 언덕에서 티베리우스 그라쿠스를 죽이고 그 시체를 강에 던져 버리더니, 이번에는 한낱 하인에 지나지 않는 안틸리우스가 죽었다고 이렇게 호들갑이라는 것이었다.

게다가 원로원 의원들은 이번 혼란에 큰 책임을 져야 할 안틸리우스의 시체를 광장에 안치해 놓고, 돈만 주면 무슨 일이든 하던 사람의 장례식에 모여 눈물을 짜고 있으니, 그 이유는 오로지 한 명밖에 남아 있지 않은 민중의 지도자를 제거하고자 함이라는 것이었다.

장례를 마친 원로원 의원들은 원로원으로 들어가 집정관 오피미우스가 쓸 수 있는 모든 권한을 동원하여 이 도시를 구출하고 카이우스와 풀비우스 같은 독재자를 처단하는 법안을 공식적으로 통과시켰다. 오피미우스는 원로원 의원들에게 무장을 갖추도록 지시했고, 기사들은 다음 날 아침에 두 명의 무장한 종을 데리고 오라는 통지를 받았다.

풀비우스도 대응책으로 무뢰배들을 모았다. 그러나 카이우스는 광장을 떠나 아버지의 동상 앞에 잠시 머물러 말없이 바라보며 눈물을 흘리고 괴로워하다가 떠나갔다. 그 모습을 본 많은 사람이 그에게 연민을 느꼈다. 그들은 카이우스를 배신한 자신들을 꾸짖으며 카이우스의 집으로 몰려가 대문 앞에서 그날 밤을 보냈다.

그러나 풀비우스를 지키던 사람들은 그렇지 않았다. 그들은 떠들고 고함치고 술 마시며 밤을 보냈다. 그들은 앞으로 자신들이 할 일에 대하여 호기(豪氣)를 부렸다. 풀비우스 자신도 먼저 술에 취해 나이에 걸맞지 않게 말하고 행동했다. 그러나 카이우스의 지지자들은 자신들이 직면한 나라의 재앙을 감지하면서 조용히 앞날을 걱정하고 있었다. 그들은 서로 바꿔 가며 잠을 자고 파수를 보았다.

15

날이 밝자 풀비우스는 지지자들의 도움을 받아 술 취한 잠자리에서 어렵게 일어났다. 그는 지난날 호민관 시절에 갈리아 족과의 전쟁 때 빼앗아 자기 집에 보관하고 있던 무기로 무장한 다음 위협적인 목소리로 함성을 지르며 평민들이 사는 아벤티누스(Aventinus) 언덕으로 달려가 점령했다.

그러나 카이우스는 무장하고 싶지 않아 평소에 광장으로 나갈 때처럼 외투를 입고 단검을 몸에 숨긴 채 밖으로 나갔다. 그가 대문을 나서려 할 때 그의 아내 리키니아가 달려 나와 한쪽 팔로는 남편을 껴안고 다른 쪽 팔로는 아들을 껴안은 채 이렇게 말했다.

"카이우스여, 나는 지금 호민관이나 입법자로 당신을 광장의 연단으로 보내는 것도 아니고, 당신도 죽고 모든 사람이 죽어야 할 전쟁터로 보내는 것도 아닙니다. 그랬더라면 영광스러운 슬픔이 남았겠지요. 그러나 당신은 지금 당신의 형 티베리우스를 죽인 살인자들에게 가고 있습니다. 무장하지 않은 것은 잘한 일이에요. 불의를 저지르는 것보다는 상처를 입는 것이 낫겠지요. 그러나 당신의 죽음은 국가에 아무런 도움이 되지 않아요. 지금 이 나라에서는 악인이 이기고, 사람들은 폭력과 칼로써 다툼을 해결하고 있습니다.

만약 당신의 형이 허망하게 죽지 않고 누만티아족과의 전쟁에서 장렬하게 죽었더라면, 휴전의 조건으로 그의 시신은 우리에게 돌아왔겠지요. 그러나 현실은 그렇지 않습니다. 당신이 형의 시신을 찾아 헤맸듯이, 나도 이제 강이나 바다를 헤매면서 당신의 시체를 찾게 해 달라고 간청하겠지요. 티베리우스가 죽었을 때 왜 사람들은 법과 신에 매달려야 했습니까?"

리키니아가 이렇게 슬퍼하고 있을 때 카이우스는 정중하게 아내의 품에서 벗어나 아무 말 없이 동지들을 데리고 밖으로 나갔다. 리키니아가 애타게 남편의 소맷자락을 잡으려 했지만 소용없었다. 그 여성은 땅에 쓰러져 말없이 오랫동안 엎드려 있었다. 이에 하녀들이 넋을 잃은 리키니아를 들어 그의 오빠 스키피오[5]의 집으로 옮겼다.

16

사람들이 모이자 풀비우스는 카이우스의 충고에 따라 자기 막내아들에게 전령의 지팡이를 들려 광장으로 보냈다. 그는 매우 잘생겼고, 예의 바르고 겸손한 청년이었다. 그의 눈에는 눈물이 그렁그렁했다. 그는 집정관 오피미우스와 원로원에 화해의 조건을 전달했다. 그의 말을 들은 대부분의 사람은 화해 조건을 거부할 마음이 없었으나, 오피미우스는 이렇게 말했다.

"청원자들은 전령을 시켜 원로원을 설득하려 할 것이 아니라, 다른 시민도 그랬던 것처럼 언덕에서 내려와 재판을 받으면서 용서를 빌라."

그리고 오피미우스는 이어서 그 젊은이를 바라보며 이렇게 솔직히 말했다.

"그러한 조건을 받아들인다는 대답을 가지고 다시 오거나, 그렇지 못할 바에는 오지 말라."

들리는 바에 따르면, 카이우스는 그 말에 따라 자기가 직접 내려와 원로원을 설득하려 했다고 한다. 그러나 아무도 그

---

5   본문에는 '오빠 크라수스(brother Crassus)'로 되어 있는데 이는 필자 플루타르코스의 착오이다. 리키니아는 '아버지 크라수스'이거나 '오빠 스키피오'라고 써야 옳다. (제43장 「티베리우스 그라쿠스」 § 21 참조)

의 의견에 따르지 않자 풀비우스는 지난번과 꼭 같은 조건을 아들에게 들려 보냈다. 그러나 전쟁을 치르고 싶어 안달이 난 오피미우스는 곧바로 젊은 전령을 붙잡아 가두었다.

그런 다음 오피미우스는 수많은 중무장 병력과 크레타의 궁수들을 이끌고 풀비우스를 향해 쳐들어갔다. 궁수들이 활을 쏘아 상대편에게 상처를 입히자 카이우스의 지지자들은 혼란에 빠졌다. 이 교전에서 크게 패배한 풀비우스는 사용하지 않는 목욕탕으로 몸을 피했다가 곧 발각되어 그의 맏아들과 함께 살해되었다.

그러나 전투에 참가하지 않았던 것으로 보이는 카이우스는 사태의 진전에 크게 낙심하여 디아나(Diana) 신전으로 물러섰다. 거기에서 그는 자신의 삶을 마치려 했으나 가장 신뢰하는 막료인 폼포니우스(Pomponius)와 리에니우스(Lienius)가 말려 결행하지 못했다. 그리고 들리는 바에 따르면, 그는 디아나 신을 향해 손을 뻗고 이렇게 진심으로 빌었다고 한다.

"로마인들이 배은망덕한 대역(大逆)을 저지른 죗값으로 영원히 종살이를 벗어나지 못하게 해 주소서."

카이우스가 이토록 로마를 저주한 것은, 사면령이 내리자 그의 지지자들 대부분이 노골적으로 반대편으로 돌아섰기 때문이었다.

17

그런 일이 있은 뒤에 카이우스는 몸을 피했고, 정적들은 그를 추격하여 티베리스강 위에 있는 나무다리에서 그를 거의 따라잡았다. 그러나 막료인 폼포니우스와 리에니우스가 그에게 계속하여 도망치도록 한 다음, 자기들은 다리목을 지키며 추격자를 막고 아무도 통과하지 못하도록 싸우다가 끝내 전사했다. 이제 휠로크라테스(Philokrates)라는 하인 한 명만이 카이우스를 따랐다.

구경꾼들은 마치 경주라도 하듯이 그를 쫓아오며 더 빨리 달리라고 소리치면서도 누구 하나 그를 도와주지 않았고, 그가 부탁하는 말[馬]을 주지 않았다. 왜냐하면 추격자들이 너무 바짝 따라오고 있었기 때문이었다. 카이우스는 겨우 '분노의 여신'이 사는 신성한 숲속으로 들어가는 데 성공했으나 그곳에서 하인 휠로크라테스가 주군(主君)을 죽인 다음 자기도 자결했다.

그러나 어떤 작가들의 말에 따르면, 그 두 사람은 추격자에게 생포되었는데, 그 하인이 어찌나 단단하게 주인을 끌어안고 있었던지 여러 차례 가격하여 떼어 낸 뒤에야 카이우스를 죽였다고 한다.

또한 들리는 바에 따르면, 몇 사람이 카이우스의 목을 잘라 가는데 오피미우스의 친구인 셉티물레이우스(Septimuleius)가 그것을 빼앗았다고 한다. 왜냐하면 전투가 시작될 무렵에 카이우스와 풀비우스의 목을 베어 오는 사람에게는 그와 같은 무게의 금을 주겠다는 현상이 걸려 있었기 때문이었다.

그래서 셉티물레이우스는 카이우스의 머리를 창에 꿰어 오피미우스에게 가져갔다. 그 무게를 달아 보니 약 8킬로그램이었다. 셉티물레이우스는 여기에서도 사기극을 저질러 자신이 악당임을 보여 주었다. 그는 카이우스의 머리에서 골을 파내고 납을 녹여 부어 무게가 많이 나가게 했다.

그러나 풀비우스의 목을 잘라 간 무리는 신분이 확실하지 않다는 이유로 아무 상도 받지 못했다. 오피미우스 무리는 카이우스와 풀비우스와 나머지 무리의 시체를 티베리스강에 던져 버렸는데, 그 수가 3천 명이었다. 오피미우스는 피살자들의 재산을 팔아 국고에 넣었다. 또한 그들은 피살자의 아내들이 애도하는 것도 금지했고, 카이우스의 아내 리키니아는 결혼 지참금마저 빼앗겼다.

그러나 무엇보다도 잔혹했던 일은 풀비우스의 작은아들

에 대한 처사였다. 그는 귀족에게 대항하지도 않았고, 전투 현장에 있지도 않았다. 그러나 그는 전투가 벌어지기에 앞서 아버지의 심부름으로 휴전 조건을 전달하러 갔다가 붙잡혔다. 그는 전투가 끝나자 처형되었다.

그러나 무엇보다도 민중을 분노하게 만든 것은 일찍이 카밀루스가 세웠다가 허물어진 화합의 신전(Templum Concordiae, 제8장 「카밀루스전」, § 42)을 오피미우스가 다시 세운 것이었다. 민중은 그렇게 시민을 학살하고도 이를 자랑스러워하고 기뻐하며 개선식을 올린 오피미우스의 처사를 이해할 수 없었다. 그래서 밤중에 누군가가 그 신전의 비문 아래에 다음과 같이 써넣었다.

광기에 찬 불화(不和)가
이 화합의 신전을 지었도다.

18

오피미우스는 집정관으로서 독재자의 권력을 휘두른 첫 인물이었다. 그는 재판을 거치지 않고 3천 명을 죽인 것 말고도 카이우스 그라쿠스와 풀비우스 플라쿠스를 죽였다. 풀비우스는 집정관으로서 위대한 전공을 세운 사람이었고, 카이우스는 그와 같은 또래 가운데 덕성과 명망이라는 점에서 가장 뛰어난 인물이었다.

그런 오피미우스도 부정부패라는 점에서 깨끗하지 않았다. 그는 누미디아의 유구르타에게 사신으로 파견되었을 때 뇌물을 받았고, 결국 가장 치욕스러운 부패 혐의 속에서 민중의 증오와 학대를 받으며 불명예스럽게 살았다.

그라쿠스 형제가 쓰러진 뒤에 초라하게 주눅 들어 살던 민중은 곧이어 자기들이 얼마나 그들을 그리워하고 있었던가를 보여 주었다. 그들은 그라쿠스 형제의 동상을 만들어 사람들의 눈에 잘 보이는 곳에 세우고 그들이 살해된 장소를 성지로 만들었으며, 철마다 맏물로 수확한 과일을 그곳에 바쳤다. 그들은 위인을 기리는 것이 아니라 마치 신전을 찾은 것처럼 날마다 그 동상을 찾아 무릎을 꿇었다.

19

기록에 따르면, 그라쿠스 형제의 어머니 코르넬리아는 고결하고도 도량이 넓은 정신력으로 자신의 불행을 견뎌 냈으며, 그의 아들들이 살해된 성지를 돌아보며 그들이 묻힐 만한 곳에 묻혔노라고 말했다 한다. 코르넬리아는 미세눔 해안에 살면서 이제까지 살아온 방식들을 바꾸지 않았다.

코르넬리아는 친구들이 많았는데, 그들과 식사를 나누면서 자신의 친절함을 보여 주었다. 그의 주변에는 그리스인들과 문인들이 많았고, 재위에 있는 모든 왕이 그와 선물을 주고받았다. 그 여성은 친정아버지 스키피오의 삶과 생활 양식에 관하여 방문객이나 친지들과 나누는 대화를 진심으로 좋아했다.

그러나 코르넬리아의 삶 가운데 가장 칭찬받은 것은 그가 아들에 관한 이야기를 나눌 때였다. 그럴 때면 그는 눈물이나 슬픔을 보이지 않았고, 물어보는 사람들에게 마치 고대 로마의 영웅에 관한 이야기를 하듯 아들들의 업적과 운명을 들려주었다. 그래서 어떤 사람들은 코르넬리아가 너무 나이가 많았거나 슬픔이 너무 커서 불행을 망각해 버렸다고 생각했다.

그러나 그렇게 생각하는 사람들은, 한 인간이 슬픔에서 벗어나야 할 때 그의 고결한 성품과 훌륭한 가문과 적절한 교육이 얼마나 큰 도움이 되는가를 미처 모르고 있다. 물론, 인생을 살아가면서 악행을 물리치려고 싸울 때, 운명의 여신이 덕행의 편을 들지 않는 경우가 있다. 그러나 여신은 냉철한 확신을 갖고 악행에 맞서 견디고 싸우는 덕행의 힘까지 꺾을 수는 없다.

> 합법적으로 얻은 재산까지도
> 탐욕이라고 생각하는 사람의 눈에
> 불법적으로 얻은 재산은
> 얼마나 천박하게 보였을까?
> ― 플루타르코스

1

이제 나는 그라쿠스 형제의 일생에 관한 이야기를 마쳤고, 이제까지 들려준 네 사람의 삶을 비교하는 일이 남았다. 그라쿠스 형제로 말하면 어떤 이유로든 그들을 가장 미워하고 비난하던 사람들조차 그들이 로마의 역사에서 천성적으로 가장 덕망 높은 인물이었다는 점을 감히 부인하지 못한다. 그만큼 그들은 훌륭한 가문에서 태어나 훌륭한 교육을 받았다.

그런가 하면 아기스와 클레오메네스는 그라쿠스 형제보다 더 굳건한 천품을 타고난 사람들로 보인다. 그들은 올바른 교육을 받지도 못했고, 그들의 선조부터 오랫동안 부패의 관습 속에 살았으면서도 검소하고 자제심이 높았다.

더 나아가서, 그라쿠스 형제는 로마의 역사에서 가장 위대하고 찬란한 시대이자 고결한 삶에 대한 열정을 가지고 있던 시대에 살았다. 따라서 가깝고도 먼 선조들의 덕망 높은 삶을 버린다는 것에 대한 부끄러움 때문에 행동을 더욱 자제하지 않을 수 없었다.

그러나 아기스와 클레오메네스는 자기들과 다른 원칙에 따라 살던 부모를 두었으며, 조국은 고난과 질병 속에 살고 있었지만, 그들의 고결한 열정은 이런 일들로 말미암아 상처를 입지 않았다.

그라쿠스 형제가 재산을 귀중하게 여기지 않았고 금전을 초월한 인물이라는 사실은 그들이 공직 생활 동안 더러운 돈에 손대지 않았던 것으로 충분히 입증할 수 있다. 그런가 하면 아기스는 다만 남의 돈에 손을 대지 않았다는 정도의 칭찬으로써는 오히려 화를 낼 것이다.

왜냐하면 그는 남의 돈을 욕심부리지 않은 정도가 아니라, 다른 재산은 더 말할 나위도 없고 현금만 따져도 6백 탈렌트를 아무 대가 없이 시민들에게 나누어 주었기 때문이다. 합법적으로 얻은 재산까지도 탐욕이라고 생각하는 사람의 눈에 불법적으로 얻은 재산은 얼마나 천박하게 보였을까?

2

네 사람이 추진했던 개혁의 규모와 과감성을 견주어 보면 아주 다르다. 정치 활동에서 본다면, 카이우스 그라쿠스는 도로를 건설하고 도시를 건설하였으며, 티베리우스 그라쿠스는 국유지를 시민에게 나누어 주었다. 카이우스는 3백 명의 원로원 의원만 쥐고 있던 재판권을 3백명의 기사 계급에게도 나누어 주었다.

그러나 아기스와 클레오메네스는 그 이상이었다. 그들은 개혁을 추진하면서 사소한 것을 고치고 무질서를 바로잡는 정도의 일이란, 플라톤이 『공화국』(IV : 426)에서 한 말을 빌려 표현하면, 아홉 개의 머리를 가진 뱀 히드라(Hydra)에게서 머리 하나를 떼어 내는 일에 지나지 않는다고 생각했다.

그래서 그라쿠스 형제는 단번에 모든 악행을 없애 버릴 기회를 도입하고자 노력했다. 다시 말해 국가를 가장 적절한 형태로 되돌아가게 하여 그 안에서 국가를 정착시킴으로써, 온갖 악행을 초래하는 무리를 제거하려 했다고 말하는 것이 더 적절한 표현일 것이다.

그런가 하면 그라쿠스 형제의 정책은 귀족의 반대를 받았지만, 아기스가 시작하여 클레오메네스가 완성한 개혁은 가장 공정하고도 눈에 띄게 남아 있는 옛 법을 따른 것이다. 바꿔 말하면 그들은 리쿠르고스가 델포이 신전에서 아폴론에게 받아 남겨 준 소박한 삶과 평등한 재산에 관한 불문법(rhetoras)을 되살린 것이었다.

그러나 우리가 가장 주목해야 할 사실은, 로마가 그라쿠스 형제의 정치 활동을 통해 아무것도 성취한 바가 없는 것과는 달리, 스파르타는 클레오메네스의 업적을 통해 짧은 시간만에 펠로폰네소스반도의 주인공이 됨으로써 지난날의 강국들과 주도권을 쟁취하고자 투쟁하도록 만들었으며, 그리스를 일리리아인과 갈리아족의 침략에서 해방하여 다시 헤라클레스의 후손으로 뭉치게 했다.

3

이 네 사람은 죽음의 고결함이라는 점에서 분명한 차이를 보여 주었다. 그라쿠스 형제는 동포와 싸운 뒤에 도주의 길을 찾다가 죽었다. 그러나 그리스의 두 왕은 달랐다. 우선 아기스는 시민 한 사람도 죽이지 않으려 했다.

따라서 아기스의 죽음은 자발적인 것이었다고 말할 수도 있다. 또한 클레오메네스는 악행과 모욕을 겪은 뒤에 복수를 꿈꾸다가 사세(事勢)가 뜻과 같지 않자 용맹스럽게 스스로 목숨을 끊었다. 그러나 다시 그들의 업적을 상대적으로 살펴보면, 아기스는 위대한 지도자였다고 할 만한 업적이 없이 때를 맞추지 못하고 죽었다.

그러나 클레오메네스가 이룩한 수많은 전공은 카르타고의 성을 함락한 티베리우스의 탁월한 무공, 그리고 그가 누만티아족과 맺은 휴전을 통하여 몰살당할 뻔했던 2만 명의 로마 병사를 살려 낸 업적과 견줄 만하다. 카이우스 또한 이탈리아와 사르디니아 전투에서 위대한 용맹을 보여 주었으므로, 만약 그라쿠스 형제가 그토록 젊은 나이에 죽지 않았더라면 그들은 로마 역사에서 가장 위대한 장군으로 기록되었을 것이다.

4

정치 활동의 측면에서 보면 아기스는 심약한 사람이었던 듯하다. 그는 아게실라오스에게 속아 시민들에게 토지를 나누어 주겠다던 약속을 지키지 못하고, 그가 그토록 고심하여 이룩하고 발표한 계획을 한마디 말로 저버렸으니, 이는 그가 너무 젊고 용기가 없었기 때문이었다.

그와 달리 클레오메네스는 많은 사람을 추방했고, 무력으로써 반대파인 민선 장관들을 제압하거나 물리치는 과정에서 그들을 죽임으로써 지나치게 거친 방법으로 제도를 개혁했다. 극단적인 경우가 아니라면 외과 의사나 정치인이 칼을 쓰는 것은 훌륭한 일이 아니다. 칼을 쓴다는 것은 기술이 부족하다는 뜻이고, 더욱이 정치인이 칼을 쓰는 것은 정의롭지도 않고 잔인하게 보일 뿐이다.

그라쿠스 형제는 시민들을 학살하지 않았다. 들리는 바에 따르면, 카이우스는 자기 목숨이 위태로운데도 자신을 스스로 지키고자 칼을 빼지 않았다고 한다. 그는 전쟁터에서 빛나는 무사였지만 자국 내에서는 매우 소극적이었다. 그는 무장을 갖추지도 않고 집을 나섰다가 전투가 벌어지자 물러섰다.

한마디로 말해서 카이우스는 스스로 다치지 않으려고 노력하기보다는 남이 다치지 않도록 하는 데 더 신경을 썼다. 그러므로 두 형제가 해외로 달아나려 한 것은 비겁해서가 아니라 시민을 다치지 않게 하려는 조심성 때문이었다. 그들은 자객들에게 항복하거나 아니면 그 자리에서 적극적으로 상처 입지 않도록 저항하거나 둘 가운데 하나를 선택할 수밖에 없는 상황에서 자신의 신념을 지키려 했을 뿐이다.

5

거듭 말하거니와, 티베리우스에 대한 가장 큰 비난은 그가 동료 호민관을 죽이고 두 번째 임기의 호민관이 되었다는 사실이었다. 이에 비하면 카이우스는 안틸리우스의 죽음에 대하여 비난을 들은 것이 부당하고 억울할 것이다. 왜냐하면 그는 안틸리우스의 죽음을 바라지도 않았고, 오히려 그가 죽었을 때 몹시 슬퍼했기 때문이다.

클레오메네스는 거듭 이야기할 필요도 없이 민선 장관들을 죽였고, 노예들을 해방하였으며, 스스로 왕이 되었다. 그의 왕위가 비록 명목적으로 아우와 함께한 것이라고는 하지만, 같은 집안의 사람을 동료 왕으로 뽑은 것은 떳떳하지 못하다. 클레오메네스는 또한 다른 왕가의 후예로서 공동 왕위에 오를 수 있었던 인물인 아르키다모스를 메세네에서 스파르타로 불러들였다.

클레오메네스가 꾸민 일은 아니었지만, 마침 그때 아르키다모스가 죽으면서 그는 비난을 받았다. 그러나 그가 본보기로 삼았다고 공언한 리쿠르고스는 그와 달랐다. 리쿠르고스는 자신의 조카인 카릴라오스에게 자진해서 왕권을 넘겨 주었으며, 혹시 이 소년이 누군가의 손에 죽기라도 한다면 자신이 비난받을 것을 걱정하여 오랫동안 이국땅을 떠돌았다.

리쿠르고스는 카릴라오스가 대통을 이을 왕자를 낳을 때까지 돌아오지 않았다. 그리스 역사에서 리쿠르고스는 너무도 위대하여 다른 사람과 견줄 수가 없다. 어쨌든, 클레오메네스의 정치적 업적은 그라쿠스 형제에 견주어 볼 때 훨씬 더 개혁적이었고 불법적이었음이 분명하다.

네 사람의 성품을 비판하고 싶어 하는 사람들은 아기스와 클레오메네스가 처음부터 권력과 투쟁을 좋아했고, 그라쿠스 형제는 너무 야심이 컸다고 비난한다. 그러면서도 비판자들은 그들의 다른 측면을 비난하지는 않는다. 물론 그들이 본성과 달리 정적들에 대한 경쟁심과 열정에 사로잡혀 마치 폭풍이 불어오듯 조국을 위기로 몰아넣었다는 점에서는 많은 사람이 동의하고 있다.

그러나 그들이 본디 꿈꾸었던 개혁보다 더 정의롭고 명예로운 것이 무엇이었겠는가? 만약 부자들이 폭력과 분파적인 방법으로 토지 개혁법을 무효화시키지 않았더라면 어땠을까? 그랬다면 티베리우스는 관리들의 동의를 얻지 못하면 죽을지도 모른다는 공포를 극복했을 수도 있다. 또한 카이우스는 원로원의 결의도 없이 살해당한 형의 원수를 갚으려고 정의롭지 못한 노력을 기울이는 대신에 치열한 투쟁을 거쳐 끝내 사회 개혁에 성공했을지 모른다.

앞에서 이야기한 것들을 토대로 독자들은 네 사람이 서로 어떻게 달랐는지를 알 수 있을 것이다. 내가 그들의 개성을 각기 평가한다면, 티베리우스는 덕망이라는 점에서 네 사람 가운데 가장 뛰어났고, 젊은 아기스는 실수가 가장 적었으며, 업적과 용기라는 점에서 카이우스는 클레오메네스에 훨씬 미치지 못했다고 말해야 할 것이다.

휠로포이멘
PHILOPOEMEN

기원전 252~183

군인은 온갖 불규칙하고
고르지 못한 조건을 잘 견뎌야 하며,
무엇보다도
배고픔과 잠을 견뎌야 한다.
— 휠로포이멘

정치인이 청렴하려면
재산이 있어야 한다.
그래야 남에게 빚지지 않는다.
— 휠로포이멘

1

클레안드로스(Cleandros)는 만티네이아 시민 가운데 가장 가문
이 좋고 영향력이 큰 사람이었다. 그러나 그는 운명의 역풍을
만나 자기 조국에서 추방되어 메갈로폴리스로 갔는데, 그 이
유는 크라우기스(Craugis)가 그곳에 살고 있었기 때문이다. 크
라우기스는 휠로포이멘의 아버지로서 대단히 명망 높은 인물
이었고, 클레안드로스는 그와 우정이 깊어 그를 찾아가 몸을
의지했다.

크라우기스는 살아 있는 동안 클레안드로스에게 부족함
이 없이 도와주었고, 크라우기스가 죽자 클레안드로스는 그에
대한 보답으로 고아가 된 그의 아들 휠로포이멘을 키웠다. 이
는 호메로스가 말한, 불사조가 아킬레우스를 키운 것(『일리아
스』, IX : 438)과 같은 일이었다. 그 덕분에 소년 휠로포이멘은 어
려서부터 고결하고 왕자다운 분위기에서 성장했다.

휠로포이멘을 가르친 사람은 메갈로폴리스 출신의 에
크데모스(Ecdemos)와 메갈로파네스(Megalophanes)였다. 이들
은 아카데미아의 창시자인 저 유명한 철학자 아르케실라오스
(Arcesilaos)의 동료로서 그 시대의 어느 누구보다도 먼저 정치

휠로포이멘

와 국가 운영에 철학을 적용했던 사람이었다.

이들은 은밀하게 동지들을 모아 아리스토데모스를 죽임으로써 폭군에게서 조국을 해방했으며, 아라토스와 손을 잡고 시키온의 폭군 니코클레스(Nicocles)를 추방하였으며, 키레네 시민의 요구에 따라 혼란과 정치적 질병으로 가득한 그곳으로 배를 타고 건너가 법과 질서를 세워 그 도시를 가장 행복한 곳으로 만들어 주었다.

그러나 아카데미아 학자들은 자기들의 업적 가운데 휠로포이멘을 가르친 것을 가장 자랑스럽게 여겼는데, 이는 자기들의 철학적 교훈 덕분에 휠로포이멘이 그리스에 폭넓은 은혜를 베풀었다고 믿었기 때문이었다.

말하자면 휠로포이멘은 어려서는 그리스의 오랜 성취를 계승한 아이였고, 커서는 지난날 장군들의 덕망을 이어받은 인물이어서 그에 대한 그리스인들의 사랑은 각별했다. 휠로포이멘을 칭송하던 어떤 로마인은 그를 '마지막 그리스인'이라고 부름으로써 그 뒤로는 그리스가 자신의 명성에 걸맞는 인물을 내놓지 못했음을 암시했다.

2

휠로포이멘의 얼굴은 세상 사람들이 생각하듯 그렇게 못생기지는 않았다. 오늘날 델포이 신전에 있는 그의 동상을 보아도 그렇다. 들리는 바에 따르면, 그가 못생겼다는 말은 메가라의 어느 여성 때문에 생긴 일이라고 한다.

어느 날 그 여성은 아카이아 동맹(Acaean League)[1]의 사령

I   아카이아 동맹은 펠로폰네소스반도 북부 아카이아 지방의 도시 국가를 중심으로 헬레니즘의 초기 시대인 기원전 286년에 성립된 도시 동맹을 뜻한다. 이들은 아이톨리아 동맹과 더불어 헬레니즘 시대의 그리스 정국을 좌우했다. 가맹국들은 전시와 평시를 불문하고 함께 움직였다. 기원전 3세기 후반부터 아라토스의 지도로 마케도니아 왕국의 침략에 대항

관인 휠로포이멘이 자기 집에 온다는 말을 듣고 저녁 준비를 하느라 허둥대고 있었다. 마침 남편이 집에 없을 때 휠로포이멘이 허름한 옷을 입고 들어왔다. 여성은 장군의 시종이 먼저 온 줄로 알고 집안일을 도와 달라고 부탁했다. 그러자 휠로포이멘은 곧 웃옷을 벗어 던지고 장작을 패기 시작했다. 그때 집 주인이 들어와 일하고 있는 장군을 보고 물었다.

"휠로포이멘 장군, 지금 뭘 하고 있습니까?"

그러자 휠로포이멘이 도리스(Doris) 사투리로 이렇게 대답했다.

"뭘 하긴? 못생긴 값을 치르고 있다오."

티투스 플라미니누스(Titus Flamininus)도 이런 농담을 한 적이 있다.

"휠로포이멘, 그대는 팔과 다리는 있어도 뱃살이 없구려."

실제로 그는 허리가 홀쭉했다. 그러나 그 말은 사실 그의 재산을 두고 한 말이었다. 왜냐하면 그는 탁월한 보병과 기병대를 거느리고 있었지만 늘 군자금이 부족하여 쩔쩔맸기 때문이었다. 아무튼 철학을 공부하는 사람들 사이에서는 휠로포이멘에 대하여 그런 이야기가 오갔다.

3

그러나 휠로포이멘의 성격을 특징짓는 공명심은 경쟁심과 분노에서 벗어나지 못했다. 휠로포이멘은 테베의 영웅 에파미논다스(Epaminondas)를 몹시 존경하여 그의 정력과 지혜로움과 청렴함을 본받으려고 무척 애썼지만, 분노와 호전성 때문에 그 위대한 지도자의 온후함과 진중함과 정치가로서의 세련됨

하고, 스파르타와도 자주 싸웠다. 로마가 쳐들어오자 마케도니아와 동맹하여 싸웠으나 기원전 168년 마케도니아의 멸망과 더불어 로마의 세력 아래로 들어갔다. 기원전 146년 로마에 대한 반항을 기도하다가 완전히 패배한 뒤에는 로마의 지배를 받았다.

휠로포이멘

을 지킬 수 없었다.

그래서 휠로포이멘은 정치인보다는 군인이 되리라 생각했다. 그는 아주 어려서부터 군인의 삶을 좋아하여, 군대 생활에 필요한 중무장 격투와 말타기를 익혔다. 그는 한때 레슬링 선수가 되고 싶었다. 동료와 지도자 들이 운동선수가 되어 보라고 권고하자 휠로포이멘은 운동이 군대 생활을 하는 데 장애가 되지 않을까를 물었다. 그러자 그들은 진지하게 이렇게 대답했다.

"군인과 운동선수는 체격도 다르고 삶의 모습도 다르다. 운동선수는 많이 자야 하고 많이 먹어야 하고 운동 시간과 쉬는 시간을 일정하게 하여 자신의 신체적 조건을 유지하고 증진해야 하며, 조금이라도 이와 같은 규칙적인 생활을 소홀히 하거나 벗어나면 곧 몸이 나빠진다. 그러나 군인은 온갖 불규칙하고 고르지 못한 조건을 잘 견뎌야 하며, 무엇보다도 배고픔과 잠을 견뎌야 한다."

이 말을 들은 휠로포이멘은 운동선수가 되겠다는 생각을 버리고 운동선수를 조롱했다. 심지어 나중에 장군이 된 다음에는 모든 종류의 운동을 비난하고 모욕하면서 없애 버렸다. 운동 경기는 피할 수 없는 전쟁에 투입되어야 할 예비 장병들에게 아무 도움이 되지 않는다는 이유에서였다.

4

스승의 가르침이 끝난 뒤에 휠로포이멘은 스파르타 영토의 습격에 참여하여 동지들과 함께 그곳을 약탈했는데, 진격할 때는 앞장을 서고 후퇴할 때는 맨 나중에 돌아왔다. 시간이 남을 때는 사냥으로 몸을 강인하고 빠르게 단련하거나 아니면 농사를 지었다.

휠로포이멘은 도시에서 20훠롱 떨어진 곳에 좋은 농장을 가지고 있었는데, 날마다 그리로 가 일하고 저녁을 먹은 뒤에는 다른 노동자들과 마찬가지로 멍석에 누워 잠을 잤다. 아침이면 그는 일찍 일어나 포도나무 관리인이나 목동들과 함께 일하고, 일을 마치면 시내로 돌아와 막료들이나 관료와 함께 정무를 바쁘게 처리했다.

휠로포이멘은 약탈해 온 전리품들을 팔아서 말먹이와 무기를 사거나 잡혀간 포로들의 몸값을 지불했다. 그는 농사를 통해 소출을 늘리는 것을 가장 공의로운 수익으로 여겼을 뿐만 아니라, 다른 사람의 재산에 손을 대지 않으려면 모름지기 자신이 직접 번 돈으로 쌓은 재산을 가지고 살아야 한다고 주장했다.

휠로포이멘은 또한 철학자들의 담론을 듣고 모임에도 참여했다. 그는 이런 학업이 덕망을 쌓으려는 자신의 목표에 큰 도움이 된다고 생각했다. 호메로스의 시에 관한 그의 생각을 들어 보면, 그 책 속에 담긴 교훈은 영혼의 활동을 진작시킴으로써 용기를 북돋아 주기 때문에 그 책에 몰두했다고 한다.

휠로포이멘은 여러 책 가운데 에반겔로스(Evangelos)의 『전술론(Tactics)』을 탐독했고, 『알렉산드로스전』을 좋아했다. 문학이 단순히 쓸데없고 사소한 주제를 다루는 데 시간을 허송하지 않는 한, 그것은 행동으로 이어질 수 있다는 것이 그의 생각이었다. 휠로포이멘은 전술적 원리를 설명할 때도 지도나 도면을 쓰지 않고 현장에 나가 확인하고 공부했다.

또한 그는 경사진 곳에서 적군을 만났을 때나 넓은 평원이 갑자기 끊어질 경우를 미리 대비할 때, 또는 협곡이나 수렁에서 밀집 대형을 운용하는 문제를 고민할 때는 몸소 해당 지형을 살펴보고 걸어 보면서 막료들과 논의했다. 휠로포이멘은 군사학에서 필요 이상의 열정을 보였다. 그는 전쟁에 대한 집념이 덕성을 함양하는 데 있어 가장 다양한 기초를 제공한다고 여겼고, 이러한 군사 문제를 남들에게 떠넘긴 사람은 실패한 자라며 멸시하는 것처럼 보였다.

5

휠로포이멘이 서른 살이 되었을 때, 스파르타의 왕 클레오메네스가 밤을 틈타 갑자기 메갈로폴리스를 침범하여 경비병을 몰아내고 시내로 쳐들어와 광장을 점령했다. 휠로포이멘은 그들을 도우려고 서둘러 달려가 과감하고 용맹스럽게 싸웠지만 적군을 몰아내지는 못했다. 그러는 과정에서 그는 추격병을 공격하고 클레오메네스를 맞아 싸움으로써 시민들이 대피할 시간을 벌어 주었다.

휠로포이멘은 말을 잃고 상처를 입은 채 마지막 단계에서 겨우 빠져나올 수 있었다. 그때 클레오메네스가 메세네에 있던 휠로포이멘의 무리에게 사람을 보내 자기들은 이제 물러날 것이며, 재산과 영토를 메갈로폴리스에 돌려주겠노라고 제안했다. 이 소식을 들은 시민들이 강화를 기꺼이 받아들이고 고향으로 돌아가고 싶어 하자 휠로포이멘은 그들을 말리면서 이렇게 말했다.

"클레오메네스는 도시를 돌려줄 생각이 없습니다. 그저 피난 갔던 시민들이 자기 집으로 돌아가면 그들을 포로로 붙잡아 더 완전하게 메갈로폴리스를 장악하려는 술책일 뿐입니다. 어차피 그들은 빈집과 성만 남아 있는 도시에 오래 머물 수 없습니다. 그들은 고독 속에서 도시를 포기할 것입니다."

휠로포이멘은 이와 같은 말로 시민의 마음을 돌려놓았지만, 클레오메네스는 이를 구실로 도시 대부분을 완전히 파괴한 다음 전리품을 싣고 돌아갔다.

6

곧이어 [기원전 221년에] 마케도니아의 안티고노스왕이 클레오메네스에 맞선 저항군을 도우려고 달려왔다. 그가 바라보니 적군은 셀라시아 근처의 고지와 협곡을 장악하고 있었다. 안티고노스왕은 적군을 공격하여 협곡을 차지하고자 가까운 곳에 진영을 차렸다.

폴리비오스의 『그리스사』(II : 66)에 따르면, 휠로포이멘은 자신이 이끄는 시민군과 함께 메갈로폴리스와 아카이아에서 차출한 7천 명의 기병대로 일리리아 병사를 지원하고 있었다. 일리리아군은 많은 전사로 구성되어 있었으며 전선 가까이에 진영을 차리고 있었다. 그들은 안티고노스왕이 창끝에 붉은 외투를 걸어 전투 신호가 떨어질 때까지 조용히 기다리라는 명령을 받았다.

아카이아 동맹군은 지시받은 대로 조용히 자기 위치에서 기다리고 있는데, 일리리아 병사들은 기다리라는 명령을 어기고 그들 지휘관의 명령에 따라 스파르타군을 몰아내고자 했다. 그러자 이쪽의 전열에 틈새가 생긴 것을 본 클레오메네스의 동생 에우클레이다스가 가장 날쌘 경보병을 보내 이미 기병대와 연결이 끊어진 일리리아의 보병을 뒤에서 공격하여 섬멸하도록 지시했다. 이와 같은 명령에 따라 스파르타의 경보병은 일리리아군을 공격하여 혼란에 빠뜨렸다.

이때 휠로포이멘은 적의 경보병을 공격하는 일은 쉽지 않지만, 지금이 공격할 때라고 생각했다. 그는 먼저 안티고노스왕의 장군들을 찾아가 그런 작전을 제시했으나 그들은 휠로포이멘을 미친 사람으로 여겼다. 왜냐하면 그때까지만 해도 휠로포이멘은 그와 같은 엄청난 작전을 수행할 만한 인물로 여겨질 만큼 잘 알려진 사람이 아니었기 때문이었다.

이에 휠로포이멘은 이 문제를 자기 스스로 처리하고자 시민군을 전투 대형으로 바꾼 다음 적군을 향해 돌격했다. 첫 교전에서 스파르타의 경보병은 커다란 혼란에 빠져 섬멸되었다. 이에 휠로포이멘은 군사들의 용기를 북돋아 재빨리 적군을 공격하여 혼란에 빠뜨리려고 말에서 내려 걸어서 온갖 고초를 겪으며 진격해 나갔다.

기병대 갑옷을 입고 무거운 장비를 든 휠로포이멘은 울

　　　　　　　　　휠로포이멘

툭불툭하고 수렁이 많은 협곡을 따라 진격했다. 그때 끈이 달린 창이 날아와 허벅지에 꽂혔다. 목숨을 잃을 정도는 아니었지만 부상은 심각하여 창끝이 허벅지 반대쪽으로 튀어나왔다. 처음에는 족쇄로 묶인 것처럼 아무리 애를 써도 어찌할 수가 없었다. 왜냐하면 창에 달린 끈[탕개]이 걸려 상처에서 창을 빼낼 수가 없었기 때문이었다.

옆에 있던 장병들이 창을 뽑아내려 했지만 쉽지 않았다. 전투가 치열해지자 휠로포이멘은 이기고자 하는 야심에 불타 다리를 끌며 앞뒤로 가다가 꽂힌 창의 중간을 부러뜨린 뒤 각기 다른 방향에서 잡아당겨 뽑도록 했다. 몸이 자유로워지자 휠로포이멘은 칼을 빼 들고 전열 앞에 서서 적군을 향해 짓쳐 나갔다. 그의 그러한 모습은 병사들을 고무시키고 그를 본받아 싸우고 싶은 욕망을 불러일으켰다.

전투에서 승리한 안티고노스왕은 자기의 명령도 없었는데 왜 마케도니아 병사가 기병대를 이끌고 나갔는지를 물었다. 병사들은 자기들이 적군을 서둘러 공격한 것은 자기들의 의사가 아니었으며, 메갈로폴리스의 어느 젊은이가 먼저 적군을 공격하기에 자기들도 따라 진격하였노라고 변명했다. 이 말을 들은 안티고노스가 웃으며 이렇게 말했다.

"그렇다면 그 젊은이가 제법 위대한 장군처럼 행동했군."

7

이 전투에서 휠로포이멘이 대단한 명성을 얻은 것은 당연했다. 그를 밑에 두고 싶었던 안티고노스왕은 그에게 사령관의 직책과 봉급을 제시했으나, 남의 밑에 들어가 명령을 받는 것을 싫어하는 천성임을 스스로 잘 알고 있던 휠로포이멘은 왕의 제안을 거절했다.

그렇다고 아무 일도 하지 않고 게으름만 피우며 살고 싶지 않았던 그는 전술을 익히고 체력을 단련하고자 군대의 일

자리를 찾아 크레타섬으로 갔다. 크레타섬에 도착한 휠로포이멘은 주민들과 함께 오랫동안 군사 훈련에 참여했다. 그곳 사람들은 훌륭한 전사들이었으며 온갖 전술에 능통할 뿐만 아니라 삶의 양식도 검소하고 절제가 있었다.

크레타에서 훈련을 마치고 아카이아로 돌아온 휠로포이멘은 곧 [기원전 209~208년 동안] 기병대장이 되었다. 그러나 그가 맡은 기병대는 전쟁이 벌어졌을 때 마구잡이로 얻어 온 형편없는 말을 타고 있었고, 병사들은 대부분 원래의 병역 의무자들이 모병을 피하려고 돈으로 고용해 대신 전쟁에 보낸 사람들이어서 놀라울 정도로 전투 경험이 없었다. 게다가 당연하게도 모두 비겁했다.

그러나 아카이아의 지휘관들은 이와 같은 병폐를 못 본 척했다. 왜냐하면 그 무렵의 기병대는 아카이아 동맹군 사이에 엄청난 세력과 영향력을 가지고 있어 상을 주거나 벌을 주는 데에도 가장 큰 목소리를 내고 있었기 때문이었다. 그러나 휠로포이멘은 그와 같은 무리에게 양보하지도 않고, 그들이 마음대로 일을 처리하지 못하게 막았다. 그는 여러 도시를 돌아다니며 젊은이들에게 각기 야망을 갖도록 격려하고, 강제가 필요한 무리에게는 벌을 주었다.

그뿐만 아니라 휠로포이멘은, 관중이 많이 모이는 곳에서 군사 훈련을 하고, 행진을 하고, 경쟁 놀이를 함으로써 짧은 시간 안에 놀라울 정도의 용기와 열정을 갖도록 했다. 또한 그는 전술에서 가장 중요한 요소를 잘 훈련시켰다. 바로 소규모 분대와 각 병사 개인이 방향 전환과 전술 대형 전개를 신속하게 실행하는 훈련이었다. 그의 훈련을 받은 부대들은 마치 여러 부위로 이루어진 한 인간처럼 유기적이고도 빠르게 움직일 수 있었다.

아카이아군이 라리소스(Larissos)강에서 아이톨리아 병사들과 엘레이아 군대를 맞이하여 싸울 때는 엘레이아의 기병대

휠로포이멘

장 다모판토스(Damophantos)가 전열에서 앞으로 뛰쳐나와 휠로포이멘을 공격했다. 그러나 휠로포이멘은 첫 접전에서 창을 잡고 기다리다가 일격에 그를 찔러 땅에 떨어뜨렸다.

대장이 죽자 적군은 곧장 도망쳤다. 이로 말미암아 휠로포이멘은 전투 솜씨에서는 젊은이들에게 뒤지지 않고, 지혜로움은 노병들에게 뒤지지 않는다는 평판을 들었다. 그는 이처럼 전투와 지휘에서 모두 탁월했다.

8

국가의 품위를 지킬 수 있도록 아카이아 동맹을 강성하게 만든 첫 인물은 아라토스였다. 그는 허약하고 갈라진 나라를 단결하여 그리스다운 인도주의 국가로 만들었다. 시냇물이 흐르다 보면 몇몇 입자가 특정한 위치에 자리를 잡고, 그 위를 지나가던 입자들이 하나둘 거기에 붙거나 엉겨 서로를 지탱하게 된다. 그렇게 안정되고 굳은 땅이 생겨난다.

그와 마찬가지로 그리스는 처음에는 쉽게 분열되는 개별 도시 국가로 흩어져 있었지만, 아카이아 동맹이 힘을 얻으면서 여러 도시 국가들이 이웃의 폭군을 몰아내는 데 도움을 주는 등 서로 힘을 합치게 되었다. 이는 펠로폰네소스를 강력한 단일 국가로 만들려는 목표로 이어졌다. 그러나 이 동맹은 아라토스가 살아 있을 적에는 그리스 문제에 관심이 많던 프톨레마이오스와 안티고노스와 필리포스왕에게 대를 이어 의지하였고, 따라서 마케도니아의 힘에 주로 기댔다.

[그러다 기원전 213년에 아라토스가 죽고 기원전 207년에] 휠로포이멘이 아카이아 동맹의 지도자로 떠오르면서 마침내 그들은 가장 강력한 이웃 나라들과 힘을 겨룰 수준이 되어 외국 군대에 기댄 보호를 끊게 되었다. 무력 충돌을 싫어하는 것으로 보였던 아라토스는 협상과 외교와 왕실 사이의 우의(友誼)로써

대부분의 외교 업무를 수행했는데, 이에 관해서는 앞서[2] 「아라토스전」(§ 10)에서 다룬 바 있다.

그와 달리 휠로포이멘은 위대한 전사로서 무예가 뛰어났고, 실제로 초창기 전투에서 승리와 행운을 거머쥠으로써 아카이아족의 세력을 키우고 병사들의 용기를 북돋아 주었다. 그는 병사들이 자신과 함께 승리하는 데 익숙해지도록 했고, 결국 이들은 대부분의 전투에서 승리하기에 이르렀다.

9

휠로포이멘은 먼저 아카이아족의 전투 대형과 무장에서 잘못된 관행을 바꾸었다. 휠로포이멘의 병사들은 가볍고 쓰기 편한 원형 방패를 사용했는데, 폭이 너무 좁아 몸을 보호할 수가 없었다. 또한 그들이 쓰는 창은 마케도니아 병사가 쓰는 것에 견주어 너무 짧았다. 이 가벼운 장비들은 멀리 행군할 때는 효과적이었지만 적군과 백병전을 벌일 때는 매우 불리했다. 더욱이 부대(cohort)의 전열과 편대도 아카이아군의 전술과 맞지 않았다.

아카이아족은 마케도니아인들처럼 창을 수평으로 가지런히 겨누면서 방패로 밀집 대형을 펼치기는커녕, 방패 밀집 대형조차 갖추지 못한 상태여서 적군의 공격에 쉽게 무너지고 흩어졌다.

휠로포이멘은 이와 같은 결함을 지적하면서 단창과 원형 방패 대신에 긴 창과 무거운 방패를 쓰고, 투구와 가슴받이와 정강이 보호대[脚絆]로 몸을 보호하고, 경장비를 갖추어 신속한 이동을 꾀하기보다는 전투 대형과 공격을 훈련하도록 설득했다.

---

2   본문에 '앞서'라고 되어 있는 것으로 미루어 플루타르코스는 휠로포이멘에 앞서 아라토스를 써넣은 것으로 보인다. 그러나 그 원고는 미완고(未完稿)여서 후대의 편자들이 '뒤로' 미루었다. 이 책도 현대의 편집에 맞게 「아라토스전」을 뒤로 미루었다.

이런 방법으로 군인들을 무장하도록 설득한 휠로포이멘은 먼저 자신들이 결코 무너지지 않는 군대라는 자신감을 갖게 하는 한편, 사치와 낭비에 젖은 병영 생활을 놀랍도록 바꾸었다. 그러나 오랜 타성에 젖은 시민에게서 헛되고 게으른 모방 심리를 한꺼번에 제거한다는 것은 불가능했다. 그들은 비싼 제복과 자주색으로 물들인 비단으로 마차를 치장했고, 잔치를 벌이고 맛있는 식사를 하는 일에 서로 경쟁했다.

휠로포이멘은 먼저 불필요한 것들을 과시하고 싶어 하는 버릇을 유용하고 영예로운 일로 바꾸는 데에서 시작했다. 그는 몸을 치장하는 일상의 비용을 절약하고 자신들의 전투 장비를 갖추는 데 힘쓰도록 설득하고 격려했다.

그러자 이제는 더 이상 필요가 없어 곧 깨뜨려질 포도주 잔과 테리클레스(Therycles)에서 생산된 아름다운 도자기가 작업장을 가득 채웠다. 작업장은 가슴받이와 투구에 은 도금을 하느라 바빠졌다. 승마장에서는 전쟁에 쓸 말을 키웠고, 그 옆에서는 젊은이들이 무거운 무기를 다루는 법을 연습했다. 여성들은 투구를 물들였고, 기마병들의 전포와 보병의 외투에 자수를 놓았다.

이와 같이 용기가 드높아지자 그들에게는 활력이 솟고 모험심이 강해져, 다가올 위험에 대비하게 되었다. 그저 남들에게 과시하기 위한 물건에 돈을 쓰는 일은 나약하고 가식적인 생각을 심어 준다. 마치 간지러움이 중대한 생각을 방해하는 것과 같다.

그러나 화려한 전쟁 장비는 용기를 일으키고 사기를 드높인다. 호메로스의 작품에 나오는 아킬레우스를 예로 들 수 있다. 아킬레우스는 새로 만든 갑옷의 모습에 너무 들떠, 어서 그 갑옷을 입고 전쟁터에 나가고 싶은 마음의 불길을 견딜 수 없었다.(『일리아스』, XIX : 15)

10

이 무렵에 아카이아족은 스파르타의 독재자인 마카니다스 (Machanidas)와 전쟁을 치르고 있었다. 마카니다스는 규모도 크고 강력한 군대에 의지하여 펠로폰네소스의 모든 도시 국가를 장악할 계획을 꾸미고 있었다. 따라서 그가 만티네이아로 쳐들어온다는 소식을 들은 휠로포이멘은 서둘러 군대를 이끌고 그를 막으러 나갔다. 휠로포이멘의 병력은 만티네이아 가까운 곳에 진영을 차렸다.

양쪽 모두 용병을 많이 거느리고 있었는데, 대부분 자기 나라의 시민군이었다. 전투가 벌어지자 마카니다스는 용병으로써 아카이아군의 전방에 진영을 차리고 있는 창병과 타렌툼 병사를 무찌른 다음, 직접 돌격하여 아카이아의 주력 부대를 공격하는 대신에 가까운 곳에 진영을 차린 적군을 지나 도망병을 추격했다. 그들은 자기 위치를 지키고 있던 아카이아 병사들의 밀집 대형 옆을 지나갔다.

비록 첫 교전에서 크게 지고 승산이 크게 줄었음에도, 휠로포이멘은 이를 대수롭지 않은 일이라고 선언했다. 그는 적군이 범한 큰 실수를 가만히 바라보고 있었다. 그들은 도망병을 추격하느라 자신의 밀집 대형에 빈틈을 만들었고, 그곳을 계속 공터로 남겨두었던 것이다.

적군이 지나가자 양쪽 병력 사이에는 넓은 공간이 생겼다. 그제야 휠로포이멘은 스파르타의 밀집 대형이 느슨해진 것을 보고 곧바로 그들의 중무장 보병을 공격했다. 지휘관도 없던 적의 본진은 예상하지도 못한 공격을 받았다. 마카니다스가 도망병을 추격하는 것을 보면서 그들은 승리를 확신하고 이 지역을 모두 장악하게 되리라 생각하고 있었다. 휠로포이멘은 이들을 크게 무찔렀다.

들리는 바에 따르면, 휠로포이멘은 4천 명이 넘는 적군을 죽였다고 한다. 그는 곧 마카니다스를 향해 진격했다가 추격을 마치고 용병들과 함께 돌아오고 있었다. 그러나 두 진영 사이에는 넓고 깊은 강물이 흐르고 있었다. 강의 양쪽에 대치하고 있던 두 장군 가운데 하나는 강을 건너 도망하려 하고, 다른 하나는 그들을 막아서고 있었다. 그 장면은 전쟁이라기보다는 강인한 사냥꾼이 궁지에 몰린 맹수를 사냥하는 모습이었다. 휠로포이멘이 사냥꾼 쪽이었다.

그러는 사이에 그는 용맹스럽고도 강건한 말의 옆구리에 세게 박차를 가했다. 말은 강을 건너려 솟구치더니 강 속의 둔덕에 가슴을 얹어 놓은 채 뭍에 오르려고 앞발을 세차게 뻗었다. 그때 심미아스(Simmias)와 폴리아이노스(Polyaenos)가 동시에 말에 올라 창을 겨누고 달려 나갔다. 그들은 늘 휠로포이멘 곁에 있으면서 전투가 벌어지면 방패로 장군을 보호하는 부관들이었다.

그러나 그들 두 장군보다 먼저 휠로포이멘이 마카니다스를 향해 달려갔다. 그는 독재자의 말이 자신 쪽으로 머리를 돌리자 자신의 말을 옆으로 비스듬히 돌린 다음, 창을 잡고 온몸의 무게를 실어 폭군의 가슴을 찔러 쓰러뜨렸다. 아카이아족이 델포이 신전에 세운 휠로포이멘의 동상은 바로 그 순간을 묘사한 것이다. 시민들은 이 동상을 통해 휠로포이멘의 무공과 장군으로서의 지도력을 함께 찬양했다.

11

들리는 바에 따르면, [기원전 205년 여름, 2년마다 열리는] 네메아 경기에서 휠로포이멘은 두 번째로 아카이아 동맹군의 사령관에 취임하였고, 지난해 만티네이아 전투에서 승리한 뒤 처음으로 여유를 만끽했다고 한다. 그는 운동장에 모인 그리스인들 앞에서 먼저 밀집 대형과 함께 화려한 열병을 보이고 전술을 시연(試演)했는데, 그 속도와 용맹함이 자유자재였다.

음유 시인(吟遊詩人)들이 경연하는 동안 휠로포이멘이 젊은이들을 데리고 극장에 나타났다. 그들은 전사들의 외투와 자주색 망토를 입고 나타났는데 힘이 장사이고 나이도 한창때였다. 젊은이들은 사령관에 대한 존경을 표시했으며, 많은 승전식을 영예롭게 치른 뒤라 사기가 드높았다. 휠로포이멘의 병사가 입장하자 마침 음유 시인 필라데스(Pylades)가 열정적인 시인 티모테우스(Timotheus)의 『페르시아인들(Persians)』을 개막사(開幕詞)로 읊으며 나타났다.

영광스러울지니
그대,
그리스의 해방자여.

그러자 가수들의 아름다운 목소리가 시인의 장엄함을 더욱 빛내 주었다. 이에 관중은 휠로포이멘을 바라보며 찬사를 보냈다. 그들의 박수 안에는 고대 그리스의 영광을 되찾고 싶어 하는 희망과 선조의 고결한 정신에 가장 가깝게 다가가도록 이끈 용기가 담겨 있었다.

12

늘 익숙한 주인을 태우던 젊은 말이 어느 날 다른 사람을 태우면 놀라 거칠어진다. 위험이 닥쳐오거나 전쟁이 일어났을 때의 나라도 그와 같다. 아카이아 동맹군의 사령관은 2년 연임할 수 없었기 때문에 휠로포이멘이 아닌 다른 인물이 사령관이 되었다.

병사들은 기운이 빠져 휠로포이멘을 진심으로 그리워하다 그가 모습을 나타내면 용기가 솟아 곧 활기를 되찾았다. 왜냐하면 휠로포이멘이야말로 적군이 그 이름과 명성만 들어도 겁에 질린다는 사실을 민중은 잘 알고 있었고, 또 전쟁을 통해 그 사실을 잘 보여 주었기 때문이었다.

휠로포이멘만 사라지면 아카이아족이 다시 자신이 휘두르는 대로 비참하게 따라오리라 생각한 마케도니아의 필리포스왕은 은밀히 아르고스로 자객을 보내 휠로포이멘을 암살하려 했지만, 음모가 발각되어 온갖 비난을 듣고 그리스인들에게 미움을 샀다.

한편, 보이오티아인들은 다시 메가라를 차지하고 싶은 마음에 빠르게 쳐들어오고 있었다. 그때 휠로포이멘이 함락될 위기에 놓인 메가라를 구출하고자 다가오고 있으며, 거의 성 가까이 왔다는 헛소문이 보이오티아인들의 귀에 들어갔다. 이에 그들은 이미 성벽에 걸어 두었던 사다리도 그대로 둔 채 도망했다.

또 언젠가는 스파르타의 폭군 마카니다스의 뒤를 이어 독재자의 자리에 오른 나비스(Nabis)가 갑자기 메세네를 침공했다. 이때 휠로포이멘은 사령관이 아닌 평민 신분이어서 그의 휘하에 아무런 병력도 없었다.

그러나 아카이아 동맹군 사령관 리시포스(Lyssippos)는 메세네를 구원하러 진군해야 한다는 주위의 권고를 듣지 않았다. 리시포스의 말에 따르면, 이미 적군이 도시를 완전히 점령하여 심각하게 파괴되었기 때문에 가 보아도 소용이 없다는 것이었다. 이에 휠로포이멘은 메갈로폴리스의 시민들로 민병대를 조직하여 몸소 메세네를 구출하러 떠났다. 시민군은 법이나 명령을 기다리지 않고 그의 뒤를 따랐다.

메갈로폴리스의 민병대는 우수한 장군이 군대를 지휘해야 한다는 자연의 법칙을 따른 것이었다. 휠로포이멘이 가까이 왔다는 소식을 들은 나비스는 이미 도시 안에 병영을 차려 놓고 있었음에도 서둘러 도망했다. 나비스는 병사를 이끌고 속력을 다해 성의 반대쪽 문으로 빠져나가면서 목숨을 건져 도망하는 것만으로도 다행이라고 생각했다. 그가 달아나자 메세네는 다시 자유를 찾았다.

13

이러한 모든 일은 휠로포이멘의 명예를 더욱 높여 주었다. 그러나 전쟁을 치르고 있던 고르티니아인들이 그를 초청하여 장군으로 삼자 휠로포이멘은 크레타로 갔는데, 이로 말미암아 많은 비난을 들었다. 그때 그의 조국은 나비스와 전쟁을 치르고 있었기 때문이다. 그럼에도 휠로포이멘이 그리로 간 이유는 알 수 없다. 그 전쟁이 싫어서였을 수도 있고, 아니면 다른 민족에게도 호의를 베풀고 싶어서였을 수도 있다.

그 무렵 메갈로폴리스는 늘 적군의 공격을 받고 있었다. 적군은 성 밖의 들판을 유린하며 바로 성문 밖에서 숙영하고 있었기 때문에 메갈로폴리스 주민들은 성안에 갇혀 살면서 도로 위에 농사를 짓고 있었다. 그런 와중에 크레타의 장군 직분을 맡아 바다를 건너간 휠로포이멘은 자신의 정적들과 조국에서 벌어진 전쟁을 피하여 도망했다는 비난을 들었다.

그러나 휠로포이멘을 옹호하는 사람들도 있었다. 곧 아카이아 동맹이 이미 다른 사람을 장군으로 뽑았기 때문에 그로서는 공직이 없던 터에 고르티니아인들이 그를 초청하여 사령관으로 삼은 것이니, 그로서는 쉬는 시간을 이용했을 뿐이라는 것이었다.

더욱이 휠로포이멘은 손 놓고 일없이 지내는 것을 견디지 못하는 사람이었다. 직업을 가진 사람들이 남는 시간에 기술을 연습해서 갈고 닦듯이, 그도 사령관으로서 자신의 기술을 연마하려 했다. 휠로포이멘의 그와 같은 심정은 그가 프톨레마이오스를 평가한 데에서도 잘 나타나 있다.

어떤 사람이 프톨레마이오스왕은 매일같이 병사를 정성스럽게 훈련하면서 자기도 열심히 무예를 익히고 있다며 프톨레마이오스를 격찬하자 휠로포이멘이 이렇게 말했다.

"그 나이에 아직도 연습만 하고 실전은 없으니 누가 그를 칭송하겠소?"

그럼에도 메갈로폴리스 시민은 휠로포이멘이 다른 나라로 떠나 없어진 것을 언짢게 생각하여 그를 배신자로 여기고 추방할 궁리를 하고 있었다. 그러나 아카이아 동맹 회의는 아리스타이노스(Aristaenos) 사령관을 메갈로폴리스로 보내 그와 같은 움직임을 막았다. 아리스타이노스는 휠로포이멘과 다른 의견을 가지고 있었지만 휠로포이멘을 탄핵하는 법안이 통과되는 것을 견딜 수 없었다.

휠로포이멘은 동포들에게 그와 같은 무시를 겪자 불쾌감으로 말미암아 외딴 도시들을 찾아다니며 아카이아 동맹에서 탈퇴하도록 유도했다. 그들은 본디 동맹에 소속되어 있지도 않았고 지배를 받은 적도 없다고 주장하도록 부추긴 것이다. 동맹국들이 그와 같은 소원(訴願)을 제출하자 휠로포이멘은 토론에서도 그들을 지지하고, 동맹 회의에서도 아카이아에 반대하는 무리의 편에 서서 도와주었다. 그러나 이는 그 뒤에 일어난 일이었다.

휠로포이멘은 크레타에서 고르티니아인들을 위해 전쟁을 치렀다. 그러나 그는 펠로폰네소스나 아르카디아 식의 정면 승부나 명예로운 방법으로 전쟁을 치르지 않았다. 대신에 그는 크레타의 방법을 채택하여 계교와 책략과 잠입과 매복을 통해 싸웠다. 그렇게 그는 자신과 맞선 상대들이 오랜 경험을 가진 장군에 비하면 어린애 같은 존재에 불과하다는 사실을 알려 주었다.

14

크레타의 전투에서 이처럼 큰 공을 세우고 찬사를 받으며 자기 나라로 돌아온 휠로포이멘은 [기원전 197년에] 필리포스왕이 티투스 플라미니누스에게 패배하였으며, 아카이아 동맹군과 로마군이 스파르타의 나비스와 싸우고 있다는 것을 알았다. 그는 곧 동맹군 사령관으로 선출되어 나비스를 치고자 출진했다. 그러나 그는 해전 경험도 없이 육전의 명성만 믿고 싸우다 패배함으로써 에파미논다스의 경우처럼 되어 버렸다.

어떤 사람의 말에 따르면, 에파미논다스는 자신의 시민이 늘 이어지는 해전의 승리에 맛들이는 모습을 보기 싫어했다. 플라톤의 『법률』(IV : 706)을 빌려 표현하면, "위대한 기갑 부대가 수부(水夫)로 타락하는 것"을 가만히 보고 있을 수가 없었던 것이다. 그렇다고 일부러 패배할 수도 없었던 에파미논다스는 아예 의도적으로 전공을 이루지 않고 [기원전 364년에] 지중해의 섬들과 아시아에서 철수했다고 한다.

그러나 그와 달리 휠로포이멘은 육전에서 그토록 위대한 전공을 이루었으니 해전에서도 이길 것이라는 잘못된 조언을 들었다. 이번의 전투를 통하여 휠로포이멘은 군대에서 실전 경험이 승리를 위해 얼마나 소중한 것이며, 평소의 훈련이 얼마나 군인을 강인하게 만드는 것인가를 배우느라 톡톡히 대가를 치른 셈이었다.

휠로포이멘은 경험 부족으로 해전에서 고전했다. 심지어 유명하기는 하지만 만든 지 40년이 지난 배를 타고 보니 틈새에서 물이 올라와 수부들의 목숨이 위험한 지경에 빠졌다. 휠로포이멘은 적군이 이번의 승리로 자신을 우습게 보고 있으며, 자기가 해전을 모두 포기한 것으로 알고 교만에 빠져 기티움을 공격하고 있다는 사실을 알았다.

휠로포이멘은 승리에 도취하여 방비도 게을리한 채 적군이 쳐들어오리라는 것을 예상하지도 못하고 있는 마케도니아군을 공격하러 서둘러 배를 띄웠다. 그는 밤중에 군사들을 상륙시켜 적군을 공격하고, 숙소에 불을 지르고 숙영지를 파괴하면서 많은 적군을 죽였다.

며칠 뒤에 그들이 험한 시골길을 행군하고 있을 때 갑자기 나비스 군대가 습격하여 아카이아 동맹군을 혼란에 빠뜨렸다. 그들은 자기들의 진지가 이미 적군의 손에 넘어간 터라 후

휠로포이멘

퇴할 곳도 마련하지 못해 목숨이 위태롭게 되었다.

그러나 휠로포이멘은 잠시 기다리면서 주변의 지형을 살펴본 다음 병사들의 전열을 잘 세우는 기술이 전쟁에서 가장 중요하다는 사실을 보여 주었다. 곧 그는 전투 대형을 조금씩 바꾸며 다양한 위급 상황에 대처했고, 당황하거나 더 이상 어려움을 겪지 않고 적군을 공격하여 완전히 무너뜨렸다. 적군은 도시 쪽이 아니라 이곳저곳으로 흩어져 도망했다. 그곳은 숲이 우거지고 언덕의 경사가 심한 데다 수렁과 절벽으로 가로막혀 기병대가 활동할 수 없었다.

이와 같은 사실을 확인한 휠로포이멘은 추격을 멈추고 아직 날이 밝은 시간을 이용하여 야영에 들어갔다. 숲으로 도망간 적군이 밤이 되면 먹을거리를 찾아 한두 명씩 도시로 나올 것으로 판단한 휠로포이멘은 단검으로 무장한 아카이아 동맹군 여럿을 수렁과 언덕에 매복시켰다.

이곳에서 나비스의 군대가 많이 죽었다. 그들은 약탈을 하러 나올 때 함께 모여 집단을 이루지 않고 도망할 때처럼 각자 흩어져 하나씩 나왔다가 동맹군의 손에 걸려 그물에 걸린 새들처럼 잡혔다.

15

이번 원정으로 말미암아 그리스인들은 휠로포이멘을 더욱 사랑하였고, 그가 극장에 나타나면 각별히 영광을 바치니 야망에 찬 플라미니누스는 마음속으로 그에게 불만을 품었다.

플라미니누스는 로마의 집정관인 자신이 최소한 아르카디아의 청년보다는 더 존경받을 만한 사람이라 생각했다. 또한 [기원전 192년에] 겨우 한 장의 포고문으로써 필리포스왕과 마케도니아인들에게 속박받던 그리스 전역을 해방시켰다며 여기저기서 칭송을 듣는 휠로포이멘보다는 자기의 공로가 더 크다고 여겼다.

이런 일이 있은 뒤에 플라미니누스는 나비스와 강화 조약을 체결했고, 아이톨리아인들은 곧 나비스를 배신하여 그를 처형했다. 이제 다시 스파르타가 혼란에 빠지자 휠로포이멘은 이 기회를 틈타 병력을 이끌고 스파르타로 쳐들어가 반은 강제로, 반은 설득으로 자기가 늘 목표로 삼던 일을 달성했으니, 곧 그들을 아카이아 동맹에 가입시킨 것이다.

이러한 과업을 이룸으로써 동맹국들은 휠로포이멘을 격찬했다. 왜냐하면 가장 위엄 있고 강력한 도시를 동맹국으로 가입시켰기 때문이었다. 실제로 스파르타가 동맹국이 된 것은 작은 일이 아니었다.

더욱이 휠로포이멘은 자신을 "스파르타에 자유를 가져다준 수호자"로 추대하기를 바라는 스파르타의 유력자들을 자기편으로 만들었다. 그들은 폭군 나비스의 집과 재산을 몰수하여 장만한 120탈렌트를 휠로포이멘에게 기증하기로 결의하고 이 임무를 띤 사절을 메갈로폴리스로 보냈다.

이 일을 통해 휠로포이멘은 겉으로 보기와 마찬가지로 실제로도 얼마나 위대한 인물인가를 보여 주었다. 처음부터 사절들은 대쪽같은 성격을 가진 그에게 선물 이야기를 꺼내기가 두려웠고, 결국 그의 가장 가까운 친구인 티몰라오스(Timolaüs)에게 이 일을 맡겼다.

메갈로폴리스로 간 티몰라오스는 휠로포이멘의 집에 들러 대접을 받았다. 이때 그는 휠로포이멘이 대화할 때 얼마나 고결한지, 또 그의 삶이 얼마나 겸손한지 알게 되었다. 이런 사람에게 뇌물을 준다는 것이 가당치도 않음을 깨달은 그는 뇌물 이야기는 입 밖에 꺼내지도 않고 다음에 다시 찾아오겠다는 말만 남기고 돌아왔다.

티몰라오스는 두 번째로 돈 심부름을 가서도 말 한마디 못 꺼내고 돌아왔다. 드디어 세 번째로 찾아간 그는 스파르타인들의 진심을 그에게 털어놓았다. 그의 말을 들은 휠로포이멘은 기뻐하면서 몸소 스파르타를 찾아가 시민에게 이렇게 조언해 주었다.

"여러분은 동지를 타락하게 만들어서는 안 됩니다. 여러분은 돈을 들이지 않고도 동지에게 신세를 질 수 있습니다. 그러니 차라리 그 돈으로 민회에서 파당을 지어 여러분의 도시를 무너뜨리려는 나쁜 정치인들을 매수하는 것이 더 좋습니다. 그러면 돈에 잘 흔들리는 저들의 입을 막고 더 이상 동포들을 괴롭히지 않게 할 수 있기 때문입니다. 여러분의 친구에게서 언론의 자유를 빼앗기보다는 여러분의 적들에게서 그것을 빼앗는 것이 더 좋은 일입니다."

이렇듯 휠로포이멘은 돈의 문제에 대해서는 훌륭하게 처신하는 인물이었다.

16

그러나 곧이어 스파르타인들이 다시 정치 제도를 바꾸고자 민중을 선동하고 있다는 소식이 들려왔다. 아카이아 동맹군 사령관 디오파네스(Diophanes)가 그들을 응징하려 하자, 이에 맞서 스파르타인들도 전쟁을 하기로 결정했다. 이로써 펠로폰네소스가 곧 혼란에 빠졌다. 이에 휠로포이멘은 디오파네스를 말리며 분노를 삭이려는 뜻에서 이렇게 말했다.

"지금 우리의 형편이 어떻습니까? 마케도니아의 안티고노스왕과 로마가 많은 군대를 이끌고 그리스 주위를 서성거리고 있는 이때, 아카이아 동맹군 사령관은 그들에게 신경을 쓰면서 국내 문제를 자극하지 않는 것이 옳거늘, 장군은 오히려 동맹국에 위배되는 행동을 하고 있음이 분명합니다."

그러나 디오파네스는 휠로포이멘의 충고를 듣지 않고 플라미니누스와 함께 라코니아를 침략한 다음 곧이어 스파르타로 진격했다. 이에 분노한 휠로포이멘은 법에도 맞지 않고 정의롭지도 않지만 대담하고 위대한 정신을 발휘했다.

곧 휠로포이멘은 동맹군을 떠나 스파르타로 달려가, 비록 평민의 자격이었지만, 디오파네스 사령관과 플라미니누스 집정관이 쳐들어오고 있다고 알림으로써 국내의 혼란을 멈추게 하고, 처음에 그랬던 것처럼 다시 그들을 아카이아 동맹에 가입시켰다.

그런 일이 있고 얼마 뒤에 [기원전 188년에 여섯 번째로] 동맹군 사령관에 취임한 휠로포이멘은 이번 사태에 대한 스파르타인들의 처사를 비난할 수 있는 몇 가지 근거를 확보한 다음 해외에 나가 있던 망명객들을 국내로 불러들여 처형했는데, 역사학자 폴리비오스의 말에 따르면 그 수가 80명이었다 하고, 리비우스(Livius)도 같은 통계를 보여 주고 있으며,(『로마사』, XXXVIII : 33) 역사학자 아리스토크라테스(Aristokrates)의 말에 따르면 350명이었다고 한다.

휠로포이멘은 또한 스파르타의 성벽을 헐어 버리고 영토를 잘라 내어 메갈로폴리스에 병합시켰다. 그뿐만 아니라 폭군에게서 시민권을 얻은 사람들을 아카이아로 되돌려 보내고, 자기의 말을 듣지 않거나 스파르타를 떠나려 하지 않으려는 사람 3천 명을 노예로 팔아넘겼다. 그리고 마치 조롱하듯이 그들을 판 돈으로 메갈로폴리스 공회당의 현관을 지었다. 휠로포이멘은 스파르타인에 대한 분노가 지나쳐 아픔을 겪고 있는 그들을 다시 짓밟았고, 그들의 헌법을 더욱 가혹하고 불법적인 방법으로 눌렀다.

이를테면 휠로포이멘은 리쿠르고스가 제정한 교육 제도를 폐지하고, 어린이와 청년들에 대한 전통적인 훈련 방식 대신에 아카이아의 제도를 채택하도록 강제했다. 그는 스파르타인들이 리쿠르고스의 법률에 매여 있는 한, 결코 겸손해질 수 없다고 확신했기 때문이었다.

이 과정에서 스파르타인들은 그들의 재난으로 말미암아, 이를테면 국가로서 힘줄이 끊기는 비극을 겪으면서 시키는 대로 끌려다니는 종살이 신세가 되었다. 그러나 세월이 흘러 [기원전 191년에] 스파르타인들은 로마인들의 도움을 받아 아카이아 동맹에서 탈퇴했고, 그 뒤로 수많은 불운과 타락을 겪었다. 그러고 난 뒤에야 그들은 조상 대대로 물려 내려온 제도를 회복하거나 다시 제정했다.

17

[기원전 191년에] 로마 병사가 그리스 영토 안에서 시리아의 안티오코스(Antiochus)왕과 전쟁을 치르고 있을 때 휠로포이멘은 공직에서 물러나 있었다. 그런데 그가 보니 안티오코스왕은 그리스의 에우보이아(Euboia)섬에 있는 칼키스(Chalcis)에서 온갖 게으름을 피우며 [50세의 나이에 걸맞지 않게] 젊은 여자와 사랑에 빠져 시간 가는 줄도 모르고 있었고, 시리아의 병사들은 총사령관이 없는 상황에서 군기가 문란해진 채 여러 도시를 떠돌며 방탕한 생활을 하고 있었다.

마침 이럴 때 사령관 직위에서 물러난 휠로포이멘은 화가 치밀었고, 로마 병사가 승리하는 것을 보며 시샘하여 이렇게 말했다.

"내가 사령관이라면, 술집에서 노닥거리는 패거리를 모두 베어 버렸을 것이다."

로마 병사들은 곧 안티오코스를 무찌른 뒤에 그리스 문제에 깊이 개입하기 시작했다. 동맹국의 많은 민중 지도자가 로마 편에 섰던 것이다. 로마는 강력한 지도력을 발휘하며 사방으로 세력을 뻗어 나가고 있었던 데다가 그리스의 운명이 끝날 것이라는 신탁까지 받았던 터였다. 결국, 로마 군사들은 아카이아 동맹국을 포위했다.

이런 상황에서 휠로포이멘은 높은 파도를 헤쳐 나가는 조타수처럼 어떤 때는 파도에 몸을 맡기고 어떤 때는 파도를 거슬러 올라갔다. 그러나 대부분 휠로포이멘은 역풍을 맞았다.

그럼에도 그는 웅변을 잘하거나 행동력을 갖춘 인물들의 도움을 끌어냈다.

메갈로폴리스의 아리스타이노스는 아카이아 동맹국들 사이에 막강한 영향력을 행사하는 인물이었지만, 늘 로마의 편을 들면서 어떤 일로도 그들을 불쾌하게 하거나 반대해서는 안 된다고 생각했다. 들리는 바에 따르면, 아리스타이노스가 민회에서 이 문제에 대해 연설하는 것을 조용히 듣던 휠로포이멘은 끝내 화가 치밀어 그에게 이렇게 말했다고 한다.

"그대는 어찌하여 그리스의 멸망을 그토록 보고 싶어 하는가?"

이어 로마의 집정관 마니우스(Manius)는 안티오코스를 무찌른 다음, 스파르타에서 추방당한 망명객들이 다시 고향으로 돌아갈 수 있도록 하라고 아카이아 동맹국들에게 요구했다. 플라미니누스도 그의 요구를 거들었다.

그러나 휠로포이멘은 그러한 주장에 반대했는데, 이는 그가 망명객들에게 적개심을 품어서가 아니었다. 그는 망명객들이 고향으로 돌아갈 수 있도록 호의를 베푸는 주체가 플라미니누스나 로마인이 아닌 아카이아 동맹이어야 한다고 생각했던 것이다.

실제로 그 이듬해에 동맹군 사령관에 오른 휠로포이멘은 자기의 직권으로 망명객들의 귀국을 허락했다. 그 정도로 그는 세력 있는 무리에 맞설 만한 기백을 가지고 있었다.

18

이제 나이가 일흔이 되었고, [기원전 182년에] 여덟 번째로 아카이아 동맹군 사령관에 오른 휠로포이멘은 공직에서 물러나 조용하고 평화로운 여생을 보내는 날이 오기를 바랐다. 마치 체력이 떨어지면 병의 독성도 그 힘을 잃듯이, 그리스의 도시 국가들도 국력이 쇠약해지자 논쟁할 기력마저 잃었다.

더욱이 운동선수가 결승 지점 바로 앞에서 넘어지듯이, 휠로포이멘에게 불운까지 겹쳤다. 기록에 따르면, 어느 모임에서 어떤 사람이 자질이 의심스러운 인물을 과분하게 칭찬했다고 한다. 그 말을 들은 휠로포이멘은 경멸에 찬 목소리로 이렇게 말했다.

"적군의 포로가 된 적이 있던 그 군인도 사람 취급을 받아야 합니까?"

이런 일이 있은 지 얼마 뒤에 메세네 출신의 데이노크라테스(Deinocrates)라는 사람이 사사로운 일로 휠로포이멘과 다투게 되었다. 데이노크라테스는 천박하고 자제력이 없어 민중에게 버림받은 인물이었다. 그런 그가 메세네인들이 아카이아 동맹에서 탈퇴하도록 부추기고 있으며, 콜로니스(Colonis)라는 마을을 점령했다는 소식이 들려왔다.

그 무렵에 휠로포이멘은 아르고스에서 열병으로 누워 있었지만, 그와 같은 소식을 듣고 4백 훠롱이 넘는 거리를 하루 만에 달려 메갈로폴리스로 돌아왔다. 이곳에서 그는 곧 병사를 모아 기병대와 함께 출정했다. 그들은 모두 그곳 명문가의 젊은이들로서 휠로포이멘의 명성과 진심에 감동되어 지원한 무리였다.

그들은 메세네로 가던 길에 자신들과 대적하러 오는 데이노크라테스를 에우안드로스(Euandros)[3] 언덕에서 마주쳤다. 휠로포이멘은 곧 그를 물리쳤지만, 메세네를 지키고 있던 수비대 5백 명이 갑자기 휠로포이멘을 공격했다.

이와 같은 광경을 목격한 적의 패잔병들이 다시 언덕으로 모여들었다. 그들에게 포위되는 것이 두려웠던 휠로포이멘은 기병대를 보호하려고 애쓰면서 어렵게 후퇴했다. 그는 스스로

---

3   에우안드로스는 그리스 신화에 등장하는 신으로, '선량한 사람(good man)'을 뜻한다. 영어로는 'Evander'로 표기하여 착오를 일으킨다.

후미를 맡아 여러 차례 적군을 향해 돌진하면서 적군의 공격을 막아 내려고 노력했다.

적군은 휠로포이멘의 공격에 반격하지 못하면서도 아우성을 치며 측면을 공격했다. 여러 차례 전선이 밀리는 가운데 젊은이들을 보호하며 한 사람씩 후퇴시키다 보니 휠로포이멘은 자신이 많은 적군에 홀로 포위되는 줄도 몰랐다. 그러나 적군들이 감히 그에게 달려들지 못하고 먼발치에서 창을 던지자 그는 날카로운 바위 쪽으로 달려갔다.

이제 휠로포이멘은 말을 몰기도 어렵고 발은 박차에 겨우 매달려 있었다. 늙었다고는 해도 평소에 늘 단련한 몸이라 지치지는 않았지만, 병들었던 그의 몸은 비만하고 굼떴다. 그리하여 끝내 말이 솟구치더니 그가 땅바닥에 떨어졌다. 몸이 무거웠던 탓에 떨어지면서 머리를 다친 그는 한동안 말없이 누워 있었다.

그러자 적군이 다가와 휠로포이멘이 죽은 줄 알고 몸을 뒤집어 갑옷을 벗기려 했다. 그때 휠로포이멘이 몸을 일으키며 눈을 뜨자 적군은 떼로 달려들어 그의 손을 등 뒤로 묶고 끌고 갔다. 데이노크라테스의 손에 잡히는 운명을 맞으리라고는 꿈에도 생각하지 않았던 영웅은 그렇게 붙잡혀 엄청난 모욕을 겪었다.

19

휠로포이멘이 붙잡혔다는 소식에 크게 고무된 메세네 시민들이 그를 보려고 성문에 모여들었다. 그러나 지난날의 명성과 그 숱한 전공과 개선식을 치른 인물이라고는 여겨지지 않는 모습으로, 몸이 묶인 채 성안으로 들어오는 그를 본 시민들은 그에게 깊은 동정을 느꼈다. 그들은 인간의 영화란 얼마나 덧없는가를 생각하며 슬프게 눈물을 흘렸다.

그래서 그들 가운데에서는 휠로포이멘이 자기들에게 지

난날 은혜를 베풀어 준 일을 조금이라도 기억해야 하며, 그가 어떻게 폭군 나비스를 몰아내고 어떻게 자유를 찾아 주었던가를 기억해야 한다고 주장하는 사람이 늘어났다. 물론 그런 의견과 달리 데이노크라테스의 비위를 맞추려는 사람도 몇 명 있었다.

그들은 휠로포이멘이야말로 거칠고 완강한 원수이니 고문을 한 다음 찢어 죽여야 하며, 포로가 되어 모욕을 겪은 뒤에 살아서 돌아가면 자기들에게 더 큰 위협이 되리라고 주장했다. 그러면서 그들은 보물 창고라고 부르는 지하실에 그를 가두었다. 그곳은 공기도 통하지 않는 데다가 창문이 없어 빛도 들어오지 않았다. 문은 큰 돌로 막혀 있었다. 그곳에 휠로포이멘을 가둔 그들은 돌로 막아 놓고도 불안하여 무장병들로 보초를 세웠다.

한편, 도망쳤던 아카이아 동맹군의 기병대는 처음에 도망치던 곳으로 돌아왔다. 그곳에서 휠로포이멘을 찾지 못한 그들은 소리치며 장군을 부르다가 자기들을 구출하려고 목숨을 돌보지 않은 지휘관을 적군의 손에 넘기고 목숨을 부지한 자신들의 치욕스러운 처사를 서로 비난했다.

여기저기 수소문한 끝에 휠로포이멘이 잡혔다는 사실을 알게 된 병사들은 이를 동맹군에 알렸다. 아카이아족은 자기들에게 커다란 재난이 닥쳐왔음을 느끼고 메세네인들에게 사절을 보내 휠로포이멘을 돌려 달라고 요구하면서 한편으로는 그곳으로의 원정을 준비했다.

20

이와 같이 아카이아족이 작전을 펼치고 있을 때, 시간을 넘기면 휠로포이멘을 살려 보낼지도 모른다는 두려움에 빠져 있던 데이노크라테스는 아카이아족의 노력을 미리 막아야 한다고 생각했다. 밤이 되어 메세네의 군중이 흩어지자 데이노크라테스는 옥리에게 독약을 들려 감옥으로 보내면서 휠로포이멘에게 먹이고 그것을 다 마실 때까지 곁에 서서 지켜보라고 지시했다.

휠로포이멘은 외투를 뒤집어쓴 채 잠을 이루지 못하고 슬픔과 고통으로 몸을 뒤척이고 있었다. 그때 불이 켜지면서 옥리가 독배를 들고 있는 모습이 드러났다. 휠로포이멘은 허약해진 몸을 겨우 추슬러 일어나 앉았다. 그리고 독배를 받아 들며 기병대는 어찌 되었는지를, 특히 그 가운데 리코르타스(Ly-cortas)[4]라는 사람의 안부를 물었다.

그들이 대부분 무사히 도망했다는 말을 들은 휠로포이멘은 고개를 끄덕이며 인자한 표정으로 옥리에게 이렇게 말했다.

"나야 어차피 죽을 목숨이지만 그 사람들이 무사하다니 기쁘네."

더 이상 말이나 탄식도 없이 그는 독약을 마시고 다시 드러누웠다. 그는 독약을 많이 마시지도 않았지만 몹시 쇠약했던 터라 곧 숨을 거두었다.

21

휠로포이멘의 죽음이 아카이아족에게 알려지자 온 도시가 절망과 슬픔에 빠졌다. 입대할 나이에 이른 젊은이들과 민회의 의원들이 메갈로폴리스에 모여들었다. 그들은 더 이상 머뭇거리지 않고 복수의 원정길에 올랐다. 그들은 리코르타스를 사령관으로 삼아 메세네로 진격했다.

리코르타스는 그곳 주민들이 한마음이 되어 항복할 때까지 온 도시를 유린했다. 복수를 예상한 데이노크라테스는 스

---

4   리코르타스는 그 무렵 메갈로폴리스의 열정적인 정치인이었다. 그는 저 유명한 역사학자 폴리비오스의 아들이었다. 그는 휠로포이멘의 정치적 동지로서 로마에 대한 강경 노선을 주장했다. 따라서 폴리비오스의 사관(史觀)에는 아들의 생각이 많이 담겨 있다.

스로 목숨을 끊었고, 휠로포이멘을 죽이자고 결의한 사람들은 칼에 찔려 죽었으며, 그를 고문한 무리는 리코르타스의 손에 그보다 더 잔인한 고문을 겪고 죽었다.

메갈로폴리스 병사들은 휠로포이멘의 시체를 화장한 다음 항아리에 담아 고국으로 돌아왔다. 장례 행렬은 엄숙했다. 시민들은 개선식과 장례식을 함께 치렀다. 군인들은 머리에 화관을 썼지만 얼굴에는 눈물이 가득한 채 쇠고랑을 채운 원수들을 끌고 있었다. 문장(紋章)과 꽃다발에 싸인 유골함은 동맹군 사령관의 아들인 폴리비오스의 손에 들려 있었고, 아카이아의 지도자들이 그 둘레에 서서 따랐다.

그 뒤로 완전 군장을 차린 군인들이 치장한 말을 타고 따랐다. 그들은 깊은 슬픔에도 움츠러들지 않았고, 승리에도 기뻐하지 않았다. 각 동맹 도시와 마을에서 온 시민들이 길가에서 운구를 맞이하는데, 마치 개선장군을 마중하는 것 같았다. 그들은 유골함을 만지면서 메갈로폴리스까지 따라왔다. 노인들과 부인들과 아이들까지 함께 행렬에 참여하면서 모든 군인과 도시가 깊은 슬픔에 빠졌다.

시민들은 휠로포이멘이 살아 있을 적을 그리워하며, 그의 죽음으로 말미암아 자신들이 이제는 아카이아 동맹에서 우월한 지위를 잃는다는 생각에 더욱 서러워했다. 그렇게 휠로포이멘의 장례가 치러졌다. 그는 높은 영예에 걸맞게 묻혔다. 주민들은 그 무덤 앞에서 메세네의 포로들을 돌로 쳐 죽였다. 여러 곳에 그의 동상이 세워졌고, 많은 도시가 그의 영광을 기리는 정령(政令)을 발표했다.

그러는 가운데 [기원전 146년에 로마와 아카이아 동맹국 사이에 전쟁이 끝나고] 코린토스가 무너져 그리스에 비극이 닥쳐올 무렵, 한 로마인이 휠로포이멘의 동상을 철거하려 하면서 그가 로마의 씻을 수 없는 원수였던 기억을 들춰내며 마치 그가 살아 있기라도 한 것처럼 비난했다. 그러한 논의가 채택되자 폴리비오스가 나서서 휠로포이멘을 비난하는 무리에 맞서 반대 의견을 제시했다.

[이 문제를 다루고자 임명된 10인 위원회에서] 위원 가운데 한 사람이었던 뭄미우스는 본래 플라미니누스나 마니우스에게 반대하지 않는 인물이었으나, 이 문제에서는 영웅에게 부여된 영광을 철회하는 데 반대했다. 그 뒤에 그들이 보여 준 바와 같이, 위원들은 휠로포이멘의 덕망과 그가 취할 수밖에 없었던 선택 그리고 그의 명예와 그로 말미암은 이득을 구별했다.

은혜를 베푼 사람은 모름지기 그 보답을 받아야 하고, 은혜를 입은 사람은 모름지기 그 은혜를 갚아야 하며, 선행을 한 사람은 모름지기 영예를 받아야 한다는 그들의 판단은 합당하고 적절한 것이었다. 이것이 휠로포이멘에 대한 이야기들이다.

휠로포이멘

플라미니누스
TITUS QUINTIUS FLAMININUS

기원전 229~174

인간이 누리는 축복 가운데
가장 소중한 것은
의인을 만나는 것이다.
— 플루타르코스

인생도 그렇듯이,
운명의 무상함은
죽음으로써 끝난다.
— 플루타르코스

1

이제 나는 그리스의 휠로포이멘과 견줄 만한 인물로 로마의
티투스 퀸티우스 플라미니누스를 다루고자 한다. 그의 모습이
궁금한 사람들은 로마에 있는 그의 동상을 보면 된다. 그것은
카르타고에서 가져온 아폴론의 거대한 조각상 곁에 있는데,
맞은편에는 [기원전 221년에 감찰관 플라미니누스 네포스를 추모하여
세운] 플라미니누스 원형 극장(Circus Flamininus)이 있다.

플라미니누스의 성격을 보면, 화도 잘 내고 은혜도 잘 베
풀었다고 한다. 그러나 두 행위에 임하는 태도는 달랐다. 그는
죄인을 처벌할 때는 너그러웠으며 끈질기지 않았다. 반면에
남들에게 베풀 때는 늘 많이 주었고, 또 끝이 없었다. 그는 자
신에게 은혜를 입은 사람을 마치 은혜를 베푼 사람처럼 여겼
다. 그는 자기에게 은혜 입은 사람들을 마치 자기의 가장 소중
한 재산인 것처럼 늘 보호하고 아꼈다.

그러나 플라미니누스는 명예욕과 공명심이 너무 강했다.
그는 고결하고도 위대한 업적을 자신의 노력으로 이루고 싶어
했으며, 도움을 줄 수 있는 사람들보다는 도움을 받을 수 있는
사람들을 더 좋아했다. 왜냐하면 자기에게 도움을 줄 수 있는

사람들은 자기와 명예를 다투게 될 경쟁자이지만, 자기에게서 도움을 받는 사람들은 자기가 덕망을 베풀 수 있는 대상이라고 생각했기 때문이었다.

그 무렵의 로마는 숱한 전쟁을 치르고 있었고, 젊은이들은 어려서부터 군대 생활을 통하여 어떻게 남들을 지휘하는가를 배우던 시절이었기 때문에 플라미니누스도 어려서부터 그런 훈련을 받았다. 그가 처음으로 군대 생활을 한 것은 집정관 마르켈루스 밑에서 한니발과 싸우며 군무 위원의 임무를 수행했을 때였다.

[기원전 208년에] 마르켈루스가 적군의 매복을 만나 전사하자 플라미니누스는 두 번째로 되찾은 타렌툼과 그 주변의 지사(知事)로 임명되었다. 이곳에서 그는 군사적 업적에 못지않게 바른 통치로 명성을 얻었다. 그런 공로로 플라미니누스는 나르니아(Narnia)와 코사(Cosa)라는 두 도시의 식민 총독으로 임명되었다.

2

플라미니누스가 이곳에서 이룬 정치적 성공은 무엇보다도 더 그의 야심을 자극했다. 이제 그는 흔히 밟아 나가는 정치 경력, 곧 호민관과 법정관과 건설관을 거치는 과정을 무시한 채 곧장 집정관이 될 만한 자격이 있다고 생각했고, 결국 식민지 주민들의 열렬한 지지를 얻어 출마했다. 그러자 호민관 풀비우스와 마니우스가 이에 반대하면서 이렇게 말했다.

"플라미니누스가 이를테면 정치의 성스러움과 신비함에 대한 기초도 이해하기에 앞서 [연령 제한이라는] 법률을 위반하면서까지 그와 같은 고위직에 무리하게 출마하는 것은 괴이한 일이다."

그러나 원로원이 이 문제를 민회의 투표에 부친 결과, 플라미니누스는 섹스투스 아일리우스(Sextus Aelius)와 함께 집정관에 당선되었다. 그때 [기원전 198년] 그는 아직 서른 살도 되지 않은 나이였다. 집정관에 당선되면서 플라미니누스가 맡은 임무는 마케도니아의 필리포스(Philippus)왕[1]을 맞아 싸우는 것이었다. 그 무렵은 민중이 오로지 전쟁과 폭력에 따르기보다는 설득과 우호 관계를 통해 분쟁을 해결하고 싶어 하던 시절이었다.

그럴 때에 플라미니누스가 야전 사령관이 되었다는 것은 로마인들을 위해 무척 다행한 일이었다. 마케도니아는 영토가 넓어 필리포스왕이 전쟁을 치르는 데 필요한 병력을 넉넉히 제공하고 있었지만, 오랜 전쟁에 필요한 활력과 보급과 퇴각로, 곧 달리 말하자면 병력을 제외한 모든 요소는 그리스의 도시 국가들에게 전적으로 의지하고 있었다.

그런 까닭에 필리포스왕에게서 그리스를 떼어 놓지 않는다면, 로마는 필리포스와 전쟁을 치르면서 한두 번의 전투만으로는 이길 수 없었다. 그러나 그리스는 아직 로마와 우호 관계를 맺지 않은 상태였고, 이제 처음으로 정치적 관계를 수립하려는 시점이었다.

이 때문에 로마의 장군은 전쟁보다는 논리정연한 사고를 지향해야 했다. 또한 대화를 청할 때는 정중하고, 대화를 허락할 때는 자애로워야 하며, 무엇보다 정의와 정당함을 염두에 두는 사람이어야 했다. 그렇지 않다면 그리스는 굳이 친숙하던 동맹을 버리고 새로운 외국 세력과 관계를 맺으려 들지 않을 것이었다. 플라미니누스가 이런 특성을 모두 가지고 있었음은 이어지는 이야기에서 알 수 있다.

I   이 사람은 알렉산드로스 대왕의 아버지인 그 필리포스왕과는 다른 인물인 필리포스 5세(기원전 238~170)를 가리킨다.

3

플라미니누스의 전임 사령관이었던 술피키우스는 너무 늦은 계절에 마케도니아를 침공하였고, 푸블리우스 빌리우스(Publius Villius)는 전쟁을 서두르는 대신에 진지를 구축하거나 도로와 군수 물자를 확보하고자 필리포스왕과의 전투를 늦추면서 시간을 낭비했다. 플라미니누스는 이처럼 두 전임자가 집정관의 임기 동안에 전쟁을 벌이면서도 로마의 집무실에서 명예와 권력을 즐기다가 뒤늦게야 전쟁터로 나갔다는 사실을 잘 알고 있었다.

플라미니누스는 그들처럼 첫해는 집정관으로 일하고, 이듬해에는 장군으로 일하는 방법을 따르지 않았다. 그는 집정관과 사령관의 임무를 동시에 진행하려는 야심을 품고 있었으므로, 로마에 남아 명예나 즐기고 특권이나 행사하는 삶을 거부한 것이다. 플라미니누스는 먼저 동생 루키우스(Lucius)를 함대 사령관으로 임명하여 자기를 따르도록 했다.

그런 한편, 플라미니누스는 스페인에서 카르타고의 하스드루발(Hasdrubal)을 무찌르자마자 곧바로 아프리카로 가서 한니발까지 무찌른 뒤에도 여전히 용맹과 체력을 유지하고 있던 스키피오(Scipio Africanus)의 병사 3천 명을 이끌고 에페이로스로 무사히 들어갔다. 그곳에 도착해서 보니 빌리우스가 강을 사이에 두고 필리포스와 마주 보며 진영을 차리고 있었다. 플라미니누스는 필리포스가 압수스(Apsus)강을 끼고 흐르는 좁은 계곡을 지금까지 오랫동안 지켜 오고 있었다는 사실을 알고 있었다.

따라서 적군의 입지가 더 유리했기 때문에 플라미니누스는 앞으로 나가지 않았다. 빌리우스가 임기를 마치고 고국으로 돌아가자 플라미니누스는 그의 군대를 물려받고는 그곳의 지형지물을 살펴보았다. 그곳의 지형은 [테살리아(Thessalia) 지방의 올림포스산과 오사(Ossa)산 사이에 있는 계곡으로 경치가 좋을 뿐만 아니라 역사적으로 전략적 요충지인] 템페(Tempe) 계곡의 천연적 이점에 못지않았으나, 템페 계곡에 비하면 아름다운 나무나 푸른 숲, 엄폐할 곳 그리고 평탄한 초원이 부족했다.

강 양쪽으로는 높고 거친 산들이 비탈을 이루며 내려가면서 매우 깊고 큰 협곡을 이루었고, 이곳으로 압수스강이 페네이오스(Peneios)강과 같은 정도의 수량(水量)과 속도로 흘러가고 있었다. 강물은 산자락의 모든 평야를 덮었지만, 강의 물길을 따라 좁고 가파르게 형성된 길이 하나 있었다. 그러나 그냥 지나가기도 어려운 이곳을 경비대까지 돌파해 가며 통과하는 일은 불가능해 보였다.

4

어떤 사람들은 다사레티스(Dassaretis)를 거쳐 리코스(Lykos)까지 쉽고 안전하게 이를 수 있는 길이 있다면서 그곳을 플라미니누스에게 안내하려 했다.

그러나 바다에서 멀리 육지로 들어가 양곡도 얻을 수 없는 불모지에서 필리포스가 전투를 피할 경우, 군수품이 떨어졌을 때 다시 바다로 되돌아 나와야 한다는 점이 플라미니누스를 걱정케 했다.

전임자 두 사람이 모두 그런 식으로 싸우다가 졌기 때문이었다. 그래서 플라미니누스는 모든 병력을 동원하여 적군을 정면으로 공격하면서 산을 넘기로 결심했다. 그러나 필리포스가 이미 밀집 대형으로 산을 점령하고 사방에서 창과 화살을 날려 보냈다. 치열한 공방전이 벌어져 양쪽에서 사상자가 발생했지만 전투는 끝날 줄을 몰랐다.

바로 그 무렵에 근처에 살던 목동들이 나타났다. 그들은 적군의 경비가 소홀한 둘레 길이 있다면서, 그 길로 가면 아무리 길어도 사흘 안에 산꼭대기까지 부대를 안내할 수 있다고 장담했다. 그들은 자신들의 말을 신뢰하도록 만들고자 카롭스

(Charops)의 이야기를 꺼냈다. 카롭스는 마카타스(Machatas)의 아들이었다. 마카타스는 에페이로스의 지도자로서 로마에 호감을 갖고 있었다.

그러나 마카타스는 필리포스왕을 두려워하여 아무도 모르게 로마에 협조하고 있었다. 마카타스의 그와 같은 행동을 알고 있던 플라미니누스는 보병 4천 명과 기병 3백 명을 거느리고 그 길로 진격하도록 호민관에게 명령했다. 선발대는 목동들을 엄중히 감시하면서 그 뒤를 따라갔다. 그들은 낮이면 동굴이나 나무 그늘 밑에서 쉬고 밤이면 보름달을 횃불로 삼아 진군했다.

선발대를 보낸 플라미니누스는 이틀 동안 쉬면서도 적군의 관심을 이리로 돌리고자 몇 차례 작은 공세를 취했다. 선발대가 산꼭대기에 나타나리라고 예상한 날이 오자 플라미니누스는 날이 밝는 대로 모든 중무장병과 경보병들에게 출동 명령을 내렸다. 플라미니누스는 부대를 세 무리로 나누어 그 가운데 한 부대를 종대(縱隊)로 이끌고 직접 강을 따라 협곡으로 나아갔다.

마케도니아 병사들의 화살이 빗발치듯 쏟아지는 가운데 플라미니누스의 부대는 어려운 위치에서 만난 적군과 백병전을 전개했다. 양쪽에 있던 다른 두 부대도 플라미니누스와 보조를 맞추면서 울퉁불퉁한 땅 위에서 온갖 고통을 겪으며 싸웠다. 날이 밝자 멀리서 연기가 피어오르는데, 연기가 아닌 것 같기도 하고 안개처럼 보이기도 했다. 그러나 적군의 등 뒤에서 연기가 일어나고 있었기 때문에 적군은 이를 눈치채지 못했다.

로마 병사들은 처음에는 그것이 아군이 피운 연기인지 확신하지 못했으나, 어쨌든 막연한 희망을 기대로 바꾸고자 열심히 싸웠다. 연기가 커지고 짙어지자 그것이 산 위의 동지들이 보내는 봉화가 분명하다고 확신한 산 아래쪽 병사들은 승리의 환호를 지르며 적진을 향해 돌진하여 가장 위험한 곳에 모여들었다. 그러는 동안에 산 위의 병사들도 적군의 등 뒤에서 소리치며 내려왔다.

5

곧이어 필리포스의 군대는 2천 명이 채 못 되는 사망자를 남기고 곤두박질치듯 도주했다. 길이 험하여 로마 병사들은 필리포스의 병력을 추격할 수 없었다. 플라미니누스의 병력은 돈과 막사와 노예를 빼앗은 뒤에 계곡을 지나 에페이로스를 관통했다.

그러나 그들의 대오는 정연했고 행동을 몹시 자제했다. 플라미니누스는 바다에서 멀리 떨어져 있었고, 다달이 받던 식량도 다 떨어져 지극히 어려웠지만 전리품이 널려 있는 에페이로스를 약탈하지 않았다.

필리포스는 도망병처럼 테살리아를 지나가면서 주민들을 모두 산속으로 몰아넣은 다음 마을을 불태웠고, 너무 많고 무거워서 지고 갈 수도 없는 재물까지 약탈해 감으로써 로마 병사들에게 아무것도 남기지 않으려 했다. 플라미니누스는 그와 같은 사실을 잘 알고 있었기 때문에 더욱 자제했다.

야심이 많은 플라미니누스는 병사들이 마을을 지나면서 약탈하지 못하도록 지시하며 마치 그 마을이 이제는 자기 것이라도 된 듯 아꼈다. 그와 같은 정연한 행동의 결과는 곧바로 나타났다.

테살리아에 도착하자마자 여러 도시의 지도자들이 플라미니누스를 찾아왔다. 테르모필라이 남쪽에 사는 그리스인들은 그를 진심으로 맞이해 주었으며, 아카이아족은 필리포스왕과 맺었던 동맹을 포기하고 로마와 힘을 합쳐 그에게 항전하기로 결의했다.

심지어 이런 일도 있었다. 그 무렵에 로마의 편에 서서 용맹하게 싸우던 아이톨리아 동맹(Aitolian League)²의 회원국이었던 오푼티오이(Opuntioi)족이 오포스(Opos)를 보호해 주겠다고 제안했는데, 오포스인들은 그 요구를 거절하고 아예 플라미니누스에게 사신을 보내 자기들의 운명을 모두 그에게 맡겼던 것이다.

오늘날 들리는 바에 따르면, 그때 에페이로스의 왕 피로스는 망루에 나와 로마 병사들이 행진하는 모습을 바라보면서 이렇게 말했다고 한다.

"야만족의 군기가 야만족 같지 않군."(제39장 「피로스전」, §16)

플라미니누스를 처음 보는 사람들은 그와 비슷한 말을 하지 않을 수 없었다. 그들은 마케도니아인들에게서 어느 이방 민족의 사령관이 쳐들어와 모든 곳을 무력으로 정복하고 노예로 만든다는 소문을 들었기 때문이었다.

그러던 터에 나이도 젊고 얼굴도 인자하며 그리스어를 쓰면서 명예를 사랑하는 사람을 만났으니 참으로 매력을 느끼지 않을 수 없었다. 그리하여 고향에 돌아온 그들은 플라미니누스에게 좋은 감정을 품고, 그 사람이야말로 진정한 자유의 투사라고 믿게 되었다.

이런 일이 있은 뒤에 플라미니누스는 강화 조약을 맺고 싶어 하는 필리포스왕을 만났다. 플라미니누스는 그리스에 독립을 허락하고 그들의 도시에서 군대를 철수한다는 조건으로 평화와 우호 관계의 수립을 필리포스에게 권고했다.

그러나 필리포스는 그러한 조건을 받아들이지 않았다. 그

---

2   아이톨리아 동맹은 고대 중부 그리스의 아이톨리아를 중심으로 형성된 도시 국가의 동맹체이다. 이 동맹은 마케도니아와 아카이아 동맹의 대항 세력으로 형성되었으며, 해마다 두 차례 테르미카(Thermika)와 판아이톨리카(Panaetolika)에서 총회를 열었다. 로카리스(Locaris), 말리스(Malis), 돌로피아(Dolopia), 테살리아 일부, 포키스, 아카르나니아와 지중해 도시 국가들이 이에 가담했다. 이들은 다른 그리스 국가들에 그렇게 존경받지는 못했다.

러자 드디어 필리포스왕의 편에 서 있던 사람들조차도 로마의 군대는 그리스와 싸우러 온 것이 아니라 그리스를 위해 마케도니아와 싸우러 왔다는 것을 분명히 깨닫게 되었다.

6

그렇게 함으로써 그리스의 다른 도시 국가들도 별다른 마찰 없이 플라미니누스의 편으로 돌아섰다. 플라미니누스가 아무런 저항도 받지 않고 보이오티아로 들어설 때는 테베의 지도자들이 나와 그를 맞이했다. 그들은 이제까지 그곳의 지배자인 브라킬라스(Brachyllas)의 노력으로 마케도니아에 우호적이었으나, 이번에는 로마와 우호 관계의 성립을 선언하면서 그를 환영하고 영광을 치하했다.

플라미니누스는 그들을 친절히 맞아 인사를 나눈 다음 조용히 행군하면서 어떤 때는 자기가 알고 있던 정보에 관해 묻고 어떤 때는 긴 이야기를 나누면서, 행군하고 있는 그의 후속 부대가 뒤따라올 때까지 그들의 마음을 즐겁게 해 주었다.

플라미니누스가 후속 부대를 이끌고 테베인들과 함께 도시로 들어갈 때, 시민들은 진입군의 위협적인 모습에 마음이 상했다. 그러나 그토록 엄청난 군대를 이끌고 들어오고 있는 이들에게 저항할 엄두는 내지 못했다.

그러자 플라미니누스는 마치 자기가 이 도시를 지배하는 사람이 아니라는 듯이 민회에 나가 그들이 로마와 손을 잡아 달라고 설득했고, 아탈로스(Attalus)왕도 테베인에 대한 플라미니누스의 호소와 주장을 지지했다. 그러나 아탈로스는 그의 나이에 너무 격정적으로 연설하다가 어지럼증이 일어나 쓰러졌다. 그는 곧 아시아 지방으로 호송되어 치료를 받았으나 그곳에서 죽었다. 보이오티아인들은 로마와 동맹을 맺었다.

플라미니누스

그 무렵에 필리포스는 로마로 사절을 보내 강화의 길을 찾았다. 이 소식을 들은 플라미니누스도 곧 막료들을 보내 전쟁이 이어지는 한 자신의 사령관 직책을 연장해 주든가, 아니면 자기에게 강화를 맺을 수 있는 권한을 달라고 원로원을 설득했다. 명예욕이 컸던 플라미니누스는 다른 사령관이 전쟁을 수행할 경우에 자기의 전공을 빼앗길지도 모른다는 커다란 두려움에 빠져 있었다.

플라미니누스의 막료들이 원로원과 일을 잘 처리한 덕분에 필리포스왕의 계획은 실패로 돌아가고, 플라미니누스는 전쟁을 계속 지휘할 수 있게 되었다. 원로원의 결정을 받은 플라미니누스는 필리포스와 결전을 치르고자 서둘러 테살리아로 출진했다. 그의 병력은 2만 6천 명이었는데, 그 가운데 보병 6천 명과 기병 4백 명은 아이톨리아에서 온 무리였다. 필리포스가 거느린 병력도 그 정도 규모였다. 양쪽 부대는 서로 진군하여 스코투사(Skotussa)의 이웃 마을에서 마주쳤다.

양쪽 병력은 전투로써 모든 문제를 해결하고자 했다. 그들은 가까이 접근했으면서도 예상했던 것처럼 서로를 두려워하기는커녕, 사기가 하늘을 찌를 듯했다. 로마 병사들은 이번 기회에 지난날 알렉산드로스 대왕이 이룩한 전공과 용맹의 명성을 허물려 했고, 마케도니아 병사들은 이번의 승리로 페르시아보다 더 강한 로마를 쳐부수어 필리포스왕이 알렉산드로스 대왕보다 더 위대한 인물임을 입증하고 싶었다. 따라서 플라미니누스는 장병들에게 이렇게 역설했다.

"로마의 장병들이여, 나는 그대들이 용맹스럽고 사기 높은 군인임을 보여 주기 바란다. 그대들은 지금 그리스의 모든 전장 가운데에서도 가장 아름다운 땅에서 가장 용맹스러운 적군과 싸우고 있음을 잊지 말라."

필리포스왕도 지난날의 관습처럼 전쟁을 격려하는 연설

을 시작했다. 그러나 우연이었는지 아니면 적절하지 않은 때에 너무 서두르다 실수한 것인지는 알 수 없지만, 연설을 하려고 진영을 벗어나 높은 언덕으로 올라가 살펴보니 발아래가 공동묘지였다. 이와 같은 불길한 징조에 병사들이 크게 낙담하자 필리포스왕도 마음이 상해 그날은 전투를 하지 않았다.

8

무덥고 습한 밤이 지나고 아침이 오자 구름이 안개로 바뀌면서 온 평야가 어두워졌다. 게다가 산 위에서 짙은 안개가 내려와 두 진영 사이를 갈라놓으니 병사들은 한 치 앞을 볼 수 없었다. 그러다 양쪽에서 보낸 정찰병들이 마주치면서 키노스케팔라이(Kynoskephalai), 이른바 '개의 머리'라는 곳 가까이에서 전투가 벌어졌다. 이곳은 날카로운 봉우리들이 마치 개의 머리들처럼 이어져 있어 그런 이름을 얻었다.

울퉁불퉁한 길 위에서 밀고 당기는 접전이 이어졌다. 그들은 때때로 쫓기는 자기편을 도우려고 병력을 더 내보냈다. 그러다가 드디어 날이 밝자 전세를 파악한 그들은 전면전에 들어갔다.

오른쪽 날개에서는 필리포스가 유리했다. 산 위에서 모든 밀집 대형이 로마인을 덮쳤기 때문이었다. 방패를 서로 엮은 다음 그 앞으로 창을 내밀면서 무게를 싣고 전진하는 적군을 로마 병사들은 견뎌 내지 못했다. 그러나 필리포스 병사들의 왼쪽 날개는 무너져 언덕을 따라 흩어지고 있었다.

이에 플라미니누스는 절망적인 오른쪽 날개의 병사를 버리고 왼쪽 날개의 병사들과 함께 재빨리 말을 몰아 마케도니아 병사를 공격했다. 마케도니아군은 땅이 거칠고 고르지 않아 힘의 원천인 밀집 대형을 유지할 수 없었다.

또한 그들이 백병전에 쓰는 갑옷은 너무 둔탁하고 무거웠다. 밀집 대형은 서로 밀착하여 한 몸을 이룰 때 마치 쓰러지지 않는 맹수처럼 힘을 쓸 수 있지만, 병사들이 흩어지면 힘을 잃는다. 그들이 홀로 있을 때보다는 뭉쳐서 한 몸을 이룰 때 더욱 탄탄해지는 것과 같은 이치이다.

마케도니아의 날개가 무너지자 몇몇 로마 병사는 도망병을 추격하고, 다른 무리는 아직도 싸우고 있는 적군의 옆구리를 공격하여 많은 사람을 죽였다. 이와 같이 전세가 뒤바뀌어 적군은 무기를 버리고 도망했다. 이 전투에서 8천 명 넘는 마케도니아 병사가 죽고 5천 명이 포로로 잡혔다.

그러나 필리포스는 무사히 도망했는데, 이에 대해서는 아이톨리아 병사가 비난을 받았다. 왜냐하면 로마 병사가 싸우고 있을 때 아이톨리아 병사들은 적진을 약탈하느라 정신이 없어 그를 놓쳤기 때문이었다. 로마 병사가 적진에 이르러 보니 남은 것이라고는 아무것도 없었다.

9

그런 연유로 플라미니누스의 군대와 아이톨리아 군대 사이에는 처음부터 다툼과 비난이 잇따랐다. 아이톨리아인들은 이번 승리가 자신들의 손으로 이루어진 것이라고 자랑하며 그리스인들에게 자기들의 명성을 퍼뜨림으로써 플라미니누스를 자극했다.

처음에 그들은 글과 시와 노래로 자신들의 승리를 찬양하더니 나중에는 역사학자들까지 나서서 아이톨리아 병사들의 전공(戰功)을 찬양했다. 그런 시로서 가장 유행하던 것 가운데 다음과 같은 비가(悲歌) 형식의 시가 있다.

지나가는 나그네여,
이곳 산마루에
슬퍼해 줄 사람도 없고 무덤도 없는 곳,
3만 명의 테살리아 병사가 잠들었도다.

아이톨리아의 용사들이
마케도니아(Emathia)의 망나니를 쳐부술 때
넓은 이탈리아에서 온
플라미니누스가 함께했노라.
필리포스왕의 용맹함은 사라지고
날쌘 사슴처럼 달아났도다.

알카이우스(Alcaeus)라는 시인이 필리포스왕을 조롱하고자 이 시를 지었는데, 전사자의 숫자를 부풀렸다. 이 시는 곳곳에서 여러 사람의 입에 오르내렸다. 그러나 이 때문에 플라미니누스는 필리포스왕보다도 더 분노했다. 왜냐하면 필리포스가 그 시에 대한 응수로 다음과 같은 비가를 지었기 때문이었다.

나그네여,
여기 산등성이에
잎새도 없고 껍질도 없는 이 나무는
알카이우스의 목을 달아매려
태양 아래
십자가처럼 서 있노라.

그리스인들과 좋은 관계를 맺으려는 야심을 품고 있던 플라미니누스는 이번 일로 상상할 수 없을 만큼 화가 치밀었다. 이로 말미암아 그는 남은 일들을 혼자 처리하면서 아이톨리아인들을 상대도 하지 않았다. 그러자 이번에는 아이톨리아인들이 발끈했다.

마침 그 무렵에 마케도니아의 사절들이 평화안을 가지고 플라미니누스를 찾아오자 아이톨리아인들은 플라미니누스가 필리포스에게 뇌물을 받고 강화를 맺었으며, 처음부터 전쟁을 종식하고 그리스를 노예로 만든 세력을 쳐부술 수 있었음에도 이를 단행하지 않았다고 온 도시를 다니면서 큰 소리로 소문을 냈다.

아이톨리아인들이 이렇게 플라미니누스를 비난하면서 로마의 동맹국들 사이에 분란을 일으키고 있을 때, 오히려 필리포스왕은 강화의 조건을 받아들이고 그 자신과 마케도니아의 영토를 플라미니누스의 손에 맡김으로써 의혹의 뿌리를 뽑아 버렸다.[3]

이런 방법으로 전쟁을 끝낸 플라미니누스는 마케도니아 왕국을 필리포스에게 돌려주었다. 필리포스는 그리스에서 손을 떼고 배상금 1천 탈렌트를 물며, 전함 가운데 열 척만을 빼고 모두 내놓고, 아들들 가운데 데메트리오스를 인질로 로마에 보내 앞으로 예상되는 문제들에 대한 가장 확실한 보장을 마련했다.

이 무렵 [기원전 195년에] 로마의 가장 고질적인 적장으로, 조국을 떠나 망명지를 떠돌던 한니발이 시리아의 안티오코스왕을 찾아와 하늘이 왕의 운명을 돕고 있는 이때 더 큰 공적을 이루라고 부추겼다. 안티오코스는 이미 많은 전공을 이루었고, 이제는 대왕(Great)이라는 칭호를 듣고 있던 터였다. 그래서 그는 이제 천하를 통일해 보고 싶었으며, 더욱이 로마에 대해서는 강한 적개심을 품고 있었다.

이러한 정황을 고려해 볼 때, 만약 로마가 필리포스와 우호적인 강화 조약을 맺지 않고 그리스에서 필리포스와 안티오코스의 군대와 이중으로 싸움을 벌였다면, 그러니까 그 무렵에 가장 강성하던 두 나라가 동맹을 맺고 로마와 싸우게 되었더라면, 로마는 한니발의 침략을 받았을 때보다 더 어려운 위

---

3   리비우스의 『로마사』(XXXVIII : 30)와 폴리비오스의 『역사』(XVIII : 44)에 따르면, 이 휴전은 플라미니누스의 공적이 아니라 사절로 파견된 10인 위원회의 성과였다고 한다.(페린, X, p. 347의 각주 1 참조)

험에 빠졌을 수도 있었다.

그러나 결과가 보여 주듯이, 플라미니누스는 두 전쟁 사이에서 미리 강화를 맺었다. 그는 새 전쟁의 위협이 다가오기에 앞서 지금 치르고 있는 전쟁을 빨리 끝냄으로써 필리포스에게서 마지막 희망을 빼앗았고, 아울러 안티오코스에게서는 첫 희망을 빼앗았다.

10

그 무렵에 로마 원로원은 10인 위원회를 통하여 그리스의 다른 도시 국가에도 자유를 허락하고, 코린토스와 칼키스와 데메트리아스(Demetrias)에 수비대를 남겨 두어 안티오코스를 막도록 플라미니누스에게 권고했다.

이에 아이톨리아인들은 거친 목소리로 이를 비난하고 모든 도시 국가를 선동하며 플라미니누스는 세 도시에서 떠나라고 주장했다. 필리포스왕의 말을 빌리면, 이 세 도시는 "그리스를 조이는 족쇄들"이라고 부를 만큼 전략적으로 중요한 곳이었다. 그러면서 그들은 그리스인들에게 이렇게 물었다.

"왜 그리스는 지난날보다는 더 느슨한 듯하지만 사실은 더 무거운 족쇄를 기꺼이 차려 하는가? 그리스는 플라미니누스가 그리스인들의 발에 묶인 족쇄를 목으로 옮겼음에도 그를 해방자로 찬양하려는가?"

이와 같은 여론에 사정이 어려워지고 마음이 괴로웠던 플라미니누스는 10인 위원회와 함께 노력한 결과, 끝내 세 도시에서 군대를 철수함으로써 그리스인들에게 완전한 자유를 주도록 설득했다.

마침 그 무렵에 이스트모스 경기(Isthmikoi Agones, Isthmian Games)가 열려 많은 사람이 운동장에 앉아 경기를 보고 있었다. 오랜 전란에 시달리며 자유를 그리워하던 시기가 지나고, 이제 평화가 찾아오면서 비로소 열린 축제였다. 그때 모두에게 정숙해지길 요구하는 나팔 소리가 들리고, 전령이 관중 앞으로 나오더니 다음과 같은 포고령을 발표했다.

"로마의 원로원과 집정관 티투스 퀸티우스 플라미니누스 장군은 이제 필리포스왕과 마케도니아를 정복하여, 코린토스와 로크리스와 포키스와 에우보이아와 프티오티스(Phtiotis)의 아카이아와 마그니시아(Magnisia)와 테살리아와 페라이비아(Perrhaebia)의 시민에게 자유를 회복시켜 주고, 그곳에 군대를 주둔하지 않을 것이며, 세금을 걷지 않을 것이며, 지난날의 법에 따라 살 수 있도록 한다."

처음에 군중은 포고령을 잘 알아듣지 못한 탓에 무슨 내용인지 몰라 운동장에 소란이 일어나면서 무슨 소리냐고 서로에게 물었다. 그때 포고령을 다시 발표해 달라는 요구가 일었고, 전령이 다시 나와 앞서보다 더 큰 소리로 모든 사람이 들을 수 있도록 발표했다.

환호 소리가 들리는데, 그 소리가 어찌나 컸던지 바다까지 이르렀다. 관중은 경기에는 관심도 없이 모두 일어나 앞으로 튀어나오더니 그리스의 해방자요 승리자인 플라미니누스에게 인사하며 환호했다.

우리는 인간의 목소리가 얼마나 큰지에 관한 이야기를 흔히 들어 왔지만, 그곳에서는 눈으로 분명히 볼 수 있었다. 때마침 운동장 위를 날아가던 까마귀들이 떨어졌던 것이다. 군중의 소리가 너무 커서 공기가 파열되었기 때문이었다.

소리가 너무 우렁차게 울려 퍼지면 그로 말미암아 공기가 흩어진다. 그러면 날지 못하게 된 새들이 화살과 같은 것들로 공격을 받지 않아도 떨어지는데, 이는 마치 그곳에 진공이 생기는 것과 같은 이치다. 또는 바다에서 커다란 파도가 빠져나가면서 소용돌이가 치는 것처럼 공기 중에 커다란 소용돌이가 생겨났을 가능성도 있다.

아무튼 그날 만약 플라미니누스가 달려오는 군중을 미리 보고 몸을 피하지 않았더라면, 그는 아마도 그날 운동 경기 관람에는 아랑곳없이 자신을 보기 위해 사방에서 몰려오는 군중 사이에서 무사하지 못했을 것이다.

그의 막사 앞에서 소리치다가 지친 군중은 날이 저물자 친구들끼리 서로 껴안고 인사를 나누더니 낯선 사람들과도 스스럼없이 만나 잔치를 열고 흐드러지게 마셨다. 그들의 기쁨은 자연스러운 것이었다.

이성을 찾은 민중은 이제 그리스의 운명에 관해 이야기하기 시작했다. 비록 자신들이 자유를 찾으려고 여러 해에 걸쳐 싸웠지만, 지금보다 더 확실하고 기쁜 일이 없었다. 돌아보면 이번에 얻은 자유는 다른 민족이 가져다준 것이었다. 그들은 피 한 방울 흘리지도 않고 고통을 치르지도 않고 가장 고귀하고 부러운 상을 받은 것이다. 그들은 진심으로 이렇게 말하고 싶었을 것이다.

"인간의 삶에서 용기와 지혜는 소중한 것이다. 그러나 인간이 누리는 축복 가운데 가장 소중한 것은 의인(義人)을 만나는 것이다. 아게실라오스나 리산드로스나 니키아스나 알키비아데스 같은 인물들도 어떻게 하면 전쟁을 잘 수행할 수 있는가를 알았고, 바다와 육지에서 승리를 거두는 지휘관이 되는 법도 잘 알았다. 그러나 그들은 시민에게서 정통성 있는 지지를 받고 정의로움을 증진하기 위해 그 승리를 어떻게 이용해야 하는지는 몰랐다."

마라톤 전투, 살라미스 해전, 플라타이아이 전투, 테르모필라이 혈전, 에우리메돈(Eurymedon)과 키프로스 일대에서 이룩한 키몬의 업적을 제외한다면, 그리스는 모든 전투에서 오히려 굴종(屈從)만을 가져왔고, 그들의 전승탑은 재앙과 치욕의 기념물일 뿐이었다. 왜냐하면 그리스는 지도자들의 천박함과 파벌 싸움으로 나라를 잃었기 때문이었다.

그때 어떤 사람들은 그리스인과 로마인이 오랜 옛날에 아마도 같은 조상을 두었으리라는 희미한 연결점을 떠올렸겠지만, 사실상 지금은 남남인 로마인들이 그리스와 뜻을 합치고 그들을 도와주고 있다는 사실은 놀랍기만 했다. 로마는 잔혹한 독재자와 폭군들에게서 그리스를 구출하고자 견디기 어려운 위험과 고통을 참아 낸 것이다.

12

플라미니누스는 자기가 선포한 약속을 지켰다. 그는 곧 렌툴루스를 아시아로 보내 바르길리아(Bargylia)를 해방시키고, 스테르티니우스(Stertinius)를 트라키아로 보내 필리포스 군대의 지배에서 도시와 섬들을 해방했다. 또한 푸블리우스 빌리우스는 시리아로 건너가 안티오코스를 만나 그의 지배를 받고 있는 그리스인들의 해방을 논의했다.

플라미니누스는 몸소 칼키스를 방문한 다음, 다시 마그니시아로 건너가 병력을 철수하고 그들이 기존의 제도를 회복하도록 해 주었다. 플라미니누스는 또한 아르고스를 찾아가 네메아 경기를 위한 의식(儀式)의 진행을 맡아 가장 아름다운 방법으로 축제를 진행한 다음, 그리스인들에게 다시 한번 자유를 공개적으로 선언했다.

그 뒤로 플라미니누스는 몇몇 도시를 더 방문하여 법과 질서와 정의와 화합과 상호 우의(友誼)를 다졌다. 그는 파쟁을 잠재우고, 망명자들을 되돌아오게 하고, 그리스인들을 설득하고 화해시키는 업적을 통해 마케도니아를 정복했을 때보다 자신의 영예를 더욱 드높였다. 그리스인들이 보기에, 그가 자신들에게 자유를 준 것은 그의 다른 공적에 비하면 가장 작은 업적과도 같았다.

이런 이야기가 있다. 크세노크라테스라는 철학자가 있었

는데, 어느 날 그는 외국인세를 납부하지 않았다는 이유로 세리(稅吏)들에게 끌려가 감옥에 들어갔다. 그는 마침 그곳의 변호사인 리쿠르고스(Lykurgos)⁴의 도움으로 석방되었다. 리쿠르고스는 관리들을 찾아가 세리들의 무례함을 처벌하도록 했다. 그 뒤 어느 날 크세노크라테스가 리쿠르고스의 아들을 만나 이렇게 말했다.

"여보게 젊은이, 지난날 나는 자네 아버지에게 신세를 진 일이 있지만 그 빚을 후하게 갚은 셈이 되었네. 왜냐하면 자네 아버지는 그 일로 말미암아 온 세상 사람들에게 칭송을 듣고 있으니 말일세."

플라미니누스와 로마인들의 경우도 이와 비슷하다. 그들은 그리스인들에게 베푼 은혜의 대가로 자기 나라 시민에게 칭송을 들었을 뿐만 아니라 모든 사람의 신망을 얻었으니, 이는 공의로운 일이었다. 민중은 플라미니누스가 임명한 관리들을 자기들이 선출한 사람으로 여겼을 뿐만 아니라 그들을 초대하여 자기들의 일을 맡겼다.

다른 나라 왕들에게 학대받던 민중과 도시와 왕들이 로마 관리들을 찾아와 몸을 의지하니, 그토록 짧은 시간에 모든 나라가 로마에 복속했다. 그리고 거기에는 아마도 하늘의 보살핌이 함께하였을 것이다. 플라미니누스는 자기의 업적 가운데 그리스를 해방한 일에 가장 보람을 느꼈다. 그는 델포이 신전에 은으로 만든 방패와 자신이 쓰던 방패를 제물로 드리면서 그 위에 다음과 같은 글을 새겨 넣었다.

날쌘 말을 즐겨 타시는
제우스의 아드님이시여,

---

4   이 사람은 제3장에 등장하는 리쿠르고스와는 다른 인물이다. 크세노크라테스는 플라톤의 아카데미아 출신 제자였다.

그리고 스파르타의 왕자
틴다리다이(Tyndaridae)[5]이시여,
아이네아스(Aeneas)의 후손 플라미니누스가
가장 고결한 선물을 드리오니
그는 그리스의 아들들에게 자유를 주었나이다.

플라미니누스는 또한 아폴론에게 금관을 바쳤는데, 거기에는
다음과 같은 글을 새겨 넣었다.

거룩한 라토나 여신의 아들이시여,
그대의 금관 위에
이 아름다운 열쇠를 얹어 드리오니
이는 아이네아스의 후손, 위대한 지도자
플라미니누스의 선물이로소이다.
비오니, 가장 멀리까지 나아가는 신이시여,
그의 재능에 합당한 영광을
그에게 내리소서.

그 뒤로 코린토스는 그리스에 내린 은혜를 두 번 받은 장소가
되었다. 한 번은 위에서 본 바와 같이 플라미니누스가 은혜를
베풀었고, 다른 하나는 지금 내가 살고 있는 시대에 [서기 67년]
네로(Nero Germanicus Caesar) 황제가 그리스인들에게 자유와 자
치를 허락한 사건이었다.[6] 두 번 모두 이스트모스 경기를 진행
하는 동안에 발표되었는데, 플라미니누스는 전령을 통해 발표
했고, 네로는 여러 사람이 모인 광장에서 발표했다. 그러나 이

5   제1장 「테세우스전」, § 31~33 참조.
6   플루타르코스는 네로(서기 37~68)와 거의 같은 시대를 살았다. 플루타르
     코스는 네로의 폭정을 잘 알고 있었으면서도 이 장(章)에서는 그에 대한
     비난을 억제하고 있다.(제38장 「안토니우스전」, § 87 참조)

는 그 뒤에 일어난 일이었다.

13

이제 플라미니누스는 다시 가장 포악하고 무도한 스파르타의 폭군 나비스에 대한 영광스럽고도 정의로운 전쟁을 시작했다. 그러나 플라미니누스는 전쟁 막판에 그리스인들의 희망을 꺾어 버렸다. 왜냐하면 플라미니누스는 폭군을 사로잡을 수 있었음에도 나비스와 강화를 맺음으로써 스파르타를 의미 없는 노예 생활 속에 그대로 남겨 두었기 때문이었다.

플라미니누스가 그와 같은 태도를 취한 것은 전쟁을 오래 끌 경우에 로마에서 다른 장군이 파견되어 자신의 전공을 빼앗길까봐 두려웠기 때문일 것이다. 아니면 자기의 정적이었던 그리스의 휠로포이멘에게 영광이 돌아가는 것을 시샘했기 때문이었을 수도 있다.

사실 휠로포이멘은 어느 모로 보나 그리스의 장군들 가운데 가장 유능한 군인으로서, 더욱이 이번 전쟁에서도 용맹함과 전략 면에서 놀라운 행동을 보여 주었다. 그가 아카이아족에게서 받은 영광은 플라미니누스가 로마인들에게서 받은 영광에 못지않았다.

휠로포이멘이 군중 앞에 나설 때는 더욱 그랬다. 이 점이 플라미니누스를 괴롭혔다. 아카이아 출신의 휠로포이멘은 국경에서 일어난 작은 전쟁을 지휘한 경험밖에 없는데도, 그리스를 위해 노도와 같은 전쟁을 치르고 집정관이 된 자신과 같은 영광을 받는다는 것은 주제넘은 일이라고 플라미니누스는 생각했다.

그러나 그는 불만을 내색하지 않았다. 그러면서 그리스인들에게 자신이 전쟁을 중단해야 했던 이유를 해명했다. 나비스를 완전히 제거하려면 스파르타인들을 더 큰 고통 속으로 몰아넣어야 했기 때문이라는 것이었다.

아카이아족은 플라미니누스에게 여러 가지 영광을 바치기로 결의했다. 그러나 그 가운데 하나가 나머지 영광을 모두 넘을 만큼 크고 강렬한 보답이 되었다. 그 내용은 이런 것이었다.

곧 그 무렵에 한니발과의 전쟁에서 포로가 된 로마인들이 여기저기로 팔려 다니면서 노예 생활을 하고 있었는데, 그리스에만도 그런 노예가 1천2백 명이 있었다. 운명의 뒤바뀜은 늘 아픔을 주는 법이지만, 그리스라는 이국 땅에서 고국의 아들과 형제와 친구를 만난 로마인들의 마음은 유독 쓰라렸다. 같은 로마인인데 누구는 포로이고 누구는 승리자였으며, 누구는 노예이고 누구는 자유민이었던 것이다.

포로들의 신세가 가여웠지만 플라미니누스는 그들을 주인에게서 빼앗을 생각은 없었다. 그러는 과정에서 아카이아족이 포로 한 명에 5미나의 몸값을 치르고 그들을 사 모아, 그곳을 떠나려는 플라미니누스에게 선물로 주었다. 플라미니누스는 기쁜 마음으로 그들과 함께 고국으로 돌아왔다.

플라미니누스의 고결한 행동이 고결한 대가를 가져온 것이었다. 이는 동포를 사랑한 위인에게 걸맞은 선물이었다. 이 일은 그의 개선식을 더욱 빛나게 해 주었다. 왜냐하면 포로들은 노예가 해방될 때 하는 풍습대로 머리를 깎은 채 털모자를 쓰고 플라미니누스의 개선 마차를 뒤따랐기 때문이다.

14

그러나 개선 행렬에서 더 장관이었던 것은 그리스의 투구, 마케도니아의 방패 그리고 장창과 같은 전리품들이었다. 그 밖에도 많은 돈이 쌓여 있었다. 저명한 로마의 역사학자 가이우스 셈프로니우스 투디타누스(Gaius Sempronius Tuditanus)의 기록에 따르면, 그들은 금괴 1,684킬로그램, 은괴 1만 9,626킬로그램, 그리고 필리포스왕의 조상(彫像)을 새긴 금화 1만 4,514개를 가져왔다고 한다.

이 돈 말고도 필리포스는 전쟁 배상금 1천 탈렌트를 지불해야 했지만, 그 뒤에 로마는 플라미니누스의 뜻에 따라 그 빚을 탕감해 주었다. 아울러 그들은 필리포스와 동맹을 맺으면서 인질로 잡혀 있던 그의 아들 데메트리오스도 돌려보냈다.

15

그러자 [기원전 192년 가을] 이번에는 시리아의 안티오코스가 많은 함선과 보병을 이끌고 그리스로 건너와 여러 도시 국가에 소란과 반란을 부추겼다. 이에 로마와 오랫동안 화목하지 못했던 아이톨리아인들이 그에게 동조했다. 그들이 안티오코스에게 동조한 구실은 그가 그리스를 해방해야 한다는 것이었지만 이미 해방된 그리스인들로서는 더 이상의 해방을 바라지도 않았다.

그러나 자신들의 행위에 대한 구실이 없던 아이톨리아인들은 온갖 명분을 대도록 안티오코스에게 가르쳐 주었다. 그리스와 안티오코스가 배신했다는 사실에 몹시 놀란 로마는 마니우스 아퀼리우스를 집정관 겸 장군으로 뽑아 전쟁을 맡도록 파견하는 한편, 플라미니누스를 부사령관으로 삼아 그리스인들을 설득하도록 했다. 플라미니누스가 얼굴만 내밀어도 그곳 사람들은 로마에 충성을 보였다.

또한 막 로마를 버리기로 마음먹은 무리들에게 플라미니누스는 잘 처방된 약과 같았다. 그를 향한 호의가 그들의 잘못된 행동이 더욱 악화되는 것을 막았기 때문이다. 그러나 몇몇 도시 국가가 끝내 지난날 플라미니누스가 이루어 놓았던 세력권을 벗어나 아이톨리아인들에게 매수되자 플라미니누스는 치미는 분노를 참아야 했고, 전쟁이 끝난 뒤에는 모두 용서해 주었다.

[기원전 191년에] 안티오코스가 테르모필라이 계곡의 전투에서 진 뒤 배를 타고 아시아로 도망치자 집정관 마니우스는

스스로 군대를 이끌고 아이톨리아 동맹군을 무찌르러 떠났고, 남은 무리는 필리포스왕이 무찌르도록 맡겼다.

그리하여 돌로피아와 마그니시아와 아타마니아(Athamania)와 아페란티아(Aperantia)는 마케도니아군에게 약탈을 겪게 되었다. 한편, 마니우스는 헤라클레이아를 함락한 다음 아이톨리아가 점령하고 있던 나우팍토스(Naupactos)를 포위하여 공격했다.

이에 그리스를 불쌍히 여긴 플라미니누스는 펠로폰네소스를 떠나 마니우스에게 갔다. 그는 먼저 마니우스를 몹시 꾸짖었다. 왜냐하면 마니우스는 전쟁에 이기고도 필리포스에게 전공이 돌아가도록 만들었으며, 사소한 분풀이로 작은 도시를 포위하고 싸우느라 시간을 낭비하는 동안 마케도니아가 여러 민족과 왕국을 함락했기 때문이었다.

성안에 갇혀 있던 나우팍토스의 시민들은 성 위에서 플라미니누스를 바라보더니 이름을 부르고 손을 흔들며 살려 달라고 애원했다. 플라미니누스는 그 장면을 차마 바로 보지 못하고 돌아서서 눈물을 흘리며 그곳을 떠났다.

플라미니누스는 그때 아무 말도 하지 못했다. 얼마 뒤 그는 마니우스를 다시 만나 분노를 풀고, 아이톨리아인들과 휴전한 다음에 그들이 로마로 사절을 보내 적절한 강화 조건을 원로원에 요구할 수 있는 시간을 주라고 설득했다.

16

그러나 플라미니누스는 마니우스에게 칼키스인들을 선처해 달라고 부탁할 때는 애를 먹었다. 왜냐하면 전쟁이 끝난 뒤에 안티오코스는 이 도시에서 새 아내를 맞이했는데 이 일이 마니우스를 몹시 화나게 했기 때문이었다.

그 혼인은 온당하지도 않았고, 나이로 보아서도 적절하지 않은 짓이었다. 안티오코스는 이미 늙은 몸으로 한 소녀와 사랑에 빠졌는데, 그 여성은 클레오프톨레모스(Cleoptolemos)의 딸로서 매우 아름다웠다고 한다.

이 결혼으로 말미암아 칼키스 시민은 안티오코스의 편이 되었고, 전쟁을 하는 동안에는 자기 도시를 작전 기지로 제공했다. 이런 연유로 안티오코스는 테르모필라이 전투가 끝나자 재빨리 도망하여 칼키스로 들어와 젊은 아내와 재산과 막료들을 데리고 아시아로 돌아갔다. 그리하여 마니우스는 분노에 차 칼키스로 쳐들어갔다.

이때 마니우스를 따라온 플라미니누스는 그를 달래어 마음을 누그러뜨린 다음, 그와 로마의 권력자에게 간청하여 마니우스가 칼키스 문제를 용서하도록 했다. 그 덕분에 목숨을 건진 칼키스 주민들은 도시 안에 매우 아름답고도 큰 기념관을 세워 바친 뒤에 다음과 같은 헌사(獻詞)를 새겨 넣었는데, 그 글이 아직도 남아 내려오고 있다.

칼키스 시민은
플라미니누스와 헤라클레스에게
이 체육관을 드립니다.

그리고 다른 쪽에는 다음과 같은 글이 새겨져 있다.

칼키스 시민은
플라미니누스와 아폴론에게
이 참제비고깔꽃(delphinium)을 바칩니다.

또한 오늘에 이르기까지도 그곳 시민들은 '플라미니누스 사제'를 뽑아 제사장으로 임명하고 제물과 술을 바치며 노래를 부르는데, 전체를 인용하기에는 너무 길어 그 끝부분만 소개하면 다음과 같다.

플라미니누스

경배하노니
로마의 신의를 지킨 분이여,
그대를 진정으로 그리워하노라.
여성들이여, 노래하라.
위대한 제우스와 로마와
플라미니누스와 로마의 신의를 위해.
아폴론 만세,
우리의 구원자 플라미니누스 만세.

17

플라미니누스는 그 밖의 그리스 도시 국가들에서도 많은 칭송을 들었는데, 이는 그의 온후한 성품이 가져온 결과였다. 비록 그가 일을 하면서 경쟁 의식이 생기는 바람에 아카이아 동맹군의 휠로포이멘이나 디오파네스 장군 같은 인물들과 다투기는 했어도, 그 분노는 폭력으로까지 번지지는 않았으며, 그나마도 터놓고 이야기를 나누면서 모두 털어 버렸다.

플라미니누스의 성격은 모질지 않았으며, 누구도 그를 성급하다거나 경솔하다고 탓하지 않았다. 대체로 말해서 플라미니누스는 가장 호감을 느낄 만한 친구였고, 위엄을 갖추어 우아하게 말할 줄 아는 사람이었다.

그런 사례로, 아카이아족이 멀리 이오니아 맨 끝에 있는 자킨토스(Zakynthos)섬까지 차지하려 하자 플라미니누스는 이를 말리면서 이렇게 말했다.

"그런 욕심을 내는 것은 펠로폰네소스라는 거북이가 너무 목을 멀리 빼는 것처럼 위험한 일입니다."(리비우스,『로마사』, XXXVI : 32)

그가 필리포스왕을 처음 만나 정전과 강화를 의논할 때 필리포스가 이렇게 말했다.

"나는 혼자 왔는데, 장군께서는 너무 많은 수행원을 데려왔군요."

그 말을 들은 플라미니누스는 이렇게 대답했다.

"그대가 막료와 형제들을 많이 죽이고 혼자 남았기 때문이겠지요."(폴리비오스, 『역사』, XVIII : 7)

메세네 사람 데이노크라테스가 로마의 어느 잔치 자리에서 술에 너무 취해 여성들의 치마를 입고 춤을 춘 적이 있었다. 이튿날 그가 플라미니누스를 찾아와 메세네를 아카이아 동맹에서 탈퇴시키는 데 도와 달라고 부탁했다. 그 말을 들은 플라미니누스가 이렇게 대답했다.

"생각해 보겠습니다. 그러나 그토록 중대한 일을 다루려는 분이 술자리에서 그토록 취하여 춤을 추다니 놀랍습니다."(폴리비오스, 『역사』, XXIII : 5)

언젠가는 안티오코스의 사절들이 아카이아족에게 자기 왕의 병력이 얼마나 많은가를 허풍스럽게 설명하는 것을 듣고 플라미니누스가 이렇게 말했다.

"어느 날 친구와 식사를 하는데, 안티오코스는 고기가 너무 많은 것을 탓하면서 그 많은 음식을 어떻게 장만했느냐고 나에게 묻더군요. 그래서 내가 음식은 모두 돼지고기로 만들었지만 요리 방법과 양념이 다를 뿐이라고 대답했습니다.

당신들도 마찬가지입니다. 아카이아 시민은 안티오코스의 군대가 가지고 있는 창기병(槍騎兵)이나 장창병(長槍兵)이나 보병에 관한 이야기를 듣더라도 놀랄 필요가 없습니다. 왜냐하면 그들은 무기만 다를 뿐, 모두 시리아의 병사들이기 때문이지요."(리비우스, 『로마사』, XXXV : 49)

18

그리스에서 전공(戰功)을 세우고 안티오코스와의 전쟁을 치른 뒤 [기원전 189년에] 플라미니누스는 감찰관에 임명되었다. 감찰관은 로마에서 가장 높은 관직이자 정치인의 마지막 목표였다. 그는 다섯 번이나 집정관에 올랐던 마르켈루스(제24장 「마르켈루스전」, §1)의 아들과 함께 동료 감찰관에 올랐다.

그들 두 감찰관은 행실이 좋지 않은 네 명의 원로원 의원을 몰아내고 부모가 자유인인 사람들 가운데 로마 시민이 되고자 하는 사람에게는 시민권을 주었다. 이 과정에서 그들은 호민관 테렌티우스 쿨레오(Terentius Culeo)의 도움을 받았다. 그는 귀족을 괴롭히고 싶었던 터라 민중이 그와 같은 조치에 찬성하도록 설득했기 때문이었다.

그 무렵에 로마에서 가장 신분이 높고 가장 강력한 영향력을 휘두르는 두 사람이 있었는데, 하나는 스키피오 아프리카누스(Scipio Africanus)이고 다른 하나는 대(大)카토(Marcus Cato)였다. 그런데 두 사람은 서로 사이가 좋지 않았다.

플라미니누스는 그 시대에 가장 훌륭한 인물이라고 믿었던 스키피오를 원로원 의장으로 지명했다. 그러나 스키피오는 몇 가지 불행한 사건으로 카토와는 적대적인 사이였다. 그 사연을 들어 보면 이렇다.

플라미니누스에게는 루키우스라는 동생이 있었는데, 형과는 달리 쾌락을 즐기고 명예를 우습게 알았다. 루키우스는 어느 소년을 사랑하여 전쟁을 할 때나 지방을 다스릴 때도 데리고 다녔다. 언젠가 술자리에서 그 소년이 루키우스에게 아양을 떨며 이렇게 말했다.

"제가 지금 오던 길에 검투사들의 결투를 보았습니다. 그러나 둘 가운데 하나가 죽는 것을 보지 못하고 왔습니다. 저는 저의 기쁨을 누리기보다는 장군님을 기쁘게 해 드리는 것이 먼저라고 생각했기 때문에 그 결투의 끝을 보지 않고 달려왔습니다."

그 말을 들은 루키우스가 이렇게 말했다.

"그런 일이라면 조금도 어렵지 않다. 내가 지금 네 소원을 이루어 주마."

그런 다음 그는 사형을 기다리는 죄수를 감옥에서 꺼내
오게 한 뒤 하인을 시켜 잔치 자리에서 목을 잘라 죽이도록
했다. 그러나 로마의 연대기 편찬자인 발레리우스 안티아스
(Valerius Antias)의 말에 따르면, 루키우스가 죄수를 죽인 것은
그 소년을 즐겁게 해 주려고 그런 것이 아니라 애첩을 즐겁게
해 주고자 함이었다고 한다.

리비우스의 『로마사』(XXXIX : 42)에 따르면, 자기가 읽은 카
토의 기록에는 좀 다르게 쓰여 있다고 한다. 곧 루키우스는 갈리
아의 탈영병을 잔치 자리로 데려와 그의 아내와 자식들이 보는
앞에서 그 소년을 즐겁게 해 주려고 자기가 직접 죽였다고 한다.

그러나 이 이야기는 루키우스를 모욕하려고 카토가 과장
한 것일 수도 있다. 왜냐하면 죽은 사람이 갈리아의 탈영병이 아
니라 이미 사형 언도를 받은 죄수였다는 사실이 다른 자료에서
입증되었고, 웅변가 키케로가 그의 작품 『노년』에서 그런 이야
기를 카토에게서 직접 들은 바 있다고 기록하고 있기 때문이다.

19

[기원전 184년에] 감찰관에 오른 카토는 원로원에서 품위를 잃은
의원들을 정리하면서 앞서의 사건을 이유로 들어 집정관까지
지낸 루키우스 플라미니누스도 제명했다. 이때 사람들은 형
플라미니누스도 그토록 불명예스러운 일에 연루되었다고 생
각했다. 그래서 두 사람은 허름한 옷을 입고 눈물을 흘리며 시
민들 앞에 나타나 이렇게 요구했다.

"카토는 무슨 이유로 우리와 같은 명문가의 사람들에게
이런 망신을 주는지 그에 합당한 이유를 시민들에게 설명해야
합니다."

이에 카토가 서슴지 않고 앞으로 나와 동료들과 함께 플
라미니누스 앞에 서서 물었다.

"그대는 동생이 잔치 자리에서 벌였던 사건을 알고 있었

나요?"

플라미니누스가 대답했다.

"모르고 있었습니다."

그러자 카토는 루키우스를 불러내어 공식적으로 이 사건을 언급하면서 물었다.

"이번 사건에 사실과 다른 부분이 있습니까?"

루키우스가 아무런 대답을 못 하자 시민들은 그의 직위를 박탈하는 것이 마땅하다는 것을 알고 강단에서 내려온 카토를 정중히 호위하고 떠났다.

동생 루키우스 사건으로 크게 상처를 입은 플라미니누스는 카토의 정적들과 손을 잡았다. 원로원에서 우월한 지위에 앉게 된 플라미니누스는 카토가 만든 임대차법(賃貸借法)과 계약법을 무효화시킨 것 말고도 여러 차례 카토를 중죄(重罪)로 고발했다.

플라미니누스는 불량하고 벌을 받아 마땅한 사람이 단지 자기 동생이라는 이유만으로, 가장 선량한 시민이자 합법적인 카토를 말할 수 없이 핍박했다. 이 점에서 나는 플라미니누스의 처사를 선량한 인간이나 선량한 시민의 행위라고 인정할 수 없다.

언젠가 로마 시민이 극장에서 연극을 보고 있을 때였다. 그럴 경우 관례에 따르면, 원로원 의원은 가장 좋은 자리에 영광스럽게 앉아 볼 수 있었다. 그러나 루키우스가 맨 뒷자리에서 가난하고 지위가 낮은 사람들과 함께 앉아 있는 것을 본 로마 시민은 측은한 생각이 들어 그 모습을 차마 보고만 있을 수가 없었다. 그래서 그들은 소리쳐 그의 자리를 바꿔 주도록 요구했다. 그제야 루키우스는 자리를 바꿔 집정관의 신분에 걸맞는 사람들과 같은 자리에서 연극을 보았다.

20

내가 앞에서 기록한 바와 같이, 플라미니누스는 타고난 공명심으로 전쟁에서 큰 공로를 쌓을 때까지만 해도 많은 칭송을 들었다. 플라미니누스는 집정관에서 물러난 뒤에도 두 번이나 군무 위원에 선출되었는데, 그렇게까지 공명심에 부풀어 권력에 욕심을 낼 것까지는 없었다.

플라미니누스는 관직에서 물러나 늙었을 때 오히려 더 많은 비난을 들었다. 왜냐하면 이제 너무 늙어 남은 생애 동안에 더 할 일이 없었음에도, 젊은 날의 영광과 명예에 사로잡혀 일에 대한 욕심을 버리지 않았기 때문이었다.

지나친 명예심에 휘말린 플라미니누스가 뒷날 한니발을 처리하는 과정을 본 대부분의 시민은 그에게 진저리를 쳤다. 그 무렵에 한니발은 조국에 버림받고 시리아의 안티오코스에게 몸을 의지하고 있었다. 그러다가 [기원전 191년에] 안티오코스가 프리기아(Phrygia)에서 로마인들에게 지고 강화 조약을 기꺼이 받아들였다.

[강화 조건에는 한니발을 로마에 넘겨준다는 내용도 들어 있었기 때문에](리비우스, 『로마사』, XXXVII : 45) 한니발은 다시 그곳을 탈출하여 비티니아(Bithynia)의 프루시아스(Prusias)왕의 궁정에 마지막으로 자리 잡았다. 로마인들 가운데 이를 모르는 사람은 아무도 없었으나, 그들은 병들고 늙은 한니발을 운명 속에서 조난당한 자로 여겨 동정해 주었다.

그러나 원로원이 부과한 몇 가지 임무를 띠고 프루시아스왕에게 사절로 파견된 플라미니누스는 아직도 한니발이 살아 있는 것을 보고 매우 분노했다. 자기에게 몸을 의지하고 있는 가까운 동지를 위해 프루시아스왕이 여러 차례 간곡하게 화해를 부탁했지만 플라미니누스는 도무지 듣지 않았다.

그런데 그곳에는 옛날부터 내려오는 신탁이 있었다. 그 뒤에 입증된 바와 같이, 그것은 한니발의 죽음과 관련된 것으로서 이렇게 되어 있었다.

리비사(Libyssa)의 땅이
한니발의 뼈를 덮으리로다.

여기에서 리비사는 리비아(Libya)를 뜻한다. 따라서 한니발은
자신이 카르타고에 묻힌다는 뜻으로 이를 해석하여, 자신이
그곳에서 삶을 마칠 것이라고 믿고 있었다. 왜냐하면 비티니
아의 해안에 모래밭이 있고 그 이웃에 큰 마을이 있었는데, 그
곳이 바로 리비사였기 때문이었다. 한니발은 그 마을에서 가
까운 곳에 살고 있었다.

그러나 오래전부터 한니발은 프루시아스왕이 마음 약한
사람임을 잘 알고 있었고, 언젠가는 로마 병사들이 쳐들어올
것을 걱정하여 침실에서 밖으로 도망할 수 있는 통로를 일곱
군데나 미리 파 두었다. 이 통로는 땅 밑에서 각기 다른 방향으
로 뚫려 있었고, 저쪽 멀리에 비밀 출구로 이어져 있었다.

따라서 플라미니누스가 자기를 죽이려 한다는 소식을 들
은 한니발은 지하 통로로 빠져나가려 했지만, 모두 프루시아
스왕의 경비병에게 막힌 것을 알고는 자살하기로 결심했다.
어떤 사람들의 말에 따르면, 한니발은 자기 외투를 목에 감고
자신의 여린 등에 종들이 올라타게 한 다음 양쪽에서 잡아당
겨 조이게 하여 죽었다고 한다.

또 다른 사람들의 말에 따르면, 그는 테미스토클레스(제
7장)나 프리기아의 왕 미다스(Midas)처럼 소의 피를 마시고 죽
었다고 한다.[7] 그러나 리비우스의 『로마사』(XXXIX : 51)에 따르

---

7 "테미스토클레스도 소의 피를 마시고 죽었다"(제7장 「테미스토클레스
전」, § 31)고 기록되어 있는데, 그것이 왜 죽음을 초래하는지에 대해서는
알려진 바가 없다. 한국의 속설에도 소의 피가 좋다는 말을 믿고 따뜻한
선혈을 마신 뒤 죽었다는 사례가 있다. 아마도 따뜻했을 때는 액체였던
피가 내장으로 들어갔을 때 갑자기 굳어지면서 장폐색이 일어나 죽는다
는 뜻으로 보인다.

면, 한니발은 평소에 독약을 지니고 있다가 그날 그것을 타 마시면서 이렇게 말했다고 한다.

"자, 이제 로마의 가장 큰 걱정거리를 없애 줄 때가 되었구나. 그들은 그토록 미워하던 늙은이의 죽음을 더 이상 기다릴 수 없다고 생각하고 있구나. 그렇다고 해도 플라미니누스는 이번 일을 승리라고 자랑스러워하지는 못할 것이다. 그들의 조상들은 자기들과 싸워 이긴 정적 피로스가 독살될 위험에 빠졌을 때 이를 그에게 은밀하게 가르쳐 주었는데, 플라미니누스는 무슨 낯으로 그 조상들을 만나려나."(제39장 「피로스전」, § 21)

21

한니발은 그렇게 죽었다. 그의 죽음이 로마의 원로원에 알려지자 많은 사람이 플라미니누스의 처사가 너무 혐오스럽고 교만하며 잔인하다고 생각했다. 이제 늙어 날아갈 수도 없고 꼬리마저 빠진 채, 잘 길들어 남에게 해코지할 수도 없는 한 마리의 새 같은 목숨을 그가 죽였기 때문이다. 플라미니누스는 오직 한니발을 죽였다는 명성을 얻기 위해 굳이 필요도 없는 일을 저지른 것이었다.

사람들은 그에 견주어 스키피오의 자비롭고 고결한 인격을 말하면서 스키피오를 더욱 칭송했다. 그때까지 불패의 용장으로서 아프리카를 두려움으로 몰아넣었던 한니발을 쳐부수었던 스키피오는 한니발을 다른 나라로 추방하지 않았고, 치욕스럽게 그의 조국에게 신병을 넘겨 달라고 요구하지도 않았다.

오히려 스키피오는 전투가 일어나기에 앞서 한니발을 만나 실제로 친절한 인사를 나누고, 전쟁이 끝나 강화를 맺을 때도 정적의 불운함을 모욕하거나 짓밟지 않았다.

들리는 바에 따르면, 스키피오와 한니발은 에페소스에서

플라미니누스

다시 만났다고 한다. 처음에는 둘이 함께 주변을 걷다가 한니발이 스키피오에게 상석을 권하고 자신도 그 곁에 앉았다. 스키피오는 그와 함께 걸을 때 그보다 발걸음을 앞세우지 않았다. 그러다가 다시 역대의 장군들에 관한 이야기가 나오자 한니발이 말했다.

"역사에서 가장 위대한 명장은 알렉산드로스 대왕이었고, 그다음은 피로스왕이었고, 그다음은 나였습니다."

그 말을 들은 스키피오가 조용히 웃으며 물었다.

"내가 만약 장군을 이기지 못했더라면 장군은 뭐라고 말씀하시겠습니까?"

그러자 한니발이 이렇게 대답했다.

"스키피오 장군, 그때는 내가 세 번째가 아니라 가장 위대한 장군이었다고 말해야겠지요."(리비우스, 『로마사』, XXXV : 14; 제51장 「한니발전」, § 57)

민중은 스키피오의 그와 같은 처신을 찬양하면서, 이미 죽은 목숨이나 다름없는 사람을 다시 죽였다고 플라미니누스를 비난했다.

그러나 플라미니누스의 업적을 칭송하는 사람들도 있다. 그들의 말에 따르면, 한니발은 불길 같은 사람이어서 그 목숨이 붙어 있는 한 분란만 일으킨다는 것이다. 로마인들이 견딜 수 없는 것은 한니발의 육신이나 군대가 아니라 타고난 잔인함과 로마인들에 대한 적개심으로 말미암아 증폭된 그의 능력이었다.

이런 성품은 나이를 먹는다고 해서 사라지지 않는다. 인간의 천성은 쉽게 바뀌지 않는다. 반면에 운명은 덧없는 것이어서 늘 변덕스럽다. 따라서 요동치는 운명은 정적을 영원히 미워하는 사람들에게 새로운 과업을 시도할 수 있다는 희망을 준다. 그런 점에서 뒤이어 일어난 사건들은 플라미니누스의 선택을 어느 정도 정당화해 주었다.

그러한 사례로, 페르가몬의 아리스토니쿠스(Aristonicus)는 현악기 연주자의 외손자이면서도 알렉산드로스 대왕의 부장(副將)이었던 에우메네스(Eumenes)와 자신의 인연을 내세워 [기원전 131~130년에] 아시아를 전쟁과 반란의 소용돌이로 몰아넣었다.

그런가 하면, 아나톨리아(Anatolia)의 미트리다테스왕은 [기원전 88~84년에] 술라와 핌브리아(Fimbria)에게 지고 많은 병력과 장군을 잃었으면서도 [기원전 74~67년에] 다시 한번 일어나 바다와 육지에서 로마의 루쿨루스 장군에게 무섭게 항전했다.

그러나 한니발은 애초에 그만큼, 그러니까 마치 카이우스 마리우스처럼 몰락한 적이 없었다. 한니발은 왕을 친구로 두었고, 마지막까지 함대와 기병대와 보병을 거느리고 있었기 때문이다.

반면에 마리우스는 젊었을 때 아프리카를 떠돌면서 거지 생활을 했고, 거듭되는 불운으로 인해 사람들의 웃음거리가 되었다. 그러나 세월이 지나자 그는 로마인들의 목에 도끼를 겨누고 그들의 등을 채찍으로 때렸으며, 로마인들은 초라한 모습으로 그의 자비를 구했다.

진실로 말하건대, 먼 뒷날에 무슨 결과가 기다리고 있을지 모르므로, 지금 일어나는 사건이 위대한지 아니면 비천한지 섣불리 판단을 내릴 수는 없다. 운명의 끝없는 변화는 죽을 때에야 멈출 것이다.

플라미니누스도 바로 이런 맥락에서 어쩔 수 없는 선택을 한 것뿐이라고 말하는 사람들도 있다. 게다가 그는 스키피오와 함께 한니발을 제거할 임무를 띠고 사절로 갔기 때문에 다른 방도가 없었다는 것이다.

그 뒤로 플라미니누스가 군인이나 정치인으로서 남긴 업적은 알려져 있지 않다. 그는 평화롭게 삶을 마쳤다. 이제는 그와 휠로포이멘을 비교하는 일만 남았다.

플라미니누스

플라미니누스는 훌륭한 군대를
잘 지휘한 사령관이었고,
휠로포이멘은
훌륭한 군대를 만든 사령관이었다.
— 플루타르코스

민중이 선출한 장군보다는
민중을 위해
지혜롭게 충고할 수 있는 사람이
진정한 장군이다.
— 휠로포이멘

1

그리스인들에게 베푼 은혜의 크기로 보면, 그리스인 휠로포이
멘이나 그보다 훌륭했던 어느 그리스인도 로마인 플라미니누
스와 견줄 수 없다. 휠로포이멘을 비롯한 몇몇 사람은 그리스
인이면서도 동포들에게 칼을 겨누었지만, 플라미니누스는 다
른 민족이면서도 그리스인들을 위해 싸웠다.

그뿐만 아니라 휠로포이멘은 적국의 침략에서 조국을 지
킬 수 없게 되자 크레타로 도망했지만, 바로 그 시각에 플라미
니누스는 남의 나라인 그리스의 한복판에서 필리포스왕을 쳐
부수고 그리스와 그리스인들을 해방했다. 그들이 치른 전투
의 통계를 뽑아 보면 아카이아 동맹군 사령관으로서 휠로포이
멘이 동포를 죽인 수는 플라미니누스가 그리스를 돕고자 죽인
마케도니아의 병력보다 많았다.

휠로포이멘과 플라미니누스의 허물에 관해 이야기한다면, 휠로포이멘은 너무 경쟁을 좋아했고, 플라미니누스는 야심이 지나쳤다. 플라미니누스는 필리포스왕의 존엄성을 살려 주었고 아이톨리아인들에게도 호의를 보여 주었지만, 휠로포이멘은 분노로 말미암아 주변 부족에 대한 자기 나라의 지배력까지 잃게 했다. 더 나아가서 플라미니누스는 늘 남들에게 끝없이 은혜를 베풀었지만, 휠로포이멘은 분노로 말미암아 늘 친절을 거두곤 했다.

　이를테면 휠로포이멘은 한때 스파르타에 은혜를 베풀었지만 시간이 지나자 그들의 성벽을 헐어 버리고 영토를 빼앗고 끝내는 그들의 헌법까지 바꾸거나 파괴했다. 또한 가능하다고 여겨지는 상황이 되기에 앞서 너무 일찍 메세네를 공격했다. 스스로의 호전성 때문에 목숨을 잃은 셈이다. 그는 군사 작전을 수행하면서 플라미니누스가 보여 준 바와 같은 신중함을 보여 주지 못했다.

2

전쟁과 개선식의 수로 본다면 휠로포이멘의 군사 경험이 훨씬 더 뛰어났다. 플라미니누스는 오직 두 번의 전투로 필리포스와 벌인 전쟁의 승부를 결정지었지만, 휠로포이멘은 수많은 전투에서 이겼다. 게다가 그 승리는 그저 운이 좋아서가 아니라 그의 뛰어난 작전이 거둔 성과였다.

　더 나아가서 플라미니누스는 그의 명성으로 말미암아 전성기의 로마 군대를 물려받았지만, 휠로포이멘의 경우에는 이미 그리스가 기울던 때에 전공을 이루었다. 그러므로 휠로포이멘의 승리는 그 자신의 업적이었지만 플라미니누스의 업적은 공동체가 노력한 결과였다고 볼 수 있다.

　그런 점에서 본다면 플라미니누스는 훌륭한 군대를 잘 지휘한 사령관이었고, 휠로포이멘은 훌륭한 군대를 만든 사령관이었다. 휠로포이멘과 그리스인들 사이에 일어났던 갈등은 비록 불운한 일이기는 했지만 그의 용맹함을 잘 보여 주는 증거를 분명히 제공했다. 왜냐하면 꼭 같은 조건에서는 용기가 뛰어난 장군이 이기기 때문이다.

휠로포이멘은 그리스에서 가장 호전적인 민족인 크레타인과 스파르타인을 상대로 싸웠는데, 전략이 가장 우수하다는 크레타인을 지략으로 이겼고, 가장 용맹스럽다는 스파르타인을 용맹으로 이겼다.

더 나아가서 플라미니누스는 이미 다 완성된 군대의 무장과 진용(陣容)을 넘겨받아 그것으로써 승리를 얻은 반면, 휠로포이멘은 자신의 군대를 키우고 변화시켜 승리를 이루었다. 그러니 휠로포이멘은 승리를 위해 가장 본질적인 것이 갖춰지지 않은 것을 만들어 가면서 전쟁을 치렀고, 플라미니누스는 이미 준비를 마친 병력으로 전쟁을 했다고 말할 수 있다.

더욱이 휠로포이멘은 자신의 용맹으로 그만한 전공을 이루었지만 플라미니누스는 그럴 만한 것이 없었다. 그래서 알케데모스(Alchedemos)라는 아이톨리아인은 이렇게 플라미니누스를 조롱하고 있다.

"내가 칼을 빼 들고 전속력으로 마케도니아 군사들을 향해 달려가 뒤엉켜 싸우다 돌아보니 플라미니누스는 손을 모으고 하늘에 기도를 드리고 있었다."

3

한편, 플라미니누스는 지휘관이자 사절로서 자신이 맡은 임무를 잘 수행했으며, 휠로포이멘은 장군으로 재직하고 있을 때보다 민간인의 신분으로 아카이아족을 위해 일할 때 더욱 적극적이었고 활동적이었다.

휠로포이멘이 나비스를 몰아내고 메세네를 해방시킨 것도 민간인으로 있을 때의 일이고, 디오파네스 장군과 플라미니누스가 쳐들어왔을 때 스파르타의 성문을 닫고 그곳 시민을 구원해 준 것도 민간인 시절에 있었던 일이다.

이러한 영도력을 천품으로 타고난 휠로포이멘은 어떻게 하는 것이 법을 지키는 것이며, 공익을 위해 어떻게 법을 뛰어넘어야 하는지를 잘 알고 있었다. 지휘관이란 민중의 손으로 뽑히는 것이 아니며, 필요하다면 지휘관이 민중을 자기 휘하에 두어야 한다고 생각했던 휠로포이멘은 민중이 선출한 장군보다는 민중에게 지혜롭게 충고할 수 있는 사람이 진정한 장군이라고 여겼다.

플라미니누스가 그리스인들에게 보여 준 인자함과 인간미는 참으로 고결한 것이었다. 그러나 휠로포이멘이 로마인들에게 항쟁하면서 보여 준 자유에 대한 의지와 사랑은 더욱 고결했다. 왜냐하면 적군에게 호의를 간청하는 것보다 강력한 적군과 맞서 싸우는 것이 더 어려운 일이기 때문이다.

그러나 이와 같이 검토해 보아도 두 사람 가운데 누가 더 위대했는가를 가리는 것은 어려운 일이다. 그러므로 나는 두 사람을 놓고 평가할 것이 아니라 차라리 두 민족을 놓고 평가하되, 군사적 경험의 문제에서는 그리스인들에게 승리의 관을 씌워 주고, 정의와 따뜻한 마음이라는 문제에서는 로마인들에게 승리의 관을 씌워 주는 것이 공정한 평가가 아닐까 하는 질문을 독자들에게 남기면서 이 글을 마치려 한다.

아라토스[1]
ARATUS

?~ 기원전 213

I   아마도 뒤에 나오는 네 편, 곧 「아라토스전」, 「아르타크세르크세스전」, 「갈바전」, 「오토전」은 미완성의 원고일 것이다. 따라서 이야기의 흐름이 끊어지는 곳이 있고, 비교 평전도 없다.

늘 자신이 남들보다 뛰어나다고
생각하는 사람은
자신을 사랑하는 사람일 수는 있어도
덕망을 사랑하는 사람은 아니다.
— 플루타르코스

뭉치면 살고 흩어지면 죽는다.
— 아라토스

아카이아 동맹군의 장군들은
전쟁만 임박하면 위경련이 일어난다는
소문이 돌았다.
— 플루타르코스

1

폴리크라테스(Polykrates)에게.[2]

옛날에 어떤 격언이 있었는데, 그리스의 스토아 철학자 크리시포스(Chrysippos)는 그 원문을 다음과 같이 고치는 것이 좋겠다고 생각했다.

행복한 아들이 아니고서야,
누가 아버지를 칭찬하겠는가?

이를 본 트로에젠의 궤변 철학자 디오니소도로스(Diony-sodoros)는 그것을 본래의 문장대로 고쳐 이렇게 기록했다.

2　　폴리크라테스는 필자 플루타르코스의 친구이다. 본문의 문맥으로 미뤄 볼 때 그는 이 글의 주제가 되는 아라토스의 후손임이 분명하다. 이탈리아의 작가들은 이와 같이 책을 써서 친지나 권력자들에게 바치는 것이 관례였다.(제1장「테세우스전」, §1 참조)

불행한 아들이 아니고서야
누가 아버지를 칭찬하겠는가?

그러고서 그는 이렇게 말했다.

"자신은 이룬 것이 하나도 없으면서 조상이 이루어 놓은 덕망을 재산으로 삼아 살아가는 자들, 조상을 칭찬함으로써 이득을 보는 사람들은 위의 격언을 읽은 뒤로 입을 다물어야 한다."

그러나 그리스 시인 핀다로스의 시에 이런 구절이 있다.

인간의 고결한 정신은 자연스럽게
그가 조상에게서 물려받은 바를
보여 준다.

위의 시에서 보듯이, 그대처럼 가문의 훌륭한 유산을 지키며 사는 사람들은 예나 이제나 남들에게서 조상의 이야기를 듣거나 스스로 그 이야기를 남들에게 들려줌으로써 위대한 조상을 마음속에 되새기는 행운을 분명히 누리게 될 것이다.

이는 그들이 스스로 고결한 자질이 부족해 남들의 칭찬에 의지하여 자신의 명성을 세우려 하기 때문이 아니다. 그들의 삶이 위대한 조상의 삶과 연결되어 있기 때문이다. 그들은 조상을 가문의 시조이자 삶의 지표로 삼으면서 공경한다.

그러므로 나는 지금 그대의 동족이자 선조인 아라토스의 전기를 그대에게 써 보낸다. 그대가 조상의 명성과 영향력을 떨어뜨리지는 않겠지만, 처음으로 그대 조상의 위대한 생애를 속속들이 알고 나면 아픔이 없지는 않을 것이다.

그러나 나는 그대의 두 아들 폴리크라테스와 피토클레스(Pythocles)가 이 글을 읽으면서 선대가 보여 준 교훈을 본받아 성장하기를 바라는 마음으로 이 글을 썼다. 늘 자신이 남들보다 뛰어나다고 생각하는 사람은 자신을 사랑하는 사람일 수는 있어도 덕망을 사랑하는 사람은 아니다.

2

도시 국가 시키온은 본디 도리스식의 귀족 정치[3]를 누리고 있었는데, 그것이 무너지자 마치 조화가 깨지듯이 당파와 야심 많은 선동가의 먹이가 되어 하루도 조용한 날이 없었다. 그러다 보니 통치자는 폭군에서 폭군으로 이어졌다. 그러다 클레온이 살해되면서 비로소 티모클레이데스(Timocleides)와 클레이니아스(Cleinias)가 공동 통치자로 선출되었다.

두 지도자는 민중 사이에 평판이 좋고 영향력도 매우 컸다. 그러나 정부가 안정되는 듯 보이자마자 티모클레이데스가 죽었다. 그러자 파세아스(Paseas)의 아들 아반티다스(Abantidas)가 [기원전 264년에] 클레이니아스와 그의 막료와 친척들을 죽이고, 다른 사람들도 죽이거나 추방한 뒤 정권을 탈취했다.

아반티다스는 또한 고아가 된 클레이니아스의 일곱 살 된 아들 아라토스까지 죽이려 했다. 그러나 집 안이 혼란한 틈을 타 소년은 도망자들과 함께 피신했다. 겁에 질린 아라토스는 누구에게도 도움을 받지 못한 채 도시를 떠돌다가 우연히 한 여성의 집에 숨어들었다.

그 여성은 새로운 독재자 아반티다스의 여동생으로서 아라토스의 삼촌인 프로판토스(Prophantos)의 아내였는데, 이름은 소소(Soso)였다. 이 여성은 성품이 고결하였으며, 어린 아라

---

3   도리스는 삼면이 험준한 산으로 둘러싸여 있고 케피소스(Kephisos)강이 흐르는 동쪽만이 열려 있는 산간 지대였다. 보이온(Boion)·에리네오스(Erineos)·키티니온(Kytinion)·핀도스(Pindos) 등의 네 도시가 있어 테트라폴리스(Tetrapolis, 네 도시)라고도 불렀다. 기원전 12세기에 그리스 본토에 침입한 도리스인들은 이 지방에 머무르다가 기원전 2세기 이후에 역사에서 사라졌다. 이들은 그리스의 여러 부족 가운데 귀족 정치를 선호했다.

토스가 자기에게 피신하여 들어온 것은 하늘의 뜻이라 생각하고 집 안에 숨겨 두었다가 밤이 되자 몰래 아르고스로 보냈다.

3

이와 같이 죽음의 위기를 벗어난 아라토스는 폭군에 대한 격렬한 증오심을 품고 성장했다. 아르고스에는 아버지의 집이 있었는데, 그곳에서 아라토스는 아버지의 친구와 손님들과 함께 자유주의적인 분위기 속에서 자랐다.

자신이 건장한 몸으로 성장하고 있음을 안 아라토스는 체육관에서 체력 단련에 몰두하여 5종 경기[달리기, 높이뛰기, 창던지기, 권투, 레슬링]에서 우승할 정도의 체력을 길렀다.

실제로 장엄하고 수려한 몸매를 가진 아라토스의 동상은 그가 운동을 열심히 하고, 식사를 절제하고, 열심히 일했음을 보여 주고 있다. 아라토스는 공직 생활을 하고 싶었지만 웅변 연습에 몰두하지는 않았다.

그러나 들리는 바에 따르면, 아라토스의 실제 웅변 능력은 그의 『평론(Commentaries)』을 읽은 사람들이 판단했던 것보다 훨씬 뛰어났다고 한다. 그 글은 본격적으로 글을 쓰고자 해서 쓴 것이 아니라 어떤 대회에 나가고 싶은 마음에 생각나는 대로 즉석에서 쓴 것이었다.

아라토스가 아르고스로 도피한 지 얼마의 시간이 흐른 뒤에 그리스의 역사학자 데이니아스(Deinias)와 논리학자 아리스토텔레스(Aristoteles)가 아반티다스를 죽였다. 그 폭군은 광장에서 벌어지는 토론에 참여하기를 좋아했다.

암살자들은 그 행사장에 아반티다스를 초대한 다음 일을 꾸며 죽였다. 그러자 아반티다스의 아버지 파세아스가 권력을 잡았다가 니코클레스의 역모로 죽고, 니코클레스가 다시 폭군이 되었다.

들리는 바에 따르면, 니코클레스는 킵셀로스(Cypselos)의 아들 페리안드로스(Periandros)와 몹시 닮았다고 한다. 이는 마치 페르시아의 오론테스(Orontes)가 그리스 신화에 나오는 암피아라오스(Amphiaraüs)의 아들 알크마이온(Alkmaeon)을 닮고, 그리스 신화에서 미르틸로스(Myrtilos)가 말한 스파르타 청년이 트로이의 영웅 헥토르(Hector)를 닮은 것과 같았다. 미르틸로스의 말에 따르면, 그 스파르타 청년은 자기의 모습을 구경하러 나온 사람들의 발에 밟혀 죽었다고 한다.[4]

4

니코클레스는 넉 달 동안 시키온의 폭군 노릇을 했다. 그동안에 그는 많은 잘못을 저질러 아이톨리아인들이 쳐들어왔을 때 나라를 거의 잃을 뻔했다. 이 무렵[기원전 251년]에 이제 성인이 된 아라토스는 좋은 가문과 훌륭한 정신으로 많은 사람에게 존경받고 있었다. 그는 범상하지 않았고 진취적이었으며 열정이 남달랐을 뿐만 아니라 나이보다 판단력이 노련했다.

그런 이유로 시키온에서 온 망명객들은 아라토스를 지도자로 모시기로 굳게 마음을 먹고 있었다. 니코클레스는 그와 같은 상황을 눈치챘고, 아라토스를 견제하고자 은밀하게 그의 처신을 감시했다.

니코클레스는 아라토스가 무슨 거대한 사건을 일으킬까 봐 두려워하지는 않았다. 니코클레스가 두려워한 것은 아라토스가 그의 아버지와 오랜 우정을 맺어 온 다른 나라의 왕들과 내통하고 있을지도 모른다는 점이었다.

실제로 아라토스는 그런 계획을 갖고 있었다. 그러나 마케도니아의 안티고노스 고나타스(Antigonos Gonatas)왕은 폭군

---

4   이 문장의 내용은 불완전하다. 부분적으로 원고가 없어진 듯하다. 그다음의 내용은 아마도 페리안드로스가 니코클레스와 닮았던 탓에 봉변을 겪은 이야기일 것이다.

을 몰아내리라는 약속을 소홀히 하면서 날짜를 미루고 있었
고, 이집트의 프톨레마이오스(Ptolemaios Philadelphos)왕에 대한
희망은 아득하기만 했다. 결국, 아라토스는 자기 힘만으로 폭
군을 몰아내기로 결심했다.

5

아라토스는 처음으로 자기의 계획을 아리스토마코스와 에크
델로스(Ecdelos)에게 털어놓았다. 아리스토마코스는 시키온의
망명객이었으며, 에크델로스는 아르카디아의 메갈로폴리스
출신으로 지혜와 행동을 모두 갖추고 있었다. 또한 그는 아테
네의 아카데미아학파인 아르케실라오스의 가까운 친구였다.

　　이들의 적극적인 동조를 얻은 아라토스는 다른 망명객들
과 접촉하기 시작했다. 아라토스가 자신들에게 걸고 있는 기
대를 저버린다는 것이 부끄러웠던 몇몇 사람이 거사에 참여했
지만, 경험도 부족한 아라토스가 지나치게 용맹스럽다는 이유
로 많은 사람이 그의 거사를 적극적으로 말렸다.

　　아라토스가 폭군을 기습하여 전쟁을 벌이려고 시키온의
어느 지점을 찾고 있을 때 시키온의 감옥을 탈출한 사람이 아
르고스로 찾아왔다. 그는 망명객 크세노클레스(Xenokles)의 동
생으로서 형을 따라 아라토스를 찾아온 것이다.

　　그 탈옥수의 말에 따르면, 자신이 넘어온 곳은 성벽 안쪽
의 지면이 성벽과 거의 같은 높이이고, 그곳을 지나면 가파른
바위가 이어져 있으며, 성의 바깥쪽 벽도 그리 높지 않아 사다
리로 넘을 만하다는 것이었다. 이 말을 들은 아라토스는 자기
의 종 세우타스(Seuthas)와 테크논(Technon)을 붙여 크세노클레
스를 성으로 보내 측량하도록 했다.

　　아라토스는 자신의 제한된 자산을 가지고 폭군의 막대한
자산을 상대로 공개적인 싸움을 오래 치르기보다는, 될 수만
있다면 단 한 번의 은밀하고 신속한 공격으로 모든 거사를 운

명 짓기로 했다.

크세노클레스가 성벽을 측량하고 돌아왔다. 그의 보고에 따르면, 성벽은 넘지 못할 정도로 높거나 어렵지 않지만 성 앞에 있는 과수원의 개들이 몹시 사나워 그들에게 들키지 않고 지나가기가 어렵다고 말했다. 이 말을 들은 아라토스는 곧 거사에 착수했다.

6

그 무렵에는 모든 사람이 강도와 약탈에 몰두해 있던 터라 무기를 다루는 일은 특별한 재주가 아니었다. 사다리는 에우프라노르(Euphranor)가 여봐란듯이 만들었지만, 그는 본디 의사였기 때문에 의심받지 않았다. 그도 또한 망명객이었다.

아르고스에 있던 아라토스의 친구들이 무사 열 명을 보내주었고, 아라토스는 자기 하인 30명을 무장시켰다. 또한 그는 도적의 대장으로서 가장 악명이 높았던 크세노필로스(Xeno-philos) 휘하의 용병 몇 명을 빌리면서, 시키온에 있는 안티고노스왕의 말을 빼앗으러 간다고 둘러댔다.

그는 나머지 참여자들에게 조금씩 무리를 지어 먼저 폴리그노토스(Polygnotos) 탑에 가서 기다리라고 지시했다. 아라토스는 또한 카피시아스(Caphisias)에게 가볍게 무장하고 네 명의 동지와 함께 어두워질 때 지나가는 나그네로 꾸미고 과수원으로 가 그날 밤을 묵으면서 주인과 개들의 입을 막으라고 지시했다. 그렇지 않고서는 그곳을 지날 수가 없었다. 사다리는 조립할 수 있도록 만들어 상자에 넣은 다음 마차에 실어 먼저 성으로 보냈다.

한편, 니코클레스가 보낸 몇 명의 첩자가 아르고스에 들어와서 아라토스의 움직임을 비밀리에 감시하고 있다는 보고가 들어왔다. 그 보고를 들은 아라토스는 날이 밝자마자 집을 나와 광장에 버젓이 나타나 친구들과 이야기를 나눈 다음 체육관으로 가 기름을 바르고 운동을 했다. 또한 그는 자기와 술을 마시며 이야기를 나누고 싶어 하는 젊은이들과 함께 체육관에서 나와 집으로 갔다.

조금 시간이 지나자 아라토스의 하인이 시장에서 꽃을 사는 모습이 보였고, 다른 하인은 등(燈)을 샀으며, 또 다른 하인은 잔치에서 피리와 하프를 연주할 기생들과 흥정을 벌이고 있었다. 이를 본 첩자들은 완전히 속아 너털웃음을 터뜨리며 서로에게 이렇게 말했다.

"보게나, 폭군보다 더 겁이 많은 사람이 없다고. 그토록 큰 도시를 다스리고 그토록 많은 병력을 거느린 니코클레스가 망명객 주제에 대낮부터 잔치를 벌이고 흥청거리는 애송이에게 겁을 먹고 있으니."

7

그렇게 속은 첩자들이 아르고스를 떠나자 아라토스는 아침 식사를 마친 뒤 곧 집을 나서 폴리그노토스 탑에서 무사들을 만났다. 그들은 함께 네메아(Nemea)를 향해 떠났다. 이곳에서 그는 일행에게 자기의 계획을 털어놓고 설득하는 한편, 성공한 뒤의 보수를 약속했다. '승리의 아폴론'으로 암호를 정한 아라토스는 시키온으로 떠났다.

명암에 따라 달빛을 즐기듯 발길을 재촉하거나 늦추면서 가던 그들은 달이 지자마자 과수원에 도착했다. 그곳에서 카피시아스가 아라토스의 일행을 맞으러 나왔다.

카피시아스는 개가 도망치는 바람에 그들을 잡아 두지는 못했지만 과수원 주인을 잡아 가두었다고 말했다. 그 말을 들은 일행은 크게 낙심하여 돌아가자고 아라토스에게 요구했다. 그러나 아라토스는 일행을 격려하려고 노력하면서, 만약 개가 짖어 문제가 생긴다면 그때는 돌아가겠노라고 약속했다.

그와 동시에 아라토스는 에크델로스와 므나시테우스

(Mnasitheus)에게 일행을 이끌고 사다리를 운반하도록 지시하고, 자기는 천천히 그 뒤를 따라갔다. 그러자 개들이 맹렬히 짖으면서 에크델로스와 그 일행을 따라 쫓아왔다. 그러나 그들은 성 밑에 이르러 실수 없이 사다리를 설치했다. 앞선 무리가 사다리를 오르고 있을 때 아침 경비조가 종을 치며 돌기 시작했다. 초병들이 다가오는 소리가 들리고 불빛이 비췄다.

침입자들은 사다리에 엎드려 초병들의 눈을 피했다. 그 순간 다른 초병들이 일조(一組)와 마주치며 지나갔다. 이때가 가장 위험한 순간이었다. 그러나 침입자들은 이때도 들키지 않았고, 므나시테우스와 에크델로스가 곧 성 위로 올라갔다. 양쪽에서 성벽에 오르는 통로를 확보한 그들은 테크논과 아라토스에게 사람을 보내 서둘러 올라오도록 알렸다.

8

과수원에서 성벽과 탑까지의 거리는 그리 멀지 않았다. 탑에는 큰 개 한 마리가 있었는데, 굼떠서 그랬는지 아니면 낮의 훈련에 지쳐서 그랬는지 침입자들이 오는 것을 모르고 있었다. 그때 과수원의 개가 짖자 탑에서 경비하던 개도 으르렁거리기 시작했다. 처음에는 소리도 작고 그냥 꿍얼거리는 것 같더니 일행이 지나가자 더욱 큰 소리로 짖었다.

사방에서 개들이 짖어 대자 성의 반대편에 있던 초병이 소리치며 왜 개들이 그리 짖는지, 뭔가 잘못된 일은 없는지 물었다. 그러자 이쪽의 초병은 걱정하지 않아도 된다고, 초병들이 지나가면서 불을 번쩍거리고 종을 울렸기 때문에 개들이 흥분해 그런다고 대답했다. 이 말을 들은 아라토스는 더욱 용기를 얻었다. 아라토스는 자기들이 온 것을 초병이 알면서도 숨겨 주려고 그렇게 대답했다고 생각했다. 만약 그렇다면 시내에는 많은 지지자들이 있을 것이었다.

그러나 나머지 무리가 성벽을 오르려 할 때 더 어려운 일

아라토스

이 생겨 시간이 지체되었다. 사다리가 너무 약해 한 사람씩만 올라갈 수 있었기 때문이었다. 시간이 부족했다. 벌써 새벽닭이 울고, 곧 시골에서 재배한 채소를 들고 사람들이 장터[광장]로 나올 때가 되었다. 이제 할 수 없이 아라토스도 앞서간 40명의 뒤를 따라 서둘러 성을 올라갔다.

　이미 저편으로 넘어간 몇몇 동지와 합류한 아라토스는 폭군의 집과 그의 호위대가 있는 곳을 향해 나아갔다. 그곳에서는 용병들이 밤을 지새우고 있었다. 아라토스 일행이 갑자기 달려들어 그들을 사로잡았으나 죽이지는 않았다. 아라토스는 곧 전령을 보내 동지들이 모두 집에서 나와 거사에 합세하도록 했다. 동지들이 사방에서 튀어나와 거리를 달렸다.

　날이 밝자 극장으로 몰려든 군중은 불안해했다. 그들은 여러 가지 떠도는 헛소문을 들었고, 실제로 지금 무슨 일이 벌어지고 있는지 몰랐기 때문이었다. 그때 전령이 앞으로 나와 클레이니아스의 아들 아라토스가 시민에게 자유를 주노라고 선언했다.

9

오랫동안 기다리던 날이 왔다고 확신한 시민들은 횃불을 들고 폭군의 처소로 쳐들어갔다. 왕궁에 큰불이 일어나 불빛이 코린토스에까지 비쳤고, 이에 놀란 그곳 주민들이 불을 끄러 가려 했다. 니코클레스는 남몰래 왕궁을 빠져나와 지하도를 통해 도시를 벗어났다.

　시키온 시민의 도움을 받아 불을 끈 군인들은 왕궁을 약탈했다. 아라토스는 병사들의 행동을 말리지 않았지만 폭군의 남은 재산들을 시민에게 나누어 주었다. 공격자와 적군을 통틀어 한 사람도 죽거나 다치지 않았다. 이처럼 행운의 여신은 거사가 무혈 혁명으로 성공하도록 축복해 주었다.

　아라토스는 니코클레스가 추방한 80명의 망명객과 지난

독재자들의 통치 기간에 해외로 망명한 5백 명의 인사들을 불러들였다. 그들은 거의 50년 가까이 다른 나라에서 떠돌았다. 가난한 몸이 되어 돌아온 망명객들은 자신들이 지난날 가졌던 재산의 반환을 요구하면서 자신들의 농장과 집을 찾아갔고, 아라토스는 커다란 어려움에 빠졌다.

아라토스는 외국인들과 마케도니아의 안티고노스왕이 이번 거사로 자유를 되찾은 시키온을 시샘의 눈으로 바라보고 있고, 안으로는 정치적인 혼란이 커지고 파벌간의 싸움이 심해지고 있다는 사실을 잘 알고 있었다.

이렇게 되자 아라토스는 시키온이 하루빨리 아카이아 동맹(제45장 「휠로포이멘전」, § 2)에 가입하는 것이 좋겠다고 판단했다. 그들은 아카이아 동맹에 기꺼이 가입하여 그 체제를 따랐다. 그 무렵 이 동맹은 아직 명성이 높지도, 세력이 강하지도 않았다. 아카이아인들 대부분은 작고 외딴 도시에 살고 있었다. 그들의 땅은 메마르고 좁았으며 해안에는 항구가 없이 깎아지른 듯한 바위뿐이었다.

그러나 동맹에 가입한 부족들은 서로 질서를 지키면서, 훌륭한 지도자의 지휘 아래 질서를 지킬 때는 그리스의 기량이 누구보다도 강인하다는 것을 보여 주었다. 그들은 고대 그리스의 번영을 모두 물려받지 못했고, 그 무렵에는 모두 합쳐 보아야 강대한 도시 국가 하나만도 못한 수준이었다. 그러나 그들은 유능했고, 덕망을 갖춘 지도자를 시샘하지 않고 존경하고 복종했다. 그렇게 그들은 거대한 도시 국가와 강대국과 폭군들 사이에서 자신의 자유를 지켰으며, 다른 많은 그리스인을 구원하고 자유를 지켜 주었다.

10

아라토스는 천부적으로 정치를 하려고 태어난 사람이었다. 그는 생각이 고결했고, 사사로움보다 공적인 일에 더 정확했고,

폭정을 미워했으며, 국가에 이익이 되는지의 여부에 따라 정적과 동지를 결정했다. 그는 동지들보다 정적들을 더 따뜻이 배려해 주었으며, 국가의 안위(安危)에 따라 자기의 입장을 결정하는 사람처럼 보였다.

아라토스는 또한 나라와 나라 사이의 화목과, 도시에서의 공동체 의식과, 회의나 협의에서의 의견 일치를 늘 중요하게 생각했다. 그는 공개적인 전투에서는 용기와 확신이 부족하면서도, 은밀하게 이익을 차지하고 도시 국가나 폭군을 다루는 데에는 탁월한 능력을 갖추고 있는 사람이었다.

확실히 아라토스는 자신이 용맹함을 보여 준 전투에서는 뜻하지 않은 성공을 여러 차례 거두었지만, 너무 조심하여 좋은 기회를 놓치는 일도 적지 않았던 것으로 보인다. 야생 동물의 세계를 보면 밤에는 잘 보는데 낮에는 시력이 떨어지는 동물이 있다. 그런 동물들의 눈은 안액(眼液)이 너무 마르거나 민감해서 밝을 때는 사물을 잘 보지 못한다.

사람의 경우에도 밝은 하늘 아래에서나 대중이 떠들썩한 자리에서는 행동이 움츠러들지만, 어둡고 감춰진 곳에서는 용기가 되살아나 제 모습을 드러내는 사람이 있다. 천성이 훌륭한 사람도 철학이 부족하면 이런 모습을 보일 수 있다. 그러나 그들은 이런 부족함 가운데에서도 덕망을 이루는데, 이는 가꾸지 않아도 저절로 자라 맛있는 과일을 여는 나무와도 같다. 다음 이야기가 그러한 사례에 든다.

11

시키온을 아카이아 동맹에 가입시킨 아라토스는 자신도 동맹군의 기병대에 들어가 진심으로 충성함으로써 사령관의 사랑을 받았다. 그는 자기의 명성과 자기 도시의 세력을 가지고 동맹에 가담함으로써 그 위상을 매우 높였지만, 어느 때나 동맹의 사령관에게 사병처럼 충성을 바쳤다. 아라토스는 상관이

디메(Dyme)나 트리타이아(Tritaea)의 장군이거나 그보다 더 보잘것없는 도시의 장군이었더라도 변함없이 충성했을 것이다.

그 무렵에 이집트의 왕 프톨레마이오스가 25탈렌트를 선물로 보내 주었다. 아라토스는 그 돈을 받아 동포들을 위해 쓰고, 또한 포로로 잡혀간 동포들의 몸값으로 지불했다.

12

그러나 망명에서 돌아온 사람들은 아무리 말려도 자기의 토지를 차지하고 있는 사람들에 대한 괴롭힘을 멈추지 않아 나라가 넘어질 정도로 위험에 빠졌다. 이를 해결하려면 프톨레마이오스왕의 도움을 받는 것이 유일한 희망이라고 생각한 아라토스는 이집트로 가서 이 분쟁을 해결할 수 있는 돈을 부탁해 보려고 결심했다.

이에 아라토스는 가장 빠른 길을 가려고 말레아(Malea) 북쪽에 있는 모토네(Mothone)에서 배를 타고 바다로 나갔다. 그러나 대양으로 나가자 바람이 거꾸로 불고 파도가 높아 사공은 항로를 벗어나 온갖 고생을 겪은 뒤에 적군의 땅인 아드리아(Adria)로 들어갔다.[5]

아드리아는 마케도니아의 안티고노스왕이 지배하면서 수비대까지 주둔해 있는 곳이었다. 육지에 올랐다가는 붙잡힐 것이라고 예상한 아라토스는 막료인 티만테스(Timanthes)만을 데리고 배에서 내려 내륙 깊숙이 들어갔다. 그들은 숲이 우거진 곳으로 들어가 고통스러운 밤을 보냈다.

조금 지나 수비대장이 아라토스를 잡으러 배에 올라왔다. 그러나 아라토스의 하인은 지시받은 대로, 아라토스가 에우보이아로 달아났다고 그를 속였다. 그러나 그 배와 짐과 아라토

---

5   역사가들은 여기에서 언급한 아드리아가 히드레아(Hydrea)의 잘못이라고 지적하고 있다.(페린, XI, 「아라토스전」, § 12, 각주 1 참조)

스의 하인들은 전리품으로 수비대장에게 압수되었다.

이런 일이 있은 뒤 며칠 동안 도와주는 이 없이 고생하던 끝에 아라토스에게 행운이 찾아왔다. 그들은 어떤 때는 망을 보기도 하고 어떤 때는 몸을 숨기면서 기다렸는데, 시리아로 가던 로마의 배 한 척이 그곳에 멈춘 것이다. 배에 오른 아라토스는 카리아(Karia)로 자기를 보내 달라고 선장에게 부탁했다. 이 항해 중에도 많은 고초를 겪으며 카리아에 이른 아라토스는 다시 며칠에 걸쳐 이집트로 갔다.

이집트의 왕은 당연히 정중하게 아라토스를 맞이하면서 힘닿는 대로 도와주었다. 왜냐하면 지난날 아라토스는 이집트 왕에게 그리스의 그림을 많이 선물한 적이 있었기 때문이었다.

그림에 관해서라면 아라토스는 안목이 높았고, 예술성이 빼어난 미술품들을 줄곧 모으고 있었는데, 그 가운데 시키온 학파(Sicyonian School)의 저명한 화가였던 팜필로스(Pamphilos)와 그의 제자인 멜란토스(Melanthos)의 작품을 몹시 좋아했다. 프톨레마이오스왕에게 보낸 것이 바로 그 작품들이었다.

13

그때까지만 해도 시키온 출신들이 그린 그림은 매우 아름답고 예술성이 높아 그들의 예술 세계는 영원히 인정받을 것이라고 사람들은 생각했다. 그리하여 저 유명한 그리스의 화가 아펠레스(Apelles)는 이미 유명인이 되었음에도 시키온에 와서 1탈렌트를 학비로 지불하고 예술가 모임에 가입했는데, 이는 미술을 배우고자 함이 아니라 시키온의 명성을 함께 누리려 함이었다.

시키온을 해방시킨 아라토스는 폭군들의 초상을 모두 없애면서도 마케도니아의 필리포스 2세(Philippos II) 시대에 권세를 누린 아리스트라토스(Aristratos)의 초상 앞에서는 한참 동안 생각에 잠겼다.

그 그림은 아라토스가 그토록 좋아했던 멜란토스가 제자들과 함께 그린 것으로, 경주에서 승리한 아리스트라토스가 전차 위에 서 있는 모습이었다. 지지학자(地誌學者) 폴레몬(Polemon)의 말에 따르면, 아펠레스도 그 그림을 그리는 데 참여했다고 한다.

아리스트라토스의 초상화는 참으로 걸작이었다. 아라토스도 그 예술성에 감동했지만, 얼마간 고민하다가 폭군에 대한 미움을 억제하지 못하고 그 그림을 없애 버리라고 지시했다. 그러자 아라토스의 친구인 화가 네아클레스(Neacles)가 그 그림을 없애지 말라고 탄원했다.

들리는 바에 따르면, 네아클레스는 눈물을 흘리며 애원했지만 아라토스를 설득하지 못하자 이렇게 말했다.

"폭군에 대한 미움은 전쟁으로 갚아야 합니다. 그림을 없애더라도 승리의 여신과 전차 부분은 그대로 두어야 합니다. 아리스트라토스의 모습은 제가 지우겠습니다."

아라토스는 끝내 네아클레스에게 졌다. 네아클레스는 아리스트라토스를 지우고 그 자리에 종려나무를 그려 넣었으나 다른 부분은 감히 손을 대지 못했다. 그러나 들리는 바에 따르면, 전차 밑으로 보이는 아리스트라토스의 발은 미처 지우지 못해 남아 있었다고 한다.

이집트의 왕은 미술품에 대한 아라토스의 이와 같은 애정을 깊이 아끼고 있던 터여서 이번에 그를 만난 뒤에 호감이 더욱 깊어져 150탈렌트를 선물로 주었다. 아라토스는 그 가운데 40탈렌트를 그 자리에서 받아 펠로폰네소스로 돌아왔고, 그 뒤에 이집트 왕은 나머지도 나누어 보내 주었다.

14

아라토스가 시민을 위해 그토록 많은 돈을 가져온 것은 엄청

아라토스

난 업적이었다. 여느 장군이나 정치인들 같으면 다른 나라 왕에게 받은 돈으로 노예를 사들이거나 조국을 팔아먹는 나쁜 짓을 했을 것이다.

그러나 아라토스는 그 돈으로 부자와 가난한 사람 사이의 다툼을 해결하고 모든 시민의 안전과 안보를 이루었다는 점에서 더욱 위대했다. 더욱이 그가 그토록 엄청난 권력을 휘두르면서도 겸손했다는 점을 우리는 칭송하지 않을 수 없다.

아라토스는 망명자들의 재산 문제를 해결하는 절대 권력을 위임받은 독자적인 중재자였음에도 그 권력을 혼자 행사하지 않고 15명의 시민으로 구성된 위원들의 도움을 받았다. 그렇게 그는 시민 사이에 화목과 우의(友誼)를 이룩했다.

이와 같은 봉사 덕분에 모든 시민이 그에게 합당한 영예를 주었으며, 망명에서 돌아온 사람들은 그들 나름대로 아라토스의 동상을 세우고 다음과 같은 글을 새겨 넣었다.

아라토스여,
그대는 그리스인들을 위해
사람들을 화목하게 하고,
단호함과 용맹스러움을 보여 주었으니
그대의 이름이
헤라클레스의 기둥(Pillars of Heracles)[6]까지 널리
알려지도다.
이제 그대의 음덕(蔭德)으로 고국에 돌아온 우리는
그대의 덕망과 공의로움을 기려
여기에 구원(救援)의 신의 동상을 세워

6 헤라클레스의 기둥은 지브롤터 해협 어귀 남쪽의 모로코와 북쪽의 스페인에 있는 두 개의 바위기둥을 뜻한다. 헤라클레스는 이곳까지 정복한 다음 남(아프리카)과 북(유럽)으로 바다를 갈랐는데, 그때 두 기둥이 생겼다. 따라서 여기에서는 '그리스 영토의 끝'이라는 뜻이다.

그대가 조국에
신성한 하늘의 통치를
가져다 주었음을 기리노라.

15

아라토스가 이처럼 엄청난 업적을 이루자 그에게 감사하는 시민 가운데 누구도 그를 시샘하지 않았다. 그러나 마케도니아의 왕 안티고노스는 아라토스의 정책이 마뜩찮았다. 그는 아라토스를 완전히 자기편으로 만들든가 아니면 이집트 왕 프톨레마이오스에게서 떼어 놓고 싶었다.

그래서 안티고노스는 아라토스가 바라지도 않는데 온갖 호의를 보였다. 그는 코린토스에서 신에게 제사를 드릴 때면 시키온에 있는 아라토스에게 많은 제물을 보냈고, 뒤이어 벌어진 잔치에 사람들이 가득 찼을 때 다음과 같이 말했다.

"나는 시키온의 이 젊은 지도자가 자유를 사랑하고 자기의 시민을 많이 사랑한다고 생각했습니다. 그런데 여기에 와서 보니 그는 다른 나라 왕들의 삶과 행동을 분석하는 능력까지 갖춘 것처럼 보입니다. 지난날 그는 우리 마케도니아인들을 거들떠보지도 않고 다른 나라에 희망을 걸었습니다. 그는 이집트 왕의 코끼리와 함선과 대궐에 관한 이야기를 듣고 그 왕의 재산을 칭찬하였습니다.

그러나 아라토스는 이집트의 내막을 들여다본 뒤에 그것이 연극이었고, 그림의 떡이라는 것을 알고 우리에게 아주 완벽히 기울었습니다. 그래서 나는 이제 그를 마음속 깊이 받아들이면서 그가 지닌 능력을 충분히 이용하려 하니, 여러분은 이 젊은이를 우리의 동지로 여겨 주기 바랍니다."

아라토스에게 시샘을 느껴 언젠가 해코지를 하고 싶었던 사람들은 이 말을 듣자 앞다투어 아라토스를 헐뜯는 글을 이집트 왕에게 보냈다. 이에 왕은 사절을 보내 아라토스를 몹시 책망했다. 이처럼 왕이나 폭군에게 호의를 받는 사람에게는 늘 악의와 시샘이 따른다. 그들은 그 호의를 자기 쪽으로 돌리려고 무던히 애를 쓴다.

16

아라토스는 처음으로 아카이아 동맹군의 장군이 되자 바다 건너편의 로카리스와 클리도니아(Clydonia)를 쳐들어가 유린했다. 그는 다시 1만 명의 군사를 이끌고 보이오티아족을 도우러 갔으나, 출진이 너무 늦은 탓에 보이오티아족은 카이로네이아에서 패배하고 말았다. 그들은 1천 명의 병사와 함께 군무 위원 아보이오크리토스(Aboeocritos)를 잃었다.

이듬해인7 [기원전 243년에] 다시 장군으로 뽑힌 아라토스는 코린토스의 아크로코린토스 요새를 되찾으러 출전하였는데, 이는 시키온이나 아카이아 동맹을 위해서가 아니라 그리스를 장악하고 있는 마케도니아 병력을 몰아내고자 함이었다. 지난날 아테네의 장군 카레스(Chares)는 마케도니아 군대를 무찌르고 자기의 승리는 "마라톤 전투에 맞먹는 승리"라고 아테네 시민에게 알린 적이 있었다.

그러나 아라토스의 이번 승리야말로 폭군을 처단한 테베의 펠로피다스(Pelopidas)의 승리나 아테네의 트라시불로스가 거둔 승리에 맞먹는 것이었다. 다른 점이 있다면 아라토스의 전투는 그리스의 폭군에 맞선 전쟁이 아니라 이방 민족에 맞선 전투였다는 점에서 더욱 인상적인 성과였다.

지리적으로 보면 코린토스의 이스트모스는 두 바다 사이의 울타리를 이루면서 아울러 두 지역을 잇는 곳이어서 대륙을 하나로 묶어 주는 구실을 하고 있었다. 그러므로 그리스의

---

7   '2년 뒤'의 잘못이다. 동맹군의 장군은 해마다 연임할 수 없고 한 해 걸러 맡을 수 있었다.(§ 24 참조)

한가운데 우뚝 서 있는 바위산인 아크로코린토스를 군사적으
로 점령하는 것은 중요한 일이었다.

그 산을 점령하는 군주는 그리스의 맹주가 될 수 있었다.
이스트모스 남쪽 지방의 모든 교류와 통행뿐만 아니라 육상
및 해상 전투까지 통제할 수 있었기 때문이다. 따라서 마케도
니아의 소(少)필리포스(Philippos V)왕이 코린토스를 가리켜 '그
리스의 족쇄'라고 표현한 것은 농담이 아니라 진심이었다.

17

이 때문에 여러 나라의 왕들이 아크로코린토스를 차지하려고
애썼는데, 그 가운데에도 마케도니아의 안티고노스는 적지 않
은 기간에 걸쳐 이를 탐내면서도 드러내 놓고 이를 차지할 수
도 없던 터라 온갖 궁리를 다 하고 있었다. 그러다 코린토스의
폭군 알렉산드로스(Alexandros)가 죽었다. 들리는 바에 따르면,
안티고노스에게 충성하는 무리가 그를 독살했다고 한다.

알렉산드로스가 죽자 그의 아내 니카이아(Nicaea)가 왕위
를 계승하여 아크로코린토스를 지켰다. 이에 안티고노스는 자
기 계획을 이루고자 니카이아에게 자기의 어린 아들 데메트리
오스와 왕실 사이의 결혼을 제안했다. 젊은 왕자도 자기보다
나이 많은 왕비를 배필로 삼는 것이 싫지 않았다. 이렇게 하여
안티고노스왕은 세상을 차지하고자 아들을 미끼로 삼아 그 여
성을 사로잡았다.

그러나 니카이아는 요새를 내놓기는커녕 감시를 더욱 강
화했다. 그러자 안티고노스는 요새에 관해서는 관심이 없는
체하며 코린토스에서 성대하게 결혼식을 치르고 날마다 공연
과 잔치를 베푸니, 환대와 친절함을 받은 여성으로서는 마음
이 놓일 수밖에 없었다. 그러다 결정적인 기회가 찾아왔다. 극
장에서 아모이베우스(Amoebeus)의 음악회가 열려 안티고노스
는 몸소 새 며느리를 데리고 그리로 갔다.

니카이아는 들뜬 마음으로 왕실의 장식이 달린 마차에 올라 극장으로 가면서 무슨 음모가 벌어지고 있으리라고는 전혀 의심하지 않았다. 극장으로 가던 도중에 갈림길에 이르자 안티고노스는 니카이아에게 극장으로 가라고 지시한 다음, 자신은 결혼이고 음악회고 다 팽개치고 나이답지 않게 빠른 걸음으로 아크로코린토스 요새로 달려갔다. 요새 문은 잠겨 있었다. 안티고노스는 지팡이로 문을 두드리며 문을 열라고 지시했다. 안에 있던 경비병은 겁에 질려 문을 열어 주었다.

이렇게 요새를 차지한 안티고노스는 기쁨을 주체하지 못하고 한껏 취하여 채신없이 거리로 뛰쳐나갔다. 그는 곁에는 기생을 끼고 머리에는 화관을 쓴 채, 온갖 풍상을 겪은 그 늙은 나이에 광장을 휘저으면서 만나는 사람들의 손을 잡고 인사를 했다. 우리는 이 사건을 통해 어떤 슬픔이나 두려움도 뜻하지 않게 찾아온 기쁨만큼 인간의 정신을 흐리게 만들지는 못한다는 말이 진실임을 알 수 있다.

18

이와 같은 방법으로 아크로코린토스를 차지한 안티고노스는 자신이 가장 믿는 사람을 그곳에 배치하여 경비를 강화하고, 철학자 페르사이우스(Persaeus)를 사령관으로 임명했다. 아라토스는 알렉산드로스가 살아 있을 적에 이 성을 차지할 계획을 세웠으나, 그가 아카이아 동맹에 가입하고 있어 실행에 옮기지 못한 적이 있었다. 그러나 상황이 바뀐 지금에 와서 아라토스는 다시 요새를 빼앗을 계획을 꾸몄는데, 그 앞뒤 이야기는 다음과 같다.

그 무렵 코린토스에는 시리아 출신의 네 형제가 살고 있었다. 그 가운데 하나가 디오클레스(Diocles)였는데, 아크로코린토스 요새에서 용병으로 일하고 있었다. 나머지 세 형제는 좀도둑들로, 안티고노스의 궁정에서 금덩어리를 훔쳐다가 시키온의 은행가인 아이기아스(Aegias)에게 팔곤 했다.

아라토스는 그 은행가와 거래하고 있어 사정을 잘 아는 터였다. 처음에는 형제들이 함께 장물을 가지고 와 거래를 하다가 나중에는 형제 가운데 하나인 에르기노스(Erginos)가 자주 찾아왔다. 이런 인연으로 아이기아스와 가까워진 에르기노스는 그와 더불어 성안의 수비대에 관한 이야기도 나누게 되었다. 그가 이런 말을 했다.

"형을 만나러 절벽으로 올라가는데, 어느 곳에 이르니 샛길이 있더군요. 그 길로 들어가자 요새의 벽이 나오는데 아주 낮았습니다."

그 말을 들은 아이기아스가 농담처럼 이렇게 말했다.

"자네처럼 능력 있는 사람이 한 시간만 일하면 큰돈을 벌 수 있는데, 그토록 작은 왕의 금 조각이나 훔치고 있을 것인가? 금 조각이든 반역이든 잡히면 죽기는 마찬가지일 터인데."

이 말을 들은 에르기노스는 크게 웃으면서 먼저 디오클레스를 설득해 보겠지만 다른 형제들을 설득할 수 있을지는 자신이 없노라고 말했다. 며칠이 지나자 에르기노스가 다시 찾아왔다. 그는 성의 높이가 약 4.5미터인데 가장 낮은 곳으로 아라토스를 안내하겠다면서 디오클레스와 함께 거사를 돕겠노라고 말했다.

19

아라토스는 이번 거사가 성공하면 60탈렌트를 줄 것이고 실패하더라도 자신이 살아 있는 한 네 형제 각자에게 집 한 채와 1탈렌트를 사례로 주겠노라고 약속했다. 그러나 아라토스에게는 그렇게 많은 돈이 없었다. 그렇다고 해서 드러내 놓고 돈을 빌리려다가는 남의 의심을 받을까 두려웠던 그는 자기가 갖고 있던 금붙이와 아내의 장식품들을 아이기아스에게 맡겼다.

아라토스는 고결한 행동을 하고자 그와 같은 열정과 투혼

403   아라토스

을 보였다. 그도 아테네의 장군 포키온(제35장)과 테베의 영웅 에파미논다스가 많은 뇌물을 거절함으로써 돈 때문에 명예를 더럽히지 않고 그리스 역사에서 가장 공의롭고 위대한 인물로 추앙받는다는 사실을 잘 알고 있었다.

그리하여 아라토스는 무슨 일이 벌어지고 있는지도 모르는 시민들을 위해 밤중에 목숨을 걸고 적진으로 들어가려는 계획을 세웠고, 그 계획을 위해 자신의 재산을 미리 내놓았던 것이다.

안전장치라고는 자신의 고결한 행동에 대한 민중의 희망 밖에는 기댈 것이 없는 위험한 상황에서 아라토스는 자기에게 가장 소중하다고 여겨지는 재산을 포기하고 그토록 위험한 일에 그토록 많은 대가를 치렀으니, 그의 위대함을 어찌 칭송하지 않을 수 있으며, 어찌 도움의 손길을 뻗지 않을 수 있겠는가?

20

이번 거사 자체도 위험한 일이었지만, 시작할 때부터 사람을 잘못 알아보는 실수로 아라토스는 더 큰 위험에 빠졌다. 아라토스는 하인 테크논에게 디오클레스와 함께 성벽을 미리 살펴보도록 했다. 그러나 테크논은 이제까지 디오클레스를 만나본 적이 없는 까닭에 그가 곱슬머리에 얼굴이 거무스름하고 수염이 없는 사람으로만 알고 있었다.

약속 장소로 가던 테크논은 오르니스(Ornis)에서 에르기노스와 디오클레스의 맏형을 기다리고 있었다. 그러나 그때 우연히도 디오니시오스(Dionysios)라는 인물이 그리로 지나갔다. 디오니시오스는 이번 거사에 참여하지도 않았고 전혀 알지도 못하는 사람이었다. 그러나 테크논은 디오니시오스가 말로만 들은 에르기노스의 형과 모습이 너무도 닮아 그에게 다가가 에르기노스의 형인지를 물었고, 디오니시오스는 능청스럽게 그렇다고 대답했다.

디오니시오스가 자신이 에르기노스의 형이라고 대답하자 테크논은 그들끼리 이야기가 다 되어 있는 줄로만 알고, 그의 이름을 물어보는 등의 확인을 하나도 하지 않았다. 그는 곧바로 디오니시오스의 손을 잡고 에르기노스와 합의된 바에 대하여 이런저런 이야기를 꺼내기 시작했다.

테크논이 사람을 잘못 보고 실수하고 있다는 사실을 알아차린 디오니시오스는 테크논의 말에 장단을 맞추며 테크논이 눈치채지 못하도록 그를 이끌고 도시 쪽으로 들어갔다. 그들이 도시에 이르러 디오니시오스가 테크논을 체포하여 당국에 넘기려는 순간, 에르기노스가 나타났다.

테크논이 디오니시오스의 꾐에 빠져 위험하다는 것을 알아차린 에르기노스는 그에게 도망치라고 눈짓을 하고는 함께 달아나 아라토스의 숙소에 무사히 이르렀다. 그러나 아라토스는 계획을 포기하지 않았다.

그는 곧 에르기노스를 디오니시오스에게 보내 돈으로 입을 막도록 했다. 그런 뒤에 에르기노스는 디오니시오스를 데리고 아라토스에게 왔다. 이에 일행은 디오니시오스가 탈출하지 못하도록 방에 가두고 자물쇠로 채운 다음 거사 준비를 계속했다.

21

모든 준비를 마친 아라토스는 병력을 무장시켜 밤을 지새우도록 하고 자신은 정예 병력 4백 명을 이끌고 헤라 신전 가까이에 있는 코린토스 성문을 향해 길을 떠났다. 병사들 가운데 거사의 내용을 아는 사람은 거의 없었다. 한여름 밤, 보름달은 밝고 구름 한 점 없이 맑아 병기가 달빛에 번쩍거릴까 염려한 그들은 갑옷 밑에 무기를 감추고 나아갔다.

그들이 성벽 밑에 막 이를 무렵, 바다에서 구름이 일어 도시와 그 일대를 감싸니 주변이 모두 어두워졌다. 일행은 자리에 앉아 군화를 벗었다. 맨발로 올라가야 소리가 나지 않고 미끄럽지 않기 때문이었다. 그러는 사이에 에르기노스는 여행객처럼 꾸민 젊은이 일곱 명과 함께 눈에 띄지 않게 성문으로 다가갔다. 그곳에서 그들은 문지기와 감시병을 찔러 죽였다.

그와 함께 성 밖에 사다리가 걸리자 먼저 1백 명이 서둘러 올라간 다음 나머지도 그 뒤를 따랐다. 에르기노스는 사다리를 치우고 병력 1백 명과 함께 요새를 향해 달려가면서 저들의 눈에 띄지 않았으니 성공한 것이나 다름없다고 기뻐했다. 조금 더 길을 가던 아라토스 일행은 횃불을 든 네 명의 순찰병을 발견했다. 달빛의 그늘에 숨어 있던 그들은 보이지 않았지만, 반대편에서 걸어오는 순찰병들을 볼 수 있었다.

그들은 담장과 건물 밑에 숨어 있다가 갑자기 내달으며 그 가운데 세 명을 죽였으나, 다른 한 명은 머리를 다치고 도망치며 언덕을 향해 적군이 나타났다고 소리쳤다. 이어서 나팔 소리가 들리자 예상하지 못한 사태를 맞은 도시는 온통 소란에 빠지고 거리에는 사람들이 이리저리 뛰어다녔다. 도시의 위아래에서 횃불이 비치고 사방에서 혼란스러워하는 목소리가 들려왔다.

22

그러는 동안에 아라토스는 온 힘을 다해 절벽을 올라갔다. 길을 찾기도 어려워 더디고 힘들었다. 요새의 성벽에 이르기까지 튀어나온 암벽의 그늘 때문에 땅이 꺼져 보였다. 그러나 하늘이 도와주어 구름이 걷히고 달빛이 길을 비추어 드디어 성 밑에 이를 수 있었다. 일행이 그곳에 이르자 다시 구름이 달을 가려 모든 것을 숨겨 주었다.

그러나 아라토스가 헤라 신전 가까운 성문에 남겨 둔 3백 명의 병사가 시내로 짓쳐 들어가 보니, 거리에는 불빛이 휘황하고 크게 소란스러워 동지들이 앞서간 곳을 찾을 수가 없었다. 그래서 그들은 절벽 밑의 그늘진 곳에 몸을 웅크리고 앉아 걱정과 조바심 속에서 사태를 지켜보았다.

그 무렵에 아라토스는 요새에서 날아오는 화살을 맞으며 싸우고 있었다. 언덕에서 들려오는 고함이 산울림을 일으켜 어디서 들려오는 소리인지 알 수가 없었다. 그들이 어디로 돌아가야 하는지를 알 수 없어 당황하고 있는데, 안티고노스왕의 지휘관인 아르켈라오스(Archelaüs)가 수많은 병사를 거느리고 고함을 지르면서 올라와 아라토스의 부대를 향해 공격 나팔을 불며 3백 명의 병사 곁을 지나갔다.

그 순간 3백 명의 병사가 마치 매복병처럼 일어나 공격하여 죽이니 아르켈라오스를 비롯한 적군은 큰 혼란에 빠져 물러났다. 이에 시키온의 병사가 그들을 추격하자 적군은 흩어져 성안으로 들어갔다. 그 부대가 승리했을 무렵에 선발 부대에서 싸우던 에르기노스가 내려와, 아라토스가 성 바로 밑에서 치열하게 싸우고 있으니 서둘러 도와 달라고 말했다.

3백 명의 병사는 곧 에르기노스에게 길을 안내하라고 말했다. 그들은 올라가면서 소리를 쳤는데, 이는 응원군이 가고 있으니 용기를 내라고 동지들에게 보내는 신호였다. 훤히 비치는 달빛 아래 행렬을 길게 늘여 올라가니 적군이 보기에 무기는 실제보다 더 많은 것 같았고, 밤중의 함성은 실제보다 몇 배 더 많은 사람의 목소리로 들렸다.

드디어 선발대와 3백 명의 병사가 합세하여 적진을 공격했다. 그들은 요새를 점령하고 수비대를 제압하여 포로로 잡았다. 그제야 날이 밝으면서 그들의 승리를 축하하듯 볕이 비추었다. 그때 아라토스의 나머지 병력이 시키온에서 도착했고, 코린토스 시민은 성문을 열고 그들을 맞아들여 안티고노스 부대를 체포하도록 도와주었다.

23

모든 일이 안정된 것처럼 보이자 아라토스는 요새에서 나와 극장으로 갔다. 그곳에는 아라토스를 보고 싶어 하는 시민들이 모여 그가 코린토스인들에게 무슨 말을 하려나 기다리고 있었다. 아카이아 동맹군을 출입구 양쪽에 배치한 아라토스는 무대 뒤에서 연단으로 나왔다.

그의 몸은 아직 땀에 젖은 갑옷을 걸치고 있었고, 잠을 자지 못했음에도 용기와 기쁨에 넘친 그의 표정은 피곤한 몸을 압도하고 있었다. 아라토스가 연설하려고 앞으로 나오자 관중은 우정 어린 찬사를 쏟아 냈다. 오른손에 창을 든 그는 무릎과 허리를 가볍게 숙여 창에 몸을 지탱한 채 서서 조용히 관중의 박수와 환호를 들었다. 그것은 그의 용맹과 승리를 치하하고 축하하는 소리였다.

군중이 환호를 멈추고 잠잠해지자 아라토스는 몸에 힘을 모으더니, 이번 전투에 참여한 아카이아 동맹을 언급하면서 코린토스인들도 동맹에 가입할 것을 권고했다. 그러면서 그는 코린토스 시민에게 성문 열쇠를 되돌려 주었다. 코린토스가 마케도니아의 필리포스왕에게 지배를 받은 이래 처음으로 독립을 되찾은 순간이었다.

아라토스는 감옥에 있던 아르켈라오스를 석방하였으나, 테오프라스토스(Theophrastos)는 자신의 직책을 내놓지 않아 처형했다. 한편, 페르사이우스는 켄크레아이(Kenchreai)로 도망했다. 뒷날 페르사이우스는 늘그막에 어떤 사람과 인생에 관한 대화를 나누었다고 한다. 손님이 물었다.

"지혜로운 사람만이 장군이 될 수 있다고 생각하지 않으세요?"

그 말을 들은 페르사이우스가 이렇게 대답했다.

"그래요, 나도 [스토아학파의 철학자인] 제노의 그 격언을 무척 좋아한 적이 있었지요. 그러나 시키온의 그 젊은이를 만나 인생을 깨달은 뒤로는 내 생각이 바뀌었습니다."

이 이야기는 여러 역사학자의 글에 나온다.

24

아라토스는 곧 헤라 신전과 레카이움 항구를 점령했다. 그는
또한 안티고노스왕의 함선 25척을 나포하고, 말 5백 필과 포로
로 잡은 시리아인 4백 명을 노예로 팔았다. 아크로코린토스 요
새에는 아카이아 동맹군이 4백 명의 중무장 보병과 50마리의
군견(軍犬) 그리고 이를 관리할 사람 50명을 거느리고 주둔하
게 했다.

로마인들은 휠로포이멘을 칭송하며 그를 '마지막 그리스
인'이라고 부름으로써 그 사람 뒤에는 그만큼 훌륭한 인물이
없었다고 말한다. 그러나 아라토스가 아크로코린토스 요새를
함락한 일이야말로 그리스 역사에서 가장 최근에 이루어진 위
대한 업적이라고 말해야 할 것이다.

아라토스와 그의 용맹한 일행이 이루어 낸 이 업적은 그
뒤로도 여러 긍정적인 파급 효과를 불러 왔다. 그 일이 있은 뒤
로 메가라(Megara)는 안티고노스왕과 갈라선 다음 아라토스의
편에 섰으며, 트로에젠과 에피다우로스도 아카이아 동맹에 가
입했던 것이다.

그러고 나서 아라토스는 처음으로 해외 원정에 올랐다.
곧 그는 아티카를 침공하였으며, 바다를 건너가 살라미스를
유린하니 그곳 감옥에 갇혀 있던 아카이아 동맹군의 포로들이
풀려나 그에게 충성했다. 또한 그는 감옥에 갇혀 있던 해방 노
예들의 몸값을 받지 않고 그들을 풀어 줌으로써 안티고노스에
대한 반란을 일으킬 수 있는 토대를 마련했다.

아라토스는 또한 프톨레마이오스를 아카이아 동맹군의
사령관으로 추대하여 육군과 해군의 지휘권을 주었다. 프톨레
마이오스는 아카이아 동맹에서도 막강한 영향력을 쥐고 있었

지만, 장군의 직분을 연임할 수 없다는 규정 때문에 한 해 걸러 장군의 직책을 맡았다. 그러나 그는 임기가 아닌 해에도 동맹군의 모범이 되었다. 왜냐하면 그는 돈이나 명성을 욕심내는 사람도 아니었고, 어느 왕의 호의를 얻거나 자기 조국의 이익만을 도모하는 사람도 아니며, 오로지 동맹의 힘을 키우려고 애쓰는 사람이기 때문이었다.

아라토스는 국력이 허약한 그리스의 도시 국가들은 공통된 이익으로 묶여 서로를 도울 때에만 살아남을 수 있다고 생각했다. 생명과 호흡을 공유하는 각 신체 부위는 합쳐져 있으면 서로 성장하지만 떨어져 나가면 시들고 썩는 법이다. 이처럼 각 나라들도 뿔뿔이 흩어지면 멸망하지만, 거대한 조직의 한 부분이 되어 공통된 예지(叡智)를 나눈다면 번영을 이루게 된다.

25

우수한 이웃 나라들은 모두 자치 정부를 운영하고 있는데, 오직 아르고스인들만이 폭군 아리스토마코스의 압제 아래에 있다는 사실을 가슴 아파한 아라토스는 그를 죽일 계획을 꾸몄다. 아라토스는 아르고스인들에게 자유를 찾아 주는 것이야말로 자신을 키워 준 곳에 대한 보답이며, 그들을 아카이아 동맹에 가입시킬 수 있는 길이라고 생각했다.

몇몇 사람이 이 거사에 용감하게 참여했다. 아이스킬로스(Aeschylos)와 예언자 카리메네스(Charimenes)가 대표적인 인물이었다. 그런데 폭군 아리스토마코스는 무기를 소지한 무리에게 무거운 벌금을 물렸기 때문에 아르고스에서는 칼을 구할 수가 없었다. 그래서 아라토스는 코린토스에서 미리 단검을 만들어 말안장 밑에 넣은 뒤 다른 짐들과 함께 아르고스로 보냈다.

그러나 예언자 카리메네스가 거사에 참여한 것을 안 아이스킬로스와 동지들은 평소에 카리메네스를 무시하던 터라 그와 함께 일하지 않고 독자적으로 일하겠다고 나섰다. 이 사실을 알아차린 카리메네스는 몹시 화가 나 폭군을 죽이려는 음모를 반대파에 알려 주었다. 그러나 일행은 다행히 광장에서 몸을 피해 코린토스로 돌아왔다.

그런 일이 있은 뒤 얼마 지나지 않아 아리스토마코스가 노예들의 손에 죽고, 그보다 더 악독한 아리스티포스가 권력을 이어받았다. 이에 아라토스는 곧 군대 복무의 연령에 이른 모든 아카이아 동맹군을 최대한으로 모아 서둘러 아르고스를 도우러 떠났다.

아라토스는 그곳 시민이 모두 자기를 환영해 줄 것으로 알았지만, 그때까지 그런 압제에 길들어 살던 그들은 단 한 사람도 아라토스의 편을 들어 주지 않았다. 할 수 없이 군대를 철수한 아라토스는 평화로운 시기에 아카이아 동맹군을 전쟁에 끌어들였다는 이유로 기소되었다. 그들은 만티네이아인들 앞에서 재판을 받았다.

아라토스가 출두하지 않은 상태에서 원고 아리스티포스가 재판에 이겨 아라토스에게 30미나[8]의 벌금을 물렸다. 아리스티포스는 아라토스를 미워하면서도 두려워한 터라 안티고노스왕과 함께 그를 죽일 음모를 꾸몄다. 그들은 곳곳에 자객을 보내 그를 죽일 기회를 노렸다.

그러나 정치 지도자를 지켜 주는 호위병 가운데 가장 든든한 것은 그에게 진실하고도 굳건한 신뢰를 보이는 민중이다. 민중이 통치자의 압제를 두려워하는 것이 아니라 그가 다칠 것을 두려워할 때, 그를 위한 많은 귀와 눈이 작동하면서 통치자는 무슨 일이 일어나고 있는지를 제때에 알 수 있게 된다.

나는 여기에서 잠깐 이 이야기를 멈추고 폭군 아리스티포

---

8   30미나는 반(半) 탈렌트에 해당하며 1920년의 시세로 6백 달러 정도라고
     페린은 주석했다.(페린, XI, 「아라토스전」, p. 59의 각주 1 참조)

스의 삶에 관해 이야기하고자 한다. [세상 사람들은 민중이 폭군을 얼마나 미워하는지 모른다고 말하지만 사실은 그렇지 않다.] 이것은 폭군으로서의 그의 권력이 얼마나 많은 사람의 부러움을 샀으며, 왕으로서의 자부심과 권세로 말미암아 민중이 그를 얼마나 칭송하고 우러러보았던가에 대한 이야기이다.

26

아리스티포스는 안티고노스와 손을 잡은 뒤 주변에 많은 호위병을 두고 있었다. 그는 시내에 있는 정적들을 모조리 죽여 없앴지만, 그러고도 걱정되었는지 모든 창기병과 호위병들을 왕궁 밖의 주랑(柱廊)에서 야영하도록 하고, 저녁 식사를 마친 뒤에는 시종들도 모두 밖으로 내보냈다. 그런 다음 그는 안에서 문을 잠그고 애첩과 함께 사다리를 타고 작은 2층 방으로 올라간 뒤 다시 문을 잠갔다.

아리스티포스는 그 방에 침대를 놓고 잤는데, 그런 식으로 자다 보니 자다가도 가위에 눌려 벌떡 일어나곤 했다. 그가 2층으로 올라가면 애첩의 어머니가 사다리를 다른 곳으로 치웠다가 아침에 그것을 다시 2층에 설치했다. 잠에서 깬 그는 굴속에서 나오는 들짐승처럼 기어 나왔다.

그와 달리 아라토스는 폭력이 아니라 덕망으로써 합법적이고도 오래갈 수 있는 권력을 잡았음에도 평민들과 같은 복장으로 거리를 다녔다. 아라토스는 자신이 모든 폭군의 정적이라고 선언하였으며, 오늘날에 이르기까지 그리스 역사에서 가장 위대한 인물이라는 명성을 남겼다.

성채를 장악하고 살았던 군주들은 겁에 질린 토끼처럼 자신을 보호하고자 창병(槍兵)과 무장 병력을 거느리고 성문과 함정으로 만든 문을 설치하였지만, 폭력에 의한 죽음을 피해 간 사람은 거의 없다. 폭군에게는 명예를 기념할 만한 집이나 가족이나 무덤조차 없다.

27

아라토스는 폭군 아리스티포스를 죽여 아르고스를 해방하려고 때로는 비밀스럽게, 때로는 드러내 놓고 노력했지만 성공하지 못했다. 언젠가는 몇 명의 병사를 거느리고 성벽에 이르러 사다리를 설치하고 올라가 그곳을 지키고 있던 수비대를 죽인 일도 있었다.

그러나 날이 밝아 폭군의 병사들이 사방에서 공격해 왔고, 아르고스 주민들은 이 싸움을 자기들의 자유를 찾아 주려는 것으로 여기지 않았다. 그들은 자기들이 심판을 보고 있는 네메아 경기를 보듯 손가락 하나 까딱하지 않은 채 구경만 했다. 허벅지에 창이 찔린 아라토스는 고통을 겪으면서도 적군과 처절하게 싸우며 자기들이 지키던 땅을 떠나지 않았다.

만약 밤까지 전투가 계속되었더라면 그의 거사는 성공했을 수도 있었을 것이다. 왜냐하면 폭군은 이미 도망치면서 재산을 바다로 실어 갔기 때문이었다. 그러나 아르고스의 주민들 가운데 누구도 그런 사실을 알려 주지 않았고, 마실 물까지 떨어진 데다가 상처를 입은 몸으로 더 이상 싸울 수 없었던 아라토스는 군대를 철수했다.

28

이제 아라토스는 그와 같은 기습전으로 폭군을 무너뜨리겠다는 계획을 버리고 공개적으로 아르고스 국경 안으로 쳐들어가 약탈했다. 이때 카레스(Chares)강에서 아리스티포스와 치열하게 싸웠던 그는 오히려 전투를 포기함으로써 적군에게 승리를 던져 주었다는 비난을 받았다.

왜냐하면 아카이아 동맹군 가운데 나머지 다른 부대는 적군을 크게 무찌르고 멀리까지 추격하였으나, 아라토스 부대는 이기기는커녕 오히려 적군에게 진지를 잃었을 뿐만 아니라 승리를 장담할 수 없게 되자 두려움에 빠져 허둥대며 본진으로 돌아왔기 때문이었다.

추격에서 돌아온 다른 부대는 아라토스를 보자 몹시 화를 냈다. 왜냐하면 자기들은 적군을 깨뜨리고 이쪽의 피해보다 훨씬 더 많은 적군을 죽였는데, 아라토스는 패배한 적군이 승전비를 세우도록 만들어 주었기 때문이었다. 이러한 비난을 몹시 부끄럽게 여긴 아라토스는 적군의 승전비를 분쇄하고자 다음 날 다시 출진하기로 결심했다.

그러나 적군이 어제보다 더 늘어난 데다가 더 용맹스러워졌다는 보고를 들은 아라토스는 결전에 나갈 용기가 없어 잠시 휴전한 틈에 전사자들의 시체를 수습하여 돌아왔다. 그럼에도 그는 사람과 공무를 다루는 솜씨와 자신의 유리한 입장을 이용하여 실패를 축복으로 돌렸다.

아라토스는 곧 클레오나이를 아카이아 동맹에 가입시키고, 고대의 전통에 비춰 볼 때 합당하다는 이유로 그곳에서 네메아 경기를 열었다. 그리고 이어 아르고스에서도 같은 축제를 열었다.

그러나 네메아 경기 때는 서로의 이해관계를 묻지 않고 자유롭게 통행을 허가한다는 관례가 이때 깨졌다. 왜냐하면 아르고스의 경기에 참가했던 다른 부족의 선수들이 아카이아 동맹국의 영토를 지날 때 아카이아군이 그들을 적군으로 여기고 붙잡아 노예로 팔아넘겼기 때문이었다. 폭군에 대한 아라토스의 증오는 그토록 강했다.

29

이런 일이 있은 지 조금 지나 아라토스는 아리스티포스가 클레오나이를 침공하고 싶어 하면서도 코린토스에 있는 자기가 두려워 쳐들어오지 못한다는 소식을 들었다. 이에 그는 몇 명의 부하에게 며칠 치의 군량을 준비하도록 지시하고는 켄크레아이로 떠났다. 그는 이렇게 거짓으로 성을 비워 아리스티포스가 쳐들어오도록 유인하려 했다. 그리고 그런 상황이 실제로 일어났다. 폭군이 곧 병력을 이끌고 아르고스에서 쳐들어왔던 것이다.

이에 아라토스는 날이 어두워지자 켄크레아이에서 코린토스로 돌아와 길에 병력을 매복시킨 다음, 자기는 아카이아 동맹군을 이끌고 클레오나이로 갔다. 병사들은 질서 정연하게 그의 지시에 따라 재빨리 행군하여 날이 밝기도 전에 목적지에 도착했다. 그들은 전열을 갖추었는데도 아리스티포스는 이러한 사실을 전혀 모르고 있었다.

날이 밝자 성문이 열리고 나팔 소리가 우렁차게 들렸다. 아라토스의 부대는 적군을 향해 소리치며 쳐들어가 그들을 무찌르고 여러 도로 가운데 아리스티포스가 도망했으리라고 여겨지는 길을 따라 그를 추격했다. 그들은 미케나이(Mycenae)까지 추격하여 그를 잡았다. 아리스티포스는 트라기스코스(Tragiscos)라는 크레타 청년의 손에 죽었다. 이 이야기는 데이니아스의 글에 적혀 있다.

그 밖에도 아리스티포스의 병사들 가운데 1천5백 명이 죽었다. 아라토스는 찬란한 승리를 거두고 단 한 명의 병사도 잃지 않았음에도 아르고스를 해방하지는 못했다. 왜냐하면 아기아스(Agias)와 소(少)아리스토마코스(Younger Aristomachos)가 죽은 왕 아리스티포스의 병력을 이끌고 쳐들어와 정권을 장악했기 때문이었다.

그러나 이번의 전공으로 아라토스는 자신에 대한 중상과 여러 폭군의 간신들이 쏟아 내는 비난을 떨쳐 버렸다. 그들이 주군의 비위를 맞추고자 한 말을 들어 보면, 아카이아 동맹군의 장군들은 전쟁만 임박하면 위경련이 일어나고, 아라토스는 기상나팔만 울리면 졸음이 쏟아지고 현기증이 나는 사람이었다. 그는 전열을 갖추고 암호를 전달한 뒤에는 어차피 이제 운명의 주사위가 던져졌으니 자신은 할 일이 없다고 말하고는 부관들을 나가 싸우게 하고, 자기는 멀찌가니 떨어져 전쟁의 결과를 초조하게 기다리기만 했다는 것이다.

이 이야기는 너무나 잘 알려져 학교에서도 학생들의 입에 오르내렸다. 곧 위험이 다가올 때 심장의 박동이 빨라지거나 낯빛이 바뀌거나 복통을 느끼는 것이 심약해서 그러는지, 아니면 신체적인 결함 때문인지를 논의할 때면 교사들은 아라토스를 사례로 들어 설명했다는 것이다. 아라토스는 장군으로서는 훌륭한 인물이었지만, 전투를 앞두고는 정말로 그런 증상들을 앓았다고 한다.

30

이렇게 아리스티포스를 죽인 아라토스는 이제 자기 고향 메갈로폴리스의 시민을 억압하고 있는 리디아데스(Lydiades)를 쳐부술 계획을 세웠다. 리디아데스는 본디부터 대부분의 독재자들처럼 천박하지 않았고, 고결한 야심을 갖고 있었으며, 탐욕과 방종에 빠진 사람도 아니었다.

다만 리디아데스는 젊은 시절에 생각 없이 명예욕에 빠지더니 독재자라는 것이 멋지고 축복받은 자리라는 허황한 생각에 사로잡혔다. 그러나 막상 독재자가 된 그는 혼자서 정무를 처리해야 하는 무거운 역할에 곧 싫증을 느끼게 되었다.

리디아데스는 아라토스의 성공담에 시샘을 느끼면서도 그가 자기를 제거할지 모른다는 두려움 때문에 놀랍고도 칭송을 들을 만한 계획을 세웠다. 첫째는 미움과 두려움에서 벗어나 자기 주변의 경비병과 창병을 없애는 것이고, 다른 하나는 자기의 조국에 은혜를 베푸는 것이었다. 그리하여 리디아데스는 아라토스에게 사람을 보내 자기 권력을 아라토스에게 넘기고 자기의 도시를 아카이아 동맹에 가입시켰다.

이에 아카이아 동맹은 리디아데스의 처사를 높이 평가하여 그를 동맹군의 장군으로 선출했다. 장군이 된 리디아데스는 아라토스를 넘어서고 싶은 야심에 사로잡혀 필요하다고 여겨지지도 않는 일을 많이 저지르더니, 결국 스파르타를 침공하겠다고 선언했다. 아라토스가 이에 반대하자 사람들은 아라토스가 리디아데스를 시샘한다고 생각했다.

그리하여 리디아데스가 두 번째로 장군에 선출되자 아라토스는 공개적으로 이에 반대하면서 다른 사람을 당선시키려고 애썼다. 앞서 내가 말한 바와 같이, 아라토스는 한 해 걸러 장군 직에 올랐다. 아라토스가 세 번째로 장군 직에 선출되었을 때만 해도 리디아데스는 계속하여 아라토스의 호의를 입으면서 그와 번갈아 장군 직을 수행했다.

그러나 리디아데스가 아라토스에게 공개적으로 적의를 드러내고, 아카이아족 앞에서 자주 아라토스를 비난하자 민중은 리디아데스를 대놓고 무시하기 시작했다. 민중은 리디아데스가 거짓말하는 성격의 소유자여서 순수하고 흠 없는 아라토스와 맞서려 한다고 생각했다.

아이소포스(Aesopos, 이솝)의 우화에 다음과 같은 이야기가 나온다.

뻐꾸기가 작은 새들에게 물었다.

"너희들은 왜 나만 보면 도망하는가?"

이에 작은 새들이 이렇게 대답했다.

"네가 언제 매[鷹]가 될지 모르니까."

그와 마찬가지로 한때 독재자였던 리디아데스는 결국 대중의 의심에서 벗어나지 못했다. 그러나 이는 사람들이 그의 본심과 본모습을 제대로 이해하지 못한 것이었다.

31

아라토스는 아이톨리아족과의 전투에서도 명성을 얻었다. 아카이아 동맹이 메가라 앞바다에서 전쟁을 수행할 때, 스파르타의 왕 아기스가 군대를 이끌고 와 아카이아족도 동참하라고 강력하게 요구했다. 그러나 아라토스는 이에 반대했다. 그러한 처사에 대해 아라토스가 허약하다느니 비겁하다느니, 비방과 조롱이 다시 쏟아졌지만 그는 그런 비난 때문에 모든 이를 위해 필요하다고 판단한 것을 스스로 포기하지는 않았다.

그리하여 아이톨리아족은 게라네이아산맥을 넘어 펠로폰네소스로 쳐들어왔다. 이어서 아이톨리아족이 펠레네를 함락하자 아라토스는 전혀 다른 사람이 되어, 각지에서 모여 아직 전열을 갖추지도 않은 무리를 이끌고, 승리에 도취하여 질서도 없이 약탈하고 있는 적군을 공격했다.

아이톨리아족은 성안에 들어오자마자 민가로 들어가 서로 먼저 전리품을 차지하려고 엉겨 붙어 싸움을 벌였고, 장군과 장교들은 펠레네족의 아내와 딸들을 겁탈하고 있었다. 적군은 여성들의 머리에 자기의 투구를 씌워 놓고 자기가 차지한 물건이라며 다른 사람들은 건드리지 못하게 했다.

그런 상황에서 아라토스가 쳐들어왔다는 소식을 들은 적군이 놀라 혼란에 빠진 것은 당연했다. 사태가 얼마나 심각한지 알아차리기에 앞서 이미 성문과 교외에서 아카이아족과 교전에 들어간 그들은 전투에 지면서 도망치기 시작했다. 그들은 곤두박질치듯이 도망하다가 그들을 지원하러 온 부대와 함께 섞여 더 큰 혼란을 일으켰다.

32

이와 같이 혼란을 겪는 가운데 한 여성이 포로로 잡혔다. 그는 펠레네의 유명한 인물인 에피게테스(Epigethes)의 딸로서 매우 아름답고 우아한 여성이었다. 그가 사냥의 신 아르테미스(Artemis)의 신상 앞에 앉아 있었는데, 그곳을 쳐들어온 적장이 자기의 포로라는 표시로 그 여성에게 문장(紋章) 세 개가 새겨진 투구를 씌워 놓았다.

그때 갑자기 바깥이 소란스러워져 적장이 뛰어나갔다. 신전 문 앞으로 나온 그 여성이 높은 곳에서 전투하는 병사들을 내려다보는데, 시민의 눈에는 그가 인간 이상의 성스러운 존재로 보였다. 반면에 적군은 지금 자기들이 바라보고 있는 존재가 하늘에서 내려온 정령이라 여겼고, 놀라움과 두려움에 빠져 스스로를 방어할 의욕을 잃었다.

펠레네인들이 나에게 들려준 바에 따르면, 사람들은 아르테미스 신전의 여신상에 손을 대지 않고, 제사장들이 그것을 움직이거나 다른 곳으로 옮길 때 주민들은 그것을 바라보아서도 안 되며 모두 눈길을 다른 곳으로 돌려야 한다고 한다. 그 모습을 바라보는 이에게는 재앙이나 두려운 일이 일어나기 때문이었다. 심지어 여신상이 지나간 길에 있던 나무들조차 마르거나 과실을 떨구었다고 한다.

따라서 펠레네인들의 말에 따르면, 그때 실제로 적군이 본 것은 신전의 여사제가 가지고 나온 문제의 여신상이었다고 한다. 적들은 자신을 바라보는 아르테미스 여신을 보고 충격을 받았다는 것이다.

아라토스는 그의 『일기』에서 아르테미스 신에 대한 이야기를 빼놓은 채, 자기가 아이톨리아인들을 무찌른 다음 병력을 이끌고 들어가 그들을 몰아내고 7백 명을 죽였다고만 기록하고 있다. 이 전투는 역사적으로 극찬을 받아, 아라토스의 막료였던 화가 티만테스는 그 장면을 그린 명화를 남겼다.

33

아라토스가 그와 같은 전과를 거두자 많은 민족과 군주들이 아카이아 동맹에 대항하고자 손을 잡았다. 이에 아라토스는 곧 아이톨리아인들을 동맹에 끌어들이려고 노력했다. 그는 그들의 가장 유력한 지도자인 판탈레온(Pantaleon)과 강화 조약을 맺고 아이톨리아와 동맹을 맺었다.

그러나 아테네를 해방시키려는 노력이 지나쳤던 탓에 아

라토스는 동맹국들의 비난을 받았다. 왜냐하면 아라토스는 마케도니아와 휴전을 맺고 적대 행위를 멈추었으면서도 아테네에 가까이 있는 항구 도시 피라이우스(Piraeus)를 점령하려고 했기 때문이었다.

아라토스는 그의 『일기』에서 그런 비난을 에르기노스의 탓으로 돌리고 있다. 에르기노스는 지난날 아크로코린토스 요새를 정복할 때 함께 싸운 바로 그 전우이다. 아라토스의 말에 따르면, 에르기노스는 자기의 개인적인 판단에 따라 피라이우스를 공격하다 사다리가 부러지고 적군이 다가와 위험에 빠지자 마치 아라토스가 곁에 와 있기라도 한 듯이 그의 이름을 부름으로써 겁에 질린 적군을 속이고 도망쳤다고 한다. 그러니 자신은 거기에 간 적이 없었다는 것이다.

그러나 이 말을 믿을 수는 없다. 시리아 출신의 평민이었던 에르기노스가 아라토스의 지시 없이 독단적으로 피라이우스를 공격했다고 보기는 어렵기 때문이다. 아마도 아라토스가 병력을 지원했을 것이고, 공격 시기도 지시했을 가능성이 높다. 게다가 실제로 아라토스가 했던 행동은 그 추측에 힘을 실어 준다.

이를테면 아라토스는 피라이우스를 공격한 적이 한두 번이 아니었다. 마치 실연당한 남자가 자신의 실패에 굴복하지 않고 조금만 더 용기를 가지고 다가가다 보면 애인의 마음을 되돌릴 수 있으리라는 가냘픈 희망에 사로잡혀 계속 쫓아가듯이, 그는 그 요새를 두들겼다.

아라토스가 얼마나 끈질긴 사람인가를 보여 주는 사례가 또 있다. 언젠가 아라토스는 트리아시아(Thriasia) 평야의 전투에서 도망치다가 발을 삐어 치료를 받은 적이 있었다. 그때 그는 칼로 째는 수술을 받고서도 가마에 몸을 실은 채 전쟁을 계속했다.

34

[기원전 239년에] 마케도니아 왕 안티고노스 그나토스(Antigonos Gnatos)가 죽고 데메트리오스 2세(Demetrios II)가 왕위를 이었다. 정적이 죽자 아라토스는 아테네를 되찾고 싶은 생각이 더욱 간절했다. 이제 그는 마케도니아를 완전히 무시하고 있었다.

그러나 그는 휠라키아(Phylacia) 전투에서 데메트리오스의 장군 비티스(Bithys)에게 패배했다. 이때 아라토스가 포로로 잡혔다느니 죽었다느니 하는 소문이 퍼지자 피라이우스의 수비대장 디오게네스(Diogenes)는 코린토스에 편지를 보냈다. 편지에는 아라토스가 이미 죽었으니 아카이아 동맹군은 하루빨리 코린토스를 포기하라는 지시가 담겨 있었다.

편지가 코린토스에 도착했을 때 우연히 아라토스는 그곳에 있었으므로 디오게네스의 사신은 멋쩍은 웃음거리가 되어 돌아갔다. 심지어 데메트리오스왕도 마케도니아에서 배를 보내 아라토스의 시체를 쇠사슬로 묶어 오라고 지시했다.

아테네 시민은 아라토스가 죽었다는 소식을 듣자마자 경솔하기 짝이 없게도 마케도니아인들을 찾아가 온갖 아첨을 떨며 화관을 쓰고 즐거워했다. 이에 화가 치민 아라토스는 곧장 군대를 이끌고 진격하여 아카데미아까지 올라갔으나 아테네 시민이 다시 용서를 빈다는 말을 듣자 크게 해코지하지 않고 돌아왔다. 이 사건으로 아테네 시민은 아라토스의 고결한 성품을 다시 알게 되었다.

[기원전 229년에] 데메트리오스가 죽자 아테네 시민은 이참에 자유를 찾으려고 군대를 일으키면서 아라토스에게 도움을 요청했다. 그 무렵에 아라토스는 아카이아 동맹군의 사령관이 아니었지만, 오랜 병을 앓으면서도 가마에 몸을 싣고 자기를 필요로 하는 사람들을 도우러 갔다. 그는 수비대장 디오게네스를 만나 피라이우스, 무니키아, 살라미스, 수니움(Sunium)을 포기하도록 설득하고 그 대가로 150탈렌트를 주었는데, 그 가

운데 20탈렌트는 자기 돈으로 대 준 것이었다.

그러자 아이기나(Aigina)와 헤르미오네가 아카이아 동맹에 가입함으로써 아르카디아의 대부분이 동맹에 들어왔다. 그들이 이렇게 몰려든 것은 마케도니아가 이웃 나라와 연안 국가들을 상대로 전쟁을 치르기에 바빴고, 아이톨리아인들까지 합세한 동맹의 세력이 커졌기 때문이었다.

35

아라토스는 아직도 그가 오랫동안 이루고자 하던 일, 곧 아카이아 동맹에서 매우 가까운 거리에 있는 아르고스가 독재 정치 아래 신음하는 것을 해방해 주고 싶은 안타까움을 견딜 수 없었다. 그래서 그는 그곳의 독재자인 아리스토마코스에게 사절을 보내 다음과 같은 말을 전달했다.

"저는 장군께서 아르고스인들에게 자유를 허락하고 아카이아 동맹에 가입하기를 권고합니다. 그리하여 장군께서 한 도시 국가의 폭군이 되어 위험과 증오 속에 살기보다는 메갈로폴리스의 장군 리디아데스를 본받아 위대한 민족의 지도자가 되어 칭송과 영예를 누리기 바랍니다."

아리스토마코스가 아라토스의 이와 같은 권고를 받아들이면서 용병을 해산하고 돌려보내는 데 필요한 비용 50탈렌트를 요구하자 아라토스는 그 돈을 장만해 주었다. 그러나 그 무렵 아카이아 동맹군의 장군이었던 리디아데스는 야심이 있는 사람이었다. 그는 이 거래가 자신의 공으로 여겨지기를 바랐다. 그래서 그는 아리스토마코스 앞에서 아라토스가 본디 독재자를 원수처럼 생각하는 사람이라고 흉을 보면서 이 문제는 자신에게 맡기라고 설득했다. 그리고는 아리스토마코스를 데리고 아카이아 동맹 회의에 갔다.

그러나 동맹 회의는 아라토스에게 분명한 호의와 신뢰를 표시했다. 곧 아라토스가 리디아데스의 계획에 분노하자 동맹

회의는 아리스토마코스를 쫓아 보낸 것이다. 그러나 아라토스가 다시 아리스토마코스의 제안을 듣고 몸소 회의에 나와 이를 설명하자 동맹 회의는 그의 제안을 받아들여 아르고스와 플리우스의 가맹을 허락하고, 이듬해 [기원전 227년에] 아리스토마코스를 동맹군의 사령관으로 선출했다.

이와 같은 과정을 겪으면서 아카이아 동맹의 지지를 받게 된 아리스토마코스는 스파르타를 침공하고 싶은 생각에 아테네에 머물고 있던 아라토스에게 귀국을 요청했다. 연락을 받은 아라토스는 이렇게 답장을 보냈다.

"나는 장군께서 이번에 스파르타로 원정하지 않기를 바랍니다. 아울러 나는 아카이아 동맹이 스파르타의 왕 클레오메네스와 적대 관계에 놓이는 것을 바라지 않습니다. 그는 매우 용맹스러우며, 강력한 힘을 키우고 있습니다."

그러나 아리스토마코스의 뜻이 너무 완강하여 아라토스는 그 명령에 따라 개인적으로 원정에 참여했다. 그가 팔란티움에서 클레오메네스의 군대를 만났을 때 아리스토마코스에게 접전을 펼치지 말도록 권고한 것이 바로 이 전투였다. 아라토스는 이 일로 말미암아 장군 직을 놓고 경쟁 관계에 있던 리디아데스의 비난을 들었다. 그럼에도 그는 선거에 이겨 열두 번째로 장군 직에 뽑혔다.

36

[기원전 226년에] 리카이움산 근처에서 벌어진 전투에서 아라토스는 클레오메네스에게 지고 도주했다. 그러는 가운데 밤중에 길을 잃어 행방이 묘연해지자 아라토스가 죽었다는 소문이 한 번 더 온 그리스에 퍼졌다. 그러나 사실 그는 살아서 군대를 다시 모으고 있었다. 그는 살아 돌아가는 데 만족하지 않고, 누구도 자신의 상황이 어떻게 되었는지 모르는 작금의 현실이 안겨 준 기회를 최대한 이용했다.

아라토스는 먼저 클레오메네스와 동맹을 맺고 있는 만티네이아를 기습하여 장악한 다음 군대를 주둔시켰다. 그는 그곳에 머물던 모든 이방인에게 시민권을 주었다. 그는 한 차례 패배한 뒤에도 남들이 승리했을 때보다 더 큰 업적을, 오직 아카이아를 위해 이룬 것이다.

스파르타가 다시 메갈로폴리스를 침공하자 아라토스는 그들을 지원하러 떠났다. 그러나 그는 클레오메네스가 그토록 바라는 접전의 기회를 주지 않았고, 또한 당장이라도 나가 싸우고 싶어 하는 메갈로폴리스 주민들의 요구를 따르지도 않았다. 아라토스는 천성적으로 백병전을 좋아하지 않은 데다가 그 무렵에는 수적으로도 열세였다.

그뿐만 아니라 아라토스는 이미 자신의 전성기가 지났고, 야망이 많이 누그러진 상황에서 젊고 용맹스러운 적과 싸우는 일은 적절하지 않다는 사실을 잘 알고 있었다. 적장 클레오메네스는 지금 한창나이에 아직 갖지 못한 명예를 얻고자 용맹스럽게 달려들고 있었지만, 이미 이룰 만큼 이룬 아라토스는 조심스럽게 공명(功名)을 지켜야 했다.

37

이때 경보병이 기습적으로 스파르타 병사를 공격하여 적군의 진영까지 쫓아가 막사까지 흩어 놓았으나, 아라토스는 적군과의 사이에 강을 두고 멈추어 적군의 중무장병이 강을 건너오지 못하도록 막는 데 그쳤다. 그러자 그와 같은 전략에 불만을 품은 리디아데스가 아라토스를 비난했다.

리디아데스는 기병대를 이끌고 추격병을 지원하고자 나가면서, 다 잡은 승리를 놓쳐서도 안 되며, 조국을 위해 싸우고 있는 장군을 버려두어서도 안 된다고 외쳤다. 많은 용사가 그에 호응하여 따라나서자 담대해진 리디아데스는 적군의 오른쪽 날개를 공격하여 무찌르면서 추격했다.

그러나 리디아데스는 용맹과 야심이 지나쳐 분별을 잃었다. 그는 추격에 몰두한 나머지 나무가 무성하고 도랑이 가득한 지역을 지나가게 되었다. 이런 지형에서 클레오메네스의 역습을 받은 리디아데스는 조국의 성문 앞에서 명예롭게 싸우다 장렬하게 죽었다. 나머지 부대가 도망쳐 본진으로 돌아오니 중무장 부대마저 혼란에 빠져 부대 전체가 패배했다.

이 사건으로 민중은 아라토스가 리디아데스를 배신했다고 몹시 비난했다. 분노한 아카이아 동맹군은 전선을 떠나면서 아라토스를 강제로 아이기움으로 데리고 갔다. 이곳에서 그들은 동맹 회의를 열어 그에게 군자금과 용병을 위한 비용을 제공하지 않을 것이며, 만약 그가 더 싸우려 한다면 자기의 돈으로 전쟁을 수행하라고 결의했다.

38

그와 같은 모욕에 화가 치민 아라토스는 곧 동맹군의 장군 직인장을 던져 버리고 사임할 생각도 했지만, 다시 마음을 고쳐먹고 얼마 동안 그 직책을 지켰다. 그리하여 아라토스는 오르코메노스로 진격하여 클레오메네스의 의붓아버지인 메기스토노우스와 전투를 벌인 끝에 승리를 거두고 그를 포로로 잡았으며, 병사 3백 명을 죽였다.

그러나 한 해 건너 장군이 되던 관례에 따라 그가 장군이 되는 해가 돌아왔음에도 아라토스는 이를 사양하였고, 티모크세노스가 그를 대신해 장군으로 뽑혔다. 그가 장군 직을 사양한 통상적인 이유는 민중에 대한 분노 때문이었다고 하지만, 그 주장은 믿을 바가 못 된다. 그 진정한 이유는 아카이아 동맹의 어려운 상황이었다.

곧 아라토스의 정적 클레오메네스는 지난날처럼 조용히 있기는커녕 공격이 더욱 심해졌고, 민중의 견제를 받지도 않았다. 클레오메네스는 민선 장관들을 죽인 다음 토지를 분배

아라토스

하고 외국인들에게 시민권을 주었다.

이러한 작업을 통해 누구도 거역할 수 없는 권력을 장악한 클레오메네스는 아카이아 동맹을 압박하며 자기에게 최고 통수권을 달라고 요구했다. 이 일로 아라토스에 대한 성토가 들끓었다. 국가라고 하는 배가 엄청난 폭풍에 휘말렸을 때 그가 키[舵]를 남에게 던져 주었다는 것이었다. 그들은 다음과 같이 아라토스를 비난했다.

그들에 따르면, 설령 민중이 달갑게 여기지 않는다 할지라도 아라토스는 지도자로 남아 국가를 구출하는 것이 옳았으며, 만약 그가 동맹의 힘이나 정치력에 대해 절망했다면 차라리 클레오메네스에게 권력을 넘겨주어야 했다는 것이다. 그랬더라면 펠로폰네소스가 마케도니아의 주둔군 아래에서 힘겹게 살 일도 없고, 아크로코린토스가 일리리아족과 갈리아족의 병력으로 채워질 일도 없었을 것이었다. 그가 전쟁과 정치에서 늘 압도했고, 『일기』에서 그토록 비난했던 사람들이 이제 동맹이라는 이름으로 그의 조국 위에 군림하고 있었다.

그뿐만 아니라 세상이 다 인정하듯이, 클레오메네스가 불법적으로 정권을 마음대로 휘둘렀다 하더라도 그는 헤라클레스의 후손이고, 스파르타를 조국으로 하여 태어난 사람이니, 마케도니아에서 가장 훌륭한 사람보다는 차라리 못난 사람일지라도 그리스 혈통의 고귀함을 이해하는 그리스인이 더 훌륭하다고 아라토스의 정적들은 생각했다. 심지어 클레오메네스는 아카이아족에게 동맹군의 사령관 직책을 요구하면서 그 직책에 담긴 명예에 대한 대가로 여러 가지 이익을 제공하겠노라고 약속하기까지 했었다.

그와 반대로, 마케도니아의 안티고노스왕은 아카이아 동맹으로부터 육군과 해군의 전권을 위임받은 인물로 선포된 뒤에도 그 직책을 수락하기 위한 대가로 아크로코린토스를 얻어내기 전까지는 꼼짝도 하지 않았다. 이런 점에서 안티고노스

는 아이소포스의 우화에 나오는 사냥꾼과 같은 어리석은 짓[9]
을 했다.

안티고노스는 아카이아족이 사신을 보내고 정령(政令)을
통과시켰는데도, 즉 그들이 자기들의 등을 들이대며 올라타라
고 간청했는데도 타지 않았다. 그는 아카이아족이 수비대라는
명목으로 자신이 내건 굴레를 받아 쓰고 인질을 바친 뒤에야
사령관 직책을 수락했다. 이 일이 비난을 받자 아라토스는 상
황이 어쩔 수 없었다며 변명했다. 그러나 이에 관해서는 역사
가 폴리비오스의 『역사』(II : 47)를 읽어 볼 필요가 있다.

폴리비오스의 기록에 따르면, 아라토스는 오래전부터, 그
리고 이런 문제가 일어나기에 앞서 클레오메네스의 거친 성
격을 두려워하여 안티고노스와 은밀히 거래하고 있었으며, 더
나아가서 메갈로폴리스인들을 내세워 아카이아 동맹이 안티
고노스를 불러들이도록 부추겼다고 한다. 왜냐하면 메갈로폴
리스인들은 클레오메네스가 끝없이 자기들의 영토를 유린함
으로써 전쟁에 질려 있었기 때문이었다.

그리스의 역사학자인 휠라르코스도 폴리비오스와 비슷
한 말을 하고 있다. 만약 폴리비오스의 증언이 없었더라면 사
람들은 휠라르코스의 말을 전혀 믿지 않았을 것이다. 왜냐하
면 휠라르코스는 클레오메네스의 열렬한 지지자로, 역사를 쓰
면서 마치 법정에서 변론하듯이 아라토스를 헐뜯고 클레오메
네스를 옹호했기 때문이다.

---

9   한 사냥꾼이 사냥을 마치고 돌아오다 어부를 만났는데 그가 잡은 물고기
가 탐났다. 마침 어부도 사냥꾼이 잡은 들짐승을 갖고 싶었다. 그래서 두
사람은 서로의 바구니를 교환하면서, 다음에도 만나면 다시 교환하기로
흥정했다. 그들은 몇 번 그렇게 했다. 그러자 이웃에 사는 현자가 이렇게
말했다. "그렇게 늘 만나서 교환하다 보면 남의 것이 더 좋아 보여 바꾸는
기쁨이 사라지고, 처음 자기가 잡은 것을 다시 원하게 될 거요."

그러는 과정에서 아카이아 동맹은 클레오메네스에게 만티네이아를 다시 잃고, 이어 헤카톰바이움의 큰 전투에서 졌다. 크게 낙심한 그들은 곧 클레오메네스에게 사람을 보내, 그가 아르고스로 와서 동맹군의 사령관을 맡아 달라고 요구했다.

그러나 클레오메네스가 군대를 거느리고 내려오는 길에 레르나에 이르렀다는 소식을 들은 아라토스는 그 결과가 두려워졌다. 그래서 그는 다시 사절을 보내 우방이자 동맹국의 자격으로 3백 명의 군사만 데리고 오되, 이쪽을 믿기 어려우면 인질을 보내겠노라고 말했다.

이 말을 들은 클레오메네스는 자신이 모독과 조롱을 겪었다고 선언하고, 아라토스에 대한 비난으로 가득 찬 편지를 아카이아족에게 보낸 다음, 군대와 함께 스파르타로 돌아갔다. 아라토스 또한 클레오메네스를 비난하는 편지를 보냈다.

그들의 상호 비난과 욕설은 결혼과 아내의 행실을 비난하는 정도에까지 이르렀다. 이런 결과로 클레오메네스는 아카이아 동맹에 전쟁을 선포하는 전령을 보냈고, 내부 반역자들의 도움을 받아 시키온을 거의 점령할 단계에 이르렀다가 실패했다.

이에 클레오메네스는 다시 아카이아 동맹군의 사령관이 버리고 도망간 펠레네를 공격하여 장악하고, 오래지 않아 페네오스와 펜텔레이움도 차지했다. 그러자 아르고스가 그의 편으로 돌아서고, 플리우스는 그가 보낸 군대를 받아들였다.

한마디로 말해, 아카이아 동맹이 차지했던 지역은 이제 더 이상 그들의 땅이 아니었다. 엄청난 혼란이 갑자기 아라토스를 감쌌다. 펠로폰네소스가 흔들리고 선동가들이 끈질기게 곳곳에서 반란을 부추기는 모습이 그의 눈에 들어왔다.

어디 하나 조용한 곳이 없었고, 현실에 만족한 사람이 없었다. 시키온과 코린토스의 시민까지도 클레오메네스와 내통하고 있다고 알려진 사람이 많았다. 오래전부터 권력을 차지하려는 야심을 품고 있던 사람들은 공공의 이익에 대하여 은밀한 적개심을 품고 있었다.

그와 같은 사람들의 처벌에 관해 절대적인 권한을 쥐고 있던 아라토스는 그들을 시키온에 억류한 다음 모두 죽여 버렸다. 그는 코린토스에서도 그와 같이 반대파들을 찾아내어 처벌하려 했으나 민중의 분노만 불러일으켰다. 민중은 이미 아카이아 동맹에 불만을 드러내며 불편해 했다.

그리하여 코린토스인들은 서둘러 아폴론 신전에서 모임을 열고 아라토스를 불러들인 뒤, 그를 죽이거나 붙잡아 둔 다음 반란을 일으키기로 결정했다. 이윽고 그들의 초청을 받은 아라토스가 신전에 나타났다. 말을 끌고 들어오는 그에게는 의심하거나 못 미더워하는 빛이 전혀 없었다.

아라토스가 들어오는 것을 본 군중이 일어나 욕설을 퍼부었다. 그러자 그는 근엄한 표정과 점잖은 말씨로 무질서하게 소리치지 말고 자리에 앉으라고 지시하는 한편, 밖에 있는 시민들도 들어오라고 말하면서 마치 다른 사람에게 말을 맡기려는 듯이 천천히 뒤로 물러섰다. 이렇게 군중의 벽을 빠져나온 아라토스는 만나는 코린토스인들에게 어서 신전으로 들어가라고 조용히 말했다.

그런 다음 군중이 눈치채지 못하게 성채 가까이 이른 아라토스는 수비대장 클레오파트로스(Cleopatros)에게 성채를 엄중히 지키도록 지시하고는 말을 타고 재빨리 시키온으로 도망쳤다. 이때 병사 30명만 그를 따랐고, 남은 무리는 그를 떠나 흩어졌다. 시간이 조금 지난 뒤에 코린토스인들은 아라토스가 도망한 것을 알고 추격했으나 따라잡지 못했다.

아라토스

[기원전 223년 초에] 코린토스인들은 클레오메네스에게 사람을 보내 자기들의 도시를 넘겨주었다.[10] 그러나 클레오메네스는 그 도시를 손에 넣어서 얻은 이득보다 아라토스를 놓쳐서 얻은 손해가 더 크다고 생각했다. 그 무렵에 아크테(Acte) 주민들이 그 성의 이름처럼 자기에게 접근해 오자[11] 클레오메네스는 그들의 도시를 접수했고, 곧바로 아크로코린토스로 가서 그 둘레에 방벽을 쌓았다.

41

몇 명의 아카이아족과 함께 시키온으로 돌아온 아라토스는 동맹 회의에서 전권을 갖는 장군으로 선출되었다. 그는 시키온 시민 가운데에서 뽑은 사람들을 호위병으로 삼아 자신을 보호했다. 아라토스는 33년 동안 아카이아 동맹에서 공직 생활을 하며 어느 그리스인보다 권력과 명성을 더 누렸지만, 이제는 동맹군들에 버림받고 힘없이 무너져 난파선과 같은 고국에서 위험에 빠지게 되었다. 그는 아이톨리아인들에게 도움을 요청했다가 거절당했다.

아테네인들이 아라토스를 도우려 했지만, 그 무렵 아테네의 대표적인 두 웅변가였던 에우리클레이데스(Eurycleides)와 미키온(Micion)의 반대로 이루어지지 않았다. 아라토스는 코린토스에 집과 재산이 있었는데, 클레오메네스는 누구도 거기에 손을 대지 못하도록 하면서 아라토스의 막료와 시종들을 보내 마치 결산 보고라도 하듯이 잘 관리하라고 지시했다.

그뿐만 아니라 클레오메네스는 아라토스에게 처음에는 트리필로스(Tripylos)를 보냈다가 다시 의붓아버지 메기스토노

---

10   이 부분은 제42장 「클레오메네스전」(§ 19)과 내용이 아주 다르다. 아마도 그 어느 한쪽이 플루타르코스의 착오일 것이다.

11   그 국가의 이름인 아크테는 그리스어의 '접근(access)'과 어원이 같았다. 아크테는 아티카(Attica)의 옛 이름이다.

우스를 보내 여러 가지 제안을 전했다. 또한 1년에 12탈렌트의 연금을 주겠노라고 약속했는데, 이는 아라토스가 프톨레마이오스 3세에게서 받는 연금 6탈렌트의 갑절이었다. 그 대가로 클레오메네스는 아카이아 동맹이 자신을 장군으로 뽑아 줄 것과, 스파르타군이 동맹국과 함께 아크로코린토스를 지배하게 해 달라고 요구했다.

이에 대해 아라토스는 이제 자신은 정치를 하는 것이 아니라 지배를 받고 있다는 답변을 보냈다. 이 편지를 받은 클레오메네스는 아라토스가 자기를 조롱한다고 여겨, 곧장 시키온으로 쳐들어가 약탈하고 파괴한 다음 석 달 동안 그 앞에 진영을 차렸다.

이런 일이 진행되는 동안 아라토스는 끈질기게 참으며 아크로코린토스를 넘겨준다는 조건으로 마케도니아의 안티고노스와 동맹을 맺어야 할지를 고민했다. 그 밖의 어떤 조건으로도 안티고노스는 아라토스를 돕지 않을 것이기 때문이었다.

42

이에 아카이아 동맹국의 대표들이 아이기움에 모여 회의를 열면서 아라토스에게 참석할 것을 요청했다. 그러나 클레오메네스가 시키온을 포위하고 있는 상황에서 성을 빠져나간다는 것은 위험한 일이었다.

더욱이 시키온 시민은 적군이 성 앞에 있으니 나가지 말라고 아라토스에게 말했다. 아이를 업은 아낙네들은 그에게 매달려 눈물을 흘리면서 껴안고 마치 아버지나 보호자에게 말하듯이 애원했다. 그럼에도 그는 시민들을 격려하고 안심시킨 다음 말을 타고 바다 쪽으로 나갔다.

열 명의 막료와 어린 아들이 그를 따라나섰다. 해안에서 배에 오른 그들은 동맹 회의가 열리는 아이기움으로 갔다. [기원전 223년 봄에] 동맹 회의는 안티고노스에게 도움을 요청하고

아라토스

그 대가로 아크로코린토스를 넘겨주기로 의결했다. 아라토스는 다른 몇몇 사람과 함께 자기 아들을 인질로 안티고노스에게 보냈다. 이에 코린토스인들은 분개하여 아라토스의 재산을 약탈하고 그의 집을 클레오메네스에게 바쳤다.

43

합의에 따라 안티고노스가 2만 명의 마케도니아 보병과 1천3백 명의 기병을 이끌고 시키온으로 왔다. 아라토스는 장군의 보좌진 열 명으로 구성된 정무 위원(High Councillor)을 거느리고 적군의 눈을 피해 바다로 나가 페가이(Pegai)에서 왕을 맞이했다. 그렇다고 해서 아라토스가 안티고노스를 완전히 신뢰한 것도 아니었다.

또한 아라토스는 마케도니아를 믿지 않았다. 그는 자신이 그만한 자리에 오른 것은 안티고노스에게 상처를 준 대가였으며, 자신이 정치 활동을 시작하게 된 동기가 안티고노스의 선왕(先王)인 안티고노스 고나타스에 대한 증오였다는 것도 잘 기억하고 있었다. 그러나 아라토스는 명예를 되찾고 싶은 열망이 너무도 간절했다. 정치인은 명예의 노예이다. 그렇게 그는 위험한 시련의 길로 뛰어들었다.

아라토스가 직접 마중 나왔다는 말을 들은 안티고노스는 적의(敵意)를 덮고 그들을 따뜻하게 맞이했다. 처음에 안티고노스는 아라토스를 정중하게만 상대했으나 그가 유능하고 지혜로운 사람이라는 것을 알고 나서는 더욱 친근하게 상대했다. 안티고노스의 입장에서 보았을 때 아라토스는 커다란 과업을 위해서도 필요할 뿐만 아니라 왕의 주변에서 아첨이나 하는 무리와는 차원이 다른 인물이었다.

안티고노스는 나이가 어린 아라토스가 왕의 막료로서 훌륭한 자질을 타고난 인물임을 안 뒤로는 아카이아족이나 마케도니아의 신하들보다 훨씬 더 그를 가깝게 생각했다. 그리하여 신이 제물을 통해 예언자에게 들려준 말이 사실임이 입증되었다.

곧 아라토스가 이런 일이 있기 며칠 앞서 신전에 제물을 바쳤는데, 배를 갈라 간을 꺼내 보니 하나여야 할 담낭 두 개가 한 가닥으로 간에 붙어 있었다. 이를 본 예언자는 아라토스가 가장 미워하면서 싸웠던 사람과 가까운 친구가 된다고 말했다. 그때 아라토스는 희생 제물이나 신탁보다는 자기의 이성을 더 믿었던 터라 그와 같은 신탁에 별로 귀를 기울이지 않았다.

그런 일이 있은 뒤에 전투가 뜻대로 진행되자 안티고노스는 코린토스에서 성대한 잔치를 열고 많은 손님을 초대했는데, 아라토스를 자기 곁에 편하게 기대어 앉도록 했다. 얼마의 시간이 지난 뒤에 왕은 담요를 가져오게 하면서 아라토스에게 춥지 않느냐고 물었다.

아라토스가 자기도 몹시 춥다고 말하자 왕은 그를 가까이 오라 한 다음 시종이 가져온 담요를 펴 함께 덮었다. 그때 아라토스는 제물에 대한 예언자의 말이 떠올라 크게 웃으면서 자기가 겪은 예언과 예언자의 이야기를 왕에게 들려주었다. 그러나 이 일은 얼마의 시간이 지난 뒤에 일어났다.

44

페가이에서 안티고노스와 아라토스는 서로 변치 않으리라는 맹세를 나누고 코린토스를 향해 진군했다. 그곳에서는 클레오메네스가 성을 요새화했고, 마케도니아 병사가 굳세게 저항하여 공방전이 치열했다.

그러는 동안에 아르고스에 있던 아라토스의 막료인 아리스토텔레스가 비밀리에 사람을 보내, 그가 군대를 이끌고 쳐들어오면 클레오메네스에 대한 반란을 일으키겠노라고 약속했다.

아라토스

아라토스는 이 사실을 안티고노스에게 알린 다음, 자기는 1천5백 명의 병사를 이끌고 이스트모스에서 배를 타고 빠른 속력으로 에피다우로스로 갔다. 그러나 성안에 있던 아르고스인이 너무 일찍 반란을 일으켜 클레오메네스의 수비대를 공격하고 성채 안으로 몰아넣었다.

이와 같은 사실을 알게 된 클레오메네스는 아르고스를 잃으면 돌아갈 길이 막히지 않을까 두려워 아크로코린토스를 버리고 아르고스를 도우러 밤중에 떠났다.

클레오메네스는 안티고노스와 아라토스보다 먼저 아르고스에 도착하여 쳐들어오는 적군을 어느 정도 무찔렀다. 그러나 곧이어 아라토스가 도착하고 안티고노스도 병력을 이끌고 오자 클레오메네스는 만티네이아로 물러났다.

이로써 모든 도시가 아카이아 동맹으로 넘어왔고, 안티고노스는 아크로코린토스를 차지했다. 이제 다시 동맹군의 장군으로 뽑힌 아라토스는 폭군과 반역자들의 재산을 안티고노스에게 선물로 주자고 민중을 설득했다.

아라토스는 또한 켄크레아이에서 아리스토마코스를 고문한 다음 바다에 처박아 죽였다. 그는 이 일로 어느 때보다도 더 많은 비난을 들었다. 아리스토마코스는 비겁한 사람도 아니었고 아라토스에게 협조하였으며, 아라토스의 권고에 따라 권력을 내놓고 자기 도시를 아카이아 동맹에 가입시킨 인물인데도 그토록 잔인하게 죽였기 때문이었다.

45

이제 많은 나라의 시민들이 아라토스의 처신을 비난했다. 그들의 말을 들어 보면, 아카이아족은 코린토스를 마치 별 볼 일 없는 마을처럼 안티고노스왕에게 넘겨주었다는 것이다. 아카이아족은 또한 안티고노스왕이 오르코메노스를 점령하도록 놓아 두고, 안티고노스의 허락 없이는 어느 왕에게도 사신이

나 국서를 보낼 수 없다고 결의했다.

　아카이아족은 마케도니아의 병사들에게 군수품과 봉급을 지급했다. 그리고 그들은 안티고노스의 영예를 높여 주고자 희생 제물을 바치고, 행렬을 하고, 운동 경기를 열었는데, 그럴 때면 아라토스의 시민이 안티고노스의 길을 안내하고 맞아들이면서 그를 손님으로 대접했다고 한다.

　이런 문제들을 내세워 사람들은 아라토스를 비난했다. 그러나 사람들은 이제 그가 안티고노스에게 통치권을 맡기고 그의 권력 아래에 있으며, 말만 자유롭게 할 수 있을 뿐 행동에는 여러 제약이 따른다는 사실을 잘 모르고 있었다. 확실히 아라토스는 안티고노스와의 관계를 불편하게 여기고 있었다.

　더욱이 아라토스는 아르고스에 서 있는 동상에 관한 문제를 불편해 했다. 곧 안티고노스왕은 이미 쫓겨났던 폭군의 신하들의 동상을 그곳에 다시 세우고, 아크로코린토스를 되찾은 장군들의 동상을 모두 부수면서 아라토스의 것만 남겨 두었다. 이 문제와 관련하여 아라토스는 여러 차례 반대했지만 안티고노스왕을 설득할 수 없었다.

　한편, 시민들은 아카이아 동맹국들이 만티네이아를 다루는 방법도 그리스의 정신에 걸맞지 않다고 생각했다. 안티고노스의 도움으로 만티네이아를 장악한 동맹국 병사들은 그곳의 지도자와 유명 인사들을 죽였으며, 살아남은 사람들을 노예로 팔았다.

　어떤 사람들은 쇠사슬에 묶여 마케도니아로 끌려가 저들의 아내와 아이들의 노예가 되었다. 이렇게 사람을 팔아서 번 돈의 3분의 1은 아카이아인들이 나누어 가졌고, 3분의 2는 마케도니아인들에게 주었다.

　그와 같은 일이 복수의 법에 따라 벌어졌다고 변명할 수도 있다. 분노로 말미암아 피를 나눈 동족에게 그런 짓을 저지른다는 것이 끔찍한 일이기는 하지만, 그리스의 시인 시모니

데스(Simonides)의 시구처럼,

> 너무도 고통스러운 압박을 받을 때면
> 잔인함도 달콤한 것이 된다.

이를테면 잔인함은 분노와 고통에 사로잡혀 있는 사람들의 마음에 만족과 치유를 가져다 준다.

그러나 그 뒤에 아라토스가 만티네이아에서 저지른 처사는 명예를 위해 필요한 조치도 아니었고, 어떤 구실을 들어 변명할 수 있는 것도 아니었다. 아카이아족이 안티고노스에게서 선물로 만티네이아를 되돌려 받았을 때 아라토스는 이 새로운 정착지의 건설자로 뽑혀 장군이 되었다.

이어 아라토스는 안티고노스의 명성을 기리고자 그 도시의 이름을 안티고네이아(Antigoneia)로 고치는 법령을 통과시켜 그 이름이 오늘까지 내려오고 있다. 이제 호메로스가 "아름다운 만티네이아"(『일리아스』, II : 607)라고 불렀던 이름은 사라지고, 그곳의 시민을 죽이고 파괴한 왕의 이름을 딴 이름이 지금까지 내려오고 있다. 이는 아라토스의 탓이다.[12]

46

이런 일이 있은 뒤에 클레오메네스는 [기원전 221년에] 셀라시아 전투에서 지고 스파르타를 떠나 이집트로 갔다. 안티고노스는 온갖 방법으로 아라토스에게 은전을 베푼 다음 마케도니아로 돌아갔다. 고국으로 돌아간 안티고노스는 병을 얻자 아직 어린 왕위 계승권자인 아들 필리포스(Philippos)를 펠로폰네소스

---

12 플루타르코스가 이 전기를 쓴 뒤, 만티네이아는 로마의 하드리아누스 (Publius Aelius Hadrianus, 재위 117~138) 황제 시대에 옛 이름을 다시 찾았다.

로 보냈다.

안티고노스는 아들 필리포스에게 누구보다도 아라토스를 잘 모시면서 그를 통해 도시 국가를 다루는 법을 배우고 아카이아족과 얼굴을 익히라고 당부했다. 아라토스도 진심으로 필리포스 왕자를 보살피고 가르침으로써 그를 후원해 준 자신에 대한 호의와 함께 그리스인으로서의 열정과 야망을 안겨 준 다음 마케도니아로 돌려보냈다.

47

[기원전 221년에] 안티고노스가 죽자 아카이아 동맹이 나태하며 비겁하다고 무시하던 아이톨리아인들이 펠로폰네소스로 쳐들어와 개입하기 시작했다. 아카이아족은 다른 나라의 힘으로 자기들을 지키는 데 익숙했고, 마케도니아인들의 무력에 지나치게 의지하고 있었다. 결국, 너무 느긋했던 데다가 군사 훈련도 부족했던 그들은 수모를 겪고 말았다.

[기원전 220년에] 파트라이(Patrae)를 유린하고 돌아가는 길에 디메까지 약탈한 아이톨리아인들은 다시 메세니아(Messenia)로 쳐들어가 약탈했다. 그러나 아카이아 동맹군 사령관 티모크세노스는 임기가 며칠 남지 않아 싸울 의지가 없었다. 이에 화가 난 아라토스는 자신이 후임으로 선출된 점을 내세워 임기를 마치기 5일 앞서 그를 해임하고 스스로 장군에 취임하여 메세니아를 구원하러 진군했다.

그러나 아라토스가 이끄는 아카이아 동맹군은 물리적으로나 정신적으로 싸울 수 없을 정도로 형편없는 상태였기 때문에 카피아이 전투에서 졌다. 사람들은 아라토스가 전쟁을 치르면서 열정만 지나쳤다고 생각하기 시작했고, 결국 아라토스는 전의를 잃고 자신의 희망을 버렸다.

아이톨리아인들이 실수를 저지르며 아라토스에게 반격할 기회를 자주 주었지만, 그가 이를 못 본 체하자 적군은 더욱

아라토스

용기를 내어 탐욕스럽게 펠로폰네소스를 유린했다. 그리하여 그들은 다시 한번 마케도니아에 손을 내밀며 도와 달라고 간청하면서 필리포스왕을 그리스의 문제로 끌어들였다. 왜냐하면 필리포스가 아라토스를 신뢰하고 호감을 갖고 있어, 그가 오면 모든 일을 이치에 맞게 잘 처리해 줄 것이라고 기대했기 때문이었다.

48

필리포스왕은 처음에는 아펠레스와 메갈레아스(Megalleas)나 그 밖의 신하들의 잘못된 충고를 듣고 아라토스의 반대파들이 펼치는 정치 공세에 합세했다. 그때 그는 에페라토스(Eperatos)를 아카이아 동맹군의 사령관으로 뽑고 싶어 했다.

그러나 아카이아족이 에페라토스를 우습게 여기고, 아라토스가 정무에 손을 쓰지 않고서는 되는 일이 없자, 필리포스왕은 자신이 크게 잘못하고 있음을 깨달았다. 그리하여 그는 자기의 입장을 아주 많이 바꿔 아라토스를 전폭적으로 지지하기 시작했다.

그러자 필리포스왕의 권세와 명성도 올라갔다. 필리포스왕은 아라토스를 깊이 신뢰하며 자신의 명성과 세력이 아라토스에게서 나온다고 확신했다. 이제 세상 사람들은 아라토스가 민주정에 공헌한 바에 못지않게 한 왕국에도 좋은 길잡이 구실을 하고 있다고 생각했다. 아라토스의 원칙과 성격은 필리포스왕의 행동 속에서 마치 직물의 색깔처럼 드러났다.

이를테면 필리포스왕이 공격적인 스파르타인들을 다루면서 보여 준 절제라든가, 크레타인들을 절묘하게 다룸으로써 단 며칠 만에 섬 전체를 장악한 일이라든가, 아이톨리아인과 전투를 벌이면서 보여 준 놀라운 용맹은 그가 아라토스의 훌륭한 조언을 잘 받아들임으로써 얻은 명성이었다. 그런 까닭에 왕실의 모든 신하가 아라토스를 시샘했다.

이제 더 이상 뒤에서 헐뜯는 것으로는 자기들의 목적을 이룰 수 없게 된 아라토스의 정적들은 잔치 자리에서 무례하게 굴거나 상스러운 말을 하며 공개적으로 그를 비난하거나 모욕했다.

언젠가는 그가 저녁을 먹고 자기 막사로 돌아가는데 정적들이 쫓아가 돌멩이를 던진 일도 있었다. 이에 분노한 필리포스왕이 가해자들에게 20탈렌트의 벌금을 매기기도 했다. 그래도 무례함이 그치지 않자, 이는 자신에 대한 불충(不忠)이라고 생각한 왕은 그들을 사형에 처했다.

49

그러나 오래지 않아 필리포스왕은 자신에게 행운이 따라 주어 얻은 승리에 마음이 들뜨면서 온당하지 않은 일을 많이 바라게 되었다. 그의 타고난 악의는 바람직한 처신을 유지하려는 억제력을 밀어내고 조금씩 본색을 드러냈다.

먼저 그는 아라토스의 며느리와 간음했다. 그는 그 집에 머무는 손님이었기 때문에 그들의 추행이 드러나지 않았다. 그다음으로 그는 그리스의 민주 정치에 대한 적개심을 드러내며, 아라토스를 제거하려고 애썼다.

필리포스왕에 대한 첫 의심은 메세네에서 그가 보인 처신으로 말미암아 일어났다. 그 도시에서 계급 사이에 싸움이 일어나 아라토스와 필리포스왕이 그리로 갔는데, 필리포스왕이 하루 먼저 도착하여 두 파벌을 이간질했다.

그는 먼저 메세네의 장군들을 개인적으로 불러 이 나라에는 평민을 억누를 법이 없느냐고 물었다. 그런 다음 그는 다시 평민 대표를 불러 폭군을 몰아낼 방법이 없느냐고 물었다. 그 말에 용기를 얻은 장군들이 민중 지도자들을 처단하려 하자 민중은 지도자들을 공격하러 오는 장교들과 2백 명에 가까운 시민을 죽였다.

50

필리포스왕이 이와 같은 무도한 짓을 저지르고, 더 나아가서 메세네인들을 이간질하는 동안에 아라토스가 그곳에 도착했다. 아라토스는 분노를 숨기지도 않았고, 자기 아들이 필리포스를 비난하고 욕하는 것을 말리지도 않았다. 아마도 아라토스의 젊은 아들은 지난날 필리포스왕의 연인이었던 듯하다. 그러나 그는 이제 필리포스왕을 향해 이렇게 말했다.

"다른 일은 다 제쳐 두더라도 당신이 이처럼 더러운 짓을 저지른 뒤로 나는 더 이상 당신을 우러러보지 않습니다. 당신은 가장 추악한 인간입니다."

필리포스가 뭐라고 대답하려나 하고 모든 사람이 궁금하게 여겼지만, 그는 아무런 대꾸도 하지 않았다. 그는 지난날에는 아라토스의 아들이 무슨 말을 하면 분노에 찬 목소리로 저속하게 소리친 적이 한두 번이 아니었으나, 이번에는 자기에게 쏟아붓는 비난을 온화하게 받아들였다. 마치 자신이 매우 자제심이 큰 사람이며, 일반 시민보다 특별한 인간이 아니라는 것을 보여 주려는 것 같았다.

필리포스는 아라토스의 손을 잡고 광장을 빠져나와 이토마타스(Ithomatas)산으로 올라갔다. 그는 그곳에서 제우스 신에게 제사도 드리고 그곳의 경치도 둘러보고 싶었다. 산에 올라보니 아크로코린토스에 못지않게 성벽이 훌륭했고, 수비대가 지키고 있으면 누구도 접근하기 어려워 이웃 나라들이 쉽게 점령할 수 없을 것 같았다.

산으로 올라간 필리포스가 황소를 제물로 바치니 예언자가 그 내장을 들고 왔다. 필리포스왕이 그것을 두 손으로 받아 아라토스와 파로스(Pharos)의 데메트리오스를 향해 물었다.

"내가 이 성채의 주인이 되겠소? 아니면 이 성을 메세네인들에게 돌려주어야 할까요?"

이에 데메트리오스가 웃으며 대답했다.

"대왕께서 예언자 정도의 뜻을 가진 분이시라면 이곳을 버리시고, 왕으로서의 꿈을 가진 분이라면 두 뿔을 쥐고 황소를 잡으시지요."

여기에서 황소라 함은 펠로폰네소스를 빗대어 표현한 것인데, 만약 필리포스왕이 아크로크린토스에서 이토마타스까지 차지한다면 펠로폰네소스의 두 도시가 그의 신하가 되어 복종하리라는 뜻이었다. 아라토스는 아무 말이 없다가 필리포스왕이 의견을 묻자 이렇게 대답했다.

"대왕이시여, 크레타에도 높은 산은 많고 보이오티아와 포키스(Phokis)에도 우뚝 솟은 성채는 많습니다. 또한 아카르나니아에도 내륙과 해안에 놀라운 요충지들이 많이 있습니다. 대왕께서는 그들 가운데 하나도 차지하지 않았으나, 지금 그 지역의 백성들은 대왕의 말씀을 기꺼이 따르고 있습니다.

절벽이나 낭떠러지를 기어오르는 것은 도둑들이나 하는 짓입니다. 왕에게 주어진 방패 가운데 민중의 신뢰와 감사보다 더 튼튼하고 안전한 것은 없습니다. 이처럼 대왕을 신뢰하는 그 지역의 주민들은 대왕에게 크레타의 바다와 펠로폰네소스로 향하는 길을 열어 주었습니다. 대왕께서는 이들의 도움으로 젊은 나이에 여러 곳의 군주가 되셨습니다."

아직 아라토스의 이야기가 끝나지도 않았는데 필리포스는 예언자에게 내장을 주고 아라토스를 손으로 잡아끌며 이렇게 말했다.

"이리 오시오. 그리고 왔던 길로 돌아갑시다."

이는 그가 아라토스의 말에 감동하여 메세네를 포기한다는 뜻이었다.

51

그러나 이제 아라토스는 조정에서 물러나 필리포스왕과의 친근함을 조금씩 멀리했다. [기원전 215년에 필리포스왕이 로마에 대항하여 카르타고와 동맹을 맺고] 에페이로스(Epeiros)강으로 진격하면서 아라토스에게 함께 가자고 요청했지만, 그는 거절했다.

아라토스로서는 원정의 패배에 따르는 불명예를 함께 뒤집어쓰는 것이 두려웠기 때문이었다. 필리포스는 로마인들에게 매우 치욕적으로 패배함으로써 함대를 잃고 원정에 실패한 다음 펠로폰네소스로 돌아왔다. 이곳에서 그는 다시 메세네인들을 속이려다 들통이 나자 이제는 드러내 놓고 나쁜 짓을 하며 그들의 영토를 유린했다.

이 무렵에 아라토스는 필리포스왕이 자기 며느리를 간음한 사실을 알고 그와 아주 멀어져, 더는 그를 신뢰하지 않게 되었다. 그러나 아라토스는 이런 사실을 아들에게는 알려 주지 않았다. 그는 자신이 엄청난 모욕을 겪은 사실을 알았지만 그렇다고 해서 복수할 힘은 없었다.

정중하고 고결했던 젊은 필리포스왕은 이제 음탕하고 악의적인 폭군으로 바뀌고 있는 것처럼 보였다. 그러나 이는 그의 본성이 바뀐 것이 아니다. 그의 몸이 편해지면서 지난날 두려움으로 말미암아 감춰져 있던 인간의 마성(魔性)이 밖으로 드러난 것일 뿐이다.

52

두 사람이 처음 만났을 때 필리포스왕이 아라토스에게 품었던 따뜻한 감정은 이제 수치심과 두려움으로 바뀌었다. 그와 같은 감정은 필리포스왕이 마지막으로 보여 준 처신에서 솔직히 나타났다. 그는 아라토스를 죽이고 싶었다.

필리포스는 아라토스가 살아 있는 한, 폭군이 되든 아니면 어진 왕이 되든 더 이상 자신이 자유로울 수 없다고 생각했다. 그렇다고 해서 남이 보는 가운데 아라토스를 죽일 수도 없었던 그는 막료이자 장군인 타우리온(Taurion)에게 자기가 없는 사이에 은밀히 아라토스를 독살하라고 지시했다.

이에 타우리온은 아라토스에게 친절을 보이며 접근하여 독약을 먹였다. 그러나 그 약은 사람을 당장 죽이는 것이 아니라 미열과 기침을 불러일으키면서 조금씩 죽게 만드는 것이었다. 아라토스도 그와 같은 사실을 잘 알고 있었다.

그러나 범인을 고발해도 소용없는 일이었다. 그는 조용히 약을 받아 찌꺼기까지 다 마시고는 그 독으로 인한 증세가 흔히 있는 질환인 것처럼 태연히 행동했다. 그러던 어느 날 가까운 친구가 아라토스의 방으로 찾아왔다가 그가 피를 토하는 것을 보고 놀랐다. 그러자 그는 이렇게 말했다.

"여보게, 케팔로(Cephalo), 이것이 내가 필리포스왕에게 충성한 대가라네."

53

아라토스는 [기원전 213년에] 아카이아 동맹의 열일곱 번째 장군으로 있는 동안에 아이기움에서 그렇게 죽었다. 아카이아족은 그를 자기들의 땅에 묻고 그에 합당한 기념물을 세우고 싶어 했다. 그러나 아라토스를 고향에 묻지 않는 것은 큰 재앙이라고 생각한 시키온 시민이 시신을 넘겨 달라고 아카이아족을 설득했다. 그런데 시키온에는 시신을 도시 안에 묻을 수 없다는 법이 있었고, 시민은 거의 미신에 가까울 정도로 그 법을 믿고 있었다.

그리하여 시키온 시민이 델포이 신전에 사람을 보내 피티아(Pythia)의 사제들에게 신탁을 듣고자 했더니 다음과 같은 대답이 나왔다.

시키온의 시민이여,
그대들은 어이하여
그대들의 생명을 건져 준
은혜를 저버리려 하며,

443   아라토스

그대의 주군(主君)을 떠나보내며
경건한 장례를 치르지 않는가!
그대들은 알지니
그를 괴롭혔거나
그에게서 괴롭힘을 겪은 곳은
땅이거나 하늘이거나 바다이거나
저주가 있으리라.[13]

신탁을 받은 아카이아의 동맹국들은 모두 기뻐했고, 더욱이 시키온의 시민은 슬픔을 기쁨으로 바꾸어 화관을 쓰고 흰옷을 입고 아이기움에서 아라토스의 시신을 운구하면서 노래하며 춤을 추었다. 그들은 좋은 자리를 찾아 아라토스를 묻고는 그를 시키온의 창설자요 구원자라고 불렀다.

오늘날에도 그곳 사람들은 그의 무덤을 아라테이움(Arateium)이라 부른다. 또한 그가 폭군의 지배에서 조국을 해방시킨 날, 곧 다이시우스월(Daesius月), 아테네 달력으로는 안테스테리온월(Anthesterion月, 2~3월) 5일에 제사를 지내며, 이 제사를 소테리아(Soteria)라고 부른다.

기록에 따르면, 그들은 아라토스의 생일에도 제사를 드린다고 한다. 그의 추모 제례는 구원자인 제우스 신전의 사제가 드리고, 생일 제례는 아라토스 신전의 사제가 드린다. 이때 사제는 흰색이 아닌 흰색과 자주색이 섞인 머리띠를 두르고 디오니소스 신전의 악사들의 주악에 맞춰 노래를 부른다.

그 뒤에는 행렬이 펼쳐지는데, 김나시온의 지도자가 앞장을 서면 그곳의 젊은 학생들이 뒤따르고, 그 뒤에 다시 정무 위

---

13   마지막 4행의 영문 번역에는 조금씩 차이가 있다. 드라이든(Dryden)의 판본에는 "그의 안식을 거절하는 땅에는 저주가 있으리니"라고 되어 있고, 랭혼과 노스(North)의 판본에는 "그에 대한 경배를 방해하는 무리에게는 저주가 있을지니"라고 되어 있다.

원이 화관을 쓰고 따르며, 원하는 모든 시민이 그 뒤를 잇는다. 이러한 예식은 아직도 시킬리아인들 사이에 조금 남아 해마다 같은 날에 거행되는데, 세월이 흐르면서 다른 행사에 밀려 규모가 많이 줄었다.

54

역사에 기록된 아라토스의 삶과 성품은 그와 같았다. 천성이 사악하고 잔인하여 권력을 마음껏 휘둘렀던 필리포스왕은 아라토스의 아들마저 망쳐 놓았다. 그는 아라토스의 아들에게도 약을 먹였다.

그 약은 사람을 곧 죽게 만드는 것이 아니라 이상하고도 끔찍한 충동을 느끼게 만들면서 끝내 미치게 하여 터무니없는 행동을 하도록 만들었다. 그렇게 필리포스는 아라토스의 아들을 부끄럽고도 소모적인 방법으로 망가뜨렸다. 그러므로 아라토스의 아들이 젊은 나이에 죽었을 때, 그 죽음은 비극이 아니라 악마에게서 해방된 것이었다.

자비와 우정의 수호신인 제우스는 필리포스의 이와 같은 행동을 죽는 날까지 징벌했다. 로마인들에게 패배하고 행운의 여신마저 눈을 돌리자 필리포스는 영토 대부분을 잃었고, 함선은 다섯 척만 남겨 둔 채 모두 빼앗겼으며, 1천 탈렌트의 벌금을 물고 아들을 인질로 바치고서야 겨우 마케도니아의 작은 땅을 받아 그곳에서 나오는 녹봉(祿俸)으로 살았다. 그러면서도 필리포스는 귀족과 가까운 친척들을 죽여 온 나라를 공포와 증오로 가득 차게 만들었다.

그러한 저주 가운데 그나마 한 가지 행운이 있었다면, 그의 아들이 훌륭했다는 점이다. 그러나 로마인들이 그를 칭송하자 필리포스왕은 아들마저 시샘하여 죽이고 사생아인 페르세우스(Perseus)에게 왕위를 물려주었다.

들리는 바에 따르면, 페르세우스는 침모(針母)인 그나타

이미온(Gnathaemion) 사이에서 난 아들이라고 하는데 아마도 그 말이 맞을 것이다. 그가 아이밀리우스 파울루스(Aemilius Paulus)의 개선식에 포로로 끌려가면서 안티고노스 왕실은 막을 내렸다. 그러나 아라토스의 후손들은 지금까지도 시키온과 펠레네에 살고 있다.

아르타크세르크세스
ARTAXERXES II

기원전 453~359

폭군이 잔인해지는 것은
비겁하고 두려움이 많기 때문이다.
— 플루타르코스

나쁜 일을 하도록 꾀는 설득은
어찌나 그리 빨리 먹히는지.......
— 소포클레스

1

아르타크세르크세스 1세는 정중함과 너그러움에서 페르시
아의 왕들 가운데 빼어난 인물이었다. 그의 별명은 홍상어
(Longimanos)¹였는데, 그의 오른팔이 왼팔보다 길었기 때문이
다. 그는 크세르크세스의 아들이었다. 지금 이 장(章)에서 다루
고자 하는 아르타크세르크세스 2세는 별명이 메모르(Memor)
였는데, 이는 '마음 가득한(mindful)'이라는 뜻이다.

아르타크세르크세스 2세는 아르타크세르크세스의 딸 파
리사티스(Parysatis)의 아들이었다. 파리사티스는 다레이오스 2
세와의 사이에서 아들 넷을 낳았는데, 맏아들이 아르타크세르
크세스이고, 둘째 아들이 키로스(Cyrus)이고,² 셋째 아들이 오
스타네스(Ostanes)이고, 넷째 아들이 옥사트레스(Oxathres)였다.
키로스라는 이름은 대(大)키로스에서 따온 것으로서, 그들의
말에 따르면, 페르시아어로 '태양'이라는 뜻이라고 한다.

[어의(御醫)였던 크테시아스(Ctesias)의 말을 들어 보면] 아르타
크세르크세스의 어렸을 적 이름은 아르시카스(Arsicas)였다.
반면에 페르시아 역사에 정통한 그리스 역사학자 데이논(Dei-

---

1   홍상어는 좌우 지느러미의 길이가 다르다.
2   여러 가지 정황으로 볼 때 플루타르코스는 「키로스전」을 썼으나 세월이
     흐르면서 멸실된 것으로 보인다. 아미요 주교의 프랑스어 판본에는 별전
     (別傳) 제11권에 키로스의 평전이 들어 있다.

449   아르타크세르크세스

non)은 그의 본디 이름이 오아르세스(Oarses)였다고 한다. 그러나 페르시아 왕실에서 왕비와 모후(母后)와 왕자와 공주들의 건강을 살폈던 의사 크테시아스가, 비록 엉망진창의 터무니없는 글을 쓰기는 했지만, 왕의 이름조차 제대로 몰랐으리라고는 여겨지지 않는다.[3]

2

둘째 아들 키로스는 어려서부터 거칠고 충동적이었으나 맏아들 아르시카스는 모든 일에 정중했고, 충격을 받아도 천성이 부드러웠다. 아르시카스는 부모의 뜻에 따라 아름답고 지혜로운 여성과 결혼했으나 그 뒤로 부모가 아내를 핍박하자 끝까지 보호해 주었다. 당시 부왕은 왕비의 오빠를 처형하고 며느리까지 죽이려 했던 것이다.

그러자 아르시카스는 모후의 발아래 엎드려 눈물을 흘리며 간청한 끝에 마침내 그 여성을 죽이지도 않을 것이며 이혼시키지도 않을 것이라는 약속을 받아 냈다. 그러나 모후는 둘째 아들 키로스를 더 사랑하여 그를 왕위 후계자로 삼고 싶어했다. 그리하여 왕이 병으로 눕자 해안에서 근무하던 키로스를 불러올렸다. 키로스는 어머니의 노력으로 자신이 왕이 되리라는 희망을 안고 도성으로 올라왔다.

왕비는 그런 작업을 하면서 그럴듯한 구실을 가지고 있었다. 곧 맏아들 아르시카스는 부왕 크세르크세스가 왕이 아닌 평민 시절에 낳은 자식이고, 둘째 아들 키로스는 왕이 된 다음에 낳은 자식이므로 첫째 아들은 진정한 왕자가 아니고 둘째 아들이 진정한 왕자라는 것이었다.

3   이 문장은 불완전하다. 내용으로 미루어 보면 어의 크테시아스는 아르타크세르크세스의 본디 이름이 아르시카스였다고 주장하는 것처럼 들린다. 그래서 [ ] 안의 부분을 첨가했다.

이와 같은 논리는 대(大)크세르크세스 시대에 스파르타의 왕 데마라토스(Demaratos)의 충고를 따른 전례가 있었다. 그러나 왕비의 뜻은 이루어지지 않았고, 맏아들이 왕위에 올라 이름도 아르타크세르크세스로 바꾸었다. 키로스는 리디아 총독으로 남아 해안 지방의 병력을 지휘했다.

3

다레이오스왕이 죽고 얼마 지나지 않아 새로 왕위에 오른 아르타크세르크세스는 페르시아의 사제가 집전하는 대관식에 참석하고자 도성인 파사르가다이(Pasargadae)로 갔다. 여기에는 그리스의 아테나(Athena)에 해당하는 군신(軍神)에게 제사를 드리는 성역이 있었다.

왕이 될 사람은 반드시 이곳을 거쳐 가야 한다. 그는 입던 평복을 벗고 오래전 키로스 대왕이 왕위에 오르기에 앞서 입었던 옷으로 갈아입은 다음, 무화과로 만든 과자를 먹고 상수리나무(Pistacia terebinthus)[4] 껍질을 씹고 발효된 우유를 마셔야 했다. 그 밖에 어떤 의식을 치렀는지에 대해서는 바깥에 알려진 바가 없다.

아르타크세르크세스가 이 의식을 치르려 할 때 티사페르네스(Tissaphernes) 총독이 제사장을 데리고 왕에게 다가왔다. 제사장은 소년들을 위한 일상적인 교육을 통해 동생 키로스를 가르치면서 배화교(拜火敎, Zoroaster)의 경전인 『사제(Magos)』의 지혜를 전수하는 사람으로서, 자기 제자가 왕이 되지 못한 것을 페르시아인들 가운데 가장 한탄스럽게 여겼다.

이런 사람이 키로스를 비난한다면 시민들은 그 말을 믿지 않을 수 없었다. 그의 고소장에 따르면, 키로스는 성전에서 새

---

4 『구약성경』「사무엘기」상 (17 : 2)에는 이를 Elah로 기록했는데, 한국어 판본은 이를 '엘라'라고 표기했다.

로 등극하는 왕을 기다리는 척하다가 왕이 옷을 갈아입을 때 그를 덮쳐 죽일 음모를 꾸미고 있었다.

어떤 사람들의 말에 따르면, 이 음모가 발각되어 키로스는 체포되었다 하고, 다른 사람들의 말에 따르면, 그는 실제로 성전에 숨어 있다가 제사장의 손에 잡혔다고도 한다. 어쨌거나 그는 사형 언도를 받았다. 그러자 그의 어머니가 아들을 팔로 껴안은 채 머리칼로 덮어씌우고 아들의 목을 감싸며 왕에게 그를 살려 달라고 애원했다.

그 덕분에 키로스는 겨우 목숨을 건져 다시 그의 근무지인 해안 지방으로 돌아갔다. 그러나 복직된 것만도 고맙게 여겨야 했던 그는 자신이 운 좋게 석방된 사실을 잊어버렸다. 그는 자기가 투옥되었던 일만을 원망하며 지난날보다도 더 왕위를 차지하는 일에 집착했다.

4

어떤 사람의 말에 따르면, 키로스는 그가 받는 봉급이 먹고살기에도 힘들어 반란을 일으켰다고 하지만 이는 터무니없는 말이다. 왜냐하면 어머니에게 돈이 많아 작은아들이 쓰고 싶은 만큼 줄 수 있었기 때문이었다.

크세노폰(Xenophon)의 『페르시아 원정기』(I : 1, 11~6)에 따르면, 그의 막료나 조직이 여러 곳에 운영하고 있던 용병 규모만 보아도 키로스가 얼마나 많은 돈을 가지고 있었는지를 잘 알 수 있었다고 한다.

키로스는 자기의 반란 계획이 드러나지 않도록 용병들을 한곳에 모으지 않고 여러 구실을 들어 이곳저곳에 분산시켜 배치했다. 왕궁에 남아 있던 어머니는 아르타크세르크세스 왕이 그 사실을 눈치채지 못하도록 하려고 그의 관심을 돌리려 많은 애를 썼다. 키로스 자신도 왕에게 충성을 보이는 편지를 보내 호의를 베풀어 줄 것을 간청했다. 자기의 불평은 왕이 아니라 티사페르네스 총독을 향한 것이라고 주장하고 싶었던 듯, 그는 종종 총독을 헐뜯었다.

아르타크세르크세스왕은 천성적으로 조금 꾸물거리는 편이었는데, 대부분의 시민은 그가 너그러워 그러려니 생각했다. 처음에 그는 자기 이름의 근본이 되는 아르타크세르크세스 1세에 못지않게 정중한 사람으로 보였다.

아르타크세르크세스왕은 사람들과 교제할 때 우호적이었고, 분에 넘칠 정도로 많은 명예와 호의를 베풀었으며, 형벌을 집행하면서 죄수를 모욕하거나 앙갚음을 하지 않았고, 호의를 받을 때에 못지않게 자신이 호의를 베풀 때에도 그 상대에게 공손하고 친절했다. 아무리 작은 선물도 그는 기쁜 마음으로 받았다.

오미소스(Omisos)라던가 하는 사람이 엄청나게 큰 석류를 가져온 것을 본 그가 이렇게 말했다.

"오 신이시여, 이 사람에게 마을을 맡기면 작은 곳도 금세 큰 도시로 만들어 버리겠군."

5

언젠가 아르타크세르크세스왕이 지방으로 거둥했는데 여러 사람이 이런저런 선물을 들고 찾아왔다. 그런데 어느 노동자는 그때 아무것도 바칠 것이 없어 냇가로 뛰어가 손으로 물을 한 움큼 담아 왕에게 바쳤다. 이에 너무 감동한 왕은 그에게 금잔 한 개와 1천 다릭(daric)[5]의 돈을 주었다.

에우클레이데스(Eukleides)라는 스파르타인이 있었다. 그는 늘 왕에게 신중하지 못하게 무례한 말을 했다. 이에 왕은 관

---

5 다릭은 그 시대의 페르시아 금화이다. 순도 96퍼센트에 8.4그램 정도의 무게로서 전사들의 모습이 양각되어 있었다. 1천 다릭이면 지금으로 쳐 8.4킬로그램의 금괴가 된다.

아르타크세르크세스

리를 보내 이런 말을 알리도록 했다.

"그대는 그대가 좋아하는 대로 말할 권리가 있다. 그러나 나는 내가 좋아하는 대로 말할 권리와 행동할 권리를 함께 가지고 있다."

언젠가 왕이 사냥을 하는데 가까운 신하인 테리바조스 (Teribazos)가 다가와 왕의 외투가 찢어졌다고 알려 주었다. 그래서 어쩔까를 물으니 테리바조스가 이렇게 대답했다.

"다른 옷으로 갈아입으시고, 그 옷을 저에게 주십시오."

이에 왕은 그에게 옷을 주면서 이렇게 말했다.

"테리바조스여, 내가 그대에게 이 옷을 주지만 그대가 입지는 말게."

그러나 테리바조스는 왕의 명령을 따르지 않았는데, 그가 나쁜 사람이어서가 아니라 사람이 조금 경솔하고 어리석었기 때문이었다. 그는 곧 왕의 외투를 입고 금목걸이를 목에 걸고 여자들의 장식품을 몸에 걸치고 나갔다. 이런 짓은 법으로 금지되어 있었기 때문에 많은 사람이 분노했다. 그러나 왕은 그저 웃으면서 이렇게 말했다.

"나는 그대가 여자의 장신구와 미친 사람의 옷을 입고 다니는 것만 허락하노라."

페르시아의 왕이 식사할 때는 누구도 같은 밥상에 앉을 수 없고, 다만 모후는 윗자리에 앉고 왕비는 아랫자리에 앉을 수 있다. 그러나 아르타크세르크세스왕은 오스타네스와 옥사트레스가 동생들임에도 같은 상에 불러 함께 식사했다.

그러나 무엇보다도 페르시아인들을 감동하게 한 것은 왕비 스타테이라(Stateira)가 마차를 타고 가는 모습이었다. 스타테이라는 늘 마차의 차양을 걷어 올리고 다님으로써 여성들이 왕비에게 다가와 인사드리는 것을 허락했다. 이 때문에 왕비는 평민들에게 더욱 사랑을 받았다.

6

그럼에도 소란스럽고 패거리를 짓기 좋아하는 사람들은 키로스가 이 시대에 더 필요한 인물이라고 생각했다. 왜냐하면 키로스는 용맹하고 전투 기술이 뛰어나고 막료들을 사랑하며, 제국의 백성들은 고결한 목적과 야심을 품은 인물이 왕위에 오르기를 바랐기 때문이었다고 한다.

그리하여 키로스가 형에게 반란을 일으켰을 때, 그가 다스리는 지역에 있는 사람들 외에도 많은 국내 세력들이 그를 지지했다. 그는 또한 스파르타에 편지를 보내 자기를 도와줄 병력을 요구하며 이렇게 약속했다.

"걸어서 오는 병사들에게는 말을 줄 것이요, 말을 타고 오는 병사들에게는 쌍두 전차를 줄 것이요, 밭을 가진 병사들에게는 마을을 줄 것이요, 마을을 가진 병사들에게는 도시를 줄 것이요, 병사들의 봉급은 일일이 헤아리지 않고 말[斗]로 달아서 줄 것이다."

더욱이 그는 자신에 대해 이렇게 장담했다.

"나는 형보다 더 강인한 심장을 가졌으며, 더 철학적이고, 사제들의 지혜에 더 해박하며, 더 많은 술을 마실 수 있다. 형은 너무 나약하고 겁이 많아 사냥에 나가 말을 탈 수 없으며 나라가 어려울 때 왕위를 지킬 수 없다."

이에 스파르타는 클레아르코스(Klearchos) 장군에게 두루마리 공문을 서둘러 보내 키로스를 한껏 도와주라고 지시했다. 키로스는 자신의 원정에 대해 이런저런 구실을 내세우면서 수많은 이방 민족과 거의 1만 3천 명[6]에 이르는 그리스 용병을 이끌고 형 아르타크세르크세스왕에게 맞서 반란을 일으켰다. 그는 자신의 진정한 의도를 오래 숨기지 않았다.

---

6   크세노폰은 그 병력이 10만 명이었다고 기록했다.(『페르시아 원정기』 I : 1, 10)

티사페르네스가 사건의 진상을 왕에게 알렸다. 조정이 큰 혼란에 빠지면서 모후 파리사티스가 전쟁의 책임자로 비난을 받았고, 그 여성의 주변 사람들이 의심을 받았다. 무엇보다도 모후는 며느리인 왕비 스타테이라의 거친 비난을 들었다. 며느리는 이번 반란에 너무도 마음 아파 울면서 모후에게 이렇게 말했다.

"어머님께서 저희에게 하신 약속은 어디로 갔습니까? 형의 목숨을 노린 사람을 살려 달라면서 애원하신 결과가 겨우 이런 내란과 참극입니까?"

이 일로 말미암아 모후는 왕비 스타테이라를 미워하게 되었는데, 분노 때문에 성격이 거칠어지고 독살스러워져 끝내 며느리를 죽일 계획을 세웠다. 데이논의 글에 따르면 전쟁을 하는 동안에 살인이 이뤄졌다고 했으나, 어의 크테시아스의 말에 따르면 모후는 내란이 끝난 뒤에 며느리를 죽였다고 한다.

크테시아스는 사건이 일어났을 때 현장에 있었기 때문에 사건의 시점을 몰랐으리라고 생각되지 않으며, 그 일을 설명하면서 사건이 일어난 시점을 의도적으로 바꿨다고 볼 수도 없다. 그가 비록 사건의 진실을 이야기나 소설 쓰듯이 꾸며 댄 부분이 있기는 하지만, 나는 그가 기록한 연대 순서에 따라 이 사건을 기록하고자 한다.

7

키로스가 반란군을 이끌고 진격하자 아르타크세르크세스왕이 그와 싸우지 않기로 했다느니, 키로스와 접전하기를 바라지 않고 오히려 반란군이 결집할 때까지 페르시아에서 기다리기로 했다느니 하는 온갖 소문이 왕의 귀에 들어왔다. 왕은 너비와 깊이가 10화톰(fathom)[7]에 이르고 길이가 4백 훠롱에 이르

---

7 1화톰은 1.8미터이다. 물의 깊이를 재는 단위였다.

는 해자(垓字)를 평야에 파 두었는데, 키로스가 그것을 넘어 바빌로니아 근처까지 다가오도록 내버려 두었다.

들리는 바에 따르면, 적군보다 몇 배 많은 병력을 거느리고 있고, 지혜와 전략에서 키로스보다 훨씬 뛰어난 장군과 총독을 거느린 아르타크세르크세스왕이 메디아(Media)나 바빌로니아나 수사(Susa)에서 물러서지 않도록 용기를 불어넣어 준 사람은 테리바조스였다고 한다. 그에 따라 왕은 되도록 빨리 전쟁을 치르기로 결정했다.

처음에 아르타크세르크세스왕이 90만의 찬란한 대군을 이끌고 나타나자 반란군은 겁에 질려 커다란 혼란에 빠졌다. 그들은 왕의 군대를 얕잡아 본 데다가 자기들의 용맹만 믿고 대오를 흩뜨리며 무기도 없이 행군해 왔던 것이다. 혼란하고 소리만 지르는 그들을 전투 대형으로 세우느라 키로스는 온갖 고초를 겪고 있었다.

아르타크세르크세스왕의 군대가 천천히 그리고 조용히 진격해 오자 적군 쪽에 배속되어 있던 그리스 병사들은 왕의 군사의 대오가 엄정한 데 너무 놀랐다. 왜냐하면 반란군은 왕의 군대가 극심한 혼란과 무질서에 빠져 함부로 소리 지르고 아무렇게나 뛰어다니는 무리라고 생각했던 것이다. 그러나 오히려 왕은 전방 부대의 전열을 잘 꾸민 다음, 낫이 꽂힌 전차를 전방에 배치하여 그리스 병사가 가까이 오기도 전에 무너뜨리려 했다.

8

[기원전 401년의] 이 전투에 대해서는 많은 기록이 있지만, 그 가운데 크세노폰의 『페르시아 원정기』가 가장 빼어나다. 그의 글이 어찌나 생생하게 기록되었는지, 독자들은 이 전투가 과거의 일이 아니라 자기가 참전하여 지금 눈앞에 벌어지고 있는 듯한 위기감을 느낄 수 있다. 나로서는 그러한 이야기를 여

　　　　　　　　아르타크세르크세스

기에서 자세히 늘어놓는 것이 어리석다고 여기기 때문에 크세노폰이 말하지 않은 부분만 기록해 두고자 한다.

양쪽 군대가 대치한 곳은 쿠낙사(Cunaxa)라는 마을로, 바빌로니아에서 5백 훠롱 떨어져 있었다. 들리는 바에 따르면, 전투가 벌어지기에 앞서 스파르타의 장군 클레아르코스가 키로스에게 전방은 위험하니 후방에 남아 있으라고 하자 키로스는 이렇게 대답했다.

"클레아르코스 장군, 그게 무슨 말씀이오? 왕국을 얻으려는 사람이 왕국에 부끄러운 짓을 하라는 말씀인가요?"

키로스가 위험을 회피하지 않고 혈전의 중심에 뛰어든 것은 실수였다. 그러나 클레아르코스가 자신의 군대를 아르타크세르크세스왕의 군대와 직접 교전하지 않으려 들고, 특히 자신의 오른쪽 날개를 강변에 배치하여 적의 포위를 피하려 한 것에 견주면 키로스의 실책은 별 것이 아니었다.

클레아르코스가 정말로 일신의 안전만을 생각하고 손실을 회피하는 것이 중요한 목적이었다면, 차라리 원정에 나서지 않고 고향에 그대로 있는 것이 가장 안전한 길이었을 것이다. 그렇다고 누가 강제로 그를 보낸 것도 아니었다. 클레아르코스는 스스로 무기를 들고 1만 훠롱의 뱃길을 달려와 키로스를 왕위에 앉히려 한 사람이었다.

클레아르코스는 자기가 받들어야 하고 자기를 고용한 키로스의 안전을 걱정하지 않고, 오로지 자기 자신이 안전하게 싸울 수 있는 곳을 찾으면서 눈앞의 위험을 두려워했다. 그는 마치 전쟁에서 이겨 키로스를 왕위에 앉히려던 본래의 목적을 잊어버린 사람처럼 보였다.

만약 클레아르코스가 직접 아르타크세르크세스의 군대를 공격했더라면 왕의 군대에서는 단 한 사람도 버티지 못했을 것이다. 그렇게 왕의 군대가 무너지고 왕이 전사하거나 도주했더라면 키로스는 전투에 승리하여 왕위를 차지했을 것이다. 전투 과정을 살펴보면 그와 같은 사실이 분명히 드러난다. 그러므로 이 전투에서 키로스가 죽고 그의 꿈이 무너진 데에는 그의 무모함보다는 클레아르코스의 지나친 조심성에 더 큰 책임이 있다.

설령 아르타크세르크세스왕이 적군인 그리스의 군대를 자기 것처럼 지휘하여 자신에게 피해를 주지 않도록 배치했다 하더라도 클레아르코스만큼 병력을 멀리 배치해서 전쟁에 아무런 영향을 미치지 못하게 만들지는 못했을 것이다. 적군이 얼마나 멀리 떨어져 있었던지 왕은 자기의 군대가 진 것도 몰랐다.

키로스는 너무 일찍 전사했기 때문에 클레아르코스의 승리를 자기에게 유리한 쪽으로 이용할 수도 없었다. 키로스는 무엇이 최선의 전략인지 잘 알고 있었고, 그래서 클레아르코스에게 중앙 전투를 맡으라고 지시했지만, 클레아르코스는 모든 것이 다 잘되었다고 키로스에게 보고해 놓고서는 모든 것을 망쳐 버렸다.

9

그리스 병사들은 페르시아 병사와의 초반 전투에서 흡족할 만큼 승리를 거둔 다음 적군을 추격하고자 먼 길을 떠났다. 키로스는 말을 타고 달렸다. 크테시아스의 말에 따르면, 그 말은 혈통이 좋은 명마로서 이름은 파사카스(Pasacas)였다고 한다. 그가 말을 타고 빠른 속력으로 달려가다가 카두시오이(Kadouci-oi)족의 아르타게르세스(Artagerses) 장군을 만났다. 그는 키로스에게 이렇게 소리쳤다.

"네가 페르시아의 명문 집안에서 나온 그 배은망덕한 키로스이더냐? 이 불의하고 눈치도 없는 놈아, 네 조국의 보물이 탐나 사악한 그리스 병정들을 이끌고 사악한 여행길에 나섰구나. 너는 네 형제요 주군이신 왕을 죽이려고 왔겠지만 그분은

너보다 훨씬 훌륭한 백만 대군을 이끌고 오셨다. 그러니 네가
왕의 얼굴을 뵙기에 앞서 네 목이 떨어질 것이다."

말이 끝나자 그는 키로스에게 창을 던졌다. 키로스는 단
단한 갑옷 덕분에 다치지는 않았지만 그 충격으로 말에서 떨
어졌다. 그런 다음 아르타게르세스가 말 머리를 돌리는 순간
에 키로스가 창을 던졌다. 창은 그의 목뼈를 뚫었다. 그가 그렇
게 키로스의 손에 죽었다는 데에는 거의 모든 역사학자의 기
록이 일치한다.

그러나 키로스의 죽음에 대해서는 크세노폰이 『페르시아
원정기』(VIII : 26)에서 너무 간단히 기록했다. 아마도 크세노폰
이 현장에 없었기 때문일 것이다. 그래서 나는 데이논의 기록
을 주로 하고 크테시아스의 기록을 참고하여 키로스가 죽는
장면을 다시 구성하려 하는데, 다른 작가들도 별다른 반대가
없을 것이다.

10

데이논의 글에 따르면, 아르타게르세스가 죽자 키로스는 형을
향해 맹렬하게 달려들어 말에서 떨어뜨렸다. 그러자 테리바조
스가 서둘러 왕을 다른 말에 태우면서 이렇게 말했다.

"대왕이시여, 오늘을 기억하소서. 오늘은 결코 잊지 말아
야 할 날입니다."

그때 키로스가 말에서 떨어진 형을 다시 공격했다. 세 번
째 공격을 받은 왕은 치를 떨면서 주변에 있는 사람들에게 이
렇게 외쳤다.

"이렇게 사느니 차라리 죽는 것이 낫겠다."

그러고는 말에 올라 동생에게 달려들었다. 키로스는 적군
의 창을 받으면서도 성급하게 돌진했다. 그때 왕이 창을 던져
그를 맞혔다. 왕의 부하들이 던진 창도 함께 그의 몸에 꽂히며
그가 말에서 떨어졌다. 어떤 기록에 따르면, 키로스는 형의 창

에 찔려 죽었다고도 하고, 어떤 기록에는 카리아 출신 병사의 창을 맞고 죽었다고 한다.

왕은 그 병사의 공로를 치하하여 전쟁이 끝날 때까지 그가 창끝에 황금 수탉의 꼬리를 달고 다니도록 했다. 페르시아에서는 카리아족을 수탉이라고 부른다. 왜냐하면 그들의 문장(紋章)을 수탉의 꼬리로 장식했기 때문이었다.

11

그러나 크테시아스의 기록은 조금 다르다. 그의 이야기를 줄여 보면 이렇다. 아르타게르세스를 죽인 키로스는 말을 달려 형에게 달려들었다. 왕도 동생을 향해 마주 섰다. 두 형제는 아무 말도 하지 않았다.

키로스의 막료인 아리아이우스(Ariaeus)가 먼저 왕을 공격했지만 왕은 다치지 않았다. 이번에는 왕이 동생을 향해 창을 던졌으나 맞히지 못하고 곁에 있던 사티페르네스(Satiphernes)를 죽였다. 사티페르네스는 키로스의 가까운 막료로서 귀족 출신이었다.

이번에는 키로스가 다시 형에게 창을 던졌다. 왕이 창을 맞고 쓰러졌다. 갑옷을 뚫은 창은 손가락 두 개가 들어갈 정도의 상처를 냈다. 곁에 있던 시종들이 놀라고 당황한 가운데 왕은 다시 일어나 몇몇 시종과 함께 가까운 언덕으로 피신하여 조용히 머물렀다. 그때 그 시종들 가운데 크테시아스도 함께 있었다.

그러나 적군에 둘러싸여 있던 키로스는 말이 날뛰어 멀리까지 떨어져 나와 있었다. 날이 이미 어두운 탓에 적군은 키로스를 알아보지 못했고 그의 부하들도 그를 찾을 수가 없었다. 그러나 승리에 마음이 들뜬 키로스는 적군 가운데로 말을 달리며 소리쳤다.

"이 쓰레기 같은 놈들아, 길을 비켜라."

키로스가 페르시아 말로 소리치자 적군은 길을 비켜 주면서 존경을 표시했다. 그때 그의 모자가 벗겨졌고 미트리다테스(Mithridates)라는 페르시아 청년이 그의 곁으로 달려들어 눈 가까운 관자놀이를 창으로 찔렀다. 미트리다테스는 자신이 죽인 사람이 누구인지도 몰랐다.

상처에서 피가 솟구치며 키로스는 정신을 잃고 땅에 쓰러졌다. 말이 놀라 평야로 달려가면서 말을 덮었던 안장깔개가 떨어졌다. 키로스를 찌른 병사의 노예가 그것을 주워 보니 피가 흥건했다. 키로스가 천천히, 그리고 어렵게 정신을 차리자 가까이 있던 몇몇 내시가 그를 부축해 말에 태운 다음 안전한 곳으로 피신하려 했다.

상처가 심한 키로스는 말을 타지 못하고 걷고 싶어 하여 내시들이 그를 부축하며 걸었다. 그의 머리는 무겁고 다리는 비척거렸다. 그러나 패잔병들이 그를 왕이라 부르면서 살려 달라고 소리치자 키로스는 자기의 부대가 이기고 있는 줄로만 알았다.

그때 카우노스(Caunos)족 몇몇이 지나가다 우연히 키로스의 부대와 합류했다. 그들은 비천하고 가난한 부족으로, 아르타크세르크세스의 부대를 따라다니며 허드렛일을 하고 있었다. 그들은 키로스가 아군인 줄로만 알았다.

그러나 그의 갑옷 위로 입은 외투가 자주색인 것을 보고서야 그들은 키로스의 무리가 적군인 것을 알았다. 왜냐하면 아르타크세르크세스의 부대는 흰 외투를 입고 있었기 때문이었다. 그래서 그들 가운데 한 명이 키로스를 등 뒤에서 가격했다.

그들은 그가 키로스인 줄도 모르고 있었다. 허벅지의 핏줄이 끊어지자 키로스는 그 자리에 쓰러지면서 관자놀이를 바위에 찧고 죽었다. 크테시아스의 설명에 따르면, 그는 마치 무딘 칼에 베인 것처럼 오랜 시간이 지난 뒤에, 끝내 그렇게 죽었다고 한다.

12

키로스가 죽었을 때 아르타크세르크세스왕의 감찰관(King's Eye)인 아르타시라스(Artasyras)가 우연히 말을 타고 그곳을 지나가다 내시들이 슬퍼하는 모습을 보고 그들 가운데 가장 믿을 만한 사람에게 물었다.

"파리스카스(Pariscas)야, 네가 그토록 슬퍼하는 그 시체는 누구의 것이냐?"

그러자 파리스카스가 대답했다.

"아르타시라스 나리, 키로스 왕자의 시체를 모르시겠습니까?"

그의 말에 놀란 아르타시라스는 내시들을 위로하면서 시체를 잘 보살피라고 말한 다음, 나는 듯이 아르타크세르크세스를 찾아가 키로스가 죽은 모습을 자기 눈으로 보았다는 기쁜 소식을 들려주었다. 그 무렵 아르타크세르크세스왕은 자신이 졌다고 생각하여 더 싸워야 할 명분도 잃은 채, 갈증과 상처의 고통 때문에 육체적으로 힘들어 하고 있었다.

아르타크세르크세스왕은 자기 눈으로 확인하고 싶어 아르타시라스에게 곧장 그리로 안내하라고 지시했다. 그러나 아직도 그리스 병사들에 관한 이야기가 무성했다. 그들이 자신을 추격하여 정복하고 여러 곳을 차지하지나 않을까 두려웠던 왕은 먼저 키로스가 있는 곳으로 병력을 보내 확인하기로 했다. 그리하여 30명의 대원이 횃불을 들고 먼저 출발했다.

그러는 동안에 아르타크세르크세스왕이 너무 목이 말라 힘들어 하자 내시 사티바르자네스(Satibarzanes)가 물을 얻으러 밖으로 나갔다. 그곳에는 물이 없었고, 본진으로 돌아가기에는 너무 멀었기 때문이었다. 그러다가 내시는 운 좋게 카우노스의 천민을 만났다. 그는 다 해진 가죽 부대에 2쿼트(quart)[8]가

---

8   1쿼트는 0.94리터이다.

량의 더럽고 썩은 물을 가지고 있었다. 내시는 그 물을 얻어 왕에게 바쳤다. 왕이 물을 모두 마시자 내시가 왕에게 물었다.

"폐하, 물이 마시기에 역하지나 않았는지요?"

그러자 왕이 이렇게 대답했다.

"신에게 맹세하건대, 이보다 더 맛 좋은 포도주나 이보다 더 맑고 깨끗한 물을 마시고도 이보다 더 기뻐한 적이 없었다. 내가 만약 이 물을 준 사람에게 보답할 수 없다면 하늘이 그에게 재산과 행복을 내려 주기를 내가 빌겠노라."

13

그때, 왕이 앞서 보냈던 30명의 척후병이 얼굴에 웃음을 가득 띠고 돌아와 예상하지도 않았던 행운을 아르타크세르크세스 왕에게 알렸다. 왕은 정찰을 떠난 병사들 가운데 다시 진영으로 돌아온 자들의 수가 그토록 많다는 사실에 크게 용기를 얻어 횃불을 밝히고 산에서 내려왔다.

키로스의 시체 앞에서 걸음을 멈춘 왕은 페르시아의 법에 따라 이미 목과 오른팔이 잘린 시체를 바라보다가 머리를 가져오라고 지시했다. 왕은 길고 덥수룩한 머리채를 잡아 아직도 우왕좌왕하며 도망하려는 병사들에게 그것을 보여 주었다.

그 모습에 놀란 병사들이 왕에게 충성을 보이며 모여들었는데, 그 수가 곧 7만 명에 이르렀다. 그들과 함께 진영으로 돌아온 왕은 다시 전장으로 나갔다. 크테시아스의 기록에 따르면, 그때 총 병력이 40만 명이었다고 한다.

그러나 데이논과 크세노폰의 기록에 따르면, 병력이 그보다 훨씬 더 많았다고 한다. 이 전투에서 죽은 무리의 수가 9천 명이라고 누군가가 왕에게 보고했다지만, 크테시아스는 2만 명이 넘었으리라고 추측하고 있다. 이 부분에 대해서는 서로 말이 다르다.

한편, 크테시아스는 자킨토스 출신의 팔리노스(Phalinos)

와 다른 몇 사람과 함께 자신이 사절로 임명되어 그리스로 파견되었다고 하는데, 이는 명백한 거짓말이다. 크세노폰은 크테시아스에 관해 이야기하기에 앞서 그가 쓴 글을 읽었으므로, 크테시아스가 당시에 아르타크세르크세스왕을 위해 일하고 있었다는 사실도 잘 알고 있었다.

그러므로 크테시아스가 정말로 그토록 중요한 사절단에 통역관으로 참가했다면, 크세노폰이 그때의 상황을 기록하면서 자킨토스 출신의 팔리노스만 언급하고 크테시아스의 이름을 뺐을 이유가 없다.

이런 면에서 알 수 있듯이, 엄청난 야심가였던 크테시아스는 늘 자신의 업적을 이야기하는 데 많은 지면을 썼다. 또한 스파르타와 그 지휘관이었던 클레아르코스에게 매우 우호적이었던 그는 자신이 그들의 편에 서서 지어낸 이야기를 집어넣을 자리를 넉넉히 만들어 두곤 했다.

14

전쟁이 끝나자 아르타크세르크세스는 키로스의 손에 죽은 아르타게르세스의 아들에게 크고 아름다운 선물을 내리는 한편, 크테시아스와 그 밖의 다른 신하들에게도 넉넉히 상을 주었다. 그는 또한 자신에게 물을 준 카우노스족 천민에게는 가난하고 미천한 신분을 벗겨 주고 명예와 재산을 주었다.

그는 잘못을 저지른 사람들에 대한 처벌도 소홀히 하지 않았다. 이를테면 전쟁 동안에 키로스에게 갔다가 키로스가 죽자 다시 돌아온 병사에게는 유죄를 인정하되 반역죄나 형법을 적용하지 않았다. 그는 그 무리가 비겁하고 여린 탓에 잘못을 저질렀으므로, 벌거벗은 창녀를 어깨에 메고 다리를 벌린 채 온종일 광장에 서 있도록 하는 벌을 내렸다.

또 적군에게 넘어갔다가 돌아와 자기가 적군 두 명을 죽였다고 거짓말로 허풍을 떨고 다닌 사람에게는 바늘로 혀를 세 번 찌르도록 했다. 한편, 아르타크세르크세스는 사람들이 자기가 손수 키로스를 죽였다고 믿게 만들고 싶었다. 그래서 그는 실제로 키로스를 맨 처음 가격한 미트리다테스에게 선물을 보내면서 선물을 전달하는 사람에게 이렇게 말하라고 지시했다.

"그대는 키로스의 말에 얹혀 있던 안장깔개를 처음 발견하여 왕에게 바친 공로로 왕께서 이 선물을 내리노라."

키로스의 허벅지를 창으로 찔러 말에서 떨어뜨린 카리아인이 자기도 선물을 받아야 한다고 주장하자 왕은 그에게도 선물을 보내면서 선물을 들고 가는 사람에게 다음과 같이 말하도록 했다.

"왕께서는 두 번째로 기쁜 소식을 전달한 공로로 이 선물을 준다. 첫 번째로 좋은 소식을 알려 준 사람은 아르타시라스이고, 너는 두 번째로 그 소식을 전달해 준 사람이다."

실제로 키로스를 죽인 미트리다테스는 왕의 전언을 듣고 화가 치밀었지만 아무런 말도 꺼내지 않고 밖으로 나가 버렸다. 그러나 그 불쌍한 카리아인은 어리석게도 통속적인 생각에 빠졌다. 자신이 이룩한 공로에 대한 욕심이 생긴 그는 이번 공로로 분수에 넘치는 대가를 받고 싶었다. 그래서 그는 좋은 소식을 전달한 공로로 왕이 하사한 선물을 거절하고 화난 목소리로 떠들고 다녔다.

"키로스를 죽인 사람은 다른 사람이 아니라 바로 나인데 이를 증명해 줄 사람을 찾습니다. 나는 부당하게 내 공로를 빼앗겼습니다."

이 말을 들은 왕은 몹시 화가 치밀어 그를 참형하라고 지시했다. 이때 곁에 있던 모후가 이렇게 말했다.

"대왕이시여, 그 저주받을 카리아인을 그렇게 쉽게 죽여서는 안 됩니다. 나에게 맡겨 주시면 그 무엄한 말에 합당한 벌을 내리겠습니다."

이에 왕은 카리아인에 대한 처벌을 모후인 파리사티스에게 맡겼다. 모후는 그를 전차 바퀴에 열흘 동안 묶어 놓고 돌린 다음 눈을 빼고 귀에 구리 녹인 물을 부어 죽였다. [모후가 카리아인을 그토록 잔혹하게 죽인 것은 그의 무엄함 때문이 아니라 왕후 자신이 왕으로 만들고 싶었던 둘째 아들 키로스의 죽음에 대한 원한 때문이었다.]

15

그런 일이 있고 나서 며칠이 지나 미트리다테스도 어리석은 짓을 하여 비참하게 죽었다. 어느 날 그는 내시들과 모후가 참석하는 잔치에 초대를 받았는데, 이때 왕에게 받은 옷과 금장식을 달고 그곳에 참석했다. 일행이 술을 마시고 있을 때 모후 파리사티스의 수석 내시가 다가와 말을 걸었다.

"왕께서 내리신 옷과 목걸이와 팔찌가 참으로 아름답군요. 그 칼은 또 얼마나 값진 것인지 모르겠네요. 왕께서 그대에게 내린 축복에 모든 사람이 부러워하고 있습니다."

이미 술기운이 올라 있던 미트리다테스가 대답했다.

"스파라미제스(Sparamizes) 선생, 글쎄요, 이게 얼마나 값이 나갈지 모르지만 그날 내가 이룬 전공은 이보다 훨씬 더 크고 아름다운 선물을 받을 만한 가치가 있었지요."

그러자 스파라미제스가 웃으며 말했다.

"미트리다테스여, 너무 억울하게 생각할 것 없어요. 그러나 그리스 속담에 '술김에 옳은 말을 한다'는 말이 있습니다. 나의 친구여, 말의 등에서 떨어진 안장깔개를 찾아 왕에게 바친 것이 얼마나 위대한 전공이라고 그대는 생각하오?"

이렇게 말한 스파라미제스가 사건의 진실을 모르고 있었던 것은 아니었다. 다만 그는 술에 취해 말이 많아지고 자제력을 잃은 미트리다테스를 자극하여 그의 허영심을 부추기려는 음흉한 생각을 품고 있었다. 그러자 미트리다테스가 참지 못하고 이렇게 말했다.

아르타크세르크세스

"나리께서는 내가 말에서 떨어진 안장깔개를 주웠다는데, 그건 말도 안 되는 이야기입니다. 제가 분명히 말씀드리건대, 키로스는 내 손에 죽었습니다. 나는 아르타게르세스처럼 창을 엉뚱한 곳에 던지지 않았습니다. 내가 던진 창은 그의 눈에서 조금 빗나가 관자놀이를 맞혔고, 키로스는 땅으로 떨어져 그 상처로 말미암아 죽었습니다."

주변에서 그의 말을 듣고 있던 사람들은 이제 미트리다테스의 운명도 비참하게 끝나리라는 것을 알고 땅바닥을 내려다보았다. 그러자 잔치를 주최한 사람이 이렇게 말했다.

"미트리다테스여, 이제 먹고 마시면서 영명(英明)하신 폐하를 찬양합시다. 우리에게 너무 부담되는 이야기는 이제 그만둡시다."

16

그 뒤에 내시가 이러한 사실을 모후에게 말했고, 모후는 이를 다시 왕에게 일러바쳤다. 자기 손으로 키로스를 죽였다는 것이 거짓으로 드러남으로써 자신의 승전에서 가장 아름다웠던 업적을 잃게 되자 왕은 몹시 분노했다.

자신이 동생과 맞붙어 공격을 주고받다가 끝내 자신이 동생을 죽였다는 이야기를 세상 모든 이방인과 그리스인들이 믿어 주기를 바랐던 왕은, 결국 미트리다테스를 배에 태워 고문으로 죽이도록 명령했다. 그 방법은 이랬다.

먼저 서로 포개었을 때 아래위가 서로 딱 맞물리도록 두 척의 작은 배를 만든다. 아래쪽 배에 죄수를 태우고 똑바로 눕힌다. 그런 다음 위에 다른 배를 씌우고 잘 맞춘다. 이때 머리와 손과 발은 밖으로 나오도록 하고 나머지 몸뚱이를 완전히 덮는다. 그리고 그에게 음식을 먹이는데 먹지 않으면 눈을 찌른다. 그가 음식을 다 먹으면 우유와 꿀을 섞어 입에 부어 마시게 하고 얼굴에도 쏟아붓는다.

그런 다음 눈은 태양을 바라보도록 한다. 그렇게 되면 파리 떼가 몰려들어 그의 얼굴을 완전히 덮는다. 배 안에서는 그가 먹고 마신 뒤에 생긴 배설물이 쌓인다. 그때 구더기와 회충들이 썩은 배설물을 먹다가 그의 몸까지 걸신들린 듯이 파먹는다. 드디어 그가 죽어 위쪽 배를 걷어 내자 살점은 하나도 없었고 구더기들이 그의 내장을 파먹고 있었다. 이렇게 해서 미트리다테스는 17일 만에 죽었다.

17

그런 일이 있은 뒤에도 모후 파리사티스에게는 아직 복수해야 할 인물이 하나 더 남아 있었다. 그는 다름이 아니라 왕의 내시로서 키로스의 목과 오른손을 자른 마사바테스(Masabates)였다. 모후는 그 내시를 죽일 기회를 노렸지만 좀처럼 기회를 잡을 수 없자 한 가지 꾀를 냈다. 본래 파리사티스는 머리가 영리한 데다가 주사위 놀이를 몹시 좋아했다.

그래서 반란이 일어나기에 앞서 모후는 왕과 주사위 놀이를 자주 했고, 전쟁이 끝난 뒤에는 왕과 화해하고 그의 부탁을 거절하지 않았으며, 그의 오락에 참여하기도 했다. 게다가 왕의 사랑 문제를 지켜보고 거들기까지 했다. 한마디로 왕과 왕비가 함께 보낼 시간을 없애려 한 것이다. 모후는 누구보다도 왕비를 미워했고, 자신이 최고 권력을 행사하고 싶어 했다.

그러던 어느 날, 시간이 남아 왕이 심심해하는 것을 본 모후가 왕에게 1천 다릭을 걸고 주사위 놀이를 하자고 제의했다. 이 놀이에서 모후는 일부러 져 주고 그 돈을 지불했다. 모후는 거짓으로 자기의 패배를 안타까워하면서 두 번째 내기를 신청했다.

상품으로는 내시 한 명을 걸었다. 왕이 이에 동의했다. 그들은 각자 가장 아끼는 다섯 명의 내시를 제외한 사람들 가운데 승자가 요구하는 내시 한 명을 주기로 하고 내기를 시작했다. 모후는 심혈을 기울여 내기에 열중했다.

더욱이 운도 따라 주어 내기에서 이긴 모후는 상품으로 마사바테스를 요구했다. 불운하게도 마사바테스는 왕이 유보한 다섯 명의 내시에 들어 있지 않았다. 모후는 왕이 눈치채기에 앞서 마사바테스를 사형 집행인에게 보내 살갗을 벗긴 다음, 몸을 세 개의 말뚝 위에 눕히고 벗긴 살갗을 네 번째 기둥 위에 걸어 놓게 했다. 사형 집행이 끝난 뒤에 내막을 알게 된 왕이 몹시 분개했지만 모후는 빈정거리듯이 웃으면서 이렇게 말했다.

"그 늙은 내시 하나 때문에 왕께서 그토록 분노하시다니 참으로 바보 같군요. 나는 1천 다릭을 잃고서도 군말 한마디 하지 않았는데요."

왕은 자신이 속은 것을 분통하게 여겼지만 아무 말도 하지 않았다. 그러나 왕비 스타테이라는 이런저런 일로 모후를 공개적으로 비난했는데, 그 가운데에서도 모후가 작은아들 키로스의 복수를 하려고 왕에게 충성했던 내시들과 몇몇 신하를 잔인하고도 불법적으로 죽인 일을 원통하게 여겼다.

18

한편, 스파르타의 클레아르코스와 그의 장군들은 티사페르네스 총독에게 감쪽같이 속았다. 총독은 신성한 약속과는 달리 그들을 쇠사슬에 묶어 아르타크세르크세스왕 앞으로 데려갔다. 크테시아스의 기록에 따르면, 그때 클레아르코스가 자기에게 빗을 빌려 달라고 부탁했다고 한다.

그래서 빗을 주었더니 클레아르코스는 머리를 빗은 다음 고마움에 대한 표시로 자기의 반지를 빼 주면서, 나중에 이 반지를 본 스파르타의 형제와 친구들에게 자신이 크테시아스의 도움을 받았음을 알려 주는 증거로 삼도록 했다. 반지에는 아르테미스 여신의 신전에서 춤추는 카리아티드(Caryatid)[9]의 무리가 새겨 있었다.

크테시아스의 말을 더 들어 보면, 클레아르코스 장군과 함께 포로로 잡혀 있던 군인들이 그에게 들여보내는 사식(私食)을 가로채어 먹고 그에게는 조금만 주었는데, 그 소식을 들은 크테시아스는 그들 각자에게 식량을 넉넉히 줌으로써 문제를 해결했다고 한다. 그의 이와 같은 처사는 모후 파리사티스의 뜻에 따른 것이었다고 한다.

또한 크테시아스는 클레아르코스에게 날마다 고기를 넣어 주었다고 한다. 어느 날 클레아르코스가 크테시아스에게 음식 안에 칼을 숨겨 보내 달라고 간곡히 부탁했다. 그는 왕의 손에 잔혹하게 죽음을 겪느니 차라리 자살하려고 생각한 듯했다. 그러나 크테시아스는 너무 두려워 그 부탁을 들어주지 못했다고 한다.

크테시아스의 말을 더 들어 보면, 왕은 모후와 화해하고 클레아르코스를 죽이지 않겠노라고 약속했다고 한다. 그러나 왕은 뒤에 스타테이라의 설득에 넘어가 마음을 바꾸어 메논을 뺀 스파르타의 모든 장군을 죽이고 말았다. 크테시아스는 이로 말미암아 모후가 왕비 스타테이라를 독살할 음모를 꾸미게 되었다고 말하고 있다.

그러나 모후가 그토록 어이없는 동기로 왕비를 죽이려 했다는 것은 말이 되지 않는다. 그래도 스타테이라는 왕의 아내이자 왕위 계승권을 가진 자기 손주의 어머니였다. 굳이 클레아르코스 때문에 이런 사람을 죽일 필요는 없었다. 이는 크테시아스가 클레아르코스의 이야기를 선정적으로 표현하려다 보니 꾸며 낸 것이 분명하다.

---

9   카리아티드는 건축물에서 기둥을 대신하여 머리 위에 위층을 떠받치고 있는 여성상을 뜻한다.

크테시아스는 이어서 말하기를, 아르타크세르크세스왕은 스파르타의 장군들을 죽인 다음 시체를 짐승과 새들의 먹이로 주었다고 한다. 그런데 갑자기 불어온 바람에 흙먼지가 날아와 클레아르코스의 시체를 덮어 무덤을 만들어 주었다고 한다.

며칠이 지나자 무덤 위에 아름다운 풀이 돋았고, 이를 본 아르타크세르크세스왕은 그를 죽인 자신의 처사를 크게 슬퍼하며, 하늘이 사랑하는 사람을 자신이 죽였다고 생각했다.

19

모후 파리사티스는 처음부터 보이지 않게 왕비 스타테이라를 미워하고 시샘했다. 모후가 보기에 자신과 왕의 모자 관계는 존경과 명예로움에 기초하고 있지만, 왕비와 왕의 부부 관계는 깊은 사랑과 신뢰에 기초하고 있었다. 그래서 모후는 왕비를 죽일 계획을 꾸몄다.

그것이 얼마나 위험한 일인가를 그 자신도 잘 알고 있었다. 모후의 곁에는 기기스(Gigis)라는 궁녀가 있었다. 기기스는 모후에게 가장 영향력을 미치고 있는 여성으로, 데이논의 기록에 따르면 그가 모후를 위해 독약을 마련했다고 한다. 그러나 크테시아스의 기록에 따르면, 궁녀는 그런 내막을 알고는 있었지만 그런 흉악한 짓을 저지르고 싶지는 않았다고 한다.

크테시아스는 실제로 왕비에게 독약을 먹인 사람이 벨리타라스(Belitaras)였다고 말하고 있지만, 데이논은 멜란타스(Melantas)가 범인이었다고 말한다. 처음에는 모후와 왕비 사이가 화목하지 못했으나 얼마 동안 그들은 서로 만나 식사도 함께 나누었다. 그러면서도 그들은 서로 두려워하고 서로 의심한 나머지 같은 시녀가 같은 접시에 담아 주는 음식만 먹었다.

그런데 페르시아에는 이상한 새가 있었다. 그 새의 몸 안에는 똥이 들어 있지 않고 기름 덩어리만 가득했다. 사람들은 그 새가 공기와 이슬만 먹고 산다고 생각했는데, 이름은 린타케스(rhyntaces)였다.

크테시아스의 글에 따르면, 모후는 칼날 한쪽에만 독약을 발라 그 새를 자름으로써 한쪽 고기에만 독이 묻게 한 뒤 그 부분을 왕비에게 주고 자기는 독이 묻지 않은 쪽의 고기를 먹었다고 한다.

그러나 데이논의 기록에 따르면, 독이 묻은 고기를 왕비에게 준 사람은 모후가 아니라 멜란타스였다고 한다. 어쨌거나 왕비는 경련을 일으키며 고통 속에 죽었다. 왕비는 자신이 모후의 음모에 걸렸음을 눈치채고 왕에게 그 의혹을 남겼다. 왕은 모후가 얼마나 거칠고 다룰 수 없는 사람인지 잘 알고 있었다. 그래서 그는 먼저 모후의 시녀와 식사 담당자를 모두 체포하여 고문했다.

그러나 모후는 기기스를 자신의 침소에 숨겨 두고 아르타크세르크세스왕의 요구에도 내놓지 않았다. 며칠이 지나자 기기스는 밤중에 몰래 궁궐을 벗어나 고향으로 돌아가겠노라고 모후에게 간청했다. 이와 같은 사실을 알아차린 왕은 궁녀가 가는 길목에 병사를 숨겨 놓았다가 그를 붙잡아 죽였다.

당시 페르시아에서 사형을 집행하는 방법은 범인의 머리를 평평한 바위 위에 올려놓고 돌멩이로 내려쳐서 얼굴과 머리가 곤죽이 될 때까지 짓이기는 것이었다. 기기스는 그렇게 죽었다. 왕은 모후를 더 이상 추궁하거나 해코지하지 않았다. 그러나 왕은 모후를 그의 소원대로 바빌로니아로 보내면서, 모후가 살아 있는 동안 자신은 결코 그곳에 가지 않으리라고 말했다. 이 집안은 그런 집안이었다.

20

키로스의 반란을 진압하고 왕위를 지킨 아르타크세르크세스왕은 이제 키로스와 공모하여 침략 전쟁을 일으킨 그리스군을 섬멸하고 싶었다. 그러나 그리스인들은 지도자였던 키로스와 장군들을 잃은 상태로도 남은 병력을 무사히 지키며 퇴각하는 데 성공했다.

이런 사실을 목격한 역사가들은 페르시아와 그 왕이 금은 보화와 여자에 둘러싸여 사치하게 살고 있지만, 실상은 속 빈 허풍선이의 나라일 뿐이라고 말했다. 결국 그리스 국가들은 모두 사기를 되찾았으며, 야만족을 경멸했다.

더욱이 스파르타는 자신들이 아시아에서 노예 생활을 하는 그리스인들을 구출함으로써 페르시아인들이 저지르고 있는 불법적인 처사를 끝내지 않는 것은 이상한 일이라고 생각했다. 그리하여 그리스의 도시 국가들은 먼저 팀브론(Thimbron)을 파병했고, 다음에는 데르킬리다스(Dercyllidas)를 파병했으나 이렇다 할 성과를 얻지 못하자 드디어 아게실라오스왕이 직접 페르시아를 쳐들어가기로 했다.

이에 아게실라오스는 곧바로 함대를 이끌고 아시아로 건너가 전과를 올리면서 명성을 높였다. 그는 티사페르네스를 무찌르고 그리스의 도시 국가들이 반란을 일으키도록 선동했다.

일이 이렇게 되자 아르타크세르크세스왕은 어떻게 아게실라오스와 전쟁을 치를지 고민하다가 로도스 출신의 테모크레온(Themocreon)에게 많은 돈을 주면서 그곳 유력 인사들을 매수하여 그리스가 스파르타를 상대로 전쟁을 일으키도록 부추기라고 지시했다.

그리스의 티모크라테스(Timokrates)가 그 과업을 맡았다. 이렇게 그리스에서 가장 강력한 도시 국가들이 스파르타를 무찌르는 음모에 가담했고, 그럼으로써 펠로폰네소스가 커다란 혼란에 빠지자 스파르타는 아시아에 원정 나가 있던 아게실라오스를 국내로 불러들였다. 아게실라오스는 이때 고국으로 소환되면서 막료들에게 이렇게 말했다고 한다.

"페르시아의 왕이 3만 명의 궁수로 나를 아시아에서 몰아냈다."

이 말은 페르시아의 동전에 궁수들이 새겨져 있었음을 뜻하는 것이다.[10]

21

아르타크세르크세스왕은 또한 아테네의 코논(Konon)을 장군으로 고용하여 파르나바조스(Pharnabazus)와 함께 바다에서 스파르타를 몰아내게 했다. 코논은 [기원전 405년에] 아이고스포타미(Aegospotami) 해전(제17장 「알키비아데스전」, § 37)을 치른 뒤에 키프로스에서 시간을 보내고 있었다. 그 이유는 위험에서 벗어나고자 함이 아니라, 바다에서 바람을 기다리듯 세상이 바뀌기를 기다리고 있었기 때문이었다.

그런 상황에서 자기에게는 병력이 필요하고 아르타크세르크세스왕에게는 지혜로운 장군이 필요하다는 사실을 잘 알고 있던 코논은 자신의 꿈을 담은 편지를 왕에게 보냈다. 코논은 편지를 배달할 전령에게 이 편지를 크레타 출신의 제노나 멘데(Mende) 출신의 폴리크리토스(Policritos)를 통해 편지를 왕에게 전달하라고 부탁했다. 제노는 왕실의 무용 선생이었고, 폴리크리토스는 어의(御醫)였다.

그러나 만약 그들 두 사람이 궁중에 없다면 어의 크테시아스를 통해 편지를 전달해 달라고 코논은 부탁했다. 들리는 바에 따르면, 크테시아스는 그 편지에 자신이 해안선에 대하여 많이 알고 있으니 자신을 보내 달라는 내용을 덧붙여 넣은 다음 왕에게 전달했다고 한다. 그러나 크테시아스의 해명을 들어 보면, 왕은 그 편지의 내용과 관계없이 스스로 판단하여 크테시아스에게 그 업무를 맡겼다는 것이다.

---

10   그러나 「아게실라오스전」에는 페르시아의 왕을 매수하고자 보낸 금화가 1만 개로 되어 있다.(제21장 「아게실라오스전」, § 15 참조)

파르나바조스와 코논의 손을 빌려 해전에서 크니도스 (Cnidos)를 물리친 아르타크세르크세스왕은 바다에서 스파르타 세력을 몰아낸 다음, 그리스의 모든 도시 국가들을 자기에게 의지하도록 만들어 [기원전 387년에] 안탈키다스(Antalkidas)와 강화 조약(제21장 「아게실라오스전」, § 23)을 맺도록 그리스인들에게 지시했다.

안탈키다스는 스파르타 출신인 레온(Leon)의 아들이었지만 페르시아의 왕을 위해 일하고 있었다. 그래서 그는 스파르타가 아시아에 있는 그리스의 모든 식민지 도시와 연안 도서 (島嶼)들을 아르타크세르크세스에게 넘겨주고 그 대가로 조공을 받으라고 권고했다.

이로써 그리스와 페르시아 사이에 평화 조약이 이루어졌다. 그리스인들이 조롱과 배신을 겪은 것을 평화라고 부를 수 있다면, 이 평화는 패전국 그리스에게는 다른 어느 전쟁보다도 더 불명예스러운 동침(同寢)이었다.

22

데이논의 말에 따르면, 그와 같은 이유로 아르타크세르크세스왕은 스파르타 사람들을 인류 가운데에서 가장 혐오스럽고 부끄러운 존재라고 여기면서도 안탈키다스가 페르시아에 올 때면 그를 매우 정중하게 맞이했다고 한다.

언젠가는 저녁을 함께 먹은 뒤에 왕이 화관을 고급 향수에 적셔 안탈키다스에게 씌워 주었다. 이를 본 많은 사람이 그와 같은 호의에 놀랐다고 한다.

아르타크세르크세스의 처신이 보여 준 바와 같이, 안탈키다스는 페르시아인들로서는 그런 대접을 베풀 만한 인물이었다. 왜냐하면 그는 [페르시아 전쟁에서 전사한 스파르타의 왕] 레오니다스(Leonidas)와 [리산드로스의 뒤를 이어 아시아를 통치한] 칼리크라티다스(Kallikratidas)의 아름다운 명성을 페르시아에서 지워 버렸기 때문이었다. 기록에 따르면, 언젠가 누군가 아게실라오스에게 이렇게 말했다.

"슬프다, 그리스여, 이제는 스파르타마저 페르시아인이 되어 가는구나."

그 말을 들은 아게실라오스가 이렇게 대답했다.

"페르시아가 스파르타인이 되는 것이 아니고요?"

그러나 아게실라오스의 그와 같은 말조차도 안탈키다스가 가져다 준 수치를 씻을 수가 없었다. 스파르타는 [기원전 371년의] 저 비극적인 레욱트라 전투(제21장 「아게실라오스전」, § 28)에서 종주권을 잃었지만, 그에 앞서 이 조약을 체결하면서 이미 명예를 잃었다. 그 뒤로 얼마 동안 스파르타가 그리스에서 우위를 차지하고 있을 때만 해도 아르타크세르크세스왕은 안탈키다스를 극진히 대접하며 그를 친구라고 불렀다.

그러나 뒷날 레욱트라 전투에서 돈을 빌리러 다닐 정도로 몰락했던 스파르타는 아게실라오스를 이집트로 보내 돈을 구걸해 오라고 했다. 이때 안탈키다스도 아르타크세르크세스왕을 찾아가 스파르타를 위해 지원해 달라고 부탁했다. 그러나 왕은 안탈키다스의 부탁을 우습게 여기며 거절했다. 빈손으로 고국에 돌아온 그는 정적들의 조롱과 민선 장관들의 위협을 받다가 스스로 굶어 죽었다.

이후 레욱트라 전투에서 승리한 테베의 이스메니아스(Ismenias)와 펠로피다스가 아르타크세르크세스왕을 찾아간 적이 있었다. 펠로피다스는 왕에게 굽실거리지 않았으나, 왕에게 알현의 예절을 갖추라는 요청을 받은 이스메니아스는 반지를 땅에 떨어뜨린 다음 그것을 줍는 척하면서 마치 인사를 하는 듯한 모습을 보였다.

아테네 출신의 티마고라스(Timagoras)가 벨루리스(Beluris)라는 비서를 통해 자국의 비밀이 담긴 편지를 보내자 왕은 너무 기뻐 그에게 1만 다릭의 돈을 보냈다. 또한 티마고라스가 병을 앓아 우유를 마셔야 한다는 처방을 받은 것을 알고 80마리의 젖소도 함께 보냈다. 게다가 왕은 침대를 실은 마차와 침대를 다룰 줄 아는 노예들을 보냈는데, 그리스에는 침구를 다룰 줄 아는 사람이 없기 때문이었다고 한다.

아르타크세르크세스왕은 또한 벨루리스가 걷기에 힘들다는 이유로 그를 가마에 실어 해안까지 데려다주었다. 티마고라스가 궁정에 찾아와 머물 때면 왕은 그에게 푸짐한 저녁을 자주 대접했다. 이를 본 왕의 동생 오스타네스가 티마고라스에게 말했다.

"티마고라스 선생, 이 잔치를 잘 기억해 두세요. 여기에 대한 보답으로 그대가 갚아야 할 빚이 적지 않을 거요."

그 말은 왕의 호의를 일깨워 주려는 것이 아니라 조국을 배반한 그의 행동을 꾸짖으려 함이었다. 어쨌든 티마고라스는 조국을 버린 죗값으로 아테네인들의 손에 처형되었다.

23

아르타크세르크세스왕은 여러 가지로 그리스인들에게 나쁜 짓을 하였으면서도 그에 대한 속죄라도 하려는 듯 기쁨을 주는 일도 했는데, 그 가운데 하나가 그들이 그토록 미워하던 티사페르네스 총독을 죽인 일이었다. 왕은 모후 파리사티스의 도움을 받아 티사페르네스 총독을 고발하여 죽였다.

모후에 대한 왕의 분노는 그리 오래가지 않았다. 그들은 화해하여 모후는 궁궐로 돌아왔다. 왕은 자기 어머니가 지성적이며 왕비로서 강한 정신력을 갖춘 여성이라는 사실을 알았고, 이제 더 이상 서로 의심하고 해코지해야 할 이유도 없어진 상황이었다.

이런 일이 있은 뒤로 모후는 매사에 왕을 즐겁게 해 주고 왕의 비위를 잘 맞춤으로써 왕의 마음을 사로잡고 목적하는 바를 이루었다. 그 과정에서 모후는 아르타크세르크세스왕이 두 명의 공주 가운데 한 명인 아토사(Atossa)와 정분을 나누고 있다는 사실을 눈치로 알아차렸다. 왕은 모후의 꾸지람을 걱정하여 이 일을 숨기면서 육체적 욕정을 억제하려고 노력하고 있었다.

그러나 아르타크세르크세스왕이 자기 딸과 동침하고 있다는 사실은 이미 알 만한 사람들은 알고 있었다. 모후도 이러한 사실을 알고 그 손녀에게 더 많은 관심을 기울이는 한편, 왕에게는 아토사가 아버지에게 진실로 충성하며 성격도 고결하다고 말함으로써 그의 아름다움과 성품을 왕 앞에서 칭찬했다. 그리하여 모후는 드디어 공주가 아버지인 아르타크세르크세스왕의 정실부인이 되었음을 선언함으로써 그리스인들의 의견과 법률을 무시했다.

아르타크세르크세스왕은 하늘이 자기를 페르시아를 다스리는 통치자로, 또한 민중의 선악을 중재하는 사람으로 임명하였다고 생각했다. 그러나 키메(Kymé)의 헤라클레이데스(Herakleides) 같은 몇몇 사람의 말을 들어 보면, 왕은 큰딸뿐만 아니라 둘째 딸 아메스트리스(Amestris)까지 데리고 산다는 말들이 오갔다고 한다. 이에 관해서는 뒤에서(§ 27) 다시 이야기하려 한다.

왕은 아토사를 배우자로서 깊이 사랑했다. 불행히도 아토사가 나병에 걸렸을 때도 왕은 그로 말미암아 조금도 마음의 상처를 입지 않고 아토사를 위해 헤라 신전을 찾아가 기도하고 땅바닥에 엎드려 제사를 드렸다. 이는 다른 사람을 위해서는 하지 않던 일이었다. 아울러 왕의 지휘를 받는 태수와 막료들도 16훠롱이나 멀리 떨어져 있는 신전에 예물을 바쳤다. 그래서 그리로 가는 길목에는 금과 은과 자주색 비단과 말들이 가득했다.

24

아르타크세르크세스왕이 파르나바조스와 이피크라테스(Ip-hikrates)에게 맡긴 이집트 원정은 두 장군이 화목하지 못한 탓에 실패했다. 이에 왕은 몸소 보병 30만 명과 기병 1만 기를 이끌고 카스피해 가까이 있는 카두시오이를 침공했다. 그러나그가 지나간 지역은 안개가 짙고 곡식을 얻을 수 없어 전략적으로 공격하기가 매우 어려운 곳이었다. 그곳 주민들은 사과나 배나 그 밖의 야생 과일을 먹고 사는 전사(戰士)들이었다.

이런 사정도 모르고 이곳에 들어온 아르타크세르크세스왕은 엄청난 좌절과 시련에 빠졌다. 식량을 구할 수도 없었고, 그렇다고 밖에서 수입할 수 있는 것도 아니었다. 이 때문에 그들은 어쩔 수 없이 말을 잡아먹었는데, 노새의 머리 하나에 60드라크마를 주어도 사기가 어려웠다. 왕의 식사도 마련할 수 없었고, 겨우 몇 마리 남아 있던 말도 잡아먹었다.

이렇게 어려운 상황에서 아르타크세르크세스왕을 구출해 준 사람이 곧 테리바조스였다. 그는 용맹을 떨쳐 높은 위치까지 올라갔지만, 본디 경솔한 사람이어서 이번에도 남의 눈길을 끌지 못한 채 무시당하고 있었다.

그 무렵에 카두시오이에는 두 명의 왕이 있었는데 서로 떨어져 있었다. 따라서 테리바조스는 아르타크세르크세스왕에게 자기 계획을 말한 다음, 자신은 한 왕을 만나러 가고 비밀리에 자기 아들을 다른 왕에게 보냈다. 두 사람은 각기 두 왕을 만나 서로에게 이런 거짓말을 했다.

"지금 저쪽 왕은 이쪽이 모르게 아르타크세르크세스왕에게 사신을 보내 자기 혼자만 우호 조약과 동맹을 맺으려 합니다. 그러므로 만약 지금 왕께서 지혜로우시다면 저쪽 왕보다 먼저 아르타크세르크세스왕을 만나, 할 수 있는 한 도움을 구하는 쪽이 좋을 것입니다."

이에 두 왕은 서로가 저쪽 왕이 알기에 앞서 자신이 먼저 사실을 알게 된 것을 다행으로 생각했고, 이쪽 왕은 테리바조스에 달려서, 저쪽 왕은 그 아들에 달려서 사신을 보냈다. 그러나 일의 진행이 예상보다 늦어지자 테리바조스에 대한 음해와 중상의 말이 아르타크세르크세스왕의 귀에 들어갔다. 이에 마음이 편치 않게 된 왕은 자신이 테리바조스를 믿었던 일을 후회하며 그의 정적들에게 그를 비방할 빌미를 주었다.

마침 그 무렵에 테리바조스와 그의 아들이 각기 카두시오이족의 사신들을 데리고 돌아와 두 왕과 강화 조약을 맺었다. 이에 테리바조스는 커다란 명성을 얻고 왕과 함께 귀국길에 올랐다.

보통 사람들은 비겁함과 우유부단함이 사치스럽고 낭비가 많은 생활 속에서 만들어진다고 생각하지만, 사실은 악의(惡意)에 흔들리기 쉬운 인간의 천박하고 야비한 천성에서 오는 것이다. 아르타크세르크세스왕은 자신의 행동을 통해 이 점을 증명했다.

왕의 주변에 널려 있는 금과, 왕의 예복과, 1만 2천 탈렌트의 값나가는 장식품들도 그를 일반 사병들과 같은 시련과 고통에서 벗어나게 해 주지는 못했다. 그는 병사들처럼 화살통을 허리에 차고, 팔에 방패를 들고 앞장서서 걸어갔으며, 말도 타지 않고 가파른 산을 넘었다. 그의 열정과 용맹함을 본 병사들은 마치 날개라도 단 듯이 가볍게 짐을 지고 행군하여, 하루에 2백 훠롱 넘게 걸었다.

25

아르타크세르크세스왕은 드디어 자신의 별궁에 이르렀다. 그곳에는 잘 가꾼 정원이 있었지만 주변에 나무가 없어 황량했다. 날씨가 추워지자 왕은 소나무든, 사이프러스든, 정원에 있는 나무들을 베어 땔감으로 쓰도록 허락했다. 나무가 몹시 크고 아름다워 병사가 머뭇거리자 왕은 손수 도끼를 들고 가장

아르타크세르크세스

크고 아름다운 나무를 찍어 넘겼다. 왕은 그 나무를 땔감으로 삼아 병사들과 그 밤을 지냈다.

그러나 아르타크세르크세스왕은 이번 전쟁으로 본국에 돌아오기에 앞서 많은 용사와 말 대부분을 잃었다. 이번 원정의 실패로 말미암아 백성들이 자기를 무시할지도 모른다는 두려움에 빠진 그는 장군들을 의심했다. 그는 화가 나면 장군들을 죽였고, 두려움 때문에 더 많이 죽였다.

폭군이 잔인해지는 것은 비겁해지고 두려워하기 때문이다. 반면에 진정한 믿음은 군주를 우아하고 온유하며 의심하지 않게 만든다. 동물의 경우를 보더라도 다루기 어렵고 길들이기 어려운 것일수록 겁이 많다. 마찬가지로 인간도 성품이 고결하면 용맹할 뿐만 아니라 사람을 더욱 신뢰하게 된다. 이런 자들은 타인이 가까이 다가오는 것을 거절하지 않는다.

26

이제 아르타크세르크세스왕도 늙으면서 자기의 아들들이 왕위를 이어받고자 막료와 장군들 사이에 패거리를 짓고 있다는 것을 알게 되었다. 늙은 신하들은 지금의 왕이 그랬던 것처럼 이번에도 맏아들 다레이오스(Dareios)를 태자로 삼는 것이 옳다고 생각했다.

그러나 성질이 급하고 폭력적인 둘째 아들 오코스(Ochos)는 궁정 안에서도 많은 지지자를 확보했을 뿐만 아니라, 지금은 자기의 계모이자 왕후이지만 본디 누이였던 아토사의 도움을 받아 왕위를 차지할 기회를 노리고 있었다.

오코스는 아버지가 죽으면 아토사를 아내로 맞이하여 왕권을 함께 행사하겠노라고 약속하며 아토사의 환심을 사려고 했다. 그뿐만 아니라 아버지가 아직 살아 있는데도 오코스가 이미 아토사와 동거하고 있다는 소문까지 나돌았다.

그러나 왕은 이런 일을 전혀 모르고 있었다. 아르타크세르크세스왕은 둘째 아들의 왕위 계승의 꿈을 무산시켜 자신이 동생 키로스에게서 겪었던 것과 같은 내란에 왕국이 빠지지 않게 하고 싶었다.

그래서 아르타크세르크세스왕은 쉰 살의 아들 다레이오스를 태자로 선포하고 왕의 후계자에게만 허용된 모자인 티아라(tiara)를 쓰도록 허락했다. 그 무렵 페르시아의 관습에 따르면, 태자로 책봉된 왕자는 자기에게 긴요하다고 여겨지는 것을 왕에게 요구할 수 있고, 왕은 자기의 권력으로 들어줄 수 있는 한 그 요청을 들어주어야 한다.

이에 따라 다레이오스는 지난날에는 삼촌인 키로스의 애첩이었으나 지금은 부왕의 애첩이 된 아스파시아(Aspasia)를 달라고 요구했다. 아스파시아는 이오니아섬의 포카이아(Phocaia)에서 자유민의 딸로 태어나 훌륭한 교육을 받은 이였다.

언젠가 키로스가 저녁 식사를 하는데, 시종이 다른 여성들과 함께 아스파시아를 데리고 들어왔다. 다른 여성들은 자리에 앉았고, 키로스는 그들을 예뻐하면서 농담을 건넸다. 그러나 아스파시아는 키로스의 호감에 기쁜 표정을 짓지 않았다. 아스파시아는 혼자 조용히 자기 의자 곁에 서서 키로스가 불러도 가지 않았다. 그때 시종이 그를 이끌고 왕에게 가려 하자 그 여성은 이렇게 말했다.

"누구든 내 몸에 손대는 사람은 그날로 후회하게 될 줄 알아라."

그러자 손님들은 아스파시아가 무례하고 거친 여자인 줄로만 알았다. 그러나 키로스만은 기쁘게 웃으면서 시종에게 이렇게 말했다.

"네가 데려온 여성들 가운데 오직 이 여성만이 자유롭고 기품 있는 여성이라고 생각하지 않느냐?"

그 뒤로 키로스는 그에게 빠져 누구보다도 더 사랑하면서 '현자(賢者)'라고 불렀다. 키로스가 쿠낙사 전투에서 지고 그의

아르타크세르크세스

진영이 유린될 때 아스파시아는 포로로 잡혀 아르타크세르크
세스왕의 진영으로 넘어갔다.

27

다레이오스는 아스파시아를 요구하면서 아버지를 압박했다.
페르시아인들은 자기가 사랑하는 사람에 대한 질투가 무서울
정도로 심하다. 그런 까닭에 왕의 후궁에게 접근하여 몸에 손
을 대거나 후궁이 타고 가는 마차를 따라가기만 해도 사형을
받았다. 게다가 아르타크세르크세스왕은 법을 어기면서까지
딸을 아내로 삼았으며, 미모가 빼어난 후궁 360명을 거느리고
살았던 인물이었다.

그러던 터에 아들이 자기의 후궁을 달라고 하자, 왕은 그
여성이 자유인이므로 본인의 의사를 물어보되, 그가 왕자를
선택한다면 그 뜻을 꺾지 않겠노라고 대답했다. 왕은 아스파
시아를 불러 뜻을 물었고, 아스파시아는 왕의 기대와 달리 다
레이오스 왕자를 선택했다.

이에 아르타크세르크세스왕은 그 시대를 지배하던 관습
에 따라 아스파시아를 아들에게 주었다. 그러나 얼마의 시간
이 지난 뒤에 아르타크세르크세스왕은 그 여성을 다시 빼앗아
왔다. 그러고는 그 여성을 엑바타나(Ecbatana)의 아르테미스 여
신, 곧 아나히타(Anahita)라는 이름을 가진 여신의 신전에 여사
제로 보냈다.

아스파시아는 그곳에서 평생 수도사로 살아야 했다. 왕은
이런 식으로 아들을 차분히 응징하고 싶었다. 그는 자기가 고
른 방법이 잔인하거나 비정하지 않았던 데다가, 오히려 재치
가 있다고까지 생각했다. 그러나 이 일로 다레이오스는 몹시
분노했다.

다레이오스는 아스파시아에 대한 사랑으로 크게 동요하
고 있었던 데다가 아버지가 자기를 모욕하고 조롱했다고 생각

했다. 이때 왕자의 심정을 알고 있던 테리바조스가 자기도 그와 꼭 같은 슬픔을 겪었던 사실을 들려주면서 다레이오스를 부추겼다. 곧 왕에게는 딸이 여럿 있었는데, 큰딸은 파르나바조스에게, 둘째 딸은 오론테스에게, 셋째 딸 아메스트리스는 테리바조스에게 시집을 보낸다고 약속한 바 있었다.

아르타크세르크세스왕은 큰딸과 둘째 딸에 대해서는 약속을 지켰지만 셋째 딸은 자기가 데리고 살았다. 대신에 막내딸 아토사를 테리바조스와 약혼시켰다. 그러나 왕은, 앞에서 설명한 바와 같이, 막내딸마저 자기 아내로 삼음으로써 테리바조스와 원수가 되었다. 마음을 안정시킬 줄 몰랐던 테리바조스는 늘 불안하고 충동적인 사람이었다.

그런 까닭에 테리바조스는 어느 때는 왕에게서 한없는 사랑을 받다가 어느 때는 한없이 버림받는 일을 겪었다. 이제 그는 조용히 운명을 받아들이고만 있을 수 없었다. 그는 명예를 누릴 때면 허영심으로 말미암아 공격적이었고, 왕의 총애에서 멀어지면 겸손하거나 조용해지기보다는 거칠고 흉포해졌다.

28

그런 테리바조스가 젊은 태자에게 이런저런 말을 보태는 것은 마치 불길에 기름을 붓는 것과 같았다. 그는 이렇게 말했다.

"아무리 머리에 태자를 상징하는 모자를 쓰고 있다 해도 자신의 능력으로 국사를 다루지 못하는 사람에게는 그것이 아무 소용이 없습니다. 동생은 여자까지 내세워 왕위를 노리고 있고, 아버지는 언제 어떻게 변덕을 부릴지 알 수 없는데 왕위가 당연히 태자께 오리라고 생각하는 것은 어리석은 일입니다.

그리스에서 온 천박한 여자 하나를 얻으려고 페르시아의 엄정한 법을 어긴 왕이 그보다 더 중요한 문제에 약속한 바를 지키리라고 믿을 수는 없습니다. 동생 오코스가 왕위를 이어받지 못하는 것과 태자께서 왕위 계승권을 빼앗기는 것은 전

아르타크세르크세스

혀 다른 일입니다. 동생 오코스는 평민으로 남아도 행복을 빼앗아 갈 사람이 없지만, 이미 태자로 책봉된 왕자님께서는 모름지기 왕이 되셔야 하고 그렇지 못하면 죽은 목숨이나 다름없습니다."

그러므로 소포클레스의 다음과 같은 대사는 참으로 옳은 말이었다.

> 나쁜 일을 하도록 꾀는 설득은
> 어찌나 그리 빨리 먹히는지.......
> (노크 엮음, 『그리스 비극 단편』, II : 315)

욕망으로 향하는 길은 평탄한 내리막길이다. 따라서 선행이 무엇인지 모르는 어리석은 자들은 자연스럽게 그 길을 선택하기 마련이다. 그러나 테리바조스가 음모를 꾸미게 된 데에는 두 가지의 큰 원인이 있었다. 하나는 드넓은 페르시아 제국이었고, 다른 하나는 다레이오스가 오코스를 미워한다는 사실이었다. 물론 사랑하는 아스파시아를 빼앗겼다는 이유도 있었다. 키프로스가 낳은 이 사랑의 여신도 그의 음모에 영향을 미쳤다.

29

다레이오스가 테리바조스의 손에 놀아나 사람들을 끌어들이는 가운데 한 내시가 그 음모를 알게 되었다. 그 내시는 반역자들이 어느 날 밤중에 아르타크세르크세스왕이 잠든 틈을 타 침소에 들어가 왕을 죽이기로 한 계획을 자세히 알고 있었다. 내시의 이야기를 들은 왕은 이 끔찍한 밀고를 못 들은 체하거나 무시할 수 없었다. 그렇다고 증거도 없이 믿기에는 일이 너무 중대했다. 그래서 그는 일을 이렇게 처리하기로 했다.

아르타크세르크세스왕은 먼저 내시가 저들의 음모에 깊

이 끼어들도록 했다. 그러면서 왕은 침실의 침대 뒤편에 벽을 뚫고 비상문을 만든 다음 가리개로 덮어 두었다.

반란자들의 거사 날짜가 다가오자 내시는 정확한 시간을 왕에게 알려 주었다. 왕은 침대에 누워 반란자들의 얼굴을 일일이 확인할 수 있을 때까지 자리에서 일어나지 않았다. 자객들이 칼을 빼 들고 달려들자 왕은 재빨리 가리개를 걷고 비상문으로 들어가 문을 닫아건 다음 소리쳐 사람들을 불렀다.

자객들은 왕에게 얼굴만 들키고 아무런 성과도 올리지 못한 채 온 길로 되돌아가 테리바조스와 그의 동료들에게 일이 발각되었으니 어서 도망하라고 말했다. 나머지 무리는 흩어져 도망했다. 왕의 호위병이 자신을 잡으러 왔을 때 테리바조스는 저항하며 여러 명을 죽였으나 끝내 날아온 창을 맞고 죽었다.

다레이오스가 자식들과 함께 끌려 나오자 왕은 이 사건을 왕실 재판에 부쳤다. 왕은 재판정에 나타나지 않고 다른 신하가 그들을 고소했다. 그러나 왕은 재판관 각자의 의견을 받아 적어 오도록 지시했다. 재판관 모두가 다레이오스의 사형에 합의했다. 이에 따라 왕의 시종이 다레이오스를 왕의 침실 가까운 곳으로 끌고 갔다.

사형 집행인을 부르자 그가 곧 사형수의 목을 벨 날카로운 칼을 들고 나타났다. 그러나 사형 집행인은 다레이오스의 얼굴을 보고는 문 쪽으로 물러서면서 눈길을 피한 채 자기는 왕자를 죽일 수도 없고, 죽이고 싶지도 않다고 말했다.

그때 문밖의 재판관들이 협박하고 지시하면서 다그치자 사형 집행인은 다시 돌아와 한 손으로 다레이오스의 머리채를 잡고 바닥에 쑤셔 박은 다음, 다른 손에 든 칼로 그의 목을 베었다.

그러나 어떤 사람들의 말에 따르면, 왕이 지켜보는 가운데 재판이 진행되었으며, 증거가 나타나자 다레이오스는 머리를 숙이며 살려 달라고 애원했다고 한다. 그러나 분노에 찬 왕은

아르타크세르크세스

자신의 언월도(偃月刀)를 빼 왕자가 죽을 때까지 내려쳤다고 한다. 그리고 밖으로 나가 태양에 경배한 다음 이렇게 말했다.

"페르시아인들이여, 이제 기쁘고 평화로운 마음으로 돌아가 그대들이 만나는 모든 이에게 나의 말을 전하라. 불경하고도 불법적인 일을 꾸민 역적들이 위대하신 오로마스데스(Oromasdes)[11] 신의 응징을 받았노라고."

30

아버지를 죽이려던 아들의 음모는 이렇게 끝났다. 그러나 이번에는 둘째 아들 오코스가 왕이 되려는 꿈을 버리지 않았다. 그의 누이 아토사가 계속 그를 부추겼다. 오코스는 왕실에서 유일한 적자(嫡子)인 아리아스페스(Ariaspes)와 서자 가운데 하나인 아르사메스(Arsames)가 마음에 걸렸다.

아리아스페스는 자기보다 어렸지만 마음이 온화하고 담백하며 인간적이어서 페르시아인들은 그가 왕위를 이어받기를 바랐다. 또한 오코스는 아르사메스가 매우 지혜로워 왕의 각별한 사랑을 받고 있다는 것을 잘 알고 있었다.

따라서 오코스는 두 사람 모두를 죽이려고 일을 꾸몄다. 본디 교활하고 잔인했던 오코스는 아르사메스에게는 잔인한 방법을 쓰고, 아리아스페스에게는 교활하고도 직설적인 방법을 쓰기로 계획했다.

먼저 아리아스페스에게는 비밀리에 내시와 왕의 막료들을 보내 부왕이 그를 잔인하고도 치욕스럽게 죽이려 한다는 이야기를 들려주어 그가 겁에 질리도록 만들었다. 그들은 이와 같은 매일매일의 보고가 국가의 비밀을 알려 주는 것이며,

---

11   오로마스데스는 배화교의 삼위일체 가운데 첫째인 창조의 신이다. 둘째
  ·   는 영원한 지혜의 신 미트라스(Mithras)이고, 셋째는 일상의 영혼인 아리마네스(Ahrimanes)이다.

왕이 이제까지 실행을 미루어 왔지만 그 날짜가 가까워지고 있다고 일러 주었다.

이에 아리아스페스는 겁에 질려 혼돈과 절망에 괴로워하다가 자신이 준비한 독약을 먹고 일생을 마쳤다. 아들이 어떤 이유로 죽었는지를 알게 된 아르타크세르크세스왕은 비통한 마음으로 괴로워했다. 그는 누구의 짓인지 알았지만 이를 밝히고 처벌하기에는 이미 너무 늙어 있었다. 그럴수록 그는 아르사메스를 더욱 사랑하며 아르사메스에 대한 지원과 신뢰를 분명히 드러냈다.

그런 상황에서 오코스는 다음 단계로 아르사메스를 죽일 계획을 늦추지 않았다. 오코스는 아버지를 잃고 복수심에 사로잡혀 있던 테리바조스의 아들 아르파테스(Arpates)를 끌어들여 끝내 아르사메스도 죽였다.

이미 너무 늙은 아르타크세르크세스왕은 삶과 죽음의 경계를 오가고 있었다. 그러던 가운데 아르사메스의 슬픈 운명에 대한 이야기를 들은 왕은 더 이상 오래 견디지 못하고 슬픔과 절망 속에 숨을 거두었다.

아르타크세르크세스왕은 94년을 살았고 62년 동안 왕위에 있으면서 정중하고 백성을 사랑했다는 평가를 받았다. 그의 선정은 그의 아들 오코스 때문에 더욱 빛났다. 왜냐하면 그의 아들은 페르시아의 역사에서 누구보다도 잔인하고 냉혹했기 때문이었다.[12]

---

12 플루타르코스의 『영웅전』에는 「아라토스와 아르타크세르크세스의 비교」가 없다. 아마도 이 두 원고는 미완의 글인 것 같다. 아니면 플루타르코스가 본디 구상했던 책의 이름이 '그리스·로마의 고결한 사람들의 비교 생애'였으므로, 페르시아 왕인 아르타크세르크세스를 등장시키자니 본래의 구상에서 벗어난다고 생각했을 수도 있다.

갈바[1]
GALBA

? ~ 69

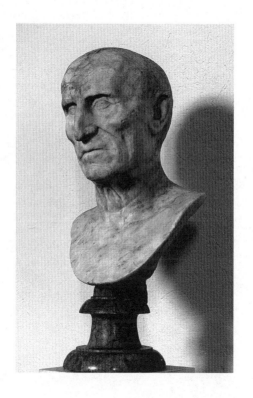

I   비교 평전인 이 책은 관례로 그리스인을 먼저 쓰고 그다음으로 그에 대
비되는 로마인을 기록했다. 그러나 이 글의 주인공인 갈바는 로마인이었
는데도 먼저 쓰였다는 점에서 이례적이며, 비교 평전이 없다는 점에서
이 글과 다음에 나오는 「오토전」은 미완성 원고로 보인다. 따라서 갈바에
대한 자세한 전기를 알고자 하면 타키투스의 『역사』(I : 1~45)를 읽는 것
이 좋다.

제국의 통치에 있어
훈련되지 않고
비이성적인 충동에 따라 움직이는
군대보다 더 두려운 것은 없다.
— 플루타르코스

민중은 모두
갈바의 죽음을 안타까워했지만
그의 통치를 더 이상
그리워하지는 않았다.
— 플루타르코스

왕이 늙으면 총명이 흐려지고,
간신들이 모여든다.
— 플루타르코스

1

아테네의 유명한 용병대장이었던 이피크라테스는, 용병들은
재산을 모으고 쾌락을 누리는 것을 좋아하기 때문에 전쟁터에
나가면 자신의 욕망을 채워 줄 수 있는 수단을 얻어내기 위해
무자비하게 싸운다고 생각했다.

그러나 보통 사람들은 군대란 용맹으로 가득 찬 몸뚱이와
같아서 자신의 창의력보다는 지휘관의 명령에 따라야 한다고
생각한다. 들리는 바에 따르면, 로마의 명장 아이밀리우스 파
울루스는 이런 말을 했다고 한다.

"내가 마케도니아를 쳐들어갈 때 병사들을 보니, 그들은
말이 많고 간섭하지 않는 일이 없어 마치 자기들이 장군인 것
같았다. 그래서 나는 '모든 장병은 전투 준비를 하고 칼을 예리
하게 하라, 나머지 일은 내가 처리한다'라고 지시했다."

갈바

또한 플라톤은 이렇게 말하고 있다.

> 병사가 명령에 복종하고 충성하지 않으면 아무리 훌륭한
> 장군이나 지휘관도 아무 일을 할 수 없다. 복종의 자질은,
> 통치자의 자질과 마찬가지로, 고결한 성품을 지니고
> 있으며 철학적 수련을 받았음을 뜻한다. 통치자의
> 미덕이란 무엇보다도 정중함과 인간미를 용기 및
> 공격성과 조화롭게 융합한 것을 뜻한다.(『공화국』, § 376)

수많은 사건이, 그 가운데에서도 폭군 네로(Nero)가 죽은 뒤에
일어난 사건들이 그와 같은 사실을 잘 입증하고 있다. 즉, 제국
의 통치에 있어서 훈련되지 않고 비이성적인 충동에 따라 움
직이는 군대보다 더 두려운 것은 없다는 사실을 보여 준 것이
다. 아테네의 정치인 데마데스는 그러한 사례에 해당하는 무
질서한 군대를 많이 언급했다.

　데마데스의 말에 따르면, 알렉산드로스 대왕이 죽은 다음
의 마케도니아 군대는 마치 눈먼 외눈박이 괴물 키클롭스(Cy-
clops) 같았다고 한다. 또한 로마 제국 역시 마치 신화 속의 거
인 타이탄(Titan)으로 말미암아 일어난 듯한 격동과 재앙에 거
대한 피해를 입고, 갈가리 찢기면서 곳곳이 무너지는 모습을
보여 주었다. 그런 혼란은 스스로 황제를 자처하고 나선 정치
인들의 야망 때문에 빚어진 것이 아니라 군인들의 탐욕과 방
종 때문에 생겨난 것이었다.

　그들은 마치 "못 위에 다시 못을 박듯이" 사령관을 몰아내
고 다른 사령관을 뽑았다. 그런 사례 가운데 하나로, 페라이의
폭군이었던 알렉산드로스(Alexandros)가 열 달 동안 테살리아
를 다스리다가 그토록 빨리 살해된 사건을 들 수 있다. 이때 그
리스의 수사학자 디오니시오스는 독재자를 주인공으로 내세
운 한 편의 연극을 보는 듯했다고 말하면서 세상의 변화가 얼

마나 무상한가를 비웃은 적이 있다.

　　로마 황제들의 궁전이었던 팔라티움(Palatium)에서는 그보다 더 짧은 시간에 네 명의 황제가 바뀌었는데, 그때 군인들은 마치 무대에서 배우를 바꾸듯이 왕을 갈아 치웠다. 이로 말미암아 고통받는 민중은 그나마 자신들의 손으로 고통의 주역들을 응징하는 것이 아니라 그 주역들끼리 서로 죽이는 꼴을 보는 것으로 위로를 받았다.

　　황제를 몰락시키는 대가로 온갖 약속을 내걸어 군대를 타락으로 빠뜨린 자는 결국 자신에게 어울리는 종말을 맞이했다. 그가 약속했던 대가들은 가장 고귀해야 할 행위를 불경한 행위로 타락시켰다. 즉, 네로 황제를 몰아낸 일을 반역의 행위로 바꾸어 버린 것이다.

2

내가 이미 다른 전기에서 말한 바와 같이, 오포니우스 티겔리누스(Ophonius Tigellinus)와 함께 궁정 수비대장을 맡고 있던 님피디우스 사비누스(Nymphidius Sabinus)[2]는 네로의 정치가 절망적인 상태에 이르고 그가 이집트로 달아나리라는 것이 분명해지자, 이미 네로가 더는 로마에 머무르지 않고 달아난 것처럼 여겼다.

　　따라서 사비누스는 갈바를 황제로 선언하도록 군대를 설득하는 한편,[3] 황제를 바꾸면 궁정 수비대 각자에게 그들이 요

2　오늘날 전해지고 있는 『플루타르코스 영웅전』에는 「사비누스전」이 없다. 그런 점에서 본다면 다음의 이야기를 다룬 전기는 아마도 「네로전」일 것 같지만 이 전기는 지금 전해지지 않고 있다.

3　앞의 몇 군데에서 플루타르코스는 네로 황제를 나쁘게 말하지 않았다. 곧 네로와 같은 시대를 살았던 플루타르코스는 네로가 선정을 베풀던 초기 5년(서기 54~59) 동안에 쓴 글에서는 그를 험담하지 않다가 그가 폭정을 시작한 서기 59년 이후에는 그에 대한 비판이 준엄했다. 이 「갈바전」은 아마도 네로가 폭정을 시작한 서기 59년 이후에 쓴 것으로 보인다.

구하는 대로 7천5백 드라크마를 주고, 외국에서 복무하는 병사들에게는 1,250드라크마를 주겠노라고 약속했다.[4]

그러나 네로 시대에 겪은 고통보다 1만 배나 많은 고통을 겪지 않고서는 이 정도의 돈을 마련할 수 없었다. 그와 같은 약속은 곧 네로의 죽음을 불러왔고, 곧이어 갈바의 죽음으로 이어졌다. 군대는 그 돈을 받으려고 네로를 죽였고, 그 돈을 받지 못하자 갈바를 죽였다.

군인들은 그만한 돈을 줄 사람을 찾아다니면서 반란과 반역을 거듭하며 스스로 무너졌다. 이 문제를 상세하고도 정교하게 설명하는 것은 역사학자들이 할 일이다. 다만 황제들의 행실과 운명에 관하여 언급할 만한 사항들을 빼놓지 않고 설명하는 것이 나의 의무일 것이다.

3

로마의 시민 가운데 가장 돈이 많은 자였던 술피키우스 갈바(Sulpicius Galba)는 훗날 황제에 올랐을 정도로 모든 사람의 신임을 받았다. 또한 세르비우스(Servius)의 귀족 가문과 인척이었다는 점도 그의 명성을 높여 주었다. 그러나 그가 가장 자랑스럽게 여긴 부분은 집정관 루타티우스 카툴루스(Lutatius Catulus)가 그의 친척이라는 점이었다. 그 무렵에 카툴루스는 후계자에게 기꺼이 정권을 넘겨주어 공직에 있지는 않았지만, 덕망과 명성에 있어서는 가장 위대한 지도자였다.

갈바는 아우구스투스 황제의 아내인 리비아(Livia)와도 먼 인척이었고, 그런 인연으로 [서기 33년에] 집정관에 선출되었다. 들리는 바에 따르면, 갈바는 또한 게르마니아(Germania) 주둔

---

4 플루타르코스가 로마의 역사를 쓰면서 그리스의 화폐 단위인 드라크마로 계산한 것이 이상하다. 아마도 착오이거나 아니면 그 무렵에 로마에서도 그리스 화폐가 자유롭게 통용되었거나 "외국에서 근무하는 사람들"에게 그리스 화폐를 지급한 것이 아닌가 여겨진다.

사령관으로 복무하는 동안 남다른 업적을 남겼다.

갈바는 [서기 45년에는] 아프리카의 총독으로 부임하여 드문 명성을 얻었다. 그러나 검소하고 스스로의 삶에 늘 만족했던 그는 돈을 아끼고 낭비가 없어, 훗날 황제가 되자 인색하다는 평을 얻었다. 온건하고 자제심이 높다고 평가받던 그는 똑같은 이유로 멋없는 사람이 되었던 것이다.

[서기 61년에] 아직 명성 높은 사람을 두려워하지 않던 네로는 갈바를 스페인 총독으로 파견했다. 갈바는 본디 천성이 정중하고, 그 무렵에는 이미 나이도 지긋하여 항상 조심스럽게 행동하는 인물로 알려져 있었다.

4

네로의 부도덕한 세리(稅吏)들이 잔인하고도 야만적으로 스페인의 주민들을 수탈하였으나 갈바 총독은 어찌할 수가 없었다. 그가 할 수 있는 일이라고는 자신이 그와 같은 잘못에 대해 마음 아파하고 함께 고민하고 있다는 사실을 주민들에게 솔직히 말해 주는 것뿐이었다. 그것만으로도 법정에 고발되거나 노예로 팔려 가는 사람들에게 조금이나마 위로가 될 수 있었다.

네로에 대한 나쁜 소문[5]이 나돌자 어떤 사람들은 그것을 유포하거나 곡조를 붙여 노래를 불렀다. 그때 갈바는 그것들을 중지시키지 않았고, 세리들이 느끼는 불쾌한 감정에 동조하지도 않았다. 그런 이유로 주민들은 그를 더욱 사랑했다.

갈바가 스페인 총독으로 8년 동안 봉직하면서 주민들에게서 명성을 얻고 있을 때, 갈리아에서 유니우스 빈덱스(Unius Vindex)가 반란을 일으켰다. 그는 반란을 일으키기에 앞서 갈바에게 격문(檄文)을 보냈는데, 이에 대하여 갈바는 싫다거나

5   '나쁜 소문'이라 함은 네로가 로마를 불태웠다는 것을 뜻하는 것으로 보인다. 그러나 네로가 로마를 불태웠다는 것은 역사학에서 입증되지 않는다.

옳다거나 하는 말을 하지 않았다. 다른 지방 총독들은 그 격문을 받자 곧장 네로에게 보고했다.

그러나 나중에 그 총독들은 빈덱스의 편에 섬으로써 빈덱스에게 정직하지 못했던 것처럼 스스로에게도 정직하지 않았음을 보여 주었다. 그 뒤에 공개적으로 반란을 선언한 빈덱스는 갈바에게 편지를 보냈다. 그를 황제로 추대하겠으니, 이미 10만 명이 무장되어 있고 앞으로 몇천 명을 더 무장할 수 있는 갈리아 지방의 지도자가 되어 달라는 요청이었다.

빈덱스의 편지를 받은 갈바는 막료 회의를 소집하여 의견을 물었다. 막료 가운데 일부는 좀 더 기다리면서 로마가 어떤 조처를 하는지 지켜보자고 말했다. 그때 근위대장 티투스 비니우스(Titus Vinius)가 나서서 이렇게 말했다.

"더 이상 고민할 여지가 없습니다. 우리가 네로에게 신의를 지켜야 한다는 말은 이미 우리가 그 신의를 저버렸음을 뜻합니다. 이렇게 우리는 사실상 네로를 정적으로 생각하고 있으므로, 우리는 빈덱스의 호의를 거절해서는 안 됩니다. 제 생각이 틀렸다면 우리는 당장 빈덱스를 반란자로 규정하고 그를 무찌르고자 전쟁을 일으켜야 합니다. 왜냐하면 그는 로마인들이 폭군 네로를 끌어내린 자리에 장군이 올라서기를 원하고 있기 때문입니다."

5

이런 일이 있은 뒤에 갈바는 자유를 원하는 노예들을 모두 해방해 줄 날짜를 정령(政令)으로 발표했다. 그러자 네로를 타도하는 데에만 관심이 있는 대중 사이에 온갖 소문과 빈정거림이 나돌았다. 어쨌거나 갈바가 연단에 오르자 군중은 그를 황제라고 부르며 환호했다. 갈바는 그 자리에서 황제의 칭호를 받아들이지는 않았다. 그는 먼저 네로를 비난하고 네로의 손에 죽은 명사(名士)들을 추모하면서 이렇게 말했다.

"나는 조국을 위해 온 힘을 바칠 것이며, 나에 대한 호칭은 제왕(Caesar)이나 황제(Emperor)가 아니라 원로원과 시민을 위한 장군으로 불러 주기 바랍니다."

그리고 네로는 빈덱스가 갈바를 황제로 부른 것이 얼마나 지혜로운 일인가를 확실하게 증명했다. 네로는 빈덱스를 대단치 않게 여기고 갈리아족의 문제가 별일 아닌 척했지만, 갈바가 반기를 들었다는 소식을 들었을 때는 목욕을 마치고 식사를 하다가 식탁을 엎어 버렸다. 그러나 곧 원로원이 갈바를 국적(國賊)으로 선언하자 네로는 막료들에게 품위를 지키면서 이렇게 농담을 했다.

"마침 돈이 필요했는데 좋은 생각이 났네. 갈리아가 나에게 항복하지 않는 한, 그곳에 있는 재산을 전리품으로 가져갈 수는 없겠지. 그러나 이제 이 나라의 적이 된 갈바의 재산은 마음대로 팔아 버려도 되겠군."

그리하여 네로는 갈바의 재산을 팔아 버리라고 명령했다. 그 말을 들은 갈바가 스페인에 있는 네로의 모든 재산을 팔려고 내놓자 많은 사람이 그것을 살 준비를 마쳤다.

6

많은 사람이 네로를 버리고 갈바의 편에 섰는데, 오직 아프리카를 다스리고 있던 클로디우스 마케르(Clodius Macer)와 갈리아에서 게르마니아 군대를 지휘하고 있던 베르기니우스 루푸스(Verginius Rufus)만이 자기 뜻대로 행동했다. 거기에는 서로 그럴 만한 이유가 있었다.

곧 클로디우스 마케르는 탐욕스럽고 잔인하여 살인과 강도를 자행하고 있던 터라 장군의 직책을 유지하기도 어렵고 버리기도 어려운 상태에 처해 있었다. 그런가 하면 루푸스는 가장 강력한 군대를 거느리고 있으면서 군대에서 이미 황제라는 호칭을 자주 들었고, 스스로도 황제의 칭호를 강력하게 요

갈바

구해 오던 터였으나, 이번 일을 계기로 자기는 황제의 권력을 휘두르고 싶지도 않으며 원로원이 인정하지 않는 사람을 황제로 허락할 수도 없노라고 선언했다.

처음에 갈바는 이 일로 몹시 마음고생을 했다. 그러는 가운데 루푸스와 빈덱스의 부하들이 자기들의 사령관을 압박하여 서로 전쟁을 일으켰다. 그들은 마치 통제할 수 없는 전차처럼 맞붙어 싸웠다. 그 결과 2만 명의 병력을 잃고 패배한 빈덱스는 스스로 목숨을 끊었다. 그러자 이번의 대승을 기점으로 모든 군대는 루푸스가 황제에 오르거나 아니면 네로에게 귀순하기를 바란다는 소문이 나돌았다.

이에 당황한 갈바는 루푸스에게 편지를 보내 로마 제국의 보전과 시민의 자유를 유지할 수 있도록 함께 노력을 기울이자고 제안했다. 이런 일이 있은 뒤에 갈바는 막료들과 함께 스페인에 있는 클루니아(Clunia)로 물러나 시간을 보냈다. 그는 당장 필요한 조치들을 실행에 옮기지 않았다. 오히려 그는 이제까지 자신이 저지른 일을 후회하며, 남의 간섭을 받지 않고 살던 지난날의 삶을 그리워했다.

7

그해 [서기 68년] 여름의 어느 날, 해가 지기 직전에 이켈루스(Icelus)라는 해방 노예가 로마에서 스페인으로 이레 만에 달려왔다. 그는 갈바가 이미 잠들었다는 것을 알고서도 시종의 만류를 뿌리치며 서둘러 문을 열고 갈바의 침실로 들어가 이렇게 말했다.

"네로는 아직 살아 있지만 어디론가 숨어 버렸습니다. 그러자 군인이 먼저, 그다음에는 원로원과 민중이 장군님을 황제로 선언했습니다. 그러고 나서 곧 네로가 죽었다는 소식을 들었습니다. 그러나 그 소식이 미덥지 않아 직접 달려가 그의 시체를 확인한 뒤에 지금 이렇게 달려왔습니다."

그 소식에 갈바는 크게 고무되었다. 곧이어 군중이 그의 집 문 앞에 모여들어 이켈루스의 말에 대한 신뢰를 표시했다. 그들도 이켈루스가 이레 만에 로마에서 스페인까지 달려왔다는 말을 믿을 수가 없었으나, 이틀이 지나자 근위대장 티투스 비니우스가 진영에서 달려와 원로원이 발표한 정령을 자세히 보고했다. 이 공로로 비니우스는 영예로운 자리로 승진하였고, 이켈루스는 금반지와 함께 마르키아누스(Marcianus)라는 이름을 얻음으로써 해방 노예들 가운데 가장 높은 신분에 오르게 되었다.

8

그러나 로마에서는 님피디우스 사비누스가 모든 권력을 장악했는데, 이 모든 일이 눈 깜짝할 사이에 이루어졌다. 님피디우스는 이미 나이가 일흔 살에 육박한 갈바에게는 가마를 타고 올 기력조차 남지 않았으리라고 생각했다.

더욱이 로마에 머무르고 있는 군인들은 이미 님피디우스에게 기울어 있었다. 님피디우스가 그들에게 많은 선물을 약속했기 때문이다. 그래서 군인들은 그를 은인으로 여기고, 갈바를 님피디우스에게 빚을 진 사람으로 여겼다.

그런 연유로 님피디우스는 동료인 오포니우스 티겔리누스의 무장을 해제하고 지난날의 집정관과 고위 장군들을 성대한 잔치에 초대했다. 초대장은 갈바의 이름으로 발송되었다. 그 자리에서 님피디우스는 군인들을 선동해 갈바가 대표단을 사절로 보내게 했다. 자신을 단독 종신 집정관으로 추천하도록 요구하기 위해서였다.

또한 원로원은 님피디우스에게 은인의 칭호를 주고 날마다 그의 집 앞에 모여 모든 정령을 발의하고 추인하는 특권을 부여함으로써 권력과 명예를 더해 주었다. 이와 같은 조치는 님피디우스의 마음을 한없이 부풀게 만들었다. 그러자 그에게

갈바

충성하며 아첨하던 무리들은 그를 향한 질투와 두려움 속으로 금방 빠져들고 말았다.

어느 날, 두 집정관이 원로원의 정령을 황제에게 전달하고자 정부의 공문서 책임자를 불렀다. 그리고 그에게 '디플로마(*diploma*)'[6]라는 두루마리 문서를 들려 보냈다. 이 문서에는 집정관의 인장이 찍혀 있는데, 이 인장을 본 각 도시의 책임자는 배달원에게 운송 수단을 제공하게 되어 있었다.

그러나 이번 문서에 자기 도장이 찍혀 있지 않고 자기 부하들에게 그 운송을 맡기지 않았다는 이유로 님피디우스가 몹시 화를 내자, 관계자들이 그를 찾아가 변명하고 용서를 빈 일도 있었다. 또한 민중의 환심을 사고 싶었던 그는 네로의 추종자들을 죽이는 자들도 말리지 않았다. 군중은 검투사 스피쿨루스(Spiculus)를 광장에서 질질 끌고 다니다가 네로의 동상 밑에서 죽였다. 그들은 또한 네로의 정보원이었던 아포니우스(Aponius)를 돌멩이를 실은 마차로 깔아 죽였다.

많은 사람이 그런 식으로 죽었는데, 그 가운데에는 억울한 사람들도 있었다. 군중이 그렇게 사람들을 찢어 죽이자 그 무렵 로마에서 가장 공의로운 사람 가운데 하나인 마우리쿠스(Mauricus)가 원로원에 이런 말을 했다.

"이러다가는 민중이 곧 네로를 찾아 복위(復位)시키지 않을까 두렵습니다."

---

6   'diploma'라는 용어는 '접는다'는 뜻의 그리스어 동사인 디플룬(diploun)에서 유래했다. 로마 제국 무렵의 모든 여행증, 도로 통행증, 통행료 납부증은 두 겹으로 된 금속판에 인쇄하여 접은 다음 독특한 방법으로 꿰매었다. 이 금속 통행증을 디플로마라고 불렀다. 그 뒤 얼마가 지나 이 디플로마라는 단어는 여러 가지 준금속(準金屬)의 관문서를 포함하는 뜻으로 의미가 확대되었다. 특히 이방 단체나 이방 종족에게 특권을 부여하거나 협상을 구체화하는 관문서 또는 졸업장을 의미하게 되었고, 여기에서 외교(diplomacy)라는 용어가 파생되었다.[니콜슨(H. Nicolson), 신복룡 역주, 『외교론(*Diplomacy*)』(서울 : 평민사, 2009), 43쪽 참조]

9

이렇게 자기의 꿈이 목표에 더욱 가까워지자 님피디우스는 자신이 카이우스 카이사르(Caius Caesar)의 아들이라는 소문을 부정하지 않았다. 카이우스는 티베리우스(Tiberius)의 뒤를 이어 왕이 된 [다음에 폭정을 일삼다 암살된] 칼리굴라(Caligula)였다.

카이우스 카이사르는 젊었을 적에 님피디우스의 어머니인 님피디아(Nymphidia)와 아주 가까웠던 것으로 보인다. 매우 아름다웠던 그 여성은 카이사르 집안의 해방 노예 칼리스투스(Callistus)와 침모 사이에서 태어났다. 그러나 카이우스와 님피디아가 정분을 나눈 것은 님피디우스가 태어난 뒤의 일로 보인다.

그러나 님피디우스는 사실상 검투사 마리타누스(Maritanus)의 아들로 여겨지고 있다. 그의 어머니는 이 검투사의 명성에 매혹되어 그에게 몸을 허락했었다. 그리고 님피디우스가 마리타누스와 몹시 닮았다는 점이 이런 소문을 뒷받침하고 있다. 어쨌든 님피디우스는 님피디아가 자기의 어머니라는 사실만큼은 확실히 인정하고 있다.

님피디우스는 네로를 몰아낸 뒤에 부귀와 명예를 누렸으며 네로의 애첩인 소포루스(Soporus)를 차지했다. 그는 네로의 시체가 불타고 있을 때 사람을 보내 소포루스를 구출한 다음 그 여성을 안식처로 삼고 이름도 포파이아(Poppaea)라고 고쳐 주었다.

님피디우스는 이러한 호강에 만족하지 않고 스스로 황제가 되려는 야심을 품었다. 그는 로마에서 막료들을 통해 비밀리에 단계를 밟아 나가는 한편, 원로원 의원과 귀족 부인들의 도움을 받았다. 그러는 과정에서도 그는 막료인 겔리아누스(Gellianus)를 스페인으로 보내 갈바의 행동을 감시했다.

그러나 네로가 죽은 뒤로 모든 정세는 갈바에게 유리한 쪽으로 흘러갔다. 물론, 아직도 망설이면서 거취를 정하지 못한 베르기니우스 루푸스가 갈바의 신경을 쓰이게 하기는 했다. 갈리아의 주둔 사령관인 루푸스는 넓은 영토와 강력한 군대를 거느리고 있는 데다가 빈덱스의 반란을 진압하고 갈리아를 정복한 공로까지 챙긴 터였다.

로마 제국 영토의 대부분을 차지하고 있는 갈리아는 전통적으로 반란의 진원지였다. 따라서 갈바는 그곳의 주민과 병력이 루푸스를 황제로 추대하려고 움직인다면 루푸스가 그 제안을 받아들일지도 모른다고 생각했던 것이다.

폭군을 몰아낸 데다가 갈리아 전쟁에서도 이긴 루푸스의 명성을 뛰어넘을 사람은 없었다. 그럼에도 루푸스는 원로원이 황제를 뽑아야 한다는 본디의 원칙을 진심으로 지지하고 있었다.

네로의 죽음이 확실한 현실로 다가오자 루푸스의 부하들은 그가 황제에 올라야 한다고 강력하게 요구했다. 군무 위원 가운데 어떤 사람은 루푸스의 막사를 찾아와 칼을 빼 들고 칼을 받든가 아니면 황제의 자리를 받아들이든가 둘 가운데 하나를 선택하라고 외쳤다.

그러나 루푸스의 부하로 있는 군단장 화비우스 발렌스(Fabius Valens)가 갈바의 지지를 선언했고, 갈바를 황제로 뽑았다는 원로원의 결정이 서면으로 도착했다. 이를 근거로 삼은 루푸스는 많은 어려움을 겪은 끝에 자기 부하들이 갈바를 황제로 받아들이도록 설득하는 데 성공했다. 이 과정에서 갈바가 플라쿠스 호르데오니우스(Flaccus Hordeonius)를 자기의 후임자로 파견하자 루푸스는 선선히 그를 후임으로 받아들여 군대를 넘겨주고 갈바를 만나러 길을 떠났다.

그때 갈바는 로마로 돌아가는 길이었다. 갈바는 자기 부대로 다시 돌아와 루푸스를 마중하면서 그에게 어떤 분노나

존경을 표현하지 않았다. 왜냐하면 첫째로 갈바가 루푸스를
존경했기 때문이었고, 둘째로는 갈바의 막료들, 특히 티투스
비니우스가 루푸스의 출세를 시샘하여 어떻게든 그를 견제하
고 싶어 했기 때문이었다.

그러나 비니우스의 시샘이 한 위대한 영웅의 일생을 도와
주는 결과를 초래했다는 사실을 그때는 아무도 모르고 있었
다. 비니우스는 다른 장군들이 온갖 싸움과 비극을 겪을 때 루
푸스가 거기에서 벗어나 조용한 피난처에서 평화롭게 긴 여생
을 마치도록 도와준 셈이 되었던 것이다.

11

귀국길에 오른 갈바는 갈리아의 나르보(Narbo)라는 마을에서
원로원이 보낸 대표단을 만났다. 그들은 갈바에게 인사를 차
린 다음 그를 보고 싶어 하는 민중의 소망을 고려하여 서둘러
귀국하도록 간청했다.

갈바는 대표단을 만난 자리에서 친절하고 겸손했다. 특히
대표단을 접대할 때는 님피디우스가 보낸 네로의 호화로운 그
릇들을 쓰지 않고 늘 쓰던 것들을 사용함으로써 칭찬을 들었
다. 자신이 천박하지 않은 큰 그릇임을 보여 준 것이다. 그러나
이를 본 비니우스는 이렇게 비난했다.

"황제의 그와 같이 우아하고 간결하고 겸손한 처사는 백
성들에게 아첨하려는 처사이며, 황제라는 위대한 자리를 별
가치 없는 자리로 만드는 연약한 행동에 지나지 않습니다. 그
러므로 황제는 네로의 보물을 사용해야 하며, 손님들을 접대
할 때에도 경비를 아끼지 말아야 합니다."

어느새 나이가 들어 총명을 잃은 갈바는 결국 모든 일에
서 조금씩 비니우스가 시키는 대로 타락하기 시작했다.

갈바

비니우스는 돈의 노예라는 점에서 그 시대의 누구도 따라갈 수 없었으며, 여색을 밝히는 점에서도 마찬가지였다. 그는 젊었을 적에 칼비시우스 사비누스(Calvisius Savinus)를 따라 처음 전쟁에 나갔다. 그는 그때 행실이 단정하지 못한 장군의 아내에게 사병의 옷을 입혀 밤에 빼낸 뒤 장군의 숙소(*principia*)에서 간통한 사실이 있었다. 이 죄목으로 카이우스 카이사르 황제는 비니우스를 감옥에 집어넣었으나, 황제가 죽으면서 그는 운 좋게 풀려났다.

또 언젠가 비니우스는 클라우디우스 카이사르(Claudius Caesar)가 마련한 저녁 식사에 초대를 받아 갔다가 나오면서 은잔을 훔쳤다. 그 사실을 안 황제는 다음 날 비니우스를 다시 초대했다. 그가 오자 황제는 시종들에게 이번에는 은식기를 하나도 쓰지 말고 토기로 음식을 대접하라고 지시했다.

황제는 비니우스의 그와 같은 비행을 화낼 가치도 없이 웃고 넘길 일이라 생각했고, 가벼운 망신을 주는 것으로 자신의 온건함을 드러냈다. 그러나 비니우스가 갈바를 자기 손아귀에 넣고 마음대로 돈을 쓸 수 있게 되자, 그의 방만한 행실은 훗날 일어날 비극적인 재앙의 원인이 되었다. 그리고 갈바에게는 자신의 정치적 실패를 변명할 구실이 되었다.

13

일이 이렇게 되자 님피디우스는 겔리아누스를 첩자로 보내 갈바의 언행을 살펴보도록 했다. 그가 돌아와 이렇게 보고했다.

"황제는 코르넬리우스 라코(Cornelius Laco)를 근위대장으로 임명하였으며, 비니우스가 갈바의 이름으로 모든 권력을 장악하고 있습니다. 저는 그곳에 머물면서 사사롭게 황제를 가까이 뵙지도 못했고, 모든 사람이 저를 의심하면서 믿지 않았습니다."

이 말을 들은 님피디우스는 몹시 불안하여 막료들을 모아 놓고 이렇게 말했다.

"갈바 황제는 선량하고 온건한 노인이오. 그러나 그는 나의 조언을 듣지 않고 비니우스와 라코의 말만 듣고 있소. 그러므로 지난날 [네로 황제 밑에서 호위대장을 지낸] 오포니우스 티겔리누스가 정권을 잡았던 전례와 같이, 먼저 황제에게 사람을 보냅시다. 그래서 황제가 비니우스와 라코를 주변에서 몰아낸다면 그가 로마에 도착했을 때 더 많은 사람의 환영을 받게 되리라는 것을 알려 드립시다."

그러나 님피디우스의 이와 같은 주장은 듣는 이들에게 확신을 심어 주지 못했다. 그들이 생각하기에 갈바는 막 얻은 권력을 시험해 보는 애송이가 아니었다. 그 나이 많은 황제에게 이런 막료는 나쁜 사람이고 저런 막료는 좋은 사람이라고 권고하는 것이 더 이상하고 자연스럽지 않은 일이었다. 그리하여 님피디우스는 다른 방법을 쓰기로 하고, 갈바를 깨우치고자 다음과 같은 편지를 썼다.

"지금 로마는 숨어 있는 증상이 많은 병자처럼 불안합니다. [아프리카에 식량 보급관으로 파견된] 클로디우스 마케르는 식량 보급을 유보하고 있고, 게르마니아의 군대는 반란의 기미를 보이고, 시리아와 유대에서도 같은 소식이 들려오고 있습니다."

그러나 갈바가 자기의 뜻에 따라 행동하기는커녕 편지를 믿지 않으려 하자 님피디우스는 갈바가 로마에 들어오기에 앞서 자신이 황제가 되리라는 계획을 세우고 이를 실행하기로 결심했다. 그런데 님피디우스에게는 매우 선량하고 분별력이 있으며 신뢰할 만한 인물이 있었는데, 다름 아닌 안티오코스 출신의 클로디우스 켈소스(Clodius Celsos)였다. 그는 황제를 꿈꾸는 님피디우스를 말리면서 이렇게 말했다.

"지금 장군께서 황제가 되시기를 바라는 마을은 로마에

갈바

서 한 곳도 없습니다."

당시에는 많은 사람이 갈바를 비웃었다. 그 가운데에서도 폰토스의 왕 미트리다테스는 갈바의 벗어진 머리와 주름진 얼굴을 빈정거리면서 이렇게 말했다.

"지금이야 로마인들이 갈바가 위대한 인물인 줄로 알고 있지만, 막상 그의 얼굴을 보고 나면 그가 로마를 망신시키려고 황제가 된 사람이라는 것을 종일토록 생각하게 될 것이다."

14

그리하여 님피디우스의 무리는 한밤중에 그를 병영으로 데려간 뒤 황제로 선포하기로 했다. 저녁이 되자 지도적인 위치에 있던 군무 위원 안토니우스 호노라티우스(Antonius Honoratius)가 휘하의 장병들을 모아 놓고는 이렇게 자신과 부하들을 꾸짖었다.

"우리는 어떤 계획을 꾸미거나 좀 더 좋은 일을 하려 들지 않았다. 우리는 어떤 악령에 홀린 것처럼 이리저리 몰려다니며 반역 행위를 저지름으로써 그토록 짧은 시간에 그토록 여러 차례 마음을 바꾸었다. 다만 우리가 네로를 배신했을 때는 그가 악행을 저질렀다는 명분이 있었다. 그러나 이제 갈바를 배신할 때는 뭐라고 말할 것인가? 그가 네로처럼 어머니와 아내를 죽이고, 황제의 몸으로 무대에 올라 악사나 배우처럼 수치스러운 짓을 했는가?

우리가 네로 같은 폭군을 버리기로 동의한 것은 그의 패륜적인 행동 때문이 아니었다. 네로가 우리를 버리고 이집트로 달아났다는 님피디우스의 거짓 설득 때문이었다. 이제 우리는 네로에 이어 갈바까지 죽이고 님피디아의 아들을 황제로 뽑아야 하는가? 우리는 지난날 아그리피나(Agrippina)의 아들[네로]을 죽였던 것처럼 이제 또 위대한 리비아 투르코(Livia Turco) 가문의 후손[갈바]을 죽여야 하는가? 아니면 악행을 일

삼은 님피디우스를 응징함으로써, 네로를 처단했던 우리가 진실된 갈바의 수호자임을 보여 줄 것인가?"

군무 위원의 연설을 들은 부하들은 그의 편에 서서 동료들을 찾아다니며 갈바에게 충성하라고 설득했다. 병사들은 그들의 말을 따랐다. 어떤 사람들의 말에 따르면, 님피디우스는 이때 병사들이 지른 함성을 자신을 지지하는 소리로 들었던 듯하다. 아니면 군인들이 실제로 자신에게 저항하기 전에 미리 조치를 취하고 싶었는지도 모른다. 어쨌든 그는 횃불을 들고 앞으로 나아갔다.

님피디우스는 원로원 의원 킨고니우스 바로(Cingonius Varro)가 그를 위해 대신 써 준 연설문을 손에 들고 있었다. 그는 이 연설문을 모두 외우고 있었지만 실수하지 않으려고 그것을 들고 왔다. 그는 병영의 관문 앞에 이르렀을 때 문이 닫히고 병사가 무장하고 있는 것을 보았다. 그러자 그는 두려운 생각이 들어 가까이 다가가 물었다.

"무슨 일인가? 너희들은 누구의 명령을 받고 무장을 했는가?"

그러자 병사들이 한목소리로 대답했다.

"우리는 갈바가 황제에 오른 것으로 알고 있습니다."

그러자 님피디우스는 마치 자기도 그들에게 동조하는 것처럼 외치면서 자기 부하들에게도 동조하라고 명령했다. 이에 문을 지키던 병사가 그와 몇 명의 부하만 들어오도록 허락했다. 그들이 문안으로 들어서자 창이 날아왔다. 그러자 곁에 있던 셉티미우스(Septimius)가 재빨리 방패로 막았다.

이번에는 또 다른 병사가 칼을 빼 들고 달려들었다. 이에 님피디우스는 도망치다가 어느 막사 안에서 뒤따라온 병사들에게 칼을 맞아 죽었다. 군중은 님피디우스의 시체를 끌고 나와 그 둘레에 창을 둘러 꽂고 온종일 광장의 군중에게 보였다.

갈바

님피디우스는 그렇게 비참한 최후를 마쳤다. 그 소식을 들은 갈바는 님피디우스의 추종자 가운데 아직 자살하지 않은 무리를 죽이라고 명령했다. 그렇게 죽은 인물들 가운데에는 님피디우스의 연설문을 대신 써 준 킨고니우스 바로와 폰토스의 미트리다테스가 있었다.

그러나 재판도 거치지 않고 명망 높은 인물들을 죽인 것은, 비록 공의로운 일이었다 하더라도 불법적이고 독재적인 짓이라는 비난을 들었다. 왜냐하면 이제까지 정권에 늘 속고만 살아왔던 민중은 새로운 황제의 등극으로 뭔가 다른 정치를 경험할 것이라고 기대했었기 때문이다.

더욱이 지난날 네로에게 충성했다는 이유만으로 집정관까지 지낸 페트로니우스 투르필리아누스(Petronius Turpilianus)를 자살하도록 만들었을 때, 민중은 일이 더욱 잘못되었다고 생각했다. 아프리카에서는 트레보니우스(Trebonius)가 마케르를 죽이고, 게르마니아에서는 발렌스가 폰테이우스(Fonteius)를 죽였다.

물론 이 사건들의 피살자는 군대의 지휘관들이었으므로, 그들이 병사를 선동할 수 있다는 두려움을 느낀 갈바가 어쩔 수 없이 취한 행동이라고 변명할 수도 있다. 그러나 갈바가 약속한 대로 온건한 정치를 하겠다던 말이 진심이었다면, 힘도 없고 군대도 거느리지 않은 노인 투르필리아누스를 죽였어야 할 이유가 없었다.

갈바의 그와 같은 처사에 대하여 비난이 쏟아졌다. 더욱이 갈바가 로마에서 25훠롱 떨어진 곳까지 이르렀을 때 매우 무질서하고 소란스러운 해군이 사방에서 그를 둘러싸고 길을 막았다. 이들은 네로가 징집하여 군대로 삼은 무리로, 이제 네로가 죽음으로써 신분이 없어진 이들이었다. 갈바 황제를 맞이하고자 나왔던 사람들은 그들이 황제에게 접근하지 못하도록 앞을 가로막았다. 그러자 그들은 자기들에게도 군기(軍旗)와 병영을 달라고 먼발치에서 소리쳤다.

갈바는 그들의 청원에 대한 약속을 미루며 다른 기회에 다시 생각해 보자고 말했다. 그러나 그들은 황제가 이를 미루는 것은 사실상 자신들의 요청을 거절하는 것이라고 선언하고, 분노하여 소리치며 그의 뒤를 따랐다. 몇몇 병사가 실제로 칼을 빼 들자 갈바는 기병대에 그들을 몰아내라고 지시했다.

그 무리 가운데 온전한 사람이 아무도 없었다. 어떤 병사는 도망하고 어떤 병사는 그 자리에서 죽었다. 갈바가 로마로 들어가는 길에 그와 같은 살육이 벌어지고 그토록 많은 사람이 죽은 것은 축하할 일도 아니었고 상서로운 징조도 아니었다. 이런 일을 겪으면서 이전까지 갈바를 업신여기거나 힘없는 늙은이라고 여기던 무리는 이제 그에 대하여 끔찍한 두려움을 느끼기 시작했다.

16

이제 갈바는 마음대로 선물을 퍼 주던 네로 황제의 방식을 고쳐 보겠다는 욕심이 지나쳐 분별을 잃고 있었다. 이를테면 카누스(Canus)라는 피리의 명인(名人)이 잔치 자리에서 연주를 마쳤을 때, 갈바는 그를 크게 칭찬하고 나서 지갑을 가져오도록 한 뒤 금화 몇 닢을 주면서 이는 자기가 개인적으로 주는 것이지 국고에서 나가는 것이 아니라고 말했다.

갈바는 또한 극장이나 경기장에서 돈을 받은 배우나 선수들은 그 가운데 9할을 정확히 반납하라고 명령했다. 그러나 그들에게는 남은 돈이 없어 반환할 수가 없었다. 그 돈을 받은 대부분의 사람은 손쉽게 번 돈을 흥청망청 쓰면서 앞날을 생각하지 않았던 것이다.

그러자 갈바는 그들에게서 돈을 받아 내려고 그들이 그 돈으로 산 물건과 누구에게 돈을 주었는지를 샅샅이 조사했다. 그 일로 말미암아 적지 않은 사람들이 조사를 받게 되면서 갈바는 더욱 많은 비난을 들었다.

더욱이 황제가 모든 사람에게 너그럽지 못하고 온당하지 않게 처신하도록 만든 비니우스는 많은 사람의 미움을 받았다. 비니우스는 이번 기회를 이용해 거두어들인 것들을 멋대로 팔아 큰돈을 벌었다. 그리스의 시인 헤시오도스(Hesiodos)의 시에 이런 구절이 있다.

> 술을 마시기 시작했으면
> 술 단지가 비도록 마셔라.
> (『일과 나날들』, § 366)

갈바가 이미 너무 늙고 분별없음을 알고 있던 비니우스는 자기에게 찾아온 행운을 한껏 즐겼다. 그는 이런 행운이 처음이자 마지막이라고 생각했다.

17

비니우스는 처음부터 정치를 나쁜 방향으로 이끌고 갔을 뿐만 아니라, 나중에는 갈바가 선정을 베풀려 해도 이를 방해하고 증오를 심어 줌으로써 늙은 황제는 더욱 공의롭지 못한 정치가가 되었다. 이제 갈바는 지난날의 네로를 등에 업고 포악한 행동을 했던 정치인들을 처단하기 시작했다.

그들 가운데에는 헬리우스(Helius), 폴리클레이투스(Poly-cleitus), 페티누스(Petinus), 파트로비우스(Patrobius)와 같은 인물들이 있었다. 민중은 그와 같은 조치에 찬사를 보내면서 죄인들을 끌고 민의의 광장을 거쳐 처형장으로 몰려갔다. 그들은 그 행렬이 참으로 멋있는 광경이며, 하늘도 이 모습에 기뻐하리라고 생각했다.

이때 정의를 증명하고자 하늘과 인간이 힘을 합쳐 징벌해야 했던 가장 중요한 인물은 네로의 조언자요 스승이었던 티겔리누스였다. 그러나 티겔리누스는 비니우스에게 많은 뇌물을 주고 그의 보호를 받는 데 성공했다. 그와는 달리 투르필리아누스는 처형당했다. 그는 심각한 악행을 저지르던 네로를 저버리거나 미워한 인물은 아니었지만, 그렇다고 그의 악행에 동조하거나 가담하지도 않은 사람이었다.

그러나 네로가 죽을죄를 짓게 만들고서도 자기에게 위험이 닥쳐오자 네로를 배신하고 저버린 사람은 살아남았는데, 그가 바로 티겔리누스였다. 이 사건은 비니우스가 자신에게 뇌물을 듬뿍 바친 사람을 어떻게 대했는지, 즉 뇌물이 비니우스에게 어떻게 작용했는지를 잘 보여 주는 증거였다.

티겔리누스를 끌고 가 처벌하는 것보다 로마인들을 더 감격하게 만들 수 있는 일은 없었다. 민중은 극장과 원형 경기장에서 그를 처형하라는 요구를 멈추지 않았다. 그러나 그들의 요청은 황제에게서 어이없는 결정만 얻어 냈을 뿐이었다. 황제의 정령은 이렇게 되어 있다.

"티겔리누스는 지금 폐결핵을 앓고 있기 때문에 머지않아 죽을 것이다. 그러므로 더 이상 황제를 화나게 하거나 폭군이 되도록 몰아세우지 않기를 여러분에게 충고하노라."

그런 일이 있은 뒤에 티겔리누스는 불만에 찬 민중을 조롱하려고 작정했는지, 자기의 병이 다 나았음을 감사드리고자 신전에 가서 제사를 드리고 성대한 잔치를 열었다. 비니우스는 황제 곁에서 일어나 과부가 된 딸을 데리고 티겔리누스의 술자리로 찾아갔다.

이에 티겔리누스는 그 여성의 건강을 빌며 25만 드라크마에 해당하는 선물을 주고, 하녀를 시켜 첩의 목에 걸린 목걸이를 빼앗아 비니우스 딸의 목에 걸어 주었는데, 그 값이 15만 드라크마에 이르렀다.

18

그런 일이 있은 뒤부터 황제는 옳은 일을 해도 욕을 먹었다. 이를테면 빈덱스와 공모했던 갈리아인들에게 주어진 혜택이 그랬다. 그들은 세금을 면제받고 로마의 시민권도 얻게 되었는데, 사람들은 이 혜택이 황제가 하사한 것이 아니라 비니우스에게 뇌물을 바치고 얻어 낸 것이라고 생각했다. 민중은 그만큼 황제를 미워했다.

한편, 로마 병사들은 처음 약속한 만큼의 선물은 받지 못하더라도, 적어도 네로에게 받던 수준의 급여는 받을 수 있으리라고 여겼다. 이런 불평을 전해 들은 갈바는 자신이 위대한 지도자라도 된 것처럼 이렇게 말했다.

"나는 군대를 모집한 것이지 용병을 쓴 것이 아니다."

그 말을 들은 병사들은 이를 갈듯이 갈바를 미워했다. 그들은 갈바가 자신들을 속였을 뿐만 아니라 나쁜 법을 만들어 후임 황제들에게 선례로 남겨 주고 있다고 생각했다.

그러나 아직 로마에서는 소요가 일어나지 않고 있었다. 갈바에 대한 존경심이 혁명의 기운을 무마시키고 있었던 것이다. 여기에 더해, 변화를 요구할 분명한 계기도 없다는 사실이 군인들의 분노를 억누르고 있었다.

그러나 지난날 베르기니우스의 지휘를 받으며 복무한 적이 있고, 지금은 게르마니아에서 플라쿠스의 지휘를 받는 군인들은 자기들이 이제까지 빈덱스를 상대로 싸운 전공으로 볼 때 많은 상금을 받을 자격이 있음에도 아무것도 받지 못했다고 생각했다. 이런 불만은 장군들로서도 달랠 수가 없었다.

그 무렵에 플라쿠스는 극심한 신경통을 앓고 있어 아무런 활동도 하지 못했고, 더욱이 군대를 지휘해 본 경험도 모자라던 터라 병사를 휘어잡지 못했다. 언젠가는 한 행사에서 군무위원과 백인대장들이 갈바 황제의 건강과 안녕을 바라는 기도를 드리고 있었다. 그때 군인들이 일어서더니 먼저 불평을 쏟아 내고, 다음에는 장군들이 축원을 올릴 때마다 이렇게 소리치며 대꾸했다.

"그럴 자격이 있다면!"

19

티겔리누스의 지휘를 받는 부대의 병사들조차 황제에게 그토록 무례하다는 막료들의 보고를 받은 갈바는 그 이유가 단순히 자신이 늙었기 때문만이 아니라 자신의 자리를 계승할 자식이 없기 때문이라 생각했다. 그래서 그는 명문가의 자식을 양자로 맞아 후계자로 삼으리라고 작정했다. 그때 떠오른 인물이 곧 마르쿠스 오토(Marcus Otho)였다.

오토는 황제가 바라던 바대로 명문가의 아들이었지만 어려서부터 사치에 빠져 타락했고, 몇몇 로마인이 그랬듯이, 쾌락만을 추구했다. 호메로스가 트로이의 왕자 파리스(Paris)를 묘사하면서 그저 "아름다운 금발을 가진 헬레네의 남편"(『일리아스』, III : 329)이라고만 표현했던 것처럼, 오토에 관해서는 알려진 칭호가 없고 그저 포파이아의 남편이라고만 알려진 인물이었다.

과거에 네로는 크리스피누스(Crispinus)의 아내가 되어 있던 포파이아를 사랑한 적이 있었다. 그러나 아직 자기 아내를 존경했고 어머니를 두려워했던 네로는 드러내 놓고 포파이아를 좋아하지 못하고, 오토를 중간에 넣어 그 여성의 호감을 사려고 노력했다. 네로는 방탕하기 짝이 없는 오토를 가까운 친구로 여겨 함께 타락한 생활을 즐겼다.

들리는 바에 따르면, 네로는 아주 값진 향유를 바르면서 오토에게도 조금 발라 줬다. 이에 오토는 다음 날 황제의 호의에 보답하는 뜻으로 그의 방에 사방으로 금과 은으로 만든 관(管)을 설치한 다음, 그 관에서 향유가 마치 물처럼 뿜어져 나오도록 했다. 오토는 이런 네로의 호의를 빌미로 포파이아를 유혹했다.

오토는 먼저 그 여성을 유혹한 다음, 남편 크리스피누스와 헤어지라고 설득했다. 그리하여 포파이아가 남편과 이혼하고 자기 집으로 오자 오토는 그 여성을 자기의 아내로 삼았다. 들리는 바에 따르면, 오토는 포파이아를 차지한 뒤 네로에게 넘겨주고 싶어 하지 않았다. 그런 상태에서 포파이아도 두 남자 사이에 오가는 질투를 싫어하지 않았다고 한다.

그러나 들리는 바에 따르면, 오토가 집에 없을 때 네로가 찾아와도 포파이아는 네로를 그냥 돌려보냈다고 한다. 그 여성이 아슬아슬하게 인생을 즐기고 싶어서 그랬는지, 아니면 어떤 사람들의 말처럼, 황제와 방탕하게 인생을 즐기는 것이 싫지는 않았지만 황후가 되고 싶지는 않았기 때문이었는지는 알 수 없다. 어쨌거나 오토의 생명도 위험하게 되었다. 그러나 포파이아와 결혼하려고 본처와 여동생까지 죽인 네로가 오토의 목숨을 살려 둔 것은 기이한 일이다.

20

오토와 가까웠던 세네카(Seneca)가 네로에게 충고하고 설득한 덕분에 오토는 서쪽 대양의 해안에 있는 루시타니아[포르투갈] 총독으로 발령을 받고 떠났다. 그는 이와 같은 발령이 사실상 유배나 다름없다는 사실을 잘 알면서도 그 자리를 기꺼이 받아들이고 그곳의 백성들을 즐겁게 해 주었다.

그 무렵에 갈바의 혁명이 일어났다. 오토는 누구보다도 먼저 갈바를 찾아간 총독이었다. 그는 금으로 만든 술잔과 은으로 만든 탁자를 가져와 갈바에게 바쳐 주화로 만들어 쓰게 하는 한편, 황제의 음식을 제공하는 데 유능한 하인들을 보내 도와주었다. 그 밖의 다른 일로도 오토는 갈바의 신임을 얻었는데, 실무에서도 누구에게 뒤지지 않았다. 황제가 여행할 일이 있으면 오토는 같은 마차를 타고 여러 날을 함께 보냈다.

게다가 오토는 황제에게 친밀함을 보이면서도 비니우스를 챙겼다. 직접 그를 찾아가거나 아니면 선물로써 예의를 차린 것이다. 그러나 무엇보다도 오토는 비니우스에게 윗자리를 양보함으로써 비니우스의 뒤를 이어 영향력을 행사할 수 있는 위치를 안전하게 확보했다. 그러면서 그는 남의 시샘을 피하는 데에는 비니우스보다 훨씬 뛰어났다. 오토는 자기에게 부탁하러 오는 모든 사람을 아무 대가 없이 도와주었고, 모든 사람에게 몸소 찾아가 친절을 베풀었다.

오토가 가장 정성을 다해 도와준 사람은 군인들이었다. 그는 어떤 때는 황제에게 부탁하고 어떤 때는 비니우스의 도움을 받고 어떤 때는 해방 노예인 이켈루스와 아시아티쿠스(Asiaticus)의 도움을 받아 많은 군인을 승진시켜 주었다. 그가 그 시대에 가장 영향력이 큰 사람들에게 부탁했기 때문에 그런 일이 가능했다.

오토는 또한 자주 황제를 집으로 초대하여 음식을 대접하였으며, 그날 함께 온 군인들에게는 금화 한 닢씩을 주었다. 오토는 이런 방법으로 황제의 명예를 높여 주었지만, 사실은 군인들의 지지와 호의를 얻고자 계획적으로 하는 일이라는 것을 민중은 잘 알고 있었다.

21

갈바가 누구를 후계자로 지명해야 할지 고민하고 있을 때 비니우스가 오토를 천거했다. 그러나 이 흥정이 아무런 대가 없이 이뤄진 것은 아니었다. 흥정에는 비니우스의 딸이 걸려 있었다. 곧 갈바가 오토를 후계자로 지명할 경우에 오토는 비니우스의 사위가 되기로 약속되어 있었다.

그러나 갈바는 사사로운 이익을 따지기에 앞서 공익을 생각했다. 그는 이번 후계자 문제만 하더라도 누가 자신을 위해 바람직한 후계자인가를 생각하지 않고, 누가 로마를 위해 가장 헌신적인 인물일까를 고민했다.

갈바는 오토가 자제할 수 없을 만큼 사치하고 낭비가 지나치며 5백만 드라크마[7]의 빚에 허덕인다는 사실을 잘 알고 있었다. 비니우스의 천거를 들은 갈바는 조용히 듣기만 하고 결정을 뒤로 미루었다.

그러다가 이듬해 갈바는 스스로 황제의 자리에서 물러나면서 비니우스를 동료로 하여 집정관이 되었다. 사람들은 이제 그가 후계자를 지명하리라고 예상했다. 그리고 군인들은 다른 누구보다도 오토가 후계자로 지명되기를 기다렸다.

22

갈바가 후계자 지명을 멈칫거리며 고민을 거듭하고 있을 때 게르마니아에서 난동이 벌어졌다. 이때 그는 큰 충격을 받았다. 로마 제국의 모든 군인이 늘 받던 급여를 받지 못하여 갈바에게 미운 감정을 품었던 것이다. 또한 그들은 다음과 같은 불만을 털어놓기도 했다.

"게르마니아 주둔 사령관인 베르기니우스 루푸스는 명예롭지 않게 해임되었습니다. 우리의 적대 세력이었던 갈리아의 부대는 포상을 받았습니다. 그런데 반란군인 빈덱스의 편에 서지 않았던 무리는 오히려 처벌을 받았습니다. 갈바는 빈덱스가 자신을 황제로 선언했던 사실을 고맙게 여겼기 때문에, 빈덱스가 죽었을 때 그의 장례식을 국장으로 치러 그를 영예롭게 해 주었습니다."

그러한 논쟁은 로마인들이 정월 초하루(Calends of January)라고 부르는 날에 병영 앞에서 드러내 놓고 벌어졌다. 그날 플라쿠스는 병사를 모아 놓고 황제에 대한 충성을 맹세하는 의

---

7   분문에는 화폐의 단위가 없으나 § 2의 경우에 비추어 드라크마로 표기했다. 페린도 그렇게 각주를 달았다.

식을 치르고자 했다.

그러나 병사들은 돌아서서 갈바의 동상을 찾아 무너뜨린 다음, 원로원과 로마 시민에게 충성할 것을 맹세하고 각자의 숙소로 돌아갔다. 이에 장군들은 그들이 불순한 생각에서 반란을 일으키지나 않을까 두려워했다. 그들 가운데 한 장군이 앞에 나서서 이렇게 연설했다.

"장병 여러분, 지금 우리에게는 무엇이 잘못되었습니까? 우리는 지금의 황제를 지지하지도 않고 다른 분을 황제로 추대하지도 않고 있습니다. 지금 우리는 갈바를 거부하는 것이 아니라 아예 모든 종류의 지배를 거부하는 것 같습니다. 플라쿠스는 갈바의 그림자요 허상에 지나지 않으니, 후계 논의에서 무시해야 합니다.

그러나 지금 우리와 하룻길 거리에 있는 남(南)게르마니아를 지휘하는 이가 있습니다. 바로 비텔리우스(Vitellius)입니다. 그의 아버지는 감찰관을 지냈고 집정관을 세 번 지냈으며, 클라우디우스 카이사르(Claudius Caesar) 황제의 동료였습니다. 그뿐만 아니라 비텔리우스는 가난합니다. 어떤 사람들은 그가 가난하다는 점을 비난하지만, 그것은 오히려 그가 청빈하고 고결하다는 확실한 증거입니다.

그러므로 장병 여러분.

이제 우리는 비텔리우스를 황제로 추대합시다. 그럼으로써 우리가 황제를 선출하면서 스페인 사람이나 루시타니아인들보다 훨씬 더 지혜로웠음을 보여 줍시다."

어떤 병사들은 이러한 제안에 동조했고 어떤 병사들은 반대했다. 그러는 가운데 기수(旗手) 하나가 밤중에 몰래 빠져나가 비텔리우스에게 이와 같은 소식을 전달했다. 그때 비텔리우스는 손님들에게 음식을 대접하고 있었다. 삽시간에 그 소식이 부대 안에 퍼지자 이튿날 군단 사령관 화비우스 발렌스가 많은 병사를 이끌고 달려와 비텔리우스를 황제로 부르며 찬양했다.

이제까지 비텔리우스는 황제라는 칭호가 주는 파급 효과가 두려워 황제의 칭호를 사양했던 것으로 보인다. 그러나 그날따라 비텔리우스는 낮술과 과식에 마음이 들떠 있었다. 그는 병사들 앞에 나와 황제(Caesar)라는 칭호를 사양하면서 병사가 붙여 준 게르마니쿠스(Germanicus)[8]라는 칭호를 수락했다. 이에 플라쿠스와 병사들은 원로원을 지지하겠다던 지난날의 민주적이고도 훌륭한 맹세를 저버리고 황제 비텔리우스의 명령에 충성하기로 맹세했다.

23

이렇게 비텔리우스는 게르마니아에서 황제에 즉위했다. 그와 같은 정변을 알게 된 갈바는 더 이상 왕위 계승을 미루지 않았다. 그의 막료들 가운데 몇몇은 돌라벨라(Dolabella)가 선출되기를 바랐지만, 대부분의 사람은 오토를 추천했다. 그러나 두 사람 모두 마음에 들지 않았던 갈바는 자기의 뜻을 누구에게도 알리지 않고 갑자기 사람을 보내 피소(Piso)를 불렀다.

피소는 네로의 손에 죽은 크라수스와 스크리보니아(Scribonia)의 아들로, 젊었지만 여러 가지 덕망과 중후함과 예의가 빼어난 인물이었다. 갈바는 이 청년을 병영으로 데려가 황제로 선포하고자 했다. 그런데 갈바가 밖으로 나가려 할 때 하늘에서 몇 가지 심각한 전조(前兆)가 나타났다. 곧 그가 병사들에게 포고문을 읽으려 하자 천둥과 번개가 치고 도시와 병영이 어둠에 덮이면서 비가 쏟아졌다.

이는 하늘이 피소를 후계자로 삼는 일을 좋아하지 않는다

---

8   아프리카를 정복했을 때는 아프리카누스(Africanus)를, 마케도니아를 정복했을 때는 마케도니쿠스(Macedonicus)의 칭호를 주듯이 게르마니쿠스는 게르마니아의 정복자라는 뜻이었다.

는 불길한 징조임이 분명했다. 그런 상황에서 병사들은 자기들에게 주기로 약속한 봉급을 받지 못한 데 대해 속으로 투덜거리며 불충(不忠)한 심사를 보였다. 한편, 피소의 모습과 목소리와 자세를 바라보던 사람들은 그가 감사를 뜻하는 표현을 제외하면 아무런 표정도 드러내지 않으면서 호의를 받아들이는 것을 보고 크게 놀랐다.

그와 달리 오토의 표정에서는 희망이 꺾인 데 대한 분노와 슬픔이 여러 가지 모습으로 역력히 나타났다. 그는 이제까지 황제 후보 가운데 첫 번째로 꼽혔고, 실제로 황제의 위치에 가장 가까이 다가간 인물이었다. 그러던 자신이 황제가 되지 못했다는 것은, 결국 갈바가 자신을 미워했기 때문이라고 그는 생각했다. 이 때문에 오토는 피소에 대한 두려움과 갈바에 대한 미움과 비니우스에 대한 분노에 휩싸였고, 앞날을 불안하게 느끼기 시작했다.

오토는 착잡한 심정으로 그곳을 떠났다. 그러던 터에 예언자와 칼데아의 사제(Chaldeans Oracle)[9]들이 늘 그의 주변을 맴돌면서 희망을 버리지 말라고 말했다. 더욱이 프톨레마이오스는 다음과 같은 예언을 자주 들려주었다.

"네로는 오토를 죽이기 전에 자신이 먼저 죽을 것이다. 그리고 오토는 네로를 살리려 했으나 자기가 로마의 황제가 되리라."

프톨레마이오스는 이제 와서 살펴보니 예언의 앞부분이 맞은 것으로 봐서 뒷부분도 희망이 있다고 지적했다. 때마침 오토가 갈바에게서 보답을 받지 못하는 데 대하여 분노와 섭

---

9   칼데아는 바빌로니아 남부를 가리키는 고대의 지명이었다. 칼데아인은 기원전 1000년 무렵에 셈계(Semite系)의 한 종족으로서 스스로 바빌로니아 문화의 후계자로 자처하고 남하하는 아시리아의 세력에 맞서 완강하게 저항했다. 특히 지식 계급인 신관(神官)들로 말미암아 이 시대에 점성술이나 각종 점복술이 크게 발달했다.

섭한 마음을 품고 찾아와 격려해 주는 사람들이 있었고, 오토는 거기에서 큰 힘을 얻었다.

더욱이 지난날 잘나갈 때는 티겔리누스와 님피디우스를 따라다니던 무리는 배신자답게 그들을 버리고 오토를 찾아와 함께 분노를 토로하면서 오토의 반역을 자극했다.

24

그러한 배신자들 가운데 정찰병(*optio*) 베트리우스(Vetrius)와 전령(*tesserarius*) 바르비우스(Barbius)라는 인물이 있었다. 이들과 함께 오토의 해방 노예인 오노마스투스(Onomastus)가 돌아다니며 돈과 괜찮은 조건으로 병사들을 매수했다.

이미 불만이 가득 찬 병사들은 반란을 일으킬 구실만 찾고 있었다. 그러나 나흘이라는 시간은 근위병들이 변절하기에는 넉넉한 시간이 아니었고, 왕위 계승을 발표한 날부터 갈바와 피소를 죽이는 데 걸린 시간으로는 너무 길었다.

갈바와 피소는 왕위를 계승한 지 6일 만에 죽었다. 이날은 로마력(曆)으로 [서기 68년] 정월 초하루에서 18일 이전의 날이었다. 그날 동이 트고 조금 지난 시간에 갈바가 팔라티움 궁전에서 막료들과 제사를 드리고 있었다. 공관(公館) 사제인 움브리키우스(Umbricius)가 희생 제물의 내장을 손으로 꺼내 살펴보더니 명료하고도 길게 이렇게 선언했다.

"끔찍한 소란이 일어날 것이며, 그와 함께 황제의 머리와 반역자들의 목을 매달게 될 것입니다."

이리하여 오토에게 자신이 체포되리라는 전조가 전달된 것이다. 왜냐하면 그는 갈바의 바로 뒤에 서 있었으므로 움브리키우스가 무슨 말을 했으며 그것이 무슨 뜻인지 잘 알고 있었기 때문이었다.

오토가 어쩔 줄 몰라 하며 겁에 질린 얼굴로 서 있을 때, 해방 노예인 오노마스투스가 다가와 지금 집에 건축업자가 와서 기다리고 있다고 말했다. 이 말은 지금 오토가 군인들을 만나러 갈 시간이 되었다는 귀띔이었다.

오토는 헌 집을 샀는데 고칠 곳이 많아 일꾼들에게 보여주기로 약속되어 있는 것처럼 일을 꾸몄다. 그 말에 따라 오토는 그곳을 빠져나와 티베리우스관(Tiberius館)이라고 부르는 곳을 거쳐 토론의 광장(forum)으로 내려갔다. 그곳에는 황금으로 만든 기둥이 서 있는데, 이는 이탈리아를 관통하는 모든 길이 여기에서 멈춘다는 뜻이었다.[10]

25

들리는 바에 따르면, 그 무렵에 오토를 따르면서 황제에 대한 경의를 바친 무리는 23명에 지나지 않았다고 한다. 비록 오토가 자신의 사치와 나약함을 감당할 만큼 담대하고 모험적인 사람이기는 했지만, 이번에는 그도 두려움을 느꼈다.

그러나 주변에 있던 병사가 오토를 다그쳤다. 그들은 칼을 빼 든 채 오토의 가마가 출발하도록 지시했다. 오토는 가마꾼들에게 떠나라고 재촉하면서 혼잣말로 여러 차례 중얼거렸다.

"이제 나는 죽었구나."

오토는 이번 반란에 참여한 병력의 수가 너무 적어 병사들이 당황한 정도가 아니라 경악했다는 말을 몇몇 주위 사람에게서 들었던 것이다. 그러나 오토의 무리가 토론의 광장에 이르자 많은 군인이 그를 맞이했고, 이어 다른 군인들도 서너 명씩 모여들었다.

그들은 오토의 가마에 몰려들더니 그를 황제로 받들면서 칼을 빼 휘둘렀다. 그 무렵 병영에서 경비를 맡고 있던 군무 위원 마르티알리스(Martialis)는 개인적으로 이번 반란에 가담하지 않았지만, 들리는 바에 따르면 예상하지 못했던 광경에 놀

---

10   여기에서 "모든 길은 로마로 통한다"는 격언이 생겼다.

라 그들의 입성을 허락하였다고 한다.

오토가 병영 안으로 들어오자 아무도 그를 막지 않았다. 병사들은 무슨 일이 일어나고 있는 줄도 모르고 두세 명씩 둘러앉아 있었다. 그러다 공모에 가담한 무리가 그들을 둘러싸자 어떤 병사들은 겁에 질려, 어떤 병사들은 설득에 넘어가 그들의 거사에 동참했다. 반란이 일어났다는 소식이 곧 팔라티움 궁전에 있던 갈바의 귀에 들어갔다.

그때까지 사제는 희생 제물로 죽인 짐승의 내장을 들고 있었다. 그와 같은 신탁에 무심하거나 회의적이었던 무리도 신의 능력에 대한 놀라움으로 가득 찼다. 온갖 사람들이 토론의 광장에서 물밀듯이 쏟아져 나왔다.

비니우스와 라코와 몇몇 해방 노예가 칼을 휘두르며 갈바의 옆에 섰다. 피소가 나타나 궁중의 수비를 맡고 있는 무리에게 연설을 했다. 마리우스 켈수스(Marius Celsus)라는 용감한 사람은 빕사니아궁(Vipsanian Portico)을 지키는 일리리아 병사를 자기편으로 만들고자 떠났다.

26

이제 갈바가 떠나려 하자 비니우스가 반대했다. 그러자 이번에는 켈수스와 라코가 비니우스를 격렬하게 비난했다. 그때 오토가 병영에서 살해되었다는 소식이 들어왔다.

곧이어 호위대 가운데에서도 뛰어난 군인이었던 율리우스 아티쿠스(Julius Atticus)가 칼을 빼 들고 달려오며 자기가 반역자를 죽였노라고 소리쳤다. 그는 군중을 뚫고 갈바에게 피 묻은 칼을 보여 주었다. 그러자 갈바는 그를 빤히 쳐다보면서 이렇게 물었다.

"누가 그를 죽이라고 명령했던가?"

그러자 그가 이렇게 대답했다.

"폐하에 대한 충성심과 스스로 맹세한 바 있는 선서를 따랐을 뿐입니다."

그의 말에 이어 군중은 그가 한 일에 환호하면서 박수를 보냈다. 그러자 갈바는 가마에 올라 유피테르(Jupiter) 신에게 제물을 드리고 민중에게도 자신의 모습을 보여 주고자 앞으로 나갔다.

그러나 갈바가 토론의 광장에 이르렀을 때, 마치 바람이 뒤바뀌듯이 오토가 살아서 군대를 장악했다는 소식이 들려왔다. 많은 사람이 모이다 보면 늘 그렇듯이, 누구는 황제에게 돌아가라고 소리치고, 누구는 전진하라고 소리치고, 누구는 용기를 잃지 말라고 소리치고, 누구는 조심하라고 소리쳤다.

황제의 가마가 마치 성난 파도 위의 배처럼 이리저리 밀리고 군중이 덮칠 듯이 몰려왔다. 그때 기병대를 앞세운 무장 병력이 파울루스(Paulus) 거리를 통해 몰려오면서 그 가운데 한 명이 민중에게 물러서라고 소리쳤다.

그에 따라 군중은 자리를 떠났는데, 이는 도망치려는 것이 아니라 앞으로 벌어질 장면들을 잘 보려고 지붕이나 높은 곳으로 올라간 것이었다. 아틸루스 베르길리오(Attilus Vergilio)가 갈바의 동상을 무너뜨리는 것으로 전투가 시작되었다. 곧이어 병사들이 황제의 가마를 향해 창을 던졌다.

창이 가마를 빗나가자 병사들은 칼을 빼 들고 달려들었다. 누구도 그들을 말리지 않았고 황제를 보호하려 하지 않는데, 태양이 비치고 있는 그곳의 몇천 명의 시민 가운데 단 한 사람만이 로마 제국의 가치를 지켜 주었다. 그는 셈프로니우스 덴수스(Sempronius Densus)라는 백인대장이었다.

덴수스는 황제에게서 특별히 은전을 받은 바도 없었지만, 명예와 법을 지키려고 황제의 가마 앞에 버티고 섰다. 그는 병사를 처벌할 때 쓰던 채찍을 반란군에게 휘두르는 한편, 황제를 지키라고 소리쳤다. 그럼에도 반란군이 달려오자 그는 칼을 빼 들고 한참 동안 싸우다가 허벅지에 칼을 맞고 쓰러졌다.

27

쿠르티우스(Curtius)라는 호수에 이르러 갈바 황제의 가마가 엎어지고 갑옷을 입은 채로 황제가 튀어나오자 병사들이 달려들어 공격했다. 그러자 황제는 그들에게 목을 내보이면서 이렇게 말했다.

"로마의 시민을 위해 좋은 일이라면 이곳을 찌르게."

갈바는 다리와 팔에 많은 상처를 입고 죽었다. 많은 역사학자의 기록에 따르면, 그를 죽인 사람은 제15군단 소속의 카무리우스(Camurius)였다고 한다.

그러나 다른 기록에 따르면, 살인자는 테렌티우스(Terentius)라고 하고, 누구는 레카니우스(Lecanius)라고도 한다. 그러나 지금까지도 화비우스 화불루스(Fabius Fabulus)가 범인이라고 주장하는 사람도 있다. 갈바는 대머리여서 머리채를 잡을 수 없었기 때문에 화비우스는 갈바의 머리를 자른 뒤에 외투에 싸서 들고 갔다.

화비우스 화불루스의 부하들은 그 용맹한 성과를 숨기지 말고 여러 사람에게 보여 주자고 말했다. 그러자 그는 노인이자 온화한 지도자이자 고위 제사장이자 집정관을 지낸 황제의 머리를 창에 꽂아 높이 치켜들었다. 그는 마치 바코스 축제 때 신을 경배하기를 거부하다가 민중의 손에 찢겨 죽은 테베의 왕 펜테우스(Pentheus)의 목처럼(에우리피데스, 『바코스의 축제』, § 1153) 갈바의 머리를 창대에 꽂은 채 흔들며 지나갔다. 그때까지도 창에서는 피가 흐르고 있었다.

그러나 들리는 바에 따르면, 오토는 갈바의 머리를 받고 이렇게 말했다고 한다.

"동지들이여, 이것은 아무것도 아니다. 나에게 피소의 머리를 보여 다오."

그리고 조금 지나 누군가 피소의 머리를 가져왔다. 피소는 상처를 입고 도망하다가 무르쿠스(Murcus)라던가 하는 사람에게 잡혀 베스타 신전에서 죽었다. 비니우스도 죽었다. 그는 갈바의 반대파에 가담했던 자기를 죽이는 것은 오토의 뜻이 아니라고 외치면서 죽었다.

피소의 머리를 베면서 라코의 머리도 함께 베어 가지고 온 민중은 오토에게 상금을 요구했다. 그 장면은 지난날 그리스의 시인이었던 아르킬로코스의 다음과 같은 시구를 생각나게 해 준다.

> 땅바닥에 뒹굴며
> 발밑에 밟히는 시체는 고작 일곱인데
> 우리가 죽였다는 사람은
> 1천 명이로구나.
> (베르크 엮음, 『그리스 서정시 단편』, II/4 : 398)

이번의 경우에도 그랬다. 정적들을 죽이는 데 가담하지도 않은 사람들까지 피 묻은 손과 칼을 오토에게 보이면서 상금을 요구했다. 어쨌거나 그 뒤에 청원서를 통해 조사한 결과, 그와 같은 방법으로 상금을 요구한 사람 가운데 120명의 거짓이 드러나 처형되었다.

마리우스 켈수스가 병영으로 찾아오자 많은 사람이 그를 죽이라며 소동을 벌였다. 그가 예전에 갈바를 보호하라고 병사들을 설득했었기 때문이다. 오토는 그를 죽이고 싶지 않았지만, 민중의 뜻을 거스르기도 두려워 이렇게 말했다.

"그 사람에게는 물어볼 일이 많기 때문에 나는 그를 죽이고 싶지 않소."

그래서 오토는 그를 구금하여 가두어 두었다가 자기가 가장 신임하는 사람들의 손에 넘겨주었다.

28

갑자기 원로원이 소집되었다. 그들은 이전과는 아주 다른 사람들처럼 보였다. 마치 다른 신을 믿는 사람들 같았다. 얼마 전까지만 해도 갈바에게 충성을 맹세했던 그들은 아무렇지 않게 새로운 황제에게 충성을 맹세했다. 아직도 머리 없는 갈바의 시체가 외투에 싸여 토론의 광장에 나뒹굴고 있을 때, 원로원은 오토에게 카이사르(Caesar)와 아우구스투스(Augustus)라는 칭호를 함께 부여했다.

이제 죽은 무리의 머리는 더 이상 필요하지 않았다. 그들은 비니우스의 머리를 그의 딸에게 2천5백 드라크마를 받고 팔았으며, 피소의 머리는 애원하는 그의 아내에게 넘겨주었고, 갈바의 머리는 네로의 앞잡이 노릇을 하다가 갈바의 손에 죽은 파트로비우스의 시종들에게 넘겨주었다.

갈바의 시체를 받아 든 시종들은 온갖 불경한 행위로 그의 시체를 모욕한 다음, 황제에게 죄를 짓고 묻히는 죄인들의 묘지인 세소리움(Sessorium)이라는 곳에 버렸다. 프리스쿠스 헬비디우스(Priscus Helvidius)가 오토의 허락을 얻어 갈바의 시체를 거두었고, 해방 노예 아르기부스(Argivus)가 그의 시체를 묻어 주었다.

29

그의 시대에는 더 말할 나위도 없고 로마의 역사에서 가문과 재력에서 가장 위대했던 갈바의 운명은 그렇게 끝났다. 다섯 황제를 모시면서 영광과 명성을 누렸던 그의 명성은 군사력 때문이 아니라 네로를 무너뜨린 공로로 얻은 것이었다.

갈바의 정치적 동료 가운데에는 남들이 보아도 황제의 지위에 오를 만한 인물이 못 되는 사람이 있었고, 어떤 사람들은 스스로 그럴 만한 인물이 아니라고 생각했다.

그러나 갈바에게는 황제의 칭호가 부여되었고, 그는 이를 수락했다. 그는 빈덱스의 용맹한 정책에 자기 이름을 빌려줌으로써 이제까지 반란이라고 불리던 장군들의 거병을 시민전쟁(civil war)이라고 불리게 해 주었다. 왜냐하면 그 거병을 통해 통치자가 될 만한 인물을 지휘자로 옹립했기 때문이었다.

그런 점에서 본다면 갈바는 자신이 권력을 잡으려 든 인물이 아니었다. 자신에게 권력이 임시로 주어졌다고 생각한 그는 티겔리누스나 님피디우스처럼 보잘것없는 장군들을 스키피오나 명장 가이우스 화브리키우스 루스키누스(Gaius Fabricius Luscinus)나 카밀루스 같은 장군으로 키워 쓰고 싶어 했다.

그러나 갈바는 나이를 먹을수록 점차 세월의 무게에 짓눌렸고, 끝내 황제가 아니라 지난날의 가혹했던 '대장군(Imperator)'으로 돌아가고 말았다. 그리하여 갈바는 탐욕스러운 근신(近臣)들에게 둘러싸였던 말년의 네로와 마찬가지로 비니우스와 라코와 해방 노예들의 손에 자신을 맡겼고, 그들은 모든 것을 돈으로 매수했다. 결국, 민중은 그의 죽음을 안타까워했지만 그의 통치를 더 이상 그리워하지는 않았다.

오토[1]

OTHO

32~69

I 「오토전」이 「갈바전」에 이어서 전개되는 점을 고려하더라도, 이 장(章)
의 첫 부분에 출생이나 성장, 가계에 관한 이야기가 존재하지 않는다는
점은 다소 어색하다. 이 장은 본디 「갈바전」의 뒷부분이었거나, 아니면
완성되지 않은 글일 수도 있다. 그래서인지 원고 분량도 다른 인물에 견
주어 턱없이 짧고 비교 평전도 없다. 따라서 오토에 대한 자세한 전기를
알려면 타키투스의 『역사』(I : 46; II : 49)를 보는 것이 좋다.

인간은 모두
운명의 지시를 벗어날 수 없다.
그러나 운명은 어떤 역경 속에서도
눈앞에서 벌어지고 있는 상황을
바로잡을 수 있는 합리적 수단을
찾으려는 사람에게서
그 특권을 빼앗아 갈 수 없다.
— 마리우스 켈수스

동족상잔은 조국에 대해
커다란 죄를 짓는 것이다.
나는 그 길을 피하고자 목숨을 끊는다.
— 오토의 유언

1

날이 밝자 새로운 황제 오토는 신전의 언덕으로 올라가 제물을 바쳤다. 그는 감옥에 갇혀 있던 마리우스 켈수스 장군을 불러내 정중히 인사한 다음, 친절하게 대화를 나누면서 그동안 감옥에서 겪은 고생을 잊고 오늘 풀려난 일만 기억하라고 말했다. 켈수스는 상대를 무시하지도 않고 무례하지도 않게 이렇게 말했다.

"나에게 씌운 모든 비난은 나의 성격이 어떠했는가를 보여 주는 것일 뿐입니다. 왜냐하면 나는 내게 아무런 은전도 베풀지 않은 갈바에게 충성한 지조(志操)의 탓으로 그와 같은 비난을 듣고 있기 때문입니다."

주변에 있던 사람들은 오토와 켈수스가 화해하는 모습을 보며 칭송했고, 군인들도 그랬다. 원로원을 찾아간 오토는 민중의 지도자답게 친절한 어조로 길게 연설했다. 그는 아직 임기가 남아 있는 집정관 자리를 베르기니우스 루푸스에게 넘겨

오토

주고, 네로와 갈바가 임명한 집정관들도 모두 추인(追認)했다.

오토는 또한 나이가 많고 명망이 높은 사람들을 제사장으로 추대하였으며, 네로의 시대에 추방되었다가 갈바가 복권한 원로원 의원들의 압류 재산 가운데 아직 처분되지 않은 것을 되돌려 주었다.

오토의 등극을 바라보며 응징과 복수의 화신이 이 나라에 내려왔다고 겁에 질려 있던 귀족과 정치인들은 미소를 머금은 정부의 모습을 보고 희망 어린 찬사를 보냈다.

2

새로 등극한 오토가 로마 민중의 마음을 가장 기쁘게 하고 지지받은 일은 지난날의 궁정 수비대장으로서 온갖 악행을 저질렀던 오포니우스 티겔리누스를 처단한 것이었다. 그러나 자신이 지은 죄의 대가에 대해 민중이 처벌을 요구하자 티겔리누스는 엄청난 공포에 휩싸였고, 이미 돌이킬 수 없을 만큼 몸이 병들어 있었다는 것을 민중은 모르고 있었다.

그런 경황에도 티겔리누스는 더러운 천성을 버리지 못한 채 천박한 창녀들을 찾아다니며 몸을 굽실거리고 온갖 음행을 저질렀다. 티겔리누스의 그런 모습을 본 사람들은 그가 죽어 마땅하다고 생각했다. 민중은 티겔리누스 때문에 빛을 잃은 사람들이 아직도 그와 같은 하늘 아래 살고 있다는 사실을 견딜 수 없었다.

이에 오토는 시누에사(Sinuessa)에 있는 티겔리누스의 저택으로 사람을 보내 그를 잡아 오게 했다. 티겔리누스는 언제라도 더 먼 곳으로 도망할 수 있도록 그곳에 배를 정박해 두고 있었다. 그는 체포하러 온 사람들을 매수하려 했지만 뜻대로 되지 않았다. 그러자 그는 사신들에게 선물을 주고는 면도를 하고 올 터이니 잠시 기다리라고 말한 다음, 방에 들어가 면도칼로 목숨을 끊었다.

3

오토는 민중의 요망을 매우 공의롭게 만족시켜 주면서도 자기에게 개인적으로 아픔을 준 사람들을 기억하지 않았다. 민중을 기쁘게 해 주고 싶었던 그는 처음에는 그들이 광장에서 네로를 환호하거나 공공장소에 네로의 동상을 세워도 막지 않았다. 클루비우스 루푸스(Cluvius Rufus)의 기록에 따르면, 오토는 스페인에 보내려고 작성한 두루마리 문서(diploma)에 네로의 이름을 함께 썼다고 한다.

그러나 귀족과 유력 인사들이 그런 일을 싫어한다는 것을 알게 된 오토는 그런 관행을 중지했다. 오토가 정치적 입장을 그렇게 전환하자 용병들이 말썽을 일으키기 시작했다. 그들은 황제에게 이렇게 외쳤다.

"황제께서는 정치인들을 믿어서는 안 되며, 그들에게서 스스로를 지키면서 그들의 힘을 견제해야 합니다."

용병들이 진심으로 황제의 안녕이 걱정스러워 그런 말을 했는지, 아니면 소요나 내란을 일으킬 구실로 그랬는지는 알 수 없다. 그 무렵 황제는 오스티아에 있는 제17연대를 소환하기 위해 크리스피누스를 파견했다. 파견지에 도착한 크리스피누스가 밤새 짐을 싸고 무기를 마차에 싣고 있을 때, 이를 본 겁 없는 병사들이 몰려들어 이렇게 소리쳤다.

"지금 크리스피누스가 떠나려는 것은 결코 좋은 뜻에서 나온 결정이 아니다. 원로원이 반란을 시도하고 있으므로, 이들이 무기를 운반하려는 것은 황제에게 적대 행위를 하려는 것이지 황제를 도우려는 것이 아니다."

이 말이 널리 퍼지자 병사들이 크게 분노했다. 어떤 병사들은 무기를 실은 마차를 부수고, 다른 병사들은 저항을 막던 백인대장 두 명을 죽인 다음 끝내 크리스피누스마저 죽였다. 그리고 나서 병사들은 한 덩어리가 되어 대오를 이루고 황제를 돕자고 외치면서 로마로 진군했다.

그 무렵에 로마에서 오토가 80명의 원로원 의원과 저녁을 먹고 있다는 사실을 안 병사들은 지금이야말로 황제의 정적들을 한꺼번에 타도할 기회라고 외치면서 왕궁으로 쳐들어갔다.

로마는 엄청난 혼란에 빠지고 곧 약탈을 겪을 것만 같았다. 왕궁에 있던 사람들은 갈팡질팡했다. 오토는 큰 고민에 빠졌다. 그는 손님들의 신변이 걱정되었지만 손님들은 오히려 오토의 신변을 더 걱정했다.

오토가 바라보니 손님들은 말없이 겁에 질린 채 자기만 바라보고 있었다. 어떤 사람들은 부인과 함께 참석해 있었다. 오토는 수비대장을 병사들에게 보내며 그들에게 사태를 설명하면서 달래 보라고 지시한 다음, 자신은 손님들을 다른 문으로 이끌어 나가게 했다. 병사들이 수비대를 뚫고 짓쳐들어오기에 앞서 가까스로 손님들이 모두 피신하자 병사들은 황제의 정적들이 어찌 되었느냐고 물었다.

이처럼 위험한 순간, 오토는 의자에 올라서서 여러 가지 말로 그들을 달랬다. 그의 얼굴에는 눈물이 가득했다. 이렇게 그는 병사들이 물러가게 하는 데 성공했다. 다음 날, 오토는 모든 병사에게 1,250드라크마씩 나누어 준 다음 숙소로 돌아왔다. 그곳에서 그는 모든 병사가 자신을 위해 호의와 열정을 보여 준 것에 감사를 표시하면서 이렇게 말했다.

"나쁜 뜻으로 이번 음모에 가담한 사람들은 얼마 되지 않지만, 이번 일로 말미암아 나 자신의 온유함과 병사들의 충성심이 상처를 입었다. 그러므로 그대들은 나와 함께 그들에 대한 분노를 함께하여 그들을 응징하는 데 협조해 주기를 바라노라."

오토의 연설을 들은 병사들이 모두 공감하며 그의 뜻대로 일을 처리하라고 간청했다. 이에 두 명만을 잡아내어 처벌하니 어느 누구도 불만을 나타내지 않았다. 이렇게 일을 마치고 오토는 로마로 돌아갔다.

4

오토에게 호감을 느끼고 신뢰하는 사람들은 이와 같은 변화를 칭찬했지만, 다른 사람들은 전쟁을 앞둔 그가 민중의 호감을 얻으려고 마지못해 그와 같은 정책을 쓰고 있다고 생각했다. 당시 남(南)게르마니아 점령 사령관인 비텔리우스가 황제의 존엄과 권력을 자처하고 나섰던 것이다.

비텔리우스의 세력이 날로 커지고 있다는 소식이 연달아 들어왔다. 그런 반면에 판노니아(Pannonia), 달마티아(Dalmatia) 그리고 미시아(Mysia)의 군대와 지휘자들은 오토를 지지했다는 소식도 들려왔다. 유대 사령관인 무키아누스(Mucianus)와 시리아 사령관인 베스파시아누스(Vespasianus)도 우호적인 문서를 보냈다.

이와 같은 사실에 고무된 오토는 비텔리우스에게 편지를 보내, 병사들의 야심을 앞질러 가지 말고 황제를 자칭하지 않는다면 평생 즐겁고 편안하게 살게 해 주고, 누구에게도 빼앗기지 않을 돈과 도시를 주겠노라고 제안했다. 이에 비텔리우스도 답장을 보냈다. 처음에는 조금 본심을 숨기던 둘은 시간이 좀 지나자 서로 흥분하여 치욕적으로 상대를 모욕하는 내용의 무례한 편지를 주고받았다.

두 쪽이 비난하는 내용에 틀린 말은 없었지만, 서로 욕을 퍼부은 것은 어리석고도 터무니없는 짓이었다. 왜냐하면 이 둘은 사치스럽고, 나약하고, 전투 경험이 부족하고, 지난날 가난했던 주제에 지금은 빚더미에 올라 있었다는 점에서 우열을 가리기가 어려웠기 때문이었다.

이 무렵 여러 전조들이 일어났는데, 모두 그 근거가 빈약하거나 출처가 불분명하다. 그러나 확실한 사례도 있었다. 신전의 언덕에 있는 전차를 모는 승리의 여신의 형상이 힘없이 고삐를 떨어뜨리는 것을 여러 사람이 보았다. 또한 공교롭게도 베스파시아누스가 공개적으로 황제를 자칭했다는 소문이

들려온 날, 지진이나 바람이 불지도 않았는데 티베리스강의 섬에 서 있는 카이우스 카이사르의 동상이 서쪽에서 동쪽으로 돌아섰다.

티베리스강이 보여 준 모습도 좋지 않은 징조라고 사람들은 생각했다. 물론 그때가 강물이 가장 많은 시기였음에는 틀림없지만, 지난날에는 이토록 범람하여 많은 피해를 준 적이 없었다. 강물은 제방을 허물고 도시로 넘쳐 들어왔으며, 더욱이 양곡 시장이 침수되어 며칠 동안 식량이 끊어졌다.

5

그 무렵, 비텔리우스의 두 막료인 카이키나(Caecina)와 발렌스가 알프스를 점령했다는 소식이 들려오자, 군부는 귀족 돌라벨라가 반란을 꿈꾸고 있다고 의심했다. 그럼에도 오토는 비텔리우스의 군대를 격파하라는 격려의 말과 함께 돌라벨라를 아퀴눔(Aquinum)으로 파견했다.

오토가 그를 의심하면서도 파견한 것이 두려움 때문이었는지 아니면 다른 이유가 있어서였는지 알 수 없다. 오토는 돌라벨라와 함께 원정에 참가할 장군으로 비텔리우스의 동생을 포함하면서 계급을 올리거나 내리지 않았으며, 비텔리우스의 어머니와 아내를 보호하는 강력한 조치를 취함으로써 그들이 두려움에 빠지지 않도록 해 주었다.

오토는 또한 시리아 점령 사령관인 베스파시아누스의 동생 플라비우스 사비누스(Flavius Sabinus)를 로마의 지사로 임명하였는데, 아마도 네로에게 임명되었다가 갈바에 의해 파면되었던 사비누스를 복직시킴으로써 네로에 대한 기억을 영예롭게 되살리려 했던 듯하다. 아니면 사비누스를 승진시킴으로써 그의 형 베스파시아누스를 자신이 그만큼 존경하고 신뢰한다는 것을 보여 주고 싶었을 수도 있다.

그러는 동안에 오토는 파두스강 가까이 있는 이탈리아의

도시 브릭실리움(Brixilium)에 머물면서 갈루스(Gallus)와 스푸리나(Spurina)와 함께 마리우스 켈수스와 수에토니우스 파울리누스(Suetonius Paulinus)의 지휘 아래 많은 병사를 더 파견했다. 이들은 모두 뛰어난 인물이었지만 자신의 계획과 지침에 따라 전쟁을 수행할 수가 없었다. 왜냐하면 그들의 병사가 너무 무질서하고 교만했기 때문이었다.

들리는 바에 따르면, 병사들은 자기들이 지난날 황제를 사령관으로 모셨다는 자부심 때문에 지금의 장군들을 사령관으로 모시는 것에 내키지 않아 하면서 교만하게 굴었다고 한다. 열악하기는 적군 비텔리우스의 부대도 마찬가지였다.

오토의 경우와 꼭 같은 이유로 그곳 장군들도 거칠고 오만한 병사를 통솔하지 못하고 있었다. 그러나 그들은 확실히 전투 경험이 많았고, 강인한 훈련에 익숙했으며, 전투를 회피하지 않았다.

그런가 하면 오토의 부대는 거친 일을 해 본 적이 없고 삶이 전투적이지 않았으며, 대부분의 시간을 축제나 극장에서 보내던 사람들이어서 오만과 자만심으로 자신들의 허약함을 가리려 했다. 그들은 자기들에게 주어진 일을 기피했는데, 이는 그들이 그런 일을 감당할 만한 능력이 없었기 때문이 아니라 일하는 것을 비천하게 여겼기 때문이었다.

스푸리나는 그들에게 복종을 강요하다가 목숨을 잃을 뻔했다. 그들은 스푸리나가 황제의 뜻을 배신했을 뿐만 아니라 기회를 잃게 만들었다고 선언하면서 상관을 모욕하고 비난했다. 더욱이 어떤 사병들은 밤중에 술에 취해 장군의 막사를 찾아와 장군을 비난하면서 황제에게 돌아갈 여비를 내놓으라고 요구했다고 한다.

6

그러나 오토의 병사가 플라켄티아(Placentia)에서 겪은 수모는 스푸리나와 황제의 명분에 오히려 큰 도움을 주었다. 곧 적군 비텔리우스의 부대가 플라켄티아의 성 앞에 나타나 성루에 서 있는 오토의 군사들에게 욕을 퍼부으며 조롱하기 시작했다.

"야, 피티아 경기(Pythikoi Agones)나 올림픽 경기에서 광대 노릇을 하고 춤추며 구경하던 놈들아, 너희들이 언제 전쟁이나 한번 치러 본 적이 있냐? 힘없는 노인 갈바의 목을 잘랐다고 기고만장한가 본데, 그렇다면 지금 우리와 겨뤄 보자."

그 말에 화가 치민 오토의 병사들은 참지 못하고 스푸리나의 발아래 엎드려, 자기들이 이제는 더 이상 위험과 고통에서 도망하지 않을 터이니 나가서 싸우게 해 달라고 간청했다. 그때 다시 비텔리우스의 부대가 몰려오고 공성기(攻城機)가 설치되자 스푸리나의 병사가 이들을 물리치고 많은 병사를 죽여 이탈리아에서 가장 유명하고 아름다운 도시를 지켜 냈다.

그와 달리 비텔리우스의 장군들은 도시와 개인 재산을 약탈하여 오토의 부대들보다 더 많은 피해를 입혔다. 그들의 장군 가운데 하나인 카이키나는 말도 잘하지 못하고 외모도 로마인 같지 않은 사람으로서 매우 호전적이고 괴상했다.

몸집이 컸던 카이키나는 갈리아족의 바지와 긴 소매 옷을 입었고, 로마의 관리들을 상대할 때도 주로 손짓으로 소통을 했다. 그는 전쟁터에 아내를 데리고 다녔는데, 멋진 기병대가 그 아내의 곁에서 호위하고 있었다. 그 여성도 꽤 화려하게 치장한 말을 타고 있었다.

비텔리우스의 또 다른 장군인 발렌스는 너무도 탐욕스러워 적군에게서 빼앗은 전리품이나 동맹군에게서 받은 선물만으로는 만족할 수 없는 인물이었다. 사람들은 그가 이런 탐욕 때문에 진군을 늦추다가 플라켄티아의 전투에도 늦게 도착했다고 생각했다.

그러나 다른 사람들은 그 일에 관해서는 카이키나를 비난하고 있다. 발렌스가 오기에 앞서 카이키나가 승리를 혼자 차지하려고 자잘한 실수를 저질렀을 뿐만 아니라, 적절하지 않은 시기에 전투 의지도 없이 전쟁에 나가는 바람에 모든 일을 망쳐 버렸다는 것이다.

7

플라켄티아에서 패퇴한 카이키나는 이탈리아의 크고 번창한 도시인 크레모나(Cremona)를 공략하려고 떠났다. 그때 플라켄티아의 스푸리나를 지원하러 가던 안니우스 갈루스(Annius Gallus)는 이제 플라켄티아가 안전한 대신 크레모나가 위험하다는 소식을 듣고 길을 바꾸어 크레모나로 진격했다. 그가 적진 가까이에 진영을 차리자 동료인 켈수스와 파울리누스와 스푸리나가 도우러 왔다.

적장 카이키나는 숲이 우거지고 지형이 거친 곳에 중무장 병을 매복시켜 놓고, 기병대가 적군을 맞아 싸우되 조금씩 후퇴하여 자기편이 매복해 있는 숲속으로 유인하도록 작전을 지시했다. 그러나 적군의 도망병들에게서 그와 같은 소식을 들은 켈수스가 정예 기병대를 이끌고 조심스럽게 그들을 추격하여 매복지 근처에서 둘러싸자 그들은 큰 혼란에 빠졌다. 그런 다음 켈수스는 본진에 있는 중무장 보병이 오도록 지시했다.

만약 이때 오토의 기병대가 제시간에 도착했더라면 적군은 한 사람도 살아남지 못했을 것이고, 카이키나는 그곳에서 병사들과 함께 죽었을 것이 틀림없다. 그러나 그 무렵에 파울리누스가 지나치게 몸을 사리면서 너무 느리고 늦게 도착하여 장군으로서의 명성에 먹칠을 했다. 많은 병사가 파울리누스를 반역자라고 비난하면서, 그의 비겁함으로 말미암아 다 잡은 승리를 놓쳤다며 그를 오토에게 고발했다.

오토는 그들의 비난을 믿지 않았지만 그렇다고 해서 그들의 말을 믿지 않는다는 표정을 짓고 싶지도 않았다. 그리하여 그는 자기 동생 티티아누스(Titianus)와 수비대장 프로쿨루스

(Proculus)를 그리로 파견했다.

두 사람 가운데 프로쿨루스가 실권을 쥐고 있었고, 티티아누스는 이름뿐이었다. 켈수스와 파울리누스도 막료니 고문이니 하는 이름으로 합류했지만 작전에 아무런 영향력을 끼치지 못했다.

적진에서도 동요가 일어나고 있었는데, 발렌스의 부대에서 더욱 심했다. 숲속에서 매복전이 벌어졌을 때 발렌스의 병력이 그곳에 나타나 도와주지 않아 수많은 병사가 목숨을 잃었다는 소식이 알려지자 병사들은 크게 분노했다. 그들은 실제로 발렌스에게 돌팔매질까지 했지만, 그는 끝내 병사를 진정시키고 병영을 철수하여 카이키나의 병력과 합류했다.

8

그때 오토는 크레모나 가까이에 있는 작은 마을 베드리아쿰(Bedriacum)에 병영을 차리고 작전 회의를 열었다. 먼저 프로쿨루스와 티티아누스가 의견을 내놓았다.

"지금 황제의 군대가 최근의 승리로 고무되어 있을 때 결정적인 승리를 거두어야 합니다. 이렇게 앉아서 병사들의 사기를 떨어뜨리거나 비텔리우스가 갈리아에서 몸소 군대를 이끌고 이곳에 올 때까지 기다려서는 안 됩니다."

그와 달리 파울리누스는 이런 의견을 내놓았다.

"적군은 이미 그들이 전투에 쓰려는 모든 군수품을 확보하여 부족할 것이 없습니다. 그러나 황제의 경우에는 적군을 무찌르기에 가장 적당한 기회를 기다려야 합니다. 지금 거느리고 있는 만큼의 병력이 미시아와 판노니아에서 더 올 예정입니다. 황제의 군대는 지금 수적으로는 열세이지만 승리를 자신하고 있으므로, 지원군을 받는다고 해서 사기가 떨어질 이유도 없습니다. 오히려 그때가 되면 병력의 우위가 그들을 더욱 고무할 것입니다. 그뿐만 아니라 기다릴수록 전세는 우리에게 유리합니다. 왜냐하면 지금 적군은 모든 것을 갖추고 있지만, 시간이 지날수록 군수품은 고갈될 것이며, 무엇보다도 그들은 적지에 머무르고 있기 때문입니다."

파울리누스가 이렇게 주장하자 마리우스 켈수스가 그의 편을 들었다. 한편, 오토는 말에서 떨어져 치료를 받느라 작전 회의에 참석하지 못한 안니우스 갈루스에게도 의견을 물었다. 그의 의견 역시 전투를 서두르지 말고 이미 이리로 출발한 미시아의 병력이 도착할 때까지 기다리자는 것이었다. 그러나 오토는 더 기다리지 않고 주전파의 주장을 따랐다.

9

왜 오토가 결전을 서둘렀는지에 대해서는 여러 가지 의견이 있다. 그러나 분명히 말할 수 있는 것은, 소집된 근위대 소속의 군사 위원들이 답답한 군대 생활에서 벗어나 어서 로마로 돌아가 축제를 즐기고 싶어 했다는 점이다. 그래서 그들은 서둘러 전투를 끝내고 싶었고, 또 전쟁을 시작하기만 하면 자신들이 이기리라고 확신했다.

그러나 무엇보다도 오토 자신이 이 불확실한 상황을 그대로 유지하고 싶어 하지 않았다. 그는 심약한 사람이었고, 전투 경험도 없었으므로 자기 앞에 펼쳐지고 있는 엄청난 시련을 더 이상 견디기 어려워진 것이다. 그는 불안에 지쳐, 벼랑에서 뛰어내리는 사람들이 눈을 가리듯이, 자신의 운명이 어떤 형태로든 어서 종결되기를 바랐다. 이는 오토의 시종이었던 수사학자 세쿤두스(Secundus)가 한 말이었다.

그러나 다른 사람들의 의견에 따르면, 양쪽 모두 대화로써 이 문제를 풀고 싶은 의지가 강렬했다고 한다. 무엇보다도 그들은 황제를 선출하는 데 의견 일치를 이루지 못할 경우에는 두 사람 가운데 더욱 훌륭한 인물을 뽑을 수 있도록 원로원을 열어 황제의 선출을 위임하기로 합의했다는 것이다. 그러

오토

나 황제를 자처하는 두 사람 가운데 누구도 그럴 만한 존경을 받고 있지 않았다.

이와 같은 상황이 국가에 얼마나 어려움을 가져다 주는가를 잘 알고 있던 진정한 군인들은 나라의 미래를 걱정하기 시작했다. 지난날 술라와 마리우스, 카이사르와 폼페이우스 사이에 일어났던 것과 같은 사태가 반복되지 말라는 법이 없었으므로, 군인들은 그럴 경우에 시민이 겪게 될 아픔을 생각하지 않을 수 없었던 것이다.

곧 그들은 황제의 권리라는 것이 기껏 비텔리우스에게 술이나 퍼마시게 하고 오토에게 사치를 누릴 수 있는 수단을 마련해 주는 데 그치지 않을까 걱정하게 되었다. 사태가 이처럼 어려워질 수도 있다는 사실을 잘 알고 있던 켈수스는 일부러 결전을 미루며 고통과 전쟁 없이 문제가 해결되기를 바랐다. 반대로 오토는 켈수스가 바라는 바대로 일이 진행되면 상황이 자신에게 불리해질 것임을 알아차렸던 듯하다. 그래서 그는 전투를 서둘렀던 것이다.

10

그런 일이 있은 뒤 오토는 브릭실리움으로 돌아갔는데, 이는 그의 실수였다. 첫째로 그는 부대를 떠남으로써 그에 대한 부하들의 존경과 야망을 저버렸고, 그가 함께 있어야만 유지될 수 있었던 기율을 무너뜨렸다. 둘째로 그는 가장 용맹하고 충성스러운 보병과 기병대를 데려감으로써 이를테면 병력의 머리를 따로 떼어 놓은 꼴이 되었다.

그러는 동안에 파두스강에서 전투가 벌어졌다. 비텔리우스의 막료인 카이키나는 강을 건널 부교(浮橋)를 세우려 애썼고, 오토의 부대는 그것을 막으려고 애썼다. 방어에 성공하지 못한 오토의 부대는 상류로 올라가 배에 유황과 땔감을 싣고 적군이 강을 건널 때 떠내려 보낼 참이었다.

그런데 때마침 바람이 불어 적군을 공격하려고 만들어 둔 불씨를 강타하여 갑자기 배가 불길에 휩싸였다. 처음에는 연기가 일어나더니 화염이 퍼지면서 배에 타고 있던 병사가 물로 뛰어들어 배가 뒤집히고, 물에 빠진 병사들은 적군의 조롱거리가 되었다. 더욱이 게르마니아 병사들은 강 가운데 있는 섬에 오른 오토의 병사를 공격하여 적지 않은 무리를 죽였다.

11

이와 같은 끔찍한 일은 베드리아쿰에 있던 오토의 병사를 몹시 자극하여 싸우고 싶게 만들었다. 이에 프로쿨루스는 병사들을 이끌고 그곳을 벗어나 50휘롱을 진군하여 병영을 차렸으나, 그 전략은 무지하고도 터무니없는 것이었다. 계절이 봄이었고 평지에 흐르는 냇물과 강이 마르지 않았음에도, 그곳에서만은 물을 얻을 수가 없었다.

다음 날, 오토의 병사들은 1백 휘롱 못미처 진격하여 적군을 공격하기로 예정했지만 파울리누스가 반대했다. 그의 의견에 따르면, 지금 부대는 더 이상 전진하여 피로를 쌓이게 하지 말고 기다려야 한다는 것이었다. 왜냐하면 아군은 말과 짐꾼들을 이끌고 너무 멀리 진군해 온 데 비해서 적군은 전열을 갖추어 쉬고 있었으므로, 지금 바로 교전하기에는 유리한 상황이 아니라는 것이었다.

장군들이 진군할지 말지를 놓고 논의하고 있을 때, 오토가 누미디아 출신의 전령을 보내 더 이상 지체하지 말고 적군을 향해 진격하라고 지시했다. 그리하여 그들은 병영을 헐고 진군했다. 적군이 다가오고 있다는 사실에 당황한 카이키나는 강변에서 싸울 것에 대비하여 세워 둔 작전을 포기하고 자기 병영으로 돌아왔다. 오토의 병사들 대부분은 이미 군장을 마친 상태였고, 발렌스는 병사들에게 암호를 전달했다. 이윽고 병사들의 전열이 정비되자 기병대가 앞장섰다.

12

그 무렵에 오토의 전방 부대에서는 비텔리우스가 항복하리라는 소문이 나돌았다. 그들은 그것이 사실이라고 믿었는데, 거기에는 나름의 근거가 있었던 듯하다. 그래서 적군이 다가오자 오토의 병사들은 반갑게 인사하며 그들을 동지라고 불렀다. 그러나 적군은 그런 인사를 호의로 받아들이지 않았다.

비텔리우스의 병사들은 몹시 화를 내면서 큰 소리로 욕설을 퍼부었다. 인사하려다가 오히려 낙담한 오토의 병사들은 저들이 반심(叛心)을 품었다고 생각했다. 이 일로 오토의 부대가 먼저 혼란에 빠졌다. 그때는 이미 적군이 손에 닿을 듯 가까이 와 있었다. 그 밖에도 짐 실은 마차가 전투하는 병사들 사이를 왔다 갔다 한 탓에 모든 질서가 무너졌다.

더욱이 땅바닥이 고르지 않아 전투 대열이 무너졌다. 바닥에 도랑과 구덩이가 많아 병사들이 이를 피하려다 어지럽게 적군과 엉겨 버렸다. '걸신(乞神, Rapax)'이라는 이름의 비텔리우스 부대와 '지원군(Adiutrix)'이라는 이름의 오토 부대는 나무 한 그루 없는 너른 평야로 나와 제대로 전열을 갖추고 오랜 시간 정규전을 폈다. 오토의 병사는 끈질기고 용맹스러웠지만, 그들에게는 이번 전투가 처음 겪어 보는 일이었다. 그런가 하면 비텔리우스의 병사들은 실전 경험이 많았지만 너무 늙고 전성기를 지나 있었다.

먼저 오토의 병사가 적군을 공격하여 물리치고 독수리 문양이 새겨진 군기(軍旗)를 빼앗으면서 전방의 많은 적군을 죽였다. 이에 부끄러움과 분노를 느낀 적군이 반격하여 오토 진영의 군단장 오르피디우스(Orfidius)를 죽이고 여러 개의 군기를 빼앗아 갔다.

백병전에서 많은 경험과 용맹을 뽐내던 오토의 검투사 부대를 향해 알페누스 바루스(Alfenus Varus)가 바타비아(Batavia)의 병사를 이끌고 달려들었다. 그들은 라인강 가운데 있는 섬에 사는 부족으로, 게르마니아에서도 가장 용맹한 기병대였다.

그들과 대적하여 오토의 검투사 부대가 맞섰으나 견디지 못하고 대부분 강을 향해 도망했다. 강에 도착한 그들은 전열을 갖추고 기다리던 적군을 만나 싸우다가 마지막 한 사람까지 모두 죽었다. 그러나 이때 누구보다도 치욕스럽게 싸운 부대는 오토의 근위대였다.

그들은 적군이 다가오기도 전에 도망치면서 아직 싸울 만한 힘이 있는 부대들 속으로 뛰어들어 그들까지 공포와 혼란에 빠뜨렸다. 이런 상황에서도 오토 진영의 많은 병사는 적군을 무찔렀고, 앞서 자신들을 상대로 승리를 거두었던 적군을 뚫고 나아가 빼앗겼던 진영을 되찾았다.

13

그러나 프로쿨루스와 파울리누스 장군은 감히 본진으로 들어가지 못했다. 부하들이 자기들에게 패전의 책임을 돌릴까 두려웠기 때문이었다. 그러나 안니우스 갈루스는 전투에서 돌아온 병사를 이끌고 성안으로 들어가 사기를 높여 주려고 노력했다. 그는 이렇게 말했다.

"이번의 전투는 비긴 것이다. 우리는 여러 곳에서 적군을 이겼다."

마리우스 켈수스는 장교들을 모아 놓고 민중을 위해 무엇이든 하라고 독려하면서 이렇게 말했다.

"이와 같은 재난을 겪고 수많은 시민이 죽은 지금 상황에서, 오토 황제가 지혜로운 분이라면, 더 이상 자신의 운명을 시험하려 들지 않을 것이다. 지난날 카토와 스키피오도 화르살로스(Pharsalos) 전투에서 승리한 카이사르에게 항복할 것을 거부한 채 아프리카로 갔다가 용감한 시민들의 목숨을 부질없이 잃고 말았다는 비난을 들었다.

오토

설령 그것이 로마의 자유를 위한 것이었다 할지라도 잘한 일은 아니다. 인간은 모두 운명의 지시를 벗어날 수 없다. 그러나 운명은 어떤 역경 속에서도 눈앞에서 벌어지는 상황을 바로잡을 수 있는 방법을 합리적으로 찾으려는 사람에게서 그 특권을 빼앗아 갈 수 없다."

장교들이 켈수스의 연설에 승복했다. 한편, 병사들의 말을 들어 본 장교들은 그들도 평화를 바라고 있다는 사실을 알게 되었다. 그때 오토 황제의 동생 티티아누스가 양쪽이 화해하려면 사절을 파견해야 한다고 말했고, 켈수스와 갈루스는 저쪽의 카이키나와 발렌스를 만나 회담하기로 결정했다. 그들은 길을 가다가 적군의 백인대장들과 우연히 마주치자 그들에게 이렇게 말했다.

"우리 군대는 이미 진영을 떠나 베드리아쿰으로 이동하고 있습니다. 우리 사령관들이 강화 문제를 논의하고자 우리를 파견했습니다."

그러면서 켈수스는 그들에게 자기와 함께 되돌아가 카이키나를 만나자고 요구했다. 그러나 카이키나의 본진에 가까이 이르렀을 때 켈수스는 목숨을 잃을 뻔했다. 왜냐하면 앞서 다가오던 기병대가 켈수스를 보고 소리치며 달려들었던 것이다. 그 부대는 지난날 매복 작전을 펼쳤을 때 켈수스를 만나 심각한 위험에 빠진 적이 있었다.

그러나 백인대장들이 그들을 막아서며 켈수스를 보호해 주었다. 다른 기병들도 소리치며 켈수스를 감쌌고, 고함을 들은 카이키나가 서둘러 달려와 자기의 기병대를 떼어 놓았다. 카이키나는 켈수스에게 정중히 인사를 나눈 다음 베드리아쿰으로 함께 떠났다. 그러는 사이에 티티아누스는 강화 사절을 보낸 자신의 처사를 후회하면서 성안으로 들어온 병사들에게 굳센 의지를 강조하며 항전하라고 지시했다.

그러나 카이키나가 말에 올라 병사들에게 손을 흔들자 오토의 병사들은 항전하기는커녕 성 위에서 상대편 병사들에게 인사를 보냈고, 어떤 병사들은 성문을 열고 뛰쳐나와 적군과 함께 어울렸다. 오토의 병사들은 적개심을 보이지 않고 우정 어린 인사와 경의를 드러냈다. 그들은 비텔리우스를 지지한다면서 그쪽 편으로 넘어갔다.

14

그 무렵의 전황이 너무 무질서했고 또 각각의 부대가 서로 다른 결과를 맞았기에 자세한 전황을 잘 알기는 어렵지만, 대체로 앞에서 기록한 것들이 그 무렵 전투의 모습이었다.

세월이 흘러 나는 전투가 벌어졌던 그 평야를 찾아갔다가 메스트리우스 플로루스(Mestrius Florus)라는 사람을 만난 적이 있었다. 플로루스는 그 무렵 집정관 등급의 인물이었는데, 스스로의 결단에 따른 것이 아니라 내키지 않게 오토의 편에서 싸웠다고 한다. 플로루스는 오래된 신전을 가리키며 나에게 이렇게 말했다.

"전투가 끝난 다음에 이곳에 올라와 보니 시체 더미가 신전의 처마 높이만큼 쌓여 있었습니다. 왜 그렇게 시체가 많아야 했는지 저도 그 이유를 모르고 다른 어느 누구도 말해 주지 않았습니다."

내란이 일어나 어느 한쪽이 완전히 무너지면 더 많은 사람이 죽을 수밖에 없다. 왜냐하면 동족은 포로로서 쓸모가 없는 데다가 가두어 둘 곳도 없어 그대로 죽여 버리기 때문이다. 그러나 그렇다 하더라도 그토록 많은 시체가 그토록 높이 쌓여 있어야 할 이유가 무엇이었는지는 이제 알 수 없게 되었다.

15

그런 참극이 일어난 뒤의 상황은 대개 비슷하다. 처음에는 뚜렷하지 않은 소문들이 오토의 귀에 들어왔다. 그러나 곧 전쟁에서 다친 병사가 직접 소식을 가지고 왔다. 오토의 친구들은 패전 소식을 들었음에도 오토를 격려하며 포기하지 말라고 했는데, 이는 그다지 놀라운 일은 아니다. 그러나 오토를 향한 병사들의 충정은 믿을 수 없을 정도였다.

부하들 가운데 단 한 명도 오토를 버리거나 적군에게 넘어가지 않았다. 그들은 황제의 뜻에 절망을 보이지 않았으며 오로지 황제의 안녕만을 빌었다. 그들은 황제의 집 앞에 몰려가 황제를 외쳤다. 오토가 나타나자 그들은 겸손한 탄원자가 되어, 어떤 사람은 그의 손을 잡고 울며 기도하고 어떤 사람은 그의 발아래 엎드려 눈물을 흘리며 이렇게 간청했다.

"대왕께서는 저희를 버리지 마옵시고, 저희를 적군에게 넘겨주지 마옵시고, 저희의 목숨이 붙어 있을 때까지 저희의 신명(身命)을 쓰소서."

그러한 목소리는 그들의 공통된 소망이었다. 그때 신분을 알 수 없는 어느 병사가 앞으로 나와 칼을 빼 들더니 이렇게 외쳤다.

"황제여, 보소서. 우리는 모두 이처럼 황제를 지킬 것입니다."

그러고는 스스로 목숨을 끊었다. 그 모습을 바라보면서도 오토는 흔들림 없이 침착하고도 밝은 표정으로 병사를 바라보면서 이렇게 말했다.

"나의 사랑하는 장병들이여, 오늘 나는 그대들이 나를 처음으로 황제에 추대하던 날보다 더 기쁘도다. 왜냐하면 나는 지금 그대들이 나를 얼마나 사랑하는가를 보았고, 그대들은 나를 가장 영광스러운 존재로 높여 주었기 때문이다. 그러나 그대들은 나에게서 더 큰 축복을 빼앗아 가지 말지니, 곧 내가 그토록 많고 그토록 선량한 나의 동포들을 위해 거룩하게 죽을 기회를 빼앗지 말기 바란다.

내가 만약 로마의 황제가 될 만한 가치가 있는 사람이라면, 조국을 위해 기꺼이 죽을 줄도 알아야 할 것이다. 우리에 대한 적군의 승리는 결정적인 것도 아니었고, 확실한 것도 아니었음을 잘 알고 있다. 미시아에 있던 우리 병력이 아드리아 해를 향해 다가오고 있으며, 며칠 안이면 다다를 거리에 와 있다는 소식도 이미 들었다.

아시아와 시리아와 이집트와 유대인들과 싸우는 병사들도 우리 편에 서 있고, 원로원과 적군의 아내와 아이들까지 우리 편에 서 있다. 그러나 지금 우리는 한니발이나 피로스나 게르마니아족[Cimbri]과 싸우는 것이 아니라 로마인들끼리 동족상잔을 벌이고 있다.

그러므로 누가 이기고 누가 지든, 우리는 이미 조국에 죄를 짓고 있다. 왜냐하면 승자의 전리품은 그의 조국에게서 빼앗은 것이기 때문이다. 따라서 나는 이제 황제로 남아 있기보다는 영예로운 죽음의 길을 가고자 하노니, 그대들은 나의 말을 믿기 바란다. 이 땅에 평화와 화목을 가져오고 다시는 오늘과 같은 비극을 보지 않도록 하려는 나의 희생은, 내가 이 전쟁에서 승리를 거두는 것보다 조국에 더 큰 이익을 가져다 줄 것이다."

16

연설을 마친 오토는 자기의 죽음을 말리는 사람들을 물리치고는 막료들과 그 자리에 와 있던 원로원 의원들에게 떠나라고 지시했다. 또한 그 자리에 없던 사람들에게도 꼭 같은 지시를 내리면서 각 도시에 전갈을 보내 고향으로 돌아가는 사람들의 영광과 안전을 지켜 주라고 지시했다. 그리고 그는 아직 어린 조카 코케이우스(Cocceius)를 불러 이렇게 위로했다.

"내가 비텔리우스의 아내와 아들을 내 가족처럼 여기며 지켜 주었으니 너도 그를 너무 두려워하지 말고 안심하거라. 나는 너를 내 아들로 입적하고 싶었지만 이제까지 미루어 왔다. 내가 성공한 다음에 너에게 권력을 물려주고 싶었고, 실패했을 때는 나와 함께 죽기를 바라지 않았기 때문이었다. 이제 내가 마지막으로 당부하노니, 너의 삼촌이 황제였다는 사실을 잊지도 말고 너무 오래 기억하지도 말아라.”

유언을 마치니 문밖에서 소란스러운 소리가 들려왔다. 원로원 의원들이 떠나려 하자 병사들이 그들을 막아섰던 것이다. 병사들은 의원들이 황제의 죽음을 말리지 않고 이곳을 떠나면 죽여버리겠다고 협박하고 있었다.

이에 오토는 의원들의 신변이 걱정되어 다시 밖으로 나왔다. 그러나 그가 이번에 보여 준 표정은 앞서처럼 그렇게 정중하지도 않았고 애원하는 모습도 아니었다. 그가 거친 표정으로 소란을 피우는 군인들을 바라보니 그들이 머리를 숙이며 두려워했다.

17

밤이 되자 목이 마른 오토는 물을 조금 마셨다. 그는 두 자루의 칼을 빼 들고 칼날을 살펴본 뒤, 그 가운데 하나를 골라 팔 밑에 감추고 다른 하나를 치웠다. 그런 다음 그는 시종들을 불러 조용히 말하면서 돈을 나누어 주었다. 이때 그는 누구에게는 돈을 더 주고 누구에게는 덜 주었다. 이제는 돈을 더 쓸 곳이 없어 뿌리듯이 주는 것이 아니라, 그들 각자의 공적을 깊이 생각했음을 드러낸 행동이었다.

시종들이 밖으로 나가자 그는 남은 밤 동안 쉬었다. 그의 코 고는 소리가 어찌나 심했던지 시종들의 귀에까지 들렸다. 날이 밝자 오토는 어젯밤에 원로원 의원들을 배웅했던 해방 노예를 불러 그들이 잘 돌아갔는지 물었다. 그들이 잘 돌아가도록 불편 없이 도와주었다는 말을 들은 오토는 해방 노예에게 이렇게 말했다.

“자, 이제 너도 군인들에게 돌아가거라. 그래야 그들이 네가 나의 자살을 도와주었다는 책임을 묻지 않을 것이다."

해방 노예가 물러가자 오토는 칼을 세우고 그 위에 엎어졌는데, 그가 쓰러지면서 오직 한 번의 신음이 들렸을 뿐이다. 밖에서 신음을 들은 시종들이 울음을 터뜨리자 온 시가와 병영이 슬픔으로 가득 찼다. 군인들이 통곡하며 문안으로 뛰어들어와 황제의 죽음을 애통해했다. 그들은 자기들을 위해 죽은 황제를 곁에서 지켜 주지 못한 자신들을 원망했다.

적군이 다가오고 있었지만 아무도 자리를 떠나지 않았다. 그들은 시체에 수의를 입히고 상여를 마련하여 군인의 명예를 다해 운구했고, 황제의 상여를 잡고 있다는 사실을 더할 수 없는 영광으로 생각했다.

어떤 사람들은 황제의 시신을 껴안았고, 어떤 사람들은 상처에 입을 맞추었고, 어떤 사람들은 시신의 손을 만졌고, 그러지도 못한 사람들은 먼발치에서 존경을 표시했다. 누군가 나뭇더미에 불을 붙이자 자살하는 사람도 있었다.

그들은 그리 잘 알려진 사람도 아니었고, 고인에게 빚을 졌거나 적군이 쳐들어오면 죽을지도 모른다는 두려움을 느낀 사람도 아니었다. 오토는 이처럼 자신이 직접 지휘하거나 명령을 내리지 않은 많은 사람들에게서 열광적인 호응을 얻었다. 이런 사람들로부터 이만한 호응을 받았던 군주나 폭군은 일찍이 없었을 것이다. 그가 죽은 뒤에도 그를 사무치게 그리워하는 사람들은 사라지지 않았고, 그 마음은 끝내 비텔리우스에 대한 씻을 수 없는 미움으로 바뀌었다.

18

이제 나는 그 나머지 이야기를 여기에 남기고자 한다. 민중은 오토의 시체를 묻은 다음 묘비를 세웠는데, 크지도 않았고, 비명(碑銘)은 남들의 시샘을 불러일으키지도 않았다. 나는 브릭실리움에 머물 때 그 비석을 본 적이 있다. 매우 소박했고, 비

오토

명도 로마어로 간결하게 다음과 같이 새겨 있었다.

"마르쿠스 오토를 추모하며."

오토는 서른일곱 살에 죽었고, 왕위에 있었던 기간은 겨우 석 달이었다. 그가 죽자 그의 삶을 칭찬하는 사람들보다 그의 죽음을 칭찬하는 사람이 더 많았다. 그는 네로보다 더 고결하게 살지는 못했지만 그보다 더 고결하게 죽었다.

오토가 임명했던 총독 폴리오(Pollio)는 자신의 부하들에게 비텔리우스를 향한 충성을 맹세하라고 명령했고, 이에 병사들은 분노했다. 원로원 의원들이 아직 그곳에 남아 있다는 것을 알고 있던 병사들은 그들을 모두 돌려보내고 베르기니우스 루푸스만을 남겨 두었다.

병사들은 전열을 갖추고 루푸스의 집을 찾아가 군중집회에 나오도록 초청하면서, 황제의 지위에 오르거나 자기들을 위해 사절의 직분을 맡아 달라고 요구했다. 그러나 루푸스는 지난날 그가 승리했을 때에도 거절했던 황제의 자리를 이제 와서 패전한 장군의 몸으로 받아들이는 것은 미친 짓이라고 생각했다.

또한 그는 게르마니아에 사신으로 가는 일 또한 두려워하고 있었다. 지난날에 자신이 그들에게 비이성적으로 폭력을 휘둘렀기 때문이었다. 그래서 그는 남몰래 다른 문으로 빠져나가 자리를 피했다. 그와 같은 사실을 안 병사들은 카이키나에게 충성을 바치기로 결의한 다음 그들의 군대와 합류하는 것으로써 용서를 받았다.

한니발[1]
HANNIBAL

기원전 247~183

I 서문에서 밝혔듯이, 전통적인 판본에는 「한니발전」과 「스키피오전」이
없다. 플루타르코스가 이 두 평전을 분명히 썼지만(제13장 「페리클레스
전」, § 2; 제39장 「피로스전」의 각주 1 참조) 세월이 흐르면서 없어졌다.
그러나 프랑스 판본을 엮은 아미요는 「부록 편」에 두 사람의 평전을 실
었다. 이 글은 플루타르코스의 저작이 아니다. 따라서 이 두 편을 『플루
타르코스 영웅전』에 포함시키는 데 논란이 있을 수 있지만, 나는 이 두
편이 없는 『플루타르코스 영웅전』은 그만큼 아쉽다고 판단하여 여기
에 이 두 편을 실었다. 아미요가 그 대본을 베네치아의 성 마르코 도서관
(Library of Saint Mark)에서 보았다고 기록한 것으로 미루어 보면, 그 대
본은 아마도 로마의 어느 역사학자가 라틴어로 썼을 것이다. 이 글을 프
랑스어로 옮긴 이는 드 레클루제(Charles de l'Escluse, 1526~1609)이며,
이것을 노스 경(Sir North)이 다시 영어로 옮겨 자신의 판본에 실었다.

어떤 사람은 승리하는 법을 모르고,
어떤 사람은 승리한 다음에
어찌할 바를 모르고,
어떤 사람은 승리한 것을
지킬 줄 모른다.
— 호메로스

내가 역사를 돌아본 바에 따르면,
때때로 위인들이 얼마나
큰 위험과 불행을 겪고 있는지
사람들은 잘 모른다.
— 아미요

1[2]

만약 우리가 카르타고인들이 로마인들과 싸운 제1차 포에니 전쟁을 되돌아본다면, 고결한 행동으로 명예를 얻음으로써 후손들에게 찬란한 이름을 남긴 많은 장군의 이름을 읽게 될 것이다. 그러나 카르타고의 모든 장군 가운데 명성이 높고 그리스와 로마 작가들의 심금을 울린 인물로는 하밀카르(Hamilcar)에 견줄 만한 인물이 없다.

하밀카르는 한니발의 아버지로서 바르카(Barca)라고도 불렸다. 그는 더 말할 나위 없이 용맹한 군인이며 그 시대의 누구보다도 탁월한 전략가였다. 하밀카르는 처음 생각했던 것보다 더 오랜 시간에 걸쳐, 자기의 조국과 재산에 엄청난 상처를 준 로마인들을 상대로 시킬리아에서 싸웠다.

---

2   노스 경의 판본에는 다른 전기에서 볼 수 있는 바와 같은 분절(分節) 번호가 없었으나, 여기에서는 아미요의 판본에 따라 분절 번호[§]를 기록했다.

한니발

아프리카에서 로마와 전쟁을 치른 뒤에 하밀카르는 내란을 과감하게 진압했다. 그 무렵에는 용병들이 반란을 일으켜 카르타고를 매우 위험한 지경에 몰아넣고 있었다. 누가 보더라도 하밀카르는 조국을 지키는 유일한 수호자라는 평가를 받았다.

그 뒤에 하밀카르는 스페인의 총독 겸 사령관으로 부임하였는데, 들리는 바에 따르면, 이때 아들 한니발을 데려갔다고 한다. 한니발은 어린 나이였지만 그곳에서 매우 품위 있게 봉사했다. 하밀카르는 스페인에서 9년 동안 봉직했고, 베토네스(Vettones)족과의 전투에서 장렬하게 최후를 맞이했다.

하밀카르가 죽은 뒤에 사위인 하스드루발(Hasdrubal)이 총독의 직책을 승계하여 8년 동안 다스렸다. 카르타고인들이 바르카파(派)의 도움과 호의를 얻어 그를 사령관으로 임명했던 것이다.

하밀카르가 죽자 하스드루발은 추장들의 뜻과 달리 한니발을 스페인으로 보내 그의 아버지가 살아온 방법에 따라 젊었을 적부터 전쟁 기술을 배우도록 했다. 이를테면 남자들의 세계에 들어온 한니발은 전쟁의 위험과 고통을 이겨 낼 수 있도록 체력을 강인하게 단련해야 했다.

2

아버지에 대한 한니발의 기억은 그가 군인에 대한 애정과 존경심을 갖도록 하는 데 큰 도움을 주었다. 그가 나이가 들면서 스스로 근면하게 매사를 처리하는 모습을 보이자 선배 군인들은 한니발이 다른 장군들을 제치고 총독으로 선출되기를 바랐다.

사람들은 한니발이 고결한 장군으로서 바람직한 자질을 완벽하게 갖추고 있음을 보았다. 그는 매우 중요한 전쟁에서 무엇을 어떻게 할 것인지 의견을 제시할 때마다 즉석에서 대단한 기지(奇智)를 보여 주었다. 그는 또한 일을 추진하면서 매우 부지런했다.

한니발은 일신에 어떤 역경이나 위험이 닥쳐도 굽히지 않는 용맹을 갖추고 있었다. 이와 같은 그의 성품은 다른 사람들로 하여금 자신의 의무를 열심히 이행하지 않아도 된다고 여기게 만드는 문제가 있었다.

한니발은 마치 졸병처럼 경비를 서고 막사를 돌보았으며 모든 업무에 빠르고 부지런하여 어떤 때는 용맹한 사병 같고 어떤 때는 훌륭한 장군 같기도 했다. 한니발은 그런 식으로 3년 동안 하스드루발의 지휘를 받으며 군대에 복무했다.

병사들의 존경을 받던 한니발은 하스드루발이 죽자 곧 모든 군인의 합의에 따라 부사령관에 뽑혔다. 그가 그만한 위치에 오르는 데 카르타고의 누구도 반대하지 않았는데, 이는 아버지를 따르던 무리의 우정과 호의 때문이었다.

한니발이 부사령관에 오른 것은 스물세 살 때였다. 그가 아버지를 따라 스페인으로 떠난 것은 아홉 살 때였으며, 역사학자 폴리비오스의 기록에 따르면, 부사령관이 된 것은 아버지가 죽은 뒤 17년이 흐른 때라고 한다.

3

부사령관이 된 한니발은 오직 로마와 전쟁을 벌이는 데 몰두했는데, 이는 그가 오래전부터 마음에 두고 있던 일이었다. 무엇보다도 그는 로마인들에 대한 카르타고인들의 공통된 증오심을 이끌어 갔는데, 이는 그들이 로마에 시킬리아와 사르디니아를 잃은 탓이었다. 한니발은 또한 로마인들에게 사무치는 원한을 품고 있었는데, 이는 카르타고의 어느 장군들보다도 아버지 하밀카르에게서 물려받은 것이었다.

기록에 따르면, 하밀카르는 스페인 원정을 준비하면서 어린 아들 한니발에게 이 전쟁에 신명(身命)을 바칠 준비를 하도록 했다. 이러한 교육을 받으며 자란 한니발은 성인이 되었을 때 로마를 같은 하늘 밑에서 함께 살 수 없는[不俱戴天] 원수로 여겼다.

아버지에 대한 기억은 젊은 한니발에게 선명하게 남아 있었다. 이렇게 아버지가 가지고 있던 로마에 대한 증오를 간직한 그는 어떻게 하면 로마 제국을 멸망시킬까 하는 생각에서 온갖 수단을 궁리했다.

바르카의 무리는 또한 한니발이 전쟁을 통해 성숙하고 자질을 향상하도록 함으로써 위대한 장군의 삶을 살아가도록 하는 데 고삐를 늦추지 않았다. 이와 같은 지도는 한니발이 로마인에 대한 전쟁을 일으키도록 지속적으로 고무하였으며, 한창 커 가는 젊은이로 하여금 개혁을 수행할 기회를 만들어 주었다.

4

이 무렵에 로마와 카르타고 사이에 사군툼(Saguntum)족이 살았다. 사군툼족은 지난날에는 두 나라의 관계에 비교적 무심했고, 그들 사이에 앞서 체결된 평화 조약과도 아무런 관계가 없었다. 그러다가 이 부족이 로마와 동맹을 맺자 로마인들은 그들이 로마 제국에 진실하며 신뢰할 만한 부족이라는 것을 알게 되었다.

이 무렵 한니발은 로마인들을 분노하게 만들어 전쟁의 불길을 일으키고 싶었지만, 달리 뾰족한 방도가 없었다. 그래서 그는 로마 대신에 로마와 동맹 관계에 있는 사군툼을 쳐들어가기로 했다.

그러나 그들과 공개적으로 전쟁을 시작하기에 앞서, 한니발은 먼저 이베리스(Iberis)강 건너에 있는 또 다른 부족인 올카데스(Olcades)족을 공격하기로 결심했다. 올카데스를 정복한 한니발은 사군툼이 먼저 전쟁을 시작한 것으로 보일 만한 구실을 만들면서 사군툼을 쳐들어갈 기회를 엿보고 있었다.

그래서 한니발은 올카데스를 정복한 다음에 바카이아 (Vaccaeia)족을 공격했다. 이 나라는 몹시 부패하였고, 여러 도시를 장악하고도 다시 헤르만디케(Hermandice)와 아르보콜레 (Arbocole)라는 크고 부유한 두 도시를 점령한 상태였다.

한니발은 이 모든 도시를 한꺼번에 장악하기로 마음먹었다. 마침 헤르만디케의 여러 도시에 많은 부족의 망명자들이 모여 서로를 격려하며 한니발에 대한 저항을 모의하고 있었다. 그들이 군대를 양성하고 그들에게서 떨어져 나와 있던 올카데스족을 자기편으로 끌어들이려 한다는 사실을 알게 된 한니발은 이를 전쟁의 구실로 삼았다.

헤르만디케의 도시들은 또한 카르펜타니(Carpentani)족에게 한니발이 카르타고로 돌아갈 무렵에 그를 습격하자고 설득했다. 카르펜타니족은 본디 호전적이었고 한니발에게 상처를 입어 왔던 터라 이러한 제안에 귀가 솔깃했다. 그리하여 그들은 10만 명의 군대를 양성한 다음 한니발이 타구스(Tagus)강을 따라 바카이아족의 지역을 떠났다가 귀국할 때 그를 공격하려고 출병했다.

카르타고 병사들은 그들을 발견하고 그 자리에 멈추어 서서 바라보며 몹시 놀랐다. 예전에 이런 싸움이 벌어졌을 때면 의심할 나위도 없이 철저하게 무찔렀을 터였지만, 갑작스럽게 나타난 대군이 진격해 오자 카르타고의 병사들은 겁을 먹고 말았다.

더욱이 적군은 엄청난 전리품을 운반하고 있었다. 한니발은 지혜로운 장군답게 사태를 깊이 생각한 다음, 당장 싸우려 하지 않고 그들이 위치한 곳에 진영을 차렸다. 다음 날 한니발은 소리 없이 강을 건너가 적군이 쉽게 건너오리라 여겨지는 협곡을 돌아보고는 경비병도 두지 않고 돌아왔다. 그는 거짓으로 두려워하는 척함으로써 그들이 강을 건너오도록 유인한 뒤에 기회가 왔을 때 그들을 요격할 계획이었다.

한니발은 참으로 지모가 뛰어난 장군이었고, 그 시대의
어떤 장군보다도 훌륭한 전략가였다. 그의 전략은 잘못된 것
이 아니었으며, 적군을 오도하려는 그의 목표는 효과적이었
다. 거친 바카이아족은 자기들의 많은 수만 믿고 카르타고인
들이 겁에 질려 있으리라 생각하면서 강을 건너고자 맹렬히
진격했다.

바카이아족이 강을 건너면서 어려움과 혼란에 빠졌을 때
카르타고 병사가 그들을 공격했다. 처음에는 기병대로 공격하
고 그다음에는 모든 보병이 공격하여 많은 적군이 죽고, 살아
남은 무리는 도주했다.

5

이번의 승리로 사군툼족을 제외한 이베리스강 변의 모든 부족
이 한니발에게 항복했다. 이 전쟁으로 한니발의 강력함을 직
접 체험한 사군툼족은 로마와의 우의를 믿고 있었다. 로마의
도움을 받아 한니발에 맞서고 싶었던 그들은 로마에 사절을
보내 자신들이 지금 얼마나 위험에 빠져 있는지를 알렸다. 그
러면서 많은 지원병을 보내 주면 그들과 치열하게 싸우고 싶
다고 간청했다.

그러나 사군툼족의 사절이 로마에 파견될 때, 마침 한니
발이 모든 군사를 동원하여 스페인을 공격하면서 사군툼 앞에
진영을 차리고 있었다. 그래서 그들은 스페인을 지나갈 수 없
었다. 뒤늦게 이런 사정이 로마에 알려졌지만 로마는 동맹국
의 불행한 사태를 느슨하게 처리했다.

로마는 정령(政令)에 따라 발레리우스 플라쿠스와 퀸투스
베비우스 팜필리우스(Quintus Bebius Pamphilius)를 한니발에게
파견하여 그가 사군툼에서 철수할 뜻이 있는지를 알아보도록
했다. 그리고 한니발이 사신들의 말에 귀를 기울이지 않는다
면, 카르타고로 건너가 그곳의 지배자를 만나 한니발이 평화

를 깨뜨렸으므로 그를 해임하라고 요청하기로 했다.

폴리비오스의 기록에 따르면, 한니발은 사신들을 만났으나 그의 대답이 허술했다고 한다. 리비우스의 기록에 따르면, 그들은 한니발의 말을 듣기는커녕 그의 진영에 들어가지도 못했다고 한다. 그러나 그들이 스페인으로 갔다가 아프리카를 거쳐 돌아왔다는 점에 대해서는 두 역사학자의 의견이 같다.

6

그 무렵에 카르타고의 원로 회의에서는 두 파벌이 다투고 있었다. 하나는 하밀카르, 곧 바르카에서 시작된 무리였다. 이 무리의 힘은 그 아들 한니발로 이어지면서 크게 성장하여 나라 안팎에서 모든 문제를 실정법상으로 지배하고 있었다.

다른 하나는 한노(Hanno)의 무리인데, 이들 역시 카르타고에서 대단한 위엄을 누리고 있었다. 한노 가문이 좀 더 조용하고 평화주의적인 것과는 달리 한니발 가문은 매우 호전적이고 문제를 많이 일으켰다.

기록에 따르면, 로마에서 사신들이 왔을 때 자신들의 동맹이 로마 때문에 상처를 입었다고 불평한 사람은 한니발뿐이었다고 한다. 그의 의견은 원로 회의와 달랐다. 한니발은 로마인들과 평화를 유지하자고 말하면서도 언젠가 전쟁이 일어나 하루아침에 로마가 멸망할 수도 있다는 점을 늘 유념해야 한다고 덧붙였다.

만약 카르타고인들이 로마와 싸우고 싶은 욕심을 버리고, 한니발의 뜻에 따라 전쟁을 일으켜야 한다고 주장하는 사람들의 의견에 압도되지 않았더라면, 그들은 뒷날 겪어야 할 재앙을 피할 수도 있었을 것이다. 그러나 카르타고인들은 한 젊은이의 불같은 야망을 꺾지 못함으로써 뒷날 엄청난 재앙을 겪어야 했다.

그러므로 한 나라는 지혜로운 관료와 지도자를 만나는 것이 매우 중요하다. 그리고 한 인물의 업적은 처음 시작할 때를 보지 말고 그것이 어떻게 끝나는가를 보아야 한다. 또한 지도자는 전쟁을 일으키기에 앞서 원로원과 모든 문제를 상의하고 조언을 들은 다음에 결정해야 한다.

그러나 자신들이 한니발에게 정복되었다는 사실에 충격을 받은 사군툼족은 이성과 평정심을 모두 잃고 전쟁에 돌입했다. 그들은 여러 달 동안 장렬하게 항전했다. 결국 한니발은 사군툼족이 본진에 거느리고 있던 1만 5천 명보다 더 많은 병력을 이끌고 쳐들어갔고, 사군툼족의 모든 성채는 공격을 받고 함락되었다.

그러나 사군툼족은 불구대천의 원수들에게 스스로를 내맡기기보다는 차라리 도시가 약탈되는 쪽을 선택했다. 어떤 사람들의 기록에 따르면, 사군툼은 함락되고 여덟 달 동안 카르타고에게 점령되었다고 하지만, 리비우스는 이에 동의하지 않으면서 점령이 얼마나 지속되었는지도 말하지 않았다.

7

이와 같이 부유한 도시를 점령한 뒤부터 한니발의 전쟁 과업은 여러 가지로 변모했다. 사군툼의 함락은 이제까지 카르타고에 복종하는 것이 싫어 반란을 일으킨 나라의 마지막이 어떤 것인가를 보여 주는 좋은 사례가 되었다. 그들은 승자의 진영에 두둑이 나누어 준 전리품을 바라보면서 침묵을 지켰고, 카르타고의 병사들은 더욱 용맹스러워졌다.

한니발은 사군툼에서 챙긴 막대한 전리품을 카르타고에 보냄으로써 그 나라에서 최고의 인물이라는 평판을 얻었고, 시민들이 더욱 전쟁을 좋아하게 만들었다. 그는 이들을 이끌고 로마와 전쟁을 벌이기로 결심했다. 많은 사람들은 한니발이 스페인을 침공하리라고 예상했지만, 그와 달리 그는 이탈리아 침공을 계획했던 것이다.

한편, 카르타고에서 로마로 돌아온 사절단은 원로원에 출두했다. 그들은 한니발에게서 받은 답신이 긍정적이지 못했음을 밝히면서 아울러 사군툼이 함락되었다는 정보를 발표했다. 이에 로마 시민은 자신들의 우방과 동맹국들이 그토록 위험에 빠질 때까지 그들을 도와주지 못한 것을 뼈저리게 후회했지만 이미 늦은 일이었다.

　이와 같은 사실을 유감스럽게 생각한 원로원과 민중은 뜻을 모아 적극적인 공세를 펴기 시작했다. 우선 그들은 군무 위원들이 각 영지를 맡아 다스리도록 했다. 이를테면 푸블리우스 코르넬리우스(Publius Cornelius)가 스페인을 맡고, 티투스 셈프로니우스(Titus Sempronius)가 아프리카와 시킬리아를 맡도록 했다.

　그때부터 로마는 저명인사들을 카르타고에 사신으로 보냈다. 이는 그들이 공개적으로 카르타고가 평화를 깬 것을 불평하고, 더 나아가 카르타고가 전쟁을 일으킨 것을 비난하면서 과감하게 그들을 침략자로 규정하여 앞으로 다가올 전쟁을 선포하려는 포석이었다.

　이와 같은 로마의 결정은 오히려 카르타고인들을 크게 고무시켰다. 카르타고인들은 이를 마치 기다리기라도 한 것 같았다. 그러나 그들은 한 가지를 놓치고 있었다. 그들은 이번 전쟁에 과연 자신들이 승리할 것인지, 그 결과를 충분히 검토해 줄 만한 자문을 얻지 못했다.

8

카르타고의 원로원이 어떤 결론을 내렸는가를 안 한니발은 이제야말로 이탈리아로 쳐들어갈 절호의 기회라고 판단하여 일을 시작했다. 그는 먼저 서둘러 전함과 군수품을 장만하고 카르타고와 가장 가까운 우방과 동맹국들에 도움을 요청하는 한편, 모든 부족에게 새로운 카르타고의 건설을 맞이하라고 촉구했다.

그리고 한니발은 그라데스(Grades)로 가 아프리카와 스페인에서 가장 필요하다고 여겨지는 곳에 수비대장을 임명했다. 그가 이탈리아로 쳐들어갔을 때 로마인들이 이곳을 점령하면 안 된다고 판단했기 때문이었다.

따라서 한니발은 아프리카에 2천 명의 기병대를 보내고, 스페인에는 1만 3천 명의 보병을 보냈다. 또한 아프리카에서 데려 온 여러 사람 가운데 4천 명을 카르타고의 수비대에 배속함으로써 인질 문제와 병력 문제를 한꺼번에 해결했다.

그런 다음 한니발은 동생 하스드루발에게 스페인의 통치를 맡기면서 50척의 전함과 2천 명의 기병과 1만 2천 명의 보병을 넘겨주었다. 이들은 그가 아프리카와 스페인으로 파견한 수비대들이었다.

한니발은 스페인과 아프리카에서 한꺼번에 적군을 만난다면 이 병력으로는 로마 병사를 막기에 넉넉하지 않다고 생각했다. 그러나 그는 로마 병사가 육지로만 쳐들어온다면 이 정도의 병사들만으로도 충분히 막을 수 있다고 생각하고 이탈리아로 쳐들어갔다. 게다가 그는 전쟁 도중에 새로 모병하면 카르타고의 병사들은 더욱 강성해져서 이탈리아로 쳐들어가는 자기를 지원할 것이라고 생각했다.

이와 같은 준비를 마친 뒤에 카르타고의 병사들은 용맹하게 적지를 장악했다. 그들은 첫 번째는 하밀카르에 의해, 두 번째는 매형 하스드루발에 의해, 그리고 세 번째는 한니발 자신에 의해 일찍이 겪어 보지 못한 승리를 거두었다. 카르타고는 그처럼 크고 강성해져, 한니발이 이탈리아를 쳐들어갔을 무렵 그들의 식민지는 엄청난 규모로 확장되어 있었다.

카르타고의 병력은 지중해까지 이어지는 아프리카의 모든 해안을 장악하고, 북아프리카에서 그리 멀지 않은 휠레니아(Philenia)에서 헤라클레스의 기둥(Pillars of Heracles, Gibraltar)

에 이르는 영역을 점령했다. 그 육지의 길이가 2천 보(步, pace)
였다.[3] 아프리카와 유럽 대륙을 가르고 있는 바다를 건넌 그들
은 스페인과 갈리아를 가르고 있는 피레네산맥 인근의 스페인
영토까지 장악했다.

9

아프리카와 스페인의 모든 문제를 해결했다고 생각한 한니발
은 다시 카르타고로 돌아왔다. 병사들은 이미 만반의 준비를
마쳤으며, 지휘관도 훌륭했다. 이런 상황에서 더 이상 기다릴
이유가 없던 그는 막료들을 모아 놓고 엄청난 약속으로 그들
을 격려하며 이탈리아의 풍부한 물산을 전리품으로 유혹했다.
또한 그는 갈리아족과의 우의(友誼)를 강조함으로써 장병들을
고무하여 과감하게 진격했다.

　　다음 날 카르타고를 벗어난 한니발은 군사를 이끌고 해안
을 따라 올라가다가 이베리스강으로 들어섰다. 기록에 따르
면, 그다음 날 밤에 한니발이 꿈을 꾸었는데, 너무도 잘생기고
몸집도 우람한 젊은이가 나타나 자기를 따라 이탈리아로 들어
가자고 요청했다는 것이다. 그 뒤로 한니발은 다시 꿈에서 엄
청나게 큰 뱀을 보았다. 뱀은 소리도 요란했다. 이것이 무슨 뜻
인가 궁금히 여기니, 곁에서 누군가 말하기를 이는 이탈리아
가 멸망한다는 뜻이라고 했다.

　　이탈리아와의 전쟁을 앞두고 그런 꿈을 꾼 것에 대하여
마음이 쓰였고 그 꿈이 계속 어른거리기는 했지만, 한니발은

3　　1페이스(pace)는 76.2센티미터이므로 2천 페이스라 함은 약 1.52킬로미터
　　이다. 아미요의 프랑스어 판본(p. 428)에는 2마일 파수스(mille passus)로
　　되어 있는데, 로마 시대에 1마일 파수스가 1.48킬로미터임을 고려하면 그
　　거리는 2.96킬로미터가 된다. 이렇게 계산하면 노스 판본(p. 350)과 아미
　　요 판본이 두 배의 차이가 난다. 노스는 이 부분에 대하여 "위치가 다르기
　　때문에" 이런 차이가 난다고 주석을 달았다.

그 꿈이 이 전쟁의 승패나 참혹함을 미리 예견했다고는 여기지 않았다. 왜냐하면 키케로의 말처럼, 그런 꿈은 흔히 꿀 수 있는 일이기 때문이었다.

시인 엔니우스(Quintus Ennius)가 호메로스를 노래하면서 언급했듯이, 우리의 생각과 말은 꿈속에서 그런 식으로 나타난다. 정확히 말하자면, 가슴속에 늘 간직했거나 자주 하는 말이 꿈속에 나타나기 마련이다.

10

이제 피레네산맥을 넘은 한니발은 갈리아의 심장부를 장악함으로써 많은 전리품을 얻었다. 며칠 만에 그는 로다누스강에 이르렀다. 로다누스강의 상류는 레누스(Rhenus, Rhein)강과 다누비우스(Danubius, Danube)강의 상류에서 그리 멀지 않아 8백 휘롱만 가면 제네바의 라쿠스 레마누스(Lacus Lemanus, Geneva)에 이르렀다.

로다누스강은 다시 서쪽으로 흘러 갈리아를 아름답게 가른 다음, 프랑스인들이 사오네(Saone)라고 부르는 아라르(Arar)강을 만나면서 물이 크게 불어나 급류를 이루며 볼체(Volcæ)족과 카바리안(Cavarian)족의 영토를 지나 바다로 들어간다. 로다누스강의 좌우에 자리 잡고 있던 볼체는 인구가 많고, 갈리아족 가운데 가장 부유했다.

카르타고의 군대가 쳐들어오고 있다는 것을 안 갈리아족은 강을 건너 무장한 다음 카르타고군이 강을 건너오지 못하도록 전투를 준비했다. 한니발은 그때까지 갈리아족을 정복하는 과정에서 회유나 위협으로 뜻을 이룬 적이 없었고, 오직 힘으로 그들을 제압해야만 했다. 따라서 이번에도 전술적인 계책을 써야겠다고 생각한 한니발은 보밀카르(Bomilcar)왕의 아들 한노를 보내 비밀리에 군대를 이끌고 강을 건너 갈리아족을 기습하라고 지시했다.

지시를 받은 한노는 오래 행군한 끝에 옅은 여울을 건너 갈리아족이 자기가 누구인지도 모르고 무슨 일이 일어난 줄도 모르게 가까스로 적진에 이르렀다. 갈리아족이 뒤에서 들리는 함성을 듣고 바라보니 이미 한니발의 병사가 손에 잡힐 듯이 가깝게 와 있었다.

한니발의 병사를 실어 나를 배는 많았다. 기습을 겪은 갈리아족은 어찌해야 할지 어디에 물어볼 겨를도 없고, 무장하여 항전할 틈도 없어 병영을 버리고 도주했다. 갈리아족이 강 건너로 도주하자 카르타고 병사들은 무사히 강을 건넜다.

11

이런 일이 벌어지고 있을 때 스키피오(Publius Cornelius Scipio)는 마실리아(Massilia, Marseille) 가까이 오기에 조금 앞서 한니발의 침략 소식을 들었다. 사태의 진상을 안 스키피오는 기병대를 뽑아 그리로 보내면서 적군의 의도가 무엇인지 알아보도록 했다. 지시받은 바대로 전속력으로 진군하던 기병대는 우연히 5백 명의 누미디아족 기병대를 만났다. 그들은 한니발의 전갈을 로마군에 전달하러 가는 길이었다.

이에 두 병력 사이에 갑자기 치열한 전투가 벌어져 끝내 로마군이 이겼으나 그들도 많은 병력을 잃었다. 한니발의 군대는 더 많은 인명의 손실을 보았다. 이번의 일로써 로마 병사가 어디에 주둔하고 있는가를 알게 된 한니발은 이제 계속하여 이탈리아로 진군할 것인지 아니면 그곳에 주둔해 있는 로마의 군무 위원을 공격하여 승리를 얻어 낼 것인지 고민하게 되었다.

이런저런 방법을 놓고 마음속으로 고민했지만 한니발로서는 어느 방법을 선택할지 결정하지 못했다. 그때 보이아(Boia)족의 사절이 다른 어느 방법보다도 이탈리아를 직접 공격하는 것이 좋겠다고 설득했다. 이유를 들어 본즉, 지난날 한니발이 피레네산맥을 넘기에 앞서 보이아족이 술수를 써 로마 사절들을 납치한 다음 군무 위원 만리우스(Manlius)를 크게 모욕함으로써 인수브리아(Insubria)족을 자극한 일이 있었기 때문이라고 한다.

이런 일로 말미암아 인수브리아족이 로마에 반란을 일으켜 한니발 편에 섰는데, 이는 로마가 플라켄티아와 크레모나에 로마인을 이주시켜 식민지로 만들었기 때문이었다. 한니발은 장군들의 건의를 받아들여 진영을 옮기면서 강을 따라 진격했다. 며칠 지나지 않아 한니발은 갈리아족이 섬(Isle)이라고 부르는 곳에 이르렀다. 섬은 아라르강과 로다누스강이 협곡에서 흘러나와 만들어진 곳이었다.

이곳에는 갈리아족이 살고 있는 리옹(Lyon)이라는 유명한 도시가 있었다. 이 도시는 오래전에 무나티우스 플란쿠스(Munatius Plancus)가 세운 곳이었다. 한니발은 거기에서 알로브로게스(Allobroges)로 올라가 영토를 둘러싼 동족끼리의 분쟁을 해결한 다음, 카스티아나(Castiana)와 보콘티오(Vocontio) 지방을 지나 드루엔티아(Druentia)강까지 올라갔다.

이 강은 알프스에서 시작하여 급류를 이루며 로다누스강으로 흘러 들어간다. 그런데 이 강은 굴곡이 매우 심해 건널 만한 여울이 없었다. 그런 어려움에도 한니발은 이 강을 건넌 다음 알프스 지방으로 들어가 널찍한 평야를 거쳐 가능한 멀리까지 올라갔다.

12

그러나 기록에 따르면, 한니발은 이 길을 지나면서 많은 인명을 잃었다고 한다. 그 무렵에 살아남은 무리가 확인해 준 바에 따르면, 그가 거의 3만 명의 보병과 기병대 대부분을 잃었다고 말하는 것을 들었다고 한다. 왜냐하면 그는 산간 주민과 싸우면서 협곡을 지나야만 했기 때문이었다. 어떤 곳에서는 커다란 바위를 넘거나 숲을 태우고 넝쿨을 잡으면서 지나야 했다.

이렇게 15일에 걸쳐 알프스를 통과한 그는 타우리노움 (Taurinoum)에서 그리 멀지 않은 골짜기에 이르렀다. 내가 생각하기에, 한니발은 우리가 흔히 게누아(Genua, Genova)라고 부르는 산을 넘은 것으로 보인다. 그 산을 넘으면 한쪽으로는 드루엔티아강이 흐르고 다른 한쪽은 타우리노움으로 내려가게 된다. 이때 한니발이 어느 정도의 병력으로 이탈리아에 쳐들어갔는지를 지금으로서는 정확히 말하기가 어렵다. 왜냐하면 사람들마다 말이 다르기 때문이다.

어떤 사람의 기록에 따르면, 한니발이 거느린 병력은 보병 10만 명에 기병 2만 명이었다 하고, 다른 기록을 보면 2만 명의 보병과 6천 명의 기병을 거느렸는데, 그들 모두가 아프리카 또는 스페인 사람이었다고 한다.

또 어떤 사람들은 갈리아와 리구리아의 기록에 따라 보병 8만 명에 기병 1만 명이었다고 말하고 있다. 그러나 그의 병력이 그렇게 많았다는 것은 믿을 바가 못 된다. 왜냐하면 처음의 역사가가 지적하고 있듯이, 그들은 여러 나라를 거치는 동안 많은 병력을 잃었기 때문이다.

그러나 한니발이 뒷날 수행했던 유명한 원정을 고려해 본다면, 그의 병력은 앞서 두 번째로 말한 기록만큼 적은 수는 아니었던 것 같다. 따라서 나는 한니발의 병력이 그 중간쯤이었을 것이라고 말하고 싶다.

왜냐하면 그가 이탈리아로 진군하면서 8만 명의 보병과 1만 명의 기병을 스페인에 남겨 두었다는 점을 고려해야 하기 때문이다. 잘 알려진 바와 같이, 그가 이탈리아로 진격할 때 많은 리구리아족과 갈리아족이 합세하였으며, 그가 로마를 유린할 때는 병력이 너무 많아 카르타고의 병사들은 묵을 곳이 없을 정도였다.

한니발

13

이제 한니발은 타우리노움을 떠나 인수브리아의 시골로 들어갔다. 이곳에서 한니발은 스키피오를 만났다. 스키피오는 마실리아를 떠나 파두스강과 티키누스(Ticinus)강을 건너 빠른 속력으로 내려와 한니발과 그리 멀지 않은 곳에 진영을 차렸다. 시간이 조금 지난 뒤에 두 장군은 서로 마주 보이는 벌판에 이르렀다. 양쪽에서 기병들이 긴 창을 빼 들고 서 있는데 어느 쪽이 우세한지 알 수 없었다.

그러나 전투가 벌어지자 로마의 집정관이 상처를 입었고 누미디아의 병사가 조금씩 다가오면서 로마 병사가 밀리기 시작했다. 그들은 부상한 군무 위원을 구출한 뒤 가까스로 진영으로 돌아왔다. 기록에 따르면, 스키피오도 그때 아들의 도움으로 겨우 목숨을 건졌다고 한다. 그 아들은 뒷날 '아프리카의 정복자' 스키피오(Scipio Africanus)라는 칭호를 들었지만, 그때는 아직 젊은이였다.

그는 젊은 나이에도 이처럼 많은 위업을 이루었지만, 칭호를 얻을 정도의 업적은 그보다 훗날 이룬 것이었다. 한편, 아버지 스키피오는 적군의 기병대가 얼마나 강성한지 알고서야 보병이 보호받는 곳에 진영을 차림으로써 유리하게 싸우기로 했다. 다음 날 밤, 스키피오는 파두스강을 건너 소란을 피운 다음 플라켄티아로 돌아왔다.

14

그런 일이 있고 바로 뒤에 원로원의 결의로 추방되었던 셈프로니우스 롱구스(Tiberius Sempronius Longus)가 유배지 시킬리아에서 풀려났다. 로마에서는 두 명의 군무 위원이 업무를 나누어 통치해야 했기 때문이었다.

한니발도 모든 병력을 이끌고 스키피오와 롱구스를 추격하여 트레비아(Trebia)강 가까운 곳에 진영을 차렸다. 한니발은 전투가 빨리 벌어지기를 간절히 바랐다. 두 진영이 매우 가까웠으므로 당연히 그렇게 되리라 생각한 것도 있지만, 사실 그는 오래 버틸 양곡이 부족했을 뿐만 아니라 변덕이 심한 갈리아족을 계속 믿고 있을 수도 없었다.

쉽게 동맹과 우의를 맺었던 사람들은 희망도 쉽게 거두고, 상대가 승리의 명성을 얻으면 다시 마음이 바뀔 것이다. 따라서 한니발은 어떤 사소한 경우에도 갈리아족을 믿지 않았다. 더욱이 이 나라에서 전쟁을 오래 끌게 되면 갈리아족이 로마인들에게 품었던 증오심을 전쟁의 시발자인 자기에게로 돌릴 수도 있었다. 이와 같은 여러 가지 사정을 고려한 한니발은 무슨 수를 쓰더라도 곧 전투를 시작하기로 결심했다.

그러는 사이에 군무 위원 셈프로니우스는 한 무리의 적군을 만났다. 그들은 낙오하여 전리품을 등에 지고 평원을 어슬렁거리고 있었다. 셈프로니우스는 이들을 공격하여 물리치고는 이 전쟁 자체가 이만큼 쉬울 것이라고 생각했다. 사실 그가 전투에서 이긴 것은 행운일 뿐이었다. 그러나 그는 적군이 다시 쳐들어와도 이기리라고 확신했다.

스키피오가 부상에서 회복하고 새로운 군무 위원 선거를 치르기에 앞서 찬란한 무공을 세우고 싶었던 셈프로니우스는 막료들이나 스키피오의 의견과는 달리 곧 전쟁을 벌이기로 작정했다. 스키피오는 나라를 온통 혼돈으로 몰아넣는 일을 저질러서는 안 된다고 생각했고, 더욱이 모든 갈리아족을 적군으로 맞아 싸워서는 안 된다고 생각했다.

15

적진에 간첩을 파견해 두었던 한니발은 그와 같은 비밀스러운 정보들을 속속들이 알고 있었다. 전략적이고 지능적이었던 한니발은 적군과 아군 사이에 골짜기가 있음을 알고 그곳을 검불로 위장한 다음, 동생 마고(Mago)에게 정예병을 붙여 주고 매복하게 했다.

그러고서 한니발은 누미디아 기병대를 로마 병사들의 참호로 보내 그들이 전투에 나오도록 자극하라고 지시하는 한편, 병사를 배불리 먹여 어떤 상황이 닥쳐오더라도 전투를 잘수행할 수 있도록 준비했다.

군무 위원 셈프로니우스는 누미디아인의 첫 공격에 긴급하게 기병대를 보내고 뒤이어 6천 명의 보병을 투입한 다음, 자신도 나머지 모든 병사를 이끌고 진영을 출발했다. 때는 한겨울이어서 몹시 추웠다. 더욱이 그곳은 알프스산맥으로 둘러싸여 있어 더욱 추웠다.

누미디아인들은 명령대로 로마군의 화를 돋웠다. 그러자로마군은 그들이 서 있는 트레비아강 건너편에서도 깃발을 알아볼 수 있을 만큼 접근했고, 누미디아인들은 그 순간 대오가흩어진 로마군을 향해 갑자기 돌진했다. 그것이 그들의 전투방식이었다.

카르타고 병사들은 흔히 목표물을 향해 달려가다가 적당한 때 갑자기 멈춰 선 다음, 갑자기 어느 때보다도 더 매섭게적군을 몰아친다. 이 공격에 당한 셈프로니우스는 허둥대며기병대를 모으고 보병을 전투 대형으로 바꾸었고, 때가 되자겨우 전열을 갖추고 자기를 기다리는 적군을 공격했다.

이에 한니발은 사태에 대비하고 있던 보병을 투입했다.처음에는 경기병(輕騎兵) 사이에 전투가 벌어지더니 곧이어 치열한 육탄전이 전개되었다. 그러나 로마의 기사들은 카르타고병사들의 공격을 이겨 내지 못하고 쉽게 무너졌다. 그러자 로마 보병이 용맹스럽게 전투를 이어 갔다. 로마군은 적군을 막아 낼 수 있었지만, 보병뿐이었다.

그런 상황에서 한니발의 코끼리 부대가 로마군을 더욱 겁에 질리게 했다. 코끼리 부대 한편에는 한니발의 보병들이 거칠게 달려들면서 춥고 배고픈 로마 병사를 공격했다. 로마 병사들은 온갖 고초를 겪으면서도 꿋꿋하게 싸웠다.

그들은 평소의 전투력을 뛰어넘을 만큼 용맹스러웠다. 그때 마고의 매복병이 뛰쳐나오더니 요란한 함성을 지르면서 로마 병사를 공격했고, 한니발의 명령에 따라 카르타고의 중군(中軍)이 케노마니(Cenomani)족을 공격하여 물리쳤다.

동맹군이 도주하는 것을 본 로마 병사들은 크게 낙심했다. 들리는 바에 따르면, 이때 1만 명의 로마 보병이 플라켄티아로 도주하여 적군의 공격을 피했고, 이때 도주하던 병사 대부분은 카르타고 병사들의 손에 죽었다고 한다. 셈프로니우스는 적군의 공격에서 겨우 살아남아 도주했다. 그러나 이번 승리는 한니발에게도 부담을 주었다. 그도 많은 병사를 잃었으며 대부분의 코끼리가 죽었기 때문이다.

16

이 전투 뒤로 한니발은 모든 나라를 정복했다. 그는 곳곳에 불을 지르고 무기를 휘둘러 여러 도시를 정복했으며, 병력이 적고 전투 조직을 잘 갖추지 못한 많은 나라를 멸망시켰다.

봄이 오자 한니발은 필요하다고 예상했던 때보다 먼저 병사를 이끌고 전장으로 나갔다. 토스카나로 가려던 그는 알프스산맥 꼭대기에서 세찬 눈보라를 만나 어쩔 수 없이 플라켄티아로 군대를 되돌렸다.

그러나 한니발은 곧 다시 전장으로 진격했다. 그곳에서 그는 갈리아족의 복병을 만나 진군하지 못하고 시간이 늦어졌다. 자기들의 땅에서 전쟁이 길게 이어지는 데 분노하던 갈리아족은 전쟁을 일으킨 한니발에게 보복할 기회를 노리고 있었다. 그래서 이 위험을 비켜 가야겠다고 생각한 한니발은 서둘러 다른 지방으로 진로를 바꾸었다.

더 나아가서 한니발은 만약 자신이 카르타고 병사들의 전투력을 더욱 기른 다음에 로마에 가까이 접근하여 전쟁을 일

한니발

으키면 이방인들에게 자신의 명성을 더 높이고 동족의 사기를 높일 수 있으리라고 생각했다.

그런 방향으로 준비가 되자 알프스산맥을 따라 진영을 옮긴 한니발은 리구리아족의 마을을 지나 토스카나에 다다랐다. 이 주요 도시로 들어가던 길에 한니발은 아르누스(Arnus)강의 늪지대에 이르렀다.

이 무렵에 아르누스강은 몹시 넘쳐 사방으로 퍼져 흐르고 있었다. 그토록 많은 병력을 이동하면서 이 길을 피할 수 없던 한니발은 그 무서운 늪지를 지나는 동안 많은 병력과 말을 잃었다. 그 자신도 이때 밤낮으로 쉬지도 못하고 자지 못한 데다가 나쁜 공기를 쐬어 한쪽 눈을 잃었다. 그런 가운데에서도 그는 높은 코끼리에 올라타고 진군했다. 이 코끼리는 그가 데려온 코끼리 가운데 마지막 한 마리였다.

17

이러는 동안 로마에서는 집정관 플라미니우스(Caius Flaminius)가 셈프로니우스의 지휘권을 넘겨받았다. 플라미니우스는 원로원의 뜻과 달리 아레티움(Arretium)으로 진격했다가 극심한 비난을 받았다. 왜냐하면 그가 동료 집정관 세르빌리우스(Marcus Servilius)를 로마에 남겨 두고 장비도 갖추지 않고 막료들도 거느리지 않은 채 슬그머니 아레티움으로 갔기 때문이었다.

플라미니우스는 이처럼 성미가 급한 사람이었는데도 민중은 그에게 영광스러운 집정관의 자리를 맡겼던 것이다. 또한 플라미니우스는 너무 거만하고 무례한 성격이어서 민중은 그가 기지(機智)나 판단력도 없이 일을 그르칠까 봐 걱정했다. 이와 같은 정보를 자세히 알고 있던 한니발은 플라미니우스의 화를 돋우는 일이 가장 승리하기 쉬운 길이라 판단했다.

따라서 한니발은 플라미니우스의 동료 집정관들이 와서 도와주기에 앞서 그를 전쟁터로 꾀어내기로 작전을 세웠다.

먼저 그는 군사를 이끌고 훼술라(Fesula)와 아레티움을 지나면서 모든 곡식을 불태우고 약탈함으로써 플라미니우스가 도착해도 손댈 것이 하나도 없도록 황량하게 만들었다.

한니발은 코르토넨세스(Cortonenses)와 트라시메누스(Thrasimenus) 호수에 이를 때까지 그런 작전을 전개했다. 그곳에 이른 한니발은 매복해 있다 적군을 기습하기로 결정했다. 그는 호수로 빠지는 협곡에 기병대를 배치하고, 산 뒤에도 역시 경장비의 기병대를 숨겨 두었다. 그리고 플라미니우스가 가만히 있지 않기를 기대하면서 자신은 남은 병력을 이끌고 전장으로 나갔다.

사태는 그의 예상대로 진행되어 불길처럼 밀려오던 로마군의 선두 부대는 쉽게 함정에 빠졌다. 그들은 매복조에 걸려 모두 커다란 혼란에 빠졌다. 그들에게는 작전을 가르쳐 줄 만한 전략가가 없었다. 자기 병사들이 어이없이 무너지고 진형이 허물어지면서 병영까지 불타는 것을 본 플라미니우스는 병사들의 생각과는 달리 서둘러 적진을 향해 돌격했다.

로마 병사들은 또 다른 집정관인 세르빌리우스가 오기를 기다리느라 지쳐 있었다. 해가 질 무렵 세르빌리우스는 트라시메누스 호수의 협곡으로 곧장 들어왔다. 그는 오랜 행군에 달려오면서도 지치지는 않았지만, 우선 그곳에 병영을 차려 쉬도록 지시했다. 그런데 이튿날 날이 밝아 평원을 바라보니 아무것도 보이지 않았다. 그는 산을 넘어 적군을 추격했다.

18

이 무렵 한니발은 이런 일이 있으리라는 것을 미리 알고 대비해 두었다. 그는 자신의 재주를 발휘할 기회를 기다리고 있었다. 로마 병사가 평원에 나타나자 한니발은 모든 카르타고 병사에게 적군을 공격하라는 신호를 보냈다. 병사들이 앞뒤와 옆에서 튀어나오며 산과 호수의 가운데를 가로질러 나아갔다.

한니발

그와 달리 무질서하게 뛰쳐나온 로마 병사들은 서로 엉켜 마치 어둠 속에서 싸우듯 적군과 아군을 알아보지도 못했다. 사방이 적군으로 둘러싸인 로마 병사들이 무슨 정신으로 어떻게 그토록 오래 싸웠는지 궁금하다. 전투는 거의 세 시간 동안 이어졌는데, 어찌나 격렬했던지 병사들은 지진이 일어나는 소리도 듣지 못한 채 도망하지도 않고 그 자리를 지켰다.

　　그때 로마 병사들은 플라미니우스가 나타나 전장의 병사를 격려하는 목소리를 들었다. 그러나 이때 플라미니우스는 두카리우스(Ducarius)라는 병사의 손에 죽었다. 지휘관을 잃은 로마 병사들은 모든 희망을 버렸다. 어떤 사람은 산으로 도망하고 어떤 사람은 호수로 도망쳤으나 이렇게 도망친 자들 대부분은 다시 잡혀 처형당했다.

　　이 전투에서 로마 병사 1만 5천 명이 죽고 1만 명이 살아서 도망했다. 기록에 따르면, 보병 6천 명은 전투가 시작되자 산 속으로 도망가 전쟁이 끝나기를 기다리다가 마침내 살려 주겠다는 한니발의 약속을 믿고 내려왔다고 한다. 그러나 한니발은 그 약속을 지키지 않고 그들을 죽였다. 그들 모두는 한 명도 남김없이 살해당했다.

19

이렇게 찬란한 승리를 거둔 한니발은 몸값을 받지 않고 모든 포로를 풀어 줌으로써 뒷날 위대한 명성을 얻는 데 이를 이용했다. 그는 너그럽고 정중하다는 명성이 모든 나라에 퍼지기를 바랐다. 그러나 사실 그의 성품은 덕망과는 거리가 멀었다. 한니발은 성급하고 잔인한 성품의 소유자였다.

　　한니발은 어렸을 적부터 전쟁터에서 자랐기 때문에 살인과 반역과 기습에 익숙했다. 그는 법이나 질서를 지키지 않았고, 민중을 마음에 두지 않았다. 이런 방법으로 살아 온 한니발은 적군을 속이거나 함정에 빠뜨리는 데에는 역사에서 가장 뛰어난 장군이 되었다.

한니발은 늘 적군을 구슬리는 길을 엿보았고, 전쟁을 통해 무력으로 꺾을 수 없는 적군은 공포와 책략으로 옭아맸다. 이번 전쟁에서도 그와 같은 사실이 입증되었다. 그는 이번에도 트레비아강 변에서 집정관 셈프로니우스와 또 다른 방법으로 싸웠다. 그러나 여기에서 우리는 다시 플라미니우스의 이야기로 돌아가기로 하고, 한니발의 성격에 관한 이야기는 다른 곳에서 다시 하기로 하자.

20

플라미니우스가 패배하여 죽고 병사들 대부분이 전사했다는 소식이 로마에 알려지자 시민들은 깊은 슬픔에 빠졌다. 어떤 사람들은 공화국의 모든 사람이 겪는 아픔을 슬퍼했고, 어떤 사람들은 자신의 개인적인 손실을 안타까워했으며, 어떤 사람들은 그 두 가지를 모두 슬퍼했다.

그러나 많은 남녀가 성문으로 달려가 그들의 친척과 친구의 안부를 묻는 장면은 그야말로 끔찍했다. 어떤 기록에 따르면, 그들 가운데 두 여성이 있었다. 자식이 살아 있으리라는 희망을 버리고 있던 이 둘은 자기 아들이 무사하다는 소식을 듣고 너무 기쁜 나머지 정신을 잃었다.

같은 시각에 플라미니우스의 동료 집정관이었던 세르빌리우스는 트라시메누스 호수에서 전투가 벌어지는 줄도 모르고 4천 명의 기병대를 그리로 보냈다. 그러나 중도에서 아군이 무너졌다는 소식을 들은 그들은 움브리아(Umbria)로 도망할 생각을 하고 있었다. 그러다가 그들은 적군의 기병대에 포위되어 한니발의 포로가 되었다.

턱밑에서 작은 패배들이 연달아 일어나자 로마 제국은 심각한 위험에 빠졌고, 이제 사태를 수습할 최고 지도자를 뽑아야 했다. 이는 곧 독재관(Dictator)의 선출을 뜻하는데, 그 직책

은 국가와 동맹국들이 매우 위험한 처지에 놓였을 때 최후의
희망을 걸고 특별히 임명하는 자리였다.

그러나 적군의 방해로 모든 일이 틀어지면서 세르빌리우
스가 로마로 돌아올 수 없게 되자 시민은 집정관을 독재관으
로 뽑던 관례에서 벗어나 퀸투스 화비우스(Quintus Fabius)를 독
재관으로 임명했는데, 이 사람이 뒷날의 저 유명한 화비우스
막시무스(Fabius Maximus)이다. 그는 곧 미누키우스(Marcus Mi-
nucius)를 기병대장으로 임명했다. 화비우스는 유능하고 지혜
로운 전략가였다.

화비우스는 동맹국들 사이에서도 대단한 권위와 명성을
떨치고 있었다. 시민들도 오직 그 사람에게만 희망과 기대를
걸면서, 다른 어느 누가 정권을 맡는 것보다도 그가 독재관이
되었을 때 로마의 영광이 이어질 것이라고 서로 설득했다.

로마가 지금 겪고 있는 사정을 잘 알고 있던 화비우스는
필요한 모든 일을 조심스럽고도 열렬하게 지시했다. 그는 죽
은 세르빌리우스의 병사를 물려받고 여기에 2개 연대를 더 충
원한 다음 적진을 향해 떠났다.

21

이제 한니발은 트라시메누스 호수를 떠나 곧바로 스폴레티
움(Spoletium)으로 진격하며 그곳에서 적군을 먼저 격파하기
를 기대했다. 그러나 그가 이르러 보니 주민들이 성벽에서 용
맹스럽게 항전했다. 한니발은 그곳을 돌아 진격하며 가는 곳
마다 도시를 파괴하고 마을을 불태웠다. 그는 안코나(Ancona)
와 마르시카(Marsica)와 펠리그니아(Pelignia)를 거쳐 아풀리아
(Apulia)로 진격했다. 화비우스는 그의 뒤를 쫓아 추격하다가
아르피(Arpi)에 진영을 차렸다.

아르피는 적진과 그리 멀지 않은 곳이었다. 화비우스는
그곳에서 길게 전선을 구축할 셈이었다. 지난날의 장군들이

어리석고 무모하여 로마가 이토록 어려운 지경에 빠졌다고 생각한 화비우스의 부대는 자신들이 예전처럼 쉽게 쓰러지지는 않을 것이며, 이번에야말로 승리를 얻겠다고 다짐했다.

사령관이 바뀌면서 곧 모든 것이 바뀌었다. 한니발은 진용을 갖추면서도 적군이 먼저 쳐들어오지 않으리라 예상하고 자신이 먼저 진격하여 도시들을 파괴하기 시작했다. 그렇게 하면 눈앞에 도시가 파괴된 모습을 본 화비우스가 분노하여 대응해 오리라고 기대했기 때문이었다.

22

그러나 화비우스는 한니발의 도발이 자기와는 상관없다는 듯 밀집 대형을 이룬 채 움직이지 않았다. 화비우스의 지연작전에 화가 치민 한니발은 이리저리 진영을 옮겨 가며 어떤 때는 적군을 속이고 어떤 때는 공격했다.

그러면서 그는 알프스산맥을 넘어 삼니움에 이르렀다. 그무렵, 트라시메누스 호숫가에서 포로로 잡혀 있던 캄파니아의 몇몇 병사가 몸값도 치르지 않고 풀려났다.

한니발은 카푸아를 점령하고 싶은 마음에 더 진군하며 풀려난 무리 가운데에서 길잡이를 찾았다. 길잡이는 그곳 지리를 잘 아는 사람이었지만 외국 발음에 익숙하지 않아 카시눔(Casinum)으로 가자는 말을 카실리눔(Casilinum)으로 가자는 말로 잘못 알아들었고, 칼렌티눔(Calentinum)과는 엉뚱한 방향인 칼레눔(Calenum)을 지나 스텔라(Stella)로 길을 안내했다. 한니발은 산과 강으로 둘러싸인 어느 마을에 도착해서야 길을 잘못 들어선 것을 알고 길잡이를 잔인하게 죽였다.

이러는 과정에서 화비우스는 끈질기게 인내하면서 한니발이 그가 하고 싶은 대로 하도록 자유를 주는 것으로 만족했다. 갈리카눔(Galicanum)과 카실리눔에 도착한 화비우스는 이곳에 수비대를 배치함으로써 지리와 군수 물자에서 유리한 위치를 차지했다.

　이제 사방이 적군으로 둘러싸인 카르타고의 병사들은 한니발이 어떤 전략으로써 그러한 어려움을 막아 주지 않는 한, 굶어 죽거나 아니면 온갖 수치와 불명예를 겪으면서 도주하는 수밖에 없다고 생각하게 되었다.

23

자신의 부대가 위험에 빠져 있다는 사실을 잘 알고 있을 뿐만 아니라 적절한 공격 시점이 언제일까를 살피던 한니발은 병사들이 평원에서 잡은 황소 2천 마리를 몰고 오도록 지시했다. 이 황소들은 그의 큰 자산이었다. 그는 황소의 뿔에 불쏘시개를 매달고 날랜 병사가 불을 붙이도록 한 다음, 적군의 감시가 느슨한 틈을 타 산 위로 몰고 올라갔다.

　병사들이 사령관의 명령에 따라 일을 잘 수행하여 불붙은 소를 몰고 산 위로 달려가자 나머지 병사들은 모두 그 뒤를 자연스럽게 따라갔다.

　산에서 오랫동안 매복하여 적군을 기다리던 로마 병사들은 처음 보는 그와 같은 장면에 겁을 먹고 매복도 믿을 수 없어 몸에 달고 있던 위장용 장식을 모두 떼어 버렸다. 적군의 그와 같은 전술을 믿기 어려웠던 화비우스는 병사를 병영에 머무르게 한 채, 어떻게 대응해야 할지 몰랐다.

　그러는 사이에 포위를 빠져나온 한니발은 알프스산맥을 넘어 스위스의 온천 지대에서 그리 멀지 않은 곳에 이르렀다. 주민들은 그곳을 최고의 온천 지대라고 불렀다. 한니발은 이곳을 지나 알바(Alba)에 무사히 도착했다.

　한니발은 곧장 로마로 향하는 길로 들어섰다가 갑자기 길을 바꾸어 아풀리아로 진군했다. 한니발은 글레레눔(Glerenum)의 여러 마을을 점령한 뒤 물자가 넉넉하고 부유한 이곳에서 겨울을 나기로 했다.

24

화비우스는 한니발을 바짝 따라붙어 카르타고 진영에서 그리 멀지 않은 라우리눔(Laurinum) 근처에 진영을 차렸다. 그곳에서 화비우스는 로마로 사람을 보내 국내 상황을 알아보았는데, 좋지 못한 소식이 온 탓에 전속력으로 로마로 가야 했다.

화비우스는 떠나기에 앞서 모든 군사를 기병대장 미누키우스에게 맡기며, 자기가 자리를 비운 동안 결코 한니발의 군대와 교전하지 말라고 지시해 두었다. 애초에 교전을 하더라도 승리를 장담할 수 없을뿐더러, 한니발이 아무리 화를 돋워도 맞대응해서는 안 된다는 것이 그가 처음부터 세운 작전이기 때문이었다.

미누키우스는 화비우스의 명령을 대수롭지 않게 생각했다. 화비우스가 부대로 돌아오는 날짜가 늦어지자 그는 군사를 이끌고 들판에서 먹이를 찾아 헤매는 카르타고의 병사들을 습격하여 많은 무리를 죽였으며, 나머지 무리도 격파하여 그들의 진영으로 몰아넣었다.

이 소식이 로마에 전달되자 시민은 미누키우스의 전과를 높이 추켜세우면서 대승을 거두었다고 칭송했다. 이에 시민은 기뻐하며 곧 미누키우스의 지휘권을 화비우스와 같게 높여 주었는데, 이런 일은 일찍이 없었다. 화비우스는 이와 같은 상처를 고결한 용기로 견뎌 내면서 이번 일에 의미를 두지 않았다.

25

화비우스가 전선으로 돌아오자 같은 시기에 두 명의 독재관이 다스리는 어이없는 일이 생겼다. 그리하여 두 사람은 군대를 나누어 각자 지휘하도록 함으로써 지난날 집정관 시대와 같은 제도로 돌아갔다. 이에 교만에 빠진 미누키우스는 어느 날 화비우스와 상의도 없이 전투를 벌이기로 작정했다.

그러나 그 정도의 평범한 공격은 오히려 늘 한니발에게

승리를 안겨 주곤 했다. 한니발은 공격해 온 상대를 조금도 두려워하지 않고 오히려 자기들을 둘러싸고 있는 적진으로 쳐들어가 즐기듯이 로마 병사를 죽였다. 만약 그때 화비우스가 도우러 오지 않았더라면 로마 병사들은 도망할 희망조차도 품지 못했을 것이다.

자신이 입은 상처보다는 조국의 영광을 먼저 생각했던 화비우스는 전선으로 달려갔다. 화비우스가 새로운 병력을 이끌고 오자 한니발은 몸을 사렸다. 결국, 로마 병사들은 자기들의 뜻에 따라 안전하게 물러갔다. 이 전쟁으로 말미암아 화비우스는 동지들은 말할 나위도 없고 적군에게서도 지혜롭고 용맹한 장군이라는 칭송을 들었다. 들리는 바에 따르면, 본진으로 돌아온 한니발은 이렇게 말했다고 한다.

"이번 전쟁에서 나는 미누키우스를 이겼다. 그러나 아울러 나는 화비우스에게 졌다."

미누키우스도 화비우스가 지혜로운 장군임을 고백했다. 그리스의 서사 시인 헤시오도스의 기록처럼, "자신보다 지혜로운 사람에게 복종하는 것이 옳은 일"이라고 생각한 미누키우스는 병사들을 이끌고 화비우스의 진영을 찾아가 자신의 독재관 직위를 내놓으면서 아버지를 모시듯 겸손하게 화비우스에게 인사를 드렸다고 한다. 그날 종일토록 병사들은 즐거워했다.

26

두 군대는 함께 겨울에 대비하여 수비에 들어갔다. 로마에서는 기나긴 논쟁을 거친 끝에 루키우스 아이밀리우스 파울루스(Lucius Aemilius Paullus)[4]와 테렌티우스 바로(Terentius Varro)라는

---

4   이 사람은 제27장에 나오는 루키우스 아이밀리우스 파울루스 마케도니쿠스(Lucius Aemilius Paullus Macedonicus)의 아버지이다.

두 명의 집정관을 뽑았다. 이들 가운데 바로는 미천한 가문 출신이었지만 평민들의 표를 얻어 집정관에 선출되었다.

이때 새로운 부대가 편성되고 더 많은 병사가 충원되면서 두 집정관은 지난날의 어느 장군보다도 더 강력한 군대를 지휘하게 되었다. 한편, 새로운 집정관이 군대의 지휘를 맡게 되자 개성이 서로 달라 지휘하는 방법도 여러모로 달라졌다. 파울루스는 지혜롭고 용맹한 장군으로서 화비우스의 전략과 막료들의 의견을 따랐다. 그는 전쟁을 길게 미루고 싶었기 때문에 접전하지 않고 때가 오기를 기다렸다.

그와 달리 바로는 성급하고 모험을 즐겨 오로지 싸울 생각만 했다. 파울루스의 온건한 전략과 바로의 무모한 전략의 차이로 말미암아 로마가 엄청난 대가와 위험을 치러야 했다는 사실이 밝혀지기까지는 오랜 시간이 걸리지 않았다. 한편, 군수품이 부족한 탓에 소란이 일어나지나 않을까 두려워진 한니발은 글레레눔을 떠나 아풀리아의 따뜻한 곳을 지나 칸나이(Cannae)라는 마을 옆에 병사들을 위한 진영을 차렸다.

27

그러자 파울루스와 바로가 그를 뒤쫓아 오면서 진영을 차렸다. 그들의 진영은 겨우 아우시두스(Ausidus)강 하나를 사이에 두고 있을 정도로 가까웠다. 알려진 바와 같이, 이 강은 알프스산맥을 가로지르면서 바다를 향해 서 있는 산을 돌아 아드리아해로 흘러 들어간다.

한니발이 여러 나라의 동맹군으로 이뤄진 많은 군사를 이끌고 다른 나라에서 오래 견딜 수는 없으리라고 판단한 파울루스는 될 수 있는 한 시간을 끌었다. 그는 전투를 피하는 것이 적군에게 가장 불리하고 로마에는 가장 유리하게 승리를 끌어낼 수 있는 길이라고 생각했다.

만약 집정관 바로까지 그와 같이 생각한다면 로마군이 싸

585   한니발

우지도 않고 한니발을 무너뜨릴 수 있다는 것은 의심할 나위도 없었다. 그러나 바로는 그리 지혜로운 사람이 아니었던 데다 변덕스럽기까지 했다. 게다가 파울루스의 권위를 인정하지 않았던 그는 전략을 상의하지도 않았다.

심지어 파울루스와 사이가 좋지 않았던 바로는 자신의 병사들 앞에서 파울루스를 헐뜯었다. 적군은 지금 전쟁터에 나와 싸울 준비를 하고 있는데, 게으른 파울루스는 병사들의 사기를 꺾고만 있다는 것이었다.

그 무렵의 군사 제도를 보면 두 집정관 가운데 하나가 번갈아 가며 전권을 지휘하게 되어 있었는데, 바로는 자기가 군대를 지휘할 차례가 오자 파울루스와 아무런 상의도 없이 새벽을 틈타 아우시두스강을 건너간 뒤 전투 명령을 내렸다. 파울루스는 바로의 처사에 동의할 수 없었지만, 바로가 지휘할 차례여서 어찌 달리 처신할 수도 없었다. 그래서 파울루스는 이른 아침에 출전 신호로 붉은 외투를 막사 밖에 걸도록 지시했다.

28

한편 이제까지 로마 병사들의 지연작전으로 말미암아 뜻한 바를 이루지 못하고 있던 한니발은 이제 전투를 치르게 된 것을 너무도 기뻐하며 강을 건넜다. 그가 이제까지 얻은 전리품들을 과감하게 부하들에게 나누어 준 까닭에 부대는 질서 정연했다.

이때 로마군은 남쪽을 향해 진영을 차리고 있었는데 마침 남풍이 불어 바로 그들의 얼굴을 때렸다. 그들은 이 남풍을 불투르누스(Vulturnus)라고 부른다. 이와 달리 카르타고 병사들은 바람과 햇빛을 등에 지고 싸울 수 있어 유리했다. 한편, 카르타고군의 진형은 평소와 같았다.

그들은 아프리카 병사를 양쪽 날개에 배치하였고, 갈리아족과 스페인 병사들은 가운데를 맡았다. 먼저 경장비를 갖춘 기병대가 공격을 개시하자 보병이 그 뒤를 따랐다. 강과 보병 사이의 공간이 매우 좁아 기병대는 제대로 싸우지 못했다.

전투는 길지 않았지만 매우 처참했다. 로마군 역시 기병대가 무너졌으나 보병들은 더욱 용기를 내어 싸웠다. 그들은 이 전쟁에서 지면 안 된다고 생각했다. 적군을 섬멸하겠다는 지나친 열망은 전투가 시작될 때는 그들에게 기쁨과 행복을 가져다 주었지만, 결국에는 그들을 처참한 상황으로 이끌었다.

앞서 말한 바와 같이, 가운데에서 싸우던 갈리아와 스페인의 병사들은 로마 병사들의 공격을 더 이상 견디지 못하고 양쪽 날개를 맡고 있던 아프리카 부대로 물러났다. 이를 알아차린 로마 병사들은 적군을 세차게 공격하면서 중앙까지 짓쳐들어갔다. 그러자 양쪽 날개에 자리 잡고 있던 카르타고 병사들은 로마 병사가 알아차리지도 못하는 사이에 그들을 포위했다. 그리고 비극적인 일이 벌어졌다.

29

그 무렵에 로마 군대에는 북아프리카의 누미디아에서 도망해 온 기병대 5백 명이 있었다. 로마는 그들을 정중히 대접하여 군대에 편입시켜 주었다. 그러나 그들은 로마 병사들이면서도 때가 되자 방향을 바꾸어 로마 병사를 공격하여 죽였다.

이로 말미암아 로마군은 크게 패배하고 한니발은 대승을 거두었다. 리비우스의 『로마사』(XXII : 49)에 따르면, 이 전투에서 로마는 4만 명의 보병과 2천7백 명의 기병을 잃었다고 한다.[5] 폴리비오스의 기록에 따르면, 그보다 더 많은 사람이 죽었다.

칸나이에서 벌어진 이 전투에서 사망한 로마 병력은 기록

---

5   제14장 「화비우스 막시무스전」(§ 16)에는 5만 명이 전사한 것으로 되어 있다.

적으로 많았다. 심지어 제1차 아프리카 전투나 제2차 카르타고 전투 때보다 많았다. 한편, 이 전투에서 아이밀리우스 파울루스가 전사했다. 그가 칭송받아 마땅한 인물이라는 점은 의심할 나위도 없다. 그는 죽는 순간까지 조국과 동맹국을 위해 헌신했다.

그 앞선 해[기원전 215년]에 집정관이었던 세르빌리우스도 그곳에서 죽었다. 그 밖에도 집정관, 치안관, 장군과 지휘관, 원로원 의원과 같은 저명인사와 선량한 시민들도 수없이 죽음으로써 적군의 잔인한 심성을 만족시켰다. 이 전쟁을 일으켰던 장본인인 바로는 사방에서 적이 승리하는 것을 보고 도망하여 목숨을 건졌다.

다른 부대의 지휘관이었던 투디타누스(Tuditanus)가 많은 군사를 이끌고 적진을 통과해 오자 바로는 카누시움(Canusium)으로 갔다. 거기에는 거의 1만 명에 이르는 병사가 적군의 공격을 피해 질풍처럼 들어오고 있었다. 결국, 바로는 전군의 지휘권을 아피우스 풀케르(Appius Pulcher)와 뒷날 이 전쟁을 끝낸 대(大)스키피오에게 넘겼다. 칸나이 전투는 이렇게 막을 내렸다.

30

이와 같은 패전 소식이 로마에 들어오자 온 도시가 슬픔과 절망에 빠진 것은 사실이지만, 그러한 비극을 겪으면서도 원로원과 시민은 품위와 위대함을 잃지 않았다. 그들은 조국을 지킬 희망을 버리지 않았을 뿐만 아니라 군대를 소집하고 젊은이들을 무장시킴으로써 시킬리아와 스페인에서 벌어질 전쟁을 대비했다.

세상 사람들은 이와 같은 로마의 대응을 보며 놀라워했다. 그들은 로마를 보면서 그와 같은 재난을 만나서도 어떻게 저토록 고결한 심성을 지킬 수 있는지, 또한 어떻게 저토록 훌룽하게 대처할 수 있는지 궁금해 했다.

지난번의 패전에 이어 이번에도 티키눔(Ticinum)과 트레비아강과 트라시메누스 호수에서 패전하고도 그 고통을 이겨낸 로마를 본 세상 사람들은 이렇게 병력을 모두 잃고서도 살아날 수 있는 민족이나 국가가 있을지 궁금해 했다. 로마의 시민은 위대한 지혜와 토론으로 그 어려운 일을 해낸 것이다. 그들은 인력과 담대함을 갖추고 있었다.

더욱이 정복자 한니발이 휴식을 취하면서 병사들의 기운을 회복하느라 시간을 허송했다는 점도 로마 병사들에게 도움이 되었다. 한니발은 로마인들이 숨을 고르고 힘을 회복할 수 있는 여유를 갖게 해 주었다. 만약 정복자 한니발이 승리를 쟁취한 뒤 곧바로 로마를 향해 진격했더라면, 로마는 비참하게 패배했거나 아니면 적어도 모든 것을 건 모험을 준비할 수밖에 없었을 것이다.

기록에 따르면, 한니발은 뒷날 이 승리에 뒤따르는 조처를 하지 않은 것을 크게 후회하면서, 기병대장 마하르발스(Maharbals)의 조언처럼 곧장 로마로 쳐들어가 전쟁을 끝내려 하기보다는 차라리 병사를 쉬게 하라는 막료들의 말을 들은 것을 공개적으로 불평했다고 한다.

알려진 바와 같이, 마하르발스는 한니발이 진격을 늦추었을 때 로마로 진격하는 것이 모든 사람의 공통된 의견이라고 말했었다. 그러나 한니발은 승리하는 방법은 알았지만 그 승리를 어떻게 이용하는지를 모르고 있었다.

그러나 어쩌랴, 호메로스의 『일리아스』에서 지혜로운 장군 네스토르(Nestor)가 말하고 있듯이, 인간에게 모든 재능이 주어지는 것은 아니다. 어떤 사람은 승리하는 법을 모르고, 어떤 사람은 승리한 다음에 어찌할 바를 모르고, 어떤 사람은 승리한 것을 지킬 줄 모른다.

에페이로스의 왕 피로스(제39장)는 로마인과 전쟁을 치른

589   한니발

장군으로서 누구보다도 유명했다. 그러나 역사가들이 그를 평가한 바에 따르면, 그는 영토를 정복하는 데 놀라운 행운을 타고났지만 그것을 지킬 줄은 몰랐다. 그와 마찬가지로, 어떤 장군들은 군인으로서 탁월한 덕망을 타고났지만 장군으로서 칭송을 듣기에는 전술적인 이해가 크게 부족했다. 그러한 역사의 사례는 허다하다.

31

칸나이 전투의 화려한 승리는 아텔라(Atella)족, 칼라브리아(Kalabria)족, 삼니움족, 이어서 브루티아(Brutia)족과 루카니아족을 비롯한 이탈리아의 여러 민족과 부족을 매혹시켰다. 그들은 자진해서 한니발의 세력에 편입되었다.

특히 한니발이 그토록 오랫동안 정복하고 싶어 했던 카푸아는 지난날의 우방과 동맹국들을 떨쳐 버리고 한니발과 새로운 연맹과 우호를 맺음으로써, 다른 민족에게서 위대한 명성을 구했다. 그 무렵의 카푸아는 인구도 많고 국력이 강성하여 이탈리아에서 로마 다음으로 명성을 누리는 도시였다.

카푸아의 역사를 잠시 살펴보면, 이 도시는 본디 토스카나의 식민지로서 볼투르눔(Volturnum)이라고 불리다가 총독 카피우스(Capius)의 이름을 따 카푸아로 불렸음이 분명하다. 그렇지 않다면 그 이름은 아마도 그 일대에서 나오는 과일과 관련이 있음 직하다. 이곳은 사방이 비옥하여 온갖 과일들이 나는데, 그 가운데 하나를 그리스어로 케포이(kepoi)라고 불렀다.

카푸아는 사방이 유명한 민족으로 둘러싸여 있다. 바다쪽으로는 수에사니아(Suessania), 쿠마이 그리고 네아폴리스(Neapolis)가 있고, 북쪽의 대륙에는 칼렌티니아(Calentinia)족과 칼레니아(Calenia)족이 살고 있으며, 동남쪽으로는 다우니아와 놀라니아(Nolania)가 있다.

더 나아가서 카푸아는 한쪽이 바다로 둘러싸여 있고, 다른 한쪽은 높은 산이 막혀 있어 지리적으로 매우 안정된 곳에 자리 잡고 있었다. 그래서 그들은 크게 번성할 수 있었다. 세상살이가 다 그렇듯이, 로마가 전쟁에 지고 칸나이를 잃는 것을 본 캄파니아(카푸아)족은 재빨리 강자 쪽으로 돌아섰다. 그들은 한니발과 동맹을 맺고, 성대한 개선식과 함께 그를 맞아들이면서, 이제 전쟁도 끝났으니 자신들이 이탈리아에서 가장 강성하고 부유한 나라가 될 것이라고 생각했다.

그러나 보라, 인간은 자신의 기대로부터 얼마나 자주 배신을 당했던가? 한니발이 카푸아에 들어오자 많은 사람이 그의 위대한 명성 때문에 그를 보고자 달려 나갔지만, 한니발은 오직 자신이 적군을 무찌르고 이룩한 승리의 이야기만을 행복에 젖은 채 반복할 뿐이었다.

32

한니발이 시내로 들어오자 시민들은 그를 마르쿠스 파쿠비우스(Marcus Pacuvius)의 집으로 안내했다. 파쿠비우스는 한니발의 가까운 친구로서 캄파니아족 가운데 누구보다도 많은 재산과 권력을 누리고 있었다. 파쿠비우스는 한니발을 위해 성대한 잔치를 베풀었다.

주빈인 파쿠비우스의 아들이자 용맹한 젊은이였던 비벨리우스 타우레아(Vibellius Taurea)만이 잔치에 초대를 받았다. 파쿠비우스는 온갖 수단을 동원하여 자기 아들과 한니발을 화해시켰다. 그 아들은 본디 늘 로마의 편에 섰던 데키우스 마기우스(Decius Magius)를 따라다녔기 때문에 한니발은 그를 미워하던 터였다.

내가 역사를 돌아본 바에 따르면, 때때로 인간들은 위인들이 얼마나 큰 위험과 불행을 겪고 있는지 잘 모른다. 이 젊은 타우레아가 한니발과 화해한 것은 그의 본심이 아니었다. 그는 이번 잔치에서 즐거운 체하면서 시간과 기회를 보아 한니

한니발

발을 해칠 계획을 세우고 있었다.

그리하여 타우레아는 아버지 파쿠비우스를 으슥한 방으로 데리고 들어가 자기와 함께 일을 꾸미자고 부탁했다. 타우레아는 나라가 기울면서 잃었던 로마와의 우호 관계를 회복할 수 있는 반전(反轉)의 기회를 잡고 싶었다. 그는 자기의 조국과 모든 이탈리아의 적장인 한니발을 어떻게 죽일 것인가를 설명했다.

카푸아에서 존엄과 권위를 가지고 있던 타우레아의 아버지는 아들의 말을 듣고 매우 놀라 눈물을 한가득 흘리며 아들을 껴안고, 아들이 칼을 버리고 자기의 집에서 손님이 다치는 일이 없도록 하라고 간청했다. 이에 아들은 자기의 거대한 음모를 포기했다.

지난날 갈리아족의 매복과 같은 막강한 공격을 물리쳤으며, 강력한 다른 나라들을 모두 뚫고 스페인의 가장 먼 곳까지 다다랐던 용장 한니발은 그날 그렇게 한 젊은이의 손에서 가까스로 생명을 건졌다. 그가 한 일은 그저 저녁 식탁에 앉아 즐거운 한때를 보낸 것뿐이었다.

33

다음 날 아침, 한니발은 원로 회의를 소집하고 거창한 약속을 제시하면서 많은 정책을 공표했다. 캄파니아족은 쉽게 그 말을 믿으면서 자신들이 이탈리아 전체의 주인이 될 것이라고 자부했다. 그들은 우쭐해하면서도 비굴할 정도로 자기들의 모든 것을 한니발에게 맡겼다.

그들은 한니발을 자기들의 도시로 받아들였을 뿐만 아니라 절대자로 떠받들기까지 했다. 그들은 마치 자기들의 자유를 기억하지도 못하고, 염려하지도 않는 사람들처럼 보였다. 그러한 사례가 많이 기록돼 있는데, 그 가운데 한 가지만 들어보자면 다음과 같은 이야기가 있다.

한니발은 정적인 데키우스 마기우스에게 자기를 데려가 달라고 캄파니아 주민들에게 말했다. 원로원은 그의 말에 순종했고, 심지어 마기우스를 사람이 많은 광장으로 데리고 나와 그에게 망신을 주었다. 로마와의 오랜 우호를 지키려 했던 마기우스는 이방 민족의 편을 들기보다는 자기의 동족과 기존의 동맹에 더 많은 신뢰감을 가졌던 인물이었다.

34

이와 같은 일이 카푸아에서 벌어지고 있는 동안, 한니발의 동생 마고가 카르타고로 돌아가 카르타고 군대가 적지에서 거둔 승리의 소식을 알려 주었다. 마고는 한니발이 이룩한 전공을 비롯한 여러 사건을 원로 회의에 보고하면서 자신의 말이 진실임을 입증하고 싶었다. 그래서 그는 원로 회의장에 들어오면서 로마의 무사들에게서 빼앗아 온 가락지를 쏟아 냈다. 기록에 따르면, 그 부피가 1부셸(bushel)이었다고도 하고, 어떤 사람들은 3.5부셸이었다고 말한다.

이런 일이 있은 뒤에 마고가 한니발의 군대에 보낼 새로운 군수품을 요구하자 원로 회의는 기꺼이 이를 승인해 주었다. 카르타고인들은 이렇게 추가 군수품을 보냄으로써 처음에도 그랬던 것처럼 이번의 전쟁에도 행운이 따르리라고 스스로 되뇌었다. 이어 그들은 군대를 증원하여 보내면서 전쟁을 계속하고 한니발의 계획을 지원할 것이라고 선언했다.

한니발에게 군수품을 보내는 것에 대해 누구도 반대하지 않았지만, 바르카 무리의 영원한 적대자인 한노가 이에 반대하고 나섰다. 평화를 추구하려던 한노의 의견은 사실상 카르타고에게도 이익이 되는 것이었지만, 카르타고인들은 한노의 의견을 무시하고 그를 설득했다. 결국 한노도 지난날에 늘 그랬듯이 민중의 의견에 따랐다.

35

한니발은 카푸아와 동맹을 맺자 곧장 군대를 이끌고 놀라 (Nola)로 진격하여 그곳에 진영을 차렸다. 한니발은 놀라의 주민들이 저항 없이 항복하기를 바랐다. 만약 그때 군정관 마르켈루스(Marcus Marcellus, 제24장)가 갑자기 그곳에 나타나지만 않았더라면 놀라의 주민들은 저항 없이 항복했을 것이다.

마르켈루스는 세 곳의 성문을 통해 들어가 시민을 보호하고 소란을 진정시킨 다음 적군의 진영까지 추격하여 큰 손실을 입혔다. 그 무렵 용장으로 유명했던 마르켈루스는 위대한 용기를 선보였고, 한니발이 결코 꺾이지 않는 장군이 아니라는 사실을 세상에 알려 주었다.

놀라를 얼마 동안 그대로 두는 것 말고는 달리 방법이 없다고 여긴 한니발은 아케라이(Acerrae)로 쳐들어가 아무런 저항 없이 그곳을 함락하여 약탈했다. 그런 다음 한니발은 다시 많은 병력을 이끌고 카실리눔으로 진격했다. 카실리눔은 카푸아와 유독 사이가 좋지 않은 도시였다.

한니발은 카실리눔의 수비대를 물리치고 그곳을 점령할 요량이었다. 그러나 약속이나 위협 따위로는 카실리눔 사람들의 마음을 돌릴 수 없다고 판단한 그는 병력의 일부를 시켜 그곳을 점령하게 했다. 그리고 자신은 겨울을 나기 위해 카푸아로 복귀했다.

한니발은 가장 비용이 덜 들면서도 충분한 힘을 기를 수 있는 곳으로 가장 쾌적하고 물자가 넉넉한 카푸아를 선택했던 것이다. 그러나 늘 어려운 환경에서 살아온 군대가 추위와 배고픔에서 벗어나 이런 좋은 환경을 접하면 일상의 즐거움에 빠지게 된다. 그러면 용맹한 병사는 비겁해지고 강자는 허약해지며, 근면하던 병사는 겁 많고 나약한 사람이 되는 법이다.

달콤한 즐거움에 대한 유혹은 인간의 마음속에 담긴 강건한 용기와 재능을 타락시키고, 사람에게서 좋은 판단력을 빼앗아 가는데, 이 모든 것은 참으로 위험한 일이다. 그러므로 플라톤의 다음과 같은 말은 참으로 옳은 지적이다.

"쾌락은 모든 죄악의 시초이다."

이번 카푸아의 일만 하더라도 쾌락은 알프스산맥의 높이만큼이나 카르타고인들을 타락시켰다. 이때 이들이 범한 타락이 로마인들보다 더 심했다는 것은 의심할 나위도 없다. 단 한 해 겨울의 쾌락과 방종은 그토록 용맹스러운 군대의 사기를 꺾어 버리는 치명적인 원인이 되었다. 그리하여 다음해 봄에 전쟁터에 나온 그들은 마치 군사 훈련을 깡그리 잊어버린 사람이나 다름없게 되었다.

36

겨울이 지나자 한니발은 다시 카실리눔으로 돌아오면서 그토록 오랫동안 지배받은 그곳 주민들이 쉽게 항복하기를 바랐다. 그러나 카실리눔의 주민들은 식량이 부족한데도 잔인한 적국에 항복하기보다는 극렬한 저항을 택했다. 그들은 처음에는 가축 사료나 보리로 버티다가 나중에는 불투르누스강을 따라 로마인들이 보내 주는 땅콩을 먹으면서 견뎠다.

카실리눔의 주민들이 그토록 오랫동안 저항하자 긴 포위전에 지친 한니발은 몹시 화가 났지만, 그들과 타협하는 것으로 만족하려 했다. 지난날 같으면 생각할 수도 없는 일이었다. 이제까지 전쟁에서 늘 승리했고, 행운이 따랐으며, 기억할 만한 상처도 없었던 그는 이때부터 운세가 기울면서 커다란 변화에 빠지기 시작했다.

마케도니아의 필리포스왕과 동맹을 맺고, 고국에서 새로운 군수 물자가 도착했으며, 페틸리아(Petilia)와 콘센티아(Consentia)와 브루티아족의 여러 도시를 차지하게 되었다는 사실은 카르타고군의 커다란 희망이었다. 그런가 하면 스페인과 사르디니아에서 대승을 거둔 로마인들 역시 크게 고무되어 앞으로 더욱 번영하리라는 희망을 품었다.

로마인들은 세 사람의 탁월한 장군을 선출했는데, 곧 화비우스 막시무스, 셈프로니우스 그라쿠스(Sempronius Gracchus) 그리고 마르쿠스 마르켈루스였다. 그들은 모두가 하나같이 탁월한 군인으로 칭송받을 만한 인물들로서 지혜롭게 국가를 경영했다. 한니발은 이들에 대하여 전쟁을 일으킬 수밖에 없다고 생각했는데, 그러한 결심은 현명하고 정치적인 판단이라기보다는 분노로 인한 것이었다.

무엇보다도 한니발이 분노한 부분은 자신이 그라쿠스에게 지고 엄청난 피해를 입은 뒤에 쿠마이에서 쫓겨나며 포위를 풀지 않을 수 없었다는 점과, 그로부터 얼마 뒤에 놀라에서 벌인 전투에서 마르켈루스에게 졌다는 사실이었다.

이 전투에서 로마인들은 1천 명을 잃은 데 견주어 카르타고인들은 6천 명이 죽거나 도망했다.[6] 이 전투가 얼마나 중요한 것이었는지를 우리는 쉽게 알 수 있다. 이 패전 때문에 한니발은 놀라의 포위를 풀고 겨울을 나고자 아풀리아로 갔다.

37

이 일을 계기로 로마인들은 마치 중병에서 회복된 사람들처럼 다시 일어나 엄청나게 많은 군대를 적진으로 파견했다. 그들은 단지 잃어버린 땅을 찾는 데 만족하지 않고 과감하게 적진으로 쳐들어갔다. 로마인들의 목표는 카푸아를 점령함으로써 최근에 캄파니아족에게 받은 상처를 회복하는 것이었다.

칸나이 전투 바로 뒤에 캄파니아족은 어려운 상황에 빠진 로마인들을 몰아내고 정복자 한니발과 손을 잡음으로써 오래전에 로마인들에게 받았던 많은 은혜를 저버렸고, 로마인들은

---

6   제24장 「마르켈루스전」(§ 12)에는 카르타고인들이 5천 명 죽었다고 기록
      되어 있다.

이를 가슴 아프게 생각했다.

그제야 캄파니아족은 자신들이 실수했음을 깨닫고 로마인들이 새로운 전쟁을 준비하고 있다는 사실에 두려움을 느꼈다. 그들은 아풀리아에 머물고 있던 한니발에게 사절을 보내 동맹국인 자기들이 매우 큰 어려움에 빠져 있으니 도와 달라고 간청했다.

한니발은 멈칫거리지 않고 아풀리아를 떠나 카푸아로 가는 긴 여정 끝에 카푸아의 건너편 티화타(Tifata)에 이르러 진영을 차렸다. 그러나 그는 그곳에서 다른 기회가 올 때까지 기다려야 했다. 왜냐하면 캄파니아족 사이에 유행병이 퍼졌기 때문이었다.

한니발은 네아폴리스(Neapolis, Napoli)의 여러 도시를 약탈한 다음 반역자들의 음모를 이용하여 놀라를 점령하리라는 새로운 계획을 세웠다. 놀라는 시민과 원로원 사이에 의견이 많이 달라 다른 이탈리아 도시 국가들처럼 늘 분열되어 있었다. 일반 시민은 변화를 바라면서 한니발에게 호의적이었지만, 귀족과 정치인들은 로마 쪽에 기울어 있었다.

그리하여 한니발이 그 도시에 이르자, 마치 지난날을 재현하듯이 마르켈루스가 많은 군사를 이끌고 그를 대적하여 처음부터 실수 없이 그를 무찔렀다. 이곳의 전투에서 로마인들은 자기들의 병력과 군수품으로써 적군을 이겼다. 만약 마르켈루스가 지시했던 바와 같이 로마의 기병대가 제시간에 맞추어 도착했더라면 그들은 카르타고인들을 더욱 무참하게 무찔렀을 것이다.

38

한니발은 많은 병력을 잃고 그곳에서 물러나 곧바로 살렌티나(Salentina) 지방으로 갔다. 타렌툼에서는 지난번 전투 때 로마군이 패하면서 로마의 젊은이들이 한니발에게 포로로 잡혔는

데, 그 뒤에 몸값도 치르지 않고 풀려난 적이 있었다.

풀려난 포로들이 한니발에게 감사의 마음을 표시하고 싶어 그를 타렌툼으로 초청하자 한니발은 군대를 이끌고 그리로 갔다. 그들의 약속에 고무된 한니발은 그 도시를 장악할 수 있도록 모든 조치를 취했다.

해안가의 도시를 차지하는 것은 한니발의 오랜 소망이었다. 그리스의 도움을 받고 날마다 필요한 군수품을 보급받기에는 타렌툼만 한 곳이 없었다. 비록 로마 수비대가 격렬하게 저항하는 바람에 오랜 시간이 걸리고 있었지만, 한니발은 이 과업을 결코 포기하려 들지 않았다. 내부의 반역자인 니코(Nico)와 휠로메네스(Philomenes)가 한니발의 손에 그 도시를 넘겨줄 때까지 항쟁은 계속되었다.

도시를 빼앗긴 로마인들은 요새로 물러나 저항했다. 요새는 삼면이 바다로 둘러싸여 있고 한쪽이 육지로 이어져 있었는데, 방어 시설이 튼튼한 육지 쪽으로는 공격이 어렵다고 판단한 한니발은 요새로 들어가는 바다의 어귀를 봉쇄하기로 결정했다. 바다를 통한 식량의 보급을 끊으면 그들이 항복할 것이라는 기대감 때문이었다.

그러나 로마군이 바다의 입구를 굳건히 지키고 있어 그것도 뜻대로 되지 않았다. 요새를 공격하기로 되어 있던 함선은 좁은 입구에 막혔고, 요새 밑까지 다가가도 곧 밀려 밖으로 떠내려갔다. 타렌툼인들조차도 어찌해야 이 일을 수행할 수 있을지 몰랐다.

그러자 한니발은 함대를 모두 퇴각시킨 다음, 배를 다른 방식으로 움직이기로 했다. 능숙한 직공들을 통해 지상으로 이동할 수 있는 장치를 단 배들은 며칠에 걸쳐 도시를 통과한 다음, 요새의 방어선 안쪽 해안에 나타나 공격을 퍼부었다.

이 공격으로 타렌툼은 로마인들의 손에 넘어간 지 1백 년 만에 다시 카르타고인들의 손으로 넘어갔다. 육지와 바다에서 공격해 타렌툼을 점령한 한니발은 그곳을 떠나 삼니움으로 돌아갔다. 왜냐하면 로마의 집정관들이 먹을 것을 찾아 성 밖을 나온 캄파니아족을 약탈한 다음 카푸아 앞까지 병사들을 몰고 와 성을 함락하려 했기 때문이었다.

카푸아가 함락된 것을 유감스럽게 생각한 한니발은 모든 병사를 이끌고 적군을 물리치러 나갔다. 로마 병사가 물러설 뜻이 없음을 알아챈 카르타고 병사들은 곧장 진격했다.

루카니아 지방에서 그라쿠스를 잃은 뒤에 코르넬리우스의 지휘를 받게 된 셈프로니우스의 군사들이 지난날과 같이 개입하지 않았더라면 엄청나게 피를 흘리는 전투가 벌어졌으리라는 데에는 의심할 나위가 없다.

왜냐하면 서로 대치하던 양쪽 군대는 멀리서 다가오는 코르넬리우스의 병사들이 어느 편인지 몰라서 서로 두려워하며 싸우지 않고 진영으로 돌아갔기 때문이었다. 그 뒤로 로마의 장군들은 루카니아와 쿠마이 등 여러 곳을 쳐들어가 한니발을 카푸아에서 몰아냈다.

한니발은 루카니아로 갔다가 거기에서 켄테니우스(Marcus Centenius)를 만나 한바탕 전투를 치렀다. 켄테니우스는 이 까다롭고도 위험스러운 적군을 만나 싸우는 동안 자기 휘하의 장병들을 어이없게 학대했다. 전투가 시작되자 그는 장렬하게 전사하고, 남은 무리는 도망쳤다.

이런 일이 있고 나서 로마 병사들은 또 한 번 상처를 입었다. 한니발은 아풀리아로 돌아온 바로 뒤에 화비우스가 이끄는 로마군과 다시 전투를 치렀다. 이 전투에서 화비우스는 매복병을 만나 군사의 대부분인 2만 명을 잃고, 2천 명은 가까스로 살아 도망했다.

그러는 동안에 로마의 장군들은 한니발이 돌아간 것을 알고 군사들을 몰아 카푸아로 나와 그 도시를 포위했다. 이 소식을 들은 한니발은 군대를 이끌고 다시 캄파니아로 쳐들어갔다. 군대는 질서 정연했고, 잘 조직되어 있었다. 한니발은 첫 교전에서 로마의 진영을 쳐부숨으로써 캄파니아족이 스스로 결연히 출전하도록 만들었다.

적군이 쳐들어오자 로마의 장군들은 군대를 나누어 한니발에 대응했다. 캄파니아족은 쉽게 성안으로 밀려 들어갔다. 이 전쟁으로 말미암아 한니발은 많은 피를 흘렸지만, 그가 용맹한 장군이요 고결한 군인임을 입증했다면, 그날이 바로 이날이었을 것이다.

한니발은 조금은 새로운 전략으로 적군을 놀라게 했다. 그의 부하들은 로마의 진영을 쳐들어가려던 참이었다. 한니발은 라틴어를 유창하게 구사하는 병사를 보내 마치 로마 장군들의 명령인 것처럼 꾸며, 그들이 모든 진영과 병력을 잃었으니 뒷산으로 피신하라고 지시했다.

이 거짓 명령은 너무도 갑자기 내려온 것이어서 그 말을 들은 로마 병사들은 깜빡 속아 쉽게 움직였다. 로마 병사들이 한니발의 교활함을 미리 알았다 하더라도 그것이 속임수였음을 깨닫지 못했을 것이다. 로마 병사들은 서로를 격려하며 성을 비운 다음, 턱수염 때문에 로마인이 아님을 알아볼 수 있었음에도, 한니발이 성안으로 들어오도록 했다.

41

한니발은 카푸아를 되찾고자 동원할 수 있는 지략과 군사 행동을 모두 사용했지만 모든 일이 뜻한 대로 이뤄지지 않았고, 더욱이 동맹국들이 위험에 빠진 것이 유감스러웠다. 그리하여 그는 오랫동안 소홀히 했던 참모 회의를 소집하면서 그 회의를 자기의 마지막 의지처로 삼기로 했다.

한니발은 군대를 이끌고 조용히 불투르누스강을 건넜다. 시디키니아(Sidicinia)와 알리화니아(Alifania)와 카시니아(Cassinia)를 지나 로마에 이른 그는 깃발을 들어 그곳을 포위했다. 이탈리아의 중심을 차지하려는 야망을 드러낸 것이다.

카르타고의 선발대가 로마로 곧장 짓쳐들어오자 일찍이 이런 일을 겪어 본 적이 없는 로마인들은 몹시 두려워했다. 그들은 이 치명적인 적군이 깃발을 들고 나타나 이탈리아 제국을 무참히 파괴하는 모습을 전에도 본 적이 있었으므로 더욱 두려워했다. 그가 눈앞에 나타났지만, 로마인들은 저항할 엄두도 내지 못했다. 한니발은 로마의 원로원과 시민들에게 항복하라고 협박했다.

카푸아에 주둔해 있는 집정관 가운데 한 명인 풀비우스 플라쿠스를 본국으로 불러들이라는 명령이 떨어졌다. 새로 임명된 집정관 술피키우스 갈바와 코르넬리우스 켄티말루스(Cornelius Centimalus)는 성 밖에서 진영을 차렸고, 군정관 칼푸르니우스(Calpurnius)는 강력한 수비대를 성안으로 끌고 들어왔으며, 공직을 맡은 시민은 로마 시내에서 갑자기 발생할 수도 있는 소란을 진정시키는 직책을 맡았다.

한니발은 멈추지 않고 진격하여 로마에서 24휘롱 떨어진 아니오(Anio)강에 이르러 진영을 차렸다. 곧이어 그는 2천 명의 기병대를 이끌고 로마로 접근했다. 그는 말을 타고 콜리나 성문(Porta Collina)에서 헤라클레스 신전에 이르는 길을 다니면서 기쁜 마음으로 그 위대한 도시의 상태와 성벽을 돌아보았다.

그곳에서 더 이상 버티고 있을 수만은 없다는 사실을 알고 있던 풀비우스 플라쿠스는 곧바로 로마 병사를 보내 한니발을 막도록 했다. 그의 명령에 따라 로마 병사들은 질풍처럼 적군을 공격하여 쉽게 물리쳤다.

다음 날 아침, 한니발은 병사들을 막사에서 불러내어 전열을 갖추었다. 만약 적군을 꾀어낼 수만 있다면 당장이라도 전투를 전개할 작정이었다. 건너편의 로마 병사들도 마찬가지였다. 양쪽 병사들은 목숨을 걸고 용맹스럽게 상대를 향해 나아갔다. 그들은 어떤 위험도 두려워하지 않았으며, 마치 그날의 승리를 자기들의 것으로 여기는 듯 보였다.

카르타고 병사들은 세계 제국을 건설하고자 싸우려 했다. 그러한 과업이 이번의 전투에 달려 있으며, 이는 자신들이 치러야 할 마지막 전투라고 그들은 생각했다. 그런가 하면 로마 병사들은 조국과 자유와 정의를 위해 싸웠으며, 이번 전투를 통해 그것을 쟁취할지 아니면 적군의 손에 넘겨주게 될지를 결정짓고 싶어 했다.

어쨌거나 그날 기억할 만한 일이 벌어졌다. 로마의 병사들이 전투 대형을 이루어 공격 신호를 기다리고 있는데, 억수 같은 비바람이 몰아쳤다. 그들은 지휘관의 반대를 무릅쓰고 각기 성채로 돌아왔다.

다음 날도 꼭 같은 이유로 전투가 벌어지지 않은 것 같다. 양쪽에서 전열을 갖추고 나갔지만 첫날과 마찬가지로 폭풍이 불어닥쳐 양쪽 모두에게 큰 피해를 주었다. 그로 말미암아 양쪽은 피해를 보지 않으려고 노력했을 뿐 싸울 겨를이 없었다.

그러자 한니발은 막료에게 이제 자기는 로마군과 싸워 승리할 생각이 없으며, 기회가 사라진 것 같다고 말했다. 한니발은 커다란 고민에 빠졌다. 자신이 많은 기병대와 보병을 이끌고 로마 가까이 쳐들어왔는데, 듣자니 로마군은 스페인을 지원하러 감으로써 그들이 로마에서 입은 피해를 스페인에서 갚으려 한다는 것이었다. 로마는 그 작전으로 자신들이 얻는 것에 비해 치러야 할 대가가 훨씬 많음에도 작전을 진행시켰고, 한니발은 그 사실에 분노했다.

이에 한니발은 로마의 모든 세공업자와 대부업자의 업장을 공매에 넘겼다. 그러면서도 한니발은 로마를 점령하는 것이 얼마나 힘든 일인지 자문했다. 심지어 식량은 열흘 치밖에 남지 않은 상황이었다. 결국, 그는 진영을 훼로니아(Feronia) 여신의 숲속으로 옮겨 그곳의 신전을 약탈한 다음 브루티아와 루카니아 지방으로 이동했다.

43

이 소식을 들은 카푸아족은 실낱같은 희망을 버리고 그들의 도시를 로마인들에게 넘겨주었다. 카푸아족이 항복하여 로마에 복속되었다는 사실은 모든 이탈리아인에게 매우 중요한 의미가 있는 것이어서 사람들은 어떤 변화가 일어나기를 바랐다. 반면에 한니발은 잘못된 조언을 듣고 그가 지킬 수 없는 많은 도시를 약탈하고 파괴했다.

한니발은 자신에게 반대하는 여러 민족의 마음에 상처를 주었다. 그는 지난날 정복자가 되기 이전에는 몸값도 받지 않고 전쟁 포로들을 풀어 주어 그들에게 자유를 주었지만, 지금은 야만적이리만큼 잔인해져서 카르타고에 복속되기를 바라지 않는 여러 도시가 로마의 편에 서도록 만들었다.

한니발에 반란을 일으킨 부족 가운데 살라피아(Salapia)족이 있었다. 그들은 로마 귀족인 블라키우스(Blacius)의 도움으로 집정관 마르켈루스에게 항복했다. 그러자 그곳에 카르타고의 수비대로 남아 있던 정예 기병대는 야만스러운 방법으로 모든 주민을 살해했다. 이곳은 한니발이 한 여성과 사랑에 빠졌던 곳이어서 주민들은 그의 온당하지 못한 탐욕을 더욱 원망했다.

그러나 이 위대한 장군의 절제를 칭송하는 인물도 있다. 그의 말에 따르면, 한니발은 이탈리아와 싸우는 동안이나 아프리카로 돌아간 뒤에도 거짓말을 한 적이 없으며, 1파인트

(0.57리터)의 술도 마신 적이 없었다고 한다. 또 다른 사람의 말에 따르면, 한니발은 잔인하고, 성품이 변덕스러우며, 온갖 악행을 저질렀다고도 한다.

그러나 한니발이 정조를 지켰는지, 아니면 문란했는지에 대해 말한 사람은 없다. 기록에 따르면, 한니발의 아내는 스페인 여자로서 카스툴로(Castulo)라는 아름다운 마을에서 태어났다고 한다. 카르타고인들은 스페인에 대한 신뢰와 지조가 두터웠기 때문에 그 여성에게 많은 것을 허락했고, 매사를 믿었다.

44

앞서 말한 바와 같이, 살라피아를 잃은 한니발은 자신이 잃은 것보다 더 많은 것을 빼앗음으로써 로마인들에게 보복할 방법을 찾고 있었다. 이 무렵 로마의 부집정관이었던 풀비우스는 헤르도니아(Herdonia)를 공격하면서 아무런 저항 없이 그 도시를 함락할 수 있기를 바랐다.

한니발이 브루티아로 돌아간 터라 풀비우스는 주변에 있는 적군을 두려워하지 않고 경비병도 두지 않은 채 군사 업무를 소홀히 처리했는데, 이는 로마의 장군답지 않은 처사였다.

첩보원을 통해 이러한 사실을 알게 된 한니발은 이 좋은 기회를 놓치고 싶지 않았다. 그는 아풀리아에서 군대를 몰고 재빨리 헤르도니아를 공격함으로써 아무런 대비도 하지 않고 있던 풀비우스에게 도적처럼 다가갔다. 그러나 로마 병사들은 첫 전투에서 용맹스럽게 싸웠다.

전투는 예상보다 길었다. 그럼에도 끝내 로마인들은, 2년 전에 그리 멀지 않은 곳에서 집정관 풀비우스의 지휘를 받던 군인들이 그랬던 것처럼, 이번에도 무참하게 졌다. 풀비우스는 병사 대부분과 함께 전사했다.

그 무렵에 삼니움에서 풀비우스의 패배 소식을 들은 마르켈루스는 풀비우스를 구출하고 싶었다. 구원병들은 너무 늦게 도착한 듯 보였지만, 그는 군대를 몰고 루카니아 지방으로 쳐들어갔다. 마르켈루스는 한니발에게 승리가 돌아갈지 모른다는 점을 알면서도 적진 가까이 다가가 진지를 구축한 다음 곧바로 전투에 들어갔다.

카르타고인들도 전투를 마다할 이유가 없었다. 양쪽 사이에 치열한 전투가 벌어져 해가 질 때까지 싸우다가 날이 어두워져서야 물러섰다. 다음 날 아침이 되어 로마 병사들이 다시 전열을 갖추고 전선에 나타나 보니 적군이 겁에 질려 있음을 알게 되었다. 한니발은 병사들을 진영에 묶어 둔 채로 밤중에 소리 없이 빠져나가 아풀리아로 떠난 것이다.

마르켈루스는 그 뒤를 바짝 뒤쫓아 가면서 일격에 적군을 궁지로 몰아넣을 방법을 노렸다. 그가 이처럼 행동한 것은 당시 로마의 장군들 가운데 한니발에 맞설 수 있을 만큼 뛰어난 기지와 전술과 전투력을 가진 사람이 자신밖에 없다고 생각했기 때문이었다.

그러나 이어지는 추위가 발목을 잡아 마르켈루스는 적군과 싸울 수 없었다. 그는 추위로 말미암은 문제로 막료들과 부질없이 다투고 싶지 않았기 때문에 그들에게 겨울 동안 수비만 하도록 허락했다.

46

이듬해 봄이 되자 마르켈루스는 겨울나기를 했던 부대들을 다시 소집해 한니발을 향해 진격했다. 새로이 집정관이 된 화비우스가 보낸 편지가 그의 호전적인 성품을 더욱 자극했던 것이다. 때가 되어 양쪽 부대의 거리가 가까워지자 그들은 서로 바라던 대로 전투에 들어갔다. 며칠 동안에 그들은 세 차례나 싸웠다.

첫날의 전투는 서로가 바라던 전술대로 싸웠으나 어느 쪽이 우세했는지 판정할 수 없는 상황에서 의도적으로 본진으로 돌아갔다. 둘째 날의 전투에서는 한니발이 이겨 적군 2천7백 명을 죽이고 많은 무리를 격퇴했다. 셋째 날이 되자 어제의 패전에 대한 치욕과 불명예를 씻고 싶었던 로마군이 먼저 싸움을 걸어왔다. 적군의 용맹에 놀란 한니발은 막료들을 돌아보면서 이렇게 말했다.

"내가 싸우는 상대는 진정한 정복자가 되지는 못하겠지만 완전히 정복되지도 않을 것이다."

전투는 지난날의 어느 때보다도 치열하고 잔인했다. 로마 병사들은 패전에 대한 복수심으로 더욱 치열했고, 카르타고인들은 패배한 무리가 감히 승자에게 달려드는 데 분노했다. 끝내 마르켈루스가 무섭게 독려하며 용맹하게 싸운 결과, 로마 병사가 이겼다.

두 번째 전투에서 패배했다는 소식보다 세 번째 전투의 승전 소식이 먼저 로마로 들어갔다. 그들은 전투를 멈추지 않고 세 번만에 적군을 무찔러 도망치게 했다. 그 무렵, 화비우스 막시무스도 타렌툼을 잃었을 때와 꼭 같은 방법으로 그곳을 되찾았다. 이 소식을 들은 한니발은 이렇게 말했다.

"로마인들에게도 한니발이 있었군."

47

이듬해에 마르켈루스와 크리스피누스가 전쟁 준비의 책임을 지고 집정관에 뽑혀 군대를 이끌고 전선으로 나갔다. 전투에서는 그들을 이길 수 없다고 절망한 한니발은 암수(暗數)로써 적군을 함정에 빠뜨릴 방법을 찾느라 온갖 궁리를 했다. 그런 생각으로 머리가 가득했던 그는 불현듯 이 난관을 타개할 만한 묘안을 떠올렸다.

두 진영 사이에는 커다란 숲이 있었는데, 한니발은 이곳을 통과하는 적군을 사로잡으려고 누미디아인들을 그곳에 매복시켰다. 그러는 동안에 로마에서는 두 집정관이 합의하여 그 숲을 살펴본 다음 필요하다면 숲을 점령하는 것이 좋겠다고 결정했다. 적군이 그 숲에 숨지 못하게 만들어야 그들의 접근을 확인할 수 있기 때문이었다. 마르켈루스와 크리스피누스는 군대를 움직이기에 앞서 진영을 나와 적은 수의 기병대를 거느리고 지형을 살펴보러 나갔다.

그러나 로마의 장군들은 사려 깊지 않았고, 그들의 처사는 권위나 위치에 어울리지 않았다. 그리하여 그들은 불행하게도 한니발의 매복에 걸려들었다. 자신들이 사방으로 포위되었음을 알았을 때는 이미 움직일 수가 없었다. 결국 후미에서부터 전투가 벌어졌다.

로마의 장군들은 있는 힘을 다해 싸웠지만, 그것은 싸우고 싶어서가 아니라 어쩔 수 없이 시작된 항전이었다. 이 전투에서 마르켈루스는 장렬하게 전사했다. 크리스피누스는 중상을 입고 겨우 목숨을 건져 몸을 피할 수 있었다.

한니발의 처지에서 보면 마르켈루스는 로마의 장군들 가운데에서 가장 뛰어났고, 자신의 승리를 가로막는 가장 큰 장애물이었다. 그런 그가 죽었다는 소식을 들은 한니발은 진영을 나와 전투가 벌어진 곳으로 가서 마르켈루스의 시체를 찾아 성대하게 장례를 치러 주었다. 이런 점을 통해 우리는 어떤 인간이 얼마나 위대하며 얼마만큼의 덕망을 갖추고 있는가를 평가할 수 있다.

카르타고의 병사들은 잔인하게 싸웠고 적군에게는 가혹했지만, 고결하고 위대한 장군에게는 명예로운 장례를 치러 주었다. 한편, 두 명의 집정관 가운데 마르켈루스가 전사하고 크리스피누스는 중상을 입었다는 소식을 들은 로마 병사들은 곧 뒷산으로 들어가 튼튼하게 진영을 차렸다.

크리스피누스는 산 너머의 도시 사람들에게 사람을 보내 동료 집정관인 마르켈루스가 이미 죽었으며, 적군이 그가 편지를 쓸 때 찍던 인장 반지를 가져갔다고 알려 주었다. 크리스피누스는 그 소식을 전함으로써 사람들이 마르켈루스의 이름으로 된 거짓 문서를 받더라도 그것이 거짓이라는 사실을 알아차리기를 바랐다.

그 무렵에 크리스피누스의 새로운 사절이라는 자가 살라피아에 도착했다. 그는 한니발이 마르켈루스의 이름으로 작성한 편지를 가지고 왔다. 그 편지에는 마르켈루스가 내일 밤 그곳으로 온다는 내용이 담겨 있었다.

살라피아 주민들은 이미 크리스피누스의 편지를 통해 마르켈루스가 죽은 것을 알고 있었다. 죽은 사람 이름으로 된 편지를 받은 그들은 이 편지가 한니발의 음모라는 것을 알아차렸고, 그가 오기를 조심스럽게 기다렸다.

새벽에 네 번째로 경비가 교대되었을 때 한니발은 살라피아에 들어왔다. 그는 그곳으로 도망해 들어온 로마인들을 모두 잡고 싶은 허세에 빠져 있었다. 라틴어에 능통한 카르타고인들은 마르켈루스가 자기들에게 포로로 잡혀 있다고 알려 줄 계획이었다.

6백 명의 카르타고인이 성안으로 들어오자 살라피아 주민들은 성문을 닫아걸고 밖에 남은 무리에게 화살과 창을 던져 들어오지 못하게 한 다음, 이미 안에 들어온 카르타고의 병사를 공격했다. 이에 불같이 화가 난 한니발은 그곳에서 물러나 브루티아족의 마을로 가서 육지와 바다에서 로마인들에게 포위된 로크리아(Locria)족을 지원했다.

49

이런 일이 벌어진 뒤에 로마에서는 원로원과 시민의 강력한 요구에 따라 두 명의 집정관이 뽑혔다. 유명한 장군으로서 매우 용맹했던 그들은 곧 마르쿠스 리비우스(Marcus Livius)와 클라디우스 네로(Claudius Nero)였다. 그들은 군대를 둘로 나누어 각기 맡은 지방으로 떠났다. 네로는 칼렌티니아로 진격했고, 리비우스는 하스드루발을 대적하고자 갈리아로 진격했다.

알프스를 넘어온 하스드루발은 많은 보병과 기병대를 거느린 채 처남인 한니발과 합류하고자 서둘러 내려오고 있었다. 우연히도 같은 시간에 한니발은 네로를 만나 매우 큰 피해를 보았다. 무엇보다도 네로는 한니발이 썼던 것과 꼭 같은 전략과 병참으로 루카니아에서 한니발을 격파했다. 그 뒤로 다시 베누시아(Venusia) 가까이에 있는 아풀리아에서 한니발을 만난 네로는 치열한 전투 끝에 적군을 전쟁터에 드러눕혔다.

이처럼 큰 피해를 본 한니발은 전열을 새롭게 갖추고자 갑자기 메타폰툼(Metapontum)으로 갔다. 그곳에서 며칠 동안 머무르던 한니발은 한노에게서 지원을 받은 군대를 이끌고 베누시아로 되돌아갔다.

네로는 베누시아에서 그리 멀지 않은 곳에 진영을 차리고 있다가 적군의 편지를 가로채어 보고서야 한니발과 하스드루발이 자기와 그리 멀지 않은 곳에 있음을 알았다. 이에 그는 저토록 강성한 적군의 두 부대가 합세하지 못하도록 할 방법이 없을까 밤낮으로 궁리한 끝에 한 가지 방법을 찾았다.

50

그것은 위험한 결정이었지만 상황이 너무 다급했으므로 네로는 그런 방법이라도 쓰는 수밖에 없었다. 그는 부관에게 지휘권을 맡긴 뒤 자신은 다른 부대를 이끌고 피케눔(Picenum) 방향으로 긴 행군을 시작했다. 그는 안코나를 거쳐 엿새째 되는 날에 세나 갈리카(Sena Gallica)에 이르렀다.

리비우스와 네로 두 집정관은 이곳에서 합류하여 메타우

루스(Metaurus)강 근처에서 하스드루발을 포위했다. 이 전쟁에서 그들은 매우 운이 좋았다. 기록에 따르면, 그날 하루에 적군 5만 6천 명을 죽였다고 한다. 이 전투는 지난날 칸나이 전투에 견줄 만큼 완벽한 승리였다.

이토록 찬란한 성공을 거둔 네로는 베누시아를 떠날 때만큼이나 빨리 그곳으로 돌아가 그곳을 수비하던 적군의 면전에 하스드루발의 머리를 내걸었다. 그는 또한 포로를 풀어 주어 그들이 한니발에게 돌아가 패전 소식을 알리도록 했다. 패전 소식을 들은 뒤에도 한니발은 네로가 어떻게 그토록 빠르게 수많은 카르타고군을 섬멸할 수 있었는지 제대로 이해하지 못했다.

두 진영이 매우 가까웠다는 점을 고려할 때, 우리는 한니발 같은 영리한 장군이 네로에게 속았다는 사실에 놀랄 수밖에 없다. 그는 자기의 매형과 그의 부하들이 완전히 패배했다는 소식을 듣고 나서야 로마의 두 집정관이 진영을 떠났다가 돌아왔다는 것을 알았다.

51

한니발은 한 장군이자 매형의 죽음이라는 커다란 손실을 겪고 이렇게 말했다.

"나는 이제 카르타고의 행운이 사라졌음을 똑똑히 보았노라."

그런 다음 한니발은 바로 진영을 옮겨 브루티아로 갔다. 그는 메타우루스강에서의 패배가 로마인들의 사기를 드높여 주었을 뿐만 아니라 이제까지 수많은 승리를 거둔 바 있는 자기의 앞날에 얼마나 큰 손실이 될 것인가를 잘 알고 있었다. 그럼에도 그는 다시 모든 병력을 모아 이탈리아로 진격했으며, 그 과정에서 숱한 전투를 치르고 많은 도시를 함락했다.

한니발은 꺾일 줄 모르는 용기로 전쟁을 이어 갔다. 그러나 이 과정에서도 한니발의 생애에는 참으로 기이한 일이 벌어지고 있었다. 다름이 아니라, 그는 스페인과 아프리카와 갈리아와 그 밖의 여러 민족과 함께 지내면서도 자기의 권능과 지혜로써 그들 사이에 아무런 다툼이나 소란이 일어났다는 말이 나오지 않게 했다는 점이었다.

로마인들은 시킬리아와 사르디니아와 스페인을 다시 찾았으면서도, 대(大)스키피오를 아프리카로 파견하기 전까지는 한니발을 완전히 이기지도 못했을 뿐만 아니라 그를 이탈리아에서 몰아내지도 못했다.

스키피오는 카르타고인들과 싸우면서 그들에게 커다란 재앙을 안겨 줌으로써 한니발을 이탈리아에서 몰아내 고국으로 돌아가게 했다. 이미 앞서 말한 것처럼, 그 무렵에 한니발은 브루티아에 주둔하면서 정상적인 전투보다는 침투와 기습전을 치르고 있었다.

그러다가 단 한 번 셈프로니우스의 군대와 갑자기 전투가 벌어졌다. 그는 전투가 시작되자마자 모든 병사를 동원하여 셈프로니우스를 포위했다. 첫 번째 전투에서는 한니발이 이기고, 두 번째 전투에서는 셈프로니우스가 이겼다.

52

그 뒤로 나는 한니발이 이탈리아에서 기억될 만한 뛰어난 전과를 이루었다는 기록을 라틴어나 그리스의 문헌에서 읽은 적이 없다. 카르타고인들에게서 아프리카로 돌아오라는 전령을 받은 한니발은 이탈리아를 떠나 전쟁이 시작된 지 16년 만에 고국으로 돌아왔다. 카르타고의 원로 회의와 한니발 자신에 대한 민중의 불만이 높아졌기 때문이었다.

한니발이 너무 오랫동안 적국과 전쟁을 치른 탓에 원로원이 그에게 군자금을 보내 주지 않아 한니발은 군수 물자의 쪼들림을 겪어야 했다. 그는 로마를 여러 번 이긴 다음에도 그들의 명맥을 끊지 못하고 시간을 보냄으로써 로마인들이 다시 군사력을 키울 수 있도록 기회를 주었다.

기록에 따르면, 한니발은 전쟁을 하러 바다에 나가기에 앞서 결혼한 여성의 수호신인 유노 라키니아(Juno Lacinia) 신전 옆에 승전의 원형 탑과 기둥을 세우고 카르타고어와 그리스어로 위대한 승리를 기념하는 문구를 짤막하게 새겨 넣었다.

한니발이 이탈리아를 떠나자 순풍이 불었다. 그는 며칠 만에 렙티스(Leptis)에 이르러 모든 병력을 상륙시키고, 아드루멘툼(Adrumentum)을 찾아본 뒤 자마(Zama)[7]를 방문했다. 그곳에서 한니발은 카르타고인들이 얼마나 풍요롭게 사는가를 보면서 이제 전쟁을 끝내는 것이 가장 좋은 길이라고 생각했다.

53

그리하여 한니발은 스키피오에게 사절을 보내 두 사람이 만나 중요한 문제를 함께 이야기할 수 있는 장소를 정해 달라고 부탁했다. 한니발이 스스로 그런 결심을 했는지 아니면 원로 회의의 권고에 따라 그런 결심을 했는지 지금으로서는 알 수 없다. 어쨌거나 스키피오는 그 회담을 거절하지 않았다.

약속된 장소에서 강대국의 위대한 두 지도자는 가벼운 마음으로 만났다. 통역을 사이에 두고 두 사람은 전쟁과 평화에 관한 여러 가지 이야기를 나누었다. 한니발은 평화에 대해 더 많은 이야기를 했다.

한니발은 카르타고의 삶이 나빠지고 있는 것을 보았고, 시킬리아와 사르디니아와 스페인을 잃었고, 위대한 군주 시팍스(Syphax)가 로마에 포로로 잡혀 있으며, 그가 이탈리아와 오

---

7   자마는 한니발과 스키피오의 운명을 결정한 격전지로, 시킬리아(시실리) 건너편 카르타고의 해안에서 조금 안으로 들어온 누미디아(지금의 튀니지)에 있다.

랜 전쟁을 치른 뒤 이제 남은 병력으로 마지막 희망을 걸 수 있는 것은 아프리카로 데려온 무리뿐이었다.

그뿐만 아니라 카르타고인들이 가지고 있는 병력은 외인부대와 자기 나라의 병력을 합치더라도 너무 적어 카르타고를 지키기에는 많이 부족했다. 따라서 한니발은 전쟁을 계속하기보다는 평화를 이룩하고 싶었고, 긴 연설을 통해 스키피오를 설득하려고 최선을 다했다.

물론 스키피오도 전쟁이 좋은 결말에 이르기를 바란 것은 사실이지만, 평화 문제에 귀를 기울이려 한 것처럼 보이지는 않는다. 두 사람은 전쟁과 평화에 대해 긴 시간 논쟁을 했지만 끝내 아무런 합의에 이르지 못한 채 회담을 마쳤다.

54

그런 일이 있은 뒤에 곧바로 자마에서 그 유명한 전투가 벌어지고 로마군이 승리했다. 첫 전투에서 로마인들은 카르타고의 코끼리 부대를 본진으로 되쫓아 보냄으로써 한니발의 기병대를 큰 혼란에 빠뜨렸다. 로마군의 양쪽 날개를 맡고 있던 라일리우스(Laelius)와 마시니사(Masinissa)는 카르타고 병사의 분노를 북돋워 카르타고의 기병대가 더 이상 질서를 찾을 수 없게 만들었다.

그러나 카르타고의 보병은 용맹스럽게 오랜 시간 항전했다. 지난날의 승리에 대한 확신이 있던 카르타고 병사들은 아프리카의 안전과 생명이 자기들의 손에 달려 있다고 생각했기 때문에 로마 병사를 일반인 다루듯이 공격했다.

그런가 하면, 로마 병사들도 사기가 높아 이기리라는 희망을 품고 있었다. 그러나 로마인들의 승리를 결정지은 것은 라일리우스와 마시니사였다. 그들은 적군의 기병대를 추격하다가 되돌아와 맹렬하게 적군의 보병을 공격하여 그들을 커다란 공포로 몰아넣었다.

로마군이 되돌아오는 것을 본 카르타고 병사들은 크게 낙심하여 도망하는 길밖에는 달리 살길이 없음을 알았다. 기록에 따르면, 그날의 전투에서 카르타고 병사는 2만 명 넘게 죽었고, 그만큼의 수가 잡혔다고 한다. 전쟁이 끝날 무렵 한니발이 지쳐 있는 것을 본 그의 막료들은 몇 명의 부하를 이끌고 참극의 현장을 벗어났다.

55

그 뒤에 한니발은 조국을 지키는 일을 돕고자 카르타고로 돌아왔다. 원로 회의는 전쟁을 통해 뭔가를 해결하려는 희망을 버리라고 그를 설득했다. 한니발과 원로원 사이에 온갖 논의가 오갔지만, 원로들은 그의 말을 듣지 않고 오히려 스키피오 장군에게 사절을 보내 어떤 조건으로든 평화 조약을 맺고자 했다. 열 명의 사절이 카르타고인들이 지켜야 할 평화 조약문에 합의했다.

기록에 따르면, 평화 조약의 체결에 반대한 인물은 기스코(Gisco)[8]였다고 한다. 기스코는 연설을 통해 자신이 로마인들과 새로운 전쟁을 수행할 수 있다고 설득했다. 한니발이 바라보니 그토록 중요한 시기에 그토록 위험한 말을 들은 어떤 사람은 기스코에 찬성했고, 어떤 사람은 짐승에게 공격당하는 것처럼 몸서리를 치고 있었다.

한니발은 기스코가 연설하는 동안에 머리를 늘어뜨리고 있었다. 시민과 원로 회의가 자신의 견해를 주제넘은 것이요 조국의 자유를 저버리는 일이라고 생각한다는 것을 안 한니발은 단상으로 올라가 이렇게 연설했다.

"누구도 상처를 입어서는 안 됩니다. 젊어서 카르타고를

---

8   노스 경의 판본에는 그의 이름이 기스고(Gisgo)로 되어 있다. 기스코가 맞는 이름이다.

떠나 전쟁터에서 인생을 보낸 나는 이 나라의 법과 규율을 모릅니다."

그런 다음 한니발이 평화 조건에 대하여 지혜롭게 말하자 카르타고인들은 이 위대한 영웅의 권위에 곧 감동했다. 그들 모두가 정복자와 그 시대가 요구하는 조건을 받아들였다. 그러나 무엇보다도 그들에게 문제가 되는 것은 언제까지 카르타고가 로마에 조공을 바쳐야 하는가였다.

그러던 터에 첫 조공을 바치기로 되어 있는 날에 또 다른 지불금 이야기가 나오자 그들은 원한을 품게 되었다. 어떤 기록에 따르면, 한니발은 카르타고인들의 헛된 눈물을 보면서 어이없어 웃었다고 한다. 나라가 온통 슬픔에 젖어 있는데 웃었다면서 하스드루발 하이두스(Hasdrubal Haedus)가 책망하자, 한니발이 이렇게 대답했다.

"지금 나의 웃음은 가슴에서 우러나온 기쁨의 웃음이 아니라 카르타고 시민이 걸핏하면 보이는 눈물을 경멸하기 때문에 나온 것입니다. 지난날에 로마인들은 카르타고에서 배와 갑옷과 무기를 빼앗아 가고, 승리했을 때는 많은 전리품을 챙겨 갔습니다. 이제 정복된 민족에게 법과 규율을 강요하는 지금과 그때를 견주어 볼 때, 지금 여러분이 눈물을 흘리는 것은 명분이 약하며 단지 자신의 개인적인 지갑을 털어야 하는 것이 서러워 눈물을 흘리는 것입니다."

내가 읽은 다른 글에 따르면, 한니발은 전쟁에 진 뒤 곧바로 아시아로 피신했다고 하는데, 이는 카르타고인들이 스키피오에게 자기를 넘겨줄지 모른다는 두려움 때문이었다.

56
한니발의 망명이 갑자기 이뤄진 것인지 아니면 자마 전투에서 진 뒤에 곧바로 일어난 일인지는 그리 중요하지 않다. 자기의 패배를 세상이 모두 알고 사태가 심각하다는 점을 고려한 그는 아시아[Syria]의 안티오코스왕에게 몸을 의지했다.

안티오코스왕이 그를 정중히 맞이하여 명예를 존중해 주었음은 분명하다. 그는 한니발에게 자신의 사사로운 일과 공적인 일을 모두 의논했다. 사람들 사이에서 한니발의 명성은 매우 높았다.

한니발은 로마인들에게 보편적이고도 극심한 증오를 품고 있었기 때문에 아직도 그들과 전쟁을 벌이고 싶은 충동을 느끼고 있었다. 한니발은 그곳에서 행복한 삶을 누렸던 듯하다. 안티오코스왕이 로마에 대한 적개심을 고무하고, 로마인들에 대항하여 자유를 위한 전쟁을 일으킬 수도 있었기 때문이었다. 그는 안티오코스왕에게 이렇게 말했다.

"로마인들과 전쟁을 일으키는 유일한 방법은 이탈리아로 가서 그곳의 병사들을 징집해 군대를 꾸리는 것입니다. 모든 나라를 상대로 승리할 수 있는 사람들은 그들뿐이기 때문입니다."

한니발은 안티오코스왕에게 1백 척의 전함과 1만 6천 명의 보병과 1천 명의 기병을 요구했다. 그는 이 작은 규모의 군대로 이탈리아에 쳐들어가 로마인들을 커다란 혼란에 빠뜨릴 수 있다고 약속했다. 한니발은 이탈리아에 자신의 명성이 잘 알려져 있기 때문에 자신의 침공만으로도 그들이 적지 않게 두려워하리라는 것을 잘 알고 있었다.

로마인들은 얼마 전에 한니발이 이탈리아에서 치른 전쟁을 선명하게 기억하고 있을 것이었다. 더 나아가서 한니발은 자신이 카르타고에 사람들을 보낼 수 있도록 허락해 준다면 로마인들을 죽도록 미워하는 바르카의 무리를 선동하여 아프리카와 함께 전쟁을 다시 시작할 수 있다고 말했다. 이는 그의 진심이었다.

자신의 요구에 대해 왕의 허락을 받은 한니발은 매우 지략이 높은 막료인 티루스(Tyrus) 출신의 아리스토(Aristo)를 불러 그와 같은 목표를 설명했다. 한니발은 그에게 커다란 약속을 하면서, 카르타고에 있는 자신의 동지들에게 보내는 편지를 줄 터이니 그것을 가지고 가서 그들을 만나 보라고 설득했다. 이렇게 한니발은 망명객의 몸으로 안티오코스왕의 그늘을 벗어나 로마인들과 전면전을 다시 일으켰다.

만약 안티오코스왕이 신하들의 쓸데없는 설득을 듣지 않고 처음 계획대로 한니발의 전략을 따랐더라면 그의 전략은 분명히 매우 위력적이었을 것이다. 그러나 조정에서 늘 벌어지는 질병과 같은 시샘은 한니발에게 많은 정적을 만들어 주었다.

지혜롭고 정치적 능력이 뛰어난 장군 한니발의 전략은 왕의 호감을 크게 살 것이고, 그렇게 되면 그의 영향력은 막강해지리라는 점을 왕의 신하들은 두려워했다. 그들에게는 그러한 일을 막고자 왕이 한니발을 버릴 수 있도록 만드는 방법이 수없이 많았다.

57

그러던 터에 좋은 기회가 찾아왔다. 에페소스에 사절로 가던 로마의 빌리우스(Publius Villius)가 온 것이다. 그는 지난날 한니발과 몇 번 회담을 가진 적이 있는 인물이었다. 그런 상황에서 빌리우스를 개인적으로 미워하던 사람이 그를 비난했고, 마침 안티오코스왕도 빌리우스를 싫어하던 터라 그를 사절의 자격으로 부르지 않았다.

몇몇 기록에 따르면, 그 무렵에 안티오코스왕을 찾아온 사절 가운데 한 사람이었던 스키피오가 한니발을 만나 진실하게 대화를 나누어 보자고 말했다고 한다. 그러면서 스키피오는 한니발에게 이렇게 물었다.

"그대는 역사에서 누가 가장 훌륭한 장군이라고 생각합니까?"

이에 대하여 한니발이 이렇게 대답했다.

"마케도니아의 알렉산드로스 대왕이 가장 위대했고, 에페이로스의 피로스왕이 두 번째이고, 그다음은 나요."

그 말을 들은 스키피오가 빙긋이 웃으면서 되물었다.

"만약 그대가 나를 이겼더라면 어찌 되었을까요?"

그러자 한니발이 진지하게 이렇게 말했다.

"그랬더라면 내가 역사에서 가장 위대한 인물이 되었겠지요."(리비우스, 『로마사』, XXXV : 14; 제46장 「플라미니누스전」, § 21)

이 말을 들은 스키피오는 매우 즐거워했다. 왜냐하면 한니발이 자신을 낮게 평가하지도 않았을 뿐만 아니라 남들과 견주지도 않았고, 은밀한 아첨의 뜻을 담아 자기만을 홀로 견줄 데 없는 인물로 꼽았기 때문이었다.

58

이런 일이 있은 뒤에 안티오코스왕과 이야기를 나눌 기회를 얻은 한니발은 젊었을 때부터 자기가 살아온 이야기와 태어나면서부터 로마를 미워하게 된 이야기를 털어놓았다. 그 이야기를 들은 왕은 몹시 만족스러워하며 지난날처럼 다시 그를 좋아하게 되었다.

그 뒤에 안티오코스왕은 한니발을 해군 지휘관으로 삼아 이탈리아 침공을 준비하도록 했다. 왕은 이번 기회에 자기가 믿고 있던 사람의 용맹함과 능력을, 즉 그가 과연 로마를 멸망시킬 수 있는 인물인지를 시험해 보고 싶었다.

그런데 아이톨리아의 토아스(Thoas)라는 인물이 나타나 왕의 그러한 생각을 완전히 틀어 놓았는데, 이는 그가 한니발에게 나쁜 마음을 품었기 때문이었는지 아니면 그 사람이 본디 그런 성품을 지녔기 때문이었는지는 알 수 없다. 토아스는 안티오코스왕의 생각과 목표를 완전히 바꾸어 놓았다. 그는 이렇게 말했다.

"한니발이 꾸미고 있는 전쟁은 몹시 중요한 뜻을 담고 있습니다. 그러므로 이번 전쟁에서는 대왕께서 그리스를 찾아가 모든 일을 지휘해야 하며, 이 전쟁을 통해 명예와 영광을 잃어버리는 일을 해서는 안 됩니다."

그리하여 왕은 곧 그리스로 가서 로마와 전쟁을 일으켰다. 며칠이 지나 왕은 테살리아와 동맹을 맺어야 할지를 결정하면서 한니발의 의견을 참작했다. 이에 한니발은 테살리아의 상태를 인상적으로 설명하면서 이 안건의 중요성을 역설했다. 모든 사람이 그의 의견에 동의했다.

한니발에 따르면, 지금 깊이 걱정해야 할 문제는 테살리아가 아니었다. 그들이 온갖 수단을 동원해서라도 이루어야 할 일은 마케도니아의 필리포스 5세(Philippos V)를 자기들 편으로 끌어들이든가 아니면 적어도 중립을 지키도록 만들어 어느 편도 들지 못하게 만드는 것이었다.

더 나아가서 한니발은 카르타고에서 로마인들과 전쟁을 일으키라고 자기의 의견을 말하면서 할 수 있는 데까지 자기를 도와 달라고 부탁했다. 모든 사람이 그의 말에 귀를 기울였지만, 그 의견을 칭찬할 뿐 따르지는 않았다. 온 세상을 정복했던 로마인들과 그토록 여러 해 동안 싸운 그가 막상 때를 만났는데도, 왕이 그런 사람의 도움과 조언을 그토록 가볍게 여겼다는 사실에 대해 사람들은 의아해 했다.

전쟁 기술이나 전략, 또는 로마인들과 전쟁을 치르는 문제에 견주어 볼 때 그보다 더 훌륭한 장군이 또 어디에 있단 말인가? 그러나 안티오코스왕은 전쟁 초기에서부터 한니발을 깊이 신뢰하지는 않았으며, 조금 시간이 지나 많은 사람의 조언에 실망한 뒤에야 한니발이야말로 무슨 일을 해야 할지를 정확히 알고 있는 사람이라고 고백했다.

59

안티오코스왕은 그리스에서 일으킨 전쟁에 진 뒤 유럽을 벗어나 에페소스에 살면서, 로마인들이 아시아까지 군대를 몰고 따라오지는 않으리라고 생각해 평화를 누리려 했다. 아첨하는 무리는 예나 다름없이 왕을 즐겁게 해 주었다.

왕과 왕자들의 영원한 질병은 아첨을 듣고 속으면서도 이를 만족스럽게 여기는 것이다. 아첨꾼들은 왕족이 듣기에 좋은 말만 들려주기 때문이다. 그러나 로마의 세력과 야망을 잘 알고 있던 한니발은 왕이 평화보다는 또 다른 무엇을 추구하도록 설득했다.

한니발의 말에 따르면, 로마인들은 아프리카와 유럽에서 이룬 것과 꼭 같이, 제3의 대륙에서도 제국의 영토를 확대할 때까지 결코 전쟁을 멈추지 않으리라는 것이었다. 그와 같은 영웅의 설득에 넘어간 안티오코스왕은 매우 충직하고 해전에 뛰어난 폴리크세니다스(Polyxenidas)에게 군대를 이끌고 로마의 침략자들을 대적하라고 지시했다. 그리고 왕은 다시 한니발을 시리아로 파병하면서 많은 배를 차출한 다음 그와 자신의 심복인 아폴로니우스(Apollonius)를 해군 지휘관으로 임명했다.

폴리크세니다스가 로마군에 참패한 것과는 달리 두 장군은 로마의 동맹국인 로도스섬으로 갔다. 이 전투에서 한니발은 적군의 왼쪽 날개를 지휘하고 있던 로도스의 에우다무스(Eudamus) 장군을 공격했다. 그는 일찌감치 적장의 함선을 포위하여 승리를 거두었다. 한편, 아폴로니우스를 추격하던 적군의 오른쪽 날개가 에우다무스를 구출함으로써 한니발은 다 잡은 승리를 놓치고 말았다.

60

이 해전을 치른 뒤로 카르타고 병사들은 큰 승리를 맛보지 못했다. 역사에는 기억할 만한 한니발의 기록이 보이지 않는다. 안티오코스가 전쟁에서 지자 로마인들은 여러 가지 조건 말고도 다른 구실을 내세워 불구대천의 원수인 한니발을 넘기라고 요구했다. 이와 같은 사실을 오래전부터 알고 있던 한니발은 안티오코스왕이 패전한 마그니시아 부근의 저 유명한 전투가 끝나자 곧바로 왕의 곁을 몰래 떠났다.

그 뒤로 오랫동안 여기저기를 떠돌던 한니발은 드디어 비티니아의 왕 프루시아스를 찾아가 몸을 의지했다. 그러나 왕은 한니발과의 우정을 지키지 않았다. 한니발이 가장 절실하게 바란 것은 그가 거쳐 온 나라 가운데에서 가장 안전하게 피신할 수 있는 장소뿐이었지만, 프루시아스왕은 세상 모든 바다와 육지를 정복한 로마의 눈치를 보지 않을 수가 없었던 것이다.

어떤 기록에 따르면, 안티오코스왕이 망명한 뒤에 한니발은 크레타를 거쳐 고르티니아로 갔다고 한다. 그때 그가 많은 금과 은을 가지고 갔다는 소문이 널리 퍼졌다. 크레타인들이 자기를 해코지할지도 모른다는 두려움에 빠진 한니발은 납에 금을 입혀 토기에 담아 달의 여신 디아나 신전에 바치면서 자기의 보물이 모두 그 안에 담겨 있는 것처럼 위장했다. 그는 그 가짜 보물을 조심스레 다루며 세상을 속였다.

그러면서 한니발은 모든 금을 황동처럼 위장해 집 마당에 아무렇게나 늘어놓았다. 그러자 크레타인들은 신전을 주의 깊게 감시하지 않았다. 자기들의 동의 없이는 누구도 그 토기를 가져가지 못한다고 생각했기 때문이었다. 그렇게 해 놓고서 한니발은 서둘러 닻을 올려 비티니아로 달아났다.

61

주민들은 그곳을 리비사라고 부른다. 그곳에는 오래전부터 신탁으로 전해 내려오는 노래가 있었는데, 그 가사는 이랬다.

리비사의 땅은
용맹한 한니발이 죽는 어느 추운 날
그의 시체를 거푸집으로 덮어 주리니.

한니발은 그곳에서 잠시 쉬다가 더 이상 머뭇거리지 않고 일어나 사공과 기병과 보병 모두를 데리고 그곳을 빠져나갔다. 또 다른 역사학자들의 기록에 따르면, 그 무렵에 프루시아스 왕은 로마의 동맹국이자 우방인 페르가몬의 왕 에우메네스(Eumenes)와 전쟁을 하면서 한니발을 해군 사령관으로 임명했다고 한다.

한니발은 이제까지 쓰지 않아 잘 알려지지 않은 전략으로 에우메네스를 공격하여 해전에서 승리를 거두었다. 들리는 바에 따르면, 전쟁이 시작되기에 앞서 한니발은 항아리에 많은 뱀을 담아 가지고 있다가 전쟁이 시작되자마자 그 항아리를 적함에 던져 그들이 놀라 도망가게 했다고 한다.

그 이야기가 사실인지 아닌지 옛 기록에는 언급이 없고, 다만 로마의 법학자인 아이밀리우스 파피니아누스(Aemilius Papinianus)와 로마의 역사학자인 그나이우스 폼페이우스 트로구스(Gnaeus Pompeius Trogus)의 기록에만 그 이야기가 보인다. 따라서 나는 다른 역사학자들에게 다음과 같은 기록을 남기고자 한다.

62

프루시아스왕과 에우메네스의 사이가 화목하지 않다는 소식이 로마에 들어오자 원로원은 티투스 퀸티우스 플라미니누스(Titus Quintius Flamininus)를 아시아로 파견했다. 그는 이미 그리스에서 위대한 승리를 거두고, 앞서도 두 왕 사이에 평화를 이룩한 바 있어 그곳에 잘 알려진 인물이었다.

프루시아스왕을 만난 플라미니누스는 그토록 많은 민족

을 정복하고 그토록 많은 백성을 죽임으로써 로마의 불구대천
의 원수가 된 한니발이 아직도 살아 있다는 사실에 큰 충격을
받았다.

플라미니누스는 프루시아스왕과 함께 진심으로 한니발
을 만나 보고 싶어 했다. 그러나 처음부터 프루시아스왕의 일
관되지 않은 처사를 믿지 않았던 한니발은 자기가 잡혀갈 경
우에 대비해 집에 여러 갈래의 굴을 파고 여러 차례에 걸쳐 도
주를 시도한 적이 있었다.

로마에서 플라미니누스가 왔다는 소식을 들은 한니발은
더욱 의심을 품었다. 그는 플라미니누스를 로마에 있는 가장
끔찍한 인물이라고 생각했기 때문이었다. 한니발은 모든 로마
인에게 적개심을 품고 있을 뿐만 아니라 플라미니누스의 아버
지가 트라시메누스 호수의 전투에서 자기에게 살해된 것을 기
억하고 있었다.

따라서 기록에 따르면, 걱정과 슬픔에 잠겨 있던 한니발
은 그런 위험에서 벗어날 수 있는 길을 찾았다. 이제 그는 그와
같은 거대한 권력에 맞서 싸워야 할 이유가 없었다. 프루시아
스왕의 경비병들이 자신을 잡으러 와 집을 둘러쌌을 때, 한니
발은 처음에는 이미 파 두었던 토굴을 이용하여 도망하리라고
생각했다.

그러나 이미 왕의 경비병들이 토굴을 장악했다는 사실을
알자 한니발은 스스로 목숨을 끊어 로마인들의 체포에서 벗어
나리라고 결심했다. 또 다른 기록에 따르면, 그는 다른 사람의
도움을 받아 자기의 목을 졸라 죽었다고 한다. 그를 도와준 사
람은 한니발에게서 자신이 자살할 때 도와 달라는 지시를 받
았다고 한다.

또 다른 기록에는, 그가 소의 피를 마시고 죽었다고 한다.
클리타르쿠스(Clitarchus)나 스트라토클레스(Stratocles)가 테미
스토클레스(Themistokles)의 죽음(제7장 「테미스토클레스전」, § 31)

을 기록할 때도 그런 말을 했지만, 이는 사실이 아니다. 또한 가장 저명한 역사학자 리비우스의 기록에 따르면, 한니발은 이와 같은 비극적인 상황에 대비하여 준비해 둔 독을 손수 마시고 죽었다고 한다.

한니발은 죽기에 앞서 이렇게 말했다.

"여보게, 이미 절반은 죽은 이 늙고 가난한 사람의 죽음을 서둘러, 로마인들로 인한 고통과 근심을 없애 주게. 그들은 너무 악의적이었어. 고대 로마인들은 에페이로스의 왕 피로스를 칭송했네. 그는 깃발을 들고 로마의 성 앞에 나타나 자신의 모습을 보여 주면서 자신이 독약을 들었음을 알려 주었지. 그러나 지금의 로마인들은 동포들이 그들 자신의 제왕다운 모습과 믿음직한 약속을 잊게 만듦으로써 불쌍한 손님을 욕되게 배반하도록 이끌었네."

한니발이 말을 마치고는 프루시아스왕을 비통하게 저주하면서 독을 마시니, 몇몇 역사가의 기록에 따르면, 그때 그의 나이가 일흔 살이었다고 한다. 사람들은 리비사 부근에 돌무덤으로 그를 묻어 주었다. 그의 묘비명은 오직 이렇게만 쓰여 있다.

"여기 한니발 잠들다."

63

한니발이 죽었다는 소식을 들은 모든 로마인은 그의 야망이 그를 지탱했다고 평가했다. 어떤 사람들은 어차피 더 이상 로마에 위협이 되지 못했다고 말하면서 플라미니누스를 비난했다. 이미 자기들은 온 세상의 정복자가 되었는데, 이미 늙어서 절반은 죽어 있던 불쌍한 자를 굳이 자살하도록 만들었다는 것이다.

그러나 다른 입장에 서 있는 사람들은 플라미니누스를 칭송하면서, 로마의 불구대천의 원수를 제거한 그의 처사를 훌륭하다고 말했다. 왜냐하면 비록 한니발이 쇠약한 늙은이였다고는 하지만 아직도 그에게는 지모와 훌륭한 전략과 많은 전투 경험이 있었고, 프루시아스왕을 부추겨 전쟁을 일으킬 수도 있었으며, 새로운 전쟁을 일으켜 모든 아시아 국가를 유린할 수 있었기 때문이었다.

그 무렵에 비티니아 왕의 세력은 너무도 강성하여 누구도 그를 가볍게 볼 수 없었다. 그 시대가 지난 다음, 같은 비티니아의 미트리다테스(Mithridates)왕은 육지와 바다에서 로마인들을 유린하였고, 로마의 유명한 장군인 루쿨루스(Lucullus)와 폼페이우스(Pompeius)와 자웅을 겨루었다. 이처럼 로마인들은 프루시아스왕도 두려워했는데, 한니발을 사령관으로 두었을 때는 더욱더 그랬다.

그래서 로마는 한니발을 은밀히 제거하고자 일부러 플라미니누스를 프루시아스왕에게 사절로 파견했다고 판단하는 역사가들도 있다. 그러나 내가 생각하기에, 플라미니누스는 한니발이 그토록 빨리 죽기를 바라지는 않았으며, 자기의 조국에 그토록 몹쓸 짓을 한 그를 로마로 데려오고 싶었을 것이다. 그렇게 하는 것이 로마에도 큰 도움이 되었을 것이고, 플라미니누스에게도 영광스러운 일이었을 것이다.

의심할 나위 없이 그토록 유명했던 카르타고인 한니발은 그렇게 죽었다. 그의 군사적 능력은 너무도 탁월하여 다른 모든 미덕을 묻어 버렸다. 그만큼 그의 고결한 정신과 위대한 지혜와 용맹함과 탁월한 훈련 능력은 엄청나게 뛰어났던 것이다.

카르타고인들은 모든 전쟁에서 그토록 치열했고, 그 준비는 완벽했다. 한니발이 자마의 대전에서 패배하기 이전까지 카르타고의 어느 누구도 자기들이 질 것이라고는 생각하지 않았다. 그러므로 카르타고인들의 전투력과 전술은 한니발 장군에서 시작하여 그에게서 끝났다는 결론에 이르게 된다.

스키피오[1]
SCIPIO AFRICANUS

기원전 235~183?

[1] 「한니발전」의 각주 1 참조.

나는 1천 명의 적군을 죽이기보다
로마 시민 단 한 사람의 목숨을
더 아낀다.
― 스키피오

인간은 참으로 허약한 존재이다.
우리는 행복에 젖어
그것을 잊고 있을 뿐이다.
― 플루타르코스

역경에 빠졌다고 몸을 굽히거나
풍요롭다고 자랑하는 것은
로마인들의 삶의 방법이 아니다.
― 스키피오

1

푸블리우스 스키피오(Publius Scipio)는 로마의 코르넬리우스 (Cornelius) 가문의 귀족으로, 이탈리아에서 한니발과 전쟁을 치른 첫 번째 장군이었다. 그는 뒷날 아프리카를 정복한 코르넬리우스 스키피오 아프리카누스(Cornelius Scipio Africanus)의 아버지였다. 푸블리우스는 스페인 전투에서 승리한 뒤에 엄청난 명성을 얻었지만, 전투에서 상처를 입고 죽었다. 그때 그는 전선을 이리저리 쫓아다니며 병사를 격려하고 그토록 위험하고 치열한 전투에서 병사들 사이를 종횡무진하다가 전사했다.

푸블리우스의 동생 코르넬리우스도 형이 죽은 바로 뒤에 똑같은 방법으로 장렬하게 전사했다. 따라서 이 두 형제는 그들의 고결한 행동으로 위대한 명성을 이루지는 못했지만 신의와 절제와 용맹으로 많은 칭송을 들었다. 그들의 무용담은 로마의 장병들뿐만 아니라 스페인 병사들에게도 군인이 되고 싶은 야망을 키워 주었다.

코르넬리우스에게는 나시카(Publius Cornelius Nasica)라는 아들이 있었는데, 일찍이 집정관을 지내면서 전공을 이루고 개선식을 열었던 바 있다. 그는 어렸지만, 모든 로마인 가운데 신들의 어머니이자 이데(Ide)산의 여신인 이다이아(Idaea)의 은총을 가장 많이 받은 인물이라고 사람들은 생각했다.

푸블리우스에게는 두 아들이 있었는데 둘 다 유명했다. 첫째 아들은, 앞서 「한니발전」에서 이야기했듯이, 자마 전투에서 카르타고의 한니발을 무찌르고 아프리카를 정복함으로써 스키피오 아프리카누스라는 칭호를 들었고, 둘째 아들은 아시아를 정복하여 스키피오 아시아누스(Scipio Asianus)라는 칭호를 들었다. 이제 여기에서 이야기하려는 인물이 바로 첫째 아들 스키피오 아프리카누스이다.

나는 이 편에서 이미 그리스와 라틴계 문학에서 그토록 유명하게 그려진 그의 생애를 더욱 영광스럽게 그리는 일을 하기보다는 우리 역사에서 그가 얼마나 훌륭했던가를 증언하고자 한다. 나는 모든 사람에게 그의 고결한 행동과 탁월한 덕망을 알림으로써, 끝내는 그의 전기를 읽는 모든 정치인과 장군들에게 완전한 덕성이란 어떤 모습인가를 보여 주고, 스키피오의 삶의 발자취를 따라가 보고 싶은 강렬한 충동을 느끼도록 만들 것이다.

2

스키피오는 어릴 적부터 아버지를 따라다니면서 행동을 본받고 군사 훈련을 마쳤다. 이러한 그의 행동은 젊은이들에게 커다란 희망을 안겨 주는 동시에 고결한 성품을 키워 주었다.

스키피오가 처음 전쟁터에 발을 들여놓은 것은 제2차 포에니 전쟁 때였는데, 그때 그의 나이는 겨우 열일곱이었다. 그는 그 짧은 시간에 말을 타고 적군을 경계하며, 군인으로서 온갖 고통을 참는 법을 익히면서 자랐다. 그 과정에서 스키피오는 아버지에게 많은 칭찬을 들었고 모든 군인이 그를 높이 평가했다. 그뿐만 아니라 그는 날카로운 기지와 고결한 용기를 지닌 모습을 보여 줌으로써 동지의 사랑을 받았고 적군의 두려움을 샀다.

이런 까닭에 스키피오는 아버지가 티키누스강에서 한니발과 싸울 때 기병전에 참가했다. 몇몇 역사가가 인정하고 있는 바와 같이, 턱에 수염도 나지 않은 어린 스키피오가 구원하지 않았더라면, 상처를 입은 아버지는 적군에게 거의 잡혀갈 뻔했다.

그 직후에 칸나이 전투에서 엄청난 피해를 입은 로마 제국이 거의 멸망할 지경에 이르고, 1만 명의 병사가 카누시움으로 도주했다. 이때 로마인들은 그 무렵 건설관의 지위에 있던 아피우스 풀케르와 아직 어린 스키피오에게 전군의 지휘권을 맡기자는 의견에 만장일치로 동의했다.

스키피오는 자신의 삶을 통해 인간의 고결한 처신과 용기란 어떤 것인가를 사람들에게 보여 주었다. 젊은이들이 조국을 저버리는 것을 본 그는 그들 가운데로 뛰어들어 칼을 뽑아든 다음, 그들이 조국을 버리지 않겠다고 맹세하도록 만들었다. 젊은 나이임에도 진정한 용기와 고결한 성품으로 그와 같이 처신한 스키피오는 로마인들의 호응을 얻었다.

이와 같은 사실로 말미암아 로마 시민들은 오랜 관습을 물리치고 아직 나이가 어린 스키피오를 앞으로 불러내어 막중한 책임이 따르는 직책을 맡겼다. 아직 그럴 만한 나이에 이르지 않았음에도 스키피오가 건설관에 임명되었을 때 민중 호민관들은 나이가 어리다는 이유로 그의 취임을 거부했지만, 민중은 스키피오를 여러 부족에게 소개함으로써 그가 다수의 지지를 받아 건설관에 선출된 것이다.

3

유명하고 고결한 장군이었던 스키피오의 아버지와 삼촌이 스페인에서 전사한 뒤 로마인들은 어떤 장군을 그들의 후임으로 선출할 것인가를 논의하면서, 그토록 위대한 장군을 잃을 만큼 위험한 전쟁을 맡을 만한 인물을 찾을 수 없었다.

부집정관을 뽑고자 전체 민회가 소집된 자리에서 로마 제국의 왕족과 귀족이 그와 같은 막중한 안건에 대해 침묵을 지키고 있을 때, 오직 스물네 살의 청년이었던 스키피오가 민중 가운데에서 일어나 이렇게 말했다.

"나는 밝은 희망과 확신을 품고 나에게 부과된 책임을 기꺼이 맡고자 합니다."

스키피오가 이와 같이 선서하면서 그는 곧 스페인의 부집정관으로 선출되었고, 이에 민중은 놀라운 지지와 호의를 보냈다. 그러나 원로원은 그가 어느 나라의 어느 장군과 전쟁을 치러야 하는가에 대하여 좀 더 고민하기 시작했다. 왜냐하면 스키피오가 그토록 무거운 전쟁을 맡기에는 아직 어리다고 생각했기 때문이었다.

일이 이렇게 되자 민중의 마음은 놀라울 만큼 바뀌어 마치 이제까지 그를 지지하고 뽑은 것을 후회하는 듯한 모습을 보여 주었다. 이러한 사정을 알게 된 스키피오는 민회를 소집하여 자신의 나이와 전투 경험을 웅변으로 설명했다. 그러자 민중은 다시 그를 칭송하며 전쟁과 관련하여 그에게 품었던 희망을 되찾았다.

4

스키피오는 굳은 용기와 온갖 미덕을 갖추었을 뿐만 아니라 잘생기고 곱상하며 아름다운 표정을 지을 줄 알았다. 이와 같은 풍모는 스키피오가 모든 사람에게서 사랑과 호감을 받을 수 있었던 중요한 자산이었다. 더욱이 그의 행동과 몸짓에는 군주다운 풍모가 있었다. 그의 영광스러운 전투 경험이 보기 드문 심성과 천성에 더해지자 그의 정치적 덕망은 오히려 전투 능력보다도 더 큰 호소력을 가지게 되었다.

스키피오는 또한 민중의 가슴에 미신과 같은 두려움을 안겨 주었다. 그는 성인이 된 뒤로 매일같이 혼자 유피테르 신전이 있는 언덕(Capitolia)으로 올라가 참배했다. 그런 모습을 보며, 마치 지난날 누마(Numa)왕이 요정 에게리아(Egeria)의 계시를 받았듯이, 그가 신전에서 보통 사람들로서는 알 수 없는 비밀스러운 것을 배우고 있다고 사람들은 생각했다. 그의 어머니의 침대에 뱀이 나타났다는 소식을 접한 그 시대 사람들은 지난날 마케도니아 사람들이 알렉산드로스 대왕에게 느꼈던 것과 같은 감정을 그에게서 느꼈던 듯하다.

5

신비한 이야기는 더 있다. 스키피오는 양쪽에 각기 오단 노를 단 30척의 함대에 보병 1만 명을 태우고 이탈리아를 떠난 적이 있었다. 그는 스페인으로 건너가 며칠 안에 엠포리아이(Emporiae)에 상륙하여 육로로 타라코(Tarraco)까지 진군했다.

그곳에서 스키피오가 회의를 소집하자 연맹체의 각 도시에서 많은 사절이 찾아왔다. 스키피오는 그들을 격려하고 그들이 듣고자 하던 대답을 들려준 다음 숙소로 돌려보냈다. 그러고 나서 그는 매우 조심스럽게 자신이 마주치는 전투를 치렀다.

스키피오의 생각에 따르면, 남자다움과 용맹함을 갖추었던 루키우스 마르키우스(Lucius Marcius)의 부대에서 살아남은 노병(老兵)들을 잘 이용하는 것이 가장 훌륭한 전략이었다. 로마의 장군 마르키우스는 두 명의 스키피오가 전사하고 스페인과 로마의 속령들을 잃어버린 절망적인 상황에서도 스페인과 로마에 남은 병력을 모아, 지난날의 승리에 도취해 있던 적군에 항전한 적이 있었다. 마르키우스가 스페인에서 세 명의 카르타고 장군을 상대로 전쟁을 치르면서 보여 준 용맹과 근면함은 말로 표현할 수 없을 정도였다.

이제 스키피오는 겨울철의 수비를 앞두고 병력을 지휘하게 되었다. 그는 이번 전쟁에서 이겨야 한다고 병사를 설득했다. 스키피오를 본 병사들은 세상을 떠난 그의 아버지와 삼촌을 떠올리며 누구도 채울 수 없는 그 자리를 이 젊은이가 채울 수 있다고 생각했다.

스키피오가 고결한 용맹을 보이도록 병사를 지휘하자 그들은 조국의 비극에 대한 절망감을 버렸다. 스키피오는 마르키우스를 높이 칭송하면서, 자신의 덕망을 신뢰하는 사람은 다른 사람의 영광을 시샘하지 않는다는 것을 보여 주었다.

6

겨울이 지나자 스키피오는 수비대의 신병과 노병을 잘 편성한 다음 먼저 신(新)카르타고²를 공격하기로 결정했다. 스페인의 여러 도시 가운데 그곳이 가장 풍요로웠고, 다른 어느 곳보다도 바다와 육지에서 공격하기에 좋았기 때문이었다. 더욱이 카르타고의 장군들은 이곳에 모든 군수품과 보물을 쌓아 두고 있었다.

따라서 이 도시와 성채에 주둔한 수비대도 튼튼했다. 카르타고의 장군들은 여러 지역으로 나라를 나누었는데, 그 가운데에서도 세 곳 모두를 끝까지 약탈에서 보호함으로써 카르

---

2   기원전 380년 무렵에 갈리아족이 침입하여 로마가 황폐해지자 에게해 동부 일대의 페니키아족이 동북아프리카로 이주하여 카르타고를 건설했다. 그 뒤로 기원전 250~200을 전후하여 한니발 바르카(Hannibal Barca)의 기병대장 마하르발스가 제2차 포에니 전쟁에서 로마를 물리치고 카르타고를 중흥하였는데, 이후의 시기를 신카르타고(New Cartage)라고 부른다.

타고가 함락되는 것을 허락하지 않았다. 그러나 그와 같은 난관에 모두 대비하고 있던 스키피오는 육군과 해군을 모두 동원하여 신카르타고를 포위하기에 이르렀다.

그 도시의 성채가 튼튼하고 주민들은 용맹하여, 이 작전은 매우 어려운 과업인 데다가 시간도 오래 걸릴 것이라고 여겨졌다. 신카르타고의 주민들은 스스로를 지킬 수 있다고 생각했을 뿐만 아니라 적군에 항전하도록 동맹국들을 이끌어내 접전을 벌이고 로마 진영의 참호까지 진격할 마음의 준비를 하고 있었다. 그러나 역사에서는 누군가의 재능만으로는 이룰수 없는 일이 그의 근면함을 통해 이루어지는 경우가 허다하게 일어난다.

카르타고의 성에서 그리 멀지 않은 곳에 호수가 있었다. 스키피오는 그곳에서부터 물이 흘러 들어가는 여울을 이용하면 걸어서도 아주 쉽고 빠르게 성벽에 이를 수 있다는 사실을 알게 되었다. 그는 이 점을 이용하면 카르타고를 함락하는 데이보다 더 훌륭한 전략이 없다고 생각했다. 스키피오는 물이 빠지는 시간을 알아낸 뒤에 전열을 몇 개의 부대로 나누어 그가 지난날 감행했던 어떤 작전보다도 더 치열하게 도시를 공격했다.

그러는 동안에 스키피오는 자신의 부대에서 가장 용맹한 병사들을 뽑아 호수를 걸어 건너가 그쪽 성벽의 높이를 재도록 지시했다. 그곳은 상대의 경계가 가장 덜한 곳이었다. 이에 명령을 받은 특공대는 아무런 장애도 겪지 않고 호수를 건너한곳에 이르러 경비병이 없는 곳을 발견했다.

반대편의 전투가 격렬하여 모든 적군이 그곳으로 몰려갔기 때문이었다. 그들은 쉽게 성벽에 올라 배후에서 적군을 공격했다. 시민과 수비대는 자신들이 커다란 위험에 빠져 있다는 사실을 뒤늦게 깨닫자 곧 성을 버리고 달아났다. 사방에서 공격받는다는 사실을 알아챈 그들은 황급히 도주했다. 로마 병사들은 그들을 무섭게 추적하는 한편 도시를 약탈했다. 그곳에서 그들은 많은 전리품과 군수 물자를 발견했다.

스키피오는 용맹하게 싸운 병사를 크게 칭찬하며 넉넉하게 상금을 주었다. 그 가운데에는 성벽을 측량할 때 다른 모든 병사가 흩어지고 싸움에 휘말리는 위험 속에서도 가장 먼저 성벽에 올라가 그 어려운 일을 용감하게 수행한 병사 두 명이 있었다. 스키피오는 모든 병사가 모인 자리에서 공개적으로 그 두 병사의 공적을 칭송하면서 그들에게 모형 왕관을 씌워 줌으로써 모두를 만족시켰다.

7

그런 다음 스키피오는 스페인의 모든 도시에 사람을 보내 인질을 잡아 오도록 했는데 그 수가 무척 많았다. 그는 인질을 정중하고 인정스럽게 대우함으로써 많은 명성을 얻었으며, 이를 통해 많은 민족이 카르타고를 버리고 로마에 복속하도록 만들었다.

그러나 무엇보다도 스키피오의 명성을 높여 주고, 모든 덕망의 모범으로서 그를 사랑하고 호의를 품게 한 일이 일어났다. 곧 그 무렵에 한 젊은 여성이 포로로 잡혀 왔는데 어느 카르타고 여성들보다 빼어나게 아름다웠다. 스키피오는 그 여성을 조심스레 보호하면서 병사들이 그에게 폭행이나 무례를 저지르지 않도록 했다. 그 여성은 켈트—이베리아의 왕자 루케이우스(Luceius)의 아내였다.

이 사실을 안 스키피오는 그 여성에게 손을 대거나 모욕하지 않고 젊은 남편에게 돌려보냈다. 아내를 그토록 정중하게 상대해 준 사실을 잊지 않은 루케이우스는 자기 시민에게 로마 장군의 너그러움과 절제와 탁월한 덕망을 알려 주었다. 그러고 나서 곧바로 루케이우스는 많은 기병을 이끌고 로마의 진영을 찾아왔다.

그 무렵에 카르타고에는 마고와, 한니발의 아버지인 바르카 시대의 하스드루발과, 기스코의 아들인 또 다른 하스드루발이라는 세 명의 장군이 있었다. 이들은 신카르타고를 잃는 것이 자신들에게 얼마나 큰 상처가 되며, 이방 민족과의 신뢰 관계에도 얼마나 악영향을 끼치는지를 잘 알고 있었다.

그들은 여러 가지 이유로 자기들이 이번 전쟁에 승리하리라고 생각했다. 그들은 먼저 자기들이 신카르타고를 잃은 사실에 분노하는 척했고, 이어서 그곳을 잃었다는 사실이 그다지 대수롭지 않다는 연설을 했다.

8

만도니우스(Mandonius)와 인디빌리스(Indibilis)라는 작은 왕국의 왕을 포함하여 스페인의 군주들과 여러 민족의 혼성군을 거느린 스키피오는 바르카 출신의 하스드루발이 어디에 있는지를 파악하고는 많은 병력을 이끌고 그곳으로 진격했다. 스키피오는 하스드루발이 마고나 또 다른 하스드루발과 합류하기에 앞서 그를 공격하고자 했다.

바르카 가문의 하스드루발은 베술라(Besula)강 가까이에 진영을 차렸다. 하스드루발은 자신의 힘과 병력을 믿고 전쟁을 몹시 서둘렀다. 스키피오가 가까이 왔다는 소식을 들은 하스드루발은 계곡을 벗어나 전략적으로 매우 유리한 언덕으로 올라갔다. 로마 군단은 그를 추격하여 숨 돌릴 겨를도 주지 않고 따라잡아 첫 교전에서 하스드루발의 진영을 유린했다.

로마 병사들은 마치 도시인 것처럼 꾸며 놓은 참호와 성곽까지 접근하여 싸웠다. 지리적인 유리함을 믿고 있는 데다가 이곳을 잃으면 안 된다는 생각 때문에 하스드루발의 병사들은 있는 힘을 다해 항전했다. 그러나 그와 같은 생각들은 사실상 겁쟁이들을 가장 절망하게 만드는 요소였다.

그런가 하면 용맹스럽고 승리의 희망으로 가득 찬 로마

병사들은 남자답게 싸웠다. 병사들이 지켜보는 가운데 스키피오와 모든 장병은 더욱 신이 나 용맹을 뽐냈기 때문에 전투는 매우 잔인하게 전개되었다. 그들이 힘껏 싸우면서 공격을 멈추지 않고 성벽을 기어올라 적진으로 진격하자 카르타고군은 도주했다. 카르타고의 하스드루발은 로마 병사가 성안으로 들어오기에 앞서 몇 명의 부하와 함께 도망하여 겨우 목숨을 건졌다.

전투가 끝난 뒤에 스키피오는 자기의 방식에 따라 포로들을 불러 모은 다음, 몸값을 받지 않고 모두 자유민으로 풀어 주었다. 포로 가운데에는 왕실의 자손인 젊은이가 포함되어 있었다. 그는 마시니사의 조카였는데, 스키피오는 늘 그 가문을 칭송하곤 했다.[3] 스키피오는 많은 선물을 들려 그 젊은이를 마시니사에게 보냄으로써, 자신이 장군으로서 전쟁에서도 탁월할 뿐만 아니라 너그럽고 덕성을 풍부하게 갖춘 시민임을 확인시켜 주었다.

이제 전쟁은 끝났다. 전리품이 넉넉하여 병사들에게 푸짐하게 나누어 줄 수 있었다. 이때부터 스키피오의 영예는 더욱 드높았고, 다른 장군들도 마찬가지였다. 그 뒤로 어떤 일이 일어났는가를 살펴보면, 전리품을 나누어 주는 자리에 있던 스페인 병사들은 스키피오의 너그러움에 놀라 그의 영예와 덕망을 기리고자 그를 왕으로 부르려고 했다.

그러나 스키피오는 그 자리에서 그 말을 막았다. 그는 로마인들의 귀에 익숙하지 않은 왕의 칭호를 받아들일 수 없었다. 스키피오는 귀족이 왕의 칭호를 얼마나 싫어하고, 그것이 로마인의 자유와 얼마나 걸맞지 않은가를 잘 알고 있었다. 그는 만약 스페인 병사가 자기에게 감사한 마음을 표현하고 싶

3 　마시니사 가문과 로마의 인연에 관해서는 제10장 「대(大)카토전」(§ 26)을 참조할 것.

다면 이를 로마인에 대한 신뢰와 사랑으로 표시해 달라고 부탁했다.

스키피오가 이와 같은 일을 하고 있을 때 마고와 기스코의 아들 하스드루발은 자기들의 병력이 베술라강 변에서 무너진 것을 알고 서둘러 만난 뒤 바르카의 하스드루발을 찾아가 어떻게 전쟁을 준비할지 상의했다.

서로 머리를 맞대고 상의한 끝에 그들이 이른 결론에 따르면, 바르카의 하스드루발은 지금 전쟁이 치열하게 벌어지고 있는 이탈리아로 건너가 형을 돕기로 하고, 마고와 기스코의 아들 하스드루발은 스페인에 남아 카르타고로 사람을 보내 도움을 요청하되 기다리던 부대가 도착하여 군대가 강성해지기까지는 로마 병사들과 싸우지 않는다는 것이었다.

하스드루발이 이탈리아로 옮겨 가면서 한노가 그 자리에 임명되었다. 그러나 한노가 켈트–이베리아인들이 로마에 대항하여 반란을 일으키도록 하는 작업을 하는 동안에 로마에서 실라누스(Silanus)가 스키피오의 명령에 따라 그곳에 파견되었다. 실라누스는 운이 무척 좋아 전투에서 한노를 이기고 그를 사로잡았다.

9

켈트–이베리아에는 주민들이 오롱기스(Orongis)라고 부르는 마을이 있었는데, 물산이 넉넉하여 전쟁을 준비하기에 매우 적합했다. 그 무렵에 스키피오가 많은 병사를 이끌고 그 지역을 장악하고자 파견되었다. 그러나 살펴보니 성채가 견고하고 병사가 훈련을 잘 받아 단번에 함락할 수 없다는 것을 안 스키피오는 며칠에 걸쳐 성을 포위 공격한 끝에 그곳을 함락하고 약탈했다.

겨울이 예상보다 일찍 찾아와 양쪽 병력은 겨울을 나고자 각기 본진으로 돌아갔다. 이번 전쟁에서 운이 좋았던 스키피

오는 타라코로 돌아가고, 마고와 기스코의 아들 하스드루발은
해안으로 물러갔다.

10

이듬해 여름이 오자 남부 스페인의 전투는 지난날보다도 더
치열하고 잔혹해졌다. 로마와 카르타고의 병사들은 베술라강
변에서 만나 전투에 들어갔다. 긴 전투에서 스키피오가 이기
고 적군은 도망했다. 많은 카르타고 병사가 전장에서 죽었다.

카르타고 병사들에게 전열을 가다듬을 여유도 주지 않자
그들은 머리를 돌려 달려들었다. 스키피오가 그들을 맞아 치
열하게 싸운 끝에 하스드루발과 마고는 모든 병력을 잃고 대
륙을 떠나 스페인 남쪽의 가데스(Gades)로 도망했다.

그 무렵에 카르타고 부대에는 마시니사라는 용맹스럽고
지혜로운 청년이 있었다. 실라누스와 비밀스럽게 접촉할 기회
를 찾고 있던 마시니사는 실라누스에게 우정을 표시한 첫 번
째 카르타고인이었다.

마시니사가 실라누스에게 접근한 것이 스키피오의 관대
함에 마음이 움직여서였는지 아니면 지금은 휴전할 때라고 생
각했기 때문인지는 알 수 없지만, 어쨌든 그는 정복자 로마 편
에 서는 것이 국가의 안전을 위해 가장 확실한 길이라고 생각
했다.

세월이 지나 로마인들의 호감을 얻어 누미디아의 강력한
왕이 된 인물이 바로 그 마시니사였다. 그는 여러 가지 방법으
로 로마인들에게 매우 유익한 친구가 되었다.

더 나아가 제2차 포에니 전쟁이 일어난 지 14년이 되던 해
[기원전 136년]에 스페인은 부총독 스키피오의 너그러운 정책에
따라 정복된 땅의 내륙 중심지에서 살게 된 첫 국가의 민족이
되었다. 그러나 그곳은 오랜 세월이 지나 아우구스투스(Augus-
tus Caesar)가 로마의 속령으로 편입한 마지막 땅이 되었다.

이번의 찬란한 승리에도 만족하지 않은 스키피오는 스페인에서 짧은 시간을 보내며 마사이실리아(Massaesylia)의 왕 시팍스를 로마의 우방으로 만들기 위해 골몰했다.

시팍스왕이 로마의 동맹에 들려 한다는 것을 알고 있던 스키피오는 모든 일을 제쳐 놓고 오단 노가 달린 두 척의 노예선을 이끌고 아프리카로 건너갔다. 그와 같은 시간에 기스코의 아들 하스드루발도 가데스를 떠나 마사이실리아로 오고 있었다.

이렇듯 용맹스러운 두 장군이 서로 시샘하며 시팍스왕이 자기의 조국과 공화국에 호감을 갖도록 노력했다. 시팍스왕은 스키피오와 하스드루발을 자기 궁전에 초대하여 매우 정중하고 영예롭게 대접하면서, 한 식탁에서 식사하게 하고 같은 방에서 자게 함으로써 자신이 누구를 더 잘 대접하고 누구를 소홀히 대접한다고 생각하지 않도록 했다.

들리는 바에 따르면, 그 자리에서 하스드루발은 스키피오의 도량과 빼어난 지혜에 압도되어, 그의 앞에서는 자신의 조국 카르타고와 아프리카의 앞날이 매우 위험해지리라 생각했다고 한다. 하스드루발이 보기에, 이 젊은이는 민첩하고 온갖 미덕을 갖추고 있을 뿐만 아니라 계속하여 전쟁에 이기고 있었기 때문에, 자신과 평화를 체결하기보다는 차라리 전쟁을 선택할 것만 같았다.

더욱이 하스드루발은 그들과 함께 지내는 동안 시팍스왕이 스키피오의 인격과 권위에 압도되어 그의 편에 서지 않을까 두려워했다. 결국, 그가 걱정한 대로 왕의 마음이 움직이는 사태가 벌어졌다.

처음에는 왕도 두 사람에게 차별 없이 상대해 주면서 로마와 카르타고 사이에 전쟁이 끝나도록 대화를 이끌어 갔지만, 로마 원로원의 동의가 없이는 평화 조약을 체결할 수 없다는 스키피오의 말을 듣고 나서는 하스드루발의 견해를 거절하고 스키피오의 요구에 따라 로마와 동맹을 맺었다.

12

스페인으로 돌아온 스키피오는 때로는 직접 힘을 써서, 또 때로는 루키우스 마르키우스를 시켜 로마에 항복하지 않는 일리투르기움(Iliturgium)과 카스툴로와 그 밖의 몇몇 지방을 정복했다. 그가 이처럼 여러 차례에 걸쳐 행운의 승리를 거둔 뒤, 로마는 멸망할 때까지 온갖 종류의 경기와 놀이에서 부족함이 없는 곳이 되었다.

신카르타고로 돌아온 스키피오는 앞으로 다가올 거대한 전쟁에 대비하여 검투사들을 훈련시켰다. 그가 가고자 하는 곳에는 많은 재산이 널려 있었다. 그는 지난날의 영광을 되찾고, 개인적으로도 무기를 휘둘러 보고 싶었다.

그 무렵 귀족의 나라인 스페인에서는 코르비스(Corbis)와 오르수아(Orsua)라는 두 왕족이 왕권을 놓고 싸우고 있었는데, 그 무렵에는 오르수아가 코르비스에게 살해됨으로써 싸움이 끝난 상태였다. 그들의 싸움은 민중이 보기에 매우 슬픈 일이었다.

그러나 오르수아의 죽음이 민중을 더욱 괴롭게 만든 것은 그들이 친사촌 사이였다는 사실 때문이었다. 이런 정세의 변화를 바라본 스키피오는 앞으로 해야 할 더 중대한 일에 몰두하다가 병이 들었다.

스키피오가 아프다는 소식은 스페인 전역으로 퍼져 나갔다. 스키피오는 자주 아팠다. 그의 병은 사실보다도 더 심각하고 위험한 것으로 소문이 났다. 이에 스페인뿐만 아니라 로마 병사들 사이에서도 뭔가 바뀌는 것이 아닌가 하는 바람들이 머리를 들기 시작했다.

스키피오가 수크로(Sucro)강을 떠날 때 그런 소문은 더욱 퍼져 나갔다. 장군이 자리를 비우자 먼저 군기가 무너지기 시작했다. 더욱이 그가 아프고 목숨마저 위태롭다는 소문이 해외의 군대까지 퍼지면서 그들 사이에 반란이 일어났다.

반란군들 가운데 지휘관의 권위와 명령을 대수롭지 않게 여기던 사람들은 지휘관을 몰아내고 두 명의 보잘것없는 병사를 사령관으로 뽑은 곳도 있었다. 아무 권한도 없는 사람들에게서 주제넘게 직위를 받은 그들은 교만을 피우면서 장군의 상징인 지휘봉과 도끼를 수행원에게 들게 했다. 그와 같이 어리석은 처사는 사람들이 헛된 꿈을 꾸게 했다.

그사이에 스페인 사람들도 잠만 자고 있지는 않았다. 더욱이 그 가운데에서도 스페인 왕정의 부활을 꿈꾸던 만도니우스와 인디빌리스는 스키피오가 신카르타고를 정복한 뒤에 그를 찾아간 적도 있었다.

그러나 그 뒤로 로마의 세력이 나날이 팽창하는 것에 두려움을 느낀 그들은 이제 다른 길을 찾게 되었다. 그리하여 그들은 스키피오가 병들었을 뿐만 아니라 죽음의 문턱에 이르렀다는 소식을 듣자 그 말을 믿고 군대를 모집하여 로마의 동맹국이었던 수에시타(Suessita)족과 전쟁을 일으켰다.

13

그러나 스키피오가 병에서 회복되고 그의 죽음이 거짓 소문이었음이 알려진 뒤에도 사람들은 여전히 반란을 일으켰다. 그러나 그의 회복이 확실한 것으로 확인되자 반란은 가라앉았다. 누구도 감히 반란을 확대하지 않았다.

폭동이나 소요에 대한 식견보다 정규 전쟁에 더욱 탁월했던 스키피오는 군인들의 그와 같은 어리석음에 큰 상처를 받았다. 그러나 그는 끝까지 분노를 억누르고 이를 회의에 부쳤고, 병사들은 스키피오가 자신들을 처벌하는 문제에서 이성의 한계를 뛰어넘는 사람이라고 생각했다.

643

반란 참가자는 마땅히 처벌을 받아야 하지만 나머지는 모두 용서하라고 많은 사람이 스키피오에게 조언하자, 그는 처벌을 받아 마땅한 몇몇 사람의 죄상은 밝히되 나머지 무리는 사례의 경중에 따라 처벌하겠노라고 대답했다고 한다. 사람들의 조언에 따라 스키피오는 모든 반군(叛軍)을 신카르타고로 보내 거기에서 봉급을 받도록 했다.

반란군은 스키피오의 지시를 따랐다. 어떤 사람은 자신의 잘못을 줄여 말하고, 어떤 사람은 아첨을 떨었다. 그런가 하면 어떤 사람은 장군의 너그러움을 신뢰하면서 그의 처벌이 가혹하다고 생각하지 않았다. 병사들을 용서하면서 스키피오는 이렇게 말했다.

"나는 1천 명의 적군을 죽이는 일보다 단 한 사람의 로마 시민의 목숨을 더 중요하게 여긴다."

소문은 금세 퍼져 나갔다. 스키피오는 또 다른 부대를 편성했다. 이들은 스페인의 왕정을 되찾으려고 전쟁을 일으킨 만도니우스와 인디빌리스를 정복하고자 대비해 둔 부대였다. 수크로강을 건넜던 병사들은 용서받을 수 있을 것이라는 희망을 안고 카르타고로 되돌아왔다.

그러나 반란에 참여했던 군인들이 카르타고로 돌아온 다음 날, 그들은 모두 광장에 소집되어 무장이 해제되고 로마 병사들에게 둘러싸였다. 그런 다음 재판석에 앉아 있던 스키피오가 건장하고 잘생긴 부하들 앞에 모습을 드러냈다.

스키피오는 예나 다름없이 건장해 보였다. 그는 이어서 날카롭고 뼈저린 웅변을 토해 냈다. 병사들 사이에 고통스러운 탄식이 흘러나왔다. 무장을 해제당한 병사들은 눈앞의 장군을 바라보면서 자신들을 수치스러워 했다.

반란군의 양심은 자신들이 저지른 실수를 자책하고 있었으며, 죽음에 대한 두려움이 그들의 말과 웃음을 빼앗아 갔다. 위대한 장군 앞에서 죄를 지은 사람과 죄를 짓지 않은 사람 모두의 얼굴이 붉어졌다. 모두에게 비통한 침묵이 흘렀다. 연설을 마친 스키피오는 반란의 주모자를 군중 앞으로 끌어내어 그들의 방식대로 매질한 다음 목을 자르니, 보는 이들이 모두 두려워하며 슬퍼했다.

14

이렇게 반란이 진정되자 스키피오는 모든 병사에게 다시 충성을 맹세하도록 한 다음 만도니우스와 인디빌리스를 공격하러 길을 떠났다. 만도니우스와 인디빌리스는 로마인들이 반란자들을 처형한 사실로 미루어 볼 때 자신들이 살아남으리라는 가망이 없다고 생각했다. 그리하여 그들은 2만 명의 보병과 2천 명의 기병을 이끌고 로마군을 향해 진격했다.

이와 같은 소식을 들은 스키피오는 그들이 병력을 늘리거나 동맹국들이 그에 가세하여 반란을 일으키기에 앞서 카르타고를 떠나 빠르게 적진을 향해 진격했다. 만도니우스와 인디빌리스는 매우 강고한 성채에 주둔해 있으면서 자기 병사들의 힘을 믿었다. 그들은 적군을 도발할 뜻은 없었지만, 그렇다고 해서 도전을 받고서도 전투를 피할 생각도 없었다.

양쪽 진용의 거리가 가까워지고 며칠 만에 로마군이 도발하자 그들은 전열을 갖추어 스키피오의 군대와 전투에 들어갔다. 접전이 시작되자 전투의 피해도 크고 잔혹했다. 그러나 드디어 자신들이 포위된 것을 알게 된 스페인 병사들은 원형을 이루고 사방에서 몰려오는 적군에 대항하여 싸우다가 항복하였고 남은 무리는 가까스로 도망하여 목숨을 건졌다.

자신들이 완전히 패배하여 살아날 희망이 없음을 안 만도니우스와 인디빌리스는 스키피오에게 사절을 보내 자기들에게 자비를 베풀어 항복을 받아 달라고 애원했다. 스키피오는 그들이 얼마나 강력하게 로마를 공격했는지 잘 알고 있었지만, 무력보다는 예의와 자비로 적을 정복하는 것을 더 영예롭게 생각하는 로마인의 관례에 따라 그들의 항복을 받아들였다. 단, 그들에게 로마군의 봉급을 대신 지불하게 했다.

15

그러는 동안에 가데스에서 마시니사가 와 상륙했다. 마시니사는 실라누스를 통해 스키피오가 자리를 비웠을 때 자신이 스키피오에게 베푼 우정을 확인하는 동시에, 저 유명한 승전을 거둠으로써 자신이 그토록 우러러보게 된 인물과 마주 보며 이야기하고 싶었다.

실제로 마시니사는 스키피오의 용맹과 덕망에 대해 자신이 품고 있던 생각을 숨기지 않았으며, 스키피오야말로 자신이 오래전부터 마음속으로 생각해 오던 인물임을 알아차렸다.

그런 인물은 그리 흔치 않았다. 왜냐하면 스키피오는 위대한 천성을 타고났다는 점에서 모든 사람보다 뛰어났을 뿐만 아니라 군주다운 위엄과 품위를 지니고 있었기 때문이었다. 더욱이 스키피오는 자신을 찾아오는 모든 사람에게 진심으로 정중했고, 탁월한 웅변가였으며, 자신이 얻은 선물을 모든 사람에게 나누어 주었다. 스키피오는 몸짓과 행동이 우아하였으며, 머리를 길게 기르고 있었다.

마시니사가 스키피오를 만나 인사를 건넬 때, 그는 완전히 경도되어 스키피오에게서 눈을 떼지 못했고, 그러면서도 제대로 바라보지도 못했다. 마시니사는 자신의 조카를 돌려보내 준 것에 깊이 감사하면서, 두 사람 사이의 우정을 행동으로 보여 주겠노라고 약속했다. 그리고 그는 죽는 순간까지 로마인들과 맺은 약속을 깨뜨리지 않았다.

16

그리하여 모든 스페인 민족이 로마 제국에 복속되거나 아니면 적어도 동맹국이 되었다. 가데스족의 이와 같은 처사는 다른 국가들에도 선례가 되어 많은 민족이 로마를 찾아와 항복했다. 이것이 바로 고대 국가의 모습이었다. 우리가 들은 것이 사실이라면, 티루스의 식민지였던 가데스는 바다 건너 아프리카의 카르타고나 보이오티아의 테베와 같은 길을 걸었다.

스페인 전역을 정복하고 카르타고인들을 몰아낸 다음에 이곳에서는 더 이상 할 일이 없다고 생각한 스키피오는 루키우스 렌툴루스(Lucius Lentulus)와 만리우스 아키디누스(Manlius Acidinus)에게 이곳의 통치를 맡기고 로마로 돌아왔다. 그가 로마에 도착하자 원로원은 로마 교외에 있는 벨로나(Bellona) 신전에서 귀국 보고를 들었다. 그 자리에서 스키피오는 특히 다음과 같은 일을 강조했다.

"나는 용맹스럽게 싸우고 신의 도움을 받아 임무를 마쳤습니다. 나는 열네 번의 전투에서 네 명의 적장을 무찔렀으며, 적의 네 개 군단을 패퇴시켰으며, 스페인의 두 지역에서 카르타고 병사를 몰아냈습니다. 그곳에서 우리에게 항복하지 않은 민족은 하나도 없습니다."

원로원은 이 모든 일이 위대한 승리로서 가치가 있다고 판정했다. 그러나 이제까지 적어도 부(副)집정관이나 집정관의 직위에 오르지 못한 장군은 전승을 축하하고자 로마 시내로 들어와 개선식을 연 적이 없었다.

따라서 원로원은 스키피오에게 그런 대접을 하는 것이 온당하지 않다고 생각했고, 스키피오 자신도 전통을 깨고 새로운 의전(儀典)을 실시하는 것을 바라지 않았기 때문에 자신이 입을 화려한 복장도 마련하지 않았다.

17

그렇게 스키피오가 로마 시내로 들어오자 시민들은 전체 민회의 호의와 동의에 따라 그가 집정관으로 선출되었음을 선언했다. 기록에 따르면, 이날은 당시 어떤 민회가 열렸을 때보다,

심지어 그의 아버지 푸블리우스 스키피오를 맞이할 때보다 많은 시민이 거리로 나왔다고 한다.

민회에 모인 로마 시민뿐만 아니라 외국인들도 모두 스키피오를 바라보면서, 그를 아프리카로 파견하여 카르타고를 무찔러야 한다고 요구했다. 스키피오도 같은 생각을 하고 있던 터라 이렇게 말했다.

"나는 시민 여러분에게 묻습니다. 만약 원로원이 그와 같은 가치 있는 과업에 반대한다면 어쩌시겠습니까?"

스키피오가 이렇게 물은 데에는 이유가 있었다. 많은 귀족과 원로원 의원들이 카르타고 침공에 격렬히 반대했는데, 그 가운데에서도 명성과 권세가 높은 화비우스 막시무스가 가장 심하게 반대했기 때문이었다.

스키피오는 그 문제를 들고 앞으로 나아가 화비우스의 주장을 좌절시켰다. 스키피오는 여러 가지 이유를 보여 주며 카르타고 본토를 침공하는 것 말고는 달리 카르타고를 정복하고 이탈리아에서 한니발을 몰아낼 길이 없으며, 그 밖의 다른 논의는 모두 헛되고 국익에 보탬이 되지 않는다고 설명했다.

18

민회에서 오랜 논의를 거친 뒤, 원로원은 스키피오를 시킬리아의 총독으로 임명했다. 그러면서 만약 그가 아프리카를 침공하는 것이 공화국에 유익하다고 생각한다면 모든 병력을 이끌고 아프리카로 진군할 수 있는 권한을 주었다. 이 결정이 발표되자 시민들은 이 거대한 과업에 주목했다.

시민들은 아프리카가 이미 자기들의 영토가 되었다고 생각하면서 이제 전쟁도 멈추리라는 희망에 부풀었다. 그러나 스키피오는 이번 원정을 준비하기가 쉽지 않다는 것을 잘 알고 있었다. 왜냐하면 국가 재정이 어렵고, 젊은이들이 부족했기 때문이었다. 지난날 한니발에게 상처를 입고 패퇴하면서

징병할 청년이 크게 줄어든 상태였다.

그러나 자신에게 쏟아지는 시민의 기대에 보답하고 싶었던 스키피오는 전쟁 준비를 서둘렀다. 토스카나와 움브리아 시민이 있는 힘껏 도와주었다. 어떤 사람은 배를 만들 목재를 가져오고, 어떤 사람은 갑옷을 가져오고, 어떤 사람은 옥수수를 내놓고, 어떤 사람은 군량과 군수품을 제공했다.

배가 건조되자 모든 병사가 바다로 나가 출진을 준비했다. 45일 만에 그와 같은 준비가 이루어진 것은 믿을 수 없는 일이었다. 스키피오는 이탈리아를 벗어나 시킬리아로 갔다. 그는 또한 군대를 모으는 과정에서 마르켈루스의 도움을 받아 전투 경험이 많은 선임 병사를 뽑았다. 그들은 대단히 노련하다는 평판을 듣고 있었다.

19
한편으로 스키피오는 시킬리아인들을 정중히 대우하여 그들의 마음을 사로잡으면서, 다른 한편으로는 군수 물자들을 모으는 일에 자기를 돕도록 강요했다. 계절에 따라 필요한 것들은 아프리카에서 조달하기로 했다.

그 밖의 일에 관한 기록에 따르면, 스키피오는 토스카나와 움브리아에서 귀족의 아들 3백 명을 뽑아 정해진 어느 날, 말과 갑옷으로 무장하도록 했다고 한다.

출정의 날이 오자 스키피오는 귀족 자제들에게 자신을 따라 아프리카의 전쟁터로 갈 것인지 아니면 갑옷과 말을 같은 수의 로마 병사들에게 넘겨줄 것인지 선택하도록 했다. 젊은 이들이 전쟁에 가지 않기를 바라자 스키피오는 로마 병사 3백 명을 뽑아 그들의 자리를 채우고 무장을 시키지 않은 채 이탈리아를 떠났다.

왜냐하면 그는 시킬리아인들이 부담하는 비용으로 그들을 무장시키고 싶었기 때문이었다. 그 뒤에 실제로 스키피오는 그렇게 했다. 이 병사들은 뒷날 아프리카의 수많은 전투에서 스키피오를 많이 도와주었다.

겨울에 대비하여 군대를 숙영(宿營)할 때가 되자 스키피오는 시라쿠사이로 들어가 전쟁 준비뿐만 아니라 시킬리아에서 처리해야 할 일들을 지시했다. 그 무렵에 온갖 불평의 소리가 들려왔다. 곧 시킬리아에는 많은 이탈리아 병사가 주둔해 있었는데, 그들이 전쟁에서 얻은 약탈품을 반납하지 않고 개인 용도로 쓰고 있다는 것이었다.

이에 원로원에서 그 물품들을 시라쿠사이인들에게 되돌려 주라는 정령(政令)을 발표하자 스키피오는 곧 원로원의 지시대로 처리하라는 포고령을 발표했다. 이로써 그는 시라쿠사이의 민심을 얻었으며, 공의롭고 정당한 집정관이라는 평가를 받았다.

20

그러는 동안에 그는 카이우스 라일리우스가 아프리카에서 많은 전리품을 가지고 귀국했다는 소식과 함께, 마시니사왕이 자신의 방문을 진심으로 바라고 있다는 말을 들었다. 왕은 만약 동맹에 대한 편견이 없다면 되도록 빠른 시간 안에 자신을 방문해 달라고 간청했다. 그뿐만 아니라 아프리카 여러 나라의 시민도 같은 바람을 품고 있었다.

그들은 카르타고의 통치를 받고 있다는 사실에 반감을 품었고, 더 이상 반란이 일어나는 것을 바라지 않았다. 그러나 이번 순방은 스키피오의 실수와 부주의로 말미암아 그리 환영받지 못했다. 그는 무척 훌륭한 장군이었으나, 이번 순방 때는 본래 자신의 모습만큼 조심스럽고 부지런한 모습을 보여 주지 못했던 것이다.

특히 시킬리아 문제와 로크리(Locri)를 탈환하는 문제는 스키피오가 처음에 생각한 대로 목적을 수행할 수 없도록 일을 방해했다. 더 나아가 그의 부관 플레미니우스(Pleminius)의 문란한 행위는 그를 몹시 슬프게 만들었다. 스키피오는 로크리를 떠나면서 플레미니우스를 주재관으로 남겨 두었는데, 그가 여성들을 강간하고 불쌍한 사람들을 약탈하며 온갖 비리를 저질렀기 때문이었다.

이와 같이 자신들에게 더해지는 명백한 갈등과 비리를 끔찍하게 겪으면서 로크리 시민은 그와 같이 악의에 찬 사람의 통치를 받느니 차라리 다른 아픔을 겪는 것이 좋겠다고 결정했다.

그리하여 그들은 로마로 사절을 보내 플레미니누스가 자기들에게 저지른 비리와 상처를 원로원에서 공개적으로 털어놓았다. 이런 사건에 너무도 가슴이 아팠던 귀족들은 플레미니우스뿐만 아니라 스키피오까지 비난하는 가혹한 정령을 발표했다.

21

이를 빌미로 스키피오를 비난할 기회를 찾던 그의 정적들은 그가 로크리 시민이 겪는 아픔을 알고 있었음에도 플레미니우스의 비행을 덮어 주었으며, 더욱이 부하들의 반란도 이미 알고 있었다고 맹렬히 비난했다.

정적들의 비난에 따르면, 스키피오는 집정관이 되면서 그런 일을 더 소홀하게 처리했다는 것이다. 그의 정적들은 더 나아가서 시킬리아에 주둔하고 있는 스키피오의 병사들은 법도 지키지 않았고, 성실하게 복무하지도 않았으며, 병영의 규율도 준수하지 않았다고 덧붙여 말하면서, 그 스스로도 사려 깊지 않았고 온통 환락에 빠져 게으름을 피웠다고 비난했다.

그 가운데에서도 가장 가혹하게 스키피오를 비난한 사람은 화비우스 막시무스였다. 그는 스키피오에게 버거운 정적이었다. 그는 스키피오를 격렬히 비난하면서 절제와 이성의 범위를 넘어섰다. 화비우스는 스키피오를 시킬리아에서 소환하고 직책을 해임하는 것이 가장 좋은 방법이라고 생각했다. 그러나 시민들은 그러한 판단이 경직되고 지나치다고 생각했다.

이런 일이 벌어지자 원로원은 퀸투스 메텔루스의 의견에 따라 열 명의 사절을 임명하여 스키피오에게 쏟아지는 비난이 사실인지 자세히 알아보도록 시킬리아로 파견했다. 그리고 만약 스키피오의 실수가 발견되면 원로원의 이름으로 이탈리아로 소환하도록 하는 권한을 그들에게 주었다. 그러나 스키피오에 대한 비난이 사실과 다르고, 악의적인 정적이나 비난자의 입에서 나온 것으로 밝혀진다면 그를 다시 전선으로 보내 이번 전쟁에서 용맹스럽게 싸우도록 격려하기로 했다.

시킬리아에 도착한 사절단이 규정에 따라 자세히 조사해 보니 스키피오에게서는 매우 사소한 실수를 빼면 잘못을 발견할 수 없었으며, 플레미니우스가 로크리 시민들에게 저지른 비행만 드러났다. 스키피오는 자신의 병사들에게 상을 줄 때는 매우 너그러웠고, 처벌할 때도 매우 정중하고 자비로웠다.

기록에 따르면, 사절단이 스키피오의 군대와 선박과 내부 시설과 군수품을 살펴보니 물자가 넉넉하고 모든 일이 매우 질서 정연했다고 한다. 스키피오를 크게 격려하고 로마로 돌아온 사절단은 그에 대한 모든 비난을 무시하면서 원로원과 시민들에게 승리의 희망을 안겨 주었다.

22

이와 같이 국내 문제들이 해결되자 이번에는 나라 밖에서 어려움이 튀어나왔다. 시팍스왕이 보낸 사절은 그들의 왕이 카르타고와 새로운 동맹을 맺고 하스드루발과 우방이 되어 그의 딸을 아내로 맞이했다고 말했다.

따라서 시팍스왕은 스키피오가 자기 조국의 평화를 지키고자 한다면 스키피오가 아프리카를 침공하지 않기를 바란다는 것이었다. 왜냐하면 이제 시팍스왕은 카르타고를 자신의 우방으로 생각하며, 카르타고의 적군은 자신의 적군이라고 단호하게 생각하고 있기 때문이었다.

스키피오는 이 방문이 자기 진영에 알려져 병사를 동요하게 만드는 것을 바라지 않았기 때문에 그들을 돌려보내면서 왕에게 편지를 보냈는데, 그 편지에는 이렇게 쓰여 있었다.

"본관은 시팍스왕을 존경하며 왕께서도 신뢰에 기초를 두고 있는 저의 약속을 기억하기 바랍니다. 본관은 로마의 이름과 대왕의 신뢰를 손상하는 어떤 일도 하지 않을 것임을 깊이 양지(諒知)하시기 바랍니다."

23

그런 일이 있은 다음 스키피오는 장병들을 모아 놓고 이렇게 지시했다.

"시팍스왕의 사절이 시킬리아로 와서, 지난날 마시니사가 그랬던 것처럼, 우리가 너무 오래 머무르고 있다고 불평한다. 따라서 나는 서둘러 아프리카로 진격할 것이니 장병 여러분은 이 원정에 필요한 것들을 준비하는 데 소홀함이 없도록 하라."

집정관의 지시가 시킬리아에 알려지자 많은 사람이 릴리바이움(Lilybaeum)으로 몰려들었다. 그들은 아프리카로 가는 원정대에 지원한 병사들뿐만 아니라 로마 함대와 군대를 보려고 온 사람들이었다. 그들은 일찍이 군대가 그토록 훌륭한 장비를 갖추고, 그토록 훌륭하게 군수품을 장만하고, 그토록 훌륭하게 충원된 것을 본 적이 없었다.

모든 준비를 마친 스키피오는 바다를 안전하게 건너기를 바라면서 릴리바이움을 떠났다. 노(櫓)나 바람의 상태에 만족할 수 없었던 스키피오는 며칠 동안 갑(岬)과 산을 무사히 지나 모든 병사를 목적지에 상륙시켰다.

몇몇 기록에 따르면, 스키피오의 군대가 진격하고 있다는 소식이 카르타고에 알려지자 도시가 금세 술렁거렸으며, 갑자기 경적이 들리더니 성문과 성채를 경비하기 시작했다고 한다. [기원전 256년에] 집정관 레굴루스(Marcus Regulus)가 아프리카를 침공한 뒤, 지난 50년 동안 로마의 장군이 군대를 이끌고 아프리카를 쳐들어온 적이 없었기 때문이었다.

따라서 카르타고 시민이 두려움으로 동요한 것은 이상한 일이 아니었다. 카르타고에는 스키피오에 맞설 만한 인물이 없었기 때문에 그의 이름은 더욱 그들을 떨게 했다. 그 무렵에 기스코의 아들 하스드루발이 용맹한 장군이라는 명성을 얻고 있었지만, 카르타고인들은 그가 지난날 스키피오에게 지고 스페인에서 쫓겨난 일을 잘 알고 있었다.

그러나 카르타고인들은 하스드루발과 강력한 군주인 시팍스왕에게 모든 희망과 안전을 기대하면서도 그 두 사람에게 될 수 있으면 아프리카 문제를 빨리 해결하도록 도와 달라고 간청하지 않았다. 오히려 그들이 서로 만나 군대를 모아 합동 작전을 준비하고 있는 동안 카르타고인들은 하밀카르의 아들 한니발을 사령관으로 뽑아 로마에 항전함으로써 이웃 나라들을 지키도록 했다.

카르타고를 파괴한 스키피오는 병사들에게 전리품을 넉넉히 나누어 준 다음 우티카의 옆 마을에 주둔했다. 이 도시는 아름답고 풍요로울 뿐만 아니라 해전과 육전에 필요한 군수품이 풍부한 곳이어서 스키피오는 어떻게 하면 이 도시를 정복할 수 있을까를 생각했다.

그 무렵에 마시니사가 로마의 진영을 찾아왔는데, 시팍스왕과 싸우고 싶어 안달이었다. 마시니사는 지난날 시팍스왕에게 왕국과 왕위 계승권을 빼앗긴 원한이 있었다. 스키피오가 스페인에 주둔할 때부터 알고 있던 마시니사는 재치 있는 젊은이로서 날래고 용맹스러웠다. 스키피오는 카르타고인들이 모여 전력을 갖추기에 앞서 적군의 정세를 살펴보도록 그를 파견하면서 한노를 전쟁터로 유인할 수 있는 모든 수단을 마련해 보라고 지시했다.

지휘권을 물려받은 마시니사는 적군의 화를 돋우기 시작했다. 그는 조금씩 앞으로 나아가 스키피오가 전열을 갖추고 있는 곳까지 한노를 유인하여 싸울 기회를 찾고 있었다. 그러나 새로 보충된 로마 병력이 접근했을 때 한노의 병사들은 이미 지쳐 있었다. 한노는 첫 교전에서 무너지고 병력 대부분과 함께 죽었다. 나머지 병력은 도망하거나 살 곳을 찾아 이리저리 흩어졌다.

25

이렇게 승리를 거둔 스키피오는 우티카를 점령하려고 돌아왔으나, 갑작스럽게 하스드루발과 시팍스왕이 쳐들어와 잠시 물러섰다. 그들은 엄청난 보병과 기병을 이끌고 로마 병사들에게서 멀지 않은 곳에 진영을 차렸다.

이를 알아차린 스키피오는 서둘러 포위를 멈추고 언덕으로 올라가 그곳을 요새화했다. 그곳은 적군을 맞아 싸울 수 있을 뿐만 아니라 우티카를 약탈하거나 정박 중인 함선들을 지키는 데에도 유리한 곳이었다. 그러나 그해가 넘어가자 양쪽 병사들은 각기 겨울에 대비하여 숙영에 들어갔다.

그러는 과정에서 스키피오는 시팍스왕에게 사절을 보내 자기의 심정을 이해하도록 하는 한편, 가능하다면 카르타고와의 동맹을 청산하도록 권고하기로 결정했다. 스키피오가 그렇게 제안한 데에는 그럴 만한 이유가 있었다. 그는 시팍스왕의 약점을 알고 있었던 것이다.

스키피오는 시팍스왕의 아내인 소포니스바(Sophonisba)가 감언이설로 남편을 꼬드겨 로마를 멀리하도록 만들었고, 여기에 넘어간 시팍스왕이 기존의 소신과 약속을 저버리고 로마와의 우호를 깨뜨렸다는 사실을 알고 있었다.

따라서 스키피오는 시팍스왕이 그만큼 사랑하는 왕비를 언급하면 그가 아내를 그리워해 돌아갈 것이라고 생각했다. 그가 보낸 편지의 뜻을 이해한 왕은 이렇게 답장을 보냈다.

"지금이야말로 카르타고인들과 맺은 동맹을 파기할 시간이자 모든 전쟁 의지를 포기해야 할 때입니다. 그러므로 나는 지금 평화 조약의 체결에 호의를 가지고 있다는 점을 약속하는 바입니다."

스키피오는 그의 말뜻을 알아듣고 한 가지 탁월한 방안을 생각해 냈다. 그는 자기 부대에서 매우 용맹한 부하들을 뽑아 노예처럼 옷을 입힌 다음, 사절들이 오기를 기다렸다가 어찌할지를 지시해 두었다.

시팍스왕과 그의 사절들이 평화의 조건과 조문(條文)을 논의하는 시간이 예상보다 오래 걸리자, 노예 차림의 병사들은 적진을 아래위로 돌아다니면서 길은 어떻게 뻗어 있고 출입구는 어디에 있는가를 잘 살폈다. 병사들은 여러 차례 이처럼 정탐한 다음 스키피오에게 돌아와 자세히 보고했다.

26

얼마 동안 전투가 중지되었다가 휴전이 끝나자 평화의 희망을 단념한 스키피오는 전쟁을 준비하는 시늉을 했다. 그는 지난날에 했던 것처럼 바다에서 전투를 준비하면서 우티카를 포위할 동력을 끌어모았다. 스키피오는 자신이 출격하리라는 소문을 온 나라에 퍼뜨리면서, 실제로 침공이 있을 것이라고 적군에게 알렸다. 아울러 장군과 부장들을 불러 자신의 전술을 은밀히 알려 주었다.

하스드루발과 시팍스왕의 진영은 그리 멀지 않은 곳에 흩어져 있는데, 한쪽은 나무로 막사와 건물을 지었고, 다른 한쪽은 갈대로 막사를 지어 불에 약했다. 그래서 스키피오는 화공을 택했다. 그는 마시니사와 카이우스 라일리우스에게 사람을 보내 불러들인 다음, 한밤중에 시팍스의 진영을 급습하여 불을 지르도록 하는 한편, 자신은 카르타고의 진영을 공격하기로 했다.

두 장군은 스키피오의 지시에 따라 서둘러 작전에 들어갔다. 그들이 약속 시간에 누미디아족의 병영을 습격하여 갈대 막사에 불을 지르니 불길은 곧장 온 병영으로 퍼져 나갔다. 처음에 누미디아족은 누군가의 잘못으로 불이 난 줄로만 알고 무기도 들지 않은 채 밖으로 달려 나갔다.

그러나 자신들이 로마 병사들에게 둘러싸여 있고, 오로지 일방적인 살육만이 펼쳐지는 광경을 본 그들은 그냥 도망치는 것이 가장 좋은 방법이라고 생각했다.

카르타고의 진영도 로마 병사에게 둘러싸였다. 막사가 거의 모두 불타자 적군은 끔찍한 인명 손실을 겪으며 도주했는데, 어떤 역사가의 기록에 따르면 그날 밤에 카르타고와 누미디아족 4만 명이 죽었다고 한다.

27

이와 같이 완전한 패배와 엄청난 인명 손실을 겪은 카르타고 시민은 커다란 두려움에 빠졌다. 어떤 사람들은 이탈리아에 있는 한니발을 불러오는 것이 최선의 방법이라 생각했고, 어떤 사람들은 스키피오와 평화 조약을 맺으라고 충고했다.

그러나 재산이 많고 평화주의자들에 반대하면서 우세한 위치에 있던 바르카의 무리는 다시 전쟁을 시작하고자 새로이 군대를 모집했다. 시팍스왕과 하스드루발은 많은 보병과 기병대를 모아 예상보다 빨리 전열을 갖추면서 로마군의 맞은 편에 다시 병영을 차렸다.

이와 같은 사실을 잘 알고 있던 스키피오는 멈칫거리지

않고 전쟁을 치르기로 결심했다. 사기가 높아진 병사들은 기꺼이 싸울 준비가 되어 있었다. 서로의 전열이 가까워지자 첫 전투가 벌어졌다. 처음에는 규모가 그리 크지 않았지만 시간이 지나면서 대규모 전투로 확산되었다.

로마 병사들은 두려워하면서도 용기를 내어 싸웠다. 첫 교전에서 그들은 누미디아족과 카르타고인들을 격파하며 대부분을 죽였다. 하스드루발과 시팍스왕은 도망하여 죽음을 면했다. 스키피오는 마시니사와 라일리우스에게 경기병을 주어 그들을 추격하게 했다.

28

누미디아에 이른 시팍스는 서둘러 자기 왕국의 영내로 들어가 모든 백성 가운데에서 병사를 끌어모았고, 다시금 마시니사와 라일리우스를 상대하러 나섰다. 시팍스는 그들과의 전투를 두려워하지 않았다. 그 자신이 적장만큼 위대한 장군도 아니었고, 군대의 수가 그리 많은 것도 아니었고, 군대도 그리 잘 훈련되지 않았다는 점을 생각하면, 그의 처사는 흥미로운 것이다. 그러나 그가 거느린 병사나 장군들은 로마군의 수준에 미치지 못했다. 그렇게 그는 로마군에게 지고 많은 귀족과 함께 포로가 되었다.

마시니사는 그토록 잡기 어려웠던 시팍스왕을 사로잡아 스키피오에게 데리고 갔다. 왕이 포로가 되어 로마 진영으로 끌려오고 있다는 소식을 처음 들었을 때 그들은 몹시 기뻤다. 그러나 막상 그의 초라한 행색을 본 사람들은 지난날 위대하고 존엄했던 그의 모습을 떠올렸다.

그는 불과 얼마 전까지만 해도 드높은 명성과 엄청난 재산과 강대한 왕국을 가지고 있던 사람이었던 것이다. 그러나 스키피오는 그런 감정을 감추고 그를 정중히 맞이한 뒤 점잖게 물어보았다.

"왜 그대는 마음을 바꾸어 전쟁을 하기로 마음먹었소?"

그러자 시팍스가 당당하게 대답했다.

"나의 아내 소포니스바에 대한 사랑 때문이었소. 소포니스바는 내게 로마인들을 불명예스럽게 다루라고 말했고, 나는 거기에 따랐소. 또한 나는 다른 사람들이 나를 따라 움직이면서 천천히 로마와의 약속을 깨뜨리게 될 것이라는 사실도 알고 있었소. 지금 이 비참한 상황에 빠진 나를 그나마 위로해 주는 사실은, 내 불구대천의 원수인 마시니사가 한때의 나처럼 열망에 사로잡힌 채로 광기 어린 모습을 보여 주고 있다는 것이오."

29

시팍스가 전쟁에 져 포로가 된 뒤에 마시니사는 키르타(Cirta)로 갔다. 그곳은 카르타고에서 가장 중요한 도시로, 마시니사가 전쟁에 기여한 공으로 얻은 곳이었다. 키르타에서 그는 시팍스의 왕비 소포니스바를 만나 사랑에 빠졌다. 거짓된 아첨과 친절에 사로잡힌 마시니사는 그 여성에게 로마의 손아귀에서 탈출시켜 주겠노라고 약속했다.

마시니사는 약속을 지켜 그곳을 벗어난 뒤에 소포니스바를 아내로 맞이했다. 이와 같은 소식을 들은 스키피오는 마음이 괴로웠다. 시팍스는 로마인들의 처사와 수단으로 말미암아 패배하였으므로, 그의 모든 것이 로마인들의 처분에 달려 있다는 사실을 세상 사람들이 모두 알고 있었기 때문이었다. 만약 마시니사가 스키피오의 동의도 얻지 않고 소포니스바를 둘러싼 사랑 싸움을 펼쳤다면, 그것은 집정관 스키피오의 권위와 로마 시민의 존엄성을 우습게 보았다는 뜻이었다.

더욱이 마시니사의 추악한 욕심은 그의 결점을 더욱 커 보이도록 하여 사람들이 더 이상 참지 못하게 만들었다. 마시니사는 스키피오의 자제력이 얼마나 위대한지를 날마다 자기 눈으로 보았음에도 자신은 그 모범을 따르지 못했다. 스키피오는 승리한 여러 곳에서 덕성을 보여 주었고, 특히 포로로 잡힌 여성의 인격을 존중하는 사람이었다.

스키피오는 마시니사의 처사로 말미암아 마음의 상처를 크게 입었으면서도 막료들의 앞에서 내색하지 않았다. 그는 본래 마시니사가 병영으로 돌아올 때면 따뜻하게 맞이해 주었는데, 그런 일이 있은 뒤로는 그를 다른 곳으로 데려가 무섭게 꾸짖음으로써 너그럽지만 준엄한 장군에게 어떻게 복종해야 하는지를 가르쳐 주었다.

스키피오에게 꾸지람을 들은 마시니사는 숙소로 돌아와 울었다. 그는 소포니스바에게 어떻게 하라고 말해야 할지 몰랐다. 그는 소포니스바와 맺은 약속을 지킬 수 없다는 사실을 가슴 아파하며, 그 여성에게 독약을 담은 편지를 보내 이를 마시고 곧 삶을 청산하라고 말했다.

30

그토록 심한 상처와 패배를 겪은 카르타고인들은 자기들의 문제가 이제 극단의 상황에 이른 것을 알았다. 이제 그들은 자기들의 영토를 더 넓히는 것은 고사하고 지금의 나라만이라도 지킬 수 있는 길이 무엇인가를 생각하기에 이르렀다. 그리하여 그들은 한니발에게 사람을 보내 이탈리아를 떠나 카르타고로 돌아오라는 소식을 전달했다.

모든 일을 제쳐 놓고 서둘러 아프리카로 돌아온 한니발은 먼저 스키피오와 평화 협상을 하는 것이 상책이라고 생각했다. 행운의 여신이 젊은 스키피오를 가호하고 있다는 사실이 두려웠기 때문이었을 수도 있고, 아니면 자기가 보기에 이미 기울어 버린 조국을 더는 구원할 없다고 체념했기 때문이었을 수도 있다.

한니발의 요청에 따라 그와 스키피오의 회담 장소가 결정되었다. 그들은 전쟁을 멈추는 일에 관해 많은 이야기를 나누었다. 스키피오는 한니발에게 강화 조건을 제시했다. 그 내용을 들어 보면, 로마인들은 전쟁에 지치지 않았고, 스키피오 자신도 아직 젊은 나이여서 평화에 귀를 기울이기보다는 승리를 쟁취하고 싶은 생각이 더 간절함을 알 수 있었다.

그리하여 평화에 대한 희망이 사라지면서 회담이 깨지고, 위대한 제국의 위대한 두 명장은 내일 아침에 일전을 벌여 짧은 시간 안에 대제국의 주권을 모두 빼앗든가 빼앗기든가를 결판내기로 했다.

31

기록에 따르면, 그들이 모든 병력을 모아 그 유명한 결전을 치르기로 한 곳은 자마 근처였다고 한다. 이 전쟁에서 로마 병사들은 카르타고를 정복했다. 그들은 먼저 코끼리 부대를 패주시키고, 그다음에는 기병대를 가혹하게 공격하여 끝내 전군을 무너뜨렸다. 기록에 따르면, 로마 병사들은 4만 명이 넘는 카르타고 병사를 죽였다고 한다.

그날 한니발은 용맹한 명장의 모습을 보여 주기는 했지만 끝내 전쟁에서 지고 피신하여 목숨을 건졌다. 한니발은 이 전투에서 지난날 어느 때보다도 더 훌륭하게 병사들의 전열을 구축하였으며, 현지 물자나 지원군의 면에서도 막강했다. 그토록 격렬한 전투의 공포 속에서도 그는 병사들과 함께 분전(奮戰)하여 적군들도 그를 위대한 장군이라고 칭송했다.

전쟁이 끝난 뒤에 스키피오는 카르타고를 도와주었던 시팍스왕의 아들 베르미나(Vermina)를 만났지만 그가 달아나게 내버려 두었고, 그의 병력을 거둔 뒤 그들의 피난처였던 성으로 들어갔다. 스키피오는 이제 멸망한 카르타고인들이 자기에게 평화를 요구할 것이라고 생각했다. 지난날 그들은 위대한 전사였고 언제라도 전쟁을 일으킬 준비가 되어 있었지만, 조

스키피오

국을 지켜 주리라는 희망과 신뢰를 얻었던 한니발이 무너진 지금은 겁에 질려 나약해져 있었다.

32

실제로 그런 마음을 가지고 있었던 카르타고인들은 스키피오에게 사절을 보내, 평소의 자비심으로 자신들에게 평화를 허락해 달라고 간청했다. 이에 로마에서는 결정을 내렸다. 곧 아프리카의 통치권을 장악하고 새로운 집정관을 서둘러 파견하여 전쟁을 수행하되, 그에게 알맞은 권위와 직책을 주어 준비하도록 한다는 것이었다.

스키피오가 가만히 생각해 보니, 다른 장군이 파견되어 이 위대한 전쟁을 마치는 영광을 차지하도록 하기보다는 차라리 카르타고의 요구를 받아들이는 것이 자기로서는 더 만족스러운 일이었다.

그리하여 로마 병사들은 집권자들이 마음에 들어할 만한 강화 조건을 제시했다. 무엇보다도 중요한 항목은 카르타고인들이 모든 희망을 걸고 있는 그들의 전함과 노예선을 빼앗는다는 것이었다. 모든 함대가 불타자 이제 카르타고는 완전히 무너진 것만 같아 온 도시에 눈물과 탄식만 흘렀다. 사람들이 보기에 그 모습이 참으로 비통했다.

이런 모습을 보노라면 우리는 인간이 얼마나 허약한 존재인가를 알게 된다. 다만 행복에 젖어 그것을 잊고 있을 뿐이다. 지난날 카르타고인들은 세상을 정복했고, 적국과 그 많은 전쟁을 치르면서 승리를 쟁취했고, 이탈리아를 정복했고, 용맹스럽게 로마를 포위한 적이 있었다.

그러던 그들이 그 짧은 시간에 그토록 비참하게 몰락하여 모든 권세가 무너지고, 이제 남은 것이라고는 카르타고의 성 밖에 없었다. 이제 그들의 안전을 지켜 주는 것은 적국의 자비심과 호의뿐이었다.

이와 같은 일들이 끝나자 스키피오는 원로원의 결의에 따라 마시니사를 그들의 왕으로 복위시키고, 시팍스왕이 다스리던 중요 지역을 넘겨주어 마시니사를 아프리카에서 가장 강력한 군주로 만들어 주었다. 그리고 그는 받을 만한 자격이 있다고 여겨지는 모든 사람에게 명예로운 선물을 주었다.

드디어 아프리카에서 모든 일이 잘 해결되자 스키피오는 병력을 이끌고 이탈리아로 돌아왔다. 그가 돌아오던 날, 그토록 놀랍고 위대한 승리를 거두고 돌아오는 명장을 보고자 많은 사람이 로마로 몰려들었다. 스키피오가 승리의 상징을 들고 로마로 들어설 때 테렌티우스 쿨레오가 머리에 모자를 쓰고 뒤따랐는데, 이는 그가 스키피오의 호의와 우정으로 말미암아 억압에서 풀려났기 때문이었다.

역사학자 폴리비오스의 기록에 따르면 시팍스왕이 개선식에 끌려왔다고 하는데, 다른 사람들의 말에 따르면 시팍스왕은 스키피오의 개선식에 앞서 죽었다고 한다. 이 개선식에 관해서는 여러 이야기가 있다. 어떤 사람들은 승전을 기념하며 금과 은으로 만든 접시를 전시하고, 많은 포로를 행진에 포함시킨 이 개선식이 카르타고에게 대승을 거두기 전에 이루어진 것이라고 한다. 그런가 하면 어떤 사람들은 그것이 마케도니아와 아시아와의 전쟁을 치른 뒤의 일이라고 한다.

그러나 분명한 사실은 한니발이 무너졌고, 위대하고 영광스러운 전쟁은 끝났으며, 스키피오의 개선식은 금과 온갖 장엄한 장식으로 꾸민 여느 개선식보다 더 화려했다는 점이다. 이때 정복당한 아프리카 대륙의 그 어떤 나라도 그 뒤로는 로마의 통치를 수치스럽게 여기지 않았다. 왜냐하면 스키피오는 마케도니아와 아시아와 그 밖의 여러 나라를 정복하여 로마 제국의 영토를 넓힐 때, 아프리카를 그 교량이자 통로로 충실히 이용했기 때문이다.

이제부터 나는 스키피오가 아프리카를 정복했으므로 그를 스키피오 아프리카누스라고 부르는 것이 온당하다고 생각한다. 로마로 돌아온 그는 세속의 온갖 부귀와 영화를 누렸다. 이 무렵에 감찰관[4] 선거가 있었는데, 모든 명문가 사람들이 출마하였지만 스키피오와 아이밀리우스 파이투스(Aemilius Paetus)가 당선되었다. 그들은 좋은 정치를 베풀어 온 나라를 평온하게 만들었다.

그들의 뒤를 이어 감찰관에 당선된 사람들은 대를 이어 스키피오를 원로원 대공(Prince)으로 선출했다. 그 자리는 위대한 정복 전쟁에서 승리를 거두고, 이를 통해 조국에 많은 공헌을 한 사람에게만 바치는 영예였다.

그런 일이 있은 뒤에 곧바로 스키피오는 다시 셈프로니우스 롱구스와 더불어 집정관에 선출되었다. 셈프로니우스는 트레비아강의 전투에서 패배한 셈프로니우스의 아들이었다. 기록에 따르면, 스키피오와 셈프로니우스는 공공장소에서 각자의 신분을 알아볼 수 있도록 귀족과 원로원 의원을 일반 시민과 떨어져 앉게 만든 최초의 정치인이었다고 한다.

그러한 차별 때문에 로마 시민은 몹시 분노했고, 마음에 엄청난 상처를 입었다. 귀족은 그와 같은 조치로 자기들의 신분을 높였지만, 일반 시민은 그만큼 자신들의 격이 낮아졌다고 느꼈던 것이다. 어떤 사람들의 말에 따르면, 스키피오는 자신이 이렇게 옛 풍속을 버리고 새로운 풍속을 도입한 것을 후회했다고 한다.

35

그 무렵에 마시니사와 카르타고인들이 국경 문제로 크게 다투

---

4   감찰관의 직권에 관해서는 제27장 「파울루스전」(§ 38)을 참조할 것.

고 있었다. 이에 원로원에서는 두 사람의 부관을 딸려 스키피오를 파견했다. 분쟁의 원인에 관한 이야기를 들은 그들은 자신들이 본 그대로 사건을 남겨 둔 채 별다른 조처를 취하지 않았다. 왜냐하면 내란의 어려움을 겪고 있는 카르타고가 새로운 전쟁을 일으키기는커녕, 다른 어떤 변화를 도모할 겨를조차 없다고 판단했기 때문이었다.

당시 로마는 시리아의 안티오코스왕과 전쟁을 치르고 있었다. 이때 한니발은 로마의 옛 적국들이 반란을 일으키도록 자극하면서 실제로 로마에 대항하는 새로운 적국을 훈련시키고 있었다. 한니발은 무엇보다도 평화라는 이름 아래 로마인들이 카르타고인들에게 씌워 놓은 굴레를 벗어 버리라고 말하면서 그들을 고무했다.

그러나 로마인들은 곧바로 승리를 거두고 그리스에서 안티오코스왕을 몰아낸 뒤, 내처 아시아까지 정복하고 싶어 했다. 그러면서 그들은 모든 중요한 전쟁을 승리로 종결시킨 스키피오에게 모든 희망을 걸었다. 그러나 공동 집정관이었던 루키우스 스키피오(Lucius Scipio)와 라일리우스가 서로 아시아 정복을 맡겠노라고 나섰다.

이 문제가 의제로 나왔을 때 원로원은 그토록 유명한 두 사람 가운데 누구를 선택해야 할지 고민했다. 그러나 더 원로원에 우호적이고 좋은 평판을 받고 있던 라일리우스 쪽으로 점점 기울기 시작했다. 그러자 루키우스의 형 스키피오 아프리카누스가 나서서 원로원에 간청하기를, 자기들은 가문이 불명예스럽게 되는 것을 바라지 않으며, 자기 동생은 덕망이 높고 지혜로우며, 동생이 정벌군의 사령관이 되면 자기가 부관이 되어 동생을 돕겠노라고 말했다.

스키피오 아프리카누스가 말을 마치기도 전에 원로원 의원들이 기꺼이 그의 제안을 받아들임으로써 모든 고민을 떨쳐버렸다. 그리고 원로원은 공개적으로 루키우스가 그리스로 진격하여 아이톨리아족과 전쟁을 치르되, 만약 그가 안티오코스 왕과 벌이는 전쟁을 더 중요하다고 생각한다면 그리스에서 로마로 이동해도 좋다고 결의했다. 아울러 원로원은 그가 형 스키피오를 부관으로 데려가 안티오코스왕의 편에 서서 싸우는 한니발에 대적하도록 했다.

36

그 자신이 그렇게 대단한 위업을 이루었음에도, 젊었을 적에는 아버지에게, 나이가 들어서는 동생에게 보여 준 스키피오 아프리카누스의 사랑에 대해 놀라지 않을 사람이 있을까?

한니발을 쳐부수고 카르타고를 정복함으로써 스키피오 아프리카누스라는 칭호를 들은 그였다. 세상 누구보다도 군사 작전에 뛰어났던 그는 동생이 라일리우스를 꺾고 아시아를 점령할 수 있도록 가만히 도와 주었다. 그는 동생이 시민의 호응을 얻어 명성을 더욱 드높일 수 있게끔 자진해서 그의 부관이 되었다.

동생 루키우스는 형의 건전하고도 믿음직한 조언에 따라 전쟁에서 이김으로써 조국에 영광을 안겨 주었다. 먼저 그리스로 진격한 그는 형의 충고를 받아들여 아이톨리아족과 6개월의 휴전을 맺었다. 형이 동생에게 만사를 제쳐 놓고 지금 전쟁이 막바지에 이른 아시아로 진격해야 한다고 충고했기 때문이었다.

그 뒤로 루키우스는 안티오코스에게서 지원을 받은 비티니아의 프루시아스왕을 무찔렀다. 프루시아스왕은 지난날 어느 쪽에서 나타날지 알 수 없는 신출귀몰한 전술을 사용해서 형 스키피오 아프리카누스의 작전을 저지하고 괴롭혔던 인물이었다.

스키피오 아프리카누스의 권세는 더욱 강력해져, 루키우스에게서 무엇인가를 얻어 내고자 하는 사람들은 먼저 형을 찾아와 다리를 놓아 주기를 바랐다. 이를테면 루키우스 스키피오가 아시아로 진격하자 안티오코스왕의 사절과 비잔티움의 헤라클리데스(Heraclides Byzantion)가 그를 찾아가 강화 조건을 제시하며 공개적으로 외교 문서를 읽었다.

그러나 루키우스로부터 적절한 평화 조건을 얻어 낼 수 없다는 것을 알게 된 그들은 사사로이 스키피오 아프리카누스를 찾아가, 왕에게 지시받은 대로 안티오코스왕과 우방이 되도록 하려고 최선을 다했다.

안티오코스왕의 전언에 따르면, 그들이 포로로 잡은 스키피오 아프리카누스의 아들을 돌려보낼 것이며, 더 나아가서 스키피오 아프리카누스를 기꺼이 자신의 모든 영토를 다스리는 동지로 삼고 자기는 명목상의 왕위만 지키겠노라는 것이었다. 그러나 무엇보다도 믿음과 너그러움을 으뜸가는 덕목으로 여기고 있던 스키피오 아프리카누스는 이런저런 사안에 대해 대답한 다음 그들에게 이렇게 말했다.

"나의 아들을 돌려보낸다니 고마운 우정으로 받아들이겠소. 그리고 그에 대한 보답이 될 수 있도록 사사로운 입장에서 최선을 다할 것이오. 그러나 무엇보다도 나는 안티오코스왕에게 전쟁을 포기하고 로마의 원로원과 시민이 요구하는 평화 조건을 받아들이도록 충고하는 바이오."

조금 지나 안티오코스는 자기가 포로로 잡아 두고 있던 스키피오 아프리카누스의 아들을 돌려보냈다. 기록에 따르면, 그 아들은 전쟁 초기에 칼키디케(Chalcidice)에서 오리쿰(Oricum)으로 가던 길에 포로가 되었다고 한다. 그러나 다른 사람의 기록에 따르면 그는 작은 배를 타고 지나가다 잡혔다고 하고, 어떤 기록에는 그가 적군의 정세를 탐지하러 갔다가 잡혔다고 한다. 어쨌든 그는 엘레아(Elea)에서 병을 얻어 누워 있던 아버지에게로 돌아오게 되었다.

38

안티오코스의 정중한 처사는 스키피오 아프리카누스를 감동하게 했으니 그럴 만도 하다. 오랫동안 곁을 떠났던 아들을 만난 스키피오 아프리카누스는 정신을 차리고 아픈 몸도 호전되었다.

이런 일이 있고 나서 스키피오 아프리카누스는 안티오코스가 엘레아로 돌아간 것을 확인한 뒤에는 더 이상 전투를 계속하지 않을 것이라고 알렸다. 그 위대한 장군의 충고를 들은 안티오코스왕은 얼마 동안 병영을 닫아걸고 마침내 전쟁을 종결지으리라고 결심했다.

그런 뒤에 안티오코스왕은 스키피오 아프리카누스의 주선으로 루키우스 집정관을 만날 수 있기를 바랐다. 그러나 그 뒤에 마그네시아 가까이에 진영을 차리고 있던 루키우스가 안티오코스의 병사들에게 화를 돋우며 도발하자 왕은 진영을 나와 전열을 정비했다. 기록에 따르면, 이때 한니발이 직접 나와 전투에 참가했다고 한다.

39

안티오코스왕이 무너지고 병사들이 소란에 빠지자 더 이상 희망이 없다는 것을 깨달은 한니발은 스키피오 아프리카누스를 찾아왔다. 로마군이 승리했을 즈음, 스키피오는 병에서 회복되어 진영으로 돌아와 있었다. 한니발은 그의 주선으로 루키우스를 만나 강화 조약에 관한 이야기를 나누었다.

한편, 안티오코스의 사절들도 찾아와 왕을 대신하여 겸손히 용서를 빌면서 로마 측이 최선이라고 여기는 평화 조건을 제시해 달라고 간청했다. 스키피오 아프리카누스는 그들의 이야기를 듣고 이렇게 대답했다.

"역경에 빠졌다고 몸을 굽히거나 풍요롭다고 자랑하는 것은 로마인들의 삶의 방법이 아닙니다. 나는 내가 승리하기에 앞서 제시했던 강화 조건을 그대로 제시합니다. 앞으로 안티오코스왕은 유럽의 일에 간섭하지 말아야 하며, 타우루스(Taurus)산에서 타나이스(Tanais)강에 이르기까지 그가 아시아에서 가지고 있는 모든 것을 포기하고, 앞으로 20년 동안 조공을 바쳐야 하며, 집정관이 지명한 사람을 인질로 보내야 합니다. 그리고 무엇보다 중요한 것으로, 이 전쟁을 일으키고 수행한 카르타고의 한니발을 로마의 집정관에게 보내야 합니다."

한편, 앞서 「한니발전」에서 내가 기록한 바와 같이, 안티오코스의 군대가 바다와 육지에서 모두 무너진 것을 알게 된 한니발은 로마인들의 손에서 벗어나 비티니아의 프루시아스왕을 찾아갔다.

로마가 제시한 조건을 모두 받아들인 안티오코스왕은 로마인들이 자기를 잘 보살펴 주고 작은 왕국의 왕으로 임명함으로써 자기를 매우 우호적으로 이용했다고 말했다. 안티오코스를 작은 왕국의 왕으로 임명한 것은 크고 부유하여 온갖 사람들이 탐욕을 느끼는 나라일수록 크고 작은 문제가 많이 일어나기 때문이었다. 그런 점에서 그리스의 예언자 테오크리토스(Theokritos)의 다음과 같은 시는 참으로 맞는 말이다.

내가 바라는 것은
재산도 아니요, 권장(權杖)[5]도 아니요,
긴 외투[6]도 아니요, 왕관도 아니며,

---

5   권장은 고대 사회에서 실력자들이 권력의 상징으로 짚던 지팡이 또는 홀(笏)을 뜻한다.
6   긴 외투는 높은 벼슬아치를 뜻한다.

명성을 지고 갈 날램이나 힘도 아니다.
다만 바라노니
호젓한 오두막에서
즐거운 마음으로 노래 부르며
건널 수 없는 거친 바다를
바라보는 것일 뿐이라네.

40

아시아의 강력한 군주가 무너지고, 거대한 전쟁이 모든 사람의 예상과 달리 그토록 쉽게 끝나자 루키우스 스키피오는 로마로 돌아왔다. 도시로 들어오는 길에는 거대하고 화려한 개선식이 열렸다.

루키우스는 자신이 정복한 지역의 이름을 따 그의 성(姓)을 바꿀 수 있었는데, 형 스키피오가 아프리카를 정복하고 스키피오 아프리카누스라는 이름을 얻은 것과 같은 일이다. 그도 아시아를 정복하여 로마에 바쳤으므로 스키피오 아시아누스라는 이름을 얻었다.

또한 스키피오 아프리카누스가 아우를 도와 전쟁을 영광스럽게 끝냈으니 그에게도 영예를 돌리지 않을 수 없어, 감찰관인 플라미니누스(Titus Quintius Flamininus)와 마르켈루스는 그를 세 번째로 원로원 대공으로 선출했다. 그 무렵에 스키피오 가문과 가족의 영광은 하늘을 찌를 듯했다. 스키피오 아프리카누스의 권세는 너무 높아 자유 도시 안에서는 어느 누구도 그보다 더 높아지기를 바랄 수 없었다.

41

그러나 그 가문의 성장을 더 이상 보고 참을 수 없던 나쁜 무리의 보이지 않는 악의가 머리를 들었고, 그들은 스키피오를 비난할 구실을 만들었다. 기록에 따르면, 이 작업을 위해 대(大)

카토가 민중 호민관 두 사람을 매수했다고 한다. 그들은 스키피오 아프리카누스가 안티오코스왕에게서 받은 돈을 개인적으로 착복하고 국고에 넣지 않았다고 고발했다.

자신의 결백함을 잘 알고 있었던 스키피오는 자신을 호출한 관리의 명령에 순종하여 당당하게 광장으로 나갔다. 그리고는 자신이 한 일은 조국과 동맹국의 이익과 편의를 위해서였다고 연설했다. 스키피오의 연설은 그곳에 와 있던 민중의 마음을 불쾌하게 하지 않았다. 왜냐하면 그는 거만함이나 자만을 보이기보다는 자신에게 다가오고 있는 위험에서 벗어나기를 바라면서 연설했기 때문이었다.

그러나 호민관들은 스키피오의 연설에 납득하지 않고 그의 화를 돋우며 해코지하는 말을 서슴지 않았다. 그들은 마치 스키피오가 정당한 증거를 대기보다는 실제로 비행을 저지른 것마냥 비난했다.

이튿날 아침, 다시 그들 앞에 소환된 스키피오는 막료들을 데리고 예정된 시간에 나타나 군중 사이를 지나 연설을 하고자 단상으로 올라갔다. 군중이 조용해지자 그는 이렇게 연설했다.

"나는 지난날 장군들이 오늘 같은 날에 이러한 일을 겪으면서 어떻게 했는가를 잘 기억하고 있습니다. 나는 한니발과 카르타고인들과 싸워 위대한 승리를 거두었습니다. 그러므로 나는 이와 같은 다툼을 벌이는 것보다는 신전의 언덕으로 올라가 승리에 대한 감사의 제사를 드리는 것이 더 옳은 일이라고 생각합니다."

그리고 스키피오가 그곳을 떠나자 모든 시민이 신전의 언덕뿐만 아니라 도시의 다른 신전까지 그를 따라갔고, 두 호민관은 부관들만 거느린 채 그곳에 남았다.

그날은 행운이 스키피오와 함께한 마지막 날이었다. 민회와 대규모의 민중이 스키피오를 기다리면서 그를 향한 호의를 드러냈고, 그 모습을 본 스키피오는 커다란 야망을 품고 민중과 함께 전국을 순회하기로 결심했다. 그는 분노에 찬 심정으로 린테르눔(Linternum)으로 내려갔다.

스키피오는 조국을 위해 자신을 엄청나게 희생했지만, 그가 조국에 끼친 이익은 보잘것없는 것으로 취급되고 있었다. 심지어 스키피오 본인은 수치와 비난만 듣는 입장으로 전락하고 말았다. 그러나 심성이 고결했던 그는 무력으로써 자신의 위대함을 지키는 길을 찾기보다는 차라리 자기 자리를 정적들에게 기꺼이 넘겨주는 것이 더 영광스러우리라고 생각했다.

호민관들은 스키피오의 행동을 비난했지만, 동생 루키우스는 병이 났다는 이유로 형의 잠적을 변명했다. 이때 호민관 가운데 한 명으로 스키피오 아프리카누스에 반대하던 티베리우스 그라쿠스(Tiberius Sempronius Gracchus)[7]가 여론과는 달리 스키피오가 받은 돈을 변호하고 나섰다. 그라쿠스는 한편으로는 스키피오를 칭찬하면서 그의 입장을 옹호하고, 다른 한편으로는 스키피오의 정적들을 협박하는 방법으로 그를 변호했다. 원로원은 그라쿠스의 그러한 처사를 매우 고맙게 생각했다. 그들은 스키피오를 비난하는 여론 때문에 많은 상처를 입고 있었다.

어떤 사람들의 기록에 따르면, 스키피오 아프리카누스는 린테르눔으로 떠나기에 앞서 자기 동생이 원로원에 제출했던 서류를 손수 찢어 버렸다고 한다. 그 서류에는 자기의 봉급에 관한 기록이 담겨 있었다. 그러나 그가 서류를 찢어 버린 것은

7 이 사람은 저 유명한 그라쿠스 형제의 아버지이다.(기원전 210?~151?) 그는 뒷날 스키피오 아프리카누스의 딸 코르넬리아와 결혼했다.(제43장 「티베리우스 그라쿠스전」, §1 참조)

누구를 속이려거나 자존심 때문에 그런 것이 아니었다. 그것은 그가 지난날 현실적인 상황에 따라 법을 어기고 공금을 써야 할 때 했던 버릇이었다고 한다.

또 다른 사람들의 말에 따르면, 호민관들에게 고발된 사람은 스키피오 아프리카누스가 아니라 그의 동생이었으며, 그 무렵에 스키피오 아프리카누스는 공무로 토스카나에 파견되어 있었다고 한다.

로마로 돌아오면서 자기 동생이 고발된 것을 알고, 이어 호민관의 부관들이 그를 체포하여 감옥으로 데려가려는 것을 본 스키피오 아프리카누스는 분노에 싸여 무력으로 민중 호민관과 그 부관들의 손에서 동생을 구출해 냈다.

기록에 따르면, 호민관 가운데 한 명이었던 그라쿠스는 처음에 호민관의 권위가 한 개인의 발아래 짓밟히는 것을 불평했지만, 그 뒤로는 스키피오 아프리카누스에게 품었던 모든 악의와 질투를 던져 버리고 그의 입장을 변호했다고 한다. 왜냐하면 호민관 제도는 호민관 자신들의 처신으로 말미암아 무너졌지, 한 개인에 의해 무너진 것이 아님을 스스로 확인했기 때문이었다.

43

그날 원로원 의원들은 스키피오와 함께 신전의 언덕에서 차를 마셨다. 이때 의원들은 스키피오에게 그의 작은딸과 그라쿠스가 결혼하도록 권고했다고 한다. 그 말을 들은 스키피오는 곧 혼인을 허락했지만, 그가 집에 돌아와 아내에게 딸의 혼인을 허락했다고 말하자 아내는 몹시 화를 냈다.

이미 남편이 그라쿠스와 딸의 혼인을 허락한 상황이었지만, 그의 아내는 장모의 동의가 없으면 혼인할 수 없었던 지난날의 자기 이야기를 꺼냈다. 이 말을 들은 스키피오 아프리카누스는 아내가 딸의 혼인을 이야기하면서 이미 자기의 마음을 읽었다고 생각하여 몹시 기뻐했다. 어떤 사람들은 이 대화가 아들 그라쿠스와 그의 장인인 아피우스 클라우디우스의 이야기로 이어진다고 말한다.[8]

폴리비오스와 몇몇 고대 역사학자의 말에 따르면, 카이우스 그라쿠스와 티베리우스 그라쿠스의 어머니인 코르넬리아는 아버지인 스키피오 아프리카누스가 죽은 뒤에 셈프로니우스 그라쿠스와 결혼했다고 한다. 스키피오 아프리카누스의 아내 아이밀리우스는 칸나이 전투에서 전사한 집정관 아이밀리우스 파울루스의 딸이다.

스키피오 아프리카누스와 아이밀리우스 파울루스 사이에는 두 딸이 있었다. 큰딸은 코르넬리우스 나시카(Publius Cornelius Nasica)와 결혼했고, 작은딸은 셈프로니우스 그라쿠스와 결혼했는데 그 시기는 아버지가 세상을 떠난 전후였다.

스키피오 아프리카누스의 아들에 대해서는 별로 할 말이 없고, 다만 몇 가지 확실한 사실만을 기록할 수 있다. 앞에서 나는 그의 아들이 안티오코스왕의 포로가 되었다가 아버지에게 되돌아온 이야기를 했지만, 뒷날에는 그가 아버지의 서기관이었던 키케레이우스(Cicereius)의 도움으로 치안관에 올랐다는 이야기밖에는 별로 언급할 것이 없다.

또 다른 기록에 따르면, 푸블리우스 스키피오의 아들은 소(少)스키피오를 양자로 맞아들였다고 한다. 키케로는 『대(大)카토전(Cato Major)』에서 스키피오 아프리카누스의 아들이 얼마나 허약했으면 다시 양자를 들였겠느냐고 말하고 있다. 키케로는 또한 그의 여섯 번째 저서인 『공화국(Republica)』에서, 장인인 아이밀리우스는 사위인 스키피오에게 할아버지 스키피오가 그랬던 것처럼 정의와 연민에 따라 아들을 입양하라고 권고했다고 기록하고 있다.

8   제43장 「티베리우스 그라쿠스전」, §9 참조.

44

스키피오 아프리카누스의 죽음에 대해서는 작가마다 이야기가 서로 다르다. 어떤 사람의 말에 따르면, 그는 로마에서 죽어 그곳에 묻혔다고 한다. 그 증거로 그들은 카페나 문(Porta Capena) 옆에 서 있는 동상들을 제시한다. 동상은 세 개가 서 있는데, 둘은 스키피오 아프리카누스와 루키우스 스키피오의 것이고 다른 하나는 시인 엔니우스의 것이다.

키케로는 이 세 개의 동상이 그들의 것이라고 확신한 것으로 보인다. 그의 말에 따르면, 스키피오 아프리카누스가 엔니우스를 너무도 사랑했기 때문에 그를 스키피오 아프리카누스 곁에 묻었다고 한다. 그러나 다른 사람들은 스키피오 아프리카누스는 린테르눔에서 죽어 그가 지정한 곳에 묻혔다고 주장하면서 이는 여러 기록과도 일치한다고 확언했다.

그들에 따르면 아프리카누스의 조국 로마는 그의 업적을 그리 고맙게 여기지 않았고, 그의 죽음을 영광스럽게 여기지도 않았다. 그래서 그들은 로마가 아닌 린테르눔에 그를 묻은 뒤 거기에 동상을 세웠는데, 뒷날 태풍이 불어 무너졌다고 한다.

역사학자 리비우스도 자신이 그 동상을 보았다고 증언하고 있다. 뒷날 카이에타(Caieta)는 그의 대리석 무덤에 다음과 같은 묘비명을 새긴 동판을 붙였다.

한니발과 카르타고를 정복하고
로마를 제국으로 키워 세상에 알린 사람
스키피오,
흙과 먼지에 가린 돌 밑
이곳에 잠드니
그의 업적과 용맹과 삶이 모두 사라졌도다.
지난날 유럽과 아프리카의 누구도
그를 대적하지 못했으나

보라,

이 작은 방에 누운 인간의 연약함을.

스키피오 아프리카누스가 죽은 시기에 관해서는 많은 연구가 있는데, 내가 읽은 그리스의 저술을 보면 그는 쉰네 살의 생일이 지난 뒤에 곧 죽었다고 한다. 그는 고결한 장군이었고, 탁월한 전략가였으며, 그 밖에도 많은 미덕을 갖추었고, 마음은 늘 즐거웠다.

스키피오는 쉬는 시간에도 자신이 결코 게을러지지 않았다고 말하기를 좋아했다. 그는 혼자 있을 때도 결코 외로워하지 않았고, 때때로 민회에서 물러 나와 막료들과 헤어져 혼자 있을 때도 편안하게 지냈다.

스키피오의 고결한 행동에 대한 평판은 세상에 널리 알려져 그가 가는 곳마다 많은 사람이 그를 보러 찾아왔다. 모든 기록에 따르면, 그가 린테르눔에서 살 때 여행자들이 그 위대한 인물을 보러 찾아와 믿음직한 승리의 손에 입을 맞추었다고 한다. 덕망은 모든 인간에게 힘을 실어 준다. 왜냐하면 덕망은 선행을 베풀 뿐만 아니라 악인들까지도 그를 사랑하고 존경하게 만들기 때문이다.

한니발과 스키피오는 닮은 데가 많았다.
그들은 덕망 높은 집안에서 성장하여
지식인들을 감싸 안았다.
그뿐만 아니라 그들은 대화에 품위가 있었다.
그럼에도 그들은 모두 조국에서 쫓겨나
이국땅에서 죽었다.
다른 점이 있다면
스키피오는 너그러웠고,
한니발은 잔인했다.
— 플루타르코스

1

이제 나는 한니발과 스키피오의 정치 활동을 다룸으로써 두 사람을 견주어 보려 한다. 먼저 그들의 전공(戰功)을 생각해 보자. 두 사람 모두 전쟁에서 위대하고 저명한 장군이었다. 그들은 전쟁이 가장 빈번했던 그 시대의 여러 고결했던 왕과 대공들뿐만 아니라 앞선 시대를 살았던 여러 위인들과도 충분히 견줄 만한 위업을 이루었다.

2

내가 그들의 생애를 보면서 가장 놀랍게 여기는 부분은 그들이 자국 내부에서 그들의 몰락을 노리는 많은 정적을 만났으면서도 그 어려움을 이기고 낯선 해외 전투에 참여해 위대한 승리를 거두었다는 점이다.

그러므로 다른 모든 것을 제쳐 놓는다 하더라도, 아프리카에 파견되어 공업(功業)을 이루기에 앞서 스키피오가 카르타고와 전쟁을 치르고, 화비우스 막시무스와 갈등을 일으키고, 로마의 다른 귀족들과 다투면서도 외적과 싸울 수 있었던 힘을 칭찬해야 할 것이다.

한니발도 국내에서 자기의 정적이었던 정파의 우두머리이자 실력자였던 한노를 노련하게 극복해 냈다. 이처럼 국내에서 그토록 어려운 문제들을 극복한 한니발과 스키피오는 역사에 영원히 기록될 만큼 값지게 일을 마쳤다. 대부분 그와 같은 공적은 우연히 이루어진 것이 아니라, 그들의 근면함과 탁월한 지혜와 막료들의 조언으로 이루어진 것이다.

3

많은 사람이 한니발의 용기와 고결한 마음씨에 놀란다. 사군 툼을 정복한 그는 그 먼 곳에서 그 많은 보병과 기병대를 이끌고 다시 이탈리아로 들어와 그의 조상들이 늘 두려워했던 대제국과 동맹국들을 상대로 전쟁을 일으켰다.

수많은 전쟁을 치르면서 로마의 몇몇 집정관과 장군을 죽인 한니발은 로마 가까이까지 쳐들어가 진영을 차리고 이방의 왕들과 서로 멀리 떨어져 있는 나라의 군대들을 함께 모아 싸웠다. 이렇게 까다로운 상황에서도 위대한 전공을 쌓은 그를, 사람들은 위대하고 용맹한 장군이라고 칭송할 수밖에 없다.

4

스키피오에 관해 말하자면, 그는 네 명의 왕을 무너뜨렸고, 스페인에서는 네 개 군단을 무찔러 쫓아 보냈으며, 특히 시팍스 왕을 사로잡은 공적을 높이 칭송하지 않을 수 없다. 그러나 사람들은 무엇보다도 자마에서 스키피오가 한니발을 무찌른 저 유명한 전투를 칭송하게 된다.

화비우스가 한니발에게 정복되지 않은 것을 두고 세상 사람들이 화비우스를 칭송하기로 든다면, 그토록 어려운 전쟁에서 저 유명한 용장 한니발을 꺾고 그토록 위험한 전쟁을 끝낸 스키피오를 무슨 말로 칭송할 수 있을까?

그 밖에도 스키피오는 언제나 당당하게 싸워 야전에서 적군을 이겼다. 그와 달리 한니발은 늘 교활한 방법으로 싸우면서 온갖 전략과 정책을 구사했다. 그 때문에 그리스와 라틴계의 모든 작가는 한니발을 훌륭하지만 교활한 장군으로 평가하고 있다.

5

그러면서도 그들은 한니발이 그토록 보잘것없는 나라의 군대를 이끌고 로마와 전쟁을 치르면서 그토록 오랫동안 내부적으로 안정을 유지한 것을 칭송하고 있다. 이를테면 그의 부대 안에서는 소요나 반란이 없었다는 뜻이다.

그러면서도 그들은 한니발이 전쟁에 이기고도 뒤처리를 잘하지 못했다고 비난하는데, 이를테면 그가 저 유명한 칸나이 전투에서 로마 군대를 무찔렀을 때가 그러한 상황에 해당한다. 또한 그는 병사를 느슨하게 풀어 줌으로써 그들을 부패하게 했다.

캄파니아와 아풀리아의 전투에서 이긴 한니발의 병사들은 승리의 기쁨에 젖어 딴사람이 되었는데, 트레비아와 트라시메누스와 칸나이에서 로마 병사를 무찌른 병사가 바로 저들인가 의심스러울 정도였다. 모든 역사가가 한니발의 이 점을 나무라면서 더욱이 그의 잔인함을 꾸짖고 있다.

한니발의 잔인함 가운데 가장 심했던 것은 아르피에서 잡아 온 여성과 아이들을 병영으로 데려와 산 채로 불태워 죽인 일이 아니었을까? 그가 이탈리아를 떠나면서 유노 라키니아 신전에서 잔인하게 죽인 사람들은 지하에서 무어라 말하고 있을까?

한니발과 스키피오의 비교

6

그에 견주어 스키피오에 관해 말하자면, 우리가 만약 그를 의도적으로 깎아내리려고 악의적으로 그의 행적을 기록한 사람들보다 그의 행적을 좋게 쓰려 한 작가들의 말을 믿는다면, 그는 너그럽고 절제된 성품의 장군이었으며, 전장에서는 생동감 넘치는 용장이었고, 승리한 다음에도 정중하고 자비로운 사람이었다고 말할 수 있다.

흔히 스키피오의 정적들도 그의 용맹함을 증명하고 있으며, 그에게 짓밟힌 적군도 그의 자비로움을 칭송하고 있으며, 그 밖의 모든 사람이 그의 신실(信實)함을 칭찬하고 있다. 이는 그가 스페인에서 잡아 온 여성 포로와 켈트-이베리아의 왕자 루케이우스에게 보여 준 자제심과 너그러움만 보아도 충분히 알 수 있는 일이다.

7

두 사람의 사생활을 살펴본다면, 그들은 덕망 높은 집안에서 성장하여 지식인들을 감싸 안았다. 기록에 따르면, 한니발은 스파르타의 소실루스(Sosillus)와 매우 가깝게 지냈으며, 스키피오는 시인 엔니우스와 가까웠다고 한다. 어떤 사람의 말에 따르면, 한니발은 그리스어에 능통하여 로마의 장군으로서 집정관에 선출된 바 있는 만리우스 불소(Manlius Vulso)의 생애를 다룬 글을 그리스어로 썼다고 한다.

키케로가 그의 저서 『연설집(*Oration*)』에서 말하기를, 한니발은 에페소스에서 소요학파(逍遙學派) 철학자인 포르미오(Phormio)를 만나 강의를 들었는데, 족장(族長)과 장군의 공무 수행과 의무 그리고 군법과 군령(軍令)을 다루는 내용이었다고 한다. 나는 키케로의 이 기록에 전적으로 동의한다. 언젠가 포르미오를 어떻게 생각하느냐는 질문을 받은 한니발은 약간 어색한 그리스어로 이렇게 대답했다.

"나는 노망난 늙은이들을 많이 보았지만 포르미오보다 더 넋 나간 철학자를 본 적이 없다."

한니발과 스키피오는 대화에 품위가 있었는데, 더욱이 한니발은 험담을 교묘하게 섞을 줄 아는 사람이었다. 언젠가 안티오코스왕이 로마와의 전쟁을 준비하면서 병사를 연병장으로 끌고 나왔는데, 갑옷과 무기를 금과 은으로 장식하여 실용성은 그다지 좋아 보이지 않았다. 왕은 한니발에게 이렇게 물었다.

"장군이 보시기에 이 정도면 로마 군대와 싸우기에 충분하다고 생각합니까?"

이에 한니발이 이렇게 대답했다.

"예, 폐하, 그렇습니다. 로마 병사들에게 욕심이 없다면 말입니다."

8

수많은 전쟁에서 승리를 거두었음에도 조국의 패망을 겪어야 했던 당시의 한니발은 당연히 그렇게 말했을 것이다. 그와 달리 스키피오는 조국에 평화를 안겨 주었으며, 영토를 늘리는 데 큰일을 했다. 스키피오가 정복한 사막을 많은 로마인이 돌아보았지만, 그들은 이를 고맙게 여기지 않았다.

오히려 그들은 스키피오가 몇몇 사람의 분노와 무례를 참아내면서까지 국내에 머무르고 싶어 하지 않았기 때문에 다른 나라에 나가 활약할 수 있었다고 말했다. 이처럼 그토록 위대한 영웅에게 고마워하기는커녕 오히려 상처를 입혔다는 점에서 나는 로마가 잘했다고 생각하지 않는다. 로마가 그에게 상처를 입히는 일에 도움을 주었다면 비난을 받아 마땅하다는 것이 나의 생각이다.

그러나 모든 사람의 기록이 보여 주듯이, 결국 원로원은 티베리우스 그라쿠스에게 깊은 감사를 표시했다. 왜냐하면 그가 스키피오의 명분을 지켜 주었기 때문이었다. 스키피오가 신전을 찾아갔을 때 많은 시민이 그를 따라감으로써 광장에 호민관과 그들의 부관만 외롭게 남아 있었다는 사실은 그들이 얼마나 스키피오의 명성을 존경하고 사랑했는가를 증명하고 있다.

　만약 우리가 그 당시 시민들의 심정과 그들이 스키피오에게 보인 호의를 판단해야 한다면 이렇게 생각할 수 있을 것이다. 인간은 자신이 입은 은혜를 잊어버리는 자들보다 비겁한 인간들을 더욱 미워한다는 것이다. 사악한 일인 줄 알고서도 그 일에 동의하는 자는 거의 없으며, 만약 자기도 모르게 그에 동조했다면 미안해하는 것이 인지상정이다.

9

어쨌거나 훌륭한 심성의 소유자로서 적에게조차도 악의를 품지 않았던 스키피오는 내란을 일으켜 조국을 파괴하기보다는 차라리 조국을 떠나는 길을 선택했다. 그는 깃발을 앞세워 조국에 저항하고 싶지도 않았고, 이방 민족이나 강력한 왕을 찾아가 무력을 갖추고 들어와 자기를 도와 조국을 유린해 달라고 부탁하지도 않았다. 그는 마르쿠스 코리올라누스(Marcus Coriolanus)나 알키비아데스(Alkibiades)나 역사에 기록된 옛 성현들이 그랬던 것처럼, 많은 개선과 전리품으로써 조국을 아름답게 가꾸었다.

　스키피오가 스페인을 정벌했을 때 그에게 왕의 칭호를 부여하려는 움직임이 있었다. 그러나 그는 이를 거절했다. 또한 로마 민중이 그에게 종신 집정관이나 독재관의 칭호를 주려 했을 때 그가 몹시 분노했던 사실, 그리고 민중이 토론의 광장이나 재판소나 신전의 언덕에 그의 동상을 세우려 했을 때 그가 이를 말린 사실로 미루어 보면, 그가 오직 로마의 자유를 지키는 데에만 힘썼다는 사실을 쉽게 알 수 있다.

시민들은 뒷날 폼페이우스를 정벌한 카이사르에게 자신들이 줄 수 있는 모든 영광을 주었다. 이렇게 민중이 한마음으로 지도자를 찬양할 수 있게 된 것은 위대한 스키피오 아프리카누스 덕분이었다. 민중은 강력한 절제심을 가진 스키피오를 지지하면서 처음으로 일치된 호응을 경험했던 것이다.

10

그러므로 이제 우리가 이와 같은 문제들이 남긴 교훈을 요약해 보자면, 이 두 장군은 전쟁의 기술이라든가 승리의 영광이라는 측면에서는 모두 위대했지만, 정치적 덕망이라는 점에서는 견줄 수도 없을 만큼 스키피오가 훨씬 더 뛰어났다.

끝으로 그들의 죽음은 닮은 데가 있다. 그들은 모두 조국을 벗어나 죽었다. 다만 스키피오는 한니발처럼 자기의 조국에게서 비난을 받지도 않았고, 스스로 망명의 길을 떠났다는 점이 다를 뿐이다.

한니발과 스키피오의 비교

자신이 몸담은 집단에서 중요한 일을 맡는다는 건 뿌듯하고도 부담스러운 일이다. 특히 그 일의 규모가 크다면 말이다. 을유문화사에서 50년 만에 다시 시도한 『플루타르코스 영웅전』 완역본을 편집하는 일도 그런 부류에 속할 것이다. 작업을 위해서 세 종류의 영어 판본, 두 종류의 현존하는 한국어 판본, 그리고 마침 을유문화사에서 1960년대와 1970년대에 연이어 펴냈던 두 종류의 옛 한국어 판본을 함께 참조했는데, 특히 20세기 전반에 번역된 영역본에서는 현대 문학에서는 좀처럼 볼 수 없는 단어들과 리듬감을 느낄 수 있었다. 문장에서 지나간 시대가 느껴질 때마다 『플루타르코스 영웅전』이 아주 오래된 책이라는 사실을 새삼 떠올리곤 했다. 처음에는 책 속의 문장을 현대적으로 교정할 계획이었지만, 이 문장들 사이에서 시간을 보내면서 마음이 조금씩 바뀌었다. 이 이야기가 오래되었다는 걸 '이해'가 아니라 '체감'할 수 있으면 좋겠다는 생각이 들었다. 그때부터 문장을 만질 때는 가톨릭과 개신교가 함께 작업한 공동 번역 성서를 염두에 두었다. 요즘 사람들이 충분히 이해할 만하면서도 고아한 맛을 담고 있는 책이었기 때문이다.

　　글 속에서 문득 지나간 시대를 체감할 때마다 '책 안에 인생이 있다'는 말이 떠올랐다. 『플루타르코스 영웅전』에는 많은 시간이 흐른 뒤에도 여전히 유효한 교훈을 전하는 삶들이 가득하다. 실제로 이 책 속에는 너무 많은 이야기가 살아 숨 쉬고 있어서 독자들은 그 중에 자신과 닮은 인물이나 사건을 발견하게 된다. 누군가는 초인에 가까운 능력을 지닌 호걸의 삶을 읽고, 다른 누군가는 정의가 곧잘 패배하는 세상에서 버티는 법을 읽는다. 어떤 이는 인간의 모든 미덕과 악덕을 초월한 운명의 힘에 압도당하고, 또 어떤 이는 그 와중에도 최선을 다

하는 시시포스와도 같은 의지에 빠져든다. 만약 X축이 운명 (신)-인간으로, Y축이 행복-불행으로 이루어진 그래프가 있다면 이 영웅전에서 벌어진 사건들은 그래프의 거의 모든 공간을 빼곡히 채울 것이다. 따라서 여기 등장하는 사건들 가운데 하나는 꼭 당신의 오늘과 닮아 있고, 또 어떤 사건은 당신이 (어쩌면 당신도 모르게) 도착하고자 하는 어딘가를 보여 준다. 어떤 문구는 위로를, 또 어떤 문구는 숙제를 준다.

의외로, 『플루타르코스 영웅전』이 보여 주지 않는 것은 성공의 비결이다. 이야기 속에 등장하는 각각의 인물이 성공하거나 몰락하는 계기들이 서로 상충하기 때문이다. 어떤 이는 탐욕을 성공의 원동력으로 삼고, 다른 이는 같은 이유로 몰락한다. 누군가는 고지식하게 정의에 몰두하다 미움을 받고, 다른 누군가는 정의와 현실을 조율하려다 양측의 공격을 받는다. 선하거나 옳은 선택을 하고도 고난에 빠질 수 있고, 딱히 잘한 것 없이도 많은 것을 얻을 수 있다. 그리고 그렇게 얻은 것들은 어느새 사라지고, 다시 쌓이고, 또 사라진다.

이 폭풍 같은 운명에 휩쓸리지 않기 위해서는, 또는 그 운명을 겸허히 받아들이기 위해서는 어떻게 해야 할까. 이런 질문은 대단한 업적을 이룬 사람들에게만 해당되는 게 아니다. 평범한 일상을 추구하는 사람들도 알렉산드로스 대왕과 마찬가지로 싸우고 중재하고 물러서야 할 순간을 판단해야 한다. 매일의 삶 속에서 어떻게 이기고 어떤 식으로 후퇴할 것인가를 알아야 한다. 이렇게 자기 안의 작은 우주를, 자신만의 왕국을 다스려야 하는 세상 모든 사람들에게 『플루타르코스 영웅전』은 소중한 가르침을 줄 것이다.

참고 문헌

♣ 번역에 참고한 판본들

박시인 옮김, 『플루타르크 영웅전』(서울 : 을유문화사, 1960, 전 6권)

천병희 옮김, 『플루타르코스 영웅전』(서울 : 도서출판 숲, 2010)

Amyot, Jacques(tr.), *Oeuvers de Plutarque*(Paris : Chez Janet et Cotelle, Li-brares, 1818-1819, First Edition, 1559), http ://www.catalog.hathitrust.org/Record/006110852

Dryden, John(tr.), *Plutarch's Lives*, with an Introduction by Arthur H. Clough(New York : The Modern Library, 1992)

Langhorne, John and Langhorne, William(tr.), *Plutarch's Lives*, with Notes Critical and Historical, and A Life of Plutarch(Cincinnati : Applegate and Co. Publisher, 1860), http:/www.archive.org/details/plutarchslives-ooplutarch

North, Thomas(tr.), *Plutarch's Lives of the Noble Grecians and Romanes*(London : David Nutt in the Strand, 1895, First Edition : 1579)

Perrin, Bernadotte(tr.), *Plutarch's Lives*(Cambridge : Harvard University Press, 1967)

Scott-Kilvert, Ian(tr.), *Makers of Rome : Nine Lives by Plutarch : Coriolanus, Fabius Maximus, Marcellus, Cato the Elder, Tiberius Gracchus, Gaius Gracchus, Sertorius, Brutus, Mark Antony*(New York and London : Penguin Books, 1965)

——————— , *The Age of Alexander : Nine Greek Lives by Plutarch : Agesilaos, Pelopidas, Dion, Timoleon, Demosthenes, Phocion, Alexander, Demetrios, Pyrrhos*(New York and London : Penguin Books, 1973)

——————— , *The Rise and Fall of Athens : Nine Greek Lives by Plutarch : Theseus, Solon, Themistocles, Aristides, Cimon, Pericles, Nicias, Alcibiades, Lysandros*(New York and London : Penguin Books, 1960)

Stewart, A. and Long, G.(tr.), *Plutarch's Lives*, with Notes and a Life of Plutarch(London & New York : George Bell and Sons, 1880)

Talbert, Richard J., *Plutarch on Sparta : Lycurgus, Agis, Cleomenes*(New York and London : Penguin Books, 1988)

Warner, Rex(tr.), *Fall of the Roman Republic : Six Lives by Plutarch : Marius, Sulla, Cassius, Pompey, Caesar, Cicero*(New York and London : Penguin Books, 1972)

☆☆『플루타르코스 영웅전』의 원전에 인용된 참고 문헌

네포스(Cornelius Nepos), 『에우메네스전(*Eumenes*)』
———————, 『티몰레온전(*Timoleon*)』
노크(Johann Nauck) 엮음, 『그리스 비극 단편(斷編)(*Tragicorum Graecorum Fragmenta*)』
다이마코스(Daïmachos), 『종교론(*On Religion*)』
데메트리오스(Demetrios Phalerios), 『동명이인(*On the Persons of the Same Name*)』
데메트리오스(Demetrios Phalerios), 『소크라테스 평전(*Socrates*)』
———————, 『왕관에 관한 논쟁(*On the Crown*)』
———————, 『메이디아스를 논박함(*Against Meidias*)』
———————, 『웅변집(*Oration*)』
디오니시오스(Dionysios of Halicarnassos), 『로마 고대사(*Antiquitatum Romanarum*)』
———————, 『로마 소사(*Excerpta ex Lib.*)』
디오도로스 시쿨로스(Diodorus Siculus), 『역사(*Bibliotheca Historica*)』
———————, 『무덤(*On Tombs*)』
디온 카시우스(Dion Cassius), 『로마사(*Historia Romana*)』
딘도르프(Wilhelm Dindorf), 『그리스 구어 사전(*Thesaurus Lingua Graece*)』
루쿨루스(Lucullus), 『마르시아 전쟁사(*Marsic War*)』
리비우스(Titus Livius), 『로마사(*History of Rome*)』
바이워터(Ingram Bywater) 엮음, 『에페소스의 헤라클레이토스의 단편집 (*Heracliti Ephesii Reliquiae*)』
발레리우스 막시무스(Valerius Maximus), 『기억할 만한 아홉 권의 언행록 (*Factorum Dictorumque Memorabilium Libri IX*)』
베르크(Theodor Bergk) 엮음, 『그리스 서정시 단편(斷編)(*Poetae Lyrici Graeci Fragmenta*)』
뵈크(August Böckh) 엮음, 『핀다로스 문집(*Die Ausgabe des Pindar*)』
비르길리우스(Publius Vergilius), 『아이네이드(*Aeneid*)』
살루스티우스(Gaius Sallustius), 『카틸리네의 음모(*Catiline*)』
소포클레스(Sophocles), 『안티고네(*Antigone*)』
———————, 『오이디푸스왕(*Oedipus the King*)』
———————, 『팀파니를 연주하는 사람들(*Tympanistae*)』
수에토니우스(Gaius Suetonius), 『12황제 전기 : 아우구스투스전(*The Twelve Caesars : Divus Augustus*)』
———————, 『12황제 전기 : 카이사르전(*The Twelve Caesars : Divus Iulius*)』
술라(Lucius Sulla), 『회고록(*Memoirs*)』

스트라본(Strabon), 『역사 평론(*Historical Commentaries*)』

──────── , 『지리학(*Geographica*)』

아라토스(Aratos), 『평론(*Commentaries*)』

아리스토텔레스(Aristoteles), 『과제(*Problems*)』

──────── , 『기억과 회상(*De Memoria et Reminiscencia*)』

──────── , 『단편(斷編)(*Fragment*)』

──────── , 『아테네 헌법(*Constitution of Athens*)』

──────── , 『정치학(*Politics*)』

아리스토파네스(Aristophanes), 『개구리(*Frogs*)』

──────── , 『기사들(*Knights*)』

──────── , 『리시스트라테(*Lysistrate*)』

──────── , 『바빌로니아의 사람들(*Babylonians*)』

──────── , 『벌(*Wasps*)』

──────── , 『새(*Ornithes*)』

──────── , 『아카르니아인(*Akharnneis*)』

아리스티데스(Aristides), 『밀레시아카(*Milesiaca*)』

아리아노스(Lucius Arrianos), 『알렉산드로스 대왕 원정기(*Anabasis Alexandri*)』

아이스키네스(Aischines), 『왕관에 관한 논쟁(*On the Crown*)』

──────── , 『아스파시아(*Aspasia*)』

아이스킬로스(Aeschylus), 『애원하는 사람들(*Suppliants*)』

──────── , 『엘레우시스의 사람들(*Eleusinians*)』

──────── , 『테베와 싸운 7인의 투사들(*Seven against Thebes*)』

──────── , 『페르시아인들(*Persians*)』

──────── , 『프로메테우스의 실종(*Prometheus Lossed*)』

아일리아노스(Claudius Aelianus), 『여러 나라의 역사(*Poikile Historiae*)』

아우토클레이데스(Autokleides), 『훈고학(*Exegetikois*)』

아테나이우스(Athenaeus), 『식탁 담소의 명인(名人)들(*Deipnosophists*)』

아피아노스(Appianos), 『로마사(12) : 미트리다테스전(*Romanica Historia : Mithridathes*)』

──────── , 『로마사(5) : 내전사(*Romanica Historia : Bello Civili*)』

안도키데스(Andokides), 『연설집(*Orations*)』

안티오코스(Antiocos), 『신(神)에 관하여(*Concerning Gods*)』

에라토스테네스(Erathosthenes), 『재산론(*On Wealth*)』

에반겔로스(Evangelos), 『전술론(*Tactics*)』

에우리피데스(Euripides), 『메데이아(*Medeia*)』

──────── , 『바코스의 축제(*Bacchae*)』

──────── , 『에피니키온(*Epinikion*)』

──────── , 『타우리스의 이피게니아(*Iphigenia in Tauris*)

──────── , 『안드로마케(*Andromache*)』

──────── , 『오레스테스(*Orestes*)』

──────── , 『트로이의 여인들(*Troades*)』

──────── , 『페니키아의 여자(*Phoenissae*)』

──────── , 『헤라클레스의 분노(*Heracles Furens*)』

──────── , 『형벌(*Supplices*)』

──────── , 『히폴리토스(*Hippolytos*)』

에우폴리스(Eupolis), 『구역(區域)들(*Demes*)』

──────── , 『마리카스(*Marikas*)』

엠필로스(Empylos), 『브루투스전(*Brutus*)』

옥타비우스(Octavius), 『회고록(*Commentaries*)』

이소크라테스(Isokrates), 『노래(*De Bigis*)』

이스테르(Ister), 『고대 그리스의 역사(*Attica History : 13*)』

카이사르(Julius Caesar), 『갈리아 전기(*De Bello Gallico*)』

──────── , 『반(反)카토론(*Anti-Cato*)』

──────── , 『이탈리아 내전사(*De Bello Civili*)』

카토(Marcus Cato), 『농축학(*De re Rustica*)』

──────── , 『역사(*Origins*)』

코크(Theodor Kock) 엮음, 『그리스 희극 단편(斷編)(*Comicorum Graecorum Fragmenta*)』

──────── , 『아티카 희극 단편(斷編)(*Comicorum Attica Fragmenta*)』

크라티노스(Cratinos), 『아르킬로코이(*Archilochoi*)』

──────── , 『케이론들(*Ceirons*)』

크세노폰(Xenophon), 『스파르타의 정치 제도(*Reip. Lacedaemonia*)』

──────── , 『아게실라오스전(*Agesilaos*)』

──────── , 『키로파이데이아(*Kyropaideia*)』

──────── , 『페르시아 원정기(*Anabasis*)』

──────── , 『향연(*Symposium*)』

──────── , 『헬레니카(*Hellenica*)』

키케로(Marcus Cicero), 『공화국(*Republica*)』

──────── , 『노년(*On Old Age*)』

──────── , 『대(大)카토전(*Cato Major*)』

──────── , 『루쿨루스전(*Lucullus*)』

──────── , 『루푸스를 위한 변론(*Pro Caelio*)』

──────── , 『법률(*De Legibus*)』

──────── , 『브루투스에게 보낸 편지(*Epistulae ad Brutum*)』

──────── , 『브루투스전(*Brutus*)』

──────── , 『아티쿠스에게 보낸 편지(*Epistulae ad Atticum*)』

──────── , 『연설집(*Oration*)』

──────────, 『예언(*De Divinatione*)』

──────────, 『의무론(*De Officiis*)』

──────────, 『카틸리네를 논박함(*In Catilinam*)』

──────────, 『토스카나 분쟁사(*Tusculanae Disputationes*)』

──────────, 『폰티오스 글라우코스(*Pontius Glaukos*)』

──────────, 『피소넴(*Pisonem*)』

──────────, 『필리포스를 공격함(*Philippicae*)』

킨켈(Gottfried Kinkel) 엮음, 『에피쿠로스 단편(斷編)(*Epicorum Graecorum Fragmenta*)』

타키투스(Cornelius Tacitus), 『역사(*Histories*)』

테오프라스토스(Theophrastos), 『왕권(*Royalty*)』

투키디데스(Thucydides), 『펠로폰네소스 전쟁사(*History of the Peloponnesian War*)』

티르타이오스(Tyrtaeus), 『에우노미아(*Eunomia*)』

티몬(Timon), 『실리(*Silli*)』

파시폰(Pasiphon), 『대화록(*Dialogue*)』

파우사니아스(Pausanias), 『그리스 지리학(*Periegesis of Greece*)』

포세이도니오스(Poseidonios), 『탐구론(*Investigation in General*)』

폴리비오스(Polybius), 『역사(*Historiai*)』

플라쿠스(Gaius Valerius Flaccus), 『서한집(*Epistle*)』

플라톤(Platon), 『고르기아스(*Gorgias*)』

──────────, 『공화국(*Republic*)』

──────────, 『대화편(*Menexenos*)』

──────────, 『메노(*Meno*)』

──────────, 『법률(*Laws*)』

──────────, 『알키비아데스(*Alkibiades*)』

──────────, 『영혼에 관하여(*Phaedo*)』

──────────, 『예언(*Euthyphro*)』

──────────, 『인식론(*Epistemology*)』

──────────, 『카르미데스(*Charmides*)』

──────────, 『티마이오스(*Timaeus*)』

──────────, 『파이드로스(*Phaedrus*)』

──────────, 『향연(*Symposium*)』

플루타르코스(Plutarchos), 『도덕론(*Moralia*)』

플리니우스(Gaius Plinius), 『자연사(*Historia Naturalis*)』

피테우스(Pitheus), 『운문(*Verse*)』

피토스트라토스(Phitostratos), 『테세우스전(*Theseid*)』

──────────, 『아마존의 폭동(*Insurrection of the Amazons*)』

핀다로스(Pindaros), 『올림픽과 피티아 경기의 송가(*The Olympian and Pyth-*

ian Odes)』

헤르미포스(Hermippos), 『운명(*Fate*)』

헤시오도스(Hesiodos), 『인물록(*Catalogue*)』

─────────── , 『일과 나날(*Works and Days*)』

호메로스(Homeros), 『오디세이아(*Odyssey*)』

─────────── , 『일리아스(*Iliad*)』

화이악스(Phaeax), 「알키비아데스를 논박함(Against Alcibiades)」

⁂ 번역에 참고한 문헌들

그랜트, M. & 헤이즐, J., 김진욱 옮김, 『그리스·로마 신화 사전』(서울 : 범우사, 1993)

김진경, 『지중해의 문명 산책』(서울 : 지식산업사, 1994)

니콜슨(H. Nicolson), 신복룡 역주, 『외교론(*Diplomacy*)』(서울 : 평민사, 2009)

마키아벨리(Niccolo Machiavelli), 신복룡 옮김, 『군주론(*Il Prince*)』(서울 : 을유문화사, 2019)

몽고메리(Bernard L. Montgomery), 송영조 옮김, 『전쟁의 역사(*A History of Warfare*)』(서울 : 책세상, 1995, 전 2권),

밀(John S. Mill), 최명관 옮김, 『자서전』(서울 : 창, 2011)

버날(Bernal, J. D.), 박정호 옮김, 『과학사(*Science in History*)』(4) : 『사회 과학의 역사』(서울 : 한울출판사, 1984)

피천득(皮千得), 『인연』(서울 : 샘터사, 2002)

호메로스, 천병희 옮김, 『오뒷세이아』(서울 : 도서출판 숲, 2006)

호메로스, 천병희 옮김, 『일리아스』(서울 : 도서출판 숲, 2007)

"Guide to the Bernadotte Perrin Papers," in Yale University Library, Manuscripts and Archives, MS 1018(New Haven, Connecticut)

Büchner, Georg, *Dantons Tod*(Seoul : Pan Korea Buch Verlag, 1982)

Schumpeter, Joseph A., *Capitalism, Socialism and Democracy*(New York : Harper & Brothers Publishers, 1950)

Simpson, D. P., *Latin-English, English-Latin Dictionary*(London : Cassell Ltd., 1959)

Thomas, J., *Universal Pronouncing Dictionary of Biography and Mythology*(Philadelphia : J. B. Lippincott and Co., 1883)

Webster's Biographical Dictionary(Springfield : G. & C. Merriam Co., 1943)

플루타르코스

서기 45~50년경 보이오티아섬의 북쪽 마을 카이로네이아에서 태어났다. 스무 살에 아테네로 가 암모니우스의 지도를 받으며 그리스 철학을 익혔고, 이후 이 집트와 이탈리아를 방문하며 학식을 쌓았다. 로마에서는 황제를 비롯한 명사 들과 친교를 맺으며 로마 시민권을 얻었으며, 만년에는 델포이에 있는 아폴론 신전의 사제로도 일했다.

그러나 그의 본분은 철학자이자 저술가로, 모두 200종이 넘는 저술을 집 필했다고 알려져 있다. 특히 그리스와 로마의 역사를 담은 기록이자 플루타르 코스 자신의 인간관을 투사한 대작 『플루타르코스 영웅전』은 지금까지도 많 은 이들에게 삶의 영감을 선사하는 고전으로 사랑받고 있다.

옮긴이 신복룡

충청북도 괴산에서 태어났다. 건국대학교 정치외교학과를 졸업하고, 동 대학 원에서 정치학 박사학위를 받았다. 고등고시위원을 역임하고, 건국대학교 정 치외교학과 교수, 미국 조지타운대학 객원 교수로 활동하였으며, 한국정치외 교사학회 회장(1999~2000), 건국대학교에서 [상허]중앙도서관장·대학원장을 거쳐 정치외교학과 석좌 교수를 끝으로 현직에서 퇴임했다.

주요 저서로는 『동학사상과 갑오농민혁명』, 『한국정치사』, 『서재 채워드 릴까요?』, 『한국분단사연구: 1943-1953』(2001년 한국정치학회 저술상 수상), 『The Politics of Separation of the Korean Peninsula, 1943-1953』, 『한국사 새로 보기』, 『이방인이 본 조선』, 『한국정치사상사』(2011년 한국정치학회 仁齋저술 상 수상), 『대동단실기』, 『해방정국의 풍경』, 『전봉준평전』, 『한국사에서의 전 쟁과 평화』 등이 있다.

번역서로 『외교론』, 『군주론』, 『모택동자전』, 『한국분단보고서』, 『한말외 국인기록』(전23권), 『入唐求法巡禮行記』, 『삼국지』 등이 있다.